U0453472

國家出版基金項目

教育部哲學社會科學研究重大課題攻關項目

「十一五」國家重點圖書出版規劃項目·重大工程出版規劃

國家社會科學基金重大項目

北京大學「九八五工程」重點項目

精華編二五七册上

集部

精華編

北京大學《儒藏》編纂與研究中心

《儒藏》精華編第二五七册

首席總編纂　季羡林

項目首席專家　湯一介

總　編　纂　湯一介　龐　樸　孫欽善　安平秋（按年齡排序）

本册主編　董　平

《儒藏》精華編凡例

一、中國傳統文化以儒家思想爲中心。《儒藏》爲儒家經典和反映儒家思想、體現儒家經世做人原則的典籍的叢編。收書時限自先秦至清代結束。

二、《儒藏》精華編爲《儒藏》的一部分，選收《儒藏》中的精要書籍。

三、《儒藏》精華編所收書籍，包括傳世文獻和出土文獻。傳世文獻按《四庫全書總目》經史子集四部分類法分類，大類、小類基本參照《中國叢書綜録》和《中國古籍善本書目》，於個別處略作調整。凡單書已收入入選的個人叢書或全集者，僅存目録，並注明互見。出土文獻單列爲一個部類，原件以古文字書寫者一律收其釋文文本。韓國、日本、越南儒學者用漢文寫作的儒學著作，編爲海外文獻部類。

四、所收書籍的篇目卷次，一仍底本原貌，不選編，不改編，保持原書的完整性和獨立性。

五、對入選書籍進行簡要校勘。以對校爲主，確定内容完足、精確率高的版本爲底本，精選有校勘價值的版本爲校本。出校堅持少而精，以校正誤爲主，酌校異同。校記力求規範、精煉。

六、根據現行標點符號用法，結合古籍標點通例，進行規範化標點。專名號除書名號用角號（《》）外，其他一律省略。

七、對較長的篇章，根據文字内容，適當劃分段落。正文原已分段者，不作改動。千字以内的短文一般不分段。

八、各書卷端由整理者撰寫《校點説明》，簡要介紹作者生平、該書成書背景、主要内容及影響，以及整理時所確定的底本、校本（舉全稱後括注簡稱）及其他有關情況。重複出現的作者，其生平事蹟按出現順序前詳後略。

九、本書用繁體漢字豎排，小注一律排爲單行。

《儒藏》精華編第二五七册

集部

《儒藏》精華編第二五七册

集部

上册

涇野先生文集

〔明〕吕柟 撰
陳俊民 校點

目録

上册

涇野先生文集卷之二 …… 三七

涇野先生文集卷之三……八七

涇野先生文集卷之四……一四〇

涇野先生文集卷之五……一九〇

涇野先生文集卷之六 …… 二四一

涇野先生文集卷之八……三三九

涇野先生文集卷之十……四三六

涇野先生文集卷之十三……五七二

涇野先生文集卷之十四……六一三

涇野先生文集卷之十六……六九〇

下册

涇野先生文集卷之二十一……九〇二

涇野先生文集卷之二十九

涇野先生文集卷之三十

涇野先生文集卷之三十一

涇野先生文集卷之三十四

涇野先生文集卷之三十五

祭文……一三四二

涇野先生文集卷之三十六……一三五三

題辭　跋　策問　行狀　誄　議

贊　解　箴　銘

校點説明

《涇野先生文集》爲明儒吕柟晚年親手編撰。吕柟字仲木，陝西高陵人。世居涇水之北，自號「涇野」，其學行爲世儒所宗，稱「涇野先生」。吕柟是明代著名的理學家，亦是實集關學「諸儒之大成而直接横渠之傳」者（見馬理《涇野吕先生墓誌銘》和馮從吾《關學編自序》）。《明史·儒林一》、《關學編》卷四及《明儒學案》卷八有傳。

吕柟其父名溥，號渭陽，本西周太公望吕尚之後，配宋氏，明憲宗成化十五年（一四七九）在高陵生吕柟。孝宗弘治九年（一四九六），吕柟十八歲，屢爲督學楊一清（邃菴）、王雲鳳（虎谷）拔入正學書院，授以所學，「由是見聞益博」，遂在家鄉構雲槐精舍，始聚徒講學。弘治十四年鄉舉後，輟舉業，入太學，與馬理及四五友朋以「文必載道，行必顧言」，「規過輔仁，肄禮講學」相期許，每日孜孜，惟以孔孟聖賢進德修業爲事。五年後，和馬理同歸關中講學。武宗正德三年（一五〇八）廷試，以「仁孝」對「法天法祖」之稱旨，武皇嘉賜狀元及第，授翰林院修撰，國史館纂修孝宗實録，充經筵講官。在官二年，因同鄉劉瑾「惡其直」而不容，引疾乞歸，復講學於雲槐精舍，從而建構了以他與馬理爲核心，包括山西、河南諸儒在内而自稱「横渠同黨」的關中理學「三原學派」，名震中外。時朝鮮國奏稱其爲「中國人才第一」，並「乞頒賜其文，使本國爲式」。世宗嘉靖皇帝即位（一五二二年），詔起原官，在朝僅一年多，即「以議禮與致政者不合」，告病家居，講學於東郭別墅與東林書屋。後三進還館，纂修武宗實録，充講筵，講《虞書》。又僅年餘，即因上疏責世宗皇帝「大禮」不正，被下錦衣衛獄，後謫解州判官，攝行州事。在解三年，勸農桑，興水利，行《吕氏鄉約》，建温公祠，善政卓著，四方學者從游者衆，闢解梁書院，士民各安其業，解俗丕變，世謂「有古新民之遺風」。御史交章累薦，大司馬王廷相以「性行淳篤，學問淵粹」推舉於朝，乃陞南京宗人府經歷、吏部考功司郎中、尚寶司卿，復授學鷲峰禪寺，東南之士及門者益衆。嘉靖十一年冬，陞南京太常寺少卿，後爲國子監祭酒，遷南京禮部右侍郎。時值十八年太廟火災，遂乞致仕歸里，講學於北泉精舍。嘉靖二十一年七月一日，病卒於家，享年六十四歲。高陵人爲之罷市三日，解梁及四方學者皆設位持心喪。世皇聞訃，輟朝一日，賜祭葬。隆慶初，贈禮部尚書，謚文簡。

吕柟一生，爲官四進四退，在朝「惟修撰及祭酒而已」。九載南都，「無日不以學道爲心」，「所至無不以聚徒講學爲事」。他初講於柳灣精舍，既講於鷲峰東所，再講於太常南所，後北上講於太學（國子監），繼隨陞遷又講於禮部北所與南所，終講於高陵故里。其間曾與湛甘泉（若水）、鄒東廓（守益）在南都共主講席，海内學者大集，環向聽講者前後幾千人，「東南學者盡出其門」，弟子遍及南北直隸、山東、山西、河南、陝西、四川等十二布政司（省），其中有名可考的高徒，據載共有三百餘人。史稱：「時先生講席，幾與陽明氏中分其盛」；「時天下言學者，不歸王守仁（陽明），則歸湛若水（甘泉），獨守程朱不變者，惟（吕）柟與羅欽順云。」吕柟又直承張載《西銘》大義，以「求仁行仁」、「安貧改過」爲一生學問宗旨，「蓋其學，詣周（敦頤）之精，同邵（雍）之大，得（二）程、張（載）之正，與晦菴朱子匹美者也」。尤其是他能以「躬行禮教爲本」的「尚行之旨」，對王、湛心學「遺行而言知」之失「以救之」，實可謂「一髮千鈞」，在當世理學發展中占居重要地位。

吕柟著作甚多，幾乎涵蓋經史子集四部，現存主要有：（一）理學著作，《涇野先生五經説》、《四書因問》、《涇野子内篇》《外篇》、《宋四子抄釋》、《涇野先生文集》等八種；（二）史志著述，《高陵縣志》、《解州志》、《陝西通志》等六種；（三）文獻整理編纂,《司馬文正公集略》、《義勇武安王集》、《文潞公集略》等五種;(四)還有存目,《小學釋》、《儀禮圖解》、《南省奏稿》、《史約》、《漢紀》、《横渠先生易説》、《晦庵朱子文抄》等十九種。共計三十八種有餘,其「著作之富」,在有明理學家中,無人堪與之比。

現存比較完善的《涇野先生文集》有兩個版本系列:一爲湖南省、臺北「中央」、美國國會等圖書館所藏的明嘉靖三十四年真定知府于德昌刻三十六卷本(簡稱嘉靖本),收入《四庫全書存目》,《四庫全書總目》有著録;又一爲清華大學、浙江大學、華東師範大學等圖書館所藏的明萬曆二十年北地李楨刻三十八卷本(簡稱萬曆本),收入《續修四庫全書》。此外,清道光十二年,富平楊浚另有關中書院刊刻的《重刻吕涇野先生文集》三十八卷(簡稱重刻本)和《續刻吕涇野先生文集》八卷(簡稱續刻本),圖書館多有收藏,流布較廣。比較嘉靖本與萬曆本之異同:

一、版式各異。嘉靖本半葉十行,行二十三字,白口,四周雙邊。白棉紙,印本清朗。萬曆本半葉九行,行二十字,白口,四周單邊。

二、内容有同有異。嘉靖本卷之一題:「南京禮部右侍郎致仕前國子祭酒翰林修撰經筵講官同修國史高陵吕柟撰,巡按直隸等處監察御史門人建德徐紳、海寧吴遵、彭澤陶欽臯編刻。」並依次有嘉靖三十四年乙卯徐階《涇野先生集序》、馬理《涇野先生文集序》、李舜臣《刻涇野先生文集序》。後列《凡例》六條,末列纂刻銜名:「都察院照磨高陵吕昀藏籍,巡按直隸等處監察御史建德徐紳、海寧吴遵、彭澤陶欽臯編次,直隸真定府知府成都于德昌梓行,武强縣儒學教諭閩中王大經、藁城縣儒學教諭莆田江從春校正。」後接《目録》和三十六卷正文。萬曆本則比較簡略,卷之一只題「後學北地李楨編校」,前只有萬曆二十年壬辰李楨《刻涇野先生文集序》。《目録》雖與嘉靖本編次基本相同,按「先序文,次記文,次書翰,次誌碣,次語傳」等順序

「卷自爲類」(見本書《凡例》),但分門别類更加細密,如「序門」下又分「典序」、「譜序」、「圖序」、「壽序」、「賀序」、「贈序」、「送序」、「别序」等八類,每類下皆注明篇數。正文篇數及其前後編次,卻同嘉靖本相去甚遠。嘉靖本三十六卷共一千三百六十篇,萬曆本雖三十八卷,卻只有三百九十五篇,三百三十篇與嘉靖本文字基本相同,只有六十五篇嘉靖本未收入。萬曆本是個「選行」本。

三、嘉靖本亦是現存經過吕柟門生「校正編次」刊刻最早的善本。據此本卷之二十一吕柟答張幼養、齊叔魯、魏少穎三書和卷首三《序》及《凡例》所述:(一)吕柟晚年本有自編原稿,「一恐傳笑他人,一恐遺失原本」,故「本不欲刻」,後因「感疾頗重」,前太守魏少穎(萱)專急「散刻各州縣」,致使原稿散落不全;「存稿若干卷,舊刻在西安府,字多訛謬」,「高陵嘗梓之,然豕亥之訛尚多」。此魏萱本和西安府本,無疑是吕氏文集之初刻,但自萬曆本之後,未見傳世。(二)諸弟子收録其文成集,仲、昀二子及長孫師皐藏籍於家,經門人徐紳、吴遵、陶欽皐三侍御率王大經、江從春二學諭校正編次,「逸缺者補之,魯魚者正之」,「凡文有關綱目不可遺逸者,俱存弗削;其餘瑣尾不係切要者,不在此刻,志於别稿,以備采録」。可知,嘉靖本雖非完本,但它乃是吕柟諸弟子按照《凡例》經過嚴格校正删定的善本。魏萱本、西安府本今皆不可見,它無疑也是目前所見刊刻最早的本子。

至於重刻本和續刻本,據書前鄂山、楊浚兩《序》所稱:(一)長白鄂山撫陝,慕吕柟之學,「囑(楊)浚訪求先生遺書」,楊浚從師鄂山到蜀,「先得先生《四書因問》,序而刻之。復得前明李北地(楨)選刻先生文集三十八卷」,顧原板漫漶不可讀,詳爲校讎,於關中書院「付之剞劂,以廣其傳」。此即萬曆「選刻」本的重刻本,除篇目分類略有簡化之外,其卷次内容,與萬曆本無異。(二)嗣後,楊浚「又託同鄉張補山别駕借得先生文集十五册」,但「未識何時所刻,且原板漫漶不可讀」,「既無校刻姓氏，又無序文，總目祇有序、記、墓誌、墓表諸篇，其他闕略尚多，就其中錯簡殘佚，不一而足，亦非當年善本」，於是楊浚遂將萬曆「選本之所無而篇幅無缺者，裒而輯之，續以付梓」，即成續刻本；「其錯簡殘佚者，存俟他日得真定元本再爲重訂」。（以上見本書《附録一》）可知楊浚未見嘉靖本，只是根據萬曆「選本之所無」來補刻，所以續刻本很多文字與嘉靖本重複，其卷一至卷四《序》和卷五《記》，除《送孫山東序》一篇之外，皆爲嘉靖本所有；而卷六至卷七《墓誌銘》和卷八《墓表》，除一百二十一篇爲嘉靖本所無，其餘亦重複。

比勘以上諸本，雖各有一些文字爲别本所無，其相同文字亦各有所優，但總體而言，嘉靖本無疑爲現存刊刻最早、收文最多、校勘精良的善本。而萬曆本和續刻本所多出的異文，具體來源雖説不詳，但《續集》所依據的「文集十五册」本和萬曆本所依據的「魏守萱」本，很可能都是源於嘉靖本之前「散刻各州縣」和「西安府」的文集散刻本；其所多出的異文，很可能即是徐紳諸生校編嘉靖本時，將那些所謂「瑣尾不係切要者，志於别稿，以備采録」的文字。

這次校點，即以臺北「中央圖書館」所藏的嘉靖本爲底本，以清華大學圖書館所藏的萬曆本爲校本，參校以陝西師範大學圖書館所藏重刻本和續刻本。底本與各校本均有顯誤或疑義者，依據相關經傳史志謹慎出校勘正：凡參校以十三經本文者，皆以清阮元校刻《十三經注疏》本爲據，校記中只以經篇名簡稱；凡參校以二十四史本文者，皆以中華書局校點本爲據，校記中只簡稱某史某卷某傳；凡參校以地方志本文者，皆以景印文淵閣《四庫全書》本爲據，校記中只簡稱某志某卷某記（傳）；凡參校以《陝西金石志》本文者，皆以臺灣藝文印書館一九七六年初版本爲據，校記中只簡稱《陝西金石志》某卷某記。底本中的異體字、俗體字，一般不統一改正；凡係明顯的版刻錯字及避諱字、簡體字和衍文誤字（如「郫」、「郿」、「臭」、「徑德」

等），均逕改不出校。底本卷首篇目序言，一仍其舊，其篇目缺漏有誤或與正文篇目不符者，依正文或校本相關篇目補正。各本有而底本所無的序跋提要以及明清以來有關吕柟的主要史料，按類别以時序編次，作爲《附録一》、《附録二》、《附録三》，置於卷末，以供參考。

在本書校點過程中，博士生楊承嗣、孔慧紅協助我做了不少工作。

校點者　陳俊民

涇野先生集序

徐 階

道至孔子而極善，言道者宜莫如孔子。然孔子之言載於《論語》詳矣，舉未有出乎日用常行之外，而後世儒者則往往高深其説，至窈微恍惚，不可得而窮。此其故何也？道必有實得，然後有實見；有實見，然後能言之不失其真。夫道，不遠人者也，孔子得其不遠人者，而見夫遠之之非道也，故自不容遠人以言道。後世儒者慕道之名而不得其實，徒以億見揣摩議擬乎其間，譬諸窶人之談珠玉，以爲不極怪奇，不足明珠玉之爲寶，於是乎侈爲之説，不知説益侈而其失真乃益以甚。然則言道而遠人，皆未能實得者之蔽歟？

洪惟我朝建學造士，一教之誦法孔子，至於近時士尤喜言道，意將發孔子之精蘊而羽翼其傳，其趨可謂正矣。然既久而各務以説相勝，則漸以入於窈微恍惚，而道亦漸失其真。獨涇野吕先生不然，先生自少至於卒，無日不以學道爲心，其歷官中外，所至無不以聚徒講學爲事。然先生之言，平易簡質，要在反身克己，於其日用常行者，實致力焉，其他未嘗及也。先生博覽强記，自六籍以逮莊、列百家之書，問之無不響應，肆其才力，即窮高極淵，爲驚世之語，詭名之曰「道」，宜無不可能垂之後來，宜亦足以有述，而顧舍而不爲。嗚呼，其於孔子，信之篤矣！論者或言先生資禀朴茂，故其文不喜爲奇怪，不欲自立於峻，故恂恂然與人語而不倦，是豈真知先生者哉？

予往年與先生同在翰林，嘗有志於共學。未幾，予以請告去，先生亦出判解州，嗣是，蹤跡差池者十餘年。比予再入朝，則先生已致仕，俄而訃至矣，共學之志，卒莫副之。然予每讀當世士大夫所爲文章，反之於心，證之於《論語》，睹流俗而思大雅，意未嘗不在涇水也。今年秋，先生高第弟子侍御徐君思行、吴君公路、吴君惟錫，相與集先生之文，校而梓焉，拔趙幟而赤之。三君之心，所以爲來學甚厚，予故推本孔子之言道者序諸首簡，使知先生之文果可以誦而傳如此。先生諱柟，字仲木，高陵人，官至南京禮部侍郎。集凡若干卷。

嘉靖乙卯季春望日，賜進士及第，光禄大夫、柱國少保兼太子太傅、禮部尚書、武英殿大學士知制誥華亭徐階序。

涇野先生文集序

馬　理

《涇野文集》者何？ 皇明禮部侍郎呂子所著集也。 呂子諱柟，初字大棟，渼陂王子敬夫謂理，更字之曰仲木，號曰涇野，西安高陵人也。

弘治辛酉，子在辟雍，與理及秦西澗世觀、寇涂水子惇，均攜妻子同邸居者數年，内外旦夕，以脩齊之道相切磨、相觀法也。 嘗有約，言曰：「文必載道，行必顧言。 毋徒舉業，以要利禄。 毋徒任重，弗克有終。」 毋于時異居而志同者，有張西渠仲脩、崔文敏仲鳧、馬柳泉敬臣，皆簪聚規過輔仁，肆禮講學。 時涇野已卓然自立，而弗惑矣。 後由是殿試，賜狀元及第，爲翰林脩撰，而居之燕然；由是進諫，降謫解州判官，而居之燕然；由是歷官吏部考功尚寶司卿、國子監祭酒、禮部侍郎，而居之燕然。 蓋居職尚能而道前定焉，應斯不窮；居位尚賢而道前定焉，應斯不窮。 是故境有順逆，位有小大，素位以行，無入而不自得爾矣。 是故自太學卒業，迄禮部謝政，恒有暇日。 是故啓沃之外，有以講説至者則應之，有以贈處至者則應之，有以慶賀吊輓至者則應之，有以敘述記誌、表誄祠祭求者則應之，有以登臨賦詠偕者則應之。 蓋仁義道德之言，隨寓而發，猶源泉混混，其出不竭，猶菽粟之可食、布帛之可衣也；亦猶鍾鏞在懸，扣殊小大，鳴亦如之，足使醉者醒，寐者覺；亦猶空谷之聲，所感萬殊，妙應如之，若有神焉而莫知所存也。

故君子評其所撰謂：自孟子歿，漢有經生、史才、賦客，晉人工書，唐人賦詩，宋多文士，然據其言行，考所見聞，多未見道。唯董仲舒爲西京醇儒，然他儒亦多駁雜。東漢之末，唯孔明卓然特立，可以與權，管寧以潛龍爲德，確不可拔。兩晉人才，有不爲流俗所染，異端所惑，安貧近道者，唯陶潛一人而已。李唐人才，杜甫之詩，韓愈之文，最爲近道，然甫有啜人殘盃冷炙之失，愈有相門上書之恥，況闢佛而復友其徒，任道而牽情妓妾，杜、韓如此，自餘可知。趙宋文士，蘇、黄諸人，皆宗尚釋教，吕、文諸賢，率聽法參禪，唯濂溪周子學得其精，康節邵子學爲甚大，二程兄弟、横渠張子學爲至正，晦菴朱子能繼諸賢之緒。自元以來及今，見道而能守者，唯魯齋許氏及我皇明薛文清公數人而已。涇野子則爲漢之文賦，懷其史才，傳其經學，而無駁雜戾道之失；工晉人之書，唐人之詩，宋人以上之文，而多純實之語；醇如魯齋而著述則多，確如文清而居業則廣。蓋其學，詣周之精，同邵之大，得程、張之正，與晦菴朱子匹美者也。

子之逝也，諸弟子録其文成集，子仲、子畇及長孫師臯藏之家，西安高陵嘗梓之，然豕亥之訛尚多。於是門人侍御建德五台徐君紳、海寧初泉吴君遵，率武强學諭閩中王大經、藁城學諭莆田江從春校正編次，俾真定守成都于君德昌重梓行。集爲卷凡三十有六，爲編凡一十有六，然尚有遺逸。外此，有經説，有語録，有詩集，有《史約》，有《四子抄釋》，爲卷册頗多，門人與槐謝君少南有刊于西安者，胡子大器有刊于蕪湖者，兹不與。總校斯集而終其事者，則門人侍御彭澤陶君欽臯吾廬子，相其成者，則保定巡撫米脂艾公希淳居麓子也。

賜進士出身，中大夫、光禄卿、嵯峨商山書院院長三原馬理撰。

刻涇野先生文集序

李舜臣

先生以南京吏部侍郎，於嘉靖己亥致仕于京，以嘉靖癸卯卒於高陵。先生既卒，于是先生門人侍御彭澤吾廬陶君、建德徐君、寧海吴君，相與裒其文若干卷，刻于真定。刻既成，迺吾廬走使來樂安，謁予爲序刻之之詳。

夫文者，奚從而生乎？《易》曰：「黄裳元吉，文在中也。」《文言》曰：「君子黄中通理，正位居體，美在其中，暢于四肢而發于事業，美之至也。」至美者既在其中，故至文者自達之外。而孟子論氣有曰：「以直養而無害，則塞於天地之間。」其稱大丈夫也，亦曰：「富貴不能淫，貧賤不能移，威武不能屈。」趙岐釋之曰：「淫也者，亂其心也。移也者，易其行也。屈也者，挫其志也。」夫心也、行也、志也，皆美之所在也；能無所淫、無所移、無所屈，然後可以謂之「直養而無害」矣。

先生武皇初舉戊辰進士，既魁多士，而官翰林。時權宦起于其鄉，脅上之寵，播弄國柄，生殺予奪，在指顧間，置諸親己，咸在要地，其忤之者，禍亦旋至，先生于是，皆不顧也，既登第，引疾乞歸。瑾敗，用言官薦，起復爲翰林，終武皇年，官無所益。嘉靖初，以議禮與致政者不合，偶用言事，謫解州判。庚寅春，補南京宗人府經歷、南京吏部考功司郎中、南尚寶司卿。蓋自庚寅至於甲午，先生在南京已五六年矣。五六年間，豈不三四轉乎？然而皆散地也。乙未入于國子監祭酒，丁酉遷南京吏部侍郎，己亥捧表入賀皇太子正東宫位。天變，自陳致仕，遂不起而卒于家。觀先生出處如是，則于世故確乎無所動于其中，富貴焉得而淫之乎？貧賤焉得而移之乎？威武焉得而屈之乎？然後隨其所在，發之爲文，是故所讀之書，所履之行，所會之理，所見之事，皆于文焉出之。故世之君子欲觀正德、嘉靖間之人物，觀于是編足矣；欲觀先生之出處，觀于是編足矣。故三君子者，刻是編者所以存先生也，存先生者以存道也。

嘉靖乙卯春三月望，賜進士第，太中大夫、太僕寺卿致仕，門生欒安李舜臣拜書。

凡　例

一校讎

存稿若干卷，舊刻在西安府，字多訛謬。今依府志校讎，逸缺者補之，魯魚者正之。

一編彙

《集》中文有大小繁簡。今依原稿訂正，先序文，次記文，次書翰，次誌碣，次語傳，次字説，次奠章，次題辭，次跋，次策問，又次行狀、誄、議、銘、箴。卷自爲類，目各有條。

一提掇

卷必有目，目皆有紀。凡《集》中遇今上皇王廟號、誥勑、恩詔字様，俱首提，其次推空一字書之。

一存削

原稿散出，舊刻多訛。今依校定，凡文有關綱目、不可遺逸者，俱存弗削；其餘瑣尾、不係切要者，不在此刻，志於別稿，以備采録。

一闕疑

刻本魯魚而義難强解、善本謄訛而事無考訂者，闕之。或因舊文集中稱人奏議、事宜條陳繁碎者，今只述其大綱，而不詳注。

一纂刻

都察院照磨高陵吕昀藏籍。

巡按直隸等處監察御史建德徐紳、海寧吴遵、彭澤陶欽皐編次。

直隸真定府知府成都于德昌梓行。

武强縣儒學教諭閩中王大經、藁城縣儒學教諭莆田江從春校正。

涇野先生文集卷之一

南京禮部右侍郎致仕前國子祭酒
翰林修撰兼經筵講官
同修國史高陵呂柟撰
巡按直隸等處監察御史門人建德
徐紳海寧吴遵彭澤陶欽皐編刻

序 一❶

太學送張仲修序

弘治壬戌之冬，西渠張子仲修自太學歸章德，同志之士，矢詩以別，令予爲序。夫敘者何？敘別也。敘別者何？敘所以別也。敘所以別者何？敘會志也。故古者弗會弗別也，弗別弗會也；會不如別，弗會也；別不如會，弗別也。昔者顏淵之會子路也，子路曰：「願車裘與朋友共，敝之而不愠。」顏淵曰：「願不伐善而施勞。」其別也，季路處顏淵曰：「過其墓式之，祀則下之。」顏子贈曰：「去國哭于墓，復展墓而勿哭。」故子路勇於義，顏淵弗違仁。然則吾黨何以別張子也？方子鏜曰：「贈張子强有力。」秦子偉曰：「不如愚也。」趙子用寧曰：「博學于文，斯不怠。」馬子理曰：「非也，曾子省諸己，故外寡也。」田子汝耔曰：「毋多疾于咎人。」崔子銑曰：「絶戲謔，勿

❶ 本書各卷文類序號，除卷之二十、二十一《書》有「一」「二」序號，其他均無。現爲校點者據原目録編次加補。

品人甲子先後。」❶馬子卿曰：「母氏劬勞，亟爲禄養。」寇子天敘曰：「守貧，勿忘其初。」吕子枘曰：「可以別矣。夫張子何以處吾黨也？」

具慶堂序

延安趙生、楊生來從學，予以其年之長我也，辭爲友，二子以爲卻也，奠贄求之懇。楊生舊爲《具慶堂卷》以樂親，請予敘。予曰：孟子以父母俱存爲三樂之首，蓋以君子盡天下之學，備天下之道，澤及天下之人者，皆於父母乎出之，亦必于父母乎成之，所謂孝也。然猶不敢自是，而必求正諸人，所謂師也。昔者公明宣學於曾子，三年不讀書，尹焞游程門，半年後方得《大學》、《西銘》看。生之從我，且未浹時，而《尚書》、《大學》、《語》、《孟》講殆周，言論繁而躬行鮮，回視古人，俱有愧乎！雖然，生聰敏，綽有德器，與講《語》、《孟》奥義及程朱之旨，輒即解，恍若不在文字間。苟即是推而大之，體而行之，當必又求嚴師如横渠所説者矣，斯又父母之所具慶也！

侑觴之什序送秦世觀乃翁。弘治辛亥。

慎庵先生，德如蘭麝，義方之訓，其子式遵，慕而懷作《耆英社》。薛上達作。

才如厥子，俟庸明時，君子樂之，作《醉倚離亭》。張仲修。

禮義勤渠，如見其父，我之子矣，實惟我友，作《嗟我》。田勤甫。

❶ 「先後」，萬曆本作「林人」。

腹心爲一者，❶十八九年，視其親一而已矣，作《憶惜》。馬伯循。

兒酒在罇，父馬西返，作《千里東來》。王藎臣。

子父之情，不爲別離，別離萬里，情當若何？作《忍着》。❷趙惟本。

明月在天，薄照離懷，作《疋馬于門》。白子商。

春雲夜入，夢寐其子，寤而哭之，作《瀟羸馬》。雷天澤。

言念父訓，三年不聞，覩公如見，淚濕我衣，作《憶惜辛酉》。呂仲木。

安宅正路，未能居而由之，是用大作，作《匪飢匪渴》。馬敬臣。

樹有啼烏，❸時戀其母，聲聞於野，如泣如訴，如哭如語，作《愛日》。方遠。

有懷于古，慎姣交遊，作《管鮑陳雷》。孟望之。

遊子之情，見父若何？倏爾別離，可但愴心，作《寒月照簷》。趙德光。

性嗜菘韭，父飽其腹，仳離不茹，于今三年，竭力在何？日感而零涕，作《樗櫟》。樊季明。

無德不酬，無善不復，上帝之寵，良自今始，作《蘆溝》。忘其人。

燕山野餞序

惟正德己巳三月己未，禮科都給事中潘伯振鐸出守漢中，伯振僚友張季升雲、呂道甫經輩作詩送之，成帙曰《燕山野餞》既，

❶「爲」，萬曆本作「惟」。

❷「着」，萬曆本作「看」。

❸「烏」，原作「鳥」，據萬曆本改。

請柟爲序。柟原君意，敘曰：

皇帝若曰：「來，爾鐸！汝惟典禮，給事黄門，誕惟天下文命，或廢或興，惟乃攸知。予曰有宗伯，予曰有太常，予曰有鴻臚國子，其有不共，惟乃攸捄。亦惟爾秉貞，克相予一人，克共明神，俊民有造，禮儀罔忒。惟爾有攸言，克秉厥體，嘉謀多于先帝。庸陟爾于丕郡，守兹中漢，厥土惟廣，厥田惟腴，厥民惟殷。今天下博旱，荆楚侯甚，三輔侯次，南北胥奔，惟漢之食，漢亦厲止，夫瘁于途，婦餒于室，爲朕心疚，汝其念哉！」又若曰：「漢俗孔偷，惟女不忌旅，惟夫不醜女，邪風未殄，襄陽是達，汝念哉！嗚呼！爾惟不欲，惟漢之足；爾惟弗辟，惟漢之訛。乃有敗俗干化，寇攘越人，惟爾之僻，罔有攸貸。爾克敬，誕惟民之父母，惟民攸託，予其丕錫爾，庸簡爾于廷，宅乃上卿，輯乃兆民。」

又序

《燕山野餞》，贈潘伯振也。伯振明禋，敦如丘山，不忌不忒，典司邦禮。亦惟有攸言，克秉厥體，嘉績多于先帝，帝用賴之，庸陟伯振于丕郡，守兹中漢。春日既暮，僚友送之燕山，各賦爾詩，伯振永懷。誕惟漢廣，厥田惟腴，厥民惟殷。今天下博旱，荆雍胥奔，惟漢之食，漢亦厲止，夫瘁于路，婦餒于室，爲帝心疚。漢俗孔偷，邪風未殄，襄陽是達。爾惟不欲，惟漢之足；爾惟弗辟，惟漢之訛，是燕山之義也。

壽曹母太夫人八十序

曹太夫人姓張氏，今年正德己巳，生八十年，嗣子時範求僚友作詩歌，爲八十之賀，請予作八十詩序，且曰：「吾母素抱貞疾，日飲食不能數數。弘治戊申，吾父没，母疾日加劇，乃謂鏗曰：『吾疾，不能視子之成。兒能力學，以成爾父志耶？』鏗涕泣感激，讀且侍湯藥，得少間。弘治戊午，母病再劇，鏗獲舉于應天，母聞之，病悠悠在床且死，乃喜而坐起曰：『吾兒舉矣！』病遂頓愈，自是不復加劇者將十年也。去年吾舉進士，奉使得過吾句容，時母以鏗之離膝下久也，憂思殆將復病，已數月不出閨閣，見鏗來，曰：『兒舉進士來矣。』乃令兩婢子攙左右腋起慰吾，下上樓梯不覺難，遂不病，老益康强。嗚呼！母病初劇，吾舉於鄉，愈；母病將再劇，吾舉進士，愈。吾母之心，良可傷已！」泣下。又曰：「苟可延吾母于百歲者，繄當何如其爲力也！」予嘆曰：「有是哉！時範自是有職于王朝，使能行其所學，功澤加于上下，以顯父母，令太夫人身親見之，區區科第之悦，不足道也。太夫人之壽，又奚啻百歲哉！」

賀山陰先生壽序

同年石邦瑞十人者詣予曰：「某皆習于清苑王宗周，某皆兄弟居之，今且同年舉進士，故其父山陰先生，某皆奉以猶子禮。今年山陰先生生五十四年，筋力鬚髮俱茂老狀，又喜宗周舉進士，如狂，宗周曰：『此亦可以充親悦。吾人子者，可樂然進矣。』

予十人者乃爲詩歌，奉壽山陰先生。」請予序之。又曰：「山陰先生爲清苑學生時，門下授徒，勤于訓誨，種種成材。身九試于鄉，及不第，迺從縣歲貢爲太學生云。去年銓注尹山陰縣，適山陰饑饉，山陰先生發預備倉以救山陰，請于上官，上官下『約與之民』，乃增量數與之，上逆上官意。上官怒，譴山陰先生，山陰先生迺遂求解官去。若山陰先生者，又古之慈良温厚者也。」予曰：「慈良温厚者，仁之資也。充宗周之言，孝之備也。兼斯二者，山陰先生之壽，百歲未可艾也！」

送林侍御之南京序

正德四年間，朝廷數缺御史，予同年進士揀補者數十人，林君雲從與焉。未幾，朝廷又以御史多新進，不老諳憲體，不可遽令出風表諸臣工也，乃取南京御史之三四年者于朝，而以新御史補南缺，林君雲從與焉。將行，雲從同鄉之宦者及同年友謂：「雲從，莆田望族。父井菴君，天順甲申進士，爲御史，王父登永樂甲辰進士，曾王父爲兵部員外郎，雲從又爲御史，簪纓赫奕，可賀也。」予謂雲從亦不可不勉。聞井菴君憲廟時爲名御史，陳善閉邪，易儲之諫，激烈剴切，下獄而不自悔，至今人道之，夫雲從之勉，又豈可他求哉？或曰號直言不避者，漢言「驄馬御史」，唐言「膽落御史」，宋言「鐵面御史」，從事大本者，又自目「啞御史」，雲從何宅焉？曰：時各有宜也，道各有在也，心各有安也。不然，襲啞則諛襲，鷹擊則僨事。

古稀雙慶序

予同年進士田裕夫父木菴先生生七十年，母洪氏夫人亦生七十年，裕夫喜甚且懼，求諸名卿詩賦，上父母供悅樂，以頤壽，曰《古稀雙慶》，請予爲之序。予曰：木菴先生敦篤質直，讀孔孟書，崇禮誼，夫人若道以相之，若是，則性命罔虧，神完而體健，固宜壽也。木菴先生築書屋蕭山之道源，自課裕夫兄弟五人之業，裕夫兄弟五人，皆俊拔成材，裕夫且舉浙江第一，又舉進士，木菴先生之志行矣，其樂無涯，夫人曰：「予亦樂無涯。」若是，則志氣舒，則百慮不生，固宜壽也。而裕夫猶今日舉者，豈以父母愛子之心未有既，而子慈父母之道未有窮耶？夫修諸其身，使七情不鑿，五性不賊，俯仰不愧乎天地；成己至道，無愆無咎，施諸其人，法行遠邇，功業見于上下；聲垂後裔，不没其身，用光顯先人。此豈非裕夫所欲盡于父母，而木菴先生所又望於裕夫者耶？若是，則木菴先生及夫人並千壽，又可知也。

送李時馨序

教學不明，士習頗僻，俗用偷敝。古之人言曰：「人倫明于上，小民親于下。」故道立而後化行，法備而後教廣。善教者因其人而導之：聰察問辯者，矯之以默；質朴遲鈍者，激之使敏；暴悍者，抑之使順；委靡自廢者，鼓其氣使之奮然以有爲；昏昧者，開之使通；淺陋者，浚之使深；耽玄而遺事者，屈降其心使之實；攻文辭、直記誦，不成于用者，約之使有所歸；安于卑近者，揚之使高；修飭其外者，斂之使知虛名之不足恃。此十者，因人情之偏，救之中也。故能救斯十者，則能爲人師。人情之偏，非止于斯十者，知斯十者，可類推其他。師之教，非止于救斯十者，知斯十者，則凡因問而答、隨感而應，如造物者也。然必我學不謬，充于其中，斯發于其身。發于其身，斯師于其人。故《説命》曰「❶惟學遜志，務時敏，厥修乃來。❷允念于兹，道積于厥躬，惟斆學半」云。慶陽李芳時馨周慎簡朴，學不務炫露，今年教諭山西長子，同年者欲贈言以相勉，俾予若是乎道之。

送楊河間序

國朝之制，於内設糾劾百司、振肅風紀者，曰御史；於外設承流宣化、統理州若縣牧斯民者，曰郡太守。御史之職者，多陟出爲郡太守。上郡統數十州若縣，中郡統十餘州若縣，不能十餘州若縣者爲下郡。近郡在帝都千里之内，遠郡在千百里之外，又遠郡在千萬里之間，故得郡之上且近者爲賢，得其次者爲次賢。永壽楊宗德儀有聲御史，今年陟守河間。河間，直隸郡也，上且近，銓注者固知宗德爾矣。將行，鄉士夫屬柟爲言以贈。曰：「若宗德者，易告也。宗德邇年嘗巡按直隸，直隸之守，慈祥温良爲長者，不欲爲廉，直躬爲貞，惠民爲仁，孜孜圖政者爲勤，宗德嘗奏陟之；峻法爲酷，媚上爲側，横賦爲賊，荒酒自康者爲廢職，宗德嘗奏黜之。今若以其所陟守者爲守，不以其所黜守者爲

❶「命」，原無，據續刻本補。

❷「來」，原作「至」，據續刻本及《尚書·説命》改。

守，則雖爲天下守且有餘也，而況河間乎？」

別寇子惇序

南京大理寇子惇將行，友人吕子别之曰：「大學有五美，亦有五不美。夫忠信不譎則美，固執有志力則美，簡淡則美，不畏高明、虐煢獨則美，持此道終其身不易則美。夫『忠信不譎』，弗克明，則或速欺侮，則不美；『固執有志力』，弗克變，則事僨，❶則不美；『簡淡』之流弊，守雌守黑，則不美；『不畏高明、虐煢獨』，乃或長傲長姦，則不美；『持此道終其身不易』而不知也，則差毫釐，繆千里，則不美。故君子之道，博其學，所以求明也；精審權衡，所以經物也；有守以藏其用，有爲以顯其體，所以爲達也；恭以出其正，義以行其慈，所以宅上下也；如天地無不覆載，所以廣所受也。知所美之在此，而天下莫能加焉，所以終其身而自不能易也。」寇子曰：「然。」

贈王曲沃序

漢召信臣守南陽，政治清平，百姓賴之。後杜詩守南陽，亦政治清平，百姓賴之。故南陽語曰：「前有召父，後有杜母。」言召、杜慈民協心，咸有成績在民，孟軻所謂「仁聲」者，先後一也。

曲沃，晉鉅邑，土厚人稠，民多貧窶，風俗剛悍，未信難役，至訟争兩造，有口者卒然未能讋服，又不孔畏鞭笞。考於《詩》，

❶「僨」，原作「憤」，據《禮記・大學》「一言僨事」改。

《蟋蟀》、《采苓》諸篇，皆沃俗也。然崇勤儉，尊朴直，憂深思遠，猶有陶唐氏之遺風焉，故可綏之以德。弘治初，近山劉公曾爲曲沃。近山之治沃也，躬率以儉，推誠心，集之以不擾。儉則賦省民殷，誠則百姓之情無不盡，不擾則民安，沃是以治也，沃人至今思近山如父母。王君直夫能文章，發解陝西，至登進士，詩賦不遜隋唐人，多才多計，懷抱欲措百姓，乃與近山同。州里知近山之治沃且詳，又以其所有行之，其於沃也何有？行見沃人亦如南陽人之爲語也！直夫懋哉！

榮輓録序

莆田鄭行恕大司徒，東園君之子，方以進士觀政，聞其母淑人訃。淑人黄氏，適東園君，克盡婦人之道，歷封孺人、恭人，至今封，年七十四卒。公卿以下知東園君與行恕者，各輓以詩歌，行恕裒集成帙，名《榮輓録》，屬予敘。敘曰：淑人性行之懿，東園君儀式刑之美，諸輓者悉矣，所增榮於斯録者，將無在行恕善繼善述而有光焉者耶！

壽楊貞菴七十二序

蒲州史宗道曰：「吾鄉有貞菴先生楊公者，名瑩，字大潔，天順間進士，歷官行人，至參議。自少奉身清苦堅正，不以曲邪媚人，人多銜之。爲參議，復忤秉政者，故參議乃遂謝政，年總四十餘也。乃杜門不出，日日誦修先王之法，不復念仕進，亦不復與顯者交際，雖身素所厚者至蒲，亦不去謁，或問之，乃曰：『吾林下人，久不入市朝，此雖厚，或遺吾矣。』又或顯者先施謁，亦落落處之，不與甚款洽。洪洞韓先生、太原周先生，皆素厚友，洪洞已爲大司徒，太原已爲大宗伯，手書屢至，輒不與答，洪洞、太原相謂曰：『楊公書不可得，乃如此。』初，先生學於衞述先生，衞述先生學於薛瑄先生。薛瑄先生直内方外，終身無瑕疵，得洛陽程子之傳，衞述先生受之，忠信無僞，可透金石，故先生學爲有本也。先生爲官，不妄取秋毫，故其家甚貧窶，然讀書賦詩，曠然不以累志者，謝政後三十年一日也，今年七十二歲矣。曾辱先生之教良多，已爲軸卷，煩諸友托諸詩歌，歸壽先生，然非有吾子之言於卷首不可。」予曰：「噫！嘗聞之楡次寇子惇者亦云。」乃即是書之，上貞菴先生，以風蒲人士。

康長公世行敘述序

敘曰：康長公名德，巍巍然冠諸關中，人至今思之，無小大、賢不肖，無弗知康長公也。然學者論事，又多失實不似，故康長公有子曰海乃自撰述，於是鄠杜王君爲墓誌銘，慶陽李君爲碑，臯蘭段君爲傳，而康長公家世行跡，略可誦説矣，海曰：「是足以昭先德，戒荒墜，施及子孫爾矣。」於是刻所傳述及誌、銘、碑、傳四篇，曰《康長公世行敘述》。

同年録序

吾省人同舉丁卯者序齒録成，王太史序諸端悉矣，諸君子復欲予書其後，蓋重求所以居同年者。予謂之曰：「人心之欲，若諸君子所序之齒，高下參差不一也；人心之理，其同然也，若諸君子不約而獲舉於一年者也。諸君子能序其齒以爲《同年録》，其亦能齊其心之不一，以同其人邪？」諸君子曰：「我道蓋是也。」曰：「《易》曰『同人于野，亨，利涉大川，利乎君子之貞』，言同道也。諸君子亦取於斯而已矣。」

筠北三同序

《周書》曰：「周公克慎厥始，君陳克和厥中，畢公克成厥終。三后協心，同底於道，四夷左衽，罔弗賴之。」三后相繼，訖於百年，同心于道而后顯，言「同」難也。後漢管寧、邴原、華歆締友爲學，世稱「一龍」，亦孔之同，後唯寧完，原已微有瑕闕，歆奸犯名教，言「同」難也。故君子之求同也，不惟厥人，惟心；不惟厥心，惟道。道弗同，心同，比未可知也。心弗同，人同，面未可知也。同心苟道也，我可忘，義可通，言可公，業可共，精微可語，金可斷，天地可參，鬼神可質，❶日月可照。九可者，道之立也。

筠北有「三同」焉。三同者，三人同心，以有求也。曰熊相尚弼，曰況照廷光，曰朱寔昌士光。予曰：「同心，宜莫若周三后。」尚弼曰：「惡乎從乎？」曰：「同人于野，亨，利涉大川，利君子貞。」三人同曰：「然。」同年者以三人同江西瑞之高安人，同處筠陰，室廬、戚黨又相邇，自齠齔同方學，皆能舉鄉試，❷又同舉進士，亦曰「筠北三同」云。

❶「質」，萬曆本作「贊」。
❷「能」，萬曆本無。

送劉河間序

吾友榆次寇子惇嘗謂予曰：「吾鄉有劉祹大福者，具四最焉：事親最孝慈，結友最不苟，處鄉里最直，宅身最廉以律。有此四最，不得舉進士，止太學生。嗟哉，今之舉人者，采文不采行與實也！」今年春，大福除河間訓導，請言。予謂大福可語也，曰：昔吾遊太學也，見朴野悃愊，弗克變遷者，多下省窮邑人也；見文章煥然，言動明辯，不可束以繩墨者，多兩都直隸之士也。兼斯二者，不受習俗，爲上士；二者不可得兼，亦以取其朴野悃愊者已耳。夫河間密邇乎帝都，豪傑之士出乎風氣者固多，然亦有然者矣。大福能以其所得，化其所失，將上士輩出矣。昔寇子謂大福不遇者，何哉？

壽徐生父序

常山徐津問之，其父可菴君，今年生五十年，其五月四日則誕辰也。問之遊學上都，弗克奉歡膝下，乃因張子言，干文寄壽焉。涇野子曰：凡親之壽，在親，亦在子；凡子之壽親，不在文，在行。子之壽親也，檢身服道，無作忝羞，父母樂之一也。建揚丕績，德澤在人，父母樂之二也。修文章，樹風聲，父母樂之三也。敏于耕耨，服食不匱，父母樂之四也。敏于商賈，服食不匱，父母樂之五也。然而其分不同也，是在徐生已矣。

送董青州序

正德四年夏五月，朝廷以青州山東大

郡缺太守，難其人選，于衆得刑曹正郎董君錫壽甫者畀之。其僚友歐陽君子重輩請贈之以言，予曰：嗟乎！國朝最重太守之任，與漢世略等，然漢多循吏，亦其自宅者之有道耳。今天下博旱，誅求百出，細民嗷嗷，不聊其生，青州尤甚，又盜賊充斥，家室或播離逋逃，治亦難矣。故夫畜慈良之心，秉英特之操，直屈撓之時，發損益之政，民猶可與也。不然，知應上不知應下，知近圖不知遠慮，此風彼靡，政斯怠矣。壽甫，江西寧都之望族，大司空文僖公之子，穎敏不群，博徧載籍，亦邃聲律，中丙辰進士，爲刑曹主事，以優才分理淮安漕運，仁惠被于漕卒，淮人亦賴焉。又明察不礙，數辯誣獄。既爲員外郎，爲郎中，政名愈著。所謂「緣時而發損益之政」者，非邪？今爲青州，青州之民其安堵乎？昔宋富鄭公爲青州，救饑民數萬，當時利焉。壽甫兹往行，見青人歌曰「宋有富公，今有董君」，而壽甫他日之在朝廷者與富公並，又可知也。

贈正齋蕭君序

昔予在太學，聞蕭君正齋者，名醫也。正齋者，蕭昂別號也，士大夫論醫及索藥，必曰「蕭正齋」。今年夏，吾友崔子鍾病，予視之，已言亂矣，乃束請正齋。正齋他出，比來，予又不在，故正齋藥不用，乃用他醫藥，不效，病且瞀，三日而後用正齋也，病已危，然卒愈。惟時子鍾以翰林編修改南京驗封主事，匆匆欲行，乃托予代言贈正齋。予遂告之曰：不知人病而醫者爲庸醫，知病而出異眩巧醫者爲亂醫，講不同信行其我者爲無權醫，病可即瘳，故俟其沉而後救之者爲桀醫，執一方以治諸病者爲細醫，更症而后醫者爲無能醫，觀病弗詳，遽爾是之療之者爲輕醫。庸醫者不智，亂醫者死，無權醫者不行，桀醫者不仁，細醫者小醫也，無能醫者不能爲醫也，輕醫者多。數醫皆足以殺人，故君子不道也。《周官》有醫師，統于太宰，而食醫、疾醫、瘍醫皆屬焉。法以十全爲上，十失四爲下，然則十全之醫，其國醫乎？殺人醫者，予信正齋免矣；國醫，正齋不可不至也。

贈鄒保定序

正德四年秋，兵科都給事鄒子文盛爲保定太守，僚友惜其才大量博，守固志遠，外補郡守，欲贈以言，意存勸勉，用飭臣力，乃請予道之。予始仕史官，嘗與鄒子聯班廷陛，見其容度整雅，動静不忒，内深器之，卿輔材也。吾友馬敬臣，其僚也，亦云然。若是，於爲郡也復何言？雖然，凡郡之事，有錢穀，有簿計，有訟，有教化。凡郡之地，有州，有邑，有里，有田疇。凡郡之吏，有別駕，有推，有師。州邑有太守，有尹，有丞，有簿，有胥史，惟太守之明。錢穀不明，國用不經，民用不康。簿計不明，胥史進姦。訟不明，則民倦善而敏惡。教化不明，風俗偷靡，人倫昏淫。州不明則州亂，邑不明則邑罷。田疇不明，彊弱淆其封植。里不明，雞犬罔寧。故別駕，欲其誼也，欲其協也。推，欲其廉且章也。師，欲其端也。州長、邑長，欲其慈明也。丞，欲其敏也、才也。簿，亦欲其敏也。胥史，欲其懼也。故治誼，治協莫如孚，治敏莫如匪懈，治章莫如公，治廉莫如不欲，治端莫如端，治慈明莫如去不慈明，尤莫如先慈明，治懼莫如斷。

敘齒録序

士舉于鄉大夫及禮部卿者，有試録，惟文章第上下，不論年。故士又私有「序齒録」，年異者甲子列，同者月列，月同者日列，日同者時列，艾强壯弱，循循然不亂。殊井邑，異風俗，情若同胞、父祖，子姓、世講，其雅文章，威富不與焉，厚之道也。故河南人舉丁卯者，亦爲是録，由夫厚之道也。又曰：王佐榜録，賴朱子乃傳；韓琦、張詠榜，後世指稱得人。録意固復求進于此也。

蟠桃圖詩序

莆田李子之母陳氏，今年生七十年，健裕不老。李子願母且千歲也，乃繪《蟠桃圖》，求詩歌以壽之。既而謂鄒子曰：「圖完矣，詩歌闋矣，予意有未既也。」鄒子曰：「吾黨有吕子者，善撰人意，吾爲子詢之。」吕子曰：「圖之用蟠桃，何也？」曰：「蟠桃，果也，三千年花，三千年實，壽不計歲月，欲其母之年如斯果也。」「圖之用山，何也？」曰：「山也，鎮定不崩，與地終始，又欲其如此山也。」「用竹，何也？」曰：「竹也者，木之堅多節者也，亭亭不蔓，風雨霜雪，不能凌侮，言母中道寡居，秉節至老而不渝，貞儉清苦如此竹也。」吕子曰：「華而物，非所爲功也。人子有三壽，父母不與也：上壽爲至，中壽爲能，下壽爲恒。凡吾所性，乾坤之靈，自父母貽，中不滋欲，外不食習，罔賊厥真，無攸不利，父母曰：『吾有斯子，光贊我躬，不辱天壤，夫復何慮？』頤神若志，以臻遐福，是爲『上壽爲至』。父母寒餒，朝夕不能爲悦，以其所學，易其爵禄，修其政事，小利百姓，父母曰：『吾有斯子，榮耀我門閭，爲國之材，我尚何憂不給？』優游卒歲，是謂『中壽爲能』。無德不賢，無能不才，周遊齊民，營營衣食，以貢父母，父母曰：『爾祇爾厲，或無不繼，令我顛殞。』是謂『下壽爲恒』。夫中壽，李子已無患矣，其謂李子以上壽！」

贈龍臨川序

龍子尹臨川，廖子、朱子、唐子、史子、吴子曰：「義有以道龍子也。」予曰：「五子者之道，何也？」廖子曰：「民俗罔偷，惟士作風。士習之良，先興厥行。齒學齒讓，❶國有常典。」朱子曰：「惟民食艱哉，役賦罔衡，民乃作瘺，❷吾慈不究，惡取于民之父母？」史子曰：「夫民富勢相役，睦道亡矣；講貨棄親，婚姻道亡矣；略齒輶德，鄉道亡矣；死不知哀，喪道亡矣；追遠無經，祠非其鬼，祭道亡矣。五者，當龍子之所始也。」唐子曰：「慎恤民力，簡于暇日，無或罷民于僭費，毋或勤民于僭役。僭費非父，僭役非母。」吴子曰：「不明于訟，民乃弛善。不中聽于訟，民乃懋惡。」予曰：「仁夫五子者之道也。夫廖子政之基也，朱子政之物也，

❶「讓」，萬曆本作「試」。
❷「作瘺」，重刻本作「瘺枯」。

史子政之經也，唐子政之程也，吴子政之機也。基定則民立，物散而不私，則民不匱，經行則政修，程舉則民康，機明則民敏德。定基莫如貞，散物莫大于不欲，行經莫大于時，舉程莫大于義，尤莫大于慈惠，明機莫大于公。」

味松老人九十序

君子修存，小人修亡。君子修壽，小人修夭。君子不溺欲，不昏醴酪，不殖貨財，不黨喜怒好惡，不淫于宴樂，不易彝倫，奉身不越常。故君子性定諸内，神周諸體，靡或有戕，享年永延，克立上帝之命。昔在李耳，損視損聽，損辭損欲，玄牝弗鑿，精氣暨神罔有傷，亦克永年。其在庶人，惛不自知，甘心于邪僻，忘命嬰禍，七欲交感，罔有底止，四體痿痺，百神中衰，五十稱「不夭」，七十稱「古稀」，罔克永年。

於戲童翁，初賦剛方，不嗜己私，勸善戒惡，鄉閭咸霑惠澤。幼耽典册，涉獵書史，旁究岐黄，百藥精通，自頤拯人，咸取于斯。衣食饒裕，濟貧給弱，不忍自足，德垂後昆。賁于孫子童寬，文章郁郁，禮闈上第，拔擢御史，彈愆糾違，爲翁之光，翁之壽享，應無比矣。翁常博覽草木隨時榮枯，惟松堅實，霜雪交摧，柯葉不改，志賞心玩，九十年矣，斯味不變，於是自號味松老人，人固亦以是歸翁。《詩》云「如松柏之茂，無不爾或承」，言年增福進也。翁之壽享，應比松矣。

贈隴州陰陽典術閻允濟序

昔者庖犧生蓍，夏后氏作龜，以貢吉凶

休咎，黎民逢之，用悔不用吝，世躋平康。後聖欽若，罔敢渝侮。周人畢揚其政，擇建大卜、卜師、龜人、箠氏、占人、筮人，董正龜蓍法，以「征」、「象」、「與」、「謀」、「果」、「至」、「雨」、「瘳」稽六龜，三兆，以「更」、「咸」、「式」、「目」、「易」、「比」、「祠」、「參」、「環」筮三《易》、八頌，故民疑定也。違聖人遠，技術糾興，爰有測玄闡虛、八門九宫、洞林涓吉、龍穴砂水、火珠林、三命五星，範圍六壬、三元、太乙，取徵須臾，乃亂乃舊，乃惑乃民，乃隳大業。習其學者，比于糊口，故龜筮不可毀也。夫龜，自衞平運式，定日月，分衡度，以「首仰」、「足開肣」、「横吉」占諸物，已戾燋契觀墨，視高蒞卜之法不可行矣。《傳》言孔成子遇屯，秦伯遇蠱，畢萬遇屯之比，蔡墨遇乾之同人，晉公子重耳遇貞屯悔豫，穆姜遇艮之夬，并孔子論「大衍」，蓍猶爲存乎爾。若有人焉，宅心中貞，達于神明，毁諸占術，壹志索蓍，蓍受命如嚮，以決民疑，彝倫攸敘。

贈牛鉅野序

牛子爲鉅野，張子璿曰：「吾牛子之材，於是乎始著鉅野矣。」李子文輝、宋子滄曰：「吾鉅野之民，于是乎生於牛子矣。」予曰：「牛子，吾故知其良，直未習耳。」張子曰：「温恭而易直，慈祥而愷悌，牛子之質也。奇而葩，鏗鏘而琳琅，牛子之文也。自樹不卑，思拔于群，牛子之志也。闇爽無隱，牛子之明也。」吕子曰：「雖然，夫質也，温而不威，則民犯；文，奇而不質，則髦士易愚；志，崇而不繼，則易索然薾也；明而察，其誠或不能達。四者，爲政之弊也。昔子産將老政，謂子太叔曰：『其以威，繼我寬。』子太叔不從，鄭政用弛。孔子曰：『政寬則民慢，慢則糾之以猛。猛則民殘，殘則救之以寬。』故君子觀於此，可以知時措之宜矣。故君子不知義，不足以行政也。故君子之道，博學以畜其德，博問以通其學，精思以研其幾，直躬以踐其仁，知斯四者，可以得爲政之體矣。仰察於天時，俯察於土俗，中察於人情，視民不良如己之惡，視民不足如己之匱，知此五者，可以得爲政之用矣。體立則化妙，用行則神顯。」

張詩望衡湘圖序

都下儒者張詩，其父仕于武昌，詩三年而不見也，每登燕山之上，佇瞻衡湘，歌曰：「衡岧岧兮，湘渺渺兮，父母遼遼兮，我心怊怊兮。」值誕辰，又歌曰：「衡皇皇兮，湘洋洋兮，父母偕慶兮，我心望望兮。」吕子聞而嘉之曰：「夷貊之人，不知有父母矣。草莽之人，知有父母矣，未知慕也。都邑之人，知慕父母矣，未知敬也。大夫及學士，知敬父母矣，未知德也。君子之道，博施利民，百谷不災，羽毛毨毨，以光昭于上下，襄時國家，弗滅其身，敢不篤其本乎！夫不鑿不飭之謂『質』，得所入之謂『路』，弗戾之謂『正』，無止之謂『剛』，有諸己之謂『德』。匪質者仆，失路者迷，罔正者惡，非剛者晝，滅德者亡。五物者，君子之所嚴也。」邇戎之地，有賤丈夫焉，降而不良，又自伐其美，父母怒而撻之，弗受，曰：「吾豈若夫子之蠢也？吾自能求口食！」已而圮族戕物，百災駢集，父母憂恚不久。吕子聞之曰：「豈惟是哉？朱均不能綿世，越椒躬滅其鼻祖！故君子之事親也，敬夫五物焉爾，五物敦，父母之心爾悦矣。悦則康，康則頤，頤則壽。」

送馬固安序

信陽馬子録以進士出令固安，將行，友人問敘焉。涇野子曰：「夫令也者，所以令民也。令者，善也，故以善令民，民爲善爾矣；以不善令民，民亦爲不善爾矣。《詩》云：『視民不祧，君子是則是效。』可不慎乎！古之爲政者，以其所能，責人之所不能，不以其所不能，責人之能，故德行易而績成速也。季康患盜，❶問於孔子，孔子曰：『苟子之不欲，雖賞之不竊。』」或曰：「勢不同也。今也雖欲不欲，不可得已。從子之言，是賊馬子耳。」曰：「是未有不欲者也。夫苟不欲，其誰將奈之何哉？室將覆矣，則將圬墁黝堊，以爲一日之美乎？抑將正其宗廟，屋穩而後已也？故君子法以制財而民不困，時以興事而民不勞，惠以慈民而民不離，遜以導民而民不亂，中以折獄而民不争，時以簡民而民勇。六者具舉，非不欲者，不能也。」夫馬子少耽詩賦，自比杜甫，河内何子嘗謂之曰：「此不若閑於官政之爲愈也。」故君子有五政，而終之以樂焉：一曰愛，二曰義，三曰序，四曰勤，五曰慎，六曰樂。故不愛之樂，殘忍之聲也；不義之樂，淫靡之聲也；不序之樂，乖亂之聲也；不勤之樂，惰慢之聲也；不慎之樂，放遺之聲也。

---

❶「季康」下，萬曆本有「子」字。

送張廣平序

正德庚午春，岷山張子潛以膳部郎中出守廣平，涇野子曰：「夫張子而知太守之重乎？太守正，倅令皆正矣；太守僻，州縣斯敝矣。《易》曰：『鶴鳴在陰，其子和之。』故君子慎其幾也。古之獲上者，法舉而無間，德布而不私，廉而率履，忠信而斷，是以其上孚，而其下可治也。古之稱善政者慮民，今之稱善政者賊民；古之刑罰懲民之惡，今之刑罰剥民之財；古之征斂計安其國，今之征斂弗由其經；古之折獄求民之情，今之折獄任己之情。」張子曰：「然盜今且棘矣。」曰：「由今之政，茲其所以棘盜也。昔者，漢宣帝患渤海之盜，選龔遂而治之，遂請曰：『將勝之乎？抑安之邪？』宣帝曰：『固安之耳。』遂遂之渤海。入境，出令而盜屏，三年而民殷，五年而渤海大治。夫盜，豈民之所欲哉？不得已耳。故饑寒切身，雖慈父不能保其子，愚而不教，師雖賢不能有其弟子也。爲民父母，行政而惟盜之勝，吾未聞能勝者也。故君子之爲政，老者欲其佚之也，幼者欲其生之也，壯者欲其有服也，鰥寡孤獨者欲其有養也。審此四者，則知所以馭民矣。苟利於民，雖害不避；苟害於民，雖利不取。審此二者，則知所以事上矣。民安矣，雖倨而不與校也；民不安矣，雖諂而不與喜也。審此二者，則知所以馭官矣，夫奚盜？」

送駱南海序

同年餘姚駱用卿出令南海，呂子告之

曰：「端影看形，築堵看楨。夫昔之治南海者，有七君子焉，駱子固宜用之也。」駱子曰：「何謂也？」曰：「吴隱之潔，陶侃敏，孔戣用人，周敦頤洗冤，龔茂良修禮，鍾離牧祛盜，蘇緘威然。潔，非知天者莫能守也；敏，非知幾者莫能持也；用人，非貞己者莫能得也；洗冤，非知性者莫能急也；修禮，非知情者莫能制也；祛盜，非知欲者莫能處也；威，非知德者莫能立也。故君子博學以知天，存誠以知幾，力行以知己，篤初以知性，審時以知情，節用以知欲，立教以知德。」

送黃武進序

同年黃子卿出尹武進，其友大行李子文輝曰：「昔者吾與子之在青州也，誦仲尼之書，慨郡邑之官，見胥史餌奸，黎民飲恨，征徭科賦，倍誅厥耗，依名索求，單於錙銖。婚冠夷，喪祭淪，彝倫斁，而風俗偷。求悦于當道，私假舟車，馬不停廄，隸不停足。假名營繕，立意剋剥，罔人欺鬼，共疚于心。兹行也，其無背乎！」黃子曰：「卿敢不努力，以負久要？」吕子柟曰：「善哉！時庸之行，尚質之贈，其於武進也輕矣。夫胥史不奸，明而義也；征斂有藝，送迎有程，營繕不忒，仁也；振整風俗，禮也；刑允，信也。五者，性之德也，故君子務之也。」

送吕章丘序

晉州吕子秉彝以進士出尹章丘，御史張子璿曰：「性之者，吾友也，外朴而中敏，易而不隱，慎而周，博而雅，才高而文健者也。」涇野子曰：「性之如是也，可以鎮浮照奸，使鰥寡無蓋，❶行不礙而體立作，章丘之士裕如矣。今之有司之治民也，聽訟而已矣；訟之弗獲，取賄而已矣；賄之不得，峻刑而已矣。三者興，民斯斃矣。性之寧有是哉？雖百章丘，可也。」張子曰：「世有温良慈祥，事至不能舉，訟至不能折，今謂之不才者也。世有見事風生，敏事上官者矣，然弱民力，單民財，民畏其威，不敢言諸口，今謂之多材者也。茲二者，何居焉？」曰：「皆非也。但今之所謂不才者，效雖緩，殃民實淺；今之所謂多才者，效雖速，殃民實深。君子苟懷永圖，則知所擇矣。」

秋官劉温瑞挽詩序

涇野子曰：挽詩者何？挽紼以歌也。挽紼以歌者何？其人已亡，其德不爽，挽而歌之，猶爲存乎爾也。於惺惺軒劉子何輓焉？少敏于學，壯正厥行，仕死于官。敏于學《春秋》，用明正厥行，罔忝乃先人，死于官，刑用不謬。

坦菴先生序

同年方豪曰：「往年豪父母來自開化，衝寒冒暑，水宿星行，皇皇焉眡豪于京邸，年且耆艾，任此辛楚，谷亭聞決，綷斷舟覆，岌岌乎不免。興言及此，魂飛薨薨，官何爲者哉？豪方獲奉歡膝下，以徇薄禄，而父重念先隴，乃及春初，整駕南歸，以豪故，又跼蹐不能以決行也。且豪父善事先公，諸

❶「蓋」，萬曆本作「虐」。

父咸睦，又善處鄉閭，鴉金之叟，朱嚴之牧，罔有不説。豪每念及此，悔責不肖無地。夫豪有其身不能養其父，有其官不能安其父，思皇其德不能繼其父，豪何以爲子哉？」涇野吕柟曰：「父母于子之心，愛之欲其成也，成之欲其至也，至之欲其仁也。子能思父母之遺體，則必能詳聽而不賊其耳，審視以不賊其目，修辭以不賊其口，慎動以不賊其形。若是而曰『不能養其父』，吾不信也。子能患父母之不安，則必能乾乾于日，皇皇于夕，博通乎古，精通乎今，心無懈于思，身無惰于行。若是而曰『不能安其父』，吾不信也。子能思父母之事親，則必能移于事君，載其職不辭其煩，執其公不營其利，當其危不渝其常，爲時良顯，光昭先世爾矣。❶子能思父母之處鄉，則必能移于處民，有貨而不殖，有德而不私，不長民之奸、虐民之弱，下樂而上安矣。」豪曰：「然。」乃持以告坦菴先生，坦菴先生曰：「夫若是，吾去復何慮！」乃歌曰：「白鰕之地，其魚尾尾，薄言綸之，以羞祖妣。金錢之山，于焉《考槃》，有花郁郁，有水潺潺。」❷

定州志序

予山居時，倪公在丞嘉善，嘗撰《嘉善志》寄我。予讀《地里賦》二篇喜焉，以爲得紀事之體，而嘉善之細港細蕩，亦因是以有嗚也。比過定州，公在又撰《定州志》示我。夫定州之《志》，則又進乎《嘉善》矣：疆域之思「危」，建置之思「廉」，祀典之思「敬」，田賦

❶「爾」，重刻本作「多」。
❷「水」，萬曆本、重刻本作「泉」。

之思「憂」，官師之思「畏」，人物之思「長」，選舉之思「質」，雜志之思「文」。《易》曰：「君子以言有物，而行有恒。」夫言之無物，皆其行之不恒者也。夫定州之《志》，豈獨可以觀倪子有物之言哉？於戲，可以傳矣！

西守留芳序

正德五年夏，柟養疴涇野，客有來者曰：「去年關中旱棘，餓夫餓婦俾子女鬻草，同馬牛出鬻于市，立終日無買者，或仆而斃。太守陳君爲食以食之，率得不死。又身走烈日中求雨。及秋大熟，鄠、杜之間，穀或一本二穗，涇、渭、漆、沮之間，收皆畝數釜若庾，❶民獲足食。當是時也，吏務掊尅，民苦誅求，加以饑饉，逋逃爲盜爲逆，四方蜂起，西安之民亦已幸矣。及今冬十月，天子聞太守賢，陟山東憲副，敕整天津兵備，秦中士大夫自大司徒雍公以下，咸矢詩以贊之，且勸太守進于不已也。」柟繼之曰：「夫今天津之政，其大者三：一曰閲武，二曰明刑，三曰弭盜耳。夫閲武莫大乎已貪，明刑莫大乎服民心，弭盜莫大乎遂民欲。充西安之政，何有于三物者哉？天津，内翊京師，外威邊陲，國門之喉舌，天下之要衝，太守不可不重視之也。」是時秦父老子弟攀留，聞予言，益戀戀不已，太守日中乃得次灞上，夜宿于臨潼。

壽鳳山先生程公序

鳳山先生諱端，字表正，姓程氏，別號

❶「收」，原作「抆」，據續刻本改。

鳳山，蜀之嘉定人也，今年辛未，閲春秋七十矣。其配孫氏，載德肅雍，亦嘉定著姓也，今年辛未，閲春秋七十矣。其子以道從三原詣予曰：❶「啓充之父，今年正月二十一日誕期也。啓充之母，今年十二月十九日誕期也。啓充羈棲一官，無能稱壽，惟吾子圖之。」某若曰：「以道而知人子壽親之大乎？夫人子之壽親也，顯親爲上，其次悦親，其次養親，其次榮親，其次逸親。逸親者，力可能也；榮親者，貴可能也；養親者，富可能也；悦親者，賢可能也；顯親者，聖可能也。吾聞鳳山先生有六德焉：成親之謂孝，撫孤叔之謂友，散財焚券之謂義，不御紈綺車馬之謂儉，面折人過之謂忠，善誨以道兄弟之謂慈。以道而能體之，上以奉君，下以裕民，旁以宅僚友，近以持身，遠以範俗，其道具舉，不進于顯者，未之有也。故力者足以壽親之體，富者足以壽親之業，貴者足以壽親之官，賢者足以壽親之心，聖者足以壽親之道。壽親之道，則與日月争光，天地同久矣！是固以道之所宜務也。」

韓生祖父母八十壽序

涇野子卧病渭河，韓生邦憲自漆、沮問壽祖焉。曰：「昔張詩言壽親之道於我也，我則語之以三道，使自選焉：壽其德者，上道也；壽其齒者，中道也；壽其業者，下道也。壽其德者之謂『聖』，壽其齒者之謂『賢』，壽其業者之謂『才』。聖也者，盡性者也；賢也者，盡情者也；才也者，盡力者也。然則子之壽其祖，將盡其力而已乎？必將

❶「從」，原作「作」，據萬曆本改。

盡性與情而后已也。如將盡性與情而后已也，而祖有不悦且壽者乎？」韓生曰：「竭憲之力以作才，憲可能也。若夫聖與賢，間世而生者也，憲敢冀之耶？」曰：「聖與賢非人也，爾之言然也。聖與賢如人也，汝獨不可作乎？故能不自奉，可以作賢；能不自是，可以作聖。」

遊滸西集序

壬申春，涇野子力疾，出遊至對山康子滸西莊。滸西山水花鳥既中予賞玩，而武功師友耆舊又戀予不釋，居五日焉，凡與康子賡和，及予所自作，得賦三首，五言古詩五首，五言絶句六首，五言律詩四首，七言絶句五首，七言律詩五首，七言古詩一首，曰《遊滸西集》。而康子之詩，計亦若是也，别爲一編，其自命曰《滸西集》云。

岷臺録序

《岷臺録》凡三類，一録勑諭岷臺，二録岷臺履歷，三録詩若賦，多出于岷臺諸公之作。蓋吾省憲副沁水常子承恩之所集也。録勑諭者，著重岷之意也；録岷臺履歷者，著治岷之政也；録詩賦者，著岷之山川風俗，及今昔賢哲之迹也。故知重岷之意，則凡居其地者儆；知治岷之政，則凡爲之後者法；知岷之山川風俗，及今昔賢哲之迹，則雖鄙也，而以顯且要于天下。斯固常子之志也。《録》不詳常子之政者，自録焉耳。常子而録此，則其戎務暇，而善政亦可知矣。

張氏族譜序

涇野子家居，三原人張氏之子呂，求序其所編族譜也。閱譜，張氏世爲三原東陽人，自大至呂，奚啻十餘世？自義甫別派，奚啻千百人？服盡而能聯，親遠而能睦，張氏之子，其賢乎哉！嘗讀卜子「野人不知禰，大夫及學士始知祖」，謂張氏之子野人乎哉？即有讀書之士焉，問五世以上，知之者有矣，問十世以上，知之者蓋鮮焉。觀斯譜者，固不可以張氏之子百姓焉廢也。

王氏三圖序

敘曰：言不盡圖，圖不盡意，然微言，圖不可得而見矣，微圖，意不可得而見矣，玆《王氏三圖》之集所由作也。王氏者，充人王御史朝鳴佩也。三圖者，朝鳴在南臺，不得侍其父歲寒叟，日上雞鳴、石頭，以瞻杲山之雲，於是作《望雲圖》。楊子雲曰：「不可得而久者，事親之謂也。孝子愛日。」朝鳴以歲寒叟年且八十，桑榆之景飄飄爾，若之何遠遊也，於是作《愛日圖》。比歲寒叟得封爲御史，配爲孺人，朝鳴且清戎陝西，例當過家，於是作《榮壽圖》。然圖皆有詩，詩皆有序，又皆出於一時鄉大夫之善撰人意者，朝鳴爲親之心，其庶幾乎！聞之歲寒叟，曰：「不然。御史，天子之耳目，得行其志。今海內風塵未盡息，百姓未盡安，御史固不可得屬屬於我也。昔者訓爾于庭，業爾于學，業爾于京師，其意則謂何？」於是改「望雲」曰「望闕」，改「愛日」曰「憂國」，改「榮壽」曰「觀光」，且曰：「佩若是，我老無憾也。」夫朝鳴，吾同年之傑也，好善如欲，疾惡如讎，公而且介，其致身于國，不俟云爾，歲寒叟猶然。朝鳴豈真盡人子哉！濁涇之野，猶及觀王氏之「六圖」矣。

刊忠孝歌序

唐進士王剛《勸孝歌》，質而明，簡而盡，情切而不詭，賢者讀之勉，不賢者讀之悔，有夫婦者讀之别，有兄弟者讀之友，有君臣者讀之義。雖微「忠歌」，亦可教矣。若我古人言則觀其所行，好則觀其所志。若我敬之者，孝聞三輔，格鳥獸，刻此，尤足爲此歌之證也。

士林哀挽序

《士林哀挽》，諸俊哲爲陳母韓氏所作，都憲屈公道伸之所題也。陳母，華陰簿籥之母。母在，簿能養，母没，簿能思，又能名，諸俊哲慕之，有是作焉。簿有子曰詔，從予遊，氣質清而凝，志力遐而正，交遊謹而端，熟睇之，可進斯道也。然則陳母之德之貽，疑簿又不足以盡名之，其在斯與！其在斯與！君子持此以觀《哀挽》諸作，又足以徵吾説之不虚矣。

送楊夏縣序

臨潼楊子極尹兹夏縣，將行，渭川周子曰：「民之窮矣，子極慈之。民之暴矣，子極鋤之。民之怨矣，子極究之。民之盜矣，子極省之。民之愚矣，子極誨之。」静齋劉子曰：「廉也者，爲政之體也。明也者，爲政之用也。惠也者，爲政之效也。故君子有不廉，廉斯明矣；廉而不明，非廉也。君子有不明，明斯惠矣；明而不惠，非明也。」涇野呂子曰：「抑又有之。書者，君子用以修身也，見諸政。律者，君子用以一民也，歸諸禮。今之君子之用書也，志取科第已矣，仕而弗用也。今之君子之用律也，計壯威力已矣，原情而弗用也。」或曰：「以書仕者腐，以律原情者罷。」曰：「若是，則著書之聖，定律之王，皆過矣？」子極之材，柟舊敬之，雖有或曰，不能亂也。

送周醫序

權生之父疾甚矣，療於周醫而見瘳。權生問言以謝周醫焉，涇野子曰：「夫醫之治病，猶吾黨之治五品也。」周曰：「何謂也？」曰：「腎生肝，水渴則木斃，故養腎而肝茂，厥視明；肝生心，木蠹則焰微，故養肝而心寧，厥言乂。故見其目秀，知其水之盛也，聽其言乂，知其木之茂也，此之謂父子之道。君也者，主病者也，臣也者，佐君者也。君一臣二，奇之制也，君二臣四，偶之制也；君二臣三，奇之制也，君三臣六，偶之制也。近者不可以偶，遠者不可以奇。汗者不可以奇，下者不可以偶。設其奇偶，定其崇卑，此之謂君臣之道。厥陰至，脉弦；少陰至，脉約；大陰至，脉沉；少陰至，脉大而浮；陽明至，脉短而濇；太陽至，脉大而長。至而和則平，至而甚則病，至而不至則病，未至而至則病，陰陽易則危，審其易而調之則安，此之謂夫婦之道。兩疾偕發，先救其授，兩脉偕病，先疏其承，此之謂長幼之道。方其冬也，陽主於內，寒雖入之，勢未能動；及春之日，陽出而陰爲主，然後寒動而搏陽，是故瘟也。❶方其夏也，陰主於內，暑雖入之，勢未能動；及秋之日，陰出而陽爲主，然後暑動而搏陰，是故瘧也。察於時而治之，此之謂賓主之道。故仁、義、別、序，醫咸具焉。」權生曰：「用也聞孝於醫，知不倍其親矣；聞忠於醫，知不孤其君矣；聞別於醫，知所以正家矣；聞敬於醫，知所以居鄉矣；聞禮於醫，知所以處世矣。用其以是諗諸周醫。」

贈青村王醫序

涇野子卧病渭河之上，青村王子來曰：「夫涇野子亦知吾道之妙乎？」曰：「竊聞之矣，夫醫也，目道爲上，其次口道，其次手道。天有五行，地有五才，人有五臟，表有六鑿五色，時有六氣，食有五味；味毒于內，氣薄于外，病作于中，色貢于面，非才不克。故耳不能聽，病曰肺瘻；目不能視，病曰肝枯；口不能言，病曰心淪；鼻不能臭，病曰脾憊；口焦而齒衄，病曰腎亡。故腎生肝，肝生心，心生脾，脾生肺。故腎竭則肝翳，肝翳則心灰，心灰則脾焦，脾焦則肺縮。故觀其色黛，易其肺也，不爾則目盲；

❶「瘟」，原作「温」，據萬曆本改。

觀其色木，易其腎也，不爾則言亂；觀其色丹，易其肝也，不爾則鼻衄；觀其色土，易其心也，不爾則耳聵；觀其色白，易其脾也，不爾則口乾。故腎欲鹹而升，心欲苦而降，肺欲辛而收，肝欲酸而散，脾欲甘而和。昔越人一視人貌，洞見五臟，投之以劑，不待旦而愈，彼豈真裂人之膚以易之哉？蓋有得于目道焉。故曰得目道者之謂聖，得口道者之謂賢，得手道者之謂能。」青村王子曰：「然若相者，得之何道也？」曰：「子之於手道也，十八九矣；於口道也，十六七矣；於目道也，十四五矣。」曰：「自吾讀王叔和而知手，然而十有二焉而不中。自吾讀李杲而知口，然而十有三焉而不中。自吾讀華陀而知目，然而十有四焉而不中。何也？」曰：「神農，李杲之祖也。岐伯《靈樞》，王叔和之宗也。秦和，華陀之先也。故欲知子孫者觀其祖，欲知支派者觀其宗。」青村子曰：「若子者，豈予能醫哉！」

送洪雲南序上

正德七年夏五月，巡撫雲南闕，苗寇時猶未戢，昆明罷敝，棘惟得人，帝乃咨于冢宰及九卿，僉曰：「洪遠作陝西左布政使，身戴四賢，選於衆，惟兹所宜往。」帝若曰：「俞如何？」冢宰卿若曰：「遠，歙人，初以進士歷尹莆田、交河、濬縣，弱暴振窮，敦儒善俗，爲時循令，一賢。既守監察御史，數獻時務，揚聲謇謇，二賢。既乃按察浙江、湖廣、廣西，平反疑獄，興利祛弊，廉官拯民，荆及吴越允賴，三賢。既乃布政四川及今陝西，嚴介公忠，至妻子或弗攜，嘉績在秦蜀，四賢。」帝若曰：「俞咨爾遠，汝作右副都御史，撫茲雲南。其勑遠，爾往哉。今雲南方不靖，黎民思擾，其究在徵科，肆命爾奠之，爾惟慎旃。乃有尹弗慈弗廉，爾道以爾莆田、交河、濬縣；乃有御史弗直，爾導以爾御史；乃有按察、布政弗公弗明弗政也，爾導以爾浙江、湖廣、四川、陝西。凡民不足，惟官之欲，凡民多辭，惟官之訛；爾作雲南，罔容爾官，以輯爾民。簡爾戎兵，凡厥將領、宣慰、宣撫，罔俾貪漁，以綏滇鄙。爾克有忱，烝爾上卿，在朕左右。爾惟欽哉！」

勑至，洪公將駕，其僚大方伯田公商賢以下，咸矢詩以贈，乃言於翰林修撰呂柟，請敘其事。曰：「竊惟今茲臣僚，其相天子，以得行其道於天下者三：其上，盡進君德，以燮邦化，曰太學士；其次，登降淑慝，以昌邦士，曰冢宰卿；其次，激揚清濁，以儆邦士，曰都御史。惟公茲往，誕實匪輕，載帝之命，寧徂昏渝。昔公始祖經綸，仕唐德宗，爲河北黜陟使，議罷方鎮兵，謫宣、歙觀察使，唐世稱直。顯祖中孚，仕宋徽宗，爲顯謨閣直學士，諫己代遼，厚忤中侍，乃以龍圖閣待制致仕，起爲禮部尚書，卒贈少師，宋世稱恭。顯考覺非先生，爰由鄉貢，簡知桂陽，克順克惠，知進知退，爲今名守。公繹厥緒，升茲丕階，受知聖主，其滋宣布厥初心，弘敷乃化，以昭我皇明，罔俾先正專美唐宋。諸僚有懷，誕其如茲，誕其如茲。邦士咸儆，民有攸止，益州康定，帝將復公，爰入冢宰秘閣，以永終圖。」公曰：「太史命我矣！」柟曰：「於戲！昔在唐虞，上下交儆，史氏攸司，誼以古則！」

送洪雲南敘下

洪公克毅既理雲南之駕，方伯田公商賢及憲臺、都閫諸公，爲宴於薇垣以餞之。樂再成，田公及其藩僚執爵而進曰：「惟公寬慈，惠此秦土，凡我僚儕，儀刑未遑。茲往雲南，式彼藩司，公其滋懋敬厥德。」樂三成，憲臺李公及其憲僚執爵而進曰：「惟公明果，舊聞吴越，諸所決罰，人咸畏信。茲往雲南，式彼憲司，公其滋懋敕厥法。」❶樂五成，都閫張侯及其戎佐執爵而進曰：「惟公威信，光布三輔，凡我行伍，亦罔不懾。茲往雲南，簡彼將領，公其滋懋詰爾戎兵。」吕柟聞而嘆曰：「今天子其無西南之憂乎！夫以寬慈式藩司，即張紞、❷陳遜可復在滇省矣。以明果式憲司，即賴選、周樂可復在滇臺矣。以威信簡將帥，即沐璘、甯正可復在滇閫矣。夫寬而慈之謂仁，明而果之謂義，威而信之謂武，仁且義既武矣，然而雲南弗靖者，未之有也。」

或曰：「滇之人，有僰，有爨，有麽些，有秃老，有蒲，有和泥，有百夷，有羅舞，有撒摩都，有摩察，有濃，有哀罕，❸有哦昌魁羅，甚不同，難化也。」曰：「性無不同也。行之以仁焉，何有？」曰：「滇之俗，嚚訟好鬭，或死不葬祭，專敬釋氏；或椎髻編髮跣足，首戴次工雉尾；或用緬字；或屈膝露頂，把手以爲禮；或男女溷淆，婦襲夫職；

❶「敕」，原作「敬」，據萬曆本改。

❷「紞」，重刻本作「紈」。

❸「哀罕」，卷三《送傅君雲南僉憲序》作「哀牢」。

或金齒綉面，甚不齊，難變也。」曰：「情無不齊也。行之以義焉，何有？」曰：「滇之吏，有都、布、按、府、州、縣官矣，又有宣撫、宣慰諸甸官，甚不一，難統也。」曰：「體無不一也。繩以仁義之武，何有？」

涇野先生文集卷之二

南京禮部右侍郎致仕前國子祭酒
翰林修撰兼經筵講官
同修國史高陵呂柟撰
巡按直隸等處監察御史門人建德
徐紳海寧吴遵彭澤陶欽臯編刻

序　二

賀彭公平蜀序

惟正德七年冬，帝若曰：「格爾右都御史澤，惟兹鴟醜，横食楚漢，巴蜀滋甚，誕惟五年，庶民荼毒，罔有攸措。朕心孔瘁，屢出師臣，祇獲滋蔓，其胡能夷？卿往哉！昔趙鐩諸寇，横肆厥逆，冀、兖以南，至於荆、揚，如火之燎原，爾克滅之，嘉績在狼山。惟時懋哉！」公拜稽首曰：「矢竭臣力，繼之以死！」出誓於衆曰：「惟兹鴟醜，久張虐焰，横我西南。我聞師克，在廉乃律。誕惟先正，湛于宴樂，士旅悖逆，浮于鴟醜，百司式化，驅民于亂。予小子奉命伐罪，惟爾有衆，明聽誓：虐人，殺！黷貨，殺！躐伍，殺！譎，殺！其爾有郡有邑，亦罔或剥我民，予聞有常刑，用違請于帝！」

惟八年春，師至於保寧。惟時鴟醜，如林潛顯，金竹漫天，敏于猿猱，攻圍罔克。爰命土著，塹厥來道，用藩出没，賊屈請降。公曰：「渠魁罔獲，終貽來憂。」乃戮廖麻子于劍州仙鵝池。厥黨奔竄，分命諸司撫置，蜀乃平。廣漢、鹽亭、保寧旱，大雨。初，公平趙鐩，師過潁州，三日雨肆。蜀、潁咸建時雨亭。公將班師，帝曰：「蜀寇反復靡恒，卿其留鎮，茲定乃還。」今年夏，朝廷進公太子太保、左都御史，徵還。

初，公年少，孝聞關隴。自第進士，主政刑曹，累官都憲，明清茂著。柟壬申冬應命入京，遇公于安肅，躬覩軍容如挾纊。洎聞公在蜀，戚黨從調少違，公命士收斬，劊人縛昇且出，諸司論弗及死，始釋厥縛。常出師，同士甲冑，雜騎行伍突入寇巢，弗虞後艱。昔諸葛武侯論將才器，咸本五常，式觀公德，良用足徵。公茲還朝，其滋宣布厥德，激揚清濁，用汰侵漁，輔弼聖主，康此小民，以制治于未亂，保邦于未危。於是吾省方伯曹公、憲長李公、都閫張侯，請書諸軸。

涇野九詠序

予素弗能詩，又不嗜作，年洽三旬，篋靡片稾。自戊辰入仕，抵今甲戌，七閱春秋，告病還山，兩協十載，爾乃朋友之索問、事物之感觸、道路之閱歷、藥餌之紛糾、會別之答述，卒然酬作，率擬前體。暇日翻覽，聞之不足以感人，習之實足以荒志，追憶無詩，爲雅多矣。第抽篇詠思：壯志未渝，而行多不逮；掩卷自憫，誰因誰極。又諸名家贈遺唱和，如珠玉璀璨，棄予弗忍爾。乃萃爲一編，曰《涇野九詠》，亦可以傷空言之苦，觀實際之地也。

送皃塘劉雲南序

正德乙亥六月，柟載病適野，遇二農于田曰：「我賦適平，征輸有藝，姦暴之厲民者沮。父母迺去，我懼其又渝矣。」問焉，對曰：「參政安仁劉公，陞雲南按察使也。」明日，方伯高密李公、少參樂平李公徵贈序焉，且列劉子之蹟，暨諸當路者之辟疏也。吕子曰：「果若農言，夫劉子，今之賢大夫也，可以觀政矣。君子之仕也，獲其君，或不獲其民；獲其民，或不獲其寮寀與其上。夫皃塘子，我知之矣，徵諸庶民，質諸寮寀與其上，又若是其烈也。我雖有序于皃塘子，人不得以爲黨矣。」初，柟之守史官也，聞皃塘子爲紹興，先以録囚明允不賂忤劉瑾，三月而去。紹興人哭而餞諸劉寵之祠，餽千金而弗選，乃遍禱諸神祠曰：「無或不保我劉父，以爲吾民憂。」又欲以金贖諸瑾，皃塘子弗是也。紹興人立去思碑，君子以爲難。或曰：「子産爲政三年而民誦之，惟衮衣章甫則三月也。元瑞雖賢，不亦棘乎？」曰：「子未知其時焉耳。尼父而際焉，一日而天下歸仁矣！」

未幾，柟病還山。比瑾誅，皃塘子起知予西安。當是時也，暴政之未盡殄，猶爾痡也。有問太守於涇野莊者，則對曰：「夫夫也，是能活紹興人者，我西土之穀也。」既而有尹曰：「我不知斯太守之愈他太守也，莅政數月矣，蔑有淫征，吏不一擾焉。」質諸昔聞，起予滋慕矣。然而皃塘子不我知也。久而後問予病，予復之書已略，乃獲又問以相知。然遂以憂行，三日載道，人不能以一僕點也。比予再病還山，皃塘子又參政予省，他日行縣，或下病夫，則以既奉其言貌矣，博大而知要，寬裕而介，敏而諒，莊敬而寡邪，明辯而斷，古之儒也，枘接，夜斷寐焉。或問之，對曰：「録囚之允，紹興之思，西安之政，秦農之頌，皆夫夫之緒餘耳。」欒平李子曰：「劉子，衢之年友也，又西曹卿之僚友也，衢知之自初矣：九歲而通《毛詩》，十七歲舉應天，二十歲而舉朱希周榜進士。當是時也，科道以交劾貴戚不法，盡下獄，他官乃署科道篆。劉子時未有司也，上書論之。列章雖寢，科道亦因是以解焉。」涇野子曰：「古之君子，其仕也，崇卑不異以篤道也，故民得其所焉。後之君子，其仕也，始終或殊以爲己也，故民失其據焉。鳧塘子以徂，無寧以徒有始乎？則人將以子爲二夫也。」或曰：「奚不言雲南？」曰：「鳧塘子自是升矣。❶且雲南，一班超之語任尚者之爲多，奚足以語鳧塘子？」

甲子舉人敘齒録敘

涇野子曰：吾觀於鄉試舉人之敘齒録而有采焉：有兄弟之仁焉，有長幼之序焉，有賓主之禮焉，有朋友之信焉。先王之風，朝廷之化，於斯可觀也已。夫舉人者，舉於鄉而用之以治天下者也，故惇仁則百姓無怨，惇序則上下有位，惇禮則往來有體，惇信則寮寀和讓，循是以往，下晏而上安矣。夏縣尹楊樞子極舉於陝西甲子科，刊是録焉，其是也夫！其是也夫！

❶「升」，萬曆本作「著」。

邃菴集後序

邃菴者，吾師石淙楊先生之别號也。集者，諸名公爲邃菴而作也。刻之者，吾省憲長公馮汝揚也。集之有解，何也？解邃菴也；知邃翁者，莫如涯翁，解不作，邃菴之意晦矣。二銘之謂何？長洲吴公言其邃於心也，方石謝公言其邃於人也。説，言其養也，言以「邃」而自養也。記，言其志也，言其名菴之意，在於邃乎道耳。辭者何？有欲求入門而登菴者，爲辭以自慶焉。古人登高作賦，於維之賦，其望邃菴之高深而爲之者耶？跋，撮言其集也，言朱子贈象山兄弟之邃，邃公亦兼之也。爲詩與行者七：《幽居精舍》求太始也，《達人隱城市》著覃思也，《客到前扉》言善教也，君子而善教，則從之者衆矣，《托名小隱》言能自得也，《菴中多樹木》言菴中之人也，言菴中之人，蓋希太公、傅説之儔耳。菴何爲者，言道德邃而功業亦邃也。《額室自古今》，其諸言下自程朱，而上求孔子之聖乎！《楊公有菴》，言其邃乎體而又邃乎用也，體用周而邃道畢矣。贊者，贊也。

張氏族譜敘

涇野子遊康子之滸西莊，康子出所譔《張氏族譜》以觀。涇野子曰：夫譜也，我未之今見也，質而不俚，簡而不漏，信而不誇，可以傳矣。夫張氏，康子之母家也，康子念其母，上及其妣祖兄弟，譔斯譜焉，則於其父族可知已矣。夫譜也，我未之今見也，可以傳矣！

送藍公平漢中序

正德四年間，蒼溪賊鄢本恕、營山賊藍廷瑞，及其黨方四、馬六兒、廖麻子糾諸飢寒，謀聚爲鴞。未及期年，衆盈十萬，髡首漆足，文身朱額，緣越山谿，佼捷猿狖，乃隳劍、梓橦、江油、通江、開達，爰入漢中，屠戮略陽、西鄉，沔利城亦不守。殺守令，燔屋廬，劫婦女，杜道路，妖氛一揚，群盜四興。於是劉六、劉七、畢四、徐淮繼寇於畿甸，楊虎、齊彦名、王大川、龔大保肆毒於直隸，何錦逆于西夏，邵禮亂於蘇、松，韋賊横於柳、郴，蔣宣妖於歸德，那代叛於安南，獞賊反於廣右，乖四叛於貴州。朝廷雖屢發師旅征討，而賊皆驅所掠之饑民以委之，殺人盈野，費財空帑，不能救藥。

乃正德五年間，廷議謂關陝天下險要之首，而鴞醜實諸賊之初也，非有丈人，焉獲貞吉。天子遂起即墨藍公，以陝西僉憲爲都察院右僉都御史，巡撫陝西，會總制卿洪公，及荆，蜀巡撫諸公，戮力同心，肆伐鴞醜。公自帥師以來，矢竭忠貞，簡恤將士，用其膽智，以遏亂略。乃正德六年六月，擒其渠魁三十人於金寶寺，解厥支蔓百千其衆。上令典刑，諸魁梟首湖廣。於是諸賊膽慴，漢中乃乂。天子以公洪勳，遂進右副都御史，仍撫陝西。比公退長安，餘孽曹甫續叛江津，漢人雲擾。公再領師入漢，威德照臨，甫懼奔蜀，黨與大解，所降男女萬有二千，風聲震動，如雷如霆，四方諸賊，亦皆解體。將班師奏凱於朝，漢中兵備憲副邊億諸君，爲宴於天漢樓以餞公，請史柟敘其事，行將勒石原山之上，以紀我大明之盛也。

柟惟民雖頑冥，其好生惡死，好良惡奸，罔有不同。今此諸醜，上梗聖化，下虐生靈，雖粉骨赤族，固不足以雪神人之憤，然當是時也，劉瑾用事，人尚誅求，民之窮困，既已極矣，盜固其所也。今公勦此黠孽，活千萬人命，餘波所及，四方戡定，聲震宇内，奏功明時，古之召虎、方叔之儔也。夫朝廷，四方之本；天子，萬人之命。公指日還朝矣，其益宣布腹心，弼我聖主，激揚清濁，用汰侵漁，幹此帝室，立基不拔，使四海永無風塵之虞，則尤公之責也。於是漢人聞之，莫不攀轅揮涕曰：「允若兹，匪獨我漢人之福矣！」公遂築京觀于金寶剎而歸。

高氏族譜序

《高氏族譜》，吾師半山先生之所編也。昔者先生之在高陵也，柟受《尚書》于其側，其暇也，見其論至先世矣，其意愴以思；見其論至世叔父母、昆弟矣，其意醇以篤；見其論至先業矣，其意朴以真。時先生年過五十矣。既其别也，今十有五年，屢得手書，命敘《族譜》，其意諄諄乎猶前日焉。時先生年已七十矣。初，先生之誨我高陵也，懦者振其志，暴者抑其悍，愚者開其蒙，敏者達其材，忠信者益其誠，貧者恤其私，質樸者成其德，高陵之士至今戴先生若父母焉。若柟所見先生者，則又其所獨聞也。人有言曰，先生之同知武定也，能使蠻貊之民興於仁焉。於乎！是何足怪哉？《詩》曰：「惟其有之，是以似之。」此之謂也。昔者先生嘗與我言曰：「士之在世，其大者不可後也，其小者不可先也。」先生博通六經群史，修辭，典以則，古之遺材也；立言，可以開百世焉。茲《族譜》，其所棘者乎？昔隋王通氏作《中説》數千萬言，乃首敘江州、銅川之事，君子以爲知本也。先生先世江西清江縣人，至曾祖均祥居瀘，遂爲瀘人，至先生而舉成化之丁酉，官至武定軍民府同知。他皆詳先生之圖書云。

西征贈言序

初，正德己巳，蜀、漢之間，鄢、廖諸寇割據西南，於是趙鐩諸黠僭號横行，兗、豫、徐、揚郡邑弗守，師出分征，經年未夷。辛未，天子選於衆，俾今太子少保、左都御史彭公濟物帥師東伐，未逾年，克遏鉅亂，奏績狼山。比公振旅京師，西寇猶熾，天子仍命公帥師西征，又未逾年，戮廖麻子于劍州，群兇瓦解，巴蜀底定。初，公之西征也，太宰楊公首贈以詩，臺閣卿曹諸公又皆賡歌成帙，或美或勸，或期或告，詩咸具焉。比蜀平，公曰：「此非予所能，實聖主威德，諸大夫教詔之力也。」柟聞之曰：「昔者周宣，淮夷背叛，王命召虎于征，其僚尹吉甫贈以《江漢》之詩，及其成功，召虎作《常武》以美宣王，千載以爲美談，不圖今日復見西周之盛矣。柟又聞之，昔大禹思日孜孜，躬陳治水之績，不以爲嫌；趙充國且不用浩星賜之計，猶陳兵事利害于漢；斯皆老臣保治之志也。西征之詩，傳之天下後世可也。」是時，憲副邊君本一分巡關南，曰：「彭公之績，于余身親見者。」遂以詩入諸木云。

東泉君挽詩序

東泉君者，年友廖大行珊之父也。挽

詩者，諸君子哀東泉君之行、憫大行之情而爲之也。於東泉君何挽焉？君子以直宅心則明，以寬爲量則平，以愛事親則忠，以弟處兄則讓，以慈誨子則昌，以睦居鄉則安，六行至則聖，修而未至則賢，賢者百世而存，聖者萬世而存，東泉君修六行而没于衡陽，故諸君子挽之，挽之欲其存也。或曰：「兹挽也，可以存而不没乎？」曰：「言存乎人，行存乎子。言以行則遠，言不以行則邇。遠邇無常，惟行所召。引之以世，加之以光，雖萬世存可也。其在珊乎爾！其在珊乎爾！」

宋君重慶詩序

史柟曰：君子之仕也，父母存，悦；王父母存，滋悦。予戊辰進士三百有五十人：永感者五十有二人矣，此五十二人者，思一慈侍嚴侍，不可得也。嚴侍者十有七人，慈侍者九十有九人矣，此十七人及九十有九人者，思一具慶，不可得也。具慶者百四十有八人，然而有繼母焉，則百四十有八人亦有不盡悦者，思一重慶，不可得也。重慶者四十有一人，然亦有繼王母或繼母焉，則四十有一人者，思一親王母、親母咸在，不可得也。重慶而親王母在，具慶而親母在者，鉅野宋滄一人。故滄身以爲悦，諸同年賦詩稱賀焉，亦以各悲其有不盡悦者爾。夫父母、王父母悦其孫子之仕者，一曰爲德，二曰爲民。孫子之仕者爲德爲民，父母、王父母存没悦。孫子之仕者不爲德爲民，父母、王父母存没不悦。

贈張中書省親序

中書舍人張子明師，以久違母氏定省，請還華亭。天子嘉樂，特賜俞允。將行，御史史子道存合諸友贈之曰：「張子之母楊氏，蚤寡秉節，撫張子於有成，今封爲太孺人，斯行也，可謂榮矣。張子之祖南山公筮仕中書舍人，至禮部尚書，張子今官亦復爾，爾今歸拜厥祖冢，《詩》云『繩其祖武』，斯行也，可謂榮矣。張子之父，生隱泉石，今得推贈，墟墓增輝，斯行也，可謂榮矣。」呂子曰：「諸非所以贈張子也。昔者范母以滂齊名李杜爲安，尹母以焞善養爲知，張子而知此，則所以事其母者，當又有異于太孺人者，斯行也，可謂榮矣！昔者陳寔長太丘而化，其孫群仕魏爲三公而道衰，天下謂公慚乎長，張子而知繩厥祖武不在官，斯行也，可謂榮矣！今有仕者于此也，其父耕稼不進，修義行善，澤及里閭，而其子方將剥民、市法沽譽、據官以爲得，人必不賢子而賢父，張子而知立身行道以顯親，斯行也，可謂榮矣！」史子曰：「然。」乃取而語諸張子以行。

送洪雅訓術張漸逵序

蜀洪雅人張鴻漸逵，少習其父星曆之學，以占人休咎，無弗驗也。其兄起溟以進士守御史，漸逵來省于京，遭太僕納馬例，納四馬，受陰陽訓術以還。蜀大夫請告漸逵，呂子曰：「《易》有之，『一陰一陽之謂道』，古之三公燮理，亦止於此耳。自劉歆列陰陽於九流，乃遂以卜筮視之，教斯下矣。故卜婚姻者，論才不論德；卜宅第者，論地不論分；卜仕進者，論禄不論職；卜兆域者，論子孫之安，不論祖考之危；卜有所征行者，論利不論義；卜訟者，論争不論讓，歆之罪也。昔者嚴遵嘗賣卜于城都矣，爲人子者卜，依于孝以言；爲人臣者卜，依于忠以言；爲人弟者卜，依于弟以言；爲人朋友卜，依于信以言。當是時也，蜀風亦丕變焉。漸逵，蜀人也，聞遵之風習矣，其晉于是乎？無直以藝術名也。」又曰：「御史獎賢糾邪，扶陽抑陰，後有燮理之寄，而漸逵又以是淑諸鄉人。陰陽之道，于子之兄弟，徵明矣。」

送東平陽序

華州東子希宋爲推于平陽，吾黨大夫士之在京者餞東子，而以言畀我。吕子曰：「夫推東子筮仕之初也，崇四善，屏三弊，則可矣。故君子端己以振化，敏學以精法，廉己以杜私，明理以定志，是謂『四崇』。當兩辭之具造也，各抱冤容，二證咸私，情僞難判矣。嘗過直隸，聞安陽張仲修之推廣平也，吊訊以求差，曲究以索情，互訪以驗跡，竭心以伸冤，秉法以懾兇。當是時也，四府之政咸願造焉，於是乎頑民之弊革。今有囚于斯也，律可上下矣，吏竊怵囚曰：『爾當上律，賂，爲爾減之。』賂而果減；若未賂也，官曰『下律』，吏指其隙曰：『失出。』輒入上律者多矣。』昔者包孝肅之將斷脊杖也，吏夜得其賂，曰：『明稱冤，視我爲爾減臀杖。』明，包行脊杖，囚如吏策，吏大言曰：『第受脊杖去！』包怒吏市威，笞吏而減囚脊杖，雖包剛明，亦吏罔矣。善聽訟者不然也，受訟則櫝之，乃雜攝諸訟者，次第躬訊，屏棄左右，既結而后下吏書之，於是乎奸吏之弊熄。推之上有監司、撫按也，其下訟也，或欲出法，或欲入法，法出則出，勿從其入，法入則入，勿從其出。昔宋南安囚不當死，轉運使王逵欲論死，司理參軍周茂叔爭之强，弗聽，則置手板、取告身以去，曰：『殺人媚人，吾不爲也。』逵感悟而原囚，於是乎上人之弊寢。」韓子汝節曰：「如其然，東子將無所不可也已。」

贈秦宣府序

涇野子曰：西澗秦子，柟之畏友也，其從政皆可觀也已。其爲户曹主政也，理芻於明智坊諸場矣，力祛諸弊，竣事而感人泣，非公不可能也。繼理粟於德州矣，盡作附餘之數，竣事而感人頌，非廉不可能也。繼查於壩上諸馬房草場矣，舉劾宿奸，不畏强禦，非剛不可能也。夫始廉終污者，其廉亦謂之污，利也；始公終私者，其公亦謂之私，名也；始剛終懦者，其剛亦謂之懦，血氣也。不爲利使，不爲名役，不爲血氣驅，終始其志，厥德光明者，君子也。秦子兹往，蓋於是乎徵君子矣。夫宣府，朝廷之北門也，直隸、河南、山東、西之芻粟，皆輸於此。兩淮、長蘆、河東諸鹽商，皆業於此。北之雕鶚、赤城、雲川、哨馬，南之蔚州，東之龍門、開平，西之萬全左右，以及廣昌、美峪諸衛堡，皆仰食於此。獨石、居庸、紫荆、鴈門諸關隘，皆依據于此。韃靼、朶顔諸黠，皆窺虛實于此。復有奸者、僞者、盗者、來者、貨者、誘者、採者、伺者、凌者、撓者，日旁午至焉。故君子之道，杜譽以防輕喜，杜讒以防輕信，戒暴以防輕怒，戒滿以防輕足，戒謁以防輕進，五者備而身正矣。明以馭胥史，❶恭以馭寮寀上下，實以惠士卒，式以馭芻粟，均以馭商農，嚴以馭僕隸，密以馭左右，詳以稽始終，八者備而政行矣。

南風之什序

《南風之什》，贈張子仲修也。安陽張子巡鹽河東，諸友有懷，各贈以詩，章勸勉也。「南風」云何？鹽池在中條山，北山有鹽風洞，或曰舜賦《南風》詩以阜民財，蓋爲此，故「南風」云。又曰「風」，風也，諸詩言鹽之風，有風人之意耳。抑風也者，教也。張子斯行，上不虧國，下不虧民，義以行利，博其惠使民不争，宣聖化，導後人，斯「南之風」云爾。

壽孟静樂公序

信陽孟君洋初舉進士，爲行人，迎其母太夫人孫氏而養之，繼守御史，又迎其父静樂公而養之，直降辰，則繪《椿萱圖》以壽焉。吕柟曰：「子之壽親也，誕父以椿乎爾？誕母以萱乎爾？抑以其文乎爾？詩乎爾？法乎爾？」洋瞿然曰：「何居？」曰：「昔者子之居太學也，談經撰義，克發先賢，國中稱文焉。其守行人也，身嗜吟哦，當其沖飫，足編初唐，國中稱詩焉。其守御史也，據理論法，據法論事，國中稱法焉。夫文也，足以徵性，子將文人而已乎？

❶「馭」，重刻本作「察」。

詩也，足以徵志，子將詩人而已乎？法也，足以徵才，子將法官而已乎？親以至美與之，子報之未至焉，其親猶惡其惡也。親以至高與之，子報之未至焉，其親猶惡其卑也。親以至長與之，子報之未至焉，其親猶惡其短也。三者且不可壽，而況於以椿萱乎？」洋瞿然曰：「何居？」曰：「昔者回、參以道壽其父，故顔路、曾皙至今存爾也。稷、契以道壽其母，故姜嫄、簡狄至今存爾也。夫經禮、曲禮之文，無往非性，體之足以化天下矣。群《風》、二《雅》之詩，無往非志，達之足以感通天下矣。律命誥訓之法，無往非才，用之足以畏服天下矣。若是，其親有不悦者鮮矣。是其壽，將並南山、大河而久也，而況於椿與萱乎？」洋曰：「命我哉！命我哉！」

送王僉事序

正德八年夏五月，陝西按察司僉事缺，天子簡刑部員外郎王君顯之以往。王君，四川瀘州人，將行，蜀大夫侍御張君鵬、地官曾君璵諸君子以敘來屬。柟曰：「諸君子蜀人也，王公之文章政事知之舊矣，告王君必明且盡。諸君子道之。」張君曰：「吾子秦人也，陝西之土俗人情知之舊矣，告王君必實且切。吾子道之。」曰：「君子馭民，將以正俗也，曲直不允，民無所措，故其俗偷。君子馭吏，將以立法也，明察不及，吏無所憚，故其法蠹。君子馭官，將以振風也，黜陟不道，官無所師，故其風邪。」侍御曰：「王君蚤承父訓，身治《尚書》，疏通政體，庶無偏黨。」曰：「公久居秋官，諳曉章程，諸所決罰，其照如鏡。」曰：「敏文以飾，躬簡以方，行人不敢干以私曰端。」曰：「於戲！允若茲，以公馭民俗乃正，以敏馭吏法乃立，以端率官風乃振。充是道也，相天下將無難，而況于斯乎？且諸君子不以王君之有爲已足，而又取于予言，其望諸鄉彥者深矣！」諸君子曰：「吾子亦必有取於吾黨之言者，其待乎鄉邦者厚矣！」王君曰：「吕仲木之言，豈惟爲鄉邦哉？吾黨諸君子言，固獨爲忠乎哉？忠知所敬矣！」

送趙嵩盟序

信陽趙君元澤，以河南歲貢名士，不樂久次，求遠仕，得雲南嵩盟州吏目。將行，其同學中舍何君仲默請有言也。吕子曰：「昔在弘治辛壬癸甲間，業太學，與元澤東西齋，陟降進退同；居外邸，與元澤先後巷，往來交際同；事武部，與元澤清理貼黄，勞勩奔走同；嵩盟之行，何其已遠耶？且君儀寬而厚，言款而密，行敏而雅，州幕之官，又豈其素望耶？夫今之爲仕者，有遠臣，有近臣，有大臣，有小臣，語其各盡厥職，一也。遠臣、小臣而盡其職，則心安而行順，職稱而禄宜，君子以爲無醜爾也。近臣、大臣位顯而禄隆，秩高而責重，苟其職少有不盡，則心鬱而顔赧，足疑而志灰，視齊民且不如其快且安也，況此州幕哉？吾子甚毋以嵩盟遠，甚毋以州幕小。」

送何仲昇敘

信陽何丈人生三子，皆材。伯子別駕

早卒，柟未之能交也。弘治壬戌，季子仲默年十七舉進士，與慶陽李子獻吉以辭賦名國中，國中士皆道二家也。嘗詣季子觀《菊賦》焉，曰文矣。見仲子仲昇焉，居季子以禮，道季子以古昔，曰仲子行矣。自是，不接二子者十年也。比柟三入京師，季子言必中會，論必舉本，和不失同，獨不失異，曰季子行矣。仲子揖遜顒若，居止凝若，言貌樸若，曰仲子文矣。未幾，仲子爲巢縣，其部曹、給舍、侍御諸與二子厚者，俾予告仲子。乃告之曰：「季子行以敦文，在帝左右，爲國之華。仲子當民窮盜横之日，爲牧於南巢，惠此饑黎，作鄰邑師，斯季子難兄弟也。夫今之爲令者，以悦上官則賢，以悦民則不賢；以立猛則賢，以立法則不賢；以縱奸則賢，以弭盜則不賢；以修崇高則賢，以修禮則不賢；以催科則賢，以惠孤獨則不賢，何仲子其異乎今之令矣。」或曰：「五者非廉不立。」曰：「廉者，何仲子之前能也。」

送静省先生序

静省先生王公，南京錦衣衛人也。其子鑾汝和仕於吏部浹年矣，乃迎公於京邸而養之，汝和之友幾人亦數問焉。一日思歸，汝和跪留，百計不能也。促友人開其意，一人曰：「汝和迎公於兹，出有僕馬，入有甘旨，惟公康樂，胡爲歸哉？」公曰：「富貴榮耀，非所志也。」一人曰：「竊聞父子之情天授也，公雖耽樂鄉山，其如汝和膝下之離何？」公曰：「兒女子係戀之情，非所重也。」一人曰：「丈夫所貴，遨遊八極；況兹上都，文物咸萃。又汝和而在此乎，公宜税駕爾矣。」公曰：「紛華浮艷，非所安也。」景子曰：「公年七十餘矣，尤酷嗜文字，襟懷洒落，有曠達風，又能酌而不亂也。三人者，言宜非公之取矣。」乃具以告呂子。呂子曰：「柟雖不識公，當其意，亦可推矣。公曰：『與我勞汝和以供養定省之事也，孰與偃仰泉石，令其一志職業，寤寐思士，夙夜在公，用賢以及民耶？』賢者愛子以義，不賢者愛子以情。汝和進賢退醜，思光其烈，公雖家居，亦所康也；否，雖晨夕婉戀，公弗所安也。夫汝和果踐斯道矣，則公視此宦居，真羈棲耳，彼石頭之友，雞鳴之侶，不亦宜乎？」景子曰：「然。」乃具以告公。公冁然曰：「吾所以繾綣而不遽起者，其殆斯言之謂夫！」乃命僮子理舟於潞，汝和之友皆歌以送之。

郭氏榮壽序

泰和郭正學舉進士，爲大理評事五年矣，詣予曰：「往年朝廷以仕官，封吾父爲評事，吾母周氏爲孺人，仕欲值誕期歸敕命焉，可以爲榮乎？吾父今年生七十歲，吾母生六十有九，即七十也，仕欲及兹誕期致祝願焉，可以爲壽乎？吾父愛親敬長，善解里中，里訟稱平，吾母慈柔恭順，上下悦服，孟子謂『仁則榮』，孔子謂『仁者壽』，今之榮壽亦可以徵仁乎？」呂柟曰：「榮有内外，壽有遠近，仁之徵有大小。國與子以卿士，親爲卿士，國不與子卿士，親不爲卿士，榮在外者也。身爲賢，父亦賢，身爲聖，父亦聖，强不能奪，貴不能取，榮在内者也。人之壽，立功者百世，立德者千世，立道者萬世，子如立道德焉，其親可千萬世不滅矣。夫和軒公及太夫人獲此榮壽，固仁徵也。况吾子國訟咸屬焉，一遊溪之争訴，不足道也，如諸憲司之以訟來大理也，察其有貨，駁；察其有勢，駁；察其有來，駁；察其違律，駁；察其閹，駁；察其叛，駁；可懲則行，可勸則行，可矜則行。六駁既去，三行不怠，將天下稱平矣，而其親之仁之徵也，其榮將賢聖並，其壽將千萬世長也！」正學曰：「仕敢不努力，以負太史之言哉？」

張公榮壽之什序

信陽張公以厥子諫議君雲封右給事中，信陽人曰：「給事，近臣也，公布衣坐膺此爵，可不謂榮乎！　公年且九十，矍鑠如艾强，奚啻百歲，可不謂壽乎！」史柟曰：「令聞廣譽，溢乎四海，王侯不得而增，士庶不得而減，可不謂榮乎！　黄憲之父，牛醫也，至今百祀不没，可不謂壽乎！」其僚吕經曰：「雲將致身厥職，告善弼違，膏澤下百姓，使海内人曰『張公某者，諫議某翁也』，斯是以爲榮乎！　有册簡，令千百世如存，斯是以爲壽乎！」於是諸薦紳咸曰：「有是哉，季升知所以榮壽矣！」

壽吕太孺人六十序

寧人吕經，給事黄門五年矣。其母太孺人王氏，是月六日爲六十三歲之初度也，翬翟霞紱坐堂上，經友諸翰林、給舍、御史、郎部之厚者拜堂下，稱壽千歲。高陵人吕柟曰：「昔者與子爲布衣交於長安也，子曰：『先大夫早終，母貞介自履，撫經於成。經不材，何以報德？』繼與子業太學也，子曰：『母戒經曰：往慎爾軀，崇爾業，謹爾交游，克成厥名，用光乃先人。經不材，長矣，何以報志？』然則今非報德報志耶？太孺人悦矣，奚不千歲哉？」經曰：「母德如地，母志如天，將焉報？」曰：「必也子德母德，斯報德矣；子志母志，斯報志矣。往者與子初仕，即遭瑾虐，飛則靡翼，退則靡門。既而子且查察邊務矣，載其公，不知其私；當其危，不渝其經；犯其謗，❶不計其他。瑾五日不誅，吾子醢矣，兹可謂非志非德耶！夫天下之情，難易勉，易易忽，變易謹，常易略。勉難、謹變者，爲一德一志。不略其常、忽其易者，爲周德周志。」

壽雷先生序

正德八年，給事雷君雯迎其父上蔡先生於京邸，時先生七十有二歲矣。雯同年同郡進士者十有一人，皆致祝焉。中書孔君孟富祝曰：「惟彼蘆岡，在蔡之疆。亦有嵩高，世以爲盟。有覺丈人，晏晏永臧。」侍御王君相、胡君止祝曰：「湃彼汝矣，亦流於淮。惟公千頤，受福不回。爰滋有蔡，乃祉乃來。」部郎方君仕、戴君冠、王君言祝曰：「笛笛叢蓍，生此蔡滸。其下何有？照兹白龜。彼蓬者雲，亦覆其蕤。顯允君子，永受胡祺。」僉憲許君逵祝曰：「惟兹蔡土，肇基周度。不顯謝公，克發厥後。木木

❶「謗」，續刻本作「諱」。

君子，並是勿朽。」知縣劉君、司直馬君録祝曰：「惟茲汝陰，不減蓬瀛。僕僕騎龍，許遜登天。有醇者公，壽考無前。」翰林修撰秦人吕柟曰：「任重弗委，見難弗遜。以此永仁，如山之峻。」雯曰：「吾知定矣。」「過弗舉遺，奸弗容行。以此永知，如水之清。」雯曰：「吾知明矣。」「國有蓍蔡，吉凶攸介。結舍之求，方國是賴。以此永神，萬世如在。」雯曰：「吾知公矣。」「昔先學士，切問近思。以此永賢，可追乃師。」雯曰：「吾知正矣。」「仙者托言也，君子道高而德充。以此永仙，明並日月，光齊天地。」雯曰：「吾知辯異矣。」諸君子曰：「若是乎，上蔡先生之自壽者十一，給事君之衍其壽者十九。十一之壽，百餘年。十九之壽，千餘年。」於是上蔡先生大樂，盡飲諸君子觴。

賀臨汾雙壽序

都諫許彦卿曰：「夫士之少且賤也，父母教育之苦萬狀焉。比其仕且顯也，然而有不獲見者矣。瀚僚友户科都給事中張汝霖潤者，晉平陽人也，仕而二親偕在，在而偕壽，壽而偕封，故瀚輩謂爲可賀也。」吕柟曰：「可以爲難矣，非其至也。夫汝霖，三晉之豪傑也。年三十，發解于鄉，晉人莫敢望焉，吾嘗聞其名。舉進士，尹宜陽，宜陽縣人稱平，吾嘗欽其材。容恭而文，言婉而思，探其中，若不勝其職，吾嘗欽其德。茲三者，汝霖之所以榮壽乎其親者也。夫德因位移，材因職殊，名因跡異。夫天下之吏廣矣，其要有三：一曰大學士，司師保以燮邦化；二曰冢宰卿，司銓衡以端邦士；三曰給事中、監察御史，司諫議以振邦紀。夫都諫也者，汝霖今日材德著名之地也。夫時有順逆，則物有弛張；政有大小，則言有緩急；機有隱顯，則謀有淺深。當是時也，汝霖必有所周慮善道，如抱火拯溺者矣，若是，而材德與名詎可量乎？材德不可量，親之榮，斯至矣；名不可量，親之壽，斯遠矣。故曰：惟至誠，可與德；惟至明，可與材；惟誠明，可與名。」

送黃廣東序

刑部郎中南安黃子希仁，陟廣東按察憲副，將行別予，乃懼其責大而材短，咎其事冗而學寡，憂其民窮爲盜而難戢。吕子曰：「吾見今之遷官者矣，驕浮於懼，滿浮於歉。子是之行，廣東其奠矣乎！夫今之憲司之聽獄也，速判結以爲神，空囹圄以爲静，遏告訴以爲威，習左右以爲察，委屬吏以爲體，納請謁以爲通，久淹禁以爲處，夫法是以不中，而民是以罔措也。今之君子既仕也，談經者謂之狂，用經者謂之腐，希仁乃念於是焉，其心之弗明鮮矣。夫民之爲盜，豈其情哉？貧無所依驅之，弱無所扶驅之，直無所伸驅之，曲無所繩驅之，征徭不均驅之，徵力不均驅之，故伐盜不究其本，抱薪而救火也。吾子亦嘗聞鍾離牧、吴恢、孔戣之爲廣東者乎？三子者，知憂、知咎、知懼者也。夫戣也，舉能用良，於是乎民情得；吴恢嗜書，及聽祐之言，而清簡不殺，斯其人可謂好學者矣；牧秉清公，曾夏之盜數千人而皆獲。故曰：惟仁者知憂，故不憂；惟智者知咎，故不咎；惟勇者知懼，故不懼。」

送崔開州序

司訓崔濟之，彰德安陽人，其仲父之子太史銑，柟友也。故司訓歲貢來京師，與遇焉，容莊而謹，言恭而儉，中剛而直，則曰：斯太史之兄也。比司訓有開州，與遇焉，容安而裕，言遜而禮，其中粥粥若弗勝，則又曰：斯太史之兄也。太史曰：「銑不到伯兄遠哉！昔吾父爲部郎、太守、參政也，里之疎人皆就之，而伯兄之事吾父，猶吾父之爲士時也，伯兄詎可得哉！」曰：「嗚呼，開州得司訓哉！夫政也者，教之成也；教也者，行之成也。夫士自始學即念利者多矣，得則喜，不得則憂，故心定者鮮矣。心不定，故廉恥寡；廉恥寡，故禮義忘；禮義忘，故無教；無教，故不得士；不得士，故無政；無政，故百姓不安。故君子之道，定心爲上。若司訓者，顧不當開州哉？昔者與太史共學於太學也，蓋嘗治經矣。比其來也，事至而謬，行出而戾，言發而違，則於經猶弗治也，則何居其經也？未有之于其心也！故曰：心定者，斯謂之經治；心不定，斯謂之經不治。今之亂經者又多矣，以權者假，以術者賊，以功利者叛，以辭賦者荒，以章句者支，以記誦者淺，以静虚者玄，以俗者卑，以名者襲，故治經求之於心而放之於行者，鮮矣。故治經求之於心、放之於行，斯其爲教，猶樹表也，其影無弗正矣。司訓之行，磊磊若是，若並是而滋著焉，豈惟可當開州哉！若夫經明矣，卒不能惑；心定矣，卒不能摇。吾與子常見河内何子爾矣，斯其人且在開州，謂司訓宜日稟諸，則所以道士子者，可勿用斯浮言也。」

送趙晉州序

昔者嘗與客論今歲貢士爲司訓者之屈也，年十歲選焉而學于塾，十五學于序，二十、三十試於省，不第焉，四十、五十而始貢于廷。廷考之中，業于太學；太學考之中，送之選部；部考之中，再上之廷；廷再考之中，歸選部而始得司訓焉。當時也，乃又有不獲而待大銓者，不廢疾則斑白矣。若是，而猶有謂「歲貢士不逮例貢士」，何哉？客曰：「例貢士壯，授之以政則多興；歲貢士老，授之以政則多廢。」曰：「今之所謂興政者，多取于逢迎之輩。今之所謂廢政者，多病于簿書之間。如其如是而後政也，使歲貢士不塞之以他途，則其年皆壯而志强矣，而又濟之以詩書，固不當例貢士哉！且今取一時之利于例貢士，而不知其得志以剥乎民者，奚啻倍蓰哉？且今病一時之拙于歲貢士，而不知早焉得志以濟乎民者，奚啻倍蓰哉？如歲貢士之爲司訓者，簡其賢者能者、勤者勞者，以參有司而用之，彼又有不敏于政而懋於教者，鮮矣，是則猶可爲也。」

寧州趙克仁年三十，與予試于長安，學博而才高，行美而望重，慶陽之士稱「毛詩」焉。比同予舉于鄉而魁陝西之《詩》者，則其徒趙永寧也。克仁不第，謂克仁必後科，幾二十年而不第。比予守史官，克仁乃歲貢來京師，讀其彌縫試卷，謂可舉也，惜歲貢哉，拆而視之，則克仁也。乃試于順天，又不第，再試于廷，乃始得司訓晉州。夫克仁，當其少負壯志也，謂其可即科第而賦之民也；比其壯仕也，止得司訓焉，則其材已抑矣。若是者，尚當于例貢士對優劣哉？雖然，學也者，賢材之源也；教也者，政之本也。夫晉州大郡，多材之地也，克仁而訓晉州，亦宜克仁而訓晉州，後未有不遇者也！故論材而登降之者在執事，論材而紀注之者在史官，不計其後，不慕其外，竭材而誨人者在司訓。

徐氏雙壽序

建德徐生紳與其姪宗魯學於太常南所，將歸省其父竹岡君與其母汪孺人焉。然是時汪生六十，竹岡君生五十有七矣。大徐曰：「紳父篤好詩禮，惟恐紳之無聞也，遣紳不遠千里來。茲歸也，則何以爲壽乎？」涇野子曰：「予未知壽之道，惟紳學橫渠張子斯可耳。」小徐曰：「宗魯，竹岡君之冢孫也，無能爲階庭馨，祖遂遣魯隨叔父以來，居四月於茲矣。茲歸也，則何以爲壽乎？」涇野子曰：「予未知壽之道，惟魯學伊川程子斯可耳。」請聞焉。曰：「昔者張殿中丞迪雖有隱德，未大顯也，惟其子橫渠子厚精思力踐，執禮不回，發爲《西銘》、《正蒙》諸書，開示後學，故殿中丞之壽，賴以至今數百載常存也。是故爲子而不能師橫渠以事其父者，不可以爲子矣。昔者程黃陂令遹雖有潛植，未彰也，惟其孫伊川正叔嚴毅方正，守道不邪，發爲《易傳》、《禮論》諸書，纘承前聖，故黃陂令之壽賴以至今數百載如在也。是故爲孫而不能師伊川以事其祖者，不可以爲孫矣。」於是大徐曰：「先生常講仁孝之理，至比《西銘》，與舜並生之心同。紳悅之，學而未能，歸將努力於斯，以爲吾父母壽，不可乎？」小徐曰：「先生常講仁孝之道，至比繩武，與子思述祖之志同。魯悦之，學而未能，歸將努力於斯，以爲吾祖父母壽，不可乎？」涇野子曰：「徐兩生誠如是也，豈惟可壽其父母、祖父母哉！且竹岡君雅量特達，樂施貧乏，好賢崇禮，化勸宗族，建德人稱義焉。而汪孺人又以柔順慈惠、克勤克儉相之，當其道亦自可長視久履者矣。此固徐兩生之所當纘戎而光大之者也。」

送王奉節序

隴西王道源以鴻臚司儀，陟尹奉節，謂予有以言奉節也。予曰：「道源之謂奉節何？」曰：「浩材疎而學寡，賴朝廷之恩、先人之德以有此，所可殫力于奉節者，先之以守，繼之以不欺耳。」曰：「守者廉也，不欺者忠也，稱朝廷者恭也，舉先人者孝也。廉則民懷之，忠則民信之，恭則民敬之，孝則民順之，四者盡矣。以媚上者謂之損，以厚身者謂之盜，以周所窮乏者謂之比。損以怨民，盜以讐民，比以携民，身且不能守矣。《傳》曰『百姓至愚而神』，言不可欺也。故刑欺其民者，畏而不敬，智欺其民者，欲而不服，則亦何益之有哉？故不恭則百姓犯，不孝則百姓逆，四者有一焉，予雖未能學有司，然而知其必不濟也。夫奉節附郭夔府，東有瞿唐、灩澦，西有縉雲、塗山，水陸津要，蜀、楚扼塞，蓋古之魚復，巴庸之地也。故其風敦朴，民淳訟稀，而宋陽輔師王龜靈已謂其然也。吾道源之所具者，又班班若是，是何有于奉節？所可滋道源者，惟力此四德而不渝耳。即今百姓流離，鴇醜猖獗，蜀中郡邑十七屠破，豈獨民之罪哉？則亦有司者寡廉而鮮誠，忘國與親耳。道源而不渝四德，吾知奉節民祗席而卧矣。乃或少如時有司焉，則人將謂我爲譽子也。」

送唐光禄序

正德癸酉長至，南京光禄少卿唐子仁夫如京進表。仁夫昔爲大行人，諸舊與僚者二十有七人，送仁夫南還。吴子曰：「仁夫，昔者玉榮知其敦信矣，若納言，吾不如也。」王子九人曰：「昔者鑾輩知其恭蓋矣，若給事，吾九人者不如也。」趙子十有七人曰：「昔者斌輩知其闓直矣，若監察御史，吾十有七人者不如也。而仁夫今且南，南且光禄少卿。夫光禄少卿，九卿之亞班也，豈以是爲仁夫屈？但爵雖尊，其地散，位雖高，其務簡，非吾仁夫所也。」吕子曰：「諸君子所言者，材也。其所不言者，德也。若非仁夫之德，孚諸君子心，仁夫雖材，諸君子豈其言至是乎？吾嘗聞諸增城湛子之言仁夫也：有節儉之資，有和巽之懿，嚚于大行，由由于朝士，端人也。諸君子言，豈其爲比哉？又嘗觀于三代下之臣矣，和而推讓者十一，不和而争者十九，其甚也，陽以相掩，陰以相擠，近以相忌，遠以相猜，故其材以黨而進，其治以蔽而蠹。諸君子言，豈惟仁夫之美哉？仁夫若是，諸君子、當路又若是焉，其無憂其弗來！雖然，光禄之職，掌國祭祀之需、賓旅之需、貢獻賚予之需、宴賜之需、賑貧之需、近幸之需，亦必惇信、恭蓋、闓直而後可也。夫貴惇信者義也，貴恭蓋者禮也，貴闓直者仁也，三者或有不備于光禄，亦有辭以當繁而任劇，君子以爲歆也。」於是諸君子曰：「允若茲，我等亦自求之不暇矣。」吕子曰：「嗚呼，善哉！仁夫之行也，諸君子始則相讓以善，終則相勉以義，其欲還三代之風乎？」

賀彭公平賊序

正德六年，太子少保、右都御史臯蘭彭公帥師討賊，刑部主政張寛以知縣受公調用。功成進秩，歸而告曰：「往歲，文安賊趙鐩，因劉六、楊虎、齊彦名、劉惠之叛也，没入其黨，糾率饑寒，衆且百萬，僭號横行。北自文、霸，南至江、湖，東自登、❶萊，西至汾、蒲，殺守令，屠郡邑，敗官兵，所至官僚闔門逆降，饋金鬻免。及裴子巖大名之戰，齊彦名、龐文宣之衆大敗焉，其鋒若挫矣，❷然靈山、宿遷、夏邑、虞、永、虹、亳之破，賊勢復張。及小黄河渡口之戰，楊虎、黄寧溺焉，其鋒再沮矣，然王保、段豸、霍思、王佐、詹同、郁采之死，賊勢復熾。及唐縣之拒，滕縣之勝，齊、龐、劉六奔竄海套，其鋒三沮矣，然泌陽、確山、遂平、上蔡、商水、西華、鄢陵、滎陽之破，賊勢滋盛。既而彭公提師，及陸公、仇、許諸帥合兵四剿，而趙鐩之膽始寒，于是遽謀入河南以自固，以馮禎者死戰不獲，入而奔汝。既而郟、葉、襄、裕有備，則奔舞陽。既而湖廣、漢土官兵俱發，則奔朱臯。于是有溺河，于是有滚馬。于是潘增獲于桐栢，趙喜縛于泌陽。于是趙鐇、趙鎬、張仲威、劉成獲于玉鉉，張朝用、

❶「自」，原作「至」，據重刻本改。
❷「挫」，萬曆本作「詘」。

趙昇斬于郭韶。于是閻洪擒于范縣，王隆、丁賢執於蓬甌。于是陳翰來降，邢本道就戮，劉惠既懼且焚，斬首於王瑾，趙鐩既髡且僧，見獲于趙成。❶ 于是劉六、劉仲淮投于東江，劉七、龐文宣遯于狼山。于是天作颶風，人以死戰，膚功奏矣！」呂柟曰：「嗚呼！允若兹，聖旨睿算之遠，威德之盛，既著而明，公厥猶之壯，亦彰彰矣。然時歷三年，賊始平殄，士民之死，財力之耗，俱以億計，則亦非偶爾也。追初盜起，惟在窮困不知恤，豪强不知制，奸貪不知懲，浸淫至此耳。聞公受命而出，擢賢能，汰侵漁，而後攻伐，其弭盜以是夫！今公又承命伐鴞，柟知其勢如破竹矣。他日東觀之上，大書特書，以昭我皇明之盛，則柟史氏之職也！」

送李嶧縣宗冉序

嶧縣丞李宗冉，少貧苦學，不識詐僞。厥既廩膳，兩遭歲凶，周族拯戚，不私其有，族有遺骴，躬自殣之。上舍家居，學徒百數，更遭歲凶，貧徒欲解業流離，君令富徒饘之，或自携糗米食焉，後皆成業。然言貌不修，如里翁村叟，高陵人以爲德優於材。厥既丞嶧，首出捕盜，獲六人。時祁暑，日行六十里，比至衙，上下俱渴暈，君命左右棘取水，與盜共餟，餟訖，不俟訊，咸輸其情，曰：「不得水，賊輩已亡命。願賓首，雖死可也。」曹縣人殺其人夫婦，挑踵剜目，劓鼻截乳，若是兇也，五檢官俱不得。君至謂

❶「見」，原作「色」，據重刻本改。

曰：「此夫婦者固惡人，汝當其手刃此也，志除一邑害，何其勇哉！今而不首，又何弱哉？且汝一人，殺人二人，快汝心以成名，死亦何憾？」其賊即獻其兇器而書狀。嶧里有逆子，其母狀里正，逆子懼里正之達君也，布里正，里正并其布達君。君至其里，呼逆子及其弟，與其里居，語以母子之情，以布授其弟，令以衣母，逆子諸人皆羅泣，曰：「今之時，若犯他官，破家蕩産不已也。明公且以布還，誨如慈母，死不敢爲逆！」嘗部諸邑夫修河瀆，夫裹足不至者，解囊錢假之，至，既還矣，又以假他夫之餓者。一夫痢且死，君養諸虛圃，問所思食，曰思鷄脯，取廚鷄與之，自是瘥。君且起，諸夫之父母妻子千人，直夜追送，擁不能行。君在嶧纔八月，他政咸若是。巡撫數行獎，吏部考上，君可謂不優于材邪？故曰：「有德者必有材，有材者未必有德。」又曰：「始廉而終不污，始慎而終不惰者，賢人也。始廉而終污，始勤而終怠者，小人也。」李君爲賢人而不爲小人，必矣！不然，予其黨子哉？

贈王扶風汝言序

扶風王君汝言，柟戚黨也，既受命巡按四川，當是時，方巡大同還。汝言之在大同也，劉瑾方横，欲殺大冢宰許公而無隙，乃索許公巡撫大同時，初設尖丁事以中之。遂密遣校尉，致書汝言及同差黄門，令此二人者劾而後行殺也。黄門曰：「劾則殺許老，不則殺吾二人，吾二人可自經也。」汝言曰：「寧殺吾二人，不可殺大冢宰！」乃自草奏曰：「尖丁之設，雖有許某，❶厥初丁止三錢。繼而增爲五錢者，侯某也。又繼增爲七錢、九錢者，劉某也。」蓋侯、劉皆瑾厚人，則難獨殺許公矣。瑾乃大怒，令改劾。黄門曰：「吾死矣。」于是汝言仍前劾不變。瑾滋怒曰：「此二人者不思還京耶！」未幾瑾敗，而汝言有此命。呂子曰：「金煉之而後真，璞磨之而後玉，故《書》有『采采之載』。汝言四川之行，安知又不能大同也？汝言四川行亦大同，吾言之未晚也。」比汝言至四川，是時鴞寇自湖、陝遍蜀中，而總制、大中丞獨酣酒賦詩，糜費公帑千萬而不恤。汝言奮然曰：「鴞寇小，此寇大。除此寇，鴞寇可勿血刃矣！❷」乃列奏總制四罪，而改求識兵體洞士情者來蜀。于是天子從其奏，而蜀中盪定，其他權要，亦自是汰之。京中大夫士曰：「真御史也。」尋汝言還，予謂之曰：「柟今可以贈言矣，然又有所説也，有人于此持鏡焉，西施悦，嫫母不悦。君之此行，豈無不悦者乎？如有所不悦者，而君渝其操，則柟之所贈于汝言者，柟又悔之矣。」

純菴挽詩序

純菴君者，河東王生世相之父也。世相生而癯疾，而純菴君又欲其讀書，保愛教示，靡有不至，曰：「無忘我先人文中子。」世相奉以自志焉。初，世相足不能行數里，故常不越户閾。一兒死，忍痛不哭，哭輒汗，恐益疾，以傷純菴君之志。比純菴君

❶ 「有」，萬曆本作「在」。
❷ 「勿」，萬曆本作「無」。

歿，世相哭七日，不病。既又欲渡黄河來陜，爲純菴君索墓上文。鄉人以爲不能至，當途果病而返，然已能達蒲矣。病小愈，又渡黄河來陜，直抵吾高陵，至省城，獲近山公墓志及吾所作墓表以歸，曰：「世相不死，以振先君子者，有此耳。」然彌月不病。夫聞喜李進士言：「純菴君生而孝弟能讓，治家有法，教子世無與比，即世相可見矣。」諸君誦其父，觀其子，其能已于言乎？

送提學祝惟貞陞廣東參政序

昔者柟在京師，傳聞海寧祝子之名矣，然而莫之質也。海寧令易士美者，吾年友也，被徵來曰：「夫祝子者，豪傑之士也，學廣而要，修艾耆，稱道不倦，慈惠而辨，善諭里俗，處山林二十年，榮利不一怵其心，古之人歟！」繼出所獲贈章以觀，朴而華典，則而敏給。謂祝子爲易子之澹臺滅明，非歟？當是時也，景編修伯時者亦與見聞焉，然思一覩祝子，不可得也。已而言者辟祝子，朝廷崇望略資，由工部員外郎致仕，超遷吾陜憲副，以董學政，諸薦紳暨吾土之士咸喜慶焉。然祝子又以疾辭，疾辭不獲，而後之道。是時，予病得告還山，始入潼關，吾土之士來訊提學焉，則對曰：「是浙江祝惟貞也，先行誼而後文學，昔之戴、楊、王、邵，不是過也。」比祝子至，言必及義，敦德禮，奬節義，略見其餘緒，而未之究也。又陞廣東左參政焉。于是憲長邵公暨諸大夫使使來曰：「何以別我祝子也？」涇野子曰：「夫祝子，柟仰之久矣。仕而進忠補過，退而以修孝弟忠信，學聖人之道，六十有餘年矣。柟也，末學也，其奚言？雖然，泰山不讓抔土，有爲泰山者，予何抔土之爲惜。夫君子之持己在喜怒，其馭人也在賞罰。喜怒可測，佞者逆意而進矣；賞罰可易，善者隨俗而退矣。爲教爲養，皆宜是審也。夫祝子之爲虞衡也，嘗以堯舜之道告先帝，行且位卿相。用格心之學于聖王，以輔世而長民焉，則必不以邇言爲逆也。」

慈壽堂序

慈壽堂者，任丘君胡良弼爲其母太淑人所作，以壽焉者也。太淑人姓陳氏，行年七十，康强不老。有男子五人，長故大司馬公，次任丘君，舉進士，知任丘。孫男女二十有一人，侍已，舉于鄉，諸多積學以待用。曾孫男女九人。然而太淑人左規右誨，猶日夜罔或倦，任丘君遂以「慈壽」扁其母之堂。于是長安諸縉紳從而賦之者數十人，故稱「慈壽堂」云。嗟乎！昔予之在京也，蓋嘗接司馬公矣，曰恭而亮，可以觀德焉。又嘗接任丘君矣，曰審而遠，可以觀政焉。比予之還山也，又嘗接舉人君矣，曰有父叔之風焉，其文之進不可量也。乃竊嘆胡氏之盛，以爲天之生人，將甚弗平，世有舉族累葉，蔑一聞人，而才美充盈，或在一門之內。比觀慈壽堂，又知天人不遠，而太淑人造之者長矣，「慈壽」之稱不徒爾也。或曰太淑人善事舅姑，諸所嗜愛，與當其意，舅姑疾，湯藥親嘗，百日夜不知解。姑垂沒，握其手曰：「吾無以報爾。願爾他日有子若孫之婦，皆若爾孝耳，爾壽當不減于我。」時姑年八十餘也，今觀太淑人七十尚艾壯，奚啻不減于姑之壽哉！然則太淑人之壽，得非以其孝耶？奚不「孝壽」云？孝固所以爲慈也，孝而未慈，其如先人之志何？志于慈，孝斯遠矣。慈可以兼孝，故壽堂稱「慈」不稱「孝」。

賀李掌教受獎序

李子文輝署學政之八年，善教丕著，提學副使海寧祝公既獎于前，臨海秦公復移縣以申勸，且曰：「律己惟嚴，教人以禮。規矩丕變于夙昔，造詣益精于晚年。」於是邑侯翟君汝揚徵言發之。予曰：「柟嘗習于李子矣，晉平定人也，年二十舉于鄉大夫，試禮部不第，曰：『親老無以養，吾不可一日俟進士舉也。』遂以乙科得署教高陵。然地狹而僻，士百九十貧，莫能對其爲親之志，李子或艴然曰：『咄咄，吾初不圖至是！吾初圖至是，即三年，尚未壯不老，若舉進士，吾親寧尚如今日？』當是時也，政尚誅求，科取無經，士雖免役，厥家不佐。而李子上則重慶，下則諸弟衆，且幼子數人皆未立，咸待養焉，其用實難。以不佐之家，給實難之用，于是風俗滋薄，而先生之座無氊然。李子初以爲士富，故不我給也，既察知之，曰：『吾誤！吾誤！不知今天下貧，不獨庶民，淪及庶士。吾惟以吾在學之年視之，不亦過乎？且吾以不能養吾親、撫諸弟爲憾，彼諸士者，寧無親、兄弟耶？』乃盡斷束修不受，雖節餽壽獻，苞苴不入門。吾嘗謂之曰：『束修，天下之常。執贄，先王之禮。學不師宣聖，持久或難。』李子曰：『寧過，且有不及；得中，豈宜易至。』于是坐無欵段，衣無縑縠，泊如也。既而署縮縣綬，門無私謁，一人畏罪行餽，痛斥之，而責門卒。然則李子雖爲淮浙都運使，其誰能浼哉？然猶不自滿也，乃曰：『吾職未盡，而祇以廉名，甚愧！夫盡職，莫先于作士；作士，莫先于興行。』于是營鄉賢之祠，率躬行之士，崇李西平之祭，❶收楊文康之後，訪宋先生之傳，考于庶子之裔。爾乃表張偉之孝，完崔官之婚，桑子達以友弟而顯，張雲霄賴貞母而懿。禮教既宣，休風丕振。推其志，蓋欲盡還周、漢之俗。秦公之奬，宜又不足以備之也。使李子得進士舉，其視此何如哉？夫得之司教者，或遺行而重文，或并其文而廢之，如李子者，幾人哉？夫李子性敏，日計數千言不竭。其弟應箕，近從予遊，年少而篤志慕古，蓋非常之士也，予嘗以薛河汾勉之，兹且侍李子以共學。然則李子之進，其有窮乎？」于是翟子曰：「吾得良僚佐矣，吾豈憂不興？」

再賀李掌教序

吾學掌教李君文輝教成，而提學秦先生奬之允稱師模。於是司訓祁州邢廷獻、南部程朝佐暨吾諸友人問言焉，又將以勸李子也。曰：於戲！昔有白石生者，崑崙人也，貌如姑射之神女，齒如碩人之瓠犀，居瓊瑶之室，開雪月之門，出駕雙鶴，入驂白鹿，爾乃咀銀杏，饔霜稻，既飽而嘯，仰日而吟。見玄玉翁，則黐然而退，匿形而藏影，曰：「是將點我乎？」彼玄玉翁者，陰山人也，其見又異焉，曰：「吾朝徘徊于漆園，暮抱膝于霧洞，並北宫黝以爲友，牽夏首黑

❶「李西平」，原作「李西十」，據續刻本改。

而爲朋，人不能識吾面，名不能顯吾形。爾崑崙氏者，又何皎皎爲邪？」于是雌黄騰乎多口，毁譽變于雙門。比其久也，崑崙氏曰：「吾不得玄玉翁，吾何以妙其動？」陰山氏曰：「吾不得白石生，吾何以藏諸静？」于是迹不間于矛盾，人各出其肺肝，遂携手以同車，乃麗澤而終身。

於戲！文輝質清而志卓，識明而才有餘，循是以往，何所不至。然當其未會也，梓爲索金而訟，箕欲負笈而阻；及其既會也，表孝友于寒士，顯道德于昔賢。蓋知有至不至，則行有同不同，故伯玉覺非于五旬，仲尼不惑于四十。夫道本太虚，清通而不可象；學如徒步，知過而後能進。昔者周公，西周之聖宰也，仲尼，東魯之聖士也，年如此其久也，地如彼其遠也，然精神既合于玄冥，形貌遂覯于夢寐。于是周公坐洙泗之堂，問曰：「爾所教諸士，有如我者乎？」仲尼曰：「諾。顔氏之子，其殆庶幾乎？」仲尼侍冢宰之位，問曰：「爾所輔三王，有如今者乎？」周公曰：「諾。文王既没，文不在兹乎？」是在大聖爲之卓越，然于小學乃其標的。故季女采蘩于沼沚，大鳥拚飛于桃虫，是故神明可格，雲霄可薄，非有蓬萊之況，豈免大耊之嗟。請與子偕秣其馬，共脂其車，絶塵而奔，一日千里，自積石至于崇高，梯以閣道，棧以參井，舟移銀漢，車脱牽牛，宿廣漢之鄉，弄日月之影，雲靉霴而作雨，風習習以生物，白石生失其白，玄玉翁失其玄，子以爲如何？「果若是，彼秦公者又將何以獎子哉？」司訓及諸友，其以是問之。

平西應召序

少保、左都御史臯蘭彭公既平哈密，召掌内臺，諸卿大夫仕吾陝者，咸矢詩歌。方伯王公使使來曰：「子固史氏，又兹土之産，而又在兹，宜有言以先信也。」答曰：「自柟之病歸也，日醫不効，外寇且薄境，身憂死亡，又懼父母兄弟之不相保也。今諸難既夷，豈惟柟一身家之獲安哉！柟手雖不能執筆，猶能口授書者。柟惟古之將帥出師，攻一城，略一地，未返而謗書盈篋。唐裴度伐蔡，屢請而後行，史氏猶稱憲宗之斷。今天子委用彭公，一心不二，東平兖、豫、青、徐，南平蜀、漢，撫哈密，三年之間，安諸夏而攘夷狄，是其神識聖斷，超越古今，而公壯猷奇才，則亦周、漢之遺矣。夫寇賊猾夏，猶水之於木石也，石實，水不能入；木不實，水則入之。今公操權内臺，輔弼聖主，其滋激揚清濁，惠綏小民，磐石邦本，潛消外虞。不然，飢寒之徒，鳥獸之輩，乘間而作，如人病，既瘳而復藥石，斯難。公爲社稷計，固宜長慮爾矣，斯亦山林者之遠憂也。」

觀風餘興序

竊聞之：君子憫俗以觀風，憫風以觀政，因政以觀化。木訥之人貢其意，明辨之人列其辭，博議之人縣其象，稽數之人達其權。是故天明五紀，地効四維，人布五典，物陳萬類。故君子捋草木，以盡天下之色；鼓雷霆，以盡天下之聲；闡幽隱，以盡天下之藴；互日月，旁山川，錯鳥獸，以盡天下之變。故可以廣惠，❶可以起孝，可以格鬼神，賢者聞之勸，不賢者聞之戒，於太平，其庶幾乎？或曰：「李白、杜甫，其殆是耶？」曰：「二子應博學宏辭科則可矣，於詩則未也。」「潘岳、劉琨、江淹、鮑照、二陸、三謝、沈、宋如之何？」曰：「亂世之作也，宜勿有於世矣。」問曹植、王粲、劉楨、阮籍，曰：「其漢之衰乎？然塗斯人之耳目者，則自是耳。」韋孟、蘇武、陶潛，曰：「賴有此歟，其《鶴鳴》、《蓼莪》、《考槃》之亞耶！」故君子不知《風》，不足以成俗；不知《雅》，不足以立政；不知《頌》，不足以敦化。

河州守熊君載刻谿田馬伯循評點南厓李元白《觀風餘興》之作，千里索序。當其體，予未之暇講也；睇其志，殆有意於斯乎？不然，李子於一年之間，舉茶馬之政，峻夷夏之防，烈激揚之風，恤困窮之士，振紀綱之司，惠在邊域，聲振全陝，是其詩豈徒爾已哉！

南厓幽憩序

南厓幽憩，侍御李元白之舊隱也。南厓爲滇勝地，傍厓茅屋幾間，屋無他儲，古書數百策，一琴一榻，布衾而紙帳。繞屋皆竹梧梅菊，襟帶小池。其前也，五柳雙松，松外水田百畝，引餘水以灌後園蓴芹桃李。砭癖軒在厓屋之右，側列芭蕉二樹，舊曰蕉窗。其左爲静亭，亭去厓屋不及百步，今更曰神隱。李子之在南厓也，日夕其中，講古人書以自考，客至，講田桑、心性，客去，拈

❶「惠」，重刻本作「忠」。

香弄琴，或起而問諸松竹梅柳，脱然不知有外物也。比既宦，十四載恒形諸夢，乃繪圖，時卷舒以神遊焉。

嗚呼，若矣夫！李子與其憩南厓以自逸也，曷若今位顯而志行，望重而績遠，言於上君德成，言於中臣職肅，言於下百姓咸蘇？砭一身癖，無寧砭天下癖；隱一身神，無寧存天下神乎！舍其大而思其小，枘未之前聞也。抑不然，昔女媧有「砭癖軒」，穹太虚，礎五嶽，乃猶煉五色石以砭其癖，砭天癖使之闔，砭地癖使之闢。日癖在東，砭之使西，月癖在西，砭之使東。夫是以乾坤位，而萬物不病。李子將夢是軒乎？廣漢之地，有「静亭」焉：風不能塵，雲不能翳，水不能洩，石不能泐，泰山不能爲其形，疾雷不能爲其聲，移之朝市若山林，徙之江湖若巖廊。李子將静是亭乎？抑不然，「砭癖」益癖，「静亭」不静！吾欲李子不軒而卧，何者非軒？不亭而隱，何者非亭？未嘗不明，奚用蕉窗？未嘗不行，奚用厓門？若是，李子尚猶夢南厓幽憩乎？嗚呼，可以無夢矣！不能然，是李子猶疑於吾言也。李子名素，字元白，先世丹徒人，太醫院官爲籍。

送南京左副都御史蕭公序

正德十有二年，南京左副都御史闕，公卿會議於廷。太宰奏曰：「左副都御史内江蕭翀，西蜀碩儒，進士高第，初知霍丘，已慣民隱，歷官秋冬，滋閑舊典。三使臬司，兩蒞薇垣，兖、豫、秦、越，咸載其明德。若乃巡撫於畿甸，於貴州，於河南，力别清濁，申敷慈惠，姦宄用惴，邇在陝西，益懋勳忠。」帝若曰：「予聞茲卿，剛而寡回，洞詳憲體。其勑翀作南京左副都御史，典茲十有三道，襄予一人，用登於大理。往，欽哉！」勑至，長安三司大夫咸曰：「方式明公康濟西土，憲車南轅，觀聽奚依？」乃發使徵言，柟乃言曰：「邇嘗叨侍經幄，恭覩皇上神聖天錫，政壹輔相，凡厥謨猷，❶聽受弗咈，治臻於唐虞何有？然思惟厥要，在振紀綱。夫太學士司端，太宰司衡，諸卿百工司分。若乃上列迪逆，中割邪正，下詰姦慝，褒字淳良，紀綱斯作，實惟在此二臺。夫恭則不侮，貞則人信之，中則寡議，毅則往無所禦，厚則戮力者衆，哲則難罔，信則罔撓。夫周旋循理之謂恭，不貳其操之謂貞，舉措無固之謂中，見義如欲之謂毅，遠慮玄識之謂厚，照知邪正之謂哲，見道弗惑之謂信，七德咸著，舉憲有若拾芥。

今此烝黎，誕寶罷敝。豪右鉅猾，引姦附權，恣張厥志，魁狐碩鼠，馮據城社；煢獨載荼，耕績咸困，行傭以具徭。故盜竊猶興，虜在疆場，帑藏單虛，庶司府貨，蔑志効官。惟公攸統，咸天下之選，出震山岳，❷入踞龍虎，然皆具載文質，各荷節志，懷挾謨猷，欲爲國立不拔之基。柟聞之，震威不足以舉法，舉法不足以立政，立政不足以成言，成言不足以轂行，轂行不足以敦仁。矧夫善以偏阻，姦以懼橫，利以忽杜，敝以暗生，禍以避長，祥以怠逆，謀以寡僨。惟公克樹厥表，影茲群豸。粤若國初，先建內臺，洪武庚午，始定今官，列聖相傳，咸珍斯

❶「凡」，重刻本作「允」。
❷「山」，重刻本作「海」。

選。故魯穆恭於永樂，王翺、顧佐忠於宣德，軒輗、年富貞於正統，王竑毅於景泰、天順，王恕信於成化。七君子者，外撫雄藩，亦督內臺，終雖或以他官，咸由茲顯，故功存社稷，樹聲來裔。苟或弗由於此，階雖崇峻，勳績愧嘉。公斯之擢，誕惟爾初，克慎爾終，罔俾七公，擅美有明。

觀風復命序

御史華陽王子濟川巡茶陝西，接勘牧地，未溢二稔，諸廢聿興。竣事還朝，西人咸偉。其僚贈曰《觀風復命》，冀又進也。發使哀言，波及孤子，固辭，使曰：「《禮》聞三年之喪，有問則對。」乃對曰：「憶昔方弱，秦風於穆，邇見邇聞，勞濟川以附。復於父，弗顧子，諸承租調，取及屋瓦，門有長棗，伐沽以益，孺子啼飢，簪草行鬻於市，忍風丕行。十六編徭，行傭以具，私口遺親，雖疾餒弗顧，悖風孔滋。三女共布，貿絲暨米，米不及口，絲不及布，征調至咸去，泣涕交殞機杼，詈夫如仇，順風浸寢。十年聘女，二十婚女，苦役長棄以逋，賈可返貲，不可野死，桃李飄委於風露，義風已希。兄憎橫征，夜入於南山，厥弟力贍府貨，析嫂北山，載路讓肥，未聞其人，閉閣何處，閱風孔熾。載弁伐木，白首按劍，權巧漁賄，改面爭訐，厥家肺肝以初，寇讎以終，友風維偷。家累千金，綴褐而出市，姦宄傍路，雞犬罔寧，匪斯之交，不旋踵貧窶，富風維虜。什伍弛教，猶獵其脂膏，武心携貳，盜竊恣行於原野，士風載惰。」

贈楊貳守序

吾郡貳守楊子朝瑞材鴻而政成，乃陟貳兩淮都運使。將行，遣使問言焉。吕子曰：「竊有所聞，敢質諸君子。夫愛臨民則高明畏，義臨財則煢獨悦，對時理事則百政舉。是故如火斯温，如水斯寒。是故衡，横木也，星之大小具焉，天下之所憑也；粒，細數也，地之遠邇具焉，天下之所依也。故君子習天以敦仁，習地以精義，習於天地之間以對時，故可以事上，可以使下，可以知明，可以知幽。」

贈李鞏昌教授序

涇野子曰：夫高陵，鄙邑也，鞏昌則鉅郡矣；教諭，常階也，教授則流官矣。吾李子之聲，於是乎始著也。夫雷不冬奮則不春鳴，龍不深潛則不雲雨。天下之道，貞夫一者也。黄金之色不一也，百煉而不變者然後良；白玉之質不一也，秋毫而無瑕者然後美。昔者顔子之事夫子也，夫子獨稱爲好學，曰「不遷怒，不貳過」，夫今之論好學者，豈謂是乎？至于「不遷」、「不貳」，抑又難矣。夫瞿唐、灩澦，天下之至險也，未登岷江之舟者，與之語，猶坦途耳。他日枏嘗學種禾矣，遇莠則鋤之，三日而過，莠則猶夫昔也，遇禾則培之，三日而過，禾則猶夫昔也，于是荷鋤而立道旁，語老農曰：「吾田何若是之惡乎？」老農曰：「子未聞莊周乎？鹵莽而耕者，亦鹵莽而獲之；滅裂而耕者，亦滅裂而獲之。老農之田則異乎是，草未繁，而墾之者三矣；莠未花，而揠之者三矣。子何以比吾田哉?」予擲鋤而嘆曰:「昔者后稷之治稼也,以四海九州爲畎畝,以日往月來爲耒耜,以江淮河漢爲灌溉,以雨露霜雪爲糞壤,然後鑄莊山之金以耨荼蓼。《詩》曰:『荼蓼朽止,黍稷茂止。』」夫登太華者,不憂不至,憂其不繼,繼則玉女之岫、蓮花之峰,可旦夕而至也。夫口僞者無言,足爲者無行,言行者,君子之所以登夫岸也。李子有過目成誦之資,有食荼茹苦之節,有振頹激懦之材,有先人後己之行,蓋三晉之傑也,豈易得哉! 豈易得哉!

壽判簿崔先生序

吾縣翟大夫曰:「清蒞縣且周歲,大夫士或多接。惟崔先生非飲射不接,又無異言,偶留飲,不久坐,便起身行。然鬚眉皤然,步健而履安,動猶能循矩。吾初以爲七八十歲,人背訪之,九十四矣,即百歲。世如此年者,昏耄已矣,又奚有此德?世有此德者,凋謝多矣,又奚有此年?彼子游之滅明,不齊之父兄事者,未能或予之先也。清夙夜思奉朝廷德,意以不忝厥職,惟在崇老而尊賢。史氏諒不惜賀言。」是日,縣僚、學師俱來,李子曰:「夫勸幼莫如敦老,變俗莫如尚賢,天下之政一也。王道明則貴德,不明則賤士。自奎署教事,八年于兹矣,若先生者,豈惟其年罕見,厥德亦人所難能也,此不賀,奎何以表諸士?」吕柟曰:「唯唯。天下有道,諸司崇禮;天下無道,諸司崇法。天地和,伏生之輩壽;天地不和,顔子之輩夭。大和之氣,文明之化,于今日見之矣。」夫崔先生者,吾母之姨甫也，柟總丱時，嘗操几杖侍其側，商城之政，耳所熟也，谷口之行，目所諳也。夫富而不禮，奴虜也；貴而不道，豺狼也。如先生者，可以笑猗頓而傲軒冕矣，又何求于世哉？夫百歲，氣之壽也；千歲，道之壽也，先生豈惟氣之壽哉？柟嘗過黄河，涉易水，遍接江淮、吴越之士，未嘗聞郡邑者肯有此舉也，將其地無此人乎？亦其地無此官乎？然則今日豈惟崔先生可賀哉？于是翟大夫及諸君，皆受無筭爵，二人笙歌舞鼉，鼓于堂下。

鄉試録前序代人作

正德十四年，天下當大比之期，某不才，應聘而來某處，謬典試事。事既峻，且録以行，某當序諸首。竊聞之，取士有則，聞見相符而已矣；爲士有體，言行相符而已矣。故君子舉誠以醇俗，登節以格天，貢直以定經，稱仁以廣化，發孝以羅忠，褒廉以阜財，援智以存略，汲敬以立綱。是故僞士之言如蘋，烈士之言如金，戆士之言如矢，惠士之言如春，逆士之言如鴟，貪士之言如蠒，愚士之言如韋，不恭之士之言如猱。是故天包萬善，厥語雷霆，地載百物，不見而章。昔者孔子之取士也，然雍之言，是偃之言，中損之言，不幸賜之言，不信予之言，由是道也。諸士子生長名藩，厚積茂行，拯弊以對明時，致身而濟大川，乃其素志也。某不敏，固將因言以索行，不欲徒聞而無所見也。況今日之事，皆朝廷之事也，監臨某官某人以是督我，提調某官某人以是問我，監試某官某人以是察我，考試某官某人同考試某官某人以是襄我，提學某官某人以是驗我，諸不入院者某官某人以是望我，其有事兹土者某官某人以是聞而覘我，曰：「舉能其官，惟爾之能；稱匪其人，惟爾不任。」諸士子有違行之言而見取之，是某之不明也；有如行之言而不取之，是不忠也。明與忠，某不敢不勉。取之而他日行與言違，以上負朝廷，而下羞諸君子，則罪不在我矣。

山西鄉試録後序❶

正德己卯，山西鄉試既成，某以職事，例當有言于末簡，以告二三子。竊惟自周而後，稱長治久安者，惟漢爲然。夫其取士也，雖有諸科，究在明當時之務耳，故其時賢有曰：「識時務者在俊傑。」夫二三子固今日之俊傑也，有司者已即其言、占其行而取之矣，不知他日能酬斯志否耶。夫所謂時務者，非媚俗以同塵也，非附勢以竊榮也，非避危以苟安也，非取便以合乖也，非罔人以謀利也。夫時有不同，務亦各異，故禹務在洪水，孟軻務在楊墨。兩漢之間，其務多矣，然亦有能隨其主而識之者，如董公出兵之説，賈誼諸侯之策，汲黯多欲之諫，往往是也。若使董公以楊墨爲急，賈生以洪水爲先，迂亦甚矣。夫蹊人之田者必由邪徑，伐人之園者必由垝垣，此大道所以榛蕪，而正門所以閉塞也。然則今日之務，敢謂有不知者哉？咎在于借時務以自文，遂自悔之而不能追也。夫老佛可以分率，宦寺可以理通，行伍可以功定，惟文時務之

❶「山西」二字，原無，據萬曆本、重刻本補。

人，言之無從證也，索之無從班也。❶然而流毒遠、蓄害深、速禍重，彼老佛、宦寺、行伍之或爲疚者，反不若此之甚也。將孔子所謂「鄉原」者，豈其徒乎？二三子固將進有職列，于時其知所以務此者乎？務明乎此，上可報九重，而下可福四海，豈惟並駕賈誼諸賢，雖禹、孟軻，又何遜焉？此執事者録二三子之志也。

陝西鄉試録前序

正德十四年，當天下鄉試之期，某及某官某人，謬應陝西考試官，試事既成且録矣，某當敘諸首。曰：「二三子慎之哉！初，某之語吾諸有司也，曰：『某官某人考《易》，深貴顯，遠貴近，虛貴實，異貴經，小貴大。某官某人考《書》，雜而不理非精也，同而不殊非一也。某官某人考《詩》，成心忘者其辭冲，隘心去者其辭遂，❷妬心橫者其辭險。某官某人考《春秋》，正傳以發經者爲上士，❸假傳以求經者爲中士，泥傳而廢經者爲下士，下士勿取。某官某人考《禮記》，迂者陳古而盭宜，蕩者狥時而忘舊，迂則不行，蕩則非止。四書者，率此者也。論者以此議者也，策者以此測者也，詔誥、表判者以此準者也。』」聖祖表經以治世，賢相明經以取士，國家百五十年來一也。今我有司既則此以式爾二三子矣，❹二三子甚無愧我執事。

夫陝西，山川之初而天地之首也，故羣

❶「班」，萬曆本作「瘢」。
❷「遂」，萬曆本作「邃」。
❸「者」，原無，據萬曆本補。
❹「則」，萬曆本作「持」。

聖多自此産，六經咸自此出。然昔之作者既如此其極也，後死者則固此地之人耳，乃或讀其書不能昭其道，當其用不能酬其學，此其故何耶？究在隨俗而崇言，追流而忘義耳。今夫石，天下之至鈍者也，《易》用之以爲介，《詩》用之以爲錯。今夫財，天下之至利者也，《書》貴于大賚，《禮》貴于能散。夫士也，明經而行之以輔世，詳此二者而已。故解結問觿，整經問頭。昔嘗過河滸，見舉大木以爲室者，環百人之手，莫能移尺寸，一人曰：「置衮木于下。」六人牽之，十三人隨而推之，飄然行矣。用其策，遂成干霄之室。故大治莫如審幾，審幾莫如索士，索士莫如正經，孟子曰：「經正則庶民興，斯無邪慝矣。」夫今之卿相百寮，皆爾二三子之爲也；今爾二三子，即今之卿相百寮也。民貧而財屈，寵甚而倖張，慮驕而寇興，災垂而異出，有司所棘于二三子者，豈啻如濟飢渴，而拯焚溺者哉？二三子如捐行而惟言之華，棄義而惟利之圖，舉《易》而無王昭素之論，舉《書》而無林機之議，舉《詩》而或爲匡衡之敗，舉《春秋》而或如公孫弘之僞，則天下之憂，何時而已也？羲、文之開《易》于斯，文、武、成、康、周、召之爲《詩》、《書》、《禮》、《樂》于斯者，固如是乎？二三子拭目而覽成紀、豐鎬之墟，則所以忠聖皇而對昭代者，自不能已矣。況今日之事，巡按御史某人監臨乎爾，某官某人提調乎爾，提學副使某人遴選乎爾，巡撫某人、鎮守某人又皆總振乎爾，❶某官某人、某官某人又皆贊成乎爾，有使事于斯者，某官某人及總兵某人又皆瞻望乎爾。二三子，慎

❶「振」，萬曆本作「鎮」。

之哉！

陜西鄉試録後序

正德十四年秋八月二十日，陜西鄉試事告畢，某當序諸末簡，以申告諸君子。某惟孔子者，萬世君臣之師，故諸士子皆誦習之，以輔世而致治。夫孔子之道，非有異説奇行，即斟酌二帝三王之道，以爲人倫日用之常耳。然自漢以來，文景時治術不一，天下稱治，武帝用董仲舒策，表章六經，而海内不免虚耗。雖歷唐宋諸代，亦多不似文景時。豈董子策不可終用耶？過在學者多習孔子而實則異端耳。故孔子之經一也，雋不疑用之以斷僞，公孫弘用之以飾奸，吴祐用之以明仁，揚雄用之以貢諂，則豈非學者之罪哉？故論異端於漢、宋，黄老爲小，訓詁爲大；論異端于晉、宋、齊、梁、陳、隋、唐，佛爲輕，詩賦爲重。譬之入室，旁門既開，路寢斯廢耳。我太祖高皇帝躬行仁義，太宗文皇帝申之以禮樂，列聖繩武，亦既盡用孔子之術矣，然士之趨利名者，猶或沿襲故聞，如前數代之異端者，不能盡免。於是有知榮身而不知榮君，知安家而不知安國，知附上而不知附下，知避害而不知避污，財屈而兵羸，民怨而神恫，皆此異端之爲祟也。孔子曰：「攻乎異端，斯害也已。」竊聞之，我太祖解之曰：「攻，去也；已，止也。去異端，則害止矣。」信斯言也，真治世之藥石歟！諸士子試於場屋，執事者亦求庶幾乎善言德行者矣。行將有位在列，有職在政，乃或不能發孔子之道，以濟時救民，而爲昭代光，則後之作者，猶以異端誚若矣。諸君子，勉之哉！

己卯舉人敘齒後序

此吾鄉己卯科舉人《敘齒録》也。是録也，有讓道焉；其始之也，有争道焉。争者各欲攄其材，讓者各欲存其德。材攄則名顯，德存則實尊。名實也者，君子之所以輔政而裨治者也，可不務乎！如其所争不以材也，則競勢射利之害生焉；如其所讓不以德也，則媚世諂俗之害生焉。諸君子倘審於斯，則他日名曜日月，實加金石，以爲周、漢來鄉邦之先正光者，皆在是矣。況是榜所收，多名人實士，而武功耿季醇，予所交，寧州吕幼通，又嘗從予遊，則又安得不以斯言相語乎？

武功縣志序

予嘗兩至武功，涉漆，釣漳，陟雍丘，遊鳳麓，南望太白、終南之奇，北顧九嵕諸山，則見碧流襟帶，翠巘揖讓，珍木蔚薈，灝光組繡，風氣翕乎四來，龍虎儼而交應，未嘗不臨景命筆，而羨斯地之勝也。及予訪后稷之墟，覽唐皇之舊，問蘇子卿之胤，參張横渠之像，誦康尚書之勳，然後知斯地之效，而對客談山，言未或忘之矣。夫美稼不發墝埆，修松不挺培塿，斯已然矣。若乃楨高而築堵不繼，表正而式影或迂，則在夫後之君子焉。夫后稷，政之祖也；横渠，教之宗也。官無后稷之心者皆忍夫，師無横渠之志者皆貨客，如仁義之有托，即政教之咸流。繄兹人物，有不恒茂者乎？雖然，政不必皆官，識法者即可爲；教不必皆師，見道者即可立。故王烈之政，亦行太原；綿駒之歌，能教齊右。武功之志，凡以憂夫此也。《志》七篇，《地理》約而不漏，《建置》則而據，《祠祀》先今而後古，《田賦》隱而惻，《官師》直書而勸戒自形，《人物》之志，浩乎其無窮也，君子于是乎思古，于是乎徵今，于是乎開來，其志已勤矣，《選舉》崇義而黜利，蓋志之良者也。學者觀其志目，亦思過半矣。是志也，撰之者吾友康子德涵，刻之者邑侯西蜀馮仲玉，則斯政教也，爲有歸矣。

燕饗樂譜序

涇野子曰：聲律之道，柟久欲求之而未能也，比得李白夫《燕饗樂譜》，於予心少開焉。於戲，白夫之學亦静密哉！昔者京房之作準也，嚴宣廷訓有素，不能爲之侯部，張光家藏形器，不能爲之定絃，夫一準且如此難也。而白夫乃能稽其全，貢其妙，繹其舊，附其新，七聲之次，十二詩之用，燦乎如指諸掌。如有作者，必采斯譜矣。於戲，白夫之學亦静密哉！夫道在天下，方圓相生，形影一貫，故説理可以觀氣，觀象可以洞聲，洞聲可以諳音，諳音之至，數音具矣。故盡巧思如柴玉，終愧杜夔之精妙；諧牛鐸如荀勖，卒慚阮咸之神解。此吹律聽鍾，周武知捷乎牧野，而鑄鍾聞鏂，泠州鳩以憂景王之心疾也。蓋律呂之道，奧疏天地，幽速鬼神，廣簪萬彙，妙興聖賢。乃若葶葭之升沉，緹幔之疾徐，氣候之乖合，雌雄之修短，徑圍之損益，毫釐之差，天人睽遠。故律少短，則黄鍾吹而林鍾聽也；律少長，則南呂吹而太簇聽也。厚則已壅，薄則已揚，廣則已濁，狹則已清，題小則促，下扁則嗇，以和七聲則不諧，以候元氣則不應矣。管子曰：「凡聽徵，如負豬豕覺而駭；凡聽羽，如蟲鳴在樹；凡聽宫，如牛鳴窌中；凡聽商，如離羣羊；凡聽角，如雉登木以鳴，音疾以清。」此其實也。昔吾馮翊人楊收者，年未冠，從其父適吴涔陽，耕得古鍾，高尺餘，收叩之曰：「此姑洗角也。」既劘拭，果有刻在兩欒。嘗言琴通黄鍾、姑洗、無射三均，側出諸調，猶蔦蘿附灌木然。當是時也，有安説者七十餘矣，稱善琴，收問：「五絃，其貳云何？」説曰：「世謂周文、武先王所加。」收曰：「能爲《文王操》乎？」説即以黄鍾爲君而奏之，以少商應大絃。收曰：「止！如子之言，少商，武絃也，文世安得此聲乎？」于是具言旋宫之均，二少之故，而説以爲未始聞也。斯譜也而遇收，吾知其躍然三嘆矣。雖然，《韶》、《武》二樂，其律吕大小豈有差殊哉？而夫子以《武》爲未盡善，吾又知白夫之志，不徒以鍾鼓爲樂也。白夫名璧，廣西武緣人，志久在于伊洛。

涇野先生文集卷之三

巡按直隸等處監察御史 門人徐紳編刻
巡按直隸等處監察御史 門人吴遵編刻

序三

劍閣集序

予病卧東林，楊生九儀者問王公設險以守國，對曰：「式是天地之險耳。故嚴尊卑之分，列貴賤之位，品賢不肖之差，寵不能趨其首，佞不能駢其肩，是設天險也。田疇有定界，禮俗有定節，法度有定限，豪富不能敏其武，貧弱不能短其足，是設地險也。若是，則可以行有尚矣。」語畢，而白夫寄《劍閣集》來，有圖有蹟，有銘有詩，乃嘆劍閣之險聞天下、稱古今者，不虚也，疑若不可越者。然司馬錯通其路，徐成克其縣，曹彬擒其主，皆無有能禦之者。又其甚雖唐皇出，其門以西亦不敢馮矣，乃益知王公之設險，出乎天地之外也。白夫斯集，其將貢是意于天下乎？於戲！豈惟天下，雖傳之後世可也。白夫名璧，《集》中亦有言。

大成樂舞圖譜序

廣西李白夫著《燕亨樂譜》以示予，予嘗爲之序矣，然論其大，不及其細。比得臨清張允薦所著《大成樂舞團譜》，而縣侯翟汝揚亦請序焉。夫《風》、《雅》、《頌》之樂不聞於世久矣，而白夫之譜具《風》、《雅》，允薦之譜則《頌》也。愚也何幸，得聞二君子之道哉！夫二譜皆用太常譜聲，而以十二律旋相爲宫。白夫之學，多祖宋聲，故其譜《采蘩》、《采蘋》猶存越調，《鹿鳴》四詩或用凡聲。夫凡聲益高，越調近俗，去《雅》古則有疑焉。允薦之學，盡去凡聲、越調，而止用黄六，庶幾乎《雅》矣。夫黄六者，變宫清聲也，昔晦翁與詹元善書固欲用之，然而變徵亦不可無也。且琴之五絃，五聲也，其下二絃，少宫、少徵也，若去一留七，去七留一，則止用六絃矣，故七聲具而後樂和焉。夫禮從宜，樂從變，少宫、少徵因變而生也。蓋八音無定體，而五聲有定律，以定律之聲，格無定體之音，則有膠柱鼓瑟者矣。如有知變也，雖一絃之琴，可十四律，而倨句、鼓博之間，豈不足以取七聲哉？邇嘗受琴于允薦矣，允薦奏《梅花》而三絃之軫弊，屢調之，不應也，乃通改六絃以諧之，於是渢渢乎清泠可聽也。彼三絃者，其絙絲之毫釐，豈暇即「累黍金石尺」而論之哉？則其他笙鼓塤篪之類，從可格矣。審若是，器之廣狹、厚薄、長短、大小皆可用，而惟人手口之妙、耳目之精，非言所能盡也。故「樂從變」者，八音以十二律而變也。

雖然，聞朝歌之音人思殺，聞伯牙之調馬思秣。生殺頓殊，而聲樂相通。豈非凡物皆氣，凡氣皆聲，凡聲皆心，聲應而氣求，氣動而心使者乎？故孔子曰：「人而不仁，如樂何？」白夫、允薦之學，豈徒以聲氣者哉？蓋皆久有志于仁矣。允薦之譜又有《武圖》，大抵文舞多揖讓，武舞多蹈厲，以是意索之，亦皆可通也。

漢紀校正序

曩予在史館，數問荀氏書，獲《申鑒》，未獲《漢紀》。今陝西提學何子仲默獲之于侍讀徐子子容，子容獲之于吴下家人。予從何子借觀，何子乃移縣尹翟汝陽板行，而以校正畀予。然是書抄本無副，且其體綜表志，錯紀傳，係歲月，附論讚，與《漢書》多所出入損益。故所校正能考《漢書》所有，不能補《漢書》所無，未爲精本也。夫是書，君諱而不隱，臣直而覈，事近而旨遠，政詳而有條，物具其要，夷狄之釁告其端，災祥貢其由；典如左丘而不誣，法如《通鑒》而有究，正如《唐鑒》而不泥，婉如《公羊》、《穀梁》而不厭。此其編蓋有志于經矣。故今所校正，其缺漏紕繆者，義苟可揆，法如《孟子》之引《詩》、《書》；事若難揆，竊比于「郭公」、「夏五」，雖一字不敢增也。

佐予校正并繕寫者，生員四人焉：王仲仁、馬書林、劉守得、馬應暘。

金泉王先生八十壽序

竊聞之：性者天地之志也，氣者天地之命也，形者天地之貌也。故君子養性以正氣，所以繼志也；養氣以裕形，所以立命也；踐形以復性，所以肖貌也。是故溺形者不絶則伐氣，鶩氣者不塞則斷性。故君子知幽知明，知遠知近，故壽越常度而不衰。金泉翁八十餘，耳能悉小語，目能察細字，齒不豁，能嚙堅，手伸縮如壯，能持重，足能登跳，山原不以爲勞，當其矍鑠，雖百歲未可量。好事以爲南極星下也，乃繪《群仙上壽圖》，各賦詩以詩之。嗚呼，此其知翁之學哉！今夫種木者，必深瘞其本于土，然後枝葉可得而茂也；種火者，必厚藏其魄于灰，然後光焰可得而發也。金泉翁之爲學也，珍味不欲蠹其口，麗服不能瘝其身，奸邪聲色不欲窒其耳目，以此養形，形無不厚。仕止自取，不制於外，吟哦自好，不狃於時，登臨自適，不牽於俗，以此養氣，氣無不充。内而庭訓，外而交人，非義不由，非禮不舉，非高賢哲士不接，非愛民守法不寓于書，以此養性，性無不臧。是故性臧而氣益充也，氣充而形益厚也，是其壽雖千歲且未艾，彼所圖之群仙，豈足以知翁哉？雖然，此猶不足爲翁賀，翁當有千萬年壽，則在其子僉憲君隆吉耳。是故天壽水，地壽日，人壽子孫。水流而不息，則天常運；日照而不已，則地常生；子孫賢，有光于先人，則身名常存。昔者曾點壽未百年，得曾參繼之，名至今壽不歿也。隆吉與予同年最契，年且少，有文武之材，仁義之志，如益極其學而用其道，以輔明時而濟斯世也，真足以對天地，光日月。則所以壽翁千萬年者，當又不啻矣！彼群仙之所壽，又豈足以知此哉？

翁諱充，字彦實，家世南充人，以歲貢高第，嘗仕湖廣、巴東訓導。

白侯省耕詩序

蒲城白侯爲蒲四年，每出郊巡視田桑，省不足，補不給，督惰遊，喻勤苦，四境之内興農焉。夫今之守令，比于監司、玩于撫按，迫于鎮守者，率漁獵其民，無已則殘苦其民，無已則累係其民，有如白侯愛民如子、省耕視耘者，幾人哉？ 昔孔子繫《井・象》曰：「君子以勞民勸相。」至其告子路爲政，乃以「先之」與「勞之」對言。 白侯之政，當非有所得于經耶？ 如守令者皆如白侯，即人人足，家家給，天下可無虞矣。 方今聖天子興維新之政，重守令之選，如白侯者，當不久枳棘之棲矣，白侯其勉哉！

是時，蒲士大夫亦爲詩歌詠白侯，以達斯民之志，而原進士述、雷秀才霑爲予言之。❶

白侯名志禮，嘉定州威遠人，以鄉舉高第，授蒲城令。

贈涇陽掌教譚君陞永寧序

敝邑去涇陽止五十里，親戚朋友相通焉，然自譚君之教涇陽也，端謹愷悌之風，日無不聞之，蓋不徒出諸涇陽人口，敝邑人率多樂道也。 往時譚君視予病于涇野草堂，邂逅之頃，乃滋信美名之不虚矣。 未幾，己卯大比，河南藩臬聘典文衡，而譚君且行，使其弟子李企問言。 當是時，予固以譚君學優，請兼考《詩》、《禮記》，於是此兩經舉者，皆號得人，則譚君者，豈非相信之友哉？ 去年陝西御史以譚君學行薦吏部，陞令永寧，蓋小試之，而將大用也。 譚君既至永寧，而渭南掌教劉君紹與譚君有同鄉之好，知譚君又不啻於予也，遣人問言以贈。 夫永寧爲邑，邇礦山，有禁盜，多嘯聚，又多竹筠，其成器通諸邦。 往聞仕于此者，率犯禁私載礦賂權貴，日行竹物饋上官，故

❶「霑」，續刻本作「電」。

民率罷于竹而擾于礦也。譚君于此二事能改其舊焉，則其他大政可由知也。夫教與政異用而同體，故曰「有教者必有政」，予與譚君又何憂不相信哉？

譚君諱鼒，字某，蜀銅梁人，中丁卯鄉舉。其叔父某中癸丑進士爲名宦，弟紹宗亦中庚午鄉舉，蓋家庭之有素學者也，則譚君又豈百里之才，而終于枳棘之棲者乎？譚君其勉哉！

姜總兵哀忠詩序

後世學者立論，多薄節義而厚道德，至謂仗節死義，乃其一節之士，未爲知道。於是偷生苟容之風熾，諂佞興，綱紀解，人民斃，社稷危，皆是論啓之，蓋不知節義、道德非兩物也。嗚呼！節義之士有功於國家，豈小補哉？正德庚午四月，寧夏之變，逆賊寘鐇、何錦輩即欲興亂，而憚總兵姜公大容，乃潛謀曰：「先殺姜總兵，其餘真如發蒙耳。」總兵有權有義，權則不易服，義則不肯從，于是置酒府邸，召諸鎮巡，而先速總兵。總兵至，伏兵起脅，而總兵即大駡曰：「梟首賊！朝廷何負汝？乃敢爾也！」遂遇害。于是三軍之士揮涕發憤，而諸賊膽喪就擒。微總兵之死，即生靈延毒無算，而天下事未可知也。然則節義之士有功于國家，豈小補哉？使公平日道德少薄，未或能今日之烈也。厥後庚辰宸濠之變，而都御史孫燧、副使許逵，皆以身扞之而死，宸濠亦不旋踵而敗，又寧非公之遺風哉！

公死十餘年，而鄉之卿大夫士皆有所歌詠，如漢人之思汲黯、孔融也。大司徒近山劉公序諸首，命予識後以傳云。

壽萱圖序

予友九川吕道夫母太夫人王氏年六十三，時柟嘗具言稱壽，一曰「報德」，二曰「報志」矣。是時劉瑾方横，而道夫獨立，縉紳方默，而道夫獨言也，于是太夫人甚喜慶。今太夫人七十一矣，而道夫滋拓前行，問豺狼于當路，批龍虎之鱗鬚，遂至于謝都諫，謫小州，静潼關，係禁獄，與死爲鄰者二年，而太夫人亦不悔，以爲扶此人紀然也。及際明時，出爲參政，非舊格也，而太夫人亦不怨，太夫人之志與德詎可量！而道夫之所以報之者，至是以爲不忘予言矣。蓋太夫人受質純厚，道夫五歲而即靈；尚志高遠，道夫九歲而不墮；主績之教習三遷，道夫十七八歲而有聞。然則道夫以志德而壽太夫人於千歲者，後豈止此耶？許吏部乃獨以鳳詔圖封爲太孺人者爲壽，不亦淺乎！

壽翟母太夫人八十二序

邑侯翟君汝揚母太夫人王氏，崇明簿士良翁之配也，今年十一月十五日，壽登八十有二，侯之僚友洎吾鄉大夫士，咸拜舉壽觴。酒行，貳尹鹽井英賦《楚茨》之亂，司訓南部相賦《葛覃》，縣史雙流萬端賦《思齊》，判簿連城錦賦《陟岵》之二章，大尹江津守臣賦《閟宫》之七章，太學生文學賦《蓼莪》、緒賦《燕燕》之亂、鰲賦《南山有臺》，貢士復禮賦《旱麓》，典膳楊賦《采蘩》。修撰涇野柟曰：「德厚者胤秀，性淵者流香。故和膽之母，能開柳氏，而主績之夫人，能使其歜垂芳于《左氏》至無窮也。夫鹽井言太夫人之惠，時能引子孫也。南部，原有業也。雙流言嘗仰歸前聖賢也。陟岵言侯孝思純篤，能迎太夫人來宦邸也。江津言既至宦邸，吾侯能宜大夫庶士也。文學，可謂知苦矣。諸言其德，不孫古莊姜也。鰲言其壽與德，能爲民之父母也。復禮言福禄之盛也。楊言重祭祀也，太夫人能奉祭祀于祖妣，則可以毓吾侯，如前詩賦也。於乎，太夫人千歲奚啻哉！」於是侯跪曰：「母于予總角時，誨我以《毛詩》，亦若諸子今日之所賦，清敢不滋焉努力？」于是太夫人甚喜慶，飲無算爵。

耆德桑老先生八十五壽序

耆德桑公，予親家學生兼善之父也，今年八十五矣。予隨廣文程、李二先生往焉。程君舉爵頌禱曰：「惟公壽越百度，親見爾子兼善之仕也，或位言責，或位官守，得行其學於時，於公心斯甚快焉。」李君舉爵頌禱曰：「惟公壽越百度，親見爾孫六人者之立也，儒者成其業，農者考其穡，商者通其貨，得衍其慶於後，於公心斯甚快焉。」柟三頌禱曰：「惟翁壽越百度，親見其子而又子，孫而又孫，曾玄赫奕，雲仍箕裘，用光昭爾德于方來，於翁心斯甚快焉。」翁囅然笑曰：「整其能如諸先生言哉？」予曰：「柟嘗讀古人之書，觀今人之行，見有黄耇之老，詢其故，必孝必弟，必慈必儉，必信必仁，必厚必良者也。翁雖垂白，念及先人，或至泣下。兄既蚤没，撫其孤如己子，至長，與婚娶，而後析之。所配史夫人生二子，教之義方，其視兼善之學，身裹糗糒，日臨視焉，曰：『無惰爾進士之業。』年且耄耋，未嘗重帛。與人有所言，如金石堅不改。窮困孤獨，無不可托。其懼王法，惴惴乎若涉淵冰，於族中子弟凶悍者，必督責教誨之，子弟亦謹言信行，不敢違越，故邑人稱恩賓者，必桑氏云。性真寡合，既與人交，未嘗言其過失。於戲！公有此八行，身雖韋衣之微，家雖山林之下，彼崇爵峻階之輩，或辱身而戕德，或病國而妨民，視公何如哉？然則予與程、李二君所頌禱者，不其然乎？」公矙然曰：「子達吾老矣。若吾子孫者，遵而守之，推而廣之，則太史之言，豈獨教老夫者哉！」

五子遊山集序

去年予從對山康子洗病于鄠之湯泉，❶因欲眺樓觀，覽仙遊，憩赤松嶺，以畢終南之勝也。然是時天大雨，盩厔無官，不能借馬，故其興索然，至今怏怏焉。今春大復何子按士至此，而王渼陂、張西谿、康對山、段河濱亦同遊焉。京人王明叔者且尹盩厔，以爲茲山主。于是奇巘秀峰，哲迹咸造，有詩有歌，有賦有記，南山之靈，亦浩乎暢矣。明叔將板焉，而亦知予往懷之未遂也，乃以序問予。嗚呼！予四十年之想，三百里之行，不能一償，而諸公乃于不約之頃，獲共賞焉，將山靈之薄予，亦人所不能盡如其意者，乃天乎？夫茲山有明叔主，而諸公咸集，則又不可純謂之天也。嗚呼！一終南之遇不遇且或非天，則夫欲登泰山而觀滄海者，豈可不謂之人哉！

❶「湯」，原作「楊」，據續刻本改。

小學訓序

廣西李得友年十四，其父劍州太守白夫遣隨其兄得與來學于涇野。夫十四，年至少也，廣西且勿論，即劍州至涇野，亦至遠也。予嘉其篤志，羨其氣清而質厚，懼其蒙養或未正也，于是取《小學》諸書，分類訓之，令日誦習焉。❶其篇曰掃洒，曰應對，曰視聽，曰手儀，曰足儀，曰衣服，曰飲食，曰禮訓，曰樂訓，曰射訓，曰御訓，曰書訓，曰數訓，凡十三篇。然禮樂訓未卒，而太守遷臨安，二子南歸，將會其父于劍州也。嗚呼！得友于爾已訓九篇矣，其四篇未鳌者，可類推也。夫《小學》之教不行，則治身無法，治天下無具，得友其勿忘乎此哉！

贈桑汝瀾歸濮陽序

桑太學汝瀾往年自濮陽來，省其兄汝公先生於華州，大夫士咸樂與遊，蓋非以其兄爲華州然也。華州之政，窮獨如雨，奸慝如鏡，强梗如雷，邪枉如繩，禮賢下士如渴，蓋古之良大夫也。彼樂與太學遊者，雖爲華州，亦何所不可。聞太學中質而外有文，與接者樂親其貌，與話者樂聞其言，與事者思觀其度，則華州之政，固其所教成于兄弟者也。彼樂與太學遊者，謂非樂華州，殆亦不可。太學東歸有期，渭南鄉大夫士欲予有言，恐其不獲也，而以予友李仲白書來。嗚呼！當今之政如華州者，予心所敬慕，

❶「令」，原作「今」，據續刻本改。

而口所日談説者也，則何不言之，使世知爲政之本于家乎？ 夫古之自宦所來者，以貧寒爲好消息，然此在華州特細事耳。 華州賢能，風動關西，而其志欲澄清天下，太學歸報其家與宗族、親戚、鄉黨，則斯省也，不啻審起居、知寒暄而已。 如曰兄宦大郡，而弟以其家返，則太學所不爲也，華州所不欲也。

送應天治中周君考績南還序

予年友周君伯言滿應天治中三年，南京吏部考曰：「行政見可於官評，盡法徧畏乎民志。」伯言給由至京，會予曰：「思忠不材，瀕考而又與講官體，則思忠之過也。」予曰：「是奚傷哉？ 夫官評雖古，不能盡公；民志雖微，未嘗或私。 子如盡可於官評，反爲同俗之悦；子如或失乎民志，豈其特立之效。 故人之仕也，與其侍官評，❶不若畏民志，夫子蓋嘗言之矣。 然則今日之語，彼雖似刺，反不能蓋子之美也。 昔者，子之教諭清源也，獎且薦乎子者六人焉，不曰師道克立，則曰學行兼美，至有通移其賢於山西全省，以勸諸教官者矣。 繼而子之尹巴縣也，獎且薦乎子有四人焉，❷不曰一廉絶俗，則曰百廢具興，至致吏部薦天下循吏二十五人，先皇帝命皆不次擢用，寫與應得誥勑，而子列其前者矣。 繼而子之守廣安，及服闋改守裕州也，獎且薦乎子者又三人焉，三人者，皆名都御史也，不曰才賢方古，則曰廉勤邁今，至有面請冢宰，求移子以治殘

❶「侍」，續刻本作「得」。按文義似當作「待」。
❷「有」，續刻本作「者」。

破凋弊之地者矣。今兹之蒞應天也，巡按相繼交薦且勿言，巡撫李公，大司空也，且薦之。則夫『官評見可』之言，豈足爲吾子憾哉！夫傾蓋之士遇於路，掛劍之心質諸己，死士何必盡然於一時哉？漢黄霸、王尊皆以治郡高第，入爲京兆、馮翊，子是之官，固已爲有遇矣。」

「夫懿志難恒守，芳聲不易完。故百畝之家，或至乏飱，肆其志也；千里之驥，或至蹶途，暴其氣也。故黄霸一怠，再歸潁川，王尊滋堅其操，至明宗之亂，且復召之，是以君子戒振恒而貴積中之載也。聞子在清源時，冬夏廢爐扇，吐哺以誨諸生，丙夜猶巡考書聲，雖風雨霜雪不輟。鴞寇猖獗之時，子在廣安，廣安無城池，寇且至，君乃告作石城，量地定功，據籍限課，身執畚揷，二十有九日而城成，城成，寇亦不至。比君去廣安，寇又至，村落蕩然，城中人免，廣安人然後誦吾子之爲功也。今子若以其教清源者教應天諸教官，即應天諸學皆清源也。子若以其守廣安者守應天，即應天諸州若縣皆廣安也。」伯言曰：「思忠丞尹之末佐也，安能然？」曰：「子若以其如清源者，告丞尹以勸，即不如清源者遠矣。子若以其不如廣安者，告丞尹以懲，即如廣安者衆矣。」是時同年張監博在坐，曰：「伯言若是，奚論官評哉？」

送張子汝楨任河南兵備副使序

京人張子汝楨將之信陽兵備，曰：「翰之斯行也，聞之舊勑兵備矣，猶兼弭盜、撫民、理訟諸務。奚其勝？」吕子曰：「夫張子，予故聞爲御史之風矣，貞而不詭，友而不同，久於其位而不怨，瀕乎其遷而不媚，衆固以才、以名、以例數於卿佐矣，乃不其然。區區一信陽兵備，何足以盡子哉？雖然，枏嘗讀張平子《南都賦》矣，斯地也，武關限其西，桐柏揭其東，匯滄浪而爲隍，廓方城而爲墉，而又面衡控洛，縈汝圻淮，其險也，雖非遼陽、朶顏之遠，延綏、甘肅、寧夏諸邊之要，然三省之際、四土之結，流離易瘁，風塵易揚，故《淮南子》以冥阨爲天下九塞之一，諸葛武侯謂爲用武之國也，張子其可忽諸？當必使斯兵也，樂伍如戀鄰，樂戍如安土，樂田如世農，樂役如飢赴食，樂獵如庭縣貆，樂簡如塾問師，樂調如挾纊，樂陣如弈棋，樂攻如拉朽，樂戰如弄丸。故兵不樂伍則問旗，兵不樂田則問畯，兵不樂役則問書，兵不樂獵則問禽，兵不樂簡則問鼓，兵不樂調則問餉，兵不樂陣則問綏，兵不樂攻則問家，兵不樂戰則問身。夫扣糧，所以支伍也；剋布，所以散戍也；重税，所以蕪田也；側工，所以惰役也；私獲，所以敗獵也；繁科，所以仇簡也；殘馬，所以阻調也；慢令，所以解陣也；怨内，所以懈攻也；離心，所以屈戰也。」張子曰：「夫兵備固若是矣，以弭盜、撫民、理訟可乎？」曰：「聞之矣，弭盜莫如詰姦，撫民莫如糾墨，理訟莫如正俗。」是時從予游者張詩在旁，曰：「詩新從信陽來，獲覩信陽書院之邃，及聞諸葛、涑水、上蔡三書院之勝矣，張先生此行，義不可忘於兹。」曰：「於戲！張子如不忘諸書院之故，而興之以其本也，豈惟可弭盜、撫民、理訟哉？雖兵備亦在是矣。」

天祐錫之在户科也，舉不遺仇，劾不遺好，權不能誘，奸不能即，至迎駕通州，以一手遏在廷之縉紳，居瑣闥十三年，滯于資者獨矣而不怨；其後也，疏益直，諫益切，及遇聖時，人以爲當九卿之亞僚也，乃出陞爲浙江參政焉，士之論者曰：「惜哉邵安州！使其初也，舉遺仇，劾遺好，權能誘，奸能即，既久矣，從衆而苟合，今不止參政，未可知也。」夫邵、吕之爲諫官，風如此其烈也，而銓選之遠，雖謂世道之不降，難乎免於人之言也。邵、吕之不京堂事，如此其細也，而士論之公，雖謂風俗之不降，難乎免於人之言也。故風俗隆，世道不患其不升也；風俗污，世道雖升，其不降者鮮矣。故君子寧喜風俗之隆，而不憂世道之降。若夫諫

送都諫邵大參序

人之言曰：「諫官之遠近，世道之升降也；士論之公私，風俗之隆污也。風俗隆，世道雖降猶升也；風俗污，世道雖升猶降也。士論公，諫官雖遠猶近也；士論私，諫官雖近猶遠也。」正德以來，吾年友爲都諫陞參政者二人，寧州李道夫經之在吏科也，言思其會，事稱其要，履常而堅，際危而犯，至謫官蒲州，以一身問當道之豺狼，係犴狴二年，頻于死者數矣而不悔；其免也，貌益充，顔益睟，及遇明詔，人以爲當九卿之亞僚也，乃出陞爲山東參政焉，❶士之論者曰：「惜哉吕寧州！使其初也，言不思會，事不稱要，履常而渝，際危而變，既謫矣，避患而圖遷，今不止參政，未可知也。」安州邵

❶「乃」，原作「及」，據續刻本改。

官之陞如此其近也，士論如此其公也，風俗如此其隆也，世道之陞又何如哉？若夫諫官之陞如此其遠也，士論如此其私也，風俗如此其污也，世道之降又何如哉？邇者，夏于中自東南來，言道夫之在山東者不以其遠也，巡郊原，省凍餒，課農桑，鋤貪酷，奬賢良，有古黍苗郇伯之風。而天佑之在浙江，諒亦不以其失近也，争先乎道夫矣。不然，則人將謂二君子同其近，而異其遠也。況聖天子方思賢如渴，憂民如子。夫其憂民如子也，君子雖欲久于近，不可得矣；夫其思賢如渴也，君子雖欲久于遠，❶亦不可得矣。雖然，君子之學也，憂不得乎實，不憂得乎名；君子之仕也，憂不崇其德，不憂崇其官。誠如是也，天佑之所獲者，優於人益遠矣。于是諸諫議咸曰：「斯言也，其亦有儆欲近者之意乎！」

同年三會序

予戊辰同年三百五十人，其始未之能會也。辛未，初會于石碑胡氏，與會者二百餘人，而予在告，未之能從也。丙子，再會于學坊沈氏，與會者八九十人，而予在告，未之能從也。今歲壬午，嘉靖改元，復于沈氏爲第三會，與者止四十二人，而予病起，獲與執爵之末矣。然會皆有詩，詩必有序。初會，間有詩而未序。再會，景子有序，而諸詩未完。今茲三會，周太僕醲買手卷四十二，欲人各藏一卷焉，欲卷各具一人詩焉，而以其序命之柟，于以徵百世之講，而開屢數之會也。斯其志，良亦厚矣。嗟

❶「久」，原作「近」，據續刻本改。

乎！初會未具卷軸，雖爲缺典，然亦其時志未皆定，行未皆成，材猷皆未大著。若雖卷且軸也，不過説杯酌之好，述交遊之勤而已，豈如後之會也，以諫者成其直，以守者考其廉，以憲者崇其智，❶以財者達其會，以兵者振其武，以禮者存其度，以法者昭其信，以董學者揚其文，彬彬乎光邁先後科，而皆可以爲會之榮乎？又其變也，有城者死城，如郁子采，有官者死官，如許子逵，幸而未至于死，或謫戍于前，或編民於後，或係獄數年，或宰驛萬里，而勁風直操，猶足凛秋霜、照白日，其心未嘗或悔也。若是者，又豈甲科所能限，而但曰爲我會之榮乎？嗟乎！合内外之暌違，喜死生之相見，嘆升沉之浮雲，悲聚散之萍梗，笑歲月之易老，斯亦皆可略而道也。惟夫性以同野爲亨，命以艮背爲位，不可易也。夫同而未野者比，艮而非背者私，苟止其所而同乎大，則體用咸章，於道其庶幾乎。審若是，前之政事、文章、氣節，皆其緒焉耳。而吾戊辰科，雖如朱晦翁者可種種出以詔千百世，而予固不能賴之以傳王佐耶！

別周東阿序

山陰周天保之孟兄檢討天兆，予同僚于翰林；仲兄郎中天成，予同年于戊辰科。今年予自涇野來館，而天保已舉辛巳進士，未選也，暇嘗得數會焉，故天保每以兄事我，而講學之切，談政之急，又非他漫相交遊者比。先是，天保以卷授我，曰：「祚當外仕，爲別未遠，如獲子舊作數首於此卷，

❶「憲」、「智」，續刻本作「法」、「志」。

祚雖他日別，猶常會也。」冬十月，天保果授東阿令，且行，而以山東之盜爲憂。嗚呼！柄於天保，可止以舊作塞其問哉？方今盜興青、兖，煽及趙、豫、秦、晉，東阿之地，固戰場也。爲天保策者，孰有過於兵食乎？然由今盜觀之，實自不信始。聖皇初詔蠲今年民租之半，而有司奉行者，或倍其耗，或文其額，或變其地，專於迎上之求，不知恤下之急。夫民自正德年來，罷之極矣，遭聖明而猶未能與蘇，則彼民豈無復有劉六、楊虎者乎？夫兵，猶火也，抽薪則易戢，加膏則愈熾。夫盜，猶豕也，豶牙則易制，窮之則爲力難。是故爲東阿策者，其上履廉，其次迪公，其次節用，其次息科求，其次杜請謁，其次信法令。如是而後，徐論其攻殺擊刺之方可也。天保不見漢龔遂之治渤海乎？天保而知此焉，東阿民可賣刀劍而買牛犢矣。天保曰：「安得以此言通於上官。祚之理東阿，不數月可考也。」予遂喜而賦《東阿》五篇。

送文黎城司訓序

予親家文君宗顏，今歲當鄉大夫所貢士，而予春中適赴史館，未携家累，乃得與偕行，又同邸居一年。然京中縉紳先生數過問予，而宗顏聞且至，輒避匿不與見。雖鄉大夫士仕於京者數過問予，而宗顏聞且至，亦輒避匿不與見。雖或連邑里、同郡府大夫士仕于京者數過問予，而宗顏聞且至，亦又輒避匿不與見。三原張給事士元，與予縣接三十里，在京月四五日相過也，止得一會之。慶陽韓御史大之，與予鄰僧舍居八月，不三日相過也，終未識其面。一日，渭南裴給事伯修過予問，❶而宗顏適同坐，避匿不及，一揖起身趨入室，伯修亦趨入室，請而後能會之。未幾，宗顏授黎城司訓，伯修不忘前會也，乃同咸陽張御史文之來賀，而宗顏終會無一語，問而後對之。伯修曰：「此古人也。黎城之行，吾輩不有贈言，何以表賢善而愧奔競乎？」明日，伯修以鉅軸來，謂予曰：「言則畀子。」夫宗顏之行，予贈之軸，常也，今乃出於諸君子意，是豈近俗所有者哉？夫宗顏自垂髫與予同塾師，童子同升邑學，壯之日，仲兄克己又與予弟梓同姻戚，而予今且同邸一年，故宗顏，予知且信之。夫子云「行己有耻」者，此其人也！

今天下士風頹靡，士一入郡縣學，多爲媚禮，干有司以免役而丐利；既入國學，多托親故，干司成以覊假而速歷。於是例貢士道長，歲貢士道棄，❷雖至銓以仕者，往而不返也。宗顏在縣學已能自好，及在國學止三月，乃曰：「吾不能終監歷也。」雖終監歷，又豈能如今州縣吏奔走跪起以媚悦人者乎？」於是三試而得今官。於戲！宗顏黎城之行，未論舉祖宗立學之規、修聖賢教人之法，即其身，已足爲黎人師矣。若又能申前規而講古法，則豈非黎士子之幸哉？於戲！宗顏必不負伯修諸君子與善之意矣。

梧岡壽篇序

予年友葉工部栗夫父翁梧岡先生，今

❶「問」，續刻本作「寓」。
❷「棄」，續刻本作「衰」。

年生七十歲，母梧岡夫人黄氏，少五歲焉。翁進封郎中，夫人進宜人，皆碩健不老。有客爲栗夫繪椿萱并秀之圖，并具翁夫人行來，予羨仰不置，作《梧岡壽篇》八章以序之，畀栗夫上翁以侑觴也：

一章言翁言也，曰：予惟不言，言有攸譻。❶予惟不嘯，嘯有攸隄。如水涇渭，如馬白驪。田田磊磊，鄉閭爾稽。

二章言行也，曰：豈其無嗜，惟質斯懷。豈其不慾，有家斯開。朝陽梧挺，高岡鳳來。我志孔好，匪夷所思。

三章言兄弟也，曰：好酒載壺，矧有時肴。我雖不飲，醉我同胞。仲氏誨孫，季氏誨子。昔不云乎，螟蛉爾似。

四章言子孫也，曰：爾若惰耕，爾必饕飧。爾若慵讀，爾必馬犬。食積易畝，學優破卷。譬彼撑舟，先則登岸。

五章言朋友也，曰：山有禽，及其饗矣。溪有魚，及其醲矣。爾罟之遇矣，我岡之逢矣。樂矣盤桓，勝鼉鼓之逢逢矣。

六章言鄉黨也，曰：匪伊不侮，我貌如岑。匪伊不幻，我口如金。謂蘭斯臭，謂蕭斯馨。染我君子，鮮不革心。

七章言寄工部也，曰：何以慰吾？消息之好。慎爾登降，靡不在道。淵有遊魚，山有棲鳥。我以爾封，爾以我教。

❶「譻」，續刻本作「翳」。

八章言工部也，梧岡自壽者百歲，工部之壽梧岡者當千歲也。曰：翁壽有本，夫人克對。工部永言，可使千歲。點也雖賢，得參萬代。白鵬裳衣，趙孟之貴。

送四川朱僉憲序

介菴朱君尚節既有四川僉憲之命，其刑曹僚鄭君有度問言以贈之。夫尚節，江西豐城世家，予同年友之傑也。初爲吴縣，治有懿績，未久以憂去，吴人有《吴苑留芳》之記。後守旌德，又以憂去，旌德人請吴宗周撰敘政績以立碑。乃後守曲周，古壯縣，今畿邑也，民多黠梗，俠宕難治，南大夫所不熟，尚節治如吴、旌德，去則民解其韁以繫恩，則於民情悉矣，是何有於僉憲哉？況尚節之在刑曹也，司分浙江大省，而中軍府，神策、和陽、留守、廣洋諸衛，以及直隸、和州，諸獄訟咸統焉，則於法理習矣，是何有於一四川僉憲哉？雖然，自禮樂之道既疎，而刑罰之盡實難，是故顯微相持則窮獨塞，德怨相形則反側流，貧富相攻則冤鬱結，左右相習則曖昧匿，胥史相聽則權柄遷，請謁得通則忠信沮，鑒察不洞則欺詭肆，決斷不果則夤緣行，玆數者，皆所以開奸惡之門，而杜善人之路也。故君子之於刑也，服民不難，中刑爲難；中刑不難，致明爲難；致明不難，清刑爲難；清刑不難，用仁爲難。昔子羔刖人足，而刖者不怨。周茂叔不以殺人媚轉運，蓋亦畏乎民志者也。往年尚節之在旌德也，置欽恤之廳，異男女之行，破牛昆之姦，脱當戍之禍，除殺嬰之慘，則於予所言用仁者，宜無難矣。於是鄭有度曰：「尚節如不難於用仁，豈惟可優四川僉憲，雖他日以大司寇，亦有餘也。」

浩齋之什敘

浩齋者，歸安陸先生之别號，刑部主事原静之父翁也。先生名璩，字一翔，性明毅不側，容莊而行詳，嘗刲股以愈親危疾，又嘗曰：「吾寧死不能爲欺心事。若損人益己，降志以干榮，則所深耻。」故自號浩齋，取孟子養氣之義，著其志也。原静一日謂予曰：「澄父雖不董經課史，然踐履多符古昔，而又敬賢樂施。家遭回禄，燬積千萬，而父心不動。往年以澄仕獲刑部主事，貌亦自若。澄自謂父有集義之功。今且七十有五，矍鑠不老。澄母君袁，於澄兄弟中最愛澄，幼視之謹，長教之篤，病憂之切，饑寒體之悉，澄以爲今天下嫡母之待庶子者，不能過澄母也。往年封安人，其健亦如澄父。澄以病得告歸見吾父母，諸友皆謂澄有榮壽雙慶之喜。然則子何以教我也？」曰：「嗟乎原静，子非江東修道之士耶？夫孔子之道，至孟子能明且行焉，浩齋先生所取於養氣者固其大也。自孟氏而後，劉漢時，董、汲、陳、郭諸賢似能行而未盡明，隋唐時，王、韓、陸、李諸賢似能明而未必行，趙宋時，周、張、二程、馬、邵諸賢似能明且行矣而未至，故孟氏之學鮮矣。今原静師事陽明王子，陽明王子講周程之學，而求明且行乎孟氏之道，原静固其高弟子也，而家庭之身訓又若此。斯歸也，日侍父師，潛心斯義，既不可疑，亦不可懼，自躬而家，措之鄉黨，徐以理其國，則原静之所以榮其親者，不啻主事安人，而壽其親者，不啻八九十百歲也。」於是甘泉子爲浩齋記，侍讀安陽崔子仲鳧爲之文，侍講棠邑穆子伯潛四十人爲浩齋賦若詩。

贈沈文燦考績序 癸未

侍御沈子文燦既考三年之績，其僚高子廷威及許子伯城問贈言。予曰：「以上爲德，以下爲民，豈惟沈子之職，亦沈子之志也。夫仕於公者，武弁有世襲，凡文吏無不考績者，是故内而省曹院寺，各以德課，外而藩臬郡縣，各以業課。然則御史所課者何也？有試差焉，有中差焉，有太差焉，三年之俸，三差多備，而御史之職不職，可得而考也。是故内外臣工之德業修，爲御史職；内外臣工之德業不修，爲御史不職。是故御史職，天下治；御史不職，天下亂。然則御史三年而獲考績者，其爲憂喜，浮百官萬倍也。柟聞之，見善忘舉者妬，知惡廢劾者比，中心依違于是非者譎，借公行私者佞，意存覬覦者狡，懼惡結舌者偷，指摘疑似者刻，怒人傲簡，蓋其所長而論者忿，喜言奔競便儇者貪。此九者無一二焉，雖不滿三差，其所益乎内外臣工者多矣，謂之不職可乎？此九者有三四焉，雖滿三考，其所損乎内外臣工者多矣，謂之職可乎？是故御史之考績，非他一官一職者比也。沈子論列在朝廷者，予不能遽爲之詳。日者黄御史因忤中貴得罰俸，汪御史論黄御史，幾解其職，乃又得倍罰俸，嗟乎，繼其後者亦難矣！沈子乃又論救二御史，固知後必有禍，亦不懸懼焉。此一事也，不可以占九弊之皆將免乎？斯考也，豈不榮哉！雖然，治世之人其情易惰，憂世之士其論貴嚴，故昔之正色立朝，而持公不阿者，雖乘一驄馬過，人猶指而畏之，至于今以爲美談不已也。」

送傅君雲南僉憲序癸未

華容傅君原質尚文，以甲戌進士補大理評事，未幾以諫謫官，又未幾以憂去。今天子臨御之初，登用忠直，故原質還廷評，未久而有雲南僉憲之命。于是陳君廷憲諸君子問言于予以贈之。夫僉憲風紀之官，而雲南要荒之地，是故不可苟然處也。夫原質之在廷評也，法例之紛錯，情理之曖昧，疑決之參互，亦已習矣，又何有于此行哉？雖然，天下自正德以來，民之病于勞瘵者甚矣。有良醫焉，必將摩其腹而時食之，察其體而時衣之，審其力而時動之，猶懼夫過饑損神，過寒損氣，過動損身也。若又使姦猾以蠱其心，侵削以薄其四肢，黠訟以撓其思慮，冤抑以鬱其心，寬縱以長其淫，爲折挫以改其樂，❶則夫勞瘵之民，不病且死者幾希！夫法行有樞，而恩施有紐。樞不正則法頗，而四門皆邪；紐不實則恩側，而萬目皆紊。夫胥史者，庶官之所以淆，而窮民之所以斃者也。何則？肘腋之地易爲癰，賁限之處易生疽，蓋以當其會也。原質不記己卯之諫乎？其心非不忠且誠，其言非不亮且直，其同志之人非不良且衆也，使無佞幸之徒在肘腋賁限之地，而樞紐能一轉焉，則上無蒙塵之禍，而下無照磨之謫矣。然則今日之往也，其有要于先

❶「改」，重刻本作「解」。

理胥史之在左右者乎？況夫雲南之人，僰，爨，麽些，禿老，和泥，舞羅，❶撒摩，蒲，濃，哀牢，哦昌魁羅，類甚不一也，而其俗嚚訟好鬬，或椎髻編髮，金齒繡面，簪雉次工，男女混淆，情甚不齊也。苟不惟左右胥史是先，幾何能使法行恩流，而宣聖化于遐方哉？于是諸君子咸曰：「斯言也，雖理天下國家，亦罔不可，將非預告傅子以他日大用者之意耶！」

送武庫大夫陸元望陞湖廣少參序

竊嘗謂今日參議與參政，雖皆各省分守之官，若當要劇之地，則非才望素顯者不畀。然分守數多無勑，勑惟督糧參政有之，若分守參議亦勑，❷必其地關乎國是之大者也。陸武庫元望杰分守湖廣襄、鄖諸府，提調大嶽、太和宮觀，住劄均州，是固天子遴其才望而勑之者也。今夫襄、鄖，南矙湘、湖，北控關、洛，左扼徐、吴，右達巴蜀，即古樊、麇、穀、羅、鄾、沮陰、酇之地，而其中牛頭、雞鳴、房阜、筑砦、八疊、九室、襄峴、鹿門皆鱗峙焉。地廣而田肥，溪深而峽阻，凡天下之逋軍、逸匠、逃役、黜生、惰僧、僞道、藝人、力士皆聚焉，于是二府有九州之民，亂山雜五方之俗。故天順之末，劉千斤、石和尚作亂，蹂踐南彰、上津、竹山、穀城，而潛諸螃蟹谷、馬腦關、格兜坡、梯兒厓，雖利兵亦莫如之何。當是時，賴王端毅公以右都御史撫是地，克平禍亂，于今爲烈。此襄陽分守之所由重也。今夫太和自天柱以

❶「舞羅」，卷二《送洪雲南敘下》作「羅舞」，當是。
❷「議」，萬曆本作「政」。

下，峰巒巖嵋，形蓋東南。我文廟南靖北征，兵至之處，若或神助，故於永樂十年勑建太嶽、太和、玄天、玉虚諸宫於兹山。其後五、七年，又建遇真、浄樂二宫，以及玄都、白鶴諸觀。于是設官以提點，置均州守禦以給洒掃，出祠祭郎中一員以典葺宫宇，而供役之事，則責之少參。厥後增宫益觀，十倍厥初，四方來祠，蟻附雲從，金穀之積，可佐國需，乃以内宦易祠部，後并附分守少參，以提調宫觀。故成化之中，是官滋顯，而凡修廟貌、嚴祀事、督士伍、理道衆，皆屬焉。當是時，有韓司徒公以右給事守是官，肅恭神人，于今爲烈，此提督大嶽之所由美也。

然則元望今兹之行，有禮教之責焉，有兵材之任焉。夫禮，非徒潔籩豆、豐粢盛，要在序其道德，課其職業，潔其身心，隄其交遊，無使或敗教以污明神，則彼雖誦法墨、老，亦可以少變化矣。夫兵非徒比什伍、時簡教，要在和其居處，時其衣粻，振其頽惰，示之信義，無或懟怨以携衆志，則彼雖不閑韜略，亦可以濟緩急矣。況元望，平湖世儒，浙西之英也，自舉進士，歷官武選、車駕、武庫諸司，而僚人皆稱其操履幹濟，見重于時，則于兵材習矣，一襄鄖之分守，不足以難元望也。雖然，兵於變地則難戢，禮於變神則難修，斟酌其時，損益其道，吾固知元望敬慎於斯行也。

送劉南部尹序癸未

鴻臚司儀邠州劉君大業既有南部之命，吾鄉縉紳王中舍諸君謂予有以告大業。大業亦曰：「南部，在保寧之南山下，即古充國、巴西之地，自元以來，且兼新政、新水、西水三縣而一之。北負劍閣，南矙離堆、龍樓，而蘭登、思依諸山皆齒齒然環峙焉。間有他土之民，亦縱横雜處之。故《蜀檮杌》曰『地險而民豪』，蓋難治之邦也。緒不才，何以往勝兹任？」予曰：「嗟乎！人之稱雜亂紛糾者，莫如麻絲。有拙嬪焉，横取而旁抽之，則益鬖結而不可解，壅敗而不可用，長者折，短者碎矣。有智嬪焉，提其絲，絜其總而振之，于是縷縷而通，纚纚而順，以爲布帛，黼黻文章可計日而就也。自吾之入朝也，今且已一年矣，常見夫内吏之晨參，方國之時覲，邊鎮之奏遺，九夷八蠻之貢獻，蓋日肩相摩，袂相連，綢繆錯互，而不可易序者也。若夫進退有度，登降有節，指揮有方，號召有信，使皆井井然不亂，而又儀閑而容與，氣定而履泰，以爲漢官儀之美者，則吾固於大業獨心重而口誦之，以爲有叔孫通氏之遺風也。況大業早承父尚書公之訓，而日所習聞之者，又過人哉。若是以理南部，豈惟如治麻絲之易就緒乎？蓋將舉南部，四境之内固可經而綸之，衣而被之矣。雖然，憂於大者或難於小，熟於此者或不熟於彼，忽與變之故也，如不忽而變焉，將何任之不可往勝也。予嘗聞宋李辛之爲南部矣，❶方及一年，而民有產三男，牛或三犢，禾至九穗，麥且二歧，南部人以爲祥，至圖其像於庭，作四瑞堂以記之。大業而至南部，可求其所以致此之本矣。大業而求其致此之本，豈非吾鄉縉紳贈言者之至願哉！」

❶「李辛」，續刻本作「季辛」。

讀同門題名録序

此《同門題名録》，自大宰喬公始終題識，而其中説者凡七家，上於邃翁先生復古之教，下於諸弟子師事之義，已略具矣，而先生又命柟有言。夫是録計科，自成化丁酉、戊戌至正德丁卯、辛未，幾及四十年；計人，自胡司空至華黄門，幾盈七十人；計地，自順天至廣西，幾具十三省。然其人多爲名卿才大夫，行先生之道於天下，則固不可以無斯録也。即有未仕而隱，或未隱而卒，或既仕而免，或既免而老，德欲考而未究，業欲建而未成，則先生覩是録有斯人焉，能不悽然以悲乎！若夫或仕而未老，或免而未卒，德已考而業已建，則先生覩是録有斯人焉，能不暢然以樂乎！然則是録也，亦先生悲樂之具矣。雖然，亡者已矣，其在者，柟知其必重有以致先生之樂，而免其悲也。柟，先生提學所造士，雖不能如親受業者望其高深，然於先生進人不已之志，亦頗聞之矣。

送汪希周之福州太守并壽其父母序

崇陽汪希周守車駕郎中五閲月，而福州知府缺，天子用銓曹議，陞希周以往。其僚侯世卿諸君請予言以贈之。他日希周亦來，曰：「兹敝僚有贈，不敢已也。但文盛父今年七十歲，封駕部員外郎，母今年六十歲，封宜人，皆矍鑠在堂。文盛兹行，得便道過家拜膝下。誠以敝僚之舉，得太史之言以上，吾父母必悦且安，則文盛於福州，可坦然無慮也。」已而世卿諸君亦以是言申請。予嘆曰：「於！休哉希周之移言也！夫他日之遷也，或欲揚其德，或欲著其材，或欲列其工，以爲先聲乎新任也。況希周年二十四舉進士，推饒郡，無難折獄，討賊姚源，克樹鉅績。及主政武選員外車駕至今，所操執未嘗或少變。若此以鋪而贈焉，真足以前信乎福人也。乃希周遺乎己而急乎親，舍其小而先諸其大，是豈可得者哉！夫人子得一衣不自衣，而移以衣諸親，得一食不自食，而移以食諸親，吾見其人矣。若夫得一言不自用，移其言以進諸親，則柟之所未多聞者也。斯其人何有於福州哉！昔者温嶠絶裾以赴國難，君子譏其雖或成功，亦不足美。而《卷阿》之則四方，《六月》之憲萬邦，其勳庸非不洪也，獨以孝德孝友爲之本。然則希周他日之所至，詎可量哉？」

「雖然，福州乃東南都會，江海重徼，望交、廣而負淮、浙，故宋蔣之奇以爲全閩八郡之冠也。又其俗喜訟而信鬼神，敬佛而崇辭華，撫巡、布、按諸上官日交臨焉。于是時無停檄，日無虚移，旬無斷謁，月無不取。故凡守省下者，率知獲上而不知治下，知勤簿書而不知勤農桑，知信史胥而不知信閭閻，知奔走司院而不知行阡陌，夫官是以日遷，而民是以日敝。夫希周之所以代者，歐陽崇教也，聞教之爲福州能改是焉，希周兹行必有采其所長者矣。希周苟以其所篤於親者，推以篤乎民，而又采歐陽子之所長，則夫宋所謂『前有謝、王，後有鄭、章』之謡者，今寧不復續以歐、汪邪？而其親之壽，當益不可算矣。」

送李新安序

李君希尹邦憲者，盩厔之傑士也，以太學上舍試于廷，得司訓新安，以王禹卿來問言。予曰：「夫師之於諸生也，固無不欲其爲我訓以成業。然予不知新安，但以今四方言之。學師始任之日，諸生尚有不至者矣，既任之後，諸生或寺居觀處，不之學；不已也，或遊業遠問，不之學；不已也，或田阡桑陌，不之學；不已也，或市井鋪肆、債務酒店、花柳巷遊，不之學。當是時，雖有勤師良訓，辰拘而午去，日來而月散，將何所施乎？夫諸生在，李君且可問訓之之方；諸生而不在，李君又何問焉？夫李君斯行也，能使諸生皆在學，即爲已多矣。」曰：「憲何以能使之皆來乎？」曰：「子未知諸生之所以去，焉能知諸生之皆來？❶」「敢問諸生奚去也？」曰：「予聞弘治、成化以前之師，篤于親以來孝，厚於兄弟以來友，薄於財以來廉，敏于自責以來耻，言行同以來實，偏於背誦以來業，發真啓性以來義。是故朝入而朝益，暮入而暮益，日有所漸，月有所改，歲有所化，而不自知其大異於庶民也。當是時，雖驅之使去，蓋有不欲者矣。自弘治末年以來，媚師以勢教，鄙師以利教，懦師以悍教。夫惟以勢爲教也，士固有青衿居而奔競心者矣。夫惟以利爲教也，士固有詩書誦而金帛志者矣。夫惟以悍爲教也，士固有孱弱軀而跛扈行者矣。是故其上則僻處以省辱，潛居以謝誚，不寺觀居，則不免也；其次則覓題以迎試，搆辭

❶「知」，萬曆本作「致」。

以效才，不遠遊求，則不巧也；其下則學百倍之農，識百倍之賈，殖再倍之息，不田桑街市居，則不得也。如是而欲諸生之來，雖捉其裾而縶其足，彼固有如鳥之入樊而獸之入牢，不亦難哉！然則李君能致其來乎？」于是李君太息曰：「憲數年於學，亦自爲去之之徒矣，乃復欲諸生之來，不無背邪？自今憲取『七來』以自求，如之何？」曰：「此正新天子端本復古之意也。」

送劉任丘序

畿甸之縣如任丘，壯大而又詩禮文物之地者也。任丘之鄉大夫率求人，太宰選於衆，得吾友静齋劉子克艱以授之。于是吾鄉縉紳皆欲贈之言，而謂予與静齋少同師，長同學，强且艾恒同遊，宜有以言之也。五月之望，予餞静齋于西邸，静齋離席曰：「守臣聞諸君有戒言屬子。守臣之與子交也，非一日矣，若不廉，守臣能絶之，不必教，若不公，守臣能絶之，不必教，守臣如有不然，他日何以見吾子也？惟夫事至而明有不及，政行而法有不立，此則守臣日夜惴惴，而望子以示之者也。」吕柟曰：「政自正德以來，民力屈，思盜而不思良，民俗頹，❶思争而不思睦，今幾二十年，皆爲之吏者貪私教之也。今子已能廉且公，是何有於任丘而憂夫不明不法邪？雖然，今有明鏡於此，可以別毫釐，照遐隱，非不亮也，使頓置而側安之，則雖以視妍者，祇見其耳目偏，容貌陋，亦可惡矣。今有峭壑於此，足以止陵越，杜侵犯，非不法也，使引索而駕木焉，

❶「頽」，萬曆本作「頗」。

則雖以視儒者，祇爲開其蹊徑，濟其交昵，亦可狎矣。是故君子惟患不廉，不患不法；惟患不公，不患不明。故夫子以『不欲』止盜，而公儀子以『斷織拔葵』能治魯也。」曰：「若是，則廉公亦非易事乎？」曰：「然。子不見終南山之之禪子真士耶？隱幽巖，處暗室，不接人三十年，以爲既定寂，仙佛可坐而得也。一日有友携入長安城，過柳市以東，粉娥黛姬、妖聲豔曲觸目而塞耳，遂忘其三十年之爲功也。周京之士，年已耆耋，家藏古度舊衡，自謂傳自夏商，以準物，不爽分寸錙銖者也。他日入於秦市，鞅誚其尺，冉譏其引，睢改其錘，澤移其絲。❶于是或以千鈞爲輕，或以尺布爲長，而不自知也。」曰：「廉、公之難，亦此至乎！然則何以至之？」曰：「吾東郊之圃有株桑，其上鳴鳩生數子，❷朝飼之自上而下，夕飼之自下而上，雖有争者，亦不亂其次以與之，未幾數月，其子皆喙剛而羽健，無或不能飛者矣。吾西鄰有老媪生數女，長如西施，已嫁矣，次者寡髮，次者肉眉，次者面黧如漆，次者耳短，吉士過而弗問也，媪乃謀諸姆氏，剪髮與髦，❸出鉛與畫眉，傾奩中脂粉以粧之，故大其環重十銖，三年之内，數女皆嫁焉。於戲！子誠如東圃之鳩，明奚不行？子誠如西鄰之媪，法奚不立乎？《訂頑》之言如鄰媪，《砭愚》之言如圃鳩。是故仁則能絶不廉，義則能絶不公。」

❶「絲」，萬曆本作「系」。
❷「鳴」，萬曆本作「鳲」。
❸「與」，重刻本作「截」。

贈張通州序

武功張邦獻治大興有績効，陞知通州。御史楊君子極、郎中劉君士奇請予言以贈之，且曰：「邦獻嘗爲他縣，才賢且懋，例可得御史，不得，得部屬，部屬且不得，得大興。爲大興三年，值正德之末、嘉靖之初，諸難咸履，百廢皆稱，四民具便，即縣治自開建以來所漸頹盡矣，乃邦獻數月而新之。當其廉能，例可得卿佐，不可得，得部屬，乃又部屬且不得，得通州。夫舉人當官十九，不及進士十一；直士當官十七，不及媚士十三，果然於邦獻驗也。」予曰：「不然。大興，順天附郭，天下縣之第一也，足當諸省之州。通州，出京一舍餘，天下州之第一也，足當諸省之府。天子重輦轂之邑，厚股肱之郡，吾邦獻皆得以出治而成志焉，又奚説部屬哉？」他日邦獻聞之，亦來別予曰：「舜舉非薄通州也，惟是大興，含哺衣眠者三四年，及今又通州。通州者，通東南路也，日奔走應接無暇時，將何日而息乎？」曰：「子不聞子貢問息於夫子，夫子告之者邪？故君子自强以求不息，而子乃欲息之邪？昔柟之居涇野也，東郭有趙敏氏，治田數百頃，食客數千人，夙興夜寐，孜孜不倦，擇朋侶以琢行，督僮僕以課業，暑未嘗清、寒未獲温者數十年，及其德積而家興，一鄉之士皆歸焉。西郭有錢逸士，僻處一隅，鮮田宅，寡交遊，未夜而眠，已日而衣，般樂自恣，不聞規過之言，不興忝生之思，已而事至不能任，客至不能賓，行疚而家敗，一鄉之士皆耻焉。夫大興與通州又何足勞邪？是故治河海者有河海，治沼沚者有沼沚，願吾子寧治河海而勿有沼沚也。」曰：「夫通也，軍民交錯，其俗難格；賓客絡繹，其禮難稱；權勢迫切，其柄難專；田賦屯莊參互，其仁難究，則何居？」曰：「義以成俗，則軍民一；讓以出禮，則賓旅悦；信以格權，則暴横沮；忠以廣仁，則煢獨安。」

贈成秀卿考績序

《易》曰：「鼓之舞之以盡神。」予嘗謂考績之政，必知神者而後能知也。是故天惟神，故能鼓舞萬物使之生；聖人惟神，故能鼓舞萬民使之安。天之於物也，分之以五辰，行之以四時，鼓舞之以風雷，斯物無不成。聖人之於民也，布之以百官，糾之以御史，鼓舞之以殿最，斯民無不安。然則御史者，亦聖神之馭，而承行鼓舞之術者乎。是故於此有貪人焉，稱曰廉；於此有穢人焉，稱曰潔；於此有忠人、良人焉，惡其不善事我也，稱曰常；於此有勢人、權人焉，懼其陰能毒人也，稱曰賢。于是考於宰衡，宰衡告於聖人曰：「是識時務者也。」乃黜其所謂常者，進其所謂廉能與賢者，署之曰御史材，即百官皆變爲貪穢，天下之民冤鬱死亡，日亂而不知也。於此有貪人焉，稱曰墨；於此有穢人焉，稱曰污；於此有忠人、良人焉，雖其不善事我也，稱曰賢；於此有勢人、權人焉，雖其陰能毒人也，稱曰姦。考於宰衡，宰衡告於聖人曰：「是達國體者也。」於是進其所謂賢者，黜其所謂穢墨與姦者，亦署之曰御史材，即百官皆化爲忠良，天下之民歡欣樂生，日治而不知也。是故御史之考績，非他一官一司者比也。

予年友成君秀卿之爲御史也，當正德

戊寅之際，江彬用事，蠱惑先帝，導之遊幸，頤指文武諸臣，文武諸臣亦多逢迎奔趨，交歡恐後。而秀卿適巡按南畿，獨抗其鋒，致令繫獄，幾死而不悔。於戲！秀卿處權勢人者，已烈烈如此，則其他所稱忠良、貪穢之皆當也，可由知已。秀卿之考，今已二年餘，不知當時吏部告於上而考之者，果何署也？於戲！如使斯風行，天下之民有不歡忻樂生者乎！或曰：「以一御史所稱之當而考之最，遽能使天下之民樂生乎？」曰：「於一御史能然，則凡吏無不然。如有不然，則考績者之過，非御史也。」曰：「御史之官，茶鹽庫倉、關河學戎，不一其差；追問審録、別姦剔弊，不一其職。乃於考績而獨論稱人之當者何？」曰：「此御史之本也。此而當，百官無不當矣。故曰『御史者，聖神之馭，而承行鼓舞之術者也』。於戲！秀卿不可以既考最而弗慎。」於是諸侍御皆曰：「斯言也，豈獨告一成君者哉！」

送劉廣德序

禮科給事中崇仁劉君振廷既有廣德之命，都諫張習之諸君來曰：「振廷近劾崔宦，以齋醮營惑聖主，殘費内帑。既閲月，崔宦又支辯，有旨著劉最查明前帑之數，振廷于是復疏滋直，乃得今調。何以别振廷也？」吕子曰：「振廷斯行，直聲滿天下，可勿惜，所惜者，國體耳。雖然，爲振廷者惟當引咎自求爾。樂毅曰：『君子交絶，不出惡聲。忠臣去國，不潔其名。』斯言雖厚，猶爲未盡君子之道也。故古之君子，善則歸君，過則歸己；後之君子，過則歸君，善則歸己。今有大舟，以越洪川，所載者皆良寶貨也，中流而撑諸風濤之上、盜賊之前，萬有一失，非篙師之過、柁人之尤乎？❶故古之君子，其過則歸己也，君志未正，曰：『己感之未誠。』君心未明，曰：『己格之無方。』君學未篤，曰：『己導之未勤。』君或好安，曰：『己未上無逸之圖。』君或惡言，曰：『己未納自牖之約。』君或溺異端，曰：『己於正道實未先入。』君或近小人，曰：『己於君子實未蚤進。』凡君之過，皆己之過，故伊尹謂『撻於市』者，此也。後之君子，其善則歸己也，曰：『非予感之不誠也，君有異向，諫諍實難。』曰：『非予格之無方也，君有他好，開陳實難。』曰：『非予導之不勤也，君有僻學，調護實難。』曰：『我未嘗不舉也，君自不爲。』曰：『我未嘗不言也，君自不聽。』曰：『我闢異端矣，其如君之固蔽何！』曰：『我劾小人矣，其如君之寵信何！』凡君之不善，皆己之善，故孟子謂『賊其君』者，此也。振廷苟如古之君子也，當言思未發其幾、行思未開其先以自訟矣，又焉肯因一言之不用而悔其直乎？振廷苟如後之君子也，則必其足之高、必其志之揚以自矜矣，又焉肯因一言之不用而思其過乎？夫振廷明允端重，江西高士也，舉正德丁丑進士，知慈利縣，有善政及於民，自入補禮科以來，言多切直，不避患害，蓋不止今日也。然則振廷爲古之君子，而不爲後之君子也必矣。則夫廣德之役，乃振廷他日卿相之地，聖賢之所。振廷勉哉！」習之曰：「太史斯言，豈獨以告振廷邪！」

❶「柁」，續刻本作「榜」。

送劉陝西僉憲序❶

大理寺副平崗劉君既陞陝西僉憲，奉勑開司寧夏，專知刑名，兼典糧儲。其僚或謂之曰：「寧夏，古朔方之地也，北負賀蘭，南矚黄河，匈奴之所出没，羌番之所窺伺。故其地，業畜牧，崇戰鬬，喜强梗，信釋巫，不可以德理也，德玩而不尊；不可以威制也，威激而或變。故德之弊無上，異時赫連元昊是也；威之弊無下，近曰寘鐇、何錦是也。平崗子兹往，其慎之乎！」吕子曰：「人性無分於遐邇，猶馬不分於内外閑也。今有群馬於此，食及三芻，飲及三時，朋侶而出，鴻鴈而入，雖五駑三羸，無弗良且和者。若置騰馬其中，憤氣張而日蹄齧，即群馬奔逸，雖衆手追縶，不易旋也。且今淮、鳳諸郡，素稱富庶，近遭饑饉，道路相食不已也，至於兄弟；兄弟相食不已也，至於母子。夫母子、兄弟，天下之至親也，一餓其腹，至滄其肉，此豈非中國之處者乎？則何以尤邊塞哉！」

「夫平崗子之在大理也，凡部院所來之獄，浮於重，嘗損之，浮於輕，嘗益之，以爲天下之平者久矣。則夫兹往也，其政之本在悦心，其政之用在節性矣。是故寧夏四衛之士，所以扼匈奴之南牧，杜羌番之東侵也，故飫飼其腹，士猶以爲餒也，重絮其衣，士猶以爲寒也，厚恤其家，士猶以爲怨也。今或月米以准役，歲布以折差，軍裝以賂權，即伍未煖，閲躬以窮，但未至淮、鳳地之

❶「劉」下，續刻本有「平岡」二字。

饑甚耳。《苕之華》曰：『人可以食，鮮可以飽。』典糧者不當問邪？況豪右之輩，依勢以侵漁，附影而陵轢，不啻騰馬，則彼單弱木訥之子，又安所告哉！《角弓》曰：『毋教猱升木，如塗塗附。』知刑者不當問邪？且平崗子茲往，日所稟度而請事之者，中丞張公也。中丞在大理時，與予爲比鄰，其心恤窮如子，治强如敵，枏敬之畏之，亦平崗子所素知者也。茲又以其同政，從中丞而事事焉，行見再築受降城於著沙之北、梦樹之西矣。」

平崗名淮，字東注，河南睢州人。

贈王景初考績序

予嘗謂一言之是非，足以定天下之治亂者，御史之考績是也。蓋天下官之邪正，皆御史之所得是非，而御史之賢不肖，又吏部之所得考而殿最之者也。如御史所是者皆正人，吏部曰「斯御史也賢」，真以爲最而考之稱，即天下官聞風而正者，❶衆民之不康者鮮矣，如此而天下不治，枏未之前聞也。如御史所非者非邪人，❷吏部曰「斯御史也非不賢」，不以爲殿而亦考之稱，即天下官聞風而邪者，❸衆民之不病者鮮矣，如此而天下不亂，枏未之前聞也。或曰：「若是，平天下亦易耳，胡治日少、亂日多乎？」曰：「於此有人焉，内實而不露，行敦而不浮，志忠而不阿，此非正人乎？然或貌不飭，口不工，勢無可托，❹利無可通，交遊不

❶「正者」，重刻本作「立變」。
❷「非者非」，萬曆本作「是者皆」。
❸「者」，重刻本作「行」。
❹「托」，萬曆本作「援」，重刻本作「抒」。

廣，寅緣不知，則固有惡之以爲邪者矣。於此有人焉，黨惡而嗜利，懷姦而馮勢，虧行而病民，此非邪人乎？然行非而澤，言僞而辯，權有可結，賂有可入，親識甚博，内交是能，❶則固有喜之以爲正者矣。故若此之正人也，御史以爲是，吏部亦以御史爲然，即天下之不亂，枏亦未之前聞也。故若此之邪人也，御史以爲非，吏部亦以御史爲然，即天下之不治，❷枏亦未之前聞也。是故邪正易淆，是非難真，殿最不能盡公，識治亂者，恒占於是焉。」

侍御汶上王君景初，予始未之能識也，巡按吾省，清理茶馬三年矣，予亦未之能面也，比峻事還京，得會晤焉。其論人也，皆察邪於衆好之中，而不比同俗，求正於衆惡之中，而不棄特立，以此而是非天下官之邪正，將毫釐審而銖兩明，其有不當者乎？董子曰：「《春秋》名霣石，先於五；名退鷁，後於六。」夫鷁，人之所識也，因其退飛而數之，則六也真矣；星之未霣于地，石且不可得辯而知也，又安得而五之哉？君子之論人，不當如此。夫景初苟不惟於其一人如此，將於人無不然，此豈惟天下治哉？雖古唐虞之世，可立見矣！

黄氏家乘序

《黄氏家乘》一編，爲内篇者五，外篇者九，小學、古訓以始於家，誥勑、詩文以終於國，皆香山黄長樂君所創編，其孫太史才伯之所增修者也。才伯曰：「佐今自宋度支

❶「是」，重刻本作「甚」。
❷「不」，重刻本作「能」。

員外郎漢卿鳴筠州來，凡十有四世；自元西臺御史憲昭謫南海來，凡七世；自國初温德始有尺籍隸香山來，凡五世。闕疑而傳信，斯乘也，大略具矣。」於戲！長樂君自正統中爲太學生，曾上六正之疏，時人或比之陳東，而才伯又爲今名史氏，故斯乘也，情可以浹骨肉，信可以交人鬼，法可以教雲仍，才伯固不得私爲一家史也。雖然，昔者横渠張子作四海之譜，今學官所立《西銘》是也。近予與才伯又嘗同試事，亦因知其篤信而好學，才高而志廣，則夫發度支之積藴，紓御史之抑鬱，宣長樂之未究，自家以及國者，將無自此乘托始耶！才伯又言，長樂君創建家廟，中遭寇變，他皆不顧，獨抱主以避；父粤州君割己田七十畝，以供烝嘗。嗟乎！孝子之愛宗祖，正猶忠臣之愛社稷者乎！然則才伯者，今以後國史攸關，吾固知不獨止於一家乘計也。乘所具者，序不列。

贈馬道亨序

中部馬君道亨隆舉弘治甲子鄉試，是榜予同學有二人焉，無弗言道亨之才，然予未之能會也。今年夏，予方爲兒子田結親於劉南和，而道亨適待選在部，又南和之高弟子且戚黨也，得會於杯酌間焉。然道亨動止言笑，無少苟且毫髮不合義，雖群言辯，衆人講，弗是也。予竊嘆曰：「斯其人若作法官，所謂『惟訖於威富』者非歟？」未幾，果得節推大同，予又嘆銓注者亦爲知吾道亨矣。雖然，大同爲郡，所領州縣雖曰十數，然白登、紇真諸山皆在其境，即古雲中、雁門之地，故藩屏京師、要害邊鄙，此地爲急。且兵民雜互，華夷交錯，人生强悍，訟情健險，固非易乂之國也。是故棘則易渝，刻則生殘，蔽則畜姦，緩則長惡，偏則臻亂。而況撫按交臨，鎮守之屈撓，藩臬之通蒞，法入有或欲出，法出有或欲入，若非中正明達果斷者，鮮有不累於斯，道亨亦不可不重視之也。秋官劉以學曰：「道亨持躬甚嚴，未嘗干人以私，雖當貧窘，於不義富貴，常藐焉視之。」於戲！此正法官者之體也，已未嘗屈人，人焉敢屈我哉？然則道亨於大同又何難乎？昔者周茂叔不以殺人媚轉運，而康叔之獄又服念五六日，至於旬時，然後丕蔽。道亨於此，又宜勿次汝封之意矣。

恭人鄭母胡氏七十壽序

誥封恭人胡氏，鴻臚少卿順天鄭君公珮之母，今嘉靖三年，壽七十歲，正月十一日，其初度辰也。公珮將祝眉壽，其僚魏華甫、宋伯清諸公，皆宴中孝友之張仲也。公珮曰：「紳母淶水人，義官胡公之女，年十五歸先君，逮事先祖母，先祖母嚴，母事之惟謹，衣履飲食，皆親供具。既有紳兄弟七人，且五孫子矣，閨中紉箴、縫刺、酒漿、鹽酪、醯醬、卮匜之屬，母皆躬治之。紳兄弟屢諫止之，母曰：『我惟服勤，諸婦猶惰；我惟罔勤，諸婦荒矣。紳，爾朝臣也，爾不見公卿百司乎？乃有敏於義，精於忠，夙夜匪懈者，厥終必臧；乃有酣酒嗜貨、宴樂惰義以自肆者，厥終必不祥。且自爾筮仕至今，其人皆可數也，而況於家乎！且紳將無以爾舉進士爲今官，紋爲府學生，瓏爲錦衣千户而驕邪，爾雖他日位通顯，尤宜滋惴慄耳。』於是紳兄弟皆秉訓弗違，以有今日。

然則紳何以使吾母至千歲，以飭紳兄弟於恒吉？」於是華甫曰：「境之同年友曰呂太史仲木者，其人之言能使壽耇難老，境往問之。」呂柟曰：「是在公珮，萬年之桃，九霞之觴，皆不足道也。昔者魯公父文伯退朝，其母方績，文伯曰：『以歜之家，而主猶績乎？』其母告以民勞則思義，以及王后、公侯夫人、卿之內子、列士之妻之職，於是文伯益修其官，而敬姜至今千餘載猶若在也。且公珮爲聖朝大鴻臚，不啻季孫歜臣事一魯國，若公珮守其訓，滋迪厥靈，將來位公相，秉治理以膏澤天下，則恭人垂光無窮，遺休後昆者，又豈可以年歲算哉！」華甫曰：「是足以復公珮而頌恭人也。」

贈秦懋功考最序

張侍御文之曰：「慈溪秦君懋功鉞以江西道御史，去冬考三載之績於吏部，勞多得上考，十有三道之僚，無弗以爲信也。懋功以甲戌進士，治攸縣有效，擢今官。巡城而城戢，巡倉而通州五水次倉無弗清；巡視光禄，四署咸明，雖飯寺濟米，亦咸得心；巡兩淮鹽及河道，姦囮力革，而法理政修。❶若乃日常刺舉論列，尤赫然昭人耳目者也。」呂子曰：「勞哉懋功！豈惟可上考乎？柟嘗聞人之云御史矣，或習簡以爲平，或習虐以爲威，或習不事事以爲智，或習縱姦以爲仁，或習訐以爲直，或習潛私以

❶「政」，原作「次」，據續刻本改。

爲功，或習含糊以爲體。七者有一焉，其六皆生矣。七者有二焉，其五皆成矣。即觀懋功之勞，將七習其免夫！雖然，今有作室於此者，基既築矣，梁棟楹楣既豎矣，然或欹而不直，偏而不正，群工既受主人之直，環視而莫能獻其材也。名匠者爲之一撥定焉，坐見旅人得以緝其瓦，圬人得以附其塗，設色之人得以黝堊其壁序，煥然其成家也。是故御史勞，百工逸，御史逸，百工勞。小逸，百工小勞；大逸，百工大勞。《召南》云：『于以采蘋，南澗之濱。于以采藻，于彼行潦。』《小雅》云：『楚楚者茨，言抽其棘。自昔何爲？我藝黍稷。』夫澗潦之地，人所遠棄，一采蘋藻，雖神明可羞。黍稷，育人之嘉穀，棘不抽，不可得而藝也。是故進善，不進不休，退惡，不退不止，魏荀氏且爲之，而况得行其志如兹官，躬逢其盛如斯時，富有其學如此材哉！夫懋功今且大巡江西，江西，東南雄藩也，屢遭寇變，民之荼毒猶懸未解，延頸以待吾懋功久矣，懋功試以抽棘、采蘋之詩行之，當其交，又非止若往所巡者矣，蓋雖天下所推而理也。」

萱日圖序

唐太孺人王氏，今年生六十有八歲，其子侍御應詔祈其壽之無窮也，先繪《飛鶴圖》，倏如黄鵠之臨太液，嘹如白鶴之鳴九皋，可數百歲焉。予曰：「鶴若老，則音下而聲不遠，非所以壽志也。」乃謀于楊乾，又繪《青松圖》，高參雲霞，而勁凌霜霰，可數千歲焉。予曰：「松若老，顔衰而脂滲爲苓，膚軟而精傳爲璧，非所以壽貌也。」乃又問于其僚朱士光，又增繪《靈芝圖》，色萃五嶽之秀，氣騰萬木之香，可四五千歲焉。予曰：「雖則威喜之貴，或爲椹菌之淆，非所以壽真也。」應詔曰：「兹三者，竭鳳儀之心思矣，乃皆不至，其何如圖之乎？」曰：「董子曰：『欲忘人之憂者，贈之以丹棘。』丹棘者，萱也。揚子曰『孝子愛日』。柟今欲學董子，而應詔爲揚子則有餘，請贈子以《萱日圖》焉。」于是應詔躍然曰：「吾母事吾父之貞，及教吾之慈，惟此萱可以表母之儀也，惟此日可以通母之心也。」遂命絢師繪萱，花開者半，含蕤未開者半，繪紅日于海山之上以照萱，而松鶴芝草亦存其下焉。予曰：「雖然，是在應詔。夫無萱不可以爲日，無日不可以爲萱。今夫日有三德焉，一曰生，二曰明，三曰健。故日至之後，萬物無弗滋者，生也；燭幽隱，入罅隙，邪正、淑慝毫髮莫逃，明也；輔天而行，太陰、五緯不能與之齊驅，健也。今天下之官，得布其志以生萬民者惟御史，然非高明如日，則忠佞淆亂。明而不健，雖明奚益？均之，爲不好生人也。應詔今爲十三道長，誠率群僚如日之明健，以生斯世民，斯萱也，信可忘憂矣。則太孺人志貌常存，與日同壽，下照松鶴芝草，當不知其生腐榮朽幾千萬也。」

石樓李公七十壽序

南京户部尚書石樓先生沁水李公，今年七十之初度也，顔如童子，齒堅密如編貝，髮鬒不甚白，發臨跋涉，健如壯者，鄉人皆謂公壽當數百歲。沁水尹三泉秦君邦泰，予同年友也，寄聲曰：「寧最辱公教愛，凡政有所疑，往質于公，公無不剖示以理，直欲寧爲古循良。寧無以報公，欲問吾子言，以爲公壽。且嘗先以告公，公亦欲得吾子言，以難老也。」吕柟曰：「公明德長者，嘗監吾陝西及河南鄉試，兩省俊造，一時盛收，聲稱近代，巡按罕比其賢。厥後臬司著法，京兆著牧，漕河著績，留部著忠。剛而不劌，直而不撓，人咸憚之。武宗六載，公未及引年，身先求退，不縻爵位，公論在縉紳，膏澤在多方，勳烈在史簡，未爲不壽也。今雖欲有言，其奚增於公乎？」

「雖然，柟嘗習聞公之素履矣，嗜書如飲食，所積典册，汗牛充棟，翻閲檢抽，無時少暇，然卷帙整潔，如手未觸，遇人叩問，即舉顛末。大學士邃菴先生，海内博雅，亦數從公借抄，訪所未見聞。即今公已七十，猶搆書屋，日居其中，探討墳丘，或繼以燈燭朗明，誦如英茂儒生。又改石樓山巔之寺爲書院，暑時携策其上，坐玩移日。公可謂篤信好學，耄耋稱道不亂者乎。昔漢伏勝年九十餘，口誦《尚書》，教及女子，文帝使博士掌故往受其業。董仲舒老居山林，非禮不行，學士皆師尊之，朝廷若有大疑，如雨雹、郊祀等事，至遣大夫往問其由。故伏、董耽學，不止壽且百歲，至今二三千餘年，人猶瞻望如生，不殁者也。夫公之名，柟聞之於童稺，惟公之道，柟未能操杖屨，親叩其詳，然必不遂伏、董二老矣。審若是，公將非在朝則壽天下，在野則壽百世者乎！若夫結洛社以主盟，開緑野以後樂，❶此雖公之鄉先正八九十者之芳躅，柟猶不敢壽公止於是也。」

❶「後」，續刻本作「行」。

少司空東泉姚公六十壽序

東泉姚公，浙慈谿人，守工部侍郎，今年六十之初度也，其子修撰惟東涞之友陸舉之、王茂賢其同鄉也，王庸之其同年也，問壽焉。柟曰：「夫先生豈可以年歲論哉？昔柟嘗登華山之顛矣，見喬松焉，根盤萬石，枝插九霄，葉蔭千谿，顏蒼蒼而不改，身亭亭而不屈，蓋不知其幾千歲也，問山人焉，山人曰：『此木自吾鼻祖以來，相傳若是也。雨露日滋焉，風雨日萃焉，❶斧斤日遠焉，牛羊日絶焉，夫焉得而不千歲也？』昔柟嘗過黄河之滸矣，見杞柳焉，根如懸絲，身如傾杴，❷葉如蓬麻，幹欲枯而不揚，色已凋而不滋，蓋不可以旦夕延也，問河人焉，河人曰：『此木自吾抱孫以來，不知其幾變易也。波濤日攘其土焉，浸洄日餒其膚焉，風雷日摇其命焉，行路日剪其肆焉，得延乎旦夕者，亦幸矣。』柟故曰：君子之壽不壽，皆其所自處也。」

「柟爲童子時，知先生名，凡天下士之治朱氏《詩》者，皆誦先生文，不以爲模範，則以爲繩墨。天下士陰由先生而進，以行其志者，不啻千萬也。柟近在史局，聞先生薦薛文清公之疏，謂可從祀孔廟也，有述往聖之心焉，有懲今士之弊焉，其文婉而直，其志遐而大。茲疏行，可以風百世而振千載，則先生固天下之士而千載之人，如華山松也，其壽詎可量乎！陸、王三君子，言先生振福廣之文，茂藩臬之績，壯延綏之邊，

❶「雨」，續刻本作「雲」。

❷「杴」，續刻本作「杖」。

革易州之弊，固其緒事耳。聖天子方興新維之政，不日進先生鈞軸之地，其所以壽天下于萬世者，先生又必有所出也。況惟東方亦操後世是非之權，柟不能佞先生。」

柳籠山風木圖序

柳籠山者，烏石山之枝山也，距莆田城四里許，九華山在其左，天馬山在其後，蓋莆田一勝地，吾年友光禄少卿姚思永氏之先人塋也。初，光禄之祖虁庵先生舉于福建，教諭臨清景陵，既卒也，而光禄之父静軒先生遍邑中求葬地，得此柳籠山焉。至正德癸丙之間，静軒先生及夫人陳氏相繼没，光禄遂次葬于柳籠山，因建華表于羨道前，而見素林公題扁曰「暢山橋梓」，則因其祖居之地名也。光禄今在太僕，已考三年績，而其子文炤又已舉進士，主政刑部，光禄乃時思柳籠山不置，遂上疏乞休。天子重其德，惜其才，高尚其志，進光禄少卿，且准歸。然則光禄與今兹之行，其遂所思乎？夫人處不知事親，則出不知事君；出不知事君，則營營于勢利，覞覞於禄位，忘其己而不知者多矣；間或雖知己之可重也，乃有昧進退之機，罹辱殆之禍，則又不敢以爲然也。若吾光禄者，皆可免夫。斯行也，感風木之思，潔觴豆之薦，柳籠山之鬼神，豈不右享之哉！愧感于吾光禄者多矣！

刊薊州志序

予讀熊子尚弼所編《薊州志》，因以知政教之有序也。夫志雖紀事，亦以發義，事有輕重，則言有緩急，義有巨細，則辭有先後，故君子慎其幾也，遇抱疴之人，講藥石，粱肉非所先矣，遇盤根之木，礪斧斤，採折不可論矣。夫薊州，國之北門，析木之津，❶漁陽之地也，匈奴之所出没，烏桓之所污染，俗悍而近漓，人勁而喜鬭，固不可以文教先矣。故《薊志》首稱疆域、山川、形勝、兵防，而後學校、人物，不可謂序乎！且其志地里，❷詳而徵，險而懼；❸志國賦，隱而儉；志秩官，則而覈，忠而不刻；志選舉，懼而遠；❹志人物，不遺乎卑微；志雜物，不虧厥正；志詞翰，取其有所關。修政者視此無後時，董教者視此無悖行，其亦庶幾乎，志之良已！尚弼名相，江西瑞州人，與予同戊辰進士，以憲副兵備薊州，狄人不敢犯。其有平賊之功，數獲金幣之賞。當其《志》也，將無亦有所行者而善之乎！薊州守俞君召梓布，宜哉！

送伍公四川大參序

河東都鹺安成伍子思謹既有蜀藩大參之命，且行，其僚田子世馨、高子子敬問贈言。予曰：「夫伍子，同年之豪也，柟故習焉。『敏思不伐，和思不比，顯思不溢』，秦安胡世甫嘗言之。『順不附勢，廣不凌獨』，吉水毛汝厲嘗言之。『沛然欲通而弗往也，惻然欲濟而弗泥也』，東郭鄒謙甫嘗言之。柟之謫解也，方喜旦暮邇伍子而思究焉，乃又有兹行乎？」田子曰：「豈惟是哉？蘭輩佐伍子於斯地也，有撫卿焉，有巡史焉，

❶「析」，原作「折」，據續刻本改。
❷「里」，續刻本作「理」。
❸「懼」，續刻本作「慎」。
❹「懼」，續刻本作「悉」。

有藩臬諸大夫焉，蘭見伍子恭而不足，簡而不傲，方思式其事長之道。有屬吏焉，有群商焉，有車牙諸卒丁焉，蘭見伍子寬而不弛，惠而不煩，方思式其御下之體，惜伍子不參晉而參蜀也。」曰：「於戲！於此可見三君子之善處，而林典卿之言有足徵也。柟近過大行之巔，見三人行者，其先登者下顧曰：『彼二人何其不我及哉？』其後登者前瞻曰：『彼一人何其不我待哉？』」予謂先者近驕，後者近吝，驕吝不形，於四海五嶽皆可行矣，今三君子者將無免夫？柟在京師時，見天下事之至諸部也，惟尚書與當司郎語，及其密也，寫丁或先知，侍郎日貳堂上而不聞，途人或先傳。尚書時在座中而不問，如有問也，則嫌於卑也、泄也；如有聞也，則疑於狂也、侵也。故尚書寧國事之或謬，不肯使我位之孔貶；侍郎寧國事之或謬，不肯使不默之難容，於是天下諸司皆效，若是而弊矣！此豈祖宗及先王設參立兩之旨哉？於戲！若三君子之處滋爲可慕，而伍子之行益能悵予也。於戲伍子！其尚無改於晉部時。」

飲潺湲亭子詩有序

涇野子至解之明日，南江子酌之所修潺湲亭中，曰：「斯亭建自有宋，後守積廢圮置墻陰，❶東亦有觀瀾亭，廢爲堦砌没矣。今敘與子，清秋細雨，舉杯談學於此也，耳聞斯聲，目覩斯形，恍若見先正，不亦快乎！」涇野子曰：「於戲！天有至聲，地有至音，至聲不言而化，至音不語而變，變化

❶「守」，萬曆本作「尋」。

無心，神出萬物。《傳》曰：『物生而後有滋，滋而後有象，象而後有數。』夫道無終始，物有本末，生、數一體也，滋、象一聲也。生先於數者，其初乎！象後於滋者，其有乎！故天或鼓者，眚也；石或言者，妖也。君子不言而信，言而後信，信之細矣。君子不行而敬，行而後敬，敬之涼矣。昔者禹之行水也，躬導江、淮、河、漢，用滋九州，乃自積石、岷嶓、桐栢，而東北洫雍、冀，南溝楚、越，其中土定爲亭室，以宅萬姓。斯水也，過砥柱、析城、灩澦、吕梁諸阻則有聲，若循岸而行，直躬而往，其深不測，寂乎其無言也。」南江子曰：「夫亭傍之竹，在春夏亦常木也，霜殞而節稜，然後知其心之虚矣。亭前之栢，在雨露亦常木也，雪零而葉清，然後知其心之實矣。《禮》曰『視於無形，聽於無聲』，則此亭之外，瓦礫苔莎，無非告子。」

涇野子曰：「柟不敏，請爲之詩。」詩曰：

仙澗滮來，可以畜鱻。懸流石磴，旋折潺湲。匯其深矣，澄默且玄。有璞斯玉，有柳斯蟬。南江敦此，數我肆筵。睇爾聽爾，淠淠其淵。有亭明明，六扉翼揚。潺湲之水，效此壺觴。❶百穀斯茂，❷庶民於生。如竹斯笋，如罍斯瓶。嗟爾先生，匪獨耽賞。歌矣永懷，四海于平。

孫士潔七十壽序

京人孫君士潔名泉，❸今年生七十歲，

❶「壺」，重刻本作「流」。
❷「百」，重刻本作「貽」。
❸「泉」，續刻本作「淥」。

姪男子有六人焉，皆親兄弟之子也。六姪鏜尤豪，鏜與其五兄弟及士潔之子鎬謀曰：「凡吾家今日業不惰，禮不放失，恩不虧缺，義不廢，財不屢空者，多叔父之德。今叔父誕辰，吾兄弟七人者，可各爲一宴壽叔父，日一人焉。鏜自十六日始，至二十一日而吾六姪之宴畢，其二十二日則以屬鎬也。宴必索大夫士之言，以邀比人、里人、戚人、友人聚酌瞻誦，以爲叔父榮。」鏜且十六日矣，乃以劉秋官問壽言。涇野子曰：「美哉茲舉，我未之今見也。昔周之盛時，四方頑民觀洛邑之多遜，而漢畿醇民力田業作，耻言人過，亦能移天下澆漓之俗。故《雅》有《都人士》之篇儀表三輔者，其風尚可使人欽企也。今天子敦行孝弟，流化萬邦，孫氏之子，其首能承化者乎！故茲七宴，可觀振勵之業以教力，可觀尊卑之禮以教分，可觀骨肉之恩以教慈，可觀弛張之義以教情，可觀洗腆之財以教孝。比人觀之而歸，比人之比無弗孫氏也；里人觀之而歸，里人之里無弗孫氏也；戚人、友人觀之而歸，戚人之戚、友人之友無弗孫氏也。則士潔之名，豈惟旦夕可傳四海，雖千百載又何愧焉！千百載而不愧，士潔之壽遠矣。孫氏子孫，其滋勉焉，以昌熾其懿緒乎！」

刊醯鷄集序

竊聞之：聲者，心之著也；詩者，聲之華也；義者，詩之質也。故義以發志，則綱紀立，鬼神通；華以文言，則雷風章，寒暑時，山川奠，草獸若；著以表存，則隱微顯矣。是故賦《棠棣》者憫鬩墻，詠《渭陽》者輕瓊瑰，感《伐木》者樂黄鳥，祈《天保》者比岡陵，歌《魚麗》者薄魴鯉，頌《清廟》者重顯承。於是考信，其質貞也；於是觀榮，其文順也；於是諗情，其究慤也。蘇與韋也，得其質於漢，蓋十七於其華也。李與杜也，掠其華於唐，蓋十一於其質也。夫詩，亦難言也已。夢菴先生有詩數百篇，自題曰《醯鷄集》，當其格律，柟未能講，當其志義，其庶幾乎。是故君子定其足而後能動，搆其室而後能黻黼黝堊焉。故寶山之遊，況吉甫也；耀州之振，志富弼也；泥陽之過，懷鳳鳥也；凌緩之謝，獲麒麟也；槐莊之夢，心忠孝也；其他攄幽而紓素，懷古而感今，皆彯彯乎出塵埃矣。先生早領鄉薦，兩爲郡博，北歷陳、耀，東訓吴江，南考桂、廣，山海之奇，風俗之變，罔弗寓之於詩，故其大義皆可得而想也。今夫《史》，司馬談之所肇也，其子遷則終其志。今夫《經世》之書，邵堯夫之所興也，其子伯温則成其心。夫《醯鷄集》之傳，鳳巢子不可後之矣。

重刊釋名序

漢徵士北海劉熙著《釋名》二十七篇，❶蓋《爾雅》之緒也。昔者周公申彝倫之道，乃制作《儀》、《周》二禮，《雅》、《南》、《豳》、《頌》四詩，皆發揮於陰陽象器、山河草木，以及蟲魚鳥獸之物，義雖裁諸己，文多博諸古，恐來世之不解也，其徒作《爾雅》以訓焉。魯哀公欲學小辯以觀政，孔子曰：「觀《爾雅》以辯言。」《釋名》者，亦辯言之意

❶「著」，原作「者」，據續刻本改。

乎！今夫學者將以爲道也，爲道而不知義，則於道不樂進；知義而不辯言，則於義不能精；辯言而不正名，則於言不能審。是故洒掃應對，道德性命，其致一也。夫音以九土而異，聲以十世而殊。山人以爲「葝」「蒿」「藿」「茖」者，國人以爲「薤」「蒜」「韭」「葱」者也；古人以爲「基」「烝」「介」「弔」者，今人以爲「始」「君」「大」「至」者也。故「名」猶明也，「釋」猶譯也，譯而明之，以從義而入道也。是書南宋時刻於臨安，尋燬不傳，今侍御谷泉儲公邦掄得之於中丞石岡蔡公，乃托柟校正，付絳州守程君鴻刊布焉，其意遐乎！但《爾雅》先詁言訓親，而後動植，近取諸身，斯遠取諸物也。《釋名》以天地山水爲先，則瀕乎玩物矣。故魏張揖采《蒼》、《雅》作《廣雅》，辭類雖衍，猶爲存《爾雅》之舊乎！

龍章寵樂序

君子於君之賜也，一衣一食且榮之，而況於其言乎！君子於親之事也，一草一禽且慈之，而況於其行乎！侍御盧君於其父南山先生之勑命，乃爲《龍章寵樂》之策，其亦耀君言而昭親行乎！是故世有二大，君親盡之矣；道有二樞，言行盡之矣；人有二職，忠孝盡之矣。故敬其君者，不敢遺其親也；愛其親者，不敢後其君也。故君子學於親，以事其君也；得於君，以事其親也。天球、《河圖》，周之賢王歿且保之，而況於其存乎？大吕、《康誥》，衛之賢臣行且誦之，而況於其恒乎？於戲，此《龍章寵樂》之志也！是故「或躍于淵，或飛于天，雲雨惟時，寒暑不忒」，其龍乎！故其詩曰「爲龍爲光，其德不爽」，言龍惟德之行也。「絲如綸綍，玄黄錯織，闡幽勸淑，五色咸明」，其章乎！故其詩曰「倬彼雲漢，爲章于天」，言章惟龍之作也。「無言不讐，無德不報，修之于家，受之于庭」，其寵乎！故其詩曰「我寵受之，蹻蹻王之造」，言寵惟君之爲也。以力養親者，可以逸親，不可以悦親；以色養親者，可以悦親，不可以樂親。「賢能既考，教育有徵，龍章之寵，展玩日夕」，其樂乎！故其詩曰「樂只君子，保艾爾後」，言思樂其後之有德，欲爲邦之基、光民之父母也。

涇野先生文集卷之四

南京禮部右侍郎致仕前國子祭酒
翰林修撰兼經筵講官
同修國史高陵吕柟撰
巡按直隷等處監察御史門人建德
徐紳海寧吴遵彭澤陶欽皋編刻

序　四

易經大旨序

《易大旨》，唐漁石子之所著也。夫世有二學，一曰性命學，二曰舉子業學。爲舉子業學者，或背經而蕩於辭；爲性命學者，或浚經而淪於空，之二者，於治道皆損焉。夫舉子業與性命，豈有二乎哉？夫辭變象占，聖人之道所以大，而君子所由密於觀玩也，若獨於其動焉學之，其所遺者多矣。是故黄牛、健馬，不啻語乎畜也；翰音、雉膏，不啻語乎禽也；岐山、大川，不啻語乎地也；雷電、斗沫，不啻語乎天也。昔程子教門人，十日爲舉子業，餘日爲學，予亦嘗疑焉，將程子不以聖人道待舉子邪？若知性命與舉子業爲一，則干禄念輕，救世意重，周之德行、道藝，由此其選也，漢之賢良、孝廉，由此其出也。於戲！《大旨》之著，將非漁石子藉此而進諸士子於潔静精微之地乎？❶諸士子若徒以舉子業求之，則漁石子所謂立言之道、終身何如之旨者，信乎又

❶「静」，萬曆本作「浄」。

外於此，而孤之甚矣。

南莊李公七十壽序

曲沃舉人張頣静吉來解州問于予曰：「頣婦翁少保大宗伯南莊先生李公，頣自少隨侍讀書，嘗攜入京，居數年，名雖舅甥，恩若父子。即今乙酉正月一日，爲公初度辰，頣無以壽公，敬索吾子一言轉上公祝千歲。」呂柟曰：「愚不能爲静吉祝，夫公亦嘗習之矣。石學士有四言焉，一曰清譽在主事，二曰能稱在郎中，三曰善政在納言、京兆，四曰有大臣體在少司馬、大宗伯。何中舍有一言焉，曰勇退而身名完。孫太史有三言焉，曰：免得失之患也，齊韓、陶之名也，誨三晉之後進子弟也。如三君子言，公自可千歲不殁，豈惟柟不得而加祝，雖戚如静吉，亦無能爲乎其力矣。雖然，静吉必欲有言，則在静吉，不在公也。昔者宋相晏元獻求壻于范文正，文正對曰：『公女若嫁官人，仲淹不敢知，若求國士，無如富弼。』厥後彦國舉賢良方正，而使虜之烈尤偉，位亦至司徒。于是宋人謂元獻能以德擇壻，其名因彦國益遠，則元獻之壽，不可謂不在彦國也。况公家器鏞舉進士，有器識，公已深樂取遐算，若又得静吉如彦國，則公當其今無鬱也，當其後無已也。無鬱，則心日廣而面睟，無已，則身常存而名芳，夫豈惟千歲止！」于是静吉曰：「頣將努力爲彦國，已乎？」曰：「静吉如更爲程伯淳，則彭公季長者，又滋久於世矣。」

程母八十封太安人序

絳州守延安程君騰漢鴻，其母太安人

丁氏，今年八十有奇矣，以第三子千户鳳得封爲「太安人」，絳州卿大夫士自大司馬陶公以下，皆謂可賀也。使太學生馮英來問言，曰：「世有六無私，於程太安人見之矣：夫天無私佑，地無私培，君無私褒，日月無私光，家無私興，國無私譽。太安人夙興夜寐，孝事舅姑，昭信校尉，既殁，年方三十，節如冰霜。而又睦族賑里，自少至耄，稱道不亂。古之貞慈也，宜有斯封矣。」有儒生劉如江曰：「太安人嚴甚，常坐堂上，孫子婢僕無敢越於庭。生四子：長，崇寧知縣鵬；二，義官鸞；三，千户鳳；四，即太守公也。崇寧且致仕，因事數跪半日，杖而後釋。義官性頗强毅，御之尤厲，至長三十六矣，不與顔色，偶除夕與一餅，義官喜至雀躍，以爲生半世始得太安人心也。千户嘗被揀，管隊北征，懼不欲行，太安人曰：『爾正宜盡忠報國，乃有此懦耶？不行，無見我面！』既旋反，獲雋進階。雖太守公在諸子中尤俊敏，且舉人矣，一日飲酒於寺，少肆，即峻絶三日不見面，笞二十，始容進。江聞之《易》『柔順利貞』者，女道也；『家人嗃嗃』者，夫道也。乃太安人反之，且壽且封，而君子又以爲無私，何耶？」曰：「道以時而變，教以勢而殊。故柔順行于夫在之日，爲貞；嚴威用于夫亡之時，爲慈。夫在而嚴威，是專制也。夫亡而柔順，是隳家也。故崇寧之責，類俞母之痛笞；義官之抑，類歜母之勞思；千户之遣，類賈母『女尚何歸』之戒；太守之教，類軻母嬉戲賈衒之遷。於戲！太安人其古之貞慈乎！故當其今康强，百歲未可量也；當其後德之流行，千歲未可艾也。且太守方將布惠澤于絳土，著賢聲于晉邦，不日徵爲部曹，進爲卿佐，所增封于太安人者，恭人、淑人未已也，豈啻千歲云。」

解梁贈別詩序

玉松子仇時茂，首皤皤然白，策騮馬，從青衣，自雄山問言解州，予迓之曰：「子非天上降邪？　聞子違潞州有日矣，奚久而後至此？」曰：「森去歲仲冬，訪趙隱士復蒙于蒼溪，又歸也。今年正月八日，又違潞，訪寇涂水都憲於榆次不遇，遇其父封公，猶吾子所言乎都憲者焉。乃遂入樂平山訪白巖公，白巖公適之平定，俟十日而後獲見，遂贈我以二詩。西來洪洞謁司徒公，司徒公用白巖公韻，作四章以贈森，其子韓三進士所書也。遂過絳州謁司馬公，乃先飲森於其戚黨，醉終日，次日方飲於其家，醉終日。是時其子陶正郎已戍邊行矣，故訪子意甚速而行甚遲。然崇寧宮桃李之讌，則森終身所未遇也。」曰：「於戲！美哉壯遊，玉松子斯行也！予其贈子言乎？」玉松子曰：「子如有言，甚無遺趙復蒙。」涇野子曰：「子如不言趙復蒙，吾必不贈子矣。吾如不序趙復蒙，子必不訪吾矣。」于是解人程秋官、解庠周掌教及從予游者，皆有詩。玉松子舉《鄉約》，百二十人，修《家範》，同居四世矣，詩故多道之。

庸齋雜録序

《庸齋雜録》者，我明靈丘東長四奉國將軍殿下，裒集諸文學之詩詞，而以常觀省者。庸齋，其別號也。夫庸齋有王侯之尊，金玉之戚，乃忘其富貴，抑其驕侈，讀書談學，躬行求是，且以庸自號，其賢于人遠矣。《乾》九二曰：「庸言之信，庸行之謹。」夫人多忽于平常，而用心于創異，故孔子以庸爲善世德博者也。漢景帝時有二王焉，河間王德，被服儒術，修學好古，所招得書與漢朝等，又皆古文先秦舊書：《周官》、《尚書》、《禮記》、《毛詩》、《左傳》，山東諸儒多從而游；淮南王安，雖亦好書，然率多浮辯神仙黄白術。其後河間謚獻，淮南不竟，則河間其庸也，淮南其不庸也。故後漢東平諸哲，皆以獻王爲師。若庸齋者，將非今之河間乎？沁水李司徒公不虚美人，其爲《庸齋説》義皆實，語不泛溢，而又本之《中庸》，戒謹恐懼以慎獨焉。則殿下之所造，當又極於高明矣乎！

庸齋諱聰游，字惠民。

挽南江子詩序

南江子林君典卿既歿于解州官邸，邦之士民朝夕哭臨七日，醵牲致奠，如失父母。既而曰：「此省吾邦人之財，節吾邦人之力，教吾邦人之禮者也，乃今死且還臨海乎！」又有相向而哭者。于是能詞者作誄言，能興比者作詩怨，如古《薤露》、《蒿里》，洛陽人之祝王奂者數輩也，其門人鞏鎰、侯畛裝潢爲卷，請序焉。嗚呼！予之謫解也，南江子即遣子幹師事予，因以相共語論，晝則資之以訪政，夜則資之以談學，當其劇契遠邁，雖古之人或薄焉，乃今至有此乎！嗚呼！予之痛，又有非解之士民所能知者，則其言不能不爲之先也。

山西鄉試録前序代作

嘉靖四年秋八月，山西鄉試，士千三百有奇，遵制取六十五人，刻其文二十篇。某及教諭某某、訓導某某，謬膺試事，則不得不一言以告二三子也。夫國家取人以言而用人以行，則言行非兩物也，故言亦行也，行亦言也。其行高者其言醇，其行卑者其言駁，故僞士之言如萍，烈士之言如金，黠士之言如韋，不恭之士之言如猱。故天包萬善，厥語雷霆；地載百物，不見而章。有司者既持是以校爾二三子也，爾二三子者，説經能窮德政之妙，説史能達治亂之源，説乎時務能知利病之所在。❶ 或發揚萬物，何仁也！或辯定取予，何廉也！或條政籌邊，何智也！或憂國恤民，何忠也！或鄙僞輕詐，何允也！有司者既信爾二三子之言而登取之矣，二三子，行其無負爾言哉！況巡按御史夙懷圖報，于爾監臨，某官某人、某官某人于爾提調，某官某人、某官某人于爾監試，提學副使某人于爾先後簡拔，鎮守太監某人、巡撫都御史某人、巡按御史某人皆于爾振作鼓舞，其外某官某人又皆于爾維持相成，二三子，行無負爾言哉！況爾皆太行、河汾之秀，堯、舜、禹、湯之遺民，皋、夔、稷、契靡傳之流英也。堯、舜甚惡巧言令色，孔壬而嚚訟、静言者，雖於其親子近臣，亦棄之而不恤，若皋陶采采之載，傅説惟艱之行，亦又耿耿也，二三子，行其無負爾言哉！

❶「在」，原作「有」，據重刻本改。

鄉試録後序代作

嘉靖乙酉八月，山西《鄉試録》成。某從試事後，得申告諸君子曰：「夫諸君子亦知有司拔二十一于場屋者乎？爲爾言能明乎道也。爾知有司貢六十五于朝廷者乎？爲爾身能行乎道也。某嘗徧觀爾文矣，論仁惟恐不如舜，論忠惟恐不如周公，論聖惟恐不如孔子。有司者既已心悦口誦，目擊把玩之矣，所望于諸君子者，其行之無改乎。昔者齊轅固生及公孫子並舉于漢，轅生直，公孫子反目事之。轅生曰：『公孫子務正學以言，無曲學以阿世。』言『曲學』者，素學本直，瀕行則變其故，而狥君相之欲也。今觀公孫之策，其不合于堯、舜、周、孔者鮮矣，及其行也，以一布被詼言，入武帝之左腹，乃賣長孺，黜仲舒，使漢治虚耗而危亂，皆曲學之罪也！諸君子能不怵惕于中乎？夫士之且仕也，其言仁智忠聖若是切矣，及其既仕也，人曰『汝堯汝舜』，則耻赧不肯當，人曰『汝周汝孔』，則推避不欲居，甚至依違利害，模糊是非，終其身老于位，無毫髮裨世，而止以富貴畢，人猶以『老成』歸之，則何以異間者之言乎？故耻赧者，本未嘗實也；推避者，本未嘗有也。今觀諸君子之言，某安敢謂其不實有哉？然而兹往，則不可不思勉也。苟或他日德有未立，政有未成，則人之稱斯録也，真言語之末，某亦不能不與有愧矣。」

鄉約集成序

予往年謫解時，過潞州東火村，見仇時

茂率鄉人舉行《藍田呂氏鄉約》，甚愛之。至解州，選州之良民善衆百餘人，倣行于解梁書院，而請扆、王二上舍主之。方恨其無定規也，而時茂以其所行《鄉約條件》一書見寄，且請校編。于是遂并舊所抄略于《會典》中諸禮參附之，而第其篇次，節其繁冗，以附仇氏，凡十四篇。若修身齊家之旨、化民成俗之道，則先提學周秋齋先生序之篇端矣。

解州志序

予至解數月，秋官程君萬里率解士夫，同州守林君典卿來，曰：「《解志》，教諭呂孟堅雖嘗采輯，然尚未備且嚴也。茲惟涇野子托焉。」未幾，巡鹽雷石盧公亦曰：「判官可輟民事，以具一方文獻。」柟乃使解之二三子分門纂録，或訪諸巖谷，質諸耆宿，徵諸史志，藁且半。今年春，内濱初公巡鹽繼至，亦若雷石子之命也，且下檄同知張君敬之，令以州之無礙官資爲工食費，《解志》因賴以就。夫解轄五縣，據條山，撫鹽澤，雷首之所盤抱，黄河之所侵匯，乃堯舜甸服之地，神禹建都之邦，臯陶、稷、益之所治，風后、龍逄、巫咸、傅説之所産也。然往稱沃饒，而今多彫敝，舊號時雍，而近不免訟鬬，但敦樸勤儉之風，猶或存焉。斯志之作，豈爲工文而務博，實欲舉古以化今。然風之自，則在仕乎其地者以續臯陶、稷、益之政；俗之成，則在生乎其地者以求風后、龍逄、巫、傅之學也。

《志》凡二十二篇，《州歷》序因革也，《州治》稽建置也，《職官》先統馭也。官之所統有人，故《户口》次之，又有土，故《田賦》次之。中條山，解之鎮乎！凡山皆由是出焉；解鹽池，其解之川乎！凡水皆于此關焉，❶是故《物産》可知也，《州貢》可興也，《禮俗》可明也，《兵匠》可壯也，《書院》可崇也，《亭閣》可樂也，《祠祀》可修也。不見古之爲政于斯者乎？故《官師》列焉。不不見昔之起家于斯者乎？故《人物》列焉。然皆由選舉而出之，往者不可考，近者則章章也，故《選舉》列焉。斯其賢，丘壠猶存而宰木尚拱，與條山争峻，大河競長也，尚不可爲勸乎，故《陵墓》終焉。其校正訛失，則學正周君文中云。

初氏家乘序

柟謫解之明年，内濱初子巡按河東，得數謁侍焉。初子曰：「判官，舊太史氏守直筆，且爲上經筵講官，久説《尚書》、《論語》，甚無依他判官體見我。」于是每見輒欵語。一日出其家乘以觀，語及先世積行而族屬單寡，或至殞涕。其言曾高祖以上，若言其父母之近；其言伯叔父母，若言其父母之戚；其言諸從兄弟，若其同胞也。雖惷愚如予，亦感動焉。他日柟校略《温公集》于河東書院，初子曰：「聖主之衮勑龍褒，不敢匿也。沙縣公之清直，沱潛叟之淵穆，贈君省菴父之嚴毅，不能忘也。其諸名公之表志、傳贊、文序、詩賦，則又不忍遺也。繄子能一序之，使吾日思先貽，以酬諸清時乎？」序成，而先生以其日廪之餘，命匠刻之，曰：「此某孝思之集也，可以面先人于地下矣。」於戲！世有求忠蓋于孝弟者，宜

❶「關」，重刻本作「流」。

于是焉考乎！

義勇武安王集序

王集，元季巴郡胡琦已嘗編刻，名《關王事跡》，國朝解郡州相繼者，又增刻二三次，然今板本模糊，文字缺謬，則已不可傳遠。間方理《解志》，并蟄王之世傳，竊欲校刻此集，未能也。乃潛江初公巡按是地，爰有是命，又懼耗費損民，非王所欲，即以其香火餘金充工食費。于是柟遂得申次其文，裁删其冗，采補其缺，或考諸《蜀記》，或質諸本史，或訪諸《當陽志》，或問諸常平里，而王集成，凡六卷。

柟嘗謂勇不善用，匹夫之力，賁育之憤也；勇而善用，聖賢之道，文武之怒也。當漢末世，劉先主帝室之胄，志復漢室，分義攸宜。諸葛孔明讀書隆中，諳曉邪正，亦必待三顧而後起，則亦君子之常。惟王家在解梁，身爲布衣，爾乃見超乎億人之上，趨數千里外，擇主而事，挾義而興，使先主恢復之志首決者，皆王之力。則夫資禀之高，學問之正，睠兹叔季，鮮其儔匹，配義與道，此真其勇乎！又嘗謂凡天下大業之成，雖其時主之聖，天命之新，然皆賢人君子、才智忠賢爲之經營，及其敗亡，皆小人浸漬以致之。若乃臨危遇害，小人者又竄身謀己，改面事人，而賢人君子獨效節不去。則天道似多福淫而禍善，老莊鄉原之徒，由是稱也。然則王之事，亦天乎？昔者齊崔杼弑君，晏平仲以爲「人有君而人弑之」，而不亡、不死、不行，及被劫盟，則仰天嘆曰：「嬰所不惟忠于君、利社稷者是與有如上帝！」乃歃，君子猶或譏其「不亡、不死、不行」之非義也，然則凡食漢士之毛者，孰非其人，而暇恤其緯乎？❶ 彼曹操、孫權，漢世雄賊，已勿足論，其餘從而事之者，雖其籌策之良，材力之盛，則亦盜跖「分均出後」之仁義耳，又安可與王比？ 方孔明因論馬超，推王在黥、彭之上，目爲絶倫，豈曰無見？ 夫人而直，雖死猶生；人而不直，雖生猶死。 人而仁，雖屈實榮；人而不仁，雖伸實辱。 王可當孔孟所論直仁者乎！ 王嘗曰：「日在天之上，心在人之内。」後欲觀王之心者，惟當觀天上之日耳。 若乃曲儒陋士疵王矜己傲物以取敗，夫以王之所負，其視當時人不啻犬彘，故於孫權，罵以貉子，❷絶其請婚，非以爲狂也；其於曹操，報刺顔良，封還賜金，非以爲廉也。 其旨深遠而其道廣大，舉吴、魏君臣，皆不解其故，雖後之君子，不過目以國士虎臣耳。 然則王之心又安可語邪！ 故今校王傳而因間論其心，注之各章之下，使貪夫懦士、亂臣賊子，雖死尤不免于懼云。

司馬文正公集略序

《司馬先生傳家集》，柟在史館得之于侍讀安陽崔子鍾，以簡袠重大，取其要急屬吏抄出，曰《集略》，凡三十二卷。 未及對讀，崔子遷南大司成，柟謫判解州。 今年秋，潛江初子見《集略》而愛之，曰：「温公致君澤民之道，盡在于是，不可以莫之傳也。 且解、夏迺其故里，尤宜急行。」于是命柟校刊于河東書院。 然是書既經吏手，字

❶「緯」，原作「諱」，據重刻本改。

❷「貉」，萬曆本作「犬」。

多訛漏，遍訪蒲、解，皆無畜本，特以意見校正，付梓人氏。末復得是書于沁木李司徒及運城張學士家，欲全刊之，業已垂半，迺以類補附，亦少完矣。

昔蘇子瞻謂公能動天人，信華夷，皆本于一誠，是固云爾，然使明有未至，則亦不能動中機會，如庖丁之于牛也。故枘謂公之道，直如汲長孺而不訐，❶識如賈太中而不驟，文如陸敬輿而不治，廣如韓稺圭而人不可欺，任如程正叔而世不能黨，使在孔門，則閔騫之孝友，季路之忠信，子貢之達，冉求之藝，未知孰爲後先也。於戲！實立于脱桃之餘，智發于擊甕之頃，行成于警枕之時，君子謂公天資學力皆不可及，不其然乎！ 韓退之云：「孟子純乎純，荀、揚大純而小疵。」程子亦云：本朝純而不雜者三人，以公爲首。則公其亦荀、孟之徒歟！奈何王安石、吕惠卿沮其道于生前，章惇、蔡卞輩又遏其道于死後，則公雖欲闢邪説，正人心，亦臧倉之於魯也。故枘又謂宋一用公，以成元祐之治，一不用公，以成赴海之禍，公可謂國之蓍蔡者乎！然則斯集之刻，豈徒然哉！

雙泉詩集序

《雙泉集》者，蒲藩殿下之所作也。其詩清而麗，雅而則，有古《鵲巢》、《湛露》之風。雙泉歿未期年，而其子南溪殿下思其所嗜，思其所樂，欲板行此集，以篤孝物焉。昔漢楚元王恭儉静壹，惠此黎民，納彼輔弼，垂烈于後，其臣韋長孺作詩以美之。今

❶「訐」，重刻本作「詰」。

雙泉之詩與元王同，而其嗣南溪君文雅該博，敦詩究禮，克肖厥前，又非楚夷王可比，則夫雙泉之詩於齊家治國益爲有徵，其永傳也必矣！ 柟得因是而覩我明麟趾之休、騶虞之化于無疆矣。於戲，休哉！

稷山縣志序

此志爲宏，❶秦王府長史梁君弘濟所編，綜核物理，而稽具人賢，則亦密矣。其子進士格將入梓以傳，乃獻諸巡按御史潛江初公，初公曰：「凡文美則愛，愛則傳。此志雖美，能無不盡然者乎？ 可視諸呂涇野君正。」遂兩謁予曰：「此不獨潛江子之命，亦格繼先大人之志，而思昭敝邑者也。」按《志》自《建置》以下，凡十四篇，析類明而記事實密，不啻云爾。且此邑去后稷所産之地甚邇，邑因是名，周人所由有也，而《志》不具，豈非缺典乎？ 乃梁君能編于數百載之下，而進士又欲梓于登科之後，斯其意亦美矣，其文不必一一論矣。《志》也，不亦可永乎！

靜學殿下孝感詩序

於維我明宗室之賢！ 靈丘靜學殿下喪其母夫人，居廬墓側，朝夕哭奠，負土以築壘壠，自煮粥食。墓有枯栢，復生緑蘗，爭榮子羨道，復有慈烏巢菴，靈獒守夜，群鳶宿樹，雙鵲結屋，白鵬疊翔。于是青茅冬茁，丹草夏生，群童拾翠以相餉，鄉耆繪圖而矜贈。嗟夫！ 烏鵲老穉，猶有生氣，感

❶「宏」，原闕，據續刻本補。

格猶可說，至于枯栢重榮，豈非孝極誠切，回天地者乎？ 昔安東將軍王儀殁，其子裒攀栢而號，涕淚著樹，樹爲之枯。 儀死非其所，裒亦常人也，非殿下可比，而枯栢再生，又豈生栢淚枯者之所能及乎！ 然則殿下之孝，果超出尋常，而我朝以孝治天下，化自九族者，又豈異代所能彷彿哉！ 於戲！ 册中諸歌頌，可永不刊矣。

贈張伯含考績序

侍御張子伯含既考三年之績，其僚王子天宇、唐子應詔語予曰：「故事御史滿三年，率有贈言。 張子與吾子及應鵬、鳳儀輩，舉進士十五六年矣，屢嬰憂病，今始一考。 且其人開朗端重，思樹綱紀，十三道率誦焉，宜不可無贈。」予曰：「然。 夫張子，都人世家，同年友之雋也，其守御史，秉正黜邪，爲德爲民，固已夙夜匪懈矣。 兹者三載之考，張子豈遽以是爲足哉？❶ 昔者沈文燦之考績也，予告之以九病曰：『見善忘舉者妬，知惡廢劾者比，中心依違于是非者譎，借公行私者佞，意存覬覦者狡，懼禍結舌者偷，指摘疑似者刻，怒人傲己，蓋其所長而論者忿，喜言奔競便儇者貪。』昔者成秀卿之考績也，予告之以考績必知神者而後能之也。 於此有貪人焉，稱曰廉；於此有穢人焉，稱曰潔；於此有忠人、良人焉，惡其不善事我也，稱曰常；於此有勢人、權人焉，懼其陰能毒人也，稱曰賢。 如是考于宰衡，宰衡告于聖人曰：是知時務者也。 乃黜其所謂常者，進其所謂廉能與賢者，署

❶「遽」，續刻本作「遂」。

之曰『御史材』，即百官皆變爲貪穢，天下之民冤鬱死亡，日亂而不知也。於此有貪人焉，稱曰墨；於此有穢人焉，稱曰污；於此有忠人、良人焉，雖其不善事我也，稱曰賢；於此有勢人、權人焉，雖其陰能毒人也，稱曰姦。考于宰衡，宰衡告于聖人曰：是達國體者也。于是進其賢者，黜其所謂穢墨與姦者，亦署之曰『御史材』，即百官皆化爲忠良，天下之民歡欣樂生，日治而不知也。夫張子與沈子、成子，皆同僚且同年也，宜兼斯二者而有之矣。雖然，告沈子者皆由于己，告成子者半係于宰衡，而其究亦在己也。夫張子，無獨委諸宰衡爾矣。」

嘉靖乙酉舉人序齒録後序

此吾陜乙酉舉人序齒録也。咸陽米惟善齒敘在先，嘗同諸君子以書索後序，而劉以鴻實介焉。予以兒子田在列，未宜文，既而曰：「諸君子既與田同舉，則予在鄉曲間有一日之長，問而不告，咎在予矣。夫天下之益，莫過于朋友，而風雷之《象》獨以『見善則遷，有過則改』爲言，古之君子所以日進于高明也。諸君子仕則以政相勵，處則以學相勖，獨有外于斯乎？且予告諸田者，亦不外是。諸君子無寧以予言爲卑近疎遠乎！不然，試持是以質于舉主直菴鄭公、督學漁石唐公，以爲何如也？」

太孺人唐母鄭氏七十壽序

太孺人唐母鄭氏者，贈監察御史篁嶼先生之配，陜西提學憲副唐子虞佐之母也。今年六月五日，實維初度之辰，陜之三司卿大夫咸稱壽，❶使使問序焉。於戲，母今七十矣，唐子其喜乎？於戲，母今七十矣，唐子其懼乎？夫柟，關陝之鄙人也，與唐子不惟同年，又同道，不惟同道，又同志。惟其同道且志也，❷其于同氣又何問焉。則唐子之喜懼，于柟得無關乎？

夫太孺人，靖江令聽菴之女，楚雄判温卿之妹也。既歸篁翁，每出奩具以給匱乏，至且罄竭，亦無怨惡。姑遘劇疾，飲食藥物，身自供事，不解衣帶，浹三月餘。姑疾且革，髮飛蟣虱，妯娌避去，乃獨親爲沐浴，殯殮以禮。蘭溪婦女傳以爲式。及舅喪，自思州歸，乃贊篁翁，厚以襄事，其有囊橐，悉讓諸叔。至喪篁翁，哀毁之過，痛及道路。夫太孺人于其尊者如此，其卑者可知也；于其死者如此，其生者可知也。開化方思道論母異諸人者有五，亶其然乎！故今年已古稀，益健裕不老，則孝敬貞慈，于是乎徵數百歲未艾也。於戲，唐子其喜乎！

昔者范母以其子滂齊名李杜而壽，孟母以其子軻齊名顔曾而壽。唐子始令郟城，盜不至郟；既爲御史，巡按雲南，滇人誦稱；既提學陝西，諸士化其德而習其材，于是儒風丕變而民志思向，則唐子之行于是而成諸母者，亦多矣。抑不知唐子今日之壽母，將止使其母爲范母已乎？抑將使其母爲孟母已乎？唐子爲范則母亦范，爲孟則母亦孟。母爲范母，數百歲耳；母爲孟母，數千歲未艾也。於戲，唐子其懼乎！于是諸卿大夫皆曰：「若唐子者，又豈止使其母爲孟母已哉！」

❶「之」，續刻本作「西」。
❷「且」，續刻本作「同」。

横渠張子抄釋序

横渠張子書甚多，今其存者，止二《銘》、《正蒙》、《理窟》、《語録》及《文集》，而文集又未完，止得二卷于三原馬伯循氏。然諸書皆言簡意實，出于精思力行之後。至論仁孝、神化、政教、禮樂，自孔孟後，未有能如是切者也。顧其書散見漫行，涣無統紀，而一義重出，亦容有之。暇嘗粹抄成帙，注釋數言，略發大旨，以便初學者之觀省。謫解之第三年，巡按潛江初公恐四方無是本也，命刻諸解梁書院以廣布云。

周子演序

柟自幼誦濂溪周子一二言，即中心愛之，如覩其人，若當清風明月下誦之，更無他文字可好，第恨未多見其書耳。既舉後，得全書刻本于寧州呂道甫氏，又恨編次失序，雅俗不倫。暇嘗第其先後，因演其義于各章之下，分爲内外二篇。既謫解，而巡按潛江初公亦甚好焉，遂命刻之解梁書院。於戲！周子精義，具載此書，蓋入孔顔之門户也。雖微演，亦可通，但始學之士，因其演，味其言，即其意，思其人，則必不以文字焉視斯書矣。

二程抄釋序

二程子明斯道于宋室盛時，其言行多發孔孟之藴，人若有良心未死者，讀之未嘗不忘寢食也。柟年十七八時，嘗夢明道及呂東萊立涇野草堂之上，而柟升階質疑，聆其語論，雖夢中，亦豁然，以爲東萊遠不及也。以後動静起居，時復思見，但愧末學，實未有所得耳。既舉後，得全書于安陽崔子鍾氏，每諷誦之，益不能釋手。但解説六經四書之語，與門弟子問答行事之言，統爲一書，則浩大繁博，初學觀覽，不無難顔。暇嘗抄出心所好者，集爲八卷，凡二十九篇，稍釋其下，以備遺亡；而于詩文，亦抄出數篇，以爲外卷。巡按潛江初公見之，命刻諸解梁書院，而以其贖罪金紙作工食費。則斯《抄釋》，其是也，柟何敢隱？其非也，柟又何敢以掩哉？始學之士倘因是而求二夫子之志，以遡孔孟之道，則亦其有小補乎！其傳是書之門人姓氏名地，亦列諸後。

重刊四書集註序代作

《四書集註》，海内家傳人誦，官以是舉其政者也，士以是行其學者也。顧其板本多出南建書坊，天下之士自蒙穉以上，皆仰鬻于書客，山、陝、河南得之尤難，予甚憫焉。夫是書，即孔、曾、思、孟之精藴，發堯、舜、禹、湯之遺旨，其切于民，不啻布帛可衣、菽粟可食也。衣食不繼，饑寒切體，是書少有不存，令人喪心失身，以致禍于家國天下，不但已也，予甚懼焉！暇日乃命字人小書入梓，雖不能遍及多方，可以補缺助乏，使學者有所資取云。

重刊漢文選序代作

自六經四書後，關切學者，無如漢文。漢文而又選之，其精也已。然類多董、賈之英發，馬、揚之籌思，于政體民俗，顯如指掌，以其去古未遠，猶有三代之遺意焉。昔漢河間獻王好先秦古文，今俱已傳布世間，然自是之外，則漢文又其亞乎？且國家治隆文盛之時，而是書不廣，亦爲缺典。暇日命工入梓，使四方學者因是以求六經之盛，或可得也。

重刊唐文粹序代作

吴興姚鉉即唐人文字中，選其高者、美者，爲《唐文粹》，雖不及漢文質確，然具一代之精華，列二三百年之物實，則固不可以莫之傳也。且韓愈、李翺輩之文，元結、❶杜甫輩之詩，亦非苟作，自宋以來，文士韻客率多習倣而不能，則固不可以莫之傳也。是書舊有南建書坊板本，脱落殊甚，兹特繡梓廣布，使學者于是考得失，察純駁，以上求乎古之文，則未必無小補云。

重刊宋文鑑序代作

《宋文鑑》，爲宋名儒吕伯恭等編集，簡質雖不如漢，華藻雖不如唐，然其間如周、程、張、邵之書，韓、范、富、馬之疏，皆據經明道，即事切理，純粹精確，又非漢唐人之所能及也。顧其板本，多在南雍，不廣，兹特命工刻之。觀者取其所長，棄其所短，於修身治民之用，無往不可。若乃因周程之精義，以繹孔孟之墜緒，則又係人之志力如何耳。

内濱紀進册子序

客有爲内濱子圖其履歷者，以紀進也。

❶「結」，續刻本作「稹」。

曰《潛芹春雨》，言始學于潛庠也；《湖桂秋香》，言鄉薦也；《宫榴照日》，言舉進士時，當夏五月，袍笏出遊，輝映榴花，志在赤心報國也；《臺栢生風》，言守御史，傲歲寒，凛風霜，爲國植綱紀者也。蓋自董學鉅省，或持平棘寺，或德孚九座，或位晉三槐，皆可緒别而次録，故竊題其端曰「紀進」云。于是内濱子覩之曰：「昔者程正叔之紀進也，曰『頤五十以前誦讀，六十以後著述』，予獨不若此乎？昔者孔孟之紀進也，孟子曰『我四十不動心』，孔子以『志學』至『不踰矩』列六級，予獨不法此乎？」吕子曰：「今兹之圖，多主功勳，孔孟之言，多主道德，然其究一也，而道德尤邃。然則斯圖也，其尚未識内濱子之志乎？」

刻四書集註後序代作

右《四書集註》一篇，予既序諸端矣，刻且完，恐學者汗漫無所事事也，及又以其私所自得者語之曰：「夫讀《大學》，知格致之方，即至善可得；讀《中庸》，知慎獨之處，即至誠可幾；能因事察理，熟則《論語》之一貫可入；能隨事致用，久則《孟子》之四端可充。四方學者倘有取于斯焉，求諸心，體諸身，見諸政，以輔國家之盛，則斯編不徒刻矣。」

刻漢文選後序代作

《漢文選》之刻，類多長篇大論，取其成章可誦而已。然就《漢書》觀之，如申公顧力行何如，汲長孺論禮樂仁義之類，雖寂寥數言，予嘗以爲又漢文之尤粹者也。事漢文者，儻因今編又進求之于上，則其所以治身輔世者，豈獨漢人物而已哉？

刻唐文粹後序代作

《唐文粹》既刻完，然而辭賦詩歌，固睥睨數代而高出之矣，第于修己治人之方，猶恐或緩。惟韓退之文字，明理致用，闢邪翊正，説者或以爲六經羽翼。學者若先從事乎此，次以治諸家之言，可一覽而畢也。

刻紀事本末後序

宋程正叔曰：「讀史不徒要記事蹟，須要識其治亂安危、興廢存亡之理。」又曰：「每讀史到一半，便掩卷思量，料其成敗，然後卻看，有不合處，又更精思。其間多有幸而成，不幸而敗。」夫程子此言，或爲編年及紀傳而言。若紀事本末，一展卷便得其理與其成敗，則又不待掩卷思識，與料而後得也。不待掩卷思識與料而即得，乃學者猶或不免記誦以資口耳，而于身世無益。則斯刻也，予又惴惴焉懼矣。

於河東書院別兩峰李子巡按四川詩序

兩峰李子震卿奉命巡蜀，道出山西，牌檄解州。蓋自離京時，即有意于唁柟也。乃先至運城，會其僚山西巡按内濱初公，酒既，而兩峰子即欲之解，内濱子曰：「是不可舍我而遽别，吾爲子速吕涇野來。」柟既至，内濱子讌兩峰子于海光亭，而以柟爲介；兩峰子宴内濱子于觀德堂，而以柟爲僎。柟曰：「有内濱公在，柟于介且不可。」乃辭僎席，然兩峰之意猶僎禮也。明日，内濱子曰：「兩峰子既觴涇野矣，解也可勿至。解去蒲百有二十里，路多溪澗，近遭雷雨衝決，跋涉灘沙，雖六七十里無候館郵舍，豈携眷行者途邪？且涇野子常止河東書院矣，猶夫解也。」兩峰子曰：「是豈東千里取道之意哉？」柟曰：「兩峰子騰牌之日，已至解矣。若獨兩峰行，吾豈敢阻乎？」柟于是列蔬粱，具鷄黍，召解狄來以侑觴，而兩峰子亦欣然忘解焉。然兩峰之初至也，先遺一詩，會内濱于察院有五詩，海光亭讌有三詩，觀德堂讌柟有三詩，至書院之會遂共有七詩，凡十有七篇也。内濱子曰：「他日賓至亦有詩，數不過三五首，獨吾兩峰來，賡和如此之富。朋友之義，兄弟之情，風雨之懷，河山之勝，晉楚秦蜀之蹟，激揚綱紀之志，咸略具矣。兩峰子匪誼且真也，❶能有是乎！」于是柟序諸卷端，録其詩于左，贈兩峰子行。

谷泉詩卷序

横渠張子曰「清虚一大」，言清則無所不照也，虚則無所不受也，故能兼高厚，洞鬼神，毓草木，流人道物，莫與之齊也。是故虚則百靈咸具，清則萬善皆通，此山澤之《咸》所由稱也。「子在川上曰：逝者如斯夫，不舍晝夜」，其有取于斯乎？予嘗登秦之終南、華嶽，晉之中條、太行矣，即有泉焉，其谷必逶迤之深谿也，即有谷焉，其泉

❶「誼」，續刻本作「誼」。

必澄澈之碧泓也。故不谷非泉，不泉非谷。清虛者，宜于斯焉取求矣。昔者老氏之觀泉，不可謂非清也，然又「知白守黑，以爲天下谷」，豈其貞虛哉？谷泉子不見黄河乎？葱嶺之谷，小如盌口，初出之泉，大可濫觴。今與子登龍門之頂，覽洶湧之流，雲霧生焉，風雨作焉，蛟龍起焉，舳艫遊焉，百貨興焉，乾坤翕焉，此其爲虛與清，又何如也？子有詩曰：「乘槎問星海，天門紫霞重。」其意亦在斯乎？枏，魯人也，願膏車秣馬，隨子登閣道、涉牛津，以尋河漢發源之谷、始湧之泉，不識許予否乎？于是谷泉子曰：「果爾，則吾當與子鞭靊霳，驅⿱雨真霨，乘朔風，擎白日，摩皓月，觀天地之倚附，掘陰陽之屈伸，凌虛而行，迎清而往，下視崑崙北如拳石，俯瞰洞庭南如杯水，彼樊谷秦川，則又遺之矣。」吕子曰：「谷泉子既事尼父之上達，予敢不努力，❶以求顔氏子之好下學乎？」于是傳諸詩歌，皆暢其意。

谷泉子者，襄陽人，儲侍御邦掄也。

王母萬氏八十壽序

王翼城利者，陽信董東樓公之里人也。予嘗習于東樓，而因識于翼城。翼城有母孺人萬氏，今年生八十歲。平凉學生張文錦之父，翼城之僚佐也，周詩者，則翼城所提調之高士也，詩與文錦謁序以壽王孺人，且道孺人之賢非常也。予嘆曰：「夫男氏之壽存乎仁，女婦之壽存乎順。仁則不夭不折，順則不競不妬。夫競與妬，多行于妯

❶「努」，續刻本作「戮」。

婭之間，非爲子女之故，則必以囊橐業積而忌之也。孺人之叔氏蚤死，其娣婦宗氏無出也，矢志確不改，孺人即以其季子貞與後叔氏，于是宗氏益堅其操，今五十餘年如一日。夫亡其叔而不貪，寡其娣婦而不侵，憐其危而不擠，當其義而不後，有其子而不私，有一于此，雖丈夫稱大君子，而況于女氏乎？昔衛莊姜美戴嬀任淵温惠，夫孺人雖非戴嬀之比，而其德則固嬀之不孫也。蓋其心志精神，可質鬼神而對天地，此其壽豈啻百餘歲哉！」于是兩生歌《閟宫》壽母之章，而翼城士夫庶民皆願翼城大福其地，開瑶池蟠桃之讌云。

海光樓別序

丙戌春暮，寔惟首夏，内濱初公巡鹽且滿，于是百愚馬公來自蒲解，谷泉儲公來自猗氏，會餞焉。内濱子將宴之海光樓，三公皆命判亦來，判謂：「朝廷故令判僕事三公，敢與執爵之末邪？」辭。三公曰：「予輩但偶未判耳。當其時，欲判而未獲，今豈可絶已判者邪？且朝廷本心，豈必使判盡若是哉？判而不在，止吾三人，是謂以官而會，上廣德意，下振士風，道若是固乎。❶且吾輩獨不能爲有揖客者之武人邪？」于是申召判至。判或遜於坐，百愚子曰：「是細我也。」判或遜於行，谷泉子曰：「若是者，飲罰爵。」于是判忘三公之貴，而三公亦不知其有判賤也。一時傳播，以爲盛世之美事云。

初會于河東察院之後室，再會于運學

❶「若是固」，續刻本作「固若是」。

之明倫堂，其三會則在海光樓。去年，鹽池巡卒得一麞，内濱子令吏畜，❶俟二公至海光樓會則刲麞。麞豆上，御者不以告，諸公誤爲豕肉食之矣，内濱子猶嗔麞饌遲，御者指豆曰：「麞也。」諸公乃再一飡，方大笑褒麞，蓋麞肥腯潔白類豕云。凡會或議先賢之祀，或傷學校風微，或鄙刑罰之慘，或究禮樂之故，或傚《風》、《雅》而作，或傾兄弟之情，判皆得而與聞之。蓋三公面有極論，退無後言，意未嘗不虛，志無乎不同也。一時傳播，以爲盛世之奇會云。

是時，内濱子將先竣事，次則儲子，次則馬子，判則未有期也。然皆可以言別矣，詩盡發之耳，別獨曰海光樓者，此樓在鹽池北干，主内濱子言也。

壽太原令梅君序

太原知縣致仕歸德梅君，諱寧，字某，今年六月二十八日，其誕辰也。太原嘗教諭元氏，今夏邑教諭崔君文瑞者，則元氏之弟子員也。崔君蓋自解州司訓往夏邑，遂至歸德謁太原，敘師弟子禮，情義極篤，展如父子。太原之子指揮旻、孫生員儀，皆肖太原，歸德之人咸稱焉。崔君曰：「吾師之壽且考如此，吾師之德且福如此，鸞無以壽吾師。往在解嘗識于吕涇野，誠得一言，以上吾師，足罄鸞千歲祝矣。」涇野子曰：「崔君在解，極敦樸不詭。年已近六旬矣，乃其師太原尚在，得無近八九十百歲者乎？崔

❶「令」，續刻本作「命」。

君乃爲之索文以壽，此亦世之稀舉也。世方不知師弟子之重，朝門墻，暮戈矛；面恭遜，背訕毁；近親昵，久踈薄。崔君不蹈世習，則其所得于太原者必深，而太原所授乎崔君者，必真且厚也。即是太原之壽，亦當遠邁不禦矣。况太原本應襲千户，乃棄而不就，耽心詩書，中河南鄉舉，會試乙榜。其教諭元氏，學正嘉定，則規範嚴謹，終不替初，所至成績，操持益堅。其初令雲陽，再令太原，皆留心撫字，政善民安。則太原之見，出乎衆表，其壽又當遠邁不禦矣哉！」

刻王官谷集序

王官谷在中條山北麓之内，爲臨晉縣地。往者秦敗晉師于此，而是地以衰。及司空表聖避朱梁之逆，搆亭隱居，而宋元以來，名卿碩儒數尋其勝而歌詠其事，則是地益重。然則山谷之盛衰隱顯，亦係于人乎！巡按潛江初公按部至是，以壁間古詩文多闡表聖之幽也，乃命臨晉尹丁君仲本裒集梓行，則是地以一表聖，又顯于天下後世不殁也。然則人之計意于窮達，遺辱于鄉土者，獨不可念乎！

父子同覲詩序

嘉靖五年春，當大覲之期，山西方伯都人東渠李公領晉之府州縣官入覲，其子昌樂知縣伯和錞亦隨山東方伯某公入覲。❶于時方伯南湖閔公及諸縉紳咸榮焉。或曰世固有父子同仕者矣，幾能同覲乎？即有

❶「昌樂」，原作「樂昌」，依後文改。

同覲者矣，幾能同至于家乎？今東渠公父子斯行也，既恭于君，又篤于親，既勤于國，又履乎家。夫君親一道也，家國一理也。道無不同，兼之者亦有命焉；理無不一，備之者亦有數焉。山之東西地，若此其甚遠也；官之尊卑等，若此其甚殊也；內之父子恩，若此其甚戚也；外之君臣義，若此其甚嚴也。乃遠者近，殊者同，于嚴之下，而遂其戚焉。此天下人之所難能，而東渠公父子獲之，若非有命與數，則亦東渠公所積累者異乎人也。雖然，此以情言也。聞東渠公所領諸官以覲者，其所品題上下，亦嘗試之若昌樂者矣，曰：「吾若枉其賢否，即吾子在昌樂爲他人枉矣。」昌樂君所隨方伯以覲者，其所操持履歷，亦嘗憶其若事東渠公者矣，曰：「吾若惰其職業，即他下官在晉省者，爲吾父所惡矣。是此省之官，其賢者如有吾兒者乎？吾必薦之如吾兒，不敢匿也。此省之大夫，其明者有如吾父者乎？吾必事之如吾父，不敢惰也。」故東渠公直于行，足爲諸方伯式，其子無所怨也；昌樂君敬于職，足爲諸守令法，其父無所恨也。斯覲也，父子並忠，尊卑咸勑。由是而進焉，雖商之伊、巫相承，周之尚、伋相繼，以輔乎盛世者，皆可企而班矣。斯覲也，不亦又榮乎！

贈山西左方伯南湖閔公陞太僕序

左方伯南湖先生任丘閔公，久著宣力之績于山西，天子嘉之，乃陞太僕卿，掌邦之馬政。其僚東渠李公偕藩臬諸公既餞之行，以柟在屬吏，且嘗叨職文字之末，委言焉。曰：「於戲！夫兵曹以司馬爲稱，而馬顧爲太僕所領。司馬者,太僕其專職也,凡大廐羣閑、畿輔監牧、邊關苑寺,皆所督理,而三物之量,皆戰之供。內衛京師,外捍四侮,❶咸于是乎屬也。漢公孫賀爲大僕,修飾輿馬,以待駕來,詩入《栢梁》,與九爵列。唐太僕卿亦掌邦國廐牧車輿之政,位在三品。然則斯職之重,自昔然矣。南湖公斯行也,內畜駷牝之盛,外耀雲錦之美,懸皇威于日月,壯國勢如河山者,❷不在玆耶? 夫不易得而服者,民也;不易得而平者,徭也。均民也,封域一限,勞佚有倍蓰之殊;均徭也,額例一循,輕重無低昂之變。公之爲山西,曰:『爲民父母,行政顧不能如一鳲鳩之于子乎?』于是闔一省之人,絜四方之矩,即九則之等,立畫一之法:銀計二十七萬三千六百有奇也,凡在上門者,銖兩皆同,無州縣之異;力計一百萬八千七百有奇也,凡在下門者,輿皂皆同,無多寡之别。于是河汾騰歡,太行、中條皆生氣矣。夫公于其民如此也,而況于其馬乎! 夫公于其外如此也,而況于其內乎!」

「今夫馬,牧養不如法,孳生不及數,驗揀不實,養療不至,或乘而穿破,或不乘以調習,或隱匿孳生,或私轉借用,此其事,亦甚細也。祖宗皆著之甲令,計數差罪,豈必以是瑣瑣者教後臣也? 蓋事無大小,法有興廢,苟毛鞹之或忽,即塞淵之未純也。然此何足以爲公言哉? 公畿甸世家,燕趙名儒,文蚤鳴于翰林,諫尤烈于給事,既歷外省,益茂奇動,公斯之行,漢唐亦勿道,其必

❶「侮」,重刻本作「海」。
❷「河山」,重刻本作「山河」。

爲西周時之太僕，以進司馬，以進冢宰乎！『旦夕承弼，使出入起居皆欽，發號施令皆臧，下民祗若，萬邦咸休』者，文武時之太僕也；『慎簡厥僚，使便辟側媚皆去，巧言令色皆遠，非貨其吉，惟人其吉』者，穆王時之太僕也。公其選于是乎？」

公名楷，字正甫，其兄名槐，字公甫，同乙丑進士。

底柱秋餞谷泉序

谷泉儲公清戎山西三年矣，將出境，内濱初公及劉虞川柱史偕柟扳餞于平陸底柱峰，是時侯方山憲副亦在行。谷泉子曰：「初，予有清戎之命也，李兩峰曰：『子往清戎乎？殆不能旬月歸耳。』及既竣事，乃見鍾石江公，曰：『某亦三年滿乎！』江公曰：『子今得説矣。』然則今日與諸君清秋細雨，躊躕徘徊，暢飲祖道之酒，賡迭撫景之詩，不行可也，行亦可也，不亦樂乎？」方山子曰：「諸公之差巡按鹽法、刷卷，率一年滿，人猶以爲難，獨清戎三年。他人之有斯差者，恒不及瓜代而去，或四月五月，或八九月，多則至一二年者也，乃谷泉子去父母，違室家，内不見孥，外不見鄉，單居孤處，談笑終日，竟洽厥期。其殆斯底柱乎！」曰：「柟，谷泉子之屬吏也，蓋嘗服習其政教矣，寬而不縱，嚴而且和，談如懸河，辯若斷金。威不假于强梗，恩常推于孤弱；辭賦每凌李、杜，篆隸不減斯、繇。衆論紛錯，一言而折；庶事旁午，立談而辯，其必殆如斯底柱乎！今夫淮、濟、江、漢，亦天下之大川也，豈其無屹石哉？皆飄蕩不存矣。河大，非四水比，此柱乃挺然獨立中流，風雷驚不碎，波濤推不去，濁流過而不染，鯨鯢遠而難侵，封虬長蛟，或穴其窟，紫垢紅塵，靡點其顔。若乃暴雨驟至，百川沸騰，其面愈晬；霜雪交零，四野無人，其膚愈春。谷泉子其必殆如斯底柱乎！」初，谷泉子見三門之石横列河中，曰：「禹平乃不盡乎三石，故留此奇，以遺後人耶？」内濱子曰：「待谷泉子至而平之耳。」於戲！谷泉子幸無以此爲戲言矣。知平石難用斧斤，則知爲天下柱，不在木石矣。于是詩興俱起，賡和聯韻，七日而後發。

刊文潞公集略序

《潞國忠烈公文寬夫集》凡二十卷，蓋其少子維申討求追輯以成帙，而葉尚書少藴所爲序行者也。然今板本不傳久矣，沁水李司徒公叔淵家有抄本，字多差訛。他日巡按山西潛江初公啓昭命柟校刊《司馬文正公集》，李公曰：「《文潞公集》亦不可以莫之傳也。」乃以其本付解州，柟得而校正其十七八焉。初公遂命平陽守王子公濟刊木以行。嗟乎！公之集，誠不可以莫之傳也！柟嘗謂文行無二道，知行惟一理。其知真者其行至，其行高者其文實。公方兒時，已有取毬之智；及令翼日，即用李本之策。報不言恩，德如丙吉；祈宿殿廡，勇若樊噲。爲相賢于夢卜，上企傅説；知軍敏于錢穀，下陋周勃。唐介一劾，不惟與之同升，其子亦至集賢；李稷一侮，不惟使之八拜，其父亦且死感。阻汪輔之以出御批，真卧獲北門之體；抑夏竦以助明鎬，得討伐具州之策。即更張而諷安石，或結社而請司馬。故契丹北狄，亦稱天下之異人；

洛陽士庶，乃立資聖之生祠。蓋公天性忠誠，器度宏深，既略且果，亦重而安，是以臨事風生，即物有方。故其所著典册章奏、辭賦歌詩，凡以發所行耳。觀者就其爲人求之，斯刻者之意也。

謁傅巖祠詩有序

傅巖在平陸縣東二十里，里曰商賢，有水曰聖人澗，爲説版築之所。柟爲童子時，讀其書，慨慕其人，思欲一至其地而未能，既舉後，乃又授官史局，亦未克遂。去年，内濱初公按部平陸，嘗至其下，有詩一絶，雖嘗和之，猶恨未親覩也。今年七月，送谷泉儲公南還，已而隨内濱子北謁巖祠，展拜既畢，登眺崗陵，顧瞻原隰，見羣山四圍，大河東繞，鬱鬱蒼蒼，渾渾灝灝。内濱子曰：「此真聖賢所産之地乎！且《書》云『帝賚良弼』，夫説在版築之間，感通于君可也，乃至感通于天，則天真有主宰，而説亦至神乎！夫天人一氣也，一氣則一心，一心則一理。《説命》曰『憲天聰明』，故説之聰明，皆天爲之，天之耳目，説固代之，説蓋素以天爲學，而以天爲心乎！孔子曰：『丘之禱久矣。』帝賚之夢，豈偶然哉？雖然，有恭默之心，則雖版築之賤、霄漢之靈，皆入夢寐。不然，雖在乎其位者，或斥而去之，未肖其像者，已置而用之，宜皆未聞帝賚之爲夢也。然則帝亦不易夢，而天亦不易通乎？」是時同行者虞川劉子及柟皆以爲然，遂又各爲詩一章，以發説之幽微。内濱子乃命平陸知縣王紳葺其祠坊，刻其詩于石。

題夏大夫關龍逢墓有序

夏大夫關龍逢諫桀而死，其墓在安邑東北三里，有雙丘，皆傳爲龍逢冢云。巡按山西初公且滿期過安邑，謁至其下。是時參政故城李公公遇、僉憲藁城王公廷言皆從焉，有餞席。工人爲關雲長單刀會，歷敘雲長之祖，至于龍逢，忠義一脈，英烈如生。公嘆曰：「天地間之正氣，亘萬古而不磨，雖荒隴宿草之野，伶人賤工之微，猶或見之。」乃爲詩一章，以吊龍逢而風後人，柟聞而和之。公命安邑余尹昇勒諸石，葺其祠屋，鼎建其坊于前，曰「夏大夫關龍逢墓」云。

公諱杲，字啓昭，湖廣潛江人。

古虞秋意詩序

内濱初公巡鹽既滿，行次平陸，以俟南厓沈公。時沈公阻水稽程，公乃與虞川劉子及柟遊覽風物、立題賡聯以待焉。是時平陸行臺之後，惡竹萬竿，大小蒙翳，公令剪剔繁亂，使森踈挺直，日坐其下，或吟或酌，曰「竹塢」。竹塢之西有臺，高三尺，方四五丈，其上有殘葵數本，經秋不凋，葉猶蒨蒞，乃掃去荒穢，曰「葵臺」。葵臺之西爲「鳩林」，鳩林亦竹林也，雙鳩巢于其巔，有懸卵焉。若當日斜景暮，返照在竹，而羣雀萬千，如鼓笙簧，不避坐人，曰「雀徑」。公至平陸在中秋前後，月色正好，徙椅庭前，團圓在栢，光映蒼翠，則曰「斯月也，于栢尤宜」，曰「栢月」。少焉清風徐至，四吹喬槐，其黃漸殞，颯颯有聲，曰「槐風」。及當日午之時，西垣之下，榴樹蔚茂，晚花稀疎，蚤實低垂，抽拽粉壁，玉彩參差，曰「榴垣」。而「菊畹」在東垣之下，半吐半開，不畏霜露。其開宴紀氏園也，見決明焉，出園見黃河焉，瀕河見剥棗焉，三題所由得也。

七月之初，送谷泉儲公同至三門，有底柱作。八月之末，送竹軒鄧公至店頭，有連城作。柟自解入平陸，過橫嶺，公自安邑入平陸，經石槽，二詩皆五言。公于連城之南嶺開別宴焉，曰「金鷄堡」。《傅巖間田》，先所過而作也。《箕山魏野》，後所望而作也。吴王廟，嘗登拜其下矣。柴關嶺，嘗訪究其跡矣。《茅津書屋》，爲虞川而作。林園近城，因數至其中賦詩焉。然皆古虞之勝也。夫公與虞川同僚，柟謫在屬吏，乃公破體統，重道義，與觀山川之勝，探聖賢之跡，詠景物之幽，發乾坤之秀。故公之歸也，囊無長物，惟圖書十數篋，柟所書軸卷、碑板數百指，及日所賡和詩數千首。然則觀公之德者，惟于此焉求之，可知其所邃矣。公去平陸已三日，留使守書，則凡前所贈言于公者，亦皆類此，固非有所阿而云也。

漁石之篇序

漁石者，今陝西提學憲副唐公虞佐之別號也。夫公舉進士幾二十年，其材德道義在諸同年之右，諸同年或位中丞、或位卿寺、或晉二司之正年少者，已數十人矣，而漁石子一憲副，白首而不遷。公陞陝西在正德十六年，其風采動名在諸二司之前，諸二司或三年而陞，或二年而陞，或一年而陞，同時者已盡其人矣，而漁石子一提學，六年而不轉。漁石子曰：「遲速之分，固不必較，去就之節，亦所當明。若乃秋水澄江，冥鴻在空，瀑布懸厓，山深水古，時則倚據石磯，垂竿長流，烹鮮酌醇，飛塵不染，乃龍夙昔之所愛也。子其從吾所好乎？吕子夕以爲然，龍朝拂衣焉。吕子朝以爲然，龍夕拂衣焉。惟義所在，非位之顧也。」吕子曰：「漁石子之輕去就也如此，其壯哉！夫漁石子爲御史時，力剔姦宦，痛黜時弊。李論，雲南之巨惡也，一剪而滇鄙底靖；崔和，江西之積害也，一劾而江越奠安。直聲振于朝野，風紀揚于華夷。若乃近在陝西，忠誠格髦士之志，文武焕關隴之光。惟當道之數忤，故宦途之久稽耳。嗟乎！速化之術，人豈不知？古固有一言取相者矣，今豈然之乎？守素之滯，人豈不知？古固有十年不調者矣，今豈非之乎？若乃以行道而言，則州判不及提學明矣，然且由由焉忘其東林之爲樹也。以養親而言，則違庭闈者不及隨膝下者明矣，然且囂囂焉忘其涇渭之爲水也。是故當其道之可升矣，進愈速則愈美；當其道之未可升也，進愈遲則愈嘉。愈速愈美，即漁石之處皆衙署矣。愈遲愈嘉，即案牘之間皆漁石矣。故君子顧諸在我，不顧在人。故君子顧諸在性，不顧在命。然則漁石子又何必謂蘭溪之濱爲漁石哉？」于是有識其意者歌曰：「江湖者，廟廊也。廟廊者，江湖也。君子不忘江湖，乃能立廟廊。」

底柱秋餞方山序

丙戌七月之初，❶内濱初公及劉虞川柱

❶「初」，重刻本作「秋」。

史偕柟餞谷泉儲公還，而方山侯公廷言亦將赴湖廣憲副之任，于是同餞之底柱。是日方山微疾，遇雨，半途而返，柟隨三公之底柱，得覩河山之勝，禹蹟之大，皆曰：「惜乎方山不至是也！」或形諸歌詩以憶，或念諸壺觴以懷。明日，還至茅津，飲虞川書屋，方山子乃細問其狀，詳求其奇，悵然嘆曰：「吾亦遊底柱矣。」谷泉子曰：「聞不若見之爲真耳。」吕子曰：「禹、皐陶、伊尹、萊朱與湯、文之智，雖有見聞之殊，孟軻氏固未嘗有優劣也。且夫爲底柱者，豈必真河中之屹石哉？審若是，則樵泰山之顛者，皆可小天下，而漁滄海之濱者，皆可小百川矣。」于是諸公皆以爲然。乃以其詠詩，并得之虞川書屋者，書之卷，餞方山子行。

古虞話别序

内濱初公巡鹽既滿，柟送之平陸，以待南厓沈公之至。乃竹軒鄧公方有三邊查盤之差，行次陝州，遣使來訊。内濱子發吏走邀，竹軒子即星言巾車，辰過黄河，共止行臺。内濱子開宴竹塢，吕子陪酌。夫竹塢者，内濱子所新修行臺後之竹林可憩處也。既且坐，内濱子曰：「往年以爲竹軒子代吾，可使涇野有依，乃不果。乃今待此竹塢成，而竹軒子至。斯竹也，其爲鄧公開軒將事之不偶，亦有數邪？」吕子曰：「竹軒子若代河東，固柟一人有依，今兹之行，則吾鄉之三邊軍民皆有依矣，與代河東，孰多寡乎？且今三邊，國之郭門，其儲畜金穀，皆士卒之心腹命脈也。竊聞在公庫庾者可查，在私庫庾者不可查；在行伍者可問，在將領者不可問。竹軒子斯行，將查問其可者乎？亦于其不可者乎？夫竹軒子，慷慨篤義，豪邁過人，奮迹有司，諳知利弊，振立臺端，克揚風紀，斯行也，將士馬可投石超距，追風逐電，而三邊民亦衽席而卧矣。果若此，雖于天下亦皆有依，而況于吾與吾鄉者哉？」是宴，片餉得詩七首。明日虞川劉柱史亦至，柟宴諸河東精舍，得四首。又明日，内濱子送之金鷄堡，得詩六首。乃取卷書之，以贈竹軒子。

斷金會序

斷金會者，瀋府賓相仇、牛、郗、栗、宿五君子之所爲也。予往過潞州，時五君子者皆枉顧，予時已皤然老矣。予過潞已三年，而此會益堅不改，可知其斷金矣。《易》曰：「二人同心，其利斷金。」蓋參之以三人則難也，況于五人乎！五人而心同，不改以永道，斯金也，真可斷乎？夫金于五行獨堅，水易決壅，火易撲滅，木可指折，土可芥取，惟金秉乾之性，爲艮之精，雖佛氏亦以爲難者也，五君子乃能同心，白首以效之，斯金也，真可斷乎？蓋聞五君子之爲會也，以俗之趨利也，則尚義以振之；以俗之無防也，則崇禮以正之；以俗之廢耻也，則敦節以警之。或分財以周困阨，或歌詠而陶性情。道有所在，身無不行，蓋雖老師宿儒不易能，而五君子飄然高舉而不以爲難也，❶斯會也，不亦可傳乎！

❶「飄然高舉」，續刻本作「卓然自任」。

陽武縣志序

《陽武縣志》，縣尹京人范子所索以刊者也。予初得舊志于實齋王先生，編次頗無倫序，而蕪辭蔓事，十居七八。實齋命予删定，乃得六篇，共二卷。然陽武古名縣，而賢士哲人代多有之，獨恨予未至其地，遍訪其故，則録十一于千百者，不可謂無也。有君子見，倘肯補其缺漏，正其訛謬，以不失古史之意，則固所願云。

積德之什序

《積德之什》者，贈菲泉司馬邦柱祭其先温國文正公還京之作也。菲泉，温公之十五世孫，宋南渡時，其遠祖侍郎汲舉家自夏縣還浙之山陰，自是不歸夏者十世矣，于是北人以司馬氏爲無後，南人以山陰氏爲失祖。菲泉子弁髦讀書，即悵然曰：「吾家涑水之舊，夏甸之豪，而晉宗室司馬孚之胤也，至吾祖温公，直道殊勳，冠絶宋代。乃吾積滯江邊，不能一還，反不若異姓者之歸暘、張謙，何邪？」此其痛心裂骨，蓋二三十年矣。既舉進士，仕刑部，則曰：「相謁祖有日矣，遷夏有期矣。」至是，果求便差，日夜馳詣夏縣，遂獲舉丁亥元日之祭。往年巡按内濱初公營新温公之祠，謀遷司馬之後，勞勩萬狀，柟備聞之，以爲菲泉子旦夕來也，不意今始至乎。越明日而菲泉來，容貌古樸，心神開朗，一握手間，忘形骸，出肺腑，契如金蘭，戚若骨肉。初，初公查獲水田百畝，籍之官版，以爲祭需，俟司馬氏後至而歸之。菲泉子曰：「相豈爲此田來哉？」予嘆曰：「果若古語，非聖賢子孫，安有此言？司馬其中興乎！」于是南涯公夜讌諸冰蘗堂，日讌諸海光樓，極談笑三昕夕，以爲復見小司馬矣。

又明日，予讌諸觀德堂，酒半，北登尊經閣。是日山川濛濛，雨雪霏霏，四啓軒窗，縱覽煙霞，西望虞阪，東眺巫山，前指鳴條，俯臨鹺海，南涯公曰：「此非菲泉之高堠里家邪？夫其千里驅馳，百年懷思，尊祖敬宗，不啻卜子所謂大夫及學士者矣。斯行也，不可無言以贈。」又明日，南畹讌諸河東書院，燭跋矣，予請名題焉。南涯公曰：「今夫司馬氏之散處江南者，于其温公，乃無一能念之者。即有念者，乃無一能至之者。即有至者，乃無一能肖之如吾菲泉子者。斯題也，名曰『象賢』。」菲泉子曰：「相無微子之材，而先人不敢比殷湯。」予又請題曰「光裕」，菲泉子曰：「此復犯先諱矣。」是時菲泉携有元日祝辭，中具温公常言，曰「積德冥冥之中，以爲子孫長久之計」，予曰：「卷其以『積德』言乎然？若冥冥中無德之積，安能使十四五世之雲仍如吾菲泉者至是乎？若子孫計不長久，安能使四五百年之墟墓如吾温公者至今乎？」夫始與温公之政讐者，安石也；繼世以與温公之道讐者，惇、卞、檜輩也。聞其今子孫有改譜系，易宗派，如古别族于大史之輔果者矣。天人不遠，古今如鏡，可于司馬氏及四氏者驗也。且夫温公道未盡行而殂，以其世之非辰也，菲泉學方滋茂而顯，當其時之正清也，吾知凡温公之厄畜于宋代者，[1]將俾菲泉畢發之于今矣。不然，方起

[1] 「厄」，重刻本作「藴」。

大名之夕，夢公授袖中簡者何也？忽其易，而忘其難乎！」

全懿册序

《全懿册》者，君子爲陳正郎忠甫之母都氏題也。懿，美德也，在婦人有三焉：一曰孝，二曰貞，三曰慈。孝，女懿也。貞，妻懿也。慈，母懿也。都氏以子忠甫貴，封太安人。初，父都公久病卧榻，太安人方十四五也，能刲股煮粥藥以進，父病遂愈，曰「孝懿」。既歸陳贈君，贈君病死，太安人甫十九歲，遺孤忠甫方十月，家事凋謝不振，其上人日迫逐奪其志，太安人茹辛食荼，卒不渝節，曰「貞懿」。夫一子，至難教也；寡婦孤兒，至難爲情也。忠甫方就外傅，太安人即以道德仁義訓之，有不承，笞跪中庭終日，曰：「良謨而不思爾父乎？」于是忠甫

西州别詩後序

《西州奉别》，其詩則吾省鳳翔諸舉人所作以贈漁石子，其序則前太史對山康子所題也。漁石子初至陝時，諸舉人方秀才，肄業庠舍，今觀其所爲歌詩，有《豳風》、《雅》、《南》之思焉，其志向有畢郢、曹、岐之懷焉，區區取進士科，不足道也，則漁石子平日之教，可徵矣。夫登降失序非智也，賞罰任情非公也，沛澤有方非仁也，會違有異非信也，然則漁石子之道，因兹詩而益明矣。或曰：「漁石子巡按雲南、江西，其紀綱之振，至今尤使人誦之。」曰：「在雲南、江西者，政也；在陝西者，教也。爲政易，爲教難。」漁石子聞之曰：「山西之行，吾敢

擇交取友，日進高明；舉進士，爲今官，政行于時，而太安人獲褒封，視彼禽犢其子者異矣，曰「慈懿」。夫孝而不貞，是不有其夫也；貞而不慈，是不有其子也；慈而不孝，是不有其親也。故一懿不具則婦失，二懿不具則婦虧，三懿具，婦德全矣。《詩》曰：「天生烝民，好是懿德。」然則太安人之得于天者多哉！今有學者于此也，處則能事其親若懿也，然而事君或違焉，出則能事其君若懿也，然而治民或背焉，則于全懿且或有缺，而況于太安人之爲婦人女子者乎！《詩》曰：「女德不爽，士二其行。」然則太安人之異乎人者多哉！於戲！求是懿而上發之君、下發之民，以爲百世不殁者，其在忠甫乎！其在忠甫乎！

恩命録序

《恩命録》者，今少宗伯序菴李公輯其父母所得恩命而成之編者也，自勑命、制誥、御祭文，至禮部題准恩典，凡七篇。寵錫三朝，榮及二世，上以宣乎洪休，下以發乎潛德，或曰此稽古之力，或曰此際時之盛，序菴公且繡之梓，乃欲判，又有序焉。夫斯録也，懸日月于九天，揚忠孝于四海，固可風行矣，又何待于序？序又何待于判乎？將序菴公不忘舊好，又有得于斯録之外者乎？然則斯録也，雖千百世傳，又何難焉。

正學書院志序

《正學書院志》，自《公檄志》至《書籍

志》，凡九篇，今山西憲長漁石唐公提學關西時之所編也。元魯齋許公提學京兆，正學復明，其徒遂創作書院，而以是名之。于後傾廢既久，國朝弘治中，邃菴先生、今大學士楊公提學于是，乃重爲建置，拔取關中之士學習其中，而虎谷先生王公接倡其教，于是相繼諸公，亦皆奉導前休，力爲振揚，蓋至漁石公而滋茂矣，士遊其間而有得者，不但如魯齋日也。夫書院自唐宋以來，其在天下者，或以洞名，或以嶽名，或以地名，或以水名，未有以「學」名者也；莫非學也，未有以「正」名者也。夫伏羲觀察于成紀而《易》興；文、武、成、康、穆、宣諸君，伊、吕、周、召諸臣，振起豐鎬、岐隴之間，而《詩》、《書》、《禮》、樂具，斯其爲「正學」與？然皆此地之能也。今其邦麟遊、鳳翔尚存昔名，然則士遊正學書院者，其必至是乎！無寧習爲唐以下人物，而孤諸公建修之意也。

丹心常在圖序

刑曹劉君以學，以恤刑至山西，次至省臺。時丙戌十月矣，臺院諸葵已枯，以學宿十日而葵復榮，紅白碧紫，爛熳堦砌。夫葵榮于夏，謝于秋，至冬而復生，丹心重傾，則其以欽恤爲念，思報聖明者章矣。故蓬菴世子聞而爲之圖，予覽圖題曰「丹心常在」云。

河東書院贈别詩序

刑曹劉君以學之恤刑山西也，華南畹有《草木回春卷》，山陰蓬菴有《丹心常在圖》，予既皆有序與詩矣。乃以學唁予解州，❶至路村猶未忍行，與予同居河東書院旬日，夜則論學，晝或談政。是時暑甚，每遇涼飈披襟，清陰臨砌，輒撫景命筆，登高賦詩，有飄然遠舉之意。于是周文中、辛孟儒二廣文皆從而和之，得詩凡若干篇。於戲！持法秉度之時，而有雍容揖遜之雅，參錯訊鞫之頃，而不忘鏗鏘酬唱之思，則刑曹斯行，其所得又豈啻活千萬人命而已？❷於戲！刑曹往矣，尚無斁于斯。

余子考績序

余子德陽爲河南新鄉二年矣，調山西之安邑以就繁者又一年，蓋將考三年之績于吏部也，安邑人周文卿、陶叔和、楊茂玉問言以贈。是日余子亦在座，則謂之曰：「德陽子歷兩縣矣，其績孰多？」曰：「新鄉雖小，其政冗；安邑雖巨，其政專。新鄉之冗，其衢衝；安邑之專，其路僻。往在新鄉也，省一金，民知一金之惠，省十金，民知十金之惠，官聞易起，而頌聲易作焉。今在安邑也，上惟監臨之奉，下惟額辦之供，爲之則不有，行之則若無焉。」涇野子曰：「子爲道楊乎？子爲山松乎？夫楊之生道，過者或折其枝，蔭者或捋其葉，于人信易及矣，然而其身之寡乏，則日至而不知也。夫松之在山也，歲有雨露之潤，日無牛羊之牧，于人若無濟矣，然而其材之盛大，則日益而不知也。夫身貴有宅，而業貴自考，德陽聰敏條暢，有賈生之識，爽闓超邁，有鮑永之才，固不可以此而足也。夫木與石，天

❶「唁予」，續刻本作「慰於」。

❷「已」下，續刻本有「哉」字。

下恒用之材也。木也，斤至則靡，薪至則焚，固有見其濯濯者矣。惟石則不然，可轉而不可親也，可履而不可褻也，巍乎插天、屹乎蟠地者，皆石也。昔者孔子非傲魯國也，❶登東山而小之矣；又非傲天下也，登太山而小之矣。士而不孔子師，皆在東山、太山之下，又何以觀魯與天下哉？故曰：其行顯者其道宏，其心小者其量博。且夫爲周之人，行周之政、服周之冕已矣；商輅近代，猶有可取，虞夏已遠，其樂與時，乃兼而用之，何也？其識不亦淺乎？是故學而不識爲俗，政而不識則霸。故君子惠而不有，温而理。」德陽，蘇州名族，予同考癸未進士也，故得論學與政。若世俗所考之常績，則不足以爲吾德陽述。

書敘指南後序

右《書敘指南》二十卷，爲浚水任德儉所輯類，侍御南厓沈公得之沁水李司徒石樓先生者也。南厓謂其稽名撰物，列事陳舊，可廣學者涉覽，遂命河東運使黄君德瑞梓行焉。夫是書，貴自王侯公卿，賤至奴僕皁隸，近自容貌言語，遠至宫室庾廥，大自天地日月，小至羽毛昆虫，無往不具，蓋有以掇經籍之粹，而哀子史之英者也。故學者有疑則可問，有議則可索，取之有餘，用之不盡，其《爾雅小辨》之遺乎？夫名以實稱，物因體定，事以禮起，古以今變。若乃以實而索故，即體而致用，據禮而發義，準

❶「國」，重刻本作「人」。

今而惟始，不泥于迹之粗，而得其理之微，則亦庶乎爲入道之指南矣，豈非刊者之志哉？

劉氏族譜序

刑曹劉以學修其家十世譜已成，過河東書院，出以示予曰：「此仕思先伯父都憲公之志，補其遺編而集之者也。」嗟夫！予常好誦卜子之言曰：「禽獸知母而不知父。野人曰：父母何算焉。都邑之士知敬禰，大夫及學士知敬祖。」當都憲公之爲譜，已及于高祖，而以學之譜，至始祖以下皆具，其志遐乎！今夫草莽之子，閭閻之兒，問及高祖，或不知名字，若始祖，則十無二三能道者也。非有大夫、學士之志，乃能至十世而皆具乎？夫子孫固欲傳先祖之名于不歿，而先祖亦賴子孫而益顯，然其所以顯不歿者，在道不在文，在行不在言。劉氏自萬户公積德累行，至都憲、霸州兄弟，已赫奕當世，而以學兄弟昆季皆又聯翩接踵，不十年内，取進士者二人，取鄉舉者五七人，此亦不足道。而以學又卓然自立，臨事有決，而遇勢不撓，此其人豈啻顯其先于今日者哉？於戲！譜成而以學益知勵矣。

送玉溪王公考績序

嘉靖六年八月，玉溪子開州王公守平陽三載矣，例當上其績于吏部，其僚爲問言。柟惟三載之考，自唐虞已然。夫其開創之初，地或未闢，曆或未定，水或未濬，山或未疏，木或未刊，民或未粒，立三考之法，宜其然也。若乃承平之世，後官與前官不遠，此郡與彼郡多同，即有一郡，未必垣壞，即有一垣，未必盡隳，乃其法常行，而其績數考，不知所考者何績也？若止訟獄之決、金穀之儲、科貢之積、簿書之程即以爲明，而陟之又何難焉？恐非玉溪子之所爲考也。

夫天下莫大于綱紀，莫急于風俗，綱紀振則萬目畢張，風俗美則比屋咸醇。玉溪子動必由矩，事必存天，鎮定如山嶽，通敏如河海，議若可從，雖下僚必取，禮如有違，雖上官不阿。柟見在有司之列，數得與諸上官會，諸上官無弗心悦公也。自柟之至解也，又數得登山臨水，舍郊遊野，其所遇之窮夫鬱人，談及公休，亦無弗心悦公也。于是吏不嚴而治，民不威而畏，訟争日息，禮讓日興，此其故云何？蓋有得于綱紀之振，而能致風俗之美乎！昔者漢吳公爲河南守，賈生一年少秀才也，即請置門下，事事咨度，凡賈生之所言，皆吳公之所行，于是治平課天下第一。柟，公之屬吏也，無賈生之才，而公數有吳公之謙，則凡在三十六郡縣之内，碩德茂彦如賈生者，皆爲公所取矣。斯其道，以理天下且有餘，而況于一郡乎？況于吳公乎？明天子方求興堯舜之治，而陋漢文帝于不爲，玉溪子斯行，當必外爲方伯廉訪，内次冢宰、中丞以弼亮乎？斯時，區區吳公之廷尉，且不足以頌公也。雖然，古亦有功名損于治郡之時者，以志滿而學怠耳，玉溪子亦不可不預爲之念也。

豎首陽山東向石刻序

夷、齊采薇處，自束髮慕之而未至也。

即過蒲，南畹華原楚約南山謝應憲、首山史宗道、龍谷劉貫道暨舍親沮濱劉以學，同謁祠墓。是日天晴，泛舟自蒲州西河而南行三十里，至下陽鋪，風雨驟至，遂舍舟登山，乃嘆曰：「是天使吾數人者謁斯二賢也！」既參神，西謁雙冢，其東南有宋人墓，刻古賢人碑及山谷黄公庭堅記，其前障以祠院，兩序皆不識當時背周向商之意，甚惘然也。已而進二塚之西，得古碑，傾側下插地中尺，乃愴然曰：「此非爲二賢初心者邪？」然碑字甚楷，微近八分，多似魏晉間人書，此去古不遠，當以爲據。乃謀諸南畹，仍開東向之門，復豎此石。移宋石于羨道之南，置其餘也；移黄碑于二門之外，斥其論也。南畹于是即以官價買富人磚二千，各遺輿皂，任負砌甃，遂乃豎古碑于二墓西中舊處，當辛乙向，宛乎二賢非豐鎬而望朝歌之志也。嗚呼！遜國之仁，扣馬之義，載諸經傳白矣！而黄子猶疑之。此碑立，則黄論可勿辯而息矣。

南畹名湘，海陵人，以光禄少卿謫知蒲州。南山名豸，前按察僉事。首山名魯，前給事中。龍谷名一中，前進士。皆郡人。沮濱名仕，刑部郎中，中部人，以減刑至是而待予東來者也。

蒲津話別序

自予刻程、張三子《抄釋》，解士子雖多誦讀，惟吾克孝能詳其辭而暢其旨，每當風辰月夕，坐談往古，而克孝神思雋發，論辯萬折不倦，遂私竊喜慶，以爲有所得于解也。昔程子言涪陵得彦明、思叔二人以爲樂，予無程子之道，而克孝之學則駸駸乎二人矣。夫士患奪于外者，志弱也；士患狃于近者，見小也。克孝志既不弱，而見又遠大，所望久于其道，常如仰山堂前夜對之時，則其所至，當追蹤乎古之明哲，以爲斯道光。區區科第，克孝素所輕，于其別也，不以告。

門墻拜別詩序

《門墻拜別》，河東書院諸士子送南厓沈公之作也。書院自西渠張子建設之時，選取運學及諸州縣俊髦，學習其中，又簡徵師儒，分經以教。一時文風蔚薈，豪俊輩出。❶自是厥後，選士或止于運學，徵師不及于他郡，業既未廣，績亦弗懋。嘉靖六年之春，南厓子鹺政少暇，篤思造士，于是歷試運、解、安邑三學之士，拔其優列，登籍書院，命有司月給餼廩，徵解州學正周冕授《易》、《禮》、《春秋》，澤州學正郭顯文授《書》，臨汾教諭辛珍授《詩》，而柟間一至焉，以考德問業，公則躬率于上，發視于下，稽其出入，課其優劣，勸懲其勤惰。未洽朞年，士爭刮磨向進，浴德而澡行，雖爲太學生者，亦多競進，彬彬乎，濟濟乎，似可以企唐虞之風矣。

夫誠不立則僞習熾，公不至則比黨興，明不足則讒謗流。是故熱者火也，寒者水也，謂水爲熱、火爲寒者，僞也。驟雨時行，其至之地熟，其不至之地荒，若夫同雲霈霂，則無復不稔者矣。故君子公則和而廣，比則戾而隘。鏡之于物也，妍媸莫遁焉，冒之以塵垢，則西施爲嫫母矣。公常曰：「吾

❶「俊」，萬曆本作「傑」。

爲秀才時，赤子之心常存。入仕以來，則有防，則有戒，則有測，反不秀才時若矣。」此其慎獨之學，雖鬼神可質，不亦火熱而水寒哉！公之于法也，予侍公一年矣，未嘗一言干公，他人亦未嘗以一言干予以及公，知公之不可惑而比也。賢者貌愚，不肖者貌麗，知者言訥，儇者言利，以故者言婉，以售者言卑，欲行其讒者其言遊，公皆能辯而折之，無爽毫髮不明而能之乎。是故諸士子于公之行也，心實思之，非身之徒行也，身實行之，非口之徒言也。若夫築堰、足課、熬鹽、通商，則公之緒餘耳。

別張師孔序

予初謫解，師孔輒負笈從遊，每有所論，便相似，當其飄然處，果出塵不凡也。然而朋友中，多取其實，而短其爲人可欺，乃予不以爲然也，既久而滋信之。於戲！學之不明久矣，乃師孔有忠信之質如此，努力而往，有何不至哉？夫學之道，一貴識，二貴力。力而不識，雖行不至；識而不力，與不識者同。是以君子貴其全也。予往矣，師孔其無以予言爲迂而不用也。

於蒲坂別良輔序

程子曰：「學者爲氣所勝、習所奪者，只可責志。」予初謫解，他人多惡其爲時所棄而不問，乃良輔年少長于我，交舊契于前，獨奮然師我于見山精舍。此其志已加于人數倍矣，尚可用責云乎？昔程子好田獵，見周茂叔，自謂無此心；後十年見之，不覺有喜心，乃知未也。於戲，予往矣！

安知吾良輔他日不盡去其氣習，而惟志之尚乎？良輔勖哉！

親藩大孝圖序

襄垣恭簡王，太祖高皇帝之孫，代簡王之子也。代王初開府于大同，而王方幼弱，即善事代王，竭盡心力，省定晨昏，其羞膳也，有古「在視未原」之意。大同地臨邊塞，俗尚獵較，代王喜焉。王數令衛士遠畋倒馬、開山之曲，或龍灣、虎峪之地。若得珍禽奇獸，爲朱絲籠以供玩，其鮮也，則登乾豆并薦之。代王或倦悶，則使臂鷹者捉兔以娱解焉，又或畜百禽于内苑，導請觀遊。他當誕期，身率宫僚牽馬鹿，爲南山之祝。他日有疾，親檢方書，以制藥劑，三嘗之而後進。疾既革，乃籲天請以身代，哭動内外。代王薨，躬相兆域，葺齋食具，日餉寢園，而勞群工。有石器重不能致，乃躬挽其車，以先諸役。其廬墓側也，于是猛虎率馴，群盜感化。《漢書》稱楚王囂之孝，而成帝于河平中賜詔曰：「素行孝順仁慈，之國二十餘年，纖芥之過未嘗聞。」然亦恐未能如王之純茂若此也。一時代藩諸王敦尚王行，命繪人模寫王之誠孝十有五縑，曰《親藩大孝圖》。景泰元年，朝廷以璽書褒之，有曰：「勤學修德，克盡孝道，始終無間，有關風化大矣。」此其辭視河平又不減也。按察僉事蒲人謝應憲傳王「天授聰明，孝友玄成，心游物理，鋭精經術」，蓋有所本云。天順中，詔許王徙建内地，王始就蒲。其子鎮國號淡菴者，嗣典邦事，綽有王風。淡菴之子西軒輔國，學行亦高古，追慕前烈，重裝遺册，每圖各缺左方，以需高人歌詠，而請柟序之于其端。於戲！國朝以孝治天下，其道尤自宗親始。故太祖高皇帝于每年四月，念劬勞鞠育之恩，惟有感動，雖至聖誕，猶形夢寐。一日，于後苑見巢鵲卵翼，錫類陳興，賜衣歸養，海内風動，比屋不犯。故一時諸王咸興，而王尤其褎然者也。柟嘗讀《毛詩》至《麟趾》，則嘆周文王之化，及于後世之男；至《何彼穠矣》，則嘆周文王之化，及于後世之女。然則淡菴、西軒寶此册如弘璧琬琰，以嗣其徽音而與國咸休者，猶可想已。

涇野先生文集卷之五

南京禮部右侍郎致仕前國子監祭
酒翰林修撰經筵講官
同修國史高陵呂柟撰
巡按直隸等處監察御史門人建德
徐紳海寧吴遵編刻

序　五

賀大司馬王公征虜奏績序

大司馬東平荆山王公既有青海之捷，咸寧霍尹書曰：「今嘉靖六年六月某日，花馬池夜不收報，韃靼自石舊墩拆邊十餘穴，進于鐵柱泉諸處。翼日小鹽池又報，三四千騎至癩馬房南行矣。于是公即使中軍都指揮李佐帥上漢官軍，鎮守陝西總兵鄭卿、參將劉文、延綏總兵趙英、寧夏總兵李義各帥奇兵一二千，俱會于鎮戎所。又使遊擊都指揮卜雲帥遊兵二千有七百，鹽池參將苗鑾、固原遊擊夏欽各帥師二千有五百，守備環慶都指揮楊和帥師七百，駐之各隘，聯絡堵截，而李佐則執軍門旗牌，分哨監督之。是日出至三營崗，有報賊由平虜所、下馬房掏邊徑，至鎮戎城東來衝門矣。是時領伏千户楊淙、方良輔及指揮路瑞出城拒敵，而鄭卿遂督劉文諸將馳馬而前，于是塵沙飛障天地，虜膽已喪，卿乃議令趙英、劉文爲前哨，李義爲中哨，卿及李佐爲後哨，追至細溝墩。虜復争耀盔甲以回敵，于是三哨齊進，而鎗砲、弩矢皆風行電往。虜勢遽退，我師遂衝其陣，獲首三百餘級，韃馬百有四十九，夷器、盔甲、弓刀、衣物千有餘件。渠魁既殲，黨類亦殄，公詳以奏捷，且歸功于衆。皇上乃寵渥三錫，揉此萬邦。鵬受命諸公，請言以賀。」

呂柟曰：「是役也，嚴而不肆，一舉兵而遂勝之，與晉之郤冀戰獲白狄子於箕者同，可不謂敬乎？《常武》之詩：『左右陳行，戒我師旅。』故淮浦既截，徐方自威，蓋以太師南仲治師，而程伯休父又分任其事也。鎮戎之役，上下協心，部伍有紀，與望其旗靡、觀其軌亂者異矣，可不謂法乎？古者使卒如挾纊，公養士如子，秋毫不取，恩義洽浹，他有外寇，如子弟之捍父兄，可不謂惠乎！昔士燮分功于同列，公之奏捷也，如《謙》九三有勞不居，左右尊卑，罔不同榮，可不謂順乎！待其自犯，不窮追，不遠討，雖古屯田湟中，挫罕、幵以滅先零之舉，不是過也，可不謂定乎！夫敬則不弛，法則難撓，惠則足以使人，順則不妬，定則不貪功以徼利。有一于此，雖相天下亦有餘，而況總制三邊乎？然則公之出將入相之材，皆可具見，豈惟可爲公賀，雖爲天下賀亦可也！」

壽經府牛先生九十詩序

漢伏生年九十，老不能行，猶能口授兒女子以傳經。西京以來，其風微矣，乃今于牛先生見之。牛先生者，吾友對山康子之師也。往嘗過武功，見對山事牛先生恭謹極至，每稱觴，拜跪如親父叔，牛先生撫之亦若親子弟，不以爲異也。予甚愛焉，乃竊問諸對山，對山曰：「此海總角之師也。海幼最跌蕩，師能繩我，又最惰懶，不嗜記誦，師能督我。凡海有今日者，皆師之賜也。」夫對山行敦大倫，學見大源，蓋天下奇才也，雖亦天分之高，而乃歸于牛先生之造就。則牛先生之爲人，其可當哉！牛先生嘗爲常州府經歷，予同年丁憲副元德者，其郡人也，數言牛先生之在常州，尺寸不失，毫髮無玷，有古昔先民之風。夫江南人心愛慕如此，可不謂有政乎？夫其教也，得對山，而其政也，至化常州，則牛先生之爲人可知矣！牛先生之貌敦樸，不類時人樣，動静皆有矩度，非其道，一芥不取諸人。其幼年閲過經史，遇問難輒歷歷誦道，無隻字錯。宜乎其爲教、爲政，異于尋常也。經言「仁者壽」，又言「不已其德音，則壽考無期」，則牛先生爲近之，其年又豈但百餘歲而已乎？于是諸門人、鄉人，皆爲之歌詩以侑觴。

贈松石劉公陞南太僕序

松石劉公養和既有南太僕之命，典司馬政，其僚憲長蓮山翟公志南諸公將餞于澄江之堂，乃以言問。是時予將有南京之行焉，至潼關而使者猶是言也。對曰：「夫松石之行，予固不可以無言矣。昔者松石之巡按吾省也，持憲秉度，退姦進賢，抑强扶弱，興利祛害，法行遠邇。忤觸權宦，乃逮繫禁獄。發轞之日，關中耄倪數千哭卧轍下，至有死而不悔者，則固已能得民之心矣。去歲爲吾省提學，關中人聞之，喜如雀躍，曰：『今復得見我劉公邪！』比松石車至，潼關士女迎者如堵墻，至有搴簾而觀者，或泣或喜，曰：『是我劉公矣！』于是膠庠之間鼓掌而言曰：『此先生至，士風不患不周、漢也。』乃松石敦本尚樸，黜浮崇雅，先行後文，銷頑蒸善。一時士習翕然丕變，❶山川鄙邑有交望其先試我者，時雖未久，則固已能得士之心矣。夫至難服者民也，至難一者士也，松石以西漢醇厚望此舊民，以成周俊造望此舊士，宜其鼓舞之下，如桴附鼓也。❷斯行也，又何有于一馬政哉？雖然，承弼之重，伯冏以是而顯，塞淵之秉，衛文以是而興。故草木鳥獸之若，金石塼埴之功，古得與九官並列，則亦非易事矣。況吾松石于學有本，于道有見，于致用有方，特借此一階，進登卿相，以輔弼乎君上，將使天下士民皆復于古，升斯世于大猷，飽閑廄之馬于不用也。區區得一關陝士民之心，不啻言已，松石懋哉！」

賀南岡唐公陞方伯序

吾省憲長南岡唐公既轉方伯矣，代之者則海山翟公也。翟公暨其僚請予言以賀。予曰：豈惟可賀公哉，亦可賀吾全陝之人也！夫陝西内治八郡，外餉三邊，置封藩至百十，籍胥史幾萬千，其内差外貢、東經西返者，歲無一二日虚，有常禄者，又在所不計也，然皆于藩司需焉。苟非其人，則雖積食如終南、惇物，備飲如灃、汭、涇、渭，亦可立而盡矣，故必得體國恤民如公者，斯宜也。或曰：「公嘗守刑曹及憲副、憲長矣，董詹事所謂長于法律者也，于方伯

❶「丕」，續刻本作「且」。
❷「附」，續刻本作「拊」。

似不宜。」或又曰：「公之爲福建也，其操持之嚴，學校之興，節孝之崇，賢能之薦，奸貪之糾，歷張、胡、程、王、周五御史，皆舉其績。夫福建，東南之極方，而公徽人也，民情土俗相去不遠，宜其效也。若陝西，則西北近塞之地，于公似不宜。」曰：嗟乎！上以習泥論，下以氣拘論，皆非所以語不器之君子也。昔者夔能樂而不能禮，故以此名傳；垂長于工而短于虞，故以能指傳。若禹宅百揆，則工可也，虞亦可也；樂可也，禮亦可也。夫公固將有百揆之任，而思師大禹者也，豈惟可宜此陝之方伯哉？雖然，世有大氣習焉，人或未之察爾。蓋爲庶臣易，爲大臣難；居外任易，居内任難。易者，其職易盡也；難者，其職難盡也。非職之易盡也，初志方鋭，而素學未壞，固有弗慮其後而行之者矣，故易；非職之難盡也，漸染即久，而觀望亦熟，固有不惟其初而變之者矣，故難。若公既不受氣習于前，必不肯少渝其道于後矣，故曰：「吾全陝之人皆可賀也。」未幾，公又進左副都御史，思用予言爲益切。

賀海山翟公陞陝西按察使序

海山翟公既陞吾陝按察使矣，于是其僚憲副張公、江公使使告予曰：「陝西鉅省，刑獄尤繁劇，吾僚方思難其人以柄憲，乃翟公寔來。翟公長者，則吾僚可以資式，而麗澤于西土也增乎！」對曰：「柟西土之人，涇渭之處，而大華、荆、岐之遊者也。然斯土之人，本成周信義之士，而治之者或違，本前漢淳厚之俗，而驅之者或非。于是信義風微，狡獪情熾，威富肆行，貧弱無告者，恒見也。乃諸公有嘉于翟公之來，則吾全陜之福可知已。昔者予之赴召也，❶路越七郡，公方爲衞輝，衞輝之菜婦薪兒，無弗悦公者，問其故，曰：『公能食我，公能教我，公能平我，公能佚我。』當是時，七郡之守皆莫之及也。每竊嘆曰：『安得使此公以捄吾西土乎？』然則公今既在兹矣，政可以自剸，而非一守之卑，法可以通行，而兼八郡之廣，潼、華以西，甘、寧以東，吾知其舉安矣。昔者鄭叔皮寬，盗殺人于萑葦之中，西門豹峻其法如峭壑，而鄰旁之民雖治，亦不免于怨。《詩》曰：『左之左之，君子宜之。右之右之，君子有之。惟其有之，是以似之。』言于左不宜者，于右未有者也，公蓋知所服矣。於戲！『式敬爾由獄』，『以列用中罰』，此非西周之隆，而周公之所稱者乎？『張釋之爲廷尉，無冤民。于定國爲廷尉，民自以不冤』，此非前漢之美，而太史之所述者乎？公履周、漢之地，而不日又有廷尉、司寇之遷，公位高責重，然與枏有同年之好、切磋之義，則予企望公者，又豈啻漢之張、于，周之蘇公已哉？公蓋知所服矣。」

送提學四川我齋蔡君序

昔予在史館，仙居應原忠數言我齋之學可敬也。及謫判解州，德清沈南厓數言我齋之行可愛也。故予與我齋雖未面覿，想像其形容，推測其志意，固已神交而玄識矣。丁亥之冬，予南轉考功，聞我齋適同僚寀，乃欣然就道，求償素懷。比馬過東葛，

❶「赴」下，續刻本有「諸」字。

而我齋已遣吏迓予黄巖山中。及解舟江口，方興邸舍之念，而我齋已遍國中爲予問屋，得之柳樹灣西，實予心所欲也。既晤之後，聞言心醉，覿德情怡，政問其疑，事決其可，飄然兩忘，翕乎一趨，蓋又浮所聞矣。

今夫禮，子産之所諳也，故能達六王四代之典；今夫樂，季札之所稔也，故能言《雅》、《頌》、十三《國風》之義。夫札，江表之吴公子也；僑，河南之鄭公孫也。地之相去若此其遠，學之相去若此其殊，乃于會遇之頃，兩相契合，略無所疑，至解縞帶紵衣以交贈，非前有所聞而後有所見，其能然乎？他日，我齋方約期定程以講學，而四川提學之報至矣，然則好會難成，而美人不易遇，豈非予之不幸哉！雖然，方今士風多鶩于文辭，而行或不之力，率習于巧媚，而信或不之篤，蓋不獨一四川然也。我齋樸古天授，清白素定，于以式化蜀士，其在斯乎？今夫鍾氏染羽以朱湛丹秫，三入爲纁，五入爲緅，七入爲緇，夫我齋染士于道，猶夫鍾氏之染羽也，必務七入，而後可乎！士而七入，所受必深，所得必真，皆本色之賢、足色之材矣，取以理天下國家無難也。于是廳司諸大夫皆以爲然，請登其言于軸，以爲我齋勖。我齋者，浙山陰蔡希淵宗兖也，起家正德丁丑進士，隱于學官而後顯。❶

送仇時閑北還序

嘉靖三年七月，予自史館謫解，過潞州，玉松子仇時茂邀予至其里雄山鎮，獲見《家範》、《鄉約》之美。是日宴予禮賓堂，石

❶ 「隱」上，續刻本有「久」字。

巖處士時閑以醫官致仕，烏帽角帶，與其諸兄列坐其旁。予初藐焉，以爲恒人也。及談古今人物，辯南北風俗，或探至諸經，或波及群史，時閑皆能挈其微而剌其顯，❶揚其行而抑其辭，予甚訝之而未難也。及與之究程朱之奥，講孝弟之實，言則親切而意無窮，志有定向而力不倦，予嘗筵嘆曰：「此從事正學者二十年之功也，子已至此乎！」明日予西行，時閑束布帶、繫麻屨，引三僕以送予。山經太行極巔，水涉漳、沁二河，馬行松橡之杪，僕探雲霧之窟，或躐石徒步數里，或買漿共憩前村，崎嶇萬狀，饑渴經時。予固以爲坦途，而時閑或殞泣焉，則勸之曰：「子閉户不入城市者數年矣，乃爲我勞勩至此，即請歸乎！」時閑曰：「欄非以勞役泣，泣先生際聖明之世，而乃行路難也。」遂相隨至沁水縣，路且平，力請時閑東返，計程蓋四百餘里，乃作三詩以別。自是，日懷時閑而未見者三年矣。

今年予官南部，二月之夕，燈已久張，有報時閑至者，予且信且疑，曳帶以迎，則深衣幅巾，垂紳絇屨，已在門矣。曰：「甲申七月之會，于欄心終不忘，且栢齋、谿田二公，久仰之而未覿也。昨舟由江河，波濤如房屋起，舳艫輾側，舟人亦怖。欄嘆曰：『欄積誠而來，乃逆浪如此。欄無見三先生之分邪？』須臾風定，乃沛然至是矣。」予嘆曰：「斯道也，久亡矣！自龜山由建之洛、元城由魏之夏之後，今見吾子乎！」夫吾輩待時閑于兄弟之際，而時閑處吾輩于師友之間，則固不可以楊、劉二氏比，然而其志之專，則實類之。且時閑北輕山谿之險，南

❶「挈」，續刻本作「絜」。

犯江河之浪，此其心何所爲哉？雖世之大人君子，或以爲賈利而來，或以爲沽名而至，然皆未知吾時閑所造之深、所學之定，況其下乎？斯歸也，日遊東山之上，時坐學習之堂，其無忘予三人者之言，以求進乎先聖賢之道，益合其族，益睦其鄉，明人倫于上黨，開斯學于方來，可也。初爲時閑促裝以南來者，則其兄時敦、時表云。

送谿田西還小序

昔在弘治間，予與谿田馬子伯循及四五友朋入太學，同舍居肄業，或共窗讀書，或一寺習禮，或面規其過，或陰讓其善，或求法于祖宗，或問學于舜、顔，冬出不辭沍寒，夏行不憚祁暑，訪友或于深夜，論世或至千古，坐則聯席，行則接影。若是者，蓋四年也。既登仕版，聚散無常，此仕彼或處，彼仕此或處。故予始仕翰林二年，而谿田則居憂；谿田既仕吏部二年，而予又在告；比予再仕翰林三年，而谿田已引疾；谿田起仕考功三年，而予又遠謫。廊廟山林，地或隔于千里；耕讀官守，業或分于二歧；互相違左，動輒睽乖。若是者，蓋二十餘年也。今予方轉南部一司，而谿田正通政于南都，竊幸日夜得侍，尋舊約而追前好，以爲二十年無此遇也，乃谿田又以病去，則予安能以爲懷？況今聖天子厲精圖治，方興堯舜之道，于臣之中，有賢如吾馬子者又引疾以去，則予又安能以爲懷？予年方五十，而衰白蚤至，諸病侵尋，暑濕風寒，皆不能禦，谿田年差長於我，而精健英敏，不減壯夫，乃谿田且以病去，則予又當何如而後可？呻吟山東之下，徘徊長江之上，當其意，固有欲谿田艤舟以待我者。斯行也，爲我掃嵯峨之雲，具涇渭之舟，吾當不久而歸，同採終南之藥，共療沉痼之疾。不知谿田肯俟我否耶？

壽誥封一品夫人王母趙内君六十序

誥封一品夫人王母趙内君者，南京吏部尚書致仕、進封新建伯龍山先生餘姚王公之配，今新建伯兵部尚書陽明伯安公之繼母也。六月十六日，夫人懸帨之期，是年蓋甲子一周矣，陽明之門人錢進士寬與其同志者走杕問壽。錢進士曰：「夫人受性孝謹，年甫及笄，不出閨閤，異姓兄弟鮮見其面，有古閨門之肅焉。既歸龍山先生，恭順日茂，相待如賓友，有古饁耨之敬焉。妾媵雖衆，恒事績紡，諸子勸沮，愀然不樂，深示戒辭，有古主績之儉焉。人苟非己子，絜蘆而守奈。陽明幼年倜儻，庭訓甚嚴，夫人曰：『此兒聰慧，後當大成。』委曲保育，無所不至，不慈而能之乎？人苟欲利己，分荆而鬬禽。伯叔早逝，遺孤咸幼未大，夫人念之不置也，乃携入京師，撫若己出，不義而能之乎？人苟欲私圖，❶攝隱以俟桓。龍山先生爲少宗伯時，例應蔭子入監，時守文幼，守儉雖長庶出也，先生欲遲之以屬守文，夫人曰：『守儉獨非吾子邪！』不公而能之乎？然則夫人之壽也，當何若？」曰：「性者命之所以定也，志者氣之所以行也，德者年之所由建也。其性存者其命立，其志博者其氣完，其德大者其年永。夫肅則固而不馳，敬則貞而不違，儉則節

❶「圖」，原作「國」，據續刻本改。

而有常，慈則均而不妒，義則廣而不貪，知公其榮則嗣緒遠。六者，皆婦人之難也，而夫人兼之，此其壽又可量乎？聞之云，『天壽敬，地壽肅，日壽慈，月壽義，鬼神壽儉，松栢壽其榮』，天地、日月、鬼神、草木，蓋將於德是壽，況其他乎？雖然，碩果在樹，不食，猶一果也，惟種之於土，則生生化化之妙，歲月不可得而計矣。昔者孟子興之母固賢也，微子興明孔子之道，發六經之旨，以覺後世，則其母之壽，又安能偕之以至今存哉？夫陽明子行茂而不倦，功高而不伐，雖當投戈之際，輒講藝之不輟，雖於白首之年，務赤子之不失，此其風固可以淑四方，而其學亦將以啓方來。當其志，固欲使夫人之壽，偕之以至千百祀遠也。」

送順齋林民服歸省序

莆田林民服自舉進士爲巴陵，以至小司徒也，日鬱鬱思見其父竹石君暨母黄安人，不獲去。往年欲引例省親，乃上疏，部未之與行也；再疏，部未之與行也；乃遂三疏，部又未之與行也。民服曰：「二人離逖十餘年，不奉顔色而豫宦游，此尚爲有人子乎？」乃謀諸同年。谿田馬子曰：「此非皇上之意，但銓部視爲迂緩，不暇及爾。若寓書當司，查舉往疏，則易且速焉。」從之，遂得命。民服喜如雀躍，曰：「豫今獲見吾二人矣！」于是其僚諸大夫問贈言焉。曰：「嗟乎！國朝以孝爲治，式化天下，故士之仕于京者，父母可行也，迎養于宦邸，父母或有所滯不可行也，子六年一歸省。于是忠敬之風篤于士夫，孝順之俗洽于閭閻。其後國事日多，邊務日衆，崇才之政興，尚德之意微，而士之仕者亦多急于功名之會，或壯年違親，白首忘歸。如民服之疏，宜乎爲難也。昔高皇帝於後苑見巢鵲卵翼之勞，遂令群臣親老歸養。有陳興者，元鎮撫之被俘者也，憐其母在嵩州，亦賜白金、衣帽遣歸，況其他乎？然則皇上之疏，皆下吏部之意，其爲是耶！」黄大理伯固曰：「竹石主人孝事繼母，一弟庶出，愛之尤厚。性重然諾，恤貧急義。念其父方齋公舉進士，仕禮部，劾尊官，謫去也，則爲二子曰：『吾既已矣，汝益、豫二人者，獨不思繩祖武耶？』乃爲求師選友，誨無遺力，寧身執家務，不一累二子業。黄安人者，前提學未軒公之女，未軒公嘗翰林編修，❶有文史，安人得其閨範，❷又以之訓二子，于是二子皆舉進士，爲户部郎。」然則民服兹行，豈偶然之故耶？按林氏家世，曰于唐有林福者，仕爲尉，嘗爲親廬墓，致白烏、甘露之祥，有司奏上，旌以雙闕。況民服學博而雅，志廣而崇，行古而實，今且久次郎署，其内選卿寺，外陟藩臬，近在旦夕，乃視如土苴，惟世德作求而去。則民服是行，又豈漫無所見耶？召康公從成王之遊卷阿也，欲用有孝德者，以則四方。宣王中興，乃選與孝友張仲遊者之尹吉甫，使之北伐玁狁。今天子方隆成周之治，而光祖宗之化，如吾民服，雖微有言者，當亦不久陟崇躋顯，以風示天下矣！

❶「嘗」下，續刻本有「爲」字。
❷「得」，續刻本作「傳」。

完名全節詩序

太子少保、大司馬梧山李公參贊留務，天下士民所倚重也。乃丁亥之春，以四方災異，上疏請免，上曰：「卿素履端謹，練達老成，可以勉留。」乃再疏、三疏，皆不允。公益感激思奮，如召公許留分陝，以巡南國也。今年春，猶申前請，且讓賢以自代。上重違公志，始報允，賜馳驛以歸。公，蜀之内江人也，凡蜀大夫仕于南都者咸嘆曰：「公斯之行，其名可謂完乎！其節可謂全乎！」遂皆爲詩歌於卷，題爲《完名全節》，而大鴻臚孟川鄭公請序諸端。然柟自去冬轉官來，❶嘗晉謁公，鶴髮童顔，被服造次，接引後學，如春風鼓動，退自嘆曰：「此真南國之紀，而縉紳之表也！」方欲操杖屨以請教益，乃公又有此行，雖於公之節名有矣，然國家去一元老，所傷不既多乎？雖然，世有二貴，曰綱紀，曰風俗，然必風俗美，而後綱紀立。世方鶩于奔競，而難于恬退，公斯之行，人始知寵不可固，道不可輕，禮讓日興，廉耻日重，去就日明，則公之行，雖以厲天下人之名節以補世教有餘也，而況于一己乎？王武庫子中曰：「公舉進士，改翰林庶吉士，授户部主事，尋調刑部。以直道忤權貴，出判岳州，執法不撓，夷酋至謀火公屋廬，見絳衣神人而罷。其後陞知隨州，歷按察京兆巡撫，以及今日，所至皆著勳績而流歌頌。若乃盡參贊之責，極簡恤之方，不動聲色，坐奠南服，尤其偉然者也。」然則公于名節，可謂終始不渝矣！

❶「然」，重刻本無。

夫士之仕于世也，矜于先而敗于後，猶「枯楊生稊」，❶未敢必其成也；失于早而補于晚，猶「枯楊生華」，則亦可醜也。昔匡衡甘貧窮經，其始非不烈也，而卒以贓敗，可謂鮮終矣；魏相正色秉道，其終非不令也，而進以許、史，可謂無初矣。然則節名之完，固獨後世之難哉，則公豈今之人乎？諸詩歌者，宜發揚而鋪陳之，以繫此風俗、綱紀也。

莫庭序

莫庭者，今南京大理丞石崖林君以吉之所自扁也。昔其父都憲豫齋公爲方伯時，將之滇，詒以吉書屋，手書二言，曰「莫交無益之友，莫爲非義之事」，夾置籍中。既去，而石崖展書得之，憮然曰：「是吾父命我也。」遂以「莫庭」名扁。乃作手板，鋟刻其上，時復觀省，雖至南北往返，亦每自隨，未嘗忘也。既舉進士，爲名御史，爲良廷尉，皆率是教爾。昔者孔子云「無友不如己者」，言求交益友也，至論益友，乃以「友直」爲首，而「諒」與「多聞」次之。蓋直則能聞其過，而進于善，在《易·益》之《象》言「見善則遷」，必言「有過則改」，故重直也。故天子不得直友則自聖，諸侯不得直友則自是，士庶人不得直友則自足。石崖遍交海内之士，吾見其知不可一日無莫無可矣，❷其寧止以「友諒」、「多聞」言邪？

若夫義者，利之反也。石崖之不爲利而爲義也，雖途人皆信之，然而猶是云然者

❶「稊」，原作「梯」，據《易·大過》九二爻辭改。
❷「莫無可」，續刻本作「益無義」。

何？「君子之於天下也，無適也，無莫也，義之於比。」「適」、「莫」之私一立，而無我之道必失。石崖固將外則紀綱四方，内則柱石邦國，其所以比於義者，又匪但如君子所喻者而已。雖然，人患不得直友爾，茍得直友，後則不義事自絶。昔者吕滎公之從胡瑗遊也，擇與伊川並舍居，以友直也。後察其學問淵源，即便師事乎程。友直也，豈曰「友」之云乎？然則石崖行道於天下，揚名于後世，以顯豫齋翁者，其必兹有要矣。

周氏族譜序

宜興周道通搜訪其先世既，三公而下，以至其兄弟子姪，凡六七世，爲《荆溪周氏譜》一編，有引，有例義，有圖，有傳，有表志。既成，而李空同子序焉。道通過南京，請再申教戒之言，以爲周氏子孫者世守也。曰：「有是哉！昔者齊之國、高，楚之屈、景，唐之崔、盧，宋之朱、陳，其族非不庶以多也，今固有莫知其祖而不記其宗者矣。甚至氏智者别族于太史，而秦姓者不認爲檜孫，往往是也。予近在解州，見龍門王氏、夏縣司馬氏之後，或移家蒲坂，或别籍江表，地如此其遠也，時如此其久也，然尚有還故里、省丘墓者，此若無譜，又何以傳也？夫道通明敏忠信，篤志問學，早事陽明王公，獲聞心事合一、知行並進之旨，若以其所得，教之家庭，以爲父子兄弟足法，斯譜也，豈惟千百世可傳哉！若夫『述前者據』，『信後者實』，『謀始者慎』，『迪來者簡』，『布言者忠』，譜有五善，李氏已具之矣。」

送周道通序

宜興周道通自其家偕其門生邵武人魯守約入南京，過予柳樹灣精舍以談學。然道通近有耳疾，非大語則不聞，時令守約轉告，或寫畫掌上以傳。❶既見而又對以問也，每言至適意處，輒喜動顏色，不知其他；若有未安，亦善婉轉開白，實有學之士也。

初會曰：「衝適見鄒東郭言『學濂洛關閩，自孔子學下來』，或曰『自濂洛關閩學上去』，如何？」曰：「昔明道兄弟十四便學孔子，後來尚不及顏、閔之徒。只學孔子，後亦未知如何爾。孔子，萬代之師也。」

問「交友、居家、處世，不能皆得一樣善，人甚難處」。曰：「此須有憐憫之心方好。憐憫，便會區處他，如妻妾之愚，兄弟之不肖，不可謂他不是也。此仁智合一之道，舜『欲並生』，張子《西銘》具言此理，但千變萬化處，非言所可盡也。」

問「爲學只不間斷好」。曰：「何以能不間斷？」曰：「責志。」曰：「此亦是第二層功也，其要只是『能知』爾。能知得，便會顏子之欲罷不能也。」「則何以謂之知？」曰：「如體寒，思得衣以煖；腹饑，思得食以飽，是知也。」因問：「怎能得會知？」曰：「在默識自省爾。」曰：「此固是要法。若隨事觀理、因人辯義、讀書窮理，皆不可缺。」

問「『屢空』之『空』，只是虛字。若言貧，恐小了顏子」。曰：「屢貧亦非小事，知破此，便尋得仲尼、顏子樂處也。」

---

❶「畫」，萬曆本作「書」。

問：「今之講學多有不同者，如何？」曰：「不同，乃所以講學。既同矣，又安用講邪？故用人以治天下，不可皆求同；❶求同，則讒諂面諛之人至矣。」曰：「果然。治天下只看所輕重，問學須要成箇片段方好。」曰：「纔要成片段，便是助長。」

問「身甚弱，若有作賊盜的力量，❷改而爲聖人方易」。曰：「作聖人不是用這等力量，見得善處皆行，便是力量。溺于流俗物欲者，乃弱也。」于是道通欣然曰：「衝最愛一『虚』字。平生樂聞善言，樂就善人。往在邵武，一病不醒者七日，少醒曰：『生死止若是爾。』夫人患不知重所急也，苟此心遂也，雖明日死，亦無難。」予嘆曰：「勇哉道通，而乃自云弱乎？夫道通豈今日之人哉！」

于其行也，恐彼此談學之言，傳告聽聞之不審也，乃附書以贈之，蓋不嫌于煩瀆爾。

送林太平序

地官尚書郎西泉林君既有太平之命，過予柳樹灣精舍以談政。予謂之曰：「西泉子斯行，當使闔郡之民，皆及時以煖衣，及時以飽食乎？」西泉子曰：「則何以能然？」曰：「昔者齊桓公出郊，見老而貧者，猶自苦也，問：『無子以代勞乎？』曰：『有子五人，皆未妻，出傭于人矣。』桓公召還其子，妻之宮女，以爲仁也。告諸管仲，管仲曰：『君亦不仁夫。若令于國中男子二十

❶「求」，原作「又」，據重刻本改。

❷「賊盜」，重刻本作「盜賊」。

而娶，女子十七而嫁，越是者罰，自無怨曠矣。』子誠如管仲令也，則太平民豈有饑寒者哉？」曰：「子亦未識時務乎？ 今夫窮巖寒谷之民，屋無儋石之儲，而通都大衢，至有厭粱肉而累綺縠者矣。 則將奪此以與彼乎？」曰：「昔吾之家居也，東鄰之人有四子焉，其二子則先妻出也，其二子則後妻出也，後子衣錦而食肉，先子絮蘆而粗糲不充腸，此豈非皆己之子哉？ 蔽于妻之先後而不知爾。 西鄰之人有五子焉，一子樸，一子敏，一子矇，一子僂，一子跛。 乃使樸者賈，敏者農，矇者卜，僂者績，跛者紡，五子者皆不患于衣食焉。 子誠如西鄰之人，則于太平也，將思之無不至，處之無不當，即民之凍餒者鮮矣。 雖然，子亦嘗聞商斗周尺乎？ 蓋准虞律而定其大小長短者也。 他日入于秦市，睢增其寸，起損其分，冉鑿其概，澤削其底，于是或以丈爲短，或以尺爲長，或以釜爲少，或以升爲多，凡抱布負米者，環咸陽之街，貿貿焉莫知所之。 秦君懼焉，使人求收虞律者，則已匿而去矣。」「然則如之何而可？」曰：「昔者西門豹之爲鄴也，治如峭壑，人不敢跕足以越。 若橫之以木，引之以索，雖竊盜姦宄，皆足縮縮而夜度矣，然後怒其侵軼我也，不亦晚乎？ 是故君子寧爲銅鏡，不爲玉杯。 玉杯雖貴，止于玩物。 銅鏡雖賤，可以照人。 是故君子之政，雖有其制，不仁而不可爲也；雖有其仁，不定而不可爲也；雖有其定，不嚴而不可爲也；雖有其嚴，不明而不可爲也。 明以立威，威以守定，定以行仁，仁以立制，雖吾子他日相天下，亦有餘也，況此太平乎？」越明日，其僚湯伯元、胡貞甫諸大夫問贈言，遂書以送之。

西泉子者，名鉞，字宏用，福之晋江人，予同年之厚友也。

刻聖學格物通序

《聖學格物通》，凡百卷，今少宰甘泉先生增城湛公所編著。嘉靖四年七月，皇上勑侍從文臣直解經史進覽，是時先生以翰林侍讀爲南祭酒，曰：「若水不可以身在遠，心不在聖躬也。」乃於作士之暇，纂著此書，以爲聖學之助。蓋大學之道，惟在于明明德，以止至善。止至善之道，莫先于格物。物皆關于意、心、身及國、天下，而格之爲功，惟欲其誠、正、修以齊、治、平也。乃自「誠意」以下，類其物之繁簡，列以目之多寡，或掇經史之格言，或闡祖宗之大訓，斷以獨見，歸于至當，意謂凡物不關于意、心、身及家、國、天下者，皆外物也；凡格不爲乎誠、正、修以齊、治、平者，皆喪志也。惟昔《論語》博文約禮之説、《中庸》好學力行之旨，曾子所受于孔子，而又以授諸子思者，于道固若此無疑也。先生蓋嘗體驗至六旬而後明，編摩至四年而始進，宜天語稱其「足見用心，朕已留覽」也。然是書豈惟有國天下者所當從事？苟欲修其身者，雖草萊之豎、膠庠之穉，皆不可以莫之爲也。[1]

初，先生以祭酒考績，道過揚州，一時及門之士如葛澗、沈珠、蔣信、潘子嘉、程輒、周衝輩，殆數十人，實從之游，創立甘泉行窩于揚州，講行先生之道，遵用《格物通》之意。比聖諭既下，諸生曰：「是可以板置行窩，省手抄矣。」謂柟舊爲先生禮闈所取

[1] 「莫之爲」，續刻本作「或違之」。

士，嘗受教甚習也，請序諸端，然尚未能梓行。至是，侍御周君相巡鹽淮揚，乃命教諭高簡重爲校正，而江都尹某即捐俸加諸木。則周君上廣聖意，而下明先生之志者，亦可見。是豈惟行寓諸生所當從事，雖以責天下後世不可乎？❶

元城語録解序

《元城劉先生語録》一帙，多其徒馬永卿所編輯，今山西副使端溪王子德徵又分爲六十二條，爲之解。其言之純者，則益發揮，以振開後學之志；少有未醇，亦爲之辯難，使學者不昧所從。夫元城學不妄語于温公，其言豈有醇未醇邪？即端溪子之辯難者，惟在右金陵而混儒墨爾。審若是，則亦自其身之所至、心之所得而言，亦不害其爲「未醇」也。夫端溪子，今之元城也，其所解亦豈必盡然哉？然凡有所疑，必質諸師，辨諸友，雖隔河山之險，越江湖之遠，亦托兄若弟，持册而講，既明而後已。此其爲道之篤，好學之甚，雖元城當日，亦恐不遠。斯《解》也，吾又知其必與《語録》共傳矣。

送何栢齋北上序

南少司空栢齋何公赴少司空任，劉黄巖、鄒東郭謂予曰：「昔吾輩在翰林，公爲前進，然而其分則同僚也。今吾輩在南署，公爲亞卿，然而其分則堂上也。乃公不以今分之尊而忘舊分之親，談辯交際，猶夫昔也。當贈公以『不變』。」曰：「古人下白屋、

❶「責」，續刻本作「示」。

賓幕僚，公豈惟此不變哉？然吾數聞其言矣，憂民之深，愛君之切，猶昔之慷慨也；數觀其行矣，律身之嚴，治心之密，猶昔之峻潔也；數探其問學德量矣，識見之正，致用之實，猶昔之貞固宏遠也。夫木變于冬，鳥變于秋，人變于長老，位變于崇高，豈惟其氣使之然哉？今有仕者于此也，獨對則一人焉，顯對則又一人焉；對少則一人焉，對多則又一人焉；對貧困賤弱則一人焉，對富貴權勢則又一人焉。年方弱冠，官始筮仕，已滔滔乎變矣，況其長老、崇高乎？故曰變亦習使之也。則夫栢齋公之不變，其中固有所得而已定乎？今斯之行，其知所不變乎？夫長安陌路，公昔乘款段、寡煖耳、冒風雪之地也；左掖史館，公昔一布袍五七年之處也；順門之下，公昔抗疏言天下事之階也。今已十餘年，斯行也，猶然見之。況聖天子勤學好問，加志窮民，欲覩時雍風動之化于目前。公斯之行，尚可祇曰不變乎？或曰：『化而裁之存乎變，變者，因時之道也；不變者，守己之道也。』雖然，非有不變之道，則亦無以爲變。變隨時而不以道，則并其己之不變者變矣。」于是二君子曰：「此可以告公行也。」各賦詩于左。

紫陽道脉録序

休寧人汪尚和，年已五十餘，常數及予門。一日出所輯朱夫子授受諸賢名姓行實一帙，曰《道脉録》，謂予曰：「尚和亦嘗從學於陽明王先生。王先生講知行合一之義，切中時學浮泛之病，顧學者聽之不審，傳之太過，遂至于貶吾朱夫子焉。尚和是以深痛之，倣《伊洛淵源》有是録也，使天下後世知朱夫子與一時門弟子問答者，固非若今之論矣。」曰：「嗟乎！朱夫子何可當也？今已讀其書，解其意，乃又索其失而貶之，是操戈而入室也。但道乃天下公共之物，有見一句、聞一言、窺一隙、覷一瘢者，著論亦無妨。若或行在尺寸之近，而言在千萬里之遠者，是則可尤爾。夫《道脉録》，固可以見朱門躬行之實，開時學之惑矣，但《録》首序道統，謂『堯舜以來，傳至龜山、豫章、延平、晦菴，晦菴又以傳蔡西山、黄勉齋四十九人』，則又似以言語文字爲傳矣。蓋龜山之學，尚不及程門之尹焞，而豫章、延平，恐又不可與堯、舜、周、孔比倫。若蔡、黄諸君，去程門楊、謝諸君，又相逕庭矣。至謂『堯舜以來，皆一人相傳』，則又使是道不許衆人爲邪？蓋是道有數百年無人傳者，有一時數人得者，有數人所得有淺深大小之不同者。是固舜、禹、皋陶、稷、契五人一時也，成湯、伊尹、仲虺三人一時也，高宗、傅説二人一時也，微子啓、比干、箕子、伯夷、叔齊五人一時也，文、武、周、召、太公望、散宜生六人一時也，❶孔、顔、曾、思、冉、閔、孟軻七八人一時也，周、程、張、邵、司馬六人一時也。其他爲之友者，亦有之矣；爲之徒者，亦有之矣。今夫漢儒，人所耻言也，然如董、汲、郭、黄、諸葛，雖朱夫子且或讓焉，況其門人乎？隋唐諸儒，人所不道也，然如王仲淹、韓退之，雖兩程子且或取焉，況其他人乎？若是，則《道脉録》行亦可也。」

❶「散宜生」，原作「敢宜生」，據重刻本改。

平陽府志序

《平陽府志》，前守府任丘閔公甫所輯行，正德丙寅後事未有也。嘉靖乙酉，予謫判解州之二年，今守府開州王公公濟間補輯重修焉，乃移取諸州縣未志之册，發附解州，欲依《禹貢》法編。夫今古異跡，聖愚殊才，經傳不同體，柟愚不能爲《夏書》後，于是即事設科，就地列篇，計策立卷，乃托解州學正周君冕指授二三子類附焉，予然後删其繁蕪，存其簡實。其文獻原志未采者，不能增注，餘皆悉從其故。雖或醇駁失真，然承傳既久，亦無大枉。藁再成，予改官南矣，乃隨以來，暇發良吏明謄，以復於王公。

於戲！平陽爲郡，其屬三十有六，中國之處，河山之勝也。堯、舜、禹、湯，生而建都焉；風后、蒼頡、稷、契、臯陶、垂、益、伯夷、夔、龍、奚仲、靡逢、仲虺、傅説、伊氏、巫氏父子，出而輔治焉。夫地一也，往何以聖賢若是其盛，後雖代有哲人，然卒不敢與稷、契輩比媲，豈惟其人寡志，典治斯土者將亦或未是乎？是故王公汲汲於斯編。聖天子方興堯舜之道，其下豈無有爲稷、契、臯陶之徒哉？於戲！生乎是地，莅乎兹土者，甚無止以考據視斯《志》也。

送檢菴馬君考績序

侍御馬君抑之將考三年績，其僚朱朝儀曰：「抑之嘗以職方主事守山海關，課騎射，簡商税，輯居民，立一巨防。去年聖天子申立憲綱，選諸部寺有風力者，改實南北道監察御史，抑之獲以主事授南京山東道焉。當是時，廣東、湖廣二道皆缺也，至則即綰三道綬。或監督抽分，或存恤軍士，或清理册黄，或巡視京城，或校編《會典》，咸明厥功。今甲京職考績者，改官前後品同，得通理；前官品大，後官品小，得通理。今抑之守御史又一年，故并前職，方考三年績也。夫人之材，或熟於邊，或不習於内；或優於武，或不足於文；或通於部，或不達於道，故公綽不可勝。薛大夫黄霸，優于治郡而已，乃抑之隨授皆效。斯考也，其亦異諸人乎！」乃謂朝儀曰：「輪人之爲蓋也，程、❶部、達常之矩，皆能得其妙，若使之爲弓，則不能；弓人之爲弓也，幹、角、筋、膠、絲、漆之材，皆能盡其巧，若使之爲蓋，或不良，蓋滯于器也。乃若五材咸飭，百物皆辨，天時既得，地氣亦乘，非若工之垂，不能兼矣。今夫以子貢方子賤，子貢長於言語，位於十哲，人孰不以爲優也？然自夫子言之，子貢祇成瑚璉之器，而子賤則爲不器之君子，其優劣又遠矣。夫抑之如此，其亦庶幾可進於不器者乎！」「則何以能至是也？」曰：「昔者禹有九手九足，故治水如神；舜有四耳四目，故恭己無爲。」「何謂也？」曰：「禹以九州人之手足爲手足，故不行而至。舜以四方人之耳目爲耳目，故不見是圖。」「則何以能然？」曰：「惟在克己爾。苟不能舍己從人，而惟伺察是事，則讒諂面諛之人畢至矣。當是時，雖欲爲禹之拜，爲舜之樂取，竊恐其所得皆非昌言與善也。」於是朝儀曰：「此豈惟可告抑之之考績哉！」

抑之名勷，河南上蔡人，起家辛巳進士。

❶「程」，原作「裎」，據《周禮・考工記》「輪人爲蓋」章改。

鄭母俞太安人七十壽序

上元鄭氏維東淮之母俞太安人之七十也，有名士林氏時者，於鄭氏則四門親也。林氏女弟之夫爲何氏輔，何氏者，鄭氏之前母表弟也；何氏姻於顧氏袒，顧氏者，鄭氏之前母舅也。顧氏曰：「俞太安人不改其初，視吾顧氏兄弟，猶其俞氏兄弟也。」何氏曰：「有恩必任，無禮或愆，視吾何氏子姪，猶其顧氏子姪也。」皆常談諸林氏。林氏曰：「此古之女君子也。年四十六而寡，守鄭氏以有成。當其爲鄭氏擇配也，選於倪文僖公之孫女焉，六姻以爲明也。於是都邑稱貞焉，戚族稱肅焉，四方稱慈焉。」乃率二氏上七十壽，而以告諸予，曰：「大人舉鄭氏於禮闈，知其文也；處鄭氏於郎署，知其政也；觀鄭氏於鄉黨，知其行也。抑豈知其本於太安人之玄施哉？」曰：「林氏而知滎公呂原明乎？其母則申國夫人也，其妻之母則張待制之夫人，於申國夫人則姊也。申國夫人之誨原明也，事事循蹈規矩，甫十歲，祁寒暑雨，侍立終日在父母長者之側，不得去巾襪縛袴。張夫人之來視原明夫人也，見舍後有鍋釜之類，大不樂，且戒申國夫人無壞家法也。今觀俞太安人，則何以異於申國夫人？而爾諸戚黨，將無亦有類張夫人者邪？且夫爲箕裘之善者，非其性生也，但爲弓冶之後，則能善焉爾，而況鄭氏自鞶革、食食之時，已受太安人之教哉！昔原明蓋嘗遍師焦伯强、胡翼之、孫明復矣，後因伊川之學問淵源也，年與等差，即首以師禮事之，遂與明道、横渠、孫覺諸賢遊。由是知見益廣，不私一門，略去枝葉，以造聖人，不負中國夫人之教，遂使中國夫人至今千百載猶存也。然則鄭氏維東之所以壽太安人於數千歲者，亦若原明之用力已邪？又將進于原明之上而後已邪？」於是林氏曰：「果若是，則吾六姻者托榮於鄭氏以不没者，亦在是邪！」

北山書屋序

金谿黄理夫於其縣治之北，構屋數楹，以爲藏修之所，甘泉子題曰「北山書屋」。初，理夫舉進士不偶，入南監。時後渠子爲司成，理夫問業門下，後渠常稱爲高士，遂作維言以贈曰「千石之鍾，其聲不石；萬鈞之弩，其發必中」，蓋以言夫成也；「眸子粒大，而納萬里之遠；鏡厚不盈寸，而照重淵之下」，蓋以言夫明也。理夫學之三年，若有得焉，於是知知行之在我矣。未幾，甘泉子繼後渠爲司成，理夫亦問業門下。甘泉子贈諸澄心亭，欲其中心無爲，以守至正，且舉陸象山「東海西海，同心同理」之言，以爲隘也。理夫學之二年，若有得焉，知心事之合一矣。至是，理夫舉以告予，使予亦有言。予謂之曰：「理夫又豈可以他求哉？夫甘泉先生，柟之座主也，其道果若是其廣也，縱使有言，不能出其範圍矣。後渠則柟數年同窗切磋之友也，其道果如是其切也，縱使有言，不能如其近裏矣。惟夫守之而勿忘，行之而不倦，推之而益大，不泥言語之間，而得諸心身之實，是誠所願爾。不然，則未聞言之前猶理夫也，既聞言之後猶理夫也；三年之前猶理夫也，三年之後猶理夫也；昔者廣切之言猶理夫也，今者繁多其辭，亦猶理夫也。」

江西奏議序

兄龍所著也。《江西奏議》三十五篇，中丞漁石唐年兄龍所著也。夫江西，羅宸濠之荼毒切於肌骨。其亂之成也，微許逵、孫燧二公之死，王公守仁、楊公鋭諸公之功，宸濠幾不能殄；其亂之後也，微兹三十五篇之疏，江西幾不能安。是故戡亂在義以忠，輯寧在仁以明，讀此奏議，可知矣。祭酒張公邦奇謂此有五可傳，信哉！

送劉君少功考績序

約齋劉子少功以南祠祭正郎、通前考功正郎，考三年之績，且行也，其卿大夫仕於南署者陳子良弼、田子世英皆爲劉子以問言。予謂之曰：「劉子嘗爲考功矣，今乃考於考功邪？予方習劉子之考功以考功也，劉子乃問予之考功以考功邪？且夫考功者，北爲要，南爲散，北爲繁，南爲簡，劉子於其要且繁者已身舉之矣，又何咨於是邪？今有桃氏、梟氏于此也，其三制之長，數鋝之重，薄厚之震，侈弇之興，固已極其巧而盡其則矣，有栗氏、𪋤氏者，乃從旁而議其身莖之分，音聲之石、播、柞、鬱，其可乎？雖然，聞之矣，唐之考臣也以言，虞之考九官十二牧也以績，周之考方岳也以制度，子今通祠祭、考功而考焉，言、績、制度皆在矣，其慎乎！今夫金之雜者，考之以初火，色頓變而質暗滅，若其真且赤也，歷百煉，炊重爐，其體固自若也。是故古之君子，考德以問業，考道以爲無失。道德者本也，言、績、制度者末也。如其道德未考而有違也，雖言、績、制度之最，奚加焉？如其道德已考也，雖言、績、制度之殿，奚損焉？且夫劉子起家儒素，厲志公忠，累葬期功至十餘喪，頻與推遷至三四品，聞人之異不敢即以爲乖也，見人之同不敢即以爲比也。故端慎已注于白巖，而公恕再書于龍灣。是其所自得於考功者已稔，將無亦庶幾于金之真且赤者乎？斯考也，其必持前以往，柟何能爲子加也？予獨惜夫鏡也，持以照人之妍醜，毫髮莫遁矣，然而其背垢或集而不知也，塵或累而不覺也。是故受考於人者易，考乎人者難。子是之行，斯患既已免矣，予獨且奈何哉？」

送白樓吴公考績序

白樓先生長洲吴公尚書三載矣，將考其績於朝，以當七十也，欲引年以乞休。凡我屬吏，皆欲柟爲贈言焉。夫公逮事三朝，出入兩都，今之元老大臣也，且柟之舉進士也，公適同考會試，習公之教于今二十二年矣，及柟之改官南署也，公適爲堂上，習公之政又三越年矣，則固不能以無言。

夫公起家進士，選授編修，進侍講、祭酒、太常卿、少宗伯兼詹事，執制誥于東閣，❶僉舉且入内閣，乃又出爲大宗伯，未幾又南來爲大冢宰，勳德聲聞，著於一時，公固非當時之名臣邪！柟嘗謂大臣之道有三，一曰讓，二曰容，三曰公。讓則不爭，庶官乃和；容則不忌，群賢乃登；公則不比，庶績可熙，公殆兼有之乎！昔宋神宗謂司

❶「執」，萬曆本作「知」。

馬君實未須論他別行，❶只辭樞密一節，廷臣莫及。夫今之内閣，東閣握天下之要，公以資與望，於内閣無疑也，三以讓而不居，於東閣無疑也，十乞休而不處，乃今尤欲有所辭焉，則固加於人一等矣。秦穆公不忘黄髮之蹇叔也，乃致斷斷無技、休休有容之思，至曾子釋經傳，❷引之以明平天下之道。公嘗歷犯衆怒，累嬰群猜，❸處之裕如，粥粥乎若無能，雖古之一箇臣者，將無亦庶幾乎！且公進講經筵，衆推其諒也；育材胄監，士飫其教也；典知絲綸，人欽其文也；總裁國史，筆秉其直也；三考禮部，一考京闈，録稱其得人也；既典南銓，不動聲色，縉紳欽服，屬式其程也。凡此，皆人臣之所難，不公而能之乎？

夫同陟千仞之山，當其前者則進之，當其後者則牽之，遂皆至於其巔，而我不知也。大爲萬斛之舟，彼載寶者亦受焉，此載菅者亦受焉，卒皆登乎其岸，而人不知也，公雖推以並此，可也。雖然，蹇叔老而穆公始知悔，君實擯而神宗始稱賢，又豈若聖上深知公之耆舊也，以「醇謹端諒，學行著聞」之言，褒於在北之日，而宫保殊寵，加於南來之時乎！况聖上勵精化理，以圖至治，正地天交泰之時，知公之且考績也，宁立以迓包荒朋亡之君子矣，❹公固宜得尚中行以對恩私爾。若公所常稱「韓魏公保晚節」之言，此恐亦涉於爲己謀者，柟竊爲公不願也。

❶「論他」，重刻本作「他論」。
❷「傳」，重刻本作「專」，屬下句。
❸「累」，重刻本作「屢」。
❹「迓」，重刻本作「遲」。

送劉潮州序

嘉靖八年正月十一日，聖天子勅諭吏部，若曰：「人財難得，舍短取長，皆有可用，故帝王重絶人，赦小過。吏部通查：近年但係進言獲罪、公事詿誤官員，有才識可用，能自改悔的，開具事由，奏請定奪。」於是吏部列上二十餘人，而印山子獲以太平通判陞潮州府同知云。或曰：「官之陞降進退，視地之遠近繁簡。印山子以憲副之被繫也，添註韶府通判，❶後當路以其遠也，奏調除太平。今恩勅既降，而又陞潮州，豈惟視太平遠，雖視韶州又遠千餘里，其隸縣又減三分之一。而同知於通判，又皆府僚也，同跪起事監司。夫起之府判之中，而列之府同之間，拔之直隸之郡，而居之海裔之地，此亦爲陞乎？」曰：「非然也。通判者，印山子始謫之官，猶爲山而功虧一簣，蓋止於此也。同知者，印山子再起之官，猶爲山而雖覆一簣，蓋進以此也，不可謂不陞矣。」「然則何以告之乎？」曰：「印山子不聞漢顔駟乎？其初不遇於文帝也，則以己之好武自尤；其後不遇於景帝也，則以己之貌醜自尤；其又後不遇於武帝也，則以己之既老自尤，然終以大顯。印山子文武兼濟，儀度壯偉，年在强仕，又非顔駟可比，而其所自處者，又豈啻如駟而已乎？夫此皆以官之升沉論，非所以告達人高士也，印山子不見子之先大夫乎？守正迪直，不求於人，滯於太常祭酒者十六七年，此其道固在也，故名『印山子』，以秉監字爲遵教者，則

❶「府」，續刻本作「州」。

已垂範於今日矣，抑又何所求哉？」

印山子與予同舉戊辰進士云。

送汪都水序

工部都水郎中缺，蓋重官也，當路者選於兩京部寺，屬得南户部員外郎汪君淵之漢以陞補，上從之。夫都中之職，❶雖舟車、橋梁、織紉、量衡，無不兼隸，而治水爲專業。治水之政，雖天下之河渠、溝洫、塘港、圩堰，無不兼統，而漕河爲重務。漕河之務，雖偕其僚員外、主事十餘人以分理，而文移之裁定，舉措之因革，利弊之興除，上呈而下施者，則惟視篆郎中主也。淵之兹任，不其重乎！或曰：「往年黄河之決徐、沛間也，阻塞漕河，由支流以綱運，難阨萬狀。聖上用廷臣議，别開新河於濮、曹之間，然費計數億，役計百萬，官大小計數千，行三年而無成，則治水誠難事。而禹當懷襄之時，又非此比，乃行所無事，其真神乎！」曰：「然。禹有九手，又有九足，故神爾。」「何謂也？」曰：「禹以九州人手爲手，以九州人足爲足也。非盡以九州人手爲手也，用九州人手之高手，則不疾而速，而九州無遺手矣。非盡以九州人足爲足也，用九州人足之健足，則不行而至，而九州無遺足矣。今之爲水者，以一手足而自用，其下雖有千萬手足，莫不折右肱而壯前趾矣。」「然則欲爲九手九足也，有道乎？」曰：「子能使人擊鼓，告以道乎？」曰：「若是，則心不平。」「子能使人擊鍾，喻以義乎？」曰：「若是，則心不樂。」「子能使人擊磬，語以憂

❶ 「中」，續刻本作「水」。

乎？」曰：「若是，則心不喜。」曰：「三者且不能，若鐸鞀並奏於前，子必忿然肆怒以沮人矣。故曰：禹之神在拜昌言爾。又曰：言之昌否，猶玉石之難辯也，素不識玉者，之肆而買碔砆矣，故喜聽言者，又當索其故也。」於是鄔佩之諸君子曰：「此豈惟可告淵之？雖以告諸同治水者皆可也！」胡貞甫曰：「此豈惟可告治水者哉！」

淵之，明經絜行，懷寧名士，癸未進士。都水之行，正宜學禹以往，無令胼手而胝足爾。

送黼菴柴公北上序

嘉靖七年十一月，朝廷册立中宮，南都九卿推大司徒平川王公進賀表，寺監諸卿推光禄少卿黼菴柴公德美進賀箋。黼菴將行，其僚毅齋劉公與其同鄉諸大夫皆以爲榮也，贈之詩而問序，且曰：「昔者孟獻子聘於周定王，定王以其賢而有禮也，特優寵而厚賜之。及襄王以士莊伯之來，未有職司于王室，減於卿禮一等，且令勿籍。聖天子堯步舜趨，明懸日月，威行雷電，遠陋乎襄、定。廷臣或儀度之爽，敷奏之失，爲鴻臚、御史之糾者，月數人焉。吾黼菴出入瑣闥亦既久矣，斯行也，固非鞏朔可比，而其獲皇眷以沾晉接者，又豈啻如孟孫蔑而已邪？」吕柟曰：「聖主以不徒敬爲喜，忠臣以不賴寵爲榮。是故古之賢王與相，於其臣工之自遠來也，民之休戚則問之，政之利害則問之，夫然後四聰達。❶古之賢臣，以其出行在外而有所見聞也，有益於國者則

❶「達」，續刻本作「遠」。

告之，有損於國者則告之，夫然後萬里見。聖天子方勵精古道，率行《關雎》、《思齊》之盛，以御家邦，而圖化理也，諸相臣又欲仰副四岳之詢者久矣，公斯之行，其知所以對之乎？且公清謹如抃，庭有茂草，重厚如勃，舉無惰容。昔爲給事，多所建白，切於時政，今豈可以南而不知哉？公不記監軍於山東乎？當是時，流賊剽掠，屠破曲阜，殃及孔氏，其文廟諸賢，亦遭汙穢，至使數千載禮籍樂器俱灰於兵燹，誠曠代斯文之厄也！其故以廟貌單外，不在曲阜城中爾。公乃奏請移縣就廟，統築一城，以爲孔氏萬世保障。今斯之行，又非山東之事可比，則其以所聞見，待清問而答公論者，當必預圖之矣。」於是毅齋曰：「果若是，豈惟增榮於吾僚吾鄉而已哉？」

公名奇，蘇之崑山人，起家辛未進士。

南山類藁後序

此藁爲故大司寇南山先生盱眙陳公所著，諸體咸備，格力不凡，讀之可以起遐思而引逸興也。夫詩自言志之教微，玩物之態行，於是或纖麗以榮華其詞，或怪幻以艱深其事，或模擬以蹈襲其體，或率爾以鄙俚其言，初不發乎性情，終不止乎禮義，施之於教則無益，措之於政則有損，求之乎爲人則不可得而知也。是故天明五紀，地效四維，人貞五典，物設萬類，故君子捋草木以盡天下之色，鼓雷霆以盡天下之聲，闡幽隱以盡天下之藴，旁日月、交山澤、錯鳥獸以盡天下之變，聖人於此在治忽，賢者於此明邪正、❶

❶ 「邪正」，續刻本作「正邪」。

辯得失、察存亡，詩豈可以易言哉！他日有問江、鮑、徐、庾、應、劉、沈、宋以及二陸、三謝之詩者，則對曰：「亂世之作也，宜勿有於世矣。」問曹植、王粲，曰：「塗斯人之耳目者，則自是爾。」問李白、杜甫，曰：「應博學宏辭科則可矣。然而君子猶間取之者，❶謂有近乎史者也。」是故於前漢，吾得韋孟、蘇武焉；於後漢，吾得梁鴻、諸葛孔明焉；於晉，吾得陶潛焉；於唐，吾得張巡、元結、韓愈、顔真卿、司空圖焉。其他諸作，論富麗則有之，探其志，不亦可悲乎！故君子不知《風》，不足以成俗；不知《雅》，不足以立正；不知《頌》，不足以敦化。夫南山公以貧賤爲故物，富貴爲儻來，狥義爲有志，苟禄爲知愧，公恕爲心宰，❷淫詖爲口羞，推誠爲不欺，撝謙爲匪驕，信朴質而不回，繩軌法而不解，懷真太密，毀方不慣，力思填海，愚恐墜天。此其所自贊者也，然皆形見乎詩矣。❸故言雖大而非夸，意則真而調高，非苟作也。於戲！安得及見乎斯人，請與論《梁父》諸作，以上遡古虞廷之歌乎！然則子才繩其祖武者，雖以此藁爲昔肅慎氏之矢可也。

種穀篇序

虛齋子將有少參之行，涇野子告之曰：「子之廣東也，其務種穀乎？」曰：「吾職在督糧爾。」曰：「穀不種，何以得糧？」「則何以種之？」曰：「子其墾田乎？其行

❶「間」，原作「問」，據續刻本改。
❷「恕」，原作「怒」，據續刻本改。
❸「形」，續刻本作「行」。

水乎？其時使於民乎？」曰：「斯三者，各有司存，蓋非吾職也。」曰：「田不墾則穀荒，水不行則穀稿，使之不以其時則穀不實，乃徒較數歲之中取盈焉，則爲子之厲廣民也！」曰：「是皆守令者之事，雖欲爲之，不可得而兼矣。」曰：「今豈必使子親負耒耜而後耕乎？豈必使子手開川瀆而後水乎？夫監司與守令異事者，後世之弊也；守令與監司同德者，先王之道也。程子曰：『今之監司專欲伺察，守令專欲蒙蔽，故民多病。』於戲！此於他人且不可告，而謂吾子爲之乎？子之行郡縣也，見田野闢，塘堰治，詞訟簡，民有餘力，則曰：『是良有司也。』親召其人而禮之，而勸之曰：『吾以爾書最也。』則夫糧也，取之斗則有斗，取之石則有石，不煩夏楚，❶而國用足矣。子之行郡縣也，見田野不闢，圩巷不治，❷訟争多，民無遺力，而簿書奔走之惟勤，則亦曰：『是良有司也。』親見其人而不之戒，曰：『吾姑宥爾。』取之升不能以畝出，取之秉不能以丘出；❸雖噬腊，而穀不種矣。是故總銍禾秸之入，皆盡力溝洫者之爲也；鮮食、艱食之奏，皆暨稷播種者之爲也。」然此皆及弘齋陸子講之觀音巖下語，已録具略于《遊燕子磯記》，而此又詳之，曰《種穀篇》云。

荆人父母篇序

叠峰君婺源潘希平既有荆州之命，且

❶「夏」，原無，據萬曆本補。
❷「巷」，萬曆本作「港」。
❸「丘」，重刻本作「井」。

行，謂予曰：「何以告我？詩亦不勞，文亦不勞，但直言吾病則可爾。」予曰：「君已寡過矣。」曰：「吾亦知吾病，喜於幹事，則易差也。」曰：「予方病人之不肯理事與不能也，而今又以爲病乎？雖然，事之幹也，常有父母斯民之心，乃可爾。」曰：「若此心，則不敢不存。」曰：「吾恐君之未能推也。」「何哉？」曰：「吾嘗見君之教子也，居之高樓之上，時其饑，餽之食；時其渴，餽之漿；時其寒，加之衣；時其上樓也，使人扶之；時其下樓也，使人接之；時其書聲不聞也，使人催之；慄慄焉惟恐傷，切切焉惟恐惰。君之守荊州也，亦能如是乎？」曰：「家小而郡大，子少而百姓多。必如此，是亦難。」曰：「但未推之耳。苟推之，雖四海九州可也，而況於一荊乎！且其屬州縣之吏，不有如君之言者乎，則告之，告之而信則用之，用之而效則禮之，則雖沱潛之遠，皆如己之子矣。其屬州縣之吏，豈皆盡如子之意者乎，則告之，告之而不信則用之，用之而不效則禮之，則雖江陵之近，皆非己之子矣。」曰：「然即今荊也，力役之後，饑饉之時。租稅既免，而禄米犧廩不可缺，歲辦既蠲，而往來供億不可少，民又不可取也，用又不可支也，如之何？」曰：「子之家，朝無饔而夕無薪，客無饌而僕無糧，則亦索之樓上之子乎？亦以他有所處乎？故君子之於民，寧爲親父，無爲三父，寧爲親母，無爲八母。雖則親父也，尚有見賢而惡，見不肖而溺愛者矣，況三父乎？雖則親母也，尚有見甘旨而悅，見糟糠而疾者矣，況於八母乎？《傳》曰：『如保赤子。心誠求之，雖不中不遠。』古人有行之者，漢召信臣、杜詩是也。斯行也，若又當置聖天子重太守之勑於座，則於荆也，不勞而治矣。」

送柴四川按察序

工部副郎漢南柴君伯徵既有四川提刑僉事之命，其僚何起莘大夫謂予曰：「於伯徵，何以告之？」曰：「伯徵，予西土之彦也。斯行也，其使蜀民善事父母乎？篤於兄弟乎？親於九族乎？厚於外親乎？信於朋友乎？賑於貧窮乎？絶於妖訛乎？❶止於竊盜乎？」曰：「吾子誤矣。伯徵今陞於提刑，此九者多提學之事，非提刑也。」曰：「此正爲提刑者言爾。吾子不見漢嚴遵乎？隱卜於成都，爲子者來，卜孝不卜逆；爲弟者來，卜恭不卜慢；有訟者來，卜和不卜戾；有財者來，卜讓不卜争。於是蜀中一時風動，民俗改觀。夫遵，逸士也，且能以孝弟和讓化蜀民，而伯徵威則執法，尊則方面，雖百司庶府，皆在所詰察而按治，而況於民乎？」「然則何以能使蜀民如此也？」曰：「古之折刑以降典，後世則惟刑之折而已矣。古之制刑以祗德，後世則惟刑之制而已矣。是故竭情於例分之字，於法非不良也，然而於德或未敦；盡心於折杖之剩，於律非不精也，然而於典或有忘。今夫欲水之清者，則將澄其流乎？亦以潔其源乎？故君子不以發姦摘伏爲能，而以明義惇信爲貴；不以峻法訖威爲功，而以更化善治爲賢。且不見古之胏石乎？❷三日而情無不得。又不見嘉石乎？旬月而耻無不格。是故刑明于不孝，而民皆善事父母矣；刑明於不

❶「訛」，原作「託」，據萬曆本改。
❷「胏」，萬曆本作「肺」。

弟，而民皆篤于兄弟矣；刑明於經正，而民之造言者絶矣；刑明于定志，而民之背亂者息矣。況吾伯徵昔推大名，廉公明允，當是時，四府之訟有難決者，皆願歸伯徵矣。及其徵入户部也，又能持平迪正，名重地曹。斯往也，苟益廣大而貞固之，則雖與昔之治蜀如張詠、趙抃者並可也。」

鄉語篇序❶

吾鄉柴伯徵抵南工部副郎方一二月，遂有四川提刑僉事之陞。當其未陞也，或報述職考察之事有吾伯徵者，意謂曾忤當道也，南國之人皆譁焉。及其有此陞也，南國之人又皆喜焉。夫一柴伯徵之升沉，而係通都人之好惡，伯徵其勿忘此意乎。夫考察之事，吾亦前聞，乃即謂僚寀曰：「材賢如吾伯徵而有此，必非吾伯徵也。」即而有報親見伯徵之名者，則又曰：「魯人豈無有與曾參同名者乎？必非吾伯徵也。」或曰：「何以知之？」曰：「藺相如、廉頗，戰國之士也，且能先國家之急而後私讎，而況今之當道將欲輔弼聖天子，以圖四海之太平者乎？」然則伯徵斯行，又豈可以他求哉？其惟推此意乎？是故蔽茂叔則爲王逵，拔杜甫則爲嚴武，不可不慎也。

今有郡縣官於此也，言足悦其耳，行足悦其目，供膳奔走足悦其口體，此其人非不可喜也，然而民或冤而未伸，囚或係而未明，事或滯而未舉，子則曰：「斯人也，但知迎吾之私，而不知奉國之公者也。」大則以言斥之，小則以杖捶之，曰：「吾而可欺

❶「序」，原缺，據續刻本補。

乎！」今有郡縣官於此也，言不能出諸口，❶行不能當其意，供膳奔走皆無能，此其人非不可怒也，然而不剥民而民安，不鬻獄而訟平，不惰事而職舉，子則曰：「斯人也，但知理國之公，而不阿上之意者也。」急則下堂而迎之，暇則逆以爲上客，曰：「吾而不信乎？」且伯徵亦嘗聞鄉先正王端毅公之處二御史乎？有李御史興者巡按陝西，酷刑殺人，至三原呼公名而詈之，後人命太多，罪當大辟矣。有韓御史雍者，當點郊齋，至吏部堂，從甬道上直呼公名，時論太薄，議當即黜矣。然公奏於孝廟曰：「御史興雖酷無私，可免死；御史雍直而有材，可超遷。」孝廟俞允，釋興，陞雍爲僉都御史。伯徵斯行，存此念以待屬郡縣吏，不可邪？審若是，豈惟可治一四川，雖他日宰天下，亦若端毅公者不可邪？

送齊陝西按察序

南刑部正郎蓉川子齊瑞卿，桐人也，既有陝西僉憲之命，其僚寀曰：❷「蓉川子以進士高第選入翰林爲庶吉士，授給事，且晉都矣，銓司以其文學風力，推陞提學僉事而不果。未幾，忤當路謫官去，❸十餘年，乃今始得兵備僉憲於寧夏。夫蓉川子之同年，位京堂者已數十人，參藩司之政、晉三品者，已十數人，而蓉川子今始云云，寧不謂之遲乎？」曰：「於古有五遲，而陞官不與焉。修身不篤，頻失頻復，年且老而無成，

❶「口」，原作「曰」，據續刻本改。
❷「寀」，重刻本作「來」。
❸「謫」，原作「謪」，據萬曆本改。

曰『行遲』；心或有所見於理也，口不能爲之形容，曰『言遲』；見闕不能補，見遺不能拾，見姦讒不能彈，懾懦觀望，❶曰『諫遲』；臨民不慈，設施措置不以道，下弗被其澤也，曰『政遲』；折獄繁多，其辭不能明允，曰『刑遲』。此五者，蓉川子有一於是乎？昔漢之伏生、轅固年已老矣，而後能傳其經，當其時，雖有少年蚤貴而反目者，今不與之數也。宋之韓氏、范氏、司馬氏、文氏、富氏，年率七八十且百歲矣，而後能明其業，當其時，雖有少年蚤通而讒擊者，今不與之論也。而況蓉川子年且未艾，而道已如此，則正所謂速爾。且夫寧夏，周、漢盛時皆爲郡縣，自晉室不綱，赫連氏遂建都焉。魏、唐以來，拓跋氏世據其地，而德明、元昊之際至宋極矣。國朝混一，羌夷竄伏，賀蘭、莎羅以東，省嵬、石觜以南，巍然一重鎮焉。蓉川子斯行，有綱紀之司，有兵穀之寄，或築降城於河北，或運芻粟于靈武，北望鄜延，又與宋韓氏、范氏之經略者並可也。且邇歲以來，安化變於前，哈剌横于後，雖其彼之不淑，然而在我者，其亦有以召之乎？然則蓉川子斯行，雖以省朝廷西顧之憂可也，又豈曰遲乎？」於是陳忠甫曰：「信乎。常人以積一級、進一階爲升，今如子之言，是以立一德、建一業爲升矣。謨與蓉川子同寀，處而比屋居，知蓉川子必以吾子之言爲是而用之也。」

送林大理石崖北上序

傅説曰：「明王奉若天道，樹后王君

❶「懾懦」，萬曆本作「囁嚅」。

公，承以大夫師長，惟以亂民。」夫自大夫以至師長，位雖有等差，❶然其體國之心，爲民之志，則固皆同爾。予獨於後之爲人臣者，未嘗不痛恨其弊在驕諂也。夫爲上官者，其言雖多是，然而亦有未盡是者焉，其行雖多善，然而亦有未盡善者焉。若屬官行之即從，則曰「恭我」，言之即唯，則曰「敬我」，雖拱揖之禮變爲磬折之態，亦則曰「畏我」，於是乎驕風成。爲屬官者，其言雖未精，然而或有一得焉，其行雖未純，然而或有一當焉。若上官者聞其有論，或以爲踞，見其有行，或以爲專，雖脅肩之笑變爲垂帨之體，亦或以爲慢，於是乎諂俗興。夫驕諂盛行，豈惟僚屬于一堂之政者之日非哉？故後世治不及於咈都之時者，此其道豈難見乎？

南大理丞石崖林公以吉一日枉問予，稱其屬評事陸鰲之字伯載。他日會陸子以告，陸子曰：「公豈惟稱鰲之字哉！及席，則曰『可抗禮，上下坐』。及談，則曰『可忘分，兄弟處』。及議罪讞獄，則曰：『可忘情，朋友交』。鰲感公之知遇，非一日矣。」予驚曰：「斯道也，今亡矣，乃於吾石崖見之邪！昔趙清獻公爲使於蜀，周茂叔方簽書合州判官，或讒茂叔，趙公臨之甚威，茂叔超然處之，趙公疑終不釋。及趙公守虔，茂叔適佐州事，趙公熟視其所爲，執其手曰：『今日乃知周茂叔也。』夫石崖之道非止爲清獻，而伯載蓋已爲茂叔之學者也，及其相契之速、相知之深如此，則伯載何茂叔之不可到？而石崖已高出清獻公之上矣，以此而都廷尉，又何有哉？」或曰：「何遽

❶「差」，續刻本作「衰」。

如此？」曰：「大禹取益贊而有苗格，齊桓公不忘簷下老人之言而伯業成，皆是道也。」又曰：「斯行也，若過於是人而忘己，狃於從權而廢經，則又不敢以爲石崖告。」

敬所詩序

敬所君者，鄉進士荆門黄叔春之父也，諱標，字仲峻，嘗構亭沙溪之陽，扁曰「敬所」，因自號焉。其誨叔春兄弟曰：「煦等敬爾言，爾言不敬，禍戎興。煦等敬爾行，爾行不敬，邪僻集。煦等敬爾業，爾業不敬，荒墜至。」又曰：「此非我告爾也，爾祖以持敬爲號告爾也。此非爾祖告爾也，爾曾祖以文敬爲號告爾也。」涇野子聞之嘆曰：「夫敬所君可謂能紹前，可謂能開後矣。稱先世，其孝也。誨子弟，其慈也。一敬立，而百行具，其『敬所』乎！」初啓東曰：「先生賦性謦欬，通《毛氏詩》，能文辭，居常嚴正，寡言笑，雖接尋常人，慎於王公大人，遇鄉鄰有匱乏者，又能推所有以拯濟，蓋篤行君子也。」涇野子曰：「敬所君豈惟以言教子弟，又能以身教之矣；豈惟以文承先人，又能以德承之矣。昔楚有龐德公者，雖之田野，敬恭不替，然其風久微，先生其蹤而繼之哉！然則叔春光大先生之志，雖以此敬紹聖學之傳可也。」

張氏族譜序

學士君子之爲家也，有五懿焉：修身以立信，宜家以明禮，尊祖以達順，敬宗以廣孝，睦族以求仁。然而非譜，則莫或見也。揚州人張汝礪嶅者，鄉進士也，譔次其族譜，凡三篇，其上篇載祠墓、祭田、祭禮、圖註、遺像貌；中篇列系，自七世祖宣慰使彥華以下支派、嫡庶、婚姻、卒葬、禄秩；下篇列墓銘、行狀，及一時諸名人所爲序述。蓋於五懿，頗庶幾焉。夫汝礪先世，皆積財富稱揚州，至汝礪獨且顯，而其爲家乃如此，則固以異於他學士君子矣。夫學士君子者，將以治國平天下者也，當其未仕之先所宜急者，莫有過於身家，身家理而國天下不難矣。然而學士君子往往舍其本源，巧藝以謀進，多術以干顯，後雖有國天下之責，莫從而理也。故予於五懿獨重焉。汝礪曰：「嶅父嘗謂嶅曰：『昔世專攻生業，後人又因陋就簡，族遠親盡，無所聯屬，嘗竊痛焉。』嶅是以依倣古典，定爲宗派次第，使吾張氏子孫知所根本云。」嗟夫！汝礪父儀，布衣也，而其志已先汝礪如此，其視學士君子又何如哉？斯譜也，可遠行矣。

東溪行樂壽圖序

東溪先生鄭君者，潮陽人也。其内姪周進士克道曰：「先生力學好古，敦禮輕財。嘗構别墅曰東溪精舍，日與諸子講習其中。若風和日暖，則邀致白沙門人吴月庭者遊溪取魚，以娱情於詩酒。鄉里神仙其事，因繪行樂圖，而名人達士多題詠焉。今年十月八日，七十之初度辰也，孚既與其子經哲遠在萬里外，敢問何以爲樂處，以廣先生之樂，且壽之於無窮乎？」曰：「於晉，吾得陶淵明焉，三旬九食，十年一冠，而容貌自好，可謂樂矣；然五男不肖，不免以杯中物自遣，未可以爲樂之廣也。於宋，吾得邵堯夫焉，花望高閣，草行小車，而肺腑常春，可謂壽矣；然伯温雖賢，而纘成其先者尚未大著，未可以爲壽之遠也。夫世見有敏卓之資、堅定之操，而又受學於甘泉先生，廣東溪之樂而壽其道于無窮也，其惟世見乎？」克道曰：「何？」曰：「吾欲世見爲曾參焉，孝通乎神明，禮問諸經緯，學傳之十章，道唯于一貫。斯其父曾晳所樂於浴沂風雩者，千萬載不没也。」克道曰：「然。」他日，世見之兄世平亦自京師會試歸，同詣予，又問焉，予再告之曰：「經正敢不與吾弟以是勖？」

送弘齋陸子伯載北上卷阿分韻詩序

大理寺副弘齋陸伯載既被徵，五山潘叔愚、玉溪石廉伯、東沙張惟静釀餞之玄真觀，邀予以同讌。酒行，三君曰：「伯載茲往有言責之任，而吾輩有朋友之義，則何以贈之？」是時飄風自南，五山曰：「當分《卷阿》詩，限韻贈陸子也。」然以予差長，遂分「鳳凰鳴矣」一句于予，其後以次屬。有未至之友，亦以是續也。予曰：「伯載斯行，上以媚天子，下以媚庶人，皆在是矣。然必先作率馮翼孝德之士、顒昂圭璋之人，以綱則四方，而後可使君子彌其所性，似先公，主百神，以常其純嘏也。」於是諸君子曰：「果若是，聖天子並駕文武，不啻如周成王也，伯載亦必如鳳鳴梧桐，而不戀車馬乎！」

送九峰山人鄒君還山序

九峰山人鄒君辰甫年且七十，頭不白，目烱烱射人，自無錫來，過予柳灣精舍，遺予所著《通史補遺》，因談及史事，上下數千年，常變數百條，治亂之跡，邪正之實，隱顯之情，屈伸之故，明如指掌，辯若懸河。予曰：「以如是人布列官師，淑士而濟民，平政而理國，無往不可。乃隱處山林，今耆且老，惜哉！」山人曰：「璧雖老，爲學之志未嘗廢。但悔雖一舉人，未之取耳。」予曰：「卻多此一悔矣。即山人之學，充其至也，公卿皆不讓，何有於一舉人哉？」嗟乎！吾未見老而好善如山人者也。他日人招山人飲，飲中多俗客，語言乖禮，山人惡如蛇蝎，憎如寇讎，言及輒怒髮衝冠，十數日不能平。予曰：「山人於人之召也，未往當度之於先，在往當處之於中，既往當忘之於心。」於是復有召者，山人皆不往，後皆三稱山人高，山人又不自居，歸其美於予。嗟乎！吾未見老而惡惡如山人者也。山人且歸，來别以問言，予曰：「山人年六十有八，乃矍鑠不衰，好善如此其專，惡惡如此其嚴，比於强壯年少人且過之，予年五十一而衰病如此，何也？」山人曰：「璧五十四以前亦頗弱，五十六以後日健一日，即不爲詩文，悶悶思睡，但拈筆，精神反倍。子如璧之年也，恐亦當如是耳。」予曰：「嗟乎山人！雖孔子所稱『耄期稱道不亂』者，亦可馴至也。昔伊川言『五十以後加健』，予亦有疑，今乃亦驗之於山人乎？惟山人斷其一悔，積此三高，相與爲伊川之學，以求進于『不知老之將至』之處，不識山人以爲何如？」於是南都卿大夫知山人者，皆贈之詩以高其爲人。

送東畹田雲南序

南户部正郎東畹田君世英既有雲南之

命，其僚李君子大、胡君貞甫及其諸僚與問贈言。予曰：「諸君子亦聞魯季子之爲單父乎？ 三年而化成，巫馬期短褐易容往觀焉，見夜漁者得魚輒釋之，期曰：『既得魚，何又釋爲？』漁者曰：『季子令魚滿尺而後鬻於市，所得小魚，故釋之。』期以告諸孔子，孔子曰：『季子之德至矣，使人闇行，若有嚴刑在其側者。』期曰：『季子何以至此？』曰：『誠於此者行於彼，季子必用此術也。』夫季子一用治言，而其化若此，東畹子誠以此試諸雲南，可不勞而治矣。」曰：「單父小，雲南大，單父且近爲鄒魯之邦，雲南遠在要荒之服。 且昆明、宜良似易矣，若晉寧、嵩明之僻，呈貢、楊林、羅次、三泊之陋，皆僰、爨、蒲察所雜處，而麽些、禿老、和泥、百夷所參居者也，似不可例以季子之治。 不見近日之鳳氏、安氏乎？ 一爵級之争，遂至攻城勞旨而未已。」曰：「不然。物之威猛難近者莫如龍虎，然亦有擾而馴之者矣。 昔者武城人性至武勇不孫讓，子游既得是邑，憂之不暇寢食，他日嘗隨夫子學琴於師襄，得七月之調，問禮于老聃，得五禮之詳，遂取以教邑中數家子，已，又教數十家子，已，又教數百家子，期年而絃歌之聲騰閭閻，遍村落。 夫子至武城，聞而甚喜焉。 東畹子誠如子游法，能其邇，以柔其遠，則雖南詔之俗生好劍矛、死寡葬祭、崇尚釋典、侈爲鬬訟者，亦皆可變矣，況其他乎？ 雖然，此亦有機焉。 周宣王時，有高牧者善牧牛羊，乃適弦蒲之藪，近楊陊之澤，以求爲之牧，於是牛耳咸濕，而羊角皆濈。 虞、虢之牧，水草不足而效之，牛羊皆騫崩不暇，豈有茁壯者哉？ 故君子之教民也，與其尚富，不若恤貧；與其崇貴，不若逮賤；與其多用，不若寡取；與其附權，不若從經。《易》曰『豶豕之牙』，觀象者所宜深玩也。」諸君子曰：「世英，侯官名族，起家甲戌進士。初仕授新淦鉅邑，恩威並施，既拜户部，積弊聿除。且其孝于二人，友于伯兄。閩士皆歸高焉。」曰：「若是，則東畹子斯行，豈惟可方漢之張喬哉？」又曰：「予僚胡君原學者，滇人也，知滇事詳且真。東畹子訪之而後行，必又有多聞矣。」

送湛惟寅序

湛惟寅者，吾甘泉先生之族弟也，今夏自增城來問甘泉先生，予往拜之，雍睦之度，淳慤之態，謙抑之風，綽有甘泉先生之教焉。他日惟寅且行，適有小疾，乃卧床上，屬周道通曰：「爲我問諸涇野，何以告我？」予曰：「昔者王仲淹倡道于隋，一時兄弟續、凝諸人皆無不善；吕與叔講道于宋，一時兄弟防、忠諸賢皆有可稱。今惟寅所至，寧非時之續、凝、防、忠者哉？惟寅其勉乎！斯歸也，告諸湛氏：『有尊者焉，有長者焉，語之曰：昔王珪者，仲淹之族叔父也，亦講學河汾，以仲淹爲師，得其道以輔唐。有卑者焉，有幼者焉，告之曰：昔吕義山者，與叔之族子弟也，皆能傳家學，有與叔之志，廣其休以化秦。』今甘泉先生爲少宗伯，方佐佑聖天子以治理天下，而其道則自家人宗族始，惟寅之賢又如此，固不可不分甘泉先生之志以圖之也。」

送駕部張君體敬省親序

番禺人簡齋張君體敬仕於南兵部，自

司廳以至駕部郎七年矣。令甲京官在嚴慈侍下者,得六年一歸省。於是體敬於今八月某日獲命,❶請以省其母夫人潘也,乃偕其僚林質夫、王時化來問言。體敬曰:「宰之斯行也,其心惟吾子知之,故枉之以言耳。」曰:「予非子,安能知子之心?」曰:「昔者惠子非魚,且知魚之樂。惠子與魚,人物殊也,而况子之於宰哉?」曰:「若是,則知子之心者,固莫先於僚矣。」林氏曰:「省親雖例也,然人率或滯於公而不能,格於私而未遂,故仕南士大夫幾百輩,獲此舉者歲無三二人。體敬踈曠省問若是其久也,離逖海廣若是其遠也,忽獲兹行,可不謂樂乎?」曰:「此可以語數,未可以語命。」王氏曰:「體敬夙抱文學,馳聲東南,乃不獲一進士科,斯其心所當欿然者也。夫今兩都六曹郎多進士除,其或間列舉人,必其學行、政業加於進士一等者始得之。體敬積司廳以至此,則固非常人矣。以此歸省太夫人,太夫人年已七十有四矣,眼見體敬以駕部大夫來也,喜慰當無任,可不謂榮乎?」曰:「此可以語命,未可以語性。」「然則體敬之心如之何?」曰:「二君知藪師之毓草木者乎?夫其草已萋萋茂,木已竦竦挺矣,然而藪師之心則未已,必欲其薄雲日、插霄漢,而後快於心。亦嘗聞潘太夫人矣,慈孝夙成,閨門嚴肅,而又習識典故,熟誦鄉賢,有古三遷斷織之風。其有體敬也,每誨之曰:『宰,爾爲美人乎,爲大人乎?爲天民乎,爲安社稷臣乎?且夫斯鄉也,於唐有仕者焉,著大臣之節,爲詞人

❶「某」,續刻本作「九」。

之冠，所黜皆邪佞，❶所引皆正人，或進金鏡之録，或論資格之弊，忠而不詭，義而不阿，其風度重於時，曰曲江張九齡焉。於明有隱者焉，紹浴沂風雩之美，求傍花隨柳之休，或棄史官而不居，或樂園田而不舍，清而不激，樂而不流，其學識重於時，曰白沙陳獻章焉。此二賢者，名固播於今昔，行皆著於鄉曲，然亦未必拘拘皆進士科也。子之仕也能爲曲江，其或隱也能爲白沙，吾又何憾焉？』嗟乎！體敬今日去白沙之隱雖遠，而上致曲江之仕已漸近矣。體敬其諗諸母夫人之言，而又進以過之，使潘自曲江、白沙之母，上比於三遷斷織之賢，不可乎？則二君所謂樂與榮者，恐未可以易此也。」於是體敬曰：「是固吾母之積慮，而宰之方寸日夜孜孜，求以體之者也。吾子能言之，可不謂知宰之心乎！」

送刑曹副郎王君惟賢北上序

嘉靖八年之長至也，南都公卿大夫士例當預遣官進賀表，於是禮部選於九卿之屬也，得刑部員外郎王邦瑞焉。柟聞之曰：「善哉！是吾鳳泉子宜陽人王惟賢邪？足耀乎斯行矣。」未幾，其僚屠國望、劉以中過予曰：「子知惟賢之斯行也，獲二德乎？」「何哉？」曰：「昔者惟賢自舉丁丑進士改翰林庶吉士也，固應分職清華矣，然以姻聯藩府之例，出知廣德，繼改滁州，故雖有出入禁闥之心，將白首絶望也。豈期部使者屢辟交薦，或曰『材行方茂，可督學政』，或曰『姻親已絶，可晉京職』，於是惟賢

❶「邪」，原作「雅」，據續刻本改。

得以滁州知州陞今官，又得以今官進賀表，百年戀闕之志，一日瞻宸之心，勃然遂矣。此非人力所能也，可不謂得於忠乎？方惟賢之在滁也，迎母屈夫人以就養，未幾，屈夫人以姑張夫人耄耋家居也，而諸子未能當其意，即歸侍乎張夫人焉。乃惟賢離遯二夫人之膝下也，日鬱鬱不能爲懷，既渡江，滋懊惋不自適，思生羽翰，飛往伊洛矣。表進後，家在便道，可省視二夫人，以娛彩弄雛也，於惟賢孫子之情暢然快矣，可不謂得於孝乎？」曰：「惟賢之在翰林也，予嘗得其文名矣，蓋能讀墳、典、丘、索，以及先秦兩漢之書，一時爲古文詞者推先焉，以爲可求左、揚、班、馬之緒，黼黻皇猷，無疑也，乃幾授史職矣，而又外補。及惟賢之在滁陽也，予嘗見其政治矣，蓋能師刑政、德禮，以端檢吏導民之本，一時稱古循良者歸重焉，以爲可希龔、黄、卓、魯之舊，敷宣聖化無愧也，乃幾陞憲臣矣，而又内選。夫可内也或外也，則當其在外也，行乎其外也，不必以在内者爲泥也；可外也或内也，則當其在内也，行乎其内也，不必以在外者爲滯也。乃若雖外而未忘乎内者，則謂之仁，古之人有行之者，周伯父之於康王是也，《書》曰：『雖爾身在外，乃心罔不在王室。』雖内而能達乎外者，則謂之義，古之人有行之者，仲山甫之於宣王是也，《詩》曰：『王之喉舌，賦政於外。』是故惟仁也，則資於事親以事君者，懇至而不詭，其孝益純矣；惟義也，則資於事君以治民者，[1]貫通而不變，其忠益精矣。惟賢之獲二德，其必究圖以至此乎！惟賢而究圖乎此，則他日又或外

[1]「治」，原作「冶」，據續刻本改。

也，以爲方伯、廉訪也，必以其在内者行之也，於君德無所匿矣；又或内也，以爲公孤、卿相也，必以其在外者行之也，於民情無所闕矣。」於是二君子曰：「若是，則内外無定位，而孝忠有定理。山也敬授以告諸惟賢。❶」

❶「敬授」，續刻本作「授敬」。

涇野先生文集卷之六

南京禮部右侍郎致仕前國子祭酒
翰林修撰兼經筵講官
同修國史高陵吕柟撰
巡按直隸等處監察御史門人建德
徐紳海寧吴遵彭澤陶欽臯編刻

序　六

壽東溪王君子儒序

東郭鄒子有甥曰王生一峰者謁予，問壽其父東溪子焉。予曰：「夫壽也者，壽道爲上，壽德次之，壽業次之，業又不壽，民斯爲下矣。」曰：「一峰自先世宋魏國文正公以來，世惇詩禮，至吾父克纘前烈，舉有秋試，列官刑曹，不失舊物，可不謂『壽業』乎？其在監利也，寬舒民力，諸役咸省，廉公大著，而刑曹之休囚釋冤，尤重一時，廣陵節侯以來之積咸明也，可不謂『壽德』乎？吾高祖易簡公直而慈，有祠于澂江；曾祖朴庵公嚴而正，有徵於幹蠱；祖益齋公文而舉，有聲於南雍；吾父繼之，學不廢於時邁，志不屈於位卑，寧舍車而徒，不爲禄以仕，可不謂『壽道』乎？」曰：「雖然，是在東溪子，於吾子無與也。故在東溪子者，可數百歲；在一峰者，可數千歲。」「然則一峰何以能數千歲其父也？」曰：「一峰不見汝鄉之歐陽永叔乎？昔者永叔之父觀雖天性仁孝，祭先垂涕，死獄求生，固賢也，然微永叔直振於諫垣，文著於翰林，勳與于定策，公昭于力救韓、范，名成于並駕韓愈，即潁州推官，又何以至今且千歲存邪？」曰：「一峰不材，敢不努力？ 然今茲之問壽也，蓋禀吾兄一嶽之命，同吾弟一崧之志而來者也。」曰：「一峰又不見漢京兆人之韋文高乎？ 嘗爲清河太守，著名德，有三子焉，孟曰叔文，去官以琴書自娱；仲曰季明，聞友人之難，至棄官以救；季曰季節，爲令長；皆有惠化及人，廣都爲立生祠，學行重於一時，號稱『韋氏三君』。故此三君者，使其父自漢至今，且數千歲猶存矣。吾一峰歸以告諸伯氏、季氏，則東溪先生之道德事業，雖以越數千歲可也。」

秋江别意詩序

安福易栗夫學於東郭鄒氏，以東郭子予友也，亦數枉論學焉。予曰：「夫爲學莫如去過，去過殆如去病，所病不同，爲醫亦異，一病既去，百體咸嘉。故雖商湯以『改過不吝』爲稱，而孔子以『聞過』爲幸，『見過自訟』爲未見也。」他日栗夫又曰：「寬也貧甚，然亦嘗求處乎貧矣無怨，雖未至樂，然已過於無諂矣。」曰：「爲學之道，惟此爲難。苟處貧而樂，則道已在我。昔夫子以顔氏簞瓢不改其樂爲賢，苟或因貧改樂，雖破瓢半簞，亦夫子所不與也。昔周子令兩程尋孔、顔樂處，其自言見大心泰，無不足者，則正其樂處也。世之人所以長戚戚者，正爲有不足處耳。」栗夫曰：「只此改過、處貧之言能行之，於道亦近乎？」曰：「然，此實學也。夫子謂『回其庶乎』者，惟『屢空』耳。」是時栗夫且行，有詩成册矣，遂題之曰《秋江别意》云。

前溪楊隱君詩序

前溪者，隱君楊俞充之别號也。先世家於泰和之城上元，曾祖成軒翁徙居今長溪，遂定居焉。溪源發於龍泉之遂江，中分二支，環流門外，東復合而入江，秋冬不涸，溉田萬頃，隱君樂焉，自號「兩溪」，以其溪之復合也，更號曰「前溪」，遂歌曰：「爾源孔同，爾流胡殊。亦既東逝，亶復厥初。浸此稻薪，溉彼菑畬。猗嗟澄澈，我臨我閭。」邊溪兩岸，闢池數處，引流入池，畜魚厥中，風花雪月，杖藜獨釣，乃歌曰：「有魚洋洋，在池之央。朝下於藻，暮上于梁。誕其樂矣，引兹兕觥。」池邊皆有小丘環立，列植名木，歲久森茂，長夏烈日，不知有暑。隱君晨往宵歸，岸幘輕裾，席蔭其下，淡忘塵慮，乃歌曰：「彼蔚者柳，蔭兹桑田。兔則有蹄，魚則有筌。彼猗者竹，逮此町畦。我稽既考，我酒盈卮。」冢子允弼肄業之時，則數携之，緣溪循塍，觀稼問魚，乃歌曰：「嗟汝心之明兮，如此溪之澄兮。嗟汝學之征兮，如此溪之行兮。嗟汝業之習兮，俾我心之懌兮。嗟汝志之惰兮，微予躬之過兮。❶小子而忘白樂天、朱晦庵勸學之文乎？與誦之習。」及允弼既舉於鄉，克守庭訓，奮往前修，乃東師王陽明，北師崔後渠，而有得也。時又有弟允輔及子良柱矣，隱君乃復引孫挾子，朝暮臨溪，不問世事，猶昔誨允弼日也，乃歌曰：「輔猶爾兄，柱猶爾父。無或不臧，俾我心疚。維木有根，維禾有秀。上帝孔明，式懋爾幼。匪言勿口，匪行勿又。」

❶「微」，續刻本作「惟」。

於是幼子弱孫，皆駸駸乎尋向上去矣。初，隱君孝友性成，七歲而孤，竭力事母，當父忌辰，悲號動人，服代兄勞，不懼險阻。乃又輕財重義，拯貧恤孤，皆出於所信。予聞而爲之詩曰：「築堵視楨，築堂視基。爾先孔懿，爾後宜祁。峨峨喬嶽，寸木亦嘉。風雨霜露，莫不令儀。翩翩鳳鳥，爾竹是棲。令聞孔彰，百世攸馳。」

送葛平陽序

磁州葛君延之既有平陽之命，其僚楊叔用、胡貞甫、鄭維東來曰：「涇野子嘗吏平陽屬郡矣，知平陽習，則何以言平陽？」曰：「平陽，堯都也，今其地猶有陶唐氏之遺風焉，修而振之，則在延之耳。是故風后掃除世垢，猶廟于解州；蒼頡治官察民，猶文於臨汾；后稷播時百穀，猶地於稷山；皐陶明兹五刑，猶家於洪洞。於箕山，吾得許由焉，輕世棄瓢，猶溪也。於安邑，吾得關龍逢焉，死諫忠君，猶墓也；於夏縣，吾得巫氏父子焉，保乂王家，猶峪也；傅說之學，猶歸乎平陸之巖；伯夷、叔齊之仁，猶茁乎西山之薇；虞公、芮伯之讓，猶閒乎中條之田。❶ 兹十有三人者，多平陽之産，張三皇五帝三王之治者也，延之今爲平陽牧，則可求對乎十有三人矣。夫削堵看楨，端影看形。故濁不去則世不清，文字不興則治不美，❷養之不周則盜竊多，法之不允則譸張衆，恬退寡則貪風熾，正直隱則讒諂興。故邦事治而後能慈，典學明而後能忠，

❶「閒」，重刻本作「留」。
❷「美」，萬曆本作「餙」。

節義獎而後能仁，謙讓舉而民斯不争。延之顧獨不可志於此乎？」曰：「延之方正剛直，不矯不阿，自其治樂清有效，徵爲户部也，臨政秉法，確不可奪，嘗奉勑查催閩廣二省錢穀矣，嚴明而不漏，寬平而不苛，蓋趙、魏之豪，而南曹之明也。且磁與平陽地相近，人與平陽俗相習，延之苟志於此，雖不及古十有三人，則夫漢之尹翁歸，唐之裴度，宋之趙鼎、司馬光四人者，顧不可企而及之乎？」曰：「嘗聞之矣，爲邦有三序焉：有克己之仁，斯有用賢之智；有用賢之智，斯有安民之效。夫十三人及四人者，古今雖不相及，然其道率不出此也。蓋其爲法甚簡，而其爲功亦不難。今日之事，豈敢使延之騖於博而不事乎約哉？」

延之名覃，別號釜陽，起家正德甲戌進士。

送周克道還潮陽序

潮陽周克道乎先來金陵，不赴會試，學於甘泉先生。甘泉子既北轉，克道送至彭城別矣，且還潮陽，其友永豐吕汝德來，曰：「則何以送克道也？」曰：「克道云何？汝德云何？」曰：「克道，與之同居，見僻地則喜，與之同行，見茂林修竹則休，其心拳拳然隱也，絶無仕進情。若懷則不然，道以中庸爲至，行以已甚爲戒，學而修諸己，仕而措諸民。其常也，數語之堅不從。不知涇野子是耶？非耶？」曰：「人之出處，如飲食之飽飢，當自知之，當自得之，予安能入克道之左腹耶？雖然，『他人有心，予忖度之』，克道蓋以便宜自取，而以勞勣委人，蓋以簡易自求，而以冗多捐世。初見克道，嘗因問，與講精一執中矣，予曰：『此本日用常行之事，甚平易，乃他人以爲難。』克道曰：『其知者以爲易，其不知者以爲難。』予驚嘆曰：『克道而及此，雖不會試可也！』他日以告於甘泉子曰：『湛門有人矣！』誦其言習，甘泉子曰：『孚先而亦至此乎？』然則克道之意，將非猶喜其易，而厭其難耶？夫乾坤示人易簡矣，人不能於易，則不能於難，人不能於簡，則不能於繁。今天下之爲中庸者多矣，乃數陷於胡廣者何耶？是故火不潛則不光，木不殖則不榮，君子之道，不知退則不知進，不知處則不知出。汝德而可以克道爲終隱乎？汝德而可以克道爲過中乎？」又曰：「終南捷徑，又非敢以爲克道送。」

前溪文集序

竊謂文不徒然也，必本諸行、達諸政而後成。是故其行敦者，其文實以切；其政平者，其文簡以明；其行與政躁而浮者，其文夸詖而支離。嘗持是以觀往古，雖碩人鉅卿，莫能掩也。予年友前溪景子伯時者，上元人，孝事其母陸太安人。太安人雙目病瞽數年矣，景子隨所至求醫，卒得金篦於京師南門，遂復明，覩見諸子孫時，庭蘐陡綻如盃盞大，❶舉家喜如狂。有二弟，皆庶母出也，嘗訪景子，景子待如同母弟，撫愛如穉弄時，他日捐舊產，盡畀二弟，不有也。其在史局、春坊、胄監，語無阿比，行不苟

❶「蘐」，原作「諼」，據續刻本改。

異。予三病在告，每維持調護于當路，俱得完歸。當其意，身雖恒仕，不自以爲通，予雖數去，不以我爲泥，蓋有古長者之風。故其酬答著述，率出新得，漫興偶作，亦蹈前工，文趨秦漢而不詭，詩奔晉唐而有餘。若乃繪章句以爲麗，博引譬以爲富，辭雖多而無味，言滋巧而不根，以吾景子視之，幾何不爲異端哉？顧憲副英玉者，景氏之門人，裒輯其藳，以類相從，凡數十卷，英玉之兄方伯公華玉出以示予，命簡存之。然言多有關，義不可棄，略黜十一，猶邁尋常。揚州人火氏誠者，景子之厚人也，深感其行於既往，欲傳其文于方來，予故略言景氏之文有本如是，觀者能因言測求，亦可以得景子之爲人矣。

樓山肥遯詩序

《樓山肥遯》者，鄉進士臨湘彭平甫大廷之友，爲其父隱君汝器作也。樓山，隱君之號。山當臨湘之東，跨板谿之南，層巒疊嶂，高幾百仞，蜿蜒崒嵂，狀如樓閣，而又古木杈枒，蒼黛蒙翳。躡磴升覽，則見洞庭如沼，衡岳如丘。其翠微出泉，深潛蛟龍，歲旱有禱，霖雨立來。隱君結廬其下，日引耆舊，讀書彈琴，載酒賦詩，飄洒風花，嘯傲雪月，不知年已七十餘也。於是交遊朋侶，率稱隱君子，而平甫之友有是詩云。夫「天下有山」，遯所由名。蓋士君子學成矣，或不得志於時；時清矣，或不得志於地；地安矣，或不得志於人；人賢矣，或不得志於道。於是有見色而往，垂翼而飛，甘于自足以遯者矣。然遯之在尾而不先，則有厲，遯之有係而不決，則有疾，皆未如肥遯君子志超乎事外，身居乎物表者也。或曰：「聖明在上，賢俊在列，奚肥遯爲？」曰：「巢、許生於堯、舜之日，夏黄、蓋公顯於高、文之世，人各有懷，歸於其好。樓山君樸茂端介，孝友性成，義倡宗族，困恤里閈，而又恥事紛華，不入城府，凡所交游，匪伊異人，其庭訓孫子，必諸聖賢。有司或榮以冠服，宿以鄉飲，睨而不受。則夫棲隱樓山，展矣肥遯，何所疑乎？」夫隱顯乘除，如寒暑代謝，故畜不久則著不盛，積不深則發不茂。若乃開潛炳幽，擒耀懸光，引翠微之泉以通濂溪，充樓山之脈以學東岱，則在平甫乎爾。

玉溪詩集序

竊謂詩有三便，皆志之敝也。便奇者失雅，便俚者失風，便于言貌、諂佞者失頌。三便興而詩亡，故君子以發性情、止禮義爲正。詩至唐室，人稱其盛矣，然李杜未免於奇，元白未免于俚，其他諸君子，又或工言貌、閑諂佞而廢其實也。然則風不可見乎？曰：采芝、結髮，可以觀風矣。雅不可見乎？曰：鴻鵠、深耕，可以觀雅矣；頌不可見乎？曰：賴有房中之樂乎！然而其德亦下矣。彼渥洼之馬、齋房之芝，又何爲哉？予在解時，嘗求見玉溪全詩而未獲，今偶觀一帙，睇其旨，殆有志於詩乎。玉溪子道德氣節偉焉一時，方守南康，選進俊傑，力復朱子之學，安知其不先能興詩也？

送王克孝還解州序

昔予之判解也，克孝從予游且三年矣。當是時，予方刻周、程、張、朱之書，以爲求人《論語》、《孟子》之門。他人之賢者，守其一二則有矣，若乃篤信躬行，不言而學日進，無警而業日修，則未有若吾克孝者也，嘗私喜曰：「吾得解州之美，其在是乎！」他日，予改官南都，克孝不忘往日之聚也，束裝買舟，泛黄河，渡大江，屢瀕于風波之險，以至金陵，謁予於柳灣精舍。當是時，予足病甚劇，方欲從鷲峰東所也，乃及休寧胡孺道同室居數月，日講夜誦，無少休暇，凡南都之顯官文人，未肯一拜，奇山麗水，未嘗一觀，則其中之所得者可知矣。春中，克孝父母書來，云思克孝，克孝歸心遂動，曰：「吾不能侍吾師矣。」每欲留之，言及二親，輒涕泣懸下，如孺子嬰兒之態。予曰：「世之云學者，類多從事於高談闊論而力行不顧，至或使聰敏之士，亦率文性命而質汙濁，言周、程而行庸俗，凡其智巧辭辯，適足爲饕餮奔競之資。視吾克孝，何如哉？」然則克孝兹往，如之何其爲功？卜子夏曰「日知其所無，月無忘其所能」，其往從事於斯乎！夫克孝之在兹也，吾無以益克孝；惟是鷲峰東所之人與仰山堂上之人，未嘗少變也，將亦非「月無忘其所能」者乎？惟是衰病腐朽之人，猶昔「見過自訟、寡過未能」之人，未嘗少惰也，將亦非「日知其所無」者乎？是固克孝飲食起居之所親見者也。克孝歸，如相信不忘，斯二言亦爲多。行見丘孟學、楊仁浹、鞏邦重、張師孔，及王子中所典書院諸賢，亦以是告之，使相勗。

改齋文集序

泰和有高賢曰王宜學者，舉進士爲翰林庶吉士，授編修，予嘗獲與同史館、偕試院，其人孝不違心，忠不違身，貞不苟異，和不苟同，志若有定，視勢如無，義若有見，臨難不顧。夫自祖宗培養士氣以來，聖明振作文教之下，君庶幾得其完者乎。君歿無子，其女嫁爲秦興學諭劉教妻。教卓有志向，暇嘗萃集君遺文數百首，問序焉。予曰：「古者以行爲文，後世以言爲文。夫惟以行爲文也，凡其著述，皆發乎在己之先得也，是故簡而切，是故實而理，可以範俗，可以弘化。雖其人已歿千萬世，重如蓍蔡，不敢慢焉，蓋非徒以其文也。夫惟以言爲文也，凡其著述，皆剽乎他人之先失也，是故藻而泛，是故虚而詭，可以惑世，可以誣民。雖其人且存咫尺間，輕如糟粕，不欲觀焉，蓋非徒以其文也。嗚呼！改齋之文，予知其必傳矣。改齋有季路聞過則喜之勇，伯玉欲寡未能之志，雖夫子所稱篤信好學、守死善道者，亦可幾也，若使存且至今，其造詣當必有無可改者。嗚呼！改齋之文，予知其必傳矣。」其素行之實，列在東郭鄒氏序。

別胡汝臣東行詩序

予居鷲峰東所，沭陽胡汝臣聚講焉。他日汝臣言及周公處管蔡不如舜之處象，及漢趙苞忠孝未先事，予甚驚服，以爲自與他同志者講，未有如此論者也，此其言殆幾於道乎！未幾，汝臣歷滿，省其父都憲公於浙，來告別，則謂之曰：「汝臣昔所論者言也，今所往者行也，昔所言者知也，今所行者仁也。夫言至而行不至，孟子比諸狂；知及而仁不及，孔子不以爲必得也。斯二者，於道皆病焉。顔淵曰：『舜何人也？予何人也？有爲者亦若是。』是故志必如顔淵，學必如舜，道之不獲，鮮矣。顔之志，雖簞瓢不改其樂，舜之學，雖耕稼亦取諸人，汝臣行矣，予冀汝臣之無弗舜、顔淵也。」於是諸同志者皆爲詩于左。

日講存稿序

《日講存稿》，今太宰紫巖先生劉公之所著也。聖上御極，講筵先開，公自翰林學士至兩任少宗伯，先後四年，皆爲日講官，凡所陳説，依經採傳，增損數字，義輒明曉，雖奥旨微辭，皆見於指掌間。公每進講，積誠累日，飲食動息，質對于天，故忠敬篤至，有孚顒若，於聖賢之道若親覩也。昔程正叔、范淳夫在講筵，不事言語，而直以誠意感動，裨補良深，公真其儔歟！聖上即位以來，今且九年，凡三重九經，率出淵衷，多自裁定，四海罔不祗畏。究厥本源，實在親賢禮儒、敦信經籍耳，斯固世人所未知也。公嘗自述講筵之難，存此稿以示子孫，若乃傳布天下後世，以明聖上好學不倦之心，不可乎？夫自訓詁辭繁，經義反障，於是學子大夫率馳心他歧，❶争崇異説，不知務本，故文日弊，俗日偷，其於政亦有害焉。《存稿》如行也，以正士習而敦文教，不又可

❶「子」，續刻本作「士」。

乎？稿計《尚書》五十有二篇，《大學》二十篇，《孟子》一篇，《論語》四十有三篇。❶

送别程惟信詩序

予自至南都，中傷暑濕，雙足難履，日事湯藥，鮮接賓客。戊子之秋，歙進士程惟時訪予柳灣精舍，語論契合，别久懷思。明年，其弟進士惟信亦獲會焉，未稔也。又明年，移居鷲峰東所，惟信方業太學，乃數聚論學，情好亦篤。惟信曰：「世之論學者，言或出事物之表，行或滯塵俗之中。以然論之，學惟言行合一之爲美乎？」予曰：「惟信而及此，學可謂知本矣。《易》不云乎：『默而識之，不言而信，存乎德行。』於此有人焉，辯如懸河，談如鼓簧，非不可聽也，然文飾之頃，肺肝畢見，耳聞之，心鄙之，不以爲僞，則以爲欺，是『言而不信』者也。於此有人焉，訥如拑口，默如結舌，非不可略也，然形著之間，風神具存，目視之，心重之，不以爲醇，則以爲真，是『不言而信』者也。夫言與行，豈惟合一者哉？故曰：君子與其言浮於行也，無寧行浮於言。今之士於先聖賢，求其行則不如，然每於其言則議之，素甚不取也。惟信之歸，與子之兄，其殆免此失乎！惟信而猶夫今之士也，則子之兄之名、子之字之義，其謂之何？」

壽黄母王夫人八十序

武進黄進士子充業太學，是年五月二

❶「三」，續刻本作「二」。

十日，爲其祖母王夫人之八十誕期也，問教言，涇野子曰：「子充而聞晉李令伯乎？孝養祖母，至徵爲太子洗馬不就，使其祖母劉壽至今千年未艾也。夫令伯直能養耳，且使其祖母壽如此，若子充克肖其賢，則王夫人豈啻如李、劉哉？」子充曰：「祖母操持嚴重，閨閫肅整，有古閫門之義；字此諸孫，蔬果必均，歲序燕集，少長咸睦，有古鳲鳩之愛；二女皆庶出也，撫如所生，無或妬嫉，有古小星之禮；衣率補綴，躬事紡績，祁寒暑雨，耄耋不改，有古主績之儉；若遇祭先禮賓，必致洗腆，罔有不欽，有古季女之齊。兹五者，皆祖母之聖善也，萬善雖有念兹之心，而無繩武之行，則何以肖諸？」曰：「子充而見江滸之竹乎？往年所移之本，終尋丈耳，加之以壅培，滋之以沃壤，潤之以雨露，曾未幾時，其孫竹之茂可以插霄漢而淩雲日，比于祖竹，不啻百千。故《小過》六二曰：『過其祖，遇其妣；不及其君，遇其臣。』子充而有邁跡之勇，又何患於祖母之不千萬歲哉？是故知肖其義，則幾微之察，公私之辯，必達諸性情矣；知肖其愛，則『民吾同胞，物吾與也』，必博及並生矣；知肖其禮，則群而不黨，矜而不争，必化及同儕矣。儉如克肖，雖以節天下之財可也；齊如克肖，雖以格天下之神可也。審若是，則祖母之聖善必廣且遠，又何患其不千萬歲哉？」於是子充拜曰：「萬善聞斯言矣，敢請從事如竹，以詩書爲雨露，以師友爲沃壤，以樂善不倦爲壅培，可乎？」曰：「存誠以端其幹，閑邪以剪其蘖，遠塵俗之染以解其支蔓，則亦不可少也。」

贈鄭廣南序

莆田鄭君諧甫仕掌南刑曹正郎，乃有廣南之命，南國大夫率以爲屈。其僚趙克恭、林大和、宋元錫曰：「廣南遥在雲南之鄙，與古器、野迷、師宗爲鄰，水陸三五月而後至，諧甫遠矣！地多儂人，種類百夷，桀黠一忤，矛戟森興，往守或假居臨安以遥領，諧甫險矣！俗多跣足，或醢鼠而噉虫，人倫道格，諧甫難矣！」涇野子曰：「三君子以葱嶺、月支爲邇乎？往者漢使非有大故也，爲一渥洼之馬，經歲籍程而必至。今廣南固輿圖版籍也，而諧甫領命握篆，載旌行驛，惡乎遠？嘗見深山之谿塹乎，冒之以榛莽，數虎群行，墮其一於中，瘡額破脛，數日不得食，張頤以待人，有行樵憐其餒也，遺之乾餱，朝夕以爲常。未幾，雨滑失足，亦墜虎傍，虎識其爲樵也，情意戀慕，使扶己尾出谿塹，即以其前掌援樵，亦得出。夫廣南，固不險於虎矣。卭都之國多猿猱，戲熊羆而侮松杉。有嗇夫獲三猱焉，教之揖則能揖，教之拜則能拜，遂作人禮狀，而況於漸漬王化於數百年之地者乎！」三君子曰：「豈謂是哉？惟是時俗之論曰：『險遠之郡，不以處親昵，以處疎人也，不以處通達，以處滯人也。』乃諧甫筮仕北部，以違親道遠，奏改南曹。當在工部，抽分蕪湖，蕪湖士民今尚頌美。若乃持論端方，臨刑執持，士林又皆稱服。雖古之孝廉、賢良，可望焉。斯其人固宜晉近清光、分符畿輔矣，乃有廣南，是故惜耳。」曰：「居中原之地，當文明之邦，承其故案，行其恒移，詩酒袖拱，足以了辦，夫人而可也。乃若險遠之地，苟非君子，固有望其境而先去者矣。諧甫兹行，將非聖明有不忘遠之意，簡其賢而畀之，使之懷柔邊徼、綏和夷僰者乎？且三君子而知耕叟、篙師乎？當其遠者而能之，則不患於其近矣；當其險且難者而能之，則不患於其夷易矣。吾知諧甫之學諧聖賢而政成卿相，自此廣南始也！」

鹿門鄭公挽詩序

鹿門鄭公伯興，丞大理甫閱月，疽發背不起，吊客盈門，欷歔悼嗟，南都諸公卿皆爲誄詩以挽之，其僚大廷尉中梁張公請予説其詳。夫鹿門嘗爲文選，數月即能揚賢抑愚，爲明時光。使由大理積烝崇要，必將滋務得人，壯固元氣，補於國家不淺。乃年方六十二而卒，則諸公卿惜之者，豈爲鹿門一人哉！或曰：「人有隱憂潛慮，口雖不言，氣血陰鬱，亦能疽。鹿門望重資深，乃位出晚進之後，又其族屬單寡，年已耆艾，子未成立，亦能疽。」曰：「斯二者，皆爲身謀家計，不知吾鹿門者也。鹿門在文選時，有友勸其『苟改度，即在乘輿列』，鹿門拒之曰：『吾寧舍車而徒可也。』未幾，有邛州之行。今以二者病吾鹿門，誤矣！且謂范增何人也，進不知擇主，仕不知行道，在君子所不取，然猶憾其策之未行也，以疽死。況吾鹿門學諧明誠，才抱經濟，❶見善必好，見惡必惡，忠藎自許，圖報明時者也，爾乃見民餓殍不能救，覩時灾異不能弭，憤懣填胸，激憂成疽，固其然乎！夫自古忠臣烈士，隱居求志，將行義以達道也，乃或志不

❶「學諧明誠才抱經濟」，重刻本作「學與材偕」。

克償，當言而隨人囁嚅，值行而同人趑趄，或掣其牛，或濡其尾，苟有丈夫之心者，其何以爲懷乎？ 故如祖逖輩，往往以疽死，不獨彼范增也。」或曰：「聖人與世推移，隨物變化，志所未竟，輒以疽死，則其量亦褊而道亦細乎？」曰：「聖人立命，其次植義，其下沉俗。命既未能立，有義而已。義又弗植，而惟俗之沉，乃以爲大量而道高，則後世聖人亦多矣。嗚呼！ 若吾鹿門者，雖謂之未死可也。」

送孟時齋序

監察御史濟寧人時齋孟君希周，在南道六年矣，上陟爲陝西參議，分守西寧，總理涼州邊餉，兼典水利。將行，謂予曰：「何以告西寧乎？」曰：「椈，西土之人也，聞邊塞之士，罷於衣食甚矣。」曰：「易亦嘗諗諸耆舊，軍儲不足，預移當司，免使就急耳。」曰：「君即如是行也，朝廷其無西顧之憂乎！ 夫士之有官，猶其有家。今中人之家，有兄弟焉，有子孫焉，有女婦焉，月費幾穀，歲費幾布，日費幾薪蔬，爲之家長者，必夙夜焦勞，先爲之處，有餘則畜，不足則營，務使凍不及體，餒不至膚，然後快於心。乃至守一鎮軍民，顧不能使之飽煖，待求而後與；又或不能對其欲，過時而後給；又或不能補其債，容姦而後發；又或不能盈其數，至使行伍含忿，甲胄興讎，則豈有他故哉？ 凡以視之不如己之兄弟子女耳。且不見近日之北邊乎？ 一失士心，亂數年而後定，故君子之策邊，以禦敵爲下，養士爲上。」

「昔者趙充國欲從先零以及罕、幵也，

當是時，辛武賢阻於前，浩星賜抗于後，❶乃充國堅執屯田十二利而不改，卒之從枕席上過師，支解羌虜。故曰『足食，足兵』，言食不足而能足兵者，未之有也。夫西寧，固漢湟中、張掖之地，充國所嘗從事者也。今公所典糧儲，可當充國時大司農之轉穀，而居延白亭諸海、木連西寧諸河之水利，足以灌溉隴畝，即趙氏屯田猶在也。公斯之行，吾知壯固西陲，坐摧胡虜，不啻如前漢時已。雖然，於此有二人焉，其初皆有中人之産者也，其一人之兄弟子女厭粱肉，其一人者藜藿不充食。夫父母之心，斯二人豈不皆有之哉？乃其貧富懸絶，何邪？則亦其爲之長者，勤惰異其趣，奢儉殊其途，供應賓客之往來改其度耳。故貧者雖視親子戚弟張頤露膚也，亦莫如之何矣。公斯之行，豈惟但以其移委諸他人哉？公，東魯之儒，舉有進士，早聞夫子文事武備之旨，及爲御史，又能剴直無所循阿。公斯之行，雖自陜以西之兵穀可寄也，豈惟一西寧道哉？」

送朱秋厓考績序

予既自考功改官矣，吏部聞于上，以職方郎中秋厓朱君子純繼予。未數月，秋厓并前刑、兵二部俸，得考五品滿，諸僚謂宜有言贈秋厓也。曰：「予雖舊考功也，不如新考功之明且公也，安能言？」曰：「去歲有劉少功者，嘗爲北考也，且言之矣。」曰：「嗟乎！考功不分於新舊，則固不可分於南北矣。予獨惜夫今也南北考功亦大異

❶「抗」，續刻本作「杌」。

矣。夫南北之設官如不同也，則南北之考功異也，宜也；南北之設官如不異也，則南北之考功也又奚不同乎？」或曰：「職有繁簡，則位有輕重，官有遠邇，則勢有低昂，宜其然也。」曰：「豈謂是哉？方予之爲考功也，南以爲明者，北亦以爲明，宜其然也，然亦有三二人焉不以爲明，或黜且後者矣；南以爲幽者，北亦以爲幽，宜其然也，然亦有三二人焉不以爲幽，或陟且先者矣。所見異行，所聞異辭，將非予久叨史官，兼守州判，專習文墨，不閑吏情，是非爽實，賢愚迷真，宜其然也。惟吾秋厓，守開州而政成循良，在刑曹而法稱平明，爲職方而繁劇之決，既諳殿最之實，滋深課覈之舊，其在南之所考者，蓋與北不相符節者鮮矣。萬有一二焉，非北之差，即南之謬，非南之謬，即北之惑。朱紫既淆，玉石亦混。」「今玆之行，試詢其故，可乎？」「夫爲政之道在安民，安民之道在知人。雖虞、皐陶之告大舜，亦以此爲當務之急也。如其有十一二之異也、誤也，猶可説也；十有三四，不可説也。如其有十三四之異也、疑也，猶可説也；若或侵淫至於十七八焉，則雖有十一二者，口雖辯不敢言，足雖健不能行。將使閭閻之民，陰生無頭之癰，皮膚猶人形也，而氣血内潰、蒸銷肌骨，爲之醫者，方塗之以芩黄之藥，不亦誤邪？然則南北之考功亦重乎？君子於此以觀世也。」曰：「秋厓方考己績，安得以是言也。」曰：「於他人者之考績，爲其一人者言，可也；於考功者之考績也，而以是言，則所考之績廣且大矣。」

秋厓名紈，蘇之長洲人，起家辛巳進士。

贈吳參議序

嘗讀史，於西漢得汲長孺焉，招之不來，麾之不去，吾愛之重之，以爲仲路之儔也；於東漢得黄叔度焉，澄之不清，澆之不濁，吾愛之重之，以爲仲弓之儔也。仰止千載之上，徘徊風氣之餘，得其近似者，其南海之吴成甫乎。或曰：「成甫政方初試，官始就顯，何遽至是？」曰：「君子見幾於利害之萌，常人迷心於得失之際。方予之爲考功也，官雖郎署之間，職有課覈之責，乃成甫瀕考六年績也，予會之欲語而遠其席，予遇之欲就而策其馬。當其時，成甫上無可援之人，內無可憑之勢，孤立自好，隱練行業，予陰重之，曰：『斯其人，殆有所見乎！』及成甫之已考績且久也，勢可行資，鎮重不動，官可速轉，積滯不怨。當其時，予既久於郎署，而且改乎閒局，乃成甫禮遇益厚，辭貌轉篤，予陰重之，曰：『斯其人，殆有所養乎！』嗟乎！士風係於治道世運不淺也，隆汚占焉，升降卜焉。即有位或顯者也，趍之如雲霧，稱之如賢聖，雖平日不足其人者，亦改面矣。即有勢或去者也，議之如吹毛，賤之如棄核，雖平日深受其益者，亦變情矣。夫方其顯也，其趨我者之言未必皆真也，然人情喜譽而惡毁，遂不知己之所至，而以趨我者之言爲真也，軒然自褒而傲物者多矣，天下之士所由不至也，是故治道難隆焉，世運難升焉。方其晦也，其棄我者之言未必皆當也，然人情好榮而惡辱，遂改其己之所守，而以棄我者之言爲當也，欿然自貶而逐物者多矣，天下之士所由不與也，是故治道日汚焉，世運日降焉。嗟呼！此吾有取於汲、黄二君，而重成甫之近似也。」未幾，❶吏部請于上，陟成甫爲福建参議，其鄉仕南都者黄國興諸大夫請贈言，遂書以與之。

成甫名章，廣東南海人，起家辛巳進士。

贈魏尋甸序

費人蒼厓魏君宗召爲南户曹至正郎七年矣，上以吏部請，陟爲雲南尋甸知府。其僚周宗道、鄭惟東曰：「宗召蒞事精敏，洞察吏弊，而又稟受剛直，人不敢干以私，至其接人，誠篤樂易，和而不同，於世味泊如也。斯其人，分符鉅邦、❷佐参雄藩亦宜，乃有今轉乎？」予聞之，亦疑焉。未幾，黎平太守祝仁甫者，予年友也，陞四川参政焉。又未幾，刑曹正郎鄭諧甫者，予所知也，陞廣南知府焉。夫黎平，貴州之僻郡，尤劣於尋甸，其守且陟至大参，廣南視尋甸滋遠惡，且屈鄭刑部以往，此不可以説尋甸邪？夫南詔之地，往隸蒙段，而尋甸即新丁、仁德處也，人多僰玀，俗近百夷，皇祖開國以來，於洪武十六年併省爲美、歸厚二縣，定爲大郡。自是爲守以治者無慮百人，然皆未聞有用夏變夷之政，或且今年速寇，明歲興戎，如今日之安銓事者接踵也。聖天子重忘遠之戒，弘並生之仁，是故於其遐邦夷府，多簡賢能以往，使宣德化而臻治理，於是宗召有此尋甸耳。

然則治之者如之何？曰：「昔諧甫之往也，嘗告之以馴虎教猱矣，言虎猱尚可馴

❶「幾」，原作「及」，據重刻本改。
❷「邦」，續刻本作「郡」。

教，而況廣南之民乎？然則尋甸可知已。是故子視其民者，未有不父其我者也；弟視其民者，未有不兄其我者也；生徒視其民者，未有不師長其我者也；乃若賊傷其民如虎猱焉，則民亦未有不寇讎其我如虎猱者也。夫子謂子張曰：『言忠信，行篤敬，雖蠻貊之邦行矣。』夫士而忠信篤敬，蠻貊可行，而況於爲民父母者哉！宗召固夫子之鄉人也，改蒙段之俗爲鄒魯之風，其在斯行乎？區區如仁甫之擢，以至卿相，不足爲宗召道也。」

宗召名公濟，先籍山西汾州，後爲山東之費人，起家正德甲戌進士。

魏氏雙壽序

太守魏宗召之父東蒙先生，嘗舉山東高第，尹邢臺，有善政，以宗召貴，封南户部主事，今年生八十有四歲。其配邵氏封太安人，今年生八十有一歲。宗召之友爲宗召問壽序。予曰：「宗召胡不問壽於鄉人之孟氏乎？」曰：「孟氏，鄒人也，去費遠，今歿且久，安能問諸孟氏。」「宗召胡又不問壽於鄉人之孔氏乎？」曰：「孔氏，魯人也，去費近，今歿且又久，安能問諸孔氏乎。」曰：「子嘗聞孔、孟之父母乎？」曰：「稔聞之矣，爲叔梁紇及顔氏、仇氏也。」曰：「孔、孟歿且久，而其父母，子尚能言之，則其壽不待問而知矣。」曰：「濟所知者，名也；其所不能問者，實也。」曰：「有實則有名，有名則有壽。名不足而有壽者，鮮矣。實不足而有名者，鮮矣。」「然則其實也，濟知之矣。『博文約禮』，孔氏之實也，於是乎一貫得。『知言養氣』，孟氏之實也，於是乎四端充。將無在是乎？」曰：「然。此所以謂子爲孔、孟之鄉人，知壽二人於無窮矣。予縱有言焉，豈能以及是乎？」於是宗召嘆曰：「濟以爲壽親之道，在問四方，今乃不出乎吾鄉。」

朱拙翁七十壽序

儀真學生朱永年學於鷲峰東所，一日問壽其父拙翁處士，曰：「年父字天祐，性賦質直，不飾言貌，而又慷慨樂易。少既廢舉子學，乃殫力生産作業，又能計會，多獲奇贏，家因饒裕。其事年大父，旦暮旨甘瀡瀡不缺，堂廡敝，即改致輪奂，以悦其意。年季父生一子，得惡疾，日視湯藥如己子，他日季父謝世，撫其遺孤，愛益篤。里中柳生者，志士也，家貧而行與俗違，乃延爲年說章句。有急難，出重資解脱，不爲計。生年兄弟五人，每訓以柔善。童時曾讀《小學》書，恒謂年曰：『書不必多讀，只《小學》，能行用不盡也。』則先生何以使年父壽至數百歲也？」涇野子曰：「年聞陳咸、尹彦明之父母乎？咸父，丈夫也，教其子以諂；尹母則婦人也，欲其子以善養。夫道之在天下，顧其人得之何如耳。如其得之也，雖婦人，不讓于丈夫，況拙翁處士質直自取，陋陳萬年而不爲哉？年雖爲咸可也，爲彦明可也。且子他日固欲事君矣，其道即拙翁之悦親者可充也；固欲事長矣，其道即撫弟遺孤者可充也；固欲推賢讓能，以居朋友寮寀矣，其道即柳生、謝氏事者有餘也。」曰：「年不至鷲峰東所，則止知吾父之道高，而不知其所以遠之者則在年也。聞先生之言，年雖努力以學張子厚之事殿中丞、程伯淳之事太中公，不可乎？」曰：「年能如是，則拙翁處士雖數千歲，未艾也。」

賀惲器之受旌序

嘉靖七年，湖廣鄖、襄、荆、常及安、沔諸處，旱熯爲虐，人至相食，聖皇降勑以責荆楚之官，發金以拯桂玉之歲。當是時，宜興惲君器之方爲均州守也。均州僻居山谷，石多土少，地瘠産薄，而又緇流蠶食，雜役蝟興，一遇凶歉，視他邦尤劇。君曰：「若俟内帑，民死久矣。」乃借庫出銀，以立則而行糴；定價勸糴，以安貧而保富；審籍列户，以給票而發倉；計口開單，以分日而程月。或給批以來遠糴，或準貨以易官穀，或出告以速四商。鬻男女者不出境，遺老幼者有所館，典田宅者必至官，販牛者望封而退，納香者謝兵而進，無賴、妖讒及諸盜竊者，皆使漁獵樵蘇而息。❶於是上官率良其策，而郡民實受其惠，他地不免於死亡，而均人獨無溝壑憂。然其究在稽里正之擾，遴忠信公正、崇廉耻、重身家者以委之也。比歲少稔，若已陞户曹郎矣，未幾，撫按諸公謂人主御臣，欲激勸於將來，當課功於既往，乃旌舉一時藩臬、守令賑濟賢能官員，而君在竭力殫忠之列。上令户部移咨南曹，轉行應天，羊酒獎勞，蓋異數也。且一時湖之守令，不啻數百輩也，遇旌者九人而已，而君居其先；一時列郡，不啻數十州也，免饑者三州而已，而君居其首。宋富公之賑青州，將不於惲君而再見乎！或問：

❶「使」下，續刻本有「爲」字。

「堯舜病於博施濟衆者何?」曰:「此爲有天下者言也。且博施非難,濟衆爲難,蓋有博施而不能濟衆者矣,未有濟衆而不能博施者也。是故儲有千則發之千,儲有萬則發之萬,拱手計數,人人而可爲也。惟夫與之升者得其升,與之秉者得其秉,此非加志於窮民,用哲於知人,行義於革奸,審方於辨物者,不可得而然也。嗟乎!如惲君之法行,雖當時以救全楚,不可乎?聖天子方勵精民瘼,以求免堯舜之所病者,思得人以用,惲君如不自多,益充大其所有,他日雖進至卿相佐聖天子,以身親見其濟衆于天下可也。」

寶制堂私録序

夫文何爲者也?以明道也。夫道何爲者也?以經德也。其德厚者其道廣,其道廣者其文行。是故靡辭不足以闡幽,冶辭不足以適治,游辭不足以貢俗,艱辭不足以辯理。故叔孫豹謂臧文仲之言立,而孔子謂子産之辭不可已也。今觀梅國劉公介父之作,其殆似之乎!昔者予之在告也,梅國提學自蜀來,褒衣雅度,私以爲真士子之師也。及予改官南都,又數聞其孝以終母,廉以睦鄉,恭以下士,嚴以繩貪,有古明公卿之風。故思見其著作,常棘棘焉,乃今固有斯編乎。夫梅國且將肅百僚,貞百度,股肱王室,使聖主之德流行於四海,雖周之《召誥》、《立政》,商之《悦命》,皆可企而作也,則其文豈啻於此乎?其文體之美,詳在司馬林公序,而析類次題,則鳳陽守曹君仲禮之所校定者也。

木齋胡君雙壽序

木齋胡君汝季與其配汪氏，生皆七十，其子大器學於鷲峰東所，托其友章宣之、王伯啓問壽焉。涇野子曰：「所告壽於孺道者久矣，乃于今日而始問乎？所告壽於孺道者多矣，乃於二友而始問乎？昔者孺道欲爲文，則謂之曰：『汝能爲七篇仁義者乎？』孺道至徹夜不寢，思往焉。昔者孺道欲求行，則謂之曰：『汝能爲程氏二難者乎？』孺道至失其家婢而不怒，思往焉。昔者孺道欲爲德，則謂之曰：『汝能爲漢之石建、隋之楊椿者乎？』孺道至事兄猶父，躬執湯藥，處鄉如家，身行謙素，闇闇乎思往焉。今孺道所造，其實踐能充之也，木齋君、汪夫人之壽，吾可以千歲定矣。今孺道所造，未實踐能充之也，木齋君、汪夫人之壽，吾不可以千歲定矣。」二子曰：「木齋君慷慨剛正，見義必爲，雖未籍學，然事親殯葬，與禮不爽，其克恭二兄，怡怡如也。又嘗開塘灌田，波及鄰里，殆千餘畝，霞阜之野，齊口歸仁。他日出穀賑饑，有司授以冠帶，棄而不著。生子四人，勉使爲善，不溺流俗。汪亦柔順孝慈，而賓祭勤儉，巷無居婦。即是行也，豈不可以數百歲哉？」曰：「是在木齋君、汪夫人，不在孺道。是故孺道如前所爲文，即汪可以望仇氏之緇軿而并驅也；孺道如前所爲行與德，即木齋君可望太中公萬石君之芳躅而接武也。是豈惟可使其父母千歲哉？」於是二子以告孺道，孺道以告其兄大周、大同，共獻諸霞阜之堂，曰：「世世子孫無忘也！」

杭澤西八十壽序

己丑之夏，太學生宜興杭錫賢封謁予於柳灣精舍，未幾，持《日惺卷》以索題。予嘗爲之説上蔡以至曾子三省之學，錫賢既别，恒不忘，數以書來謝。今年冬，錫賢乃列狀，托其友周道明問壽其父澤西先生，且曰：「封父爲兒時即穎悟不常，乃四十始舉進士，授官吏部，歷稽勳、考功諸司，所交皆當世名士。雖已顯，猶爲講經會，乃被儕輩憎擠，仕外爲福建提學副使，後陞參政至布政云。然厭塵事鞅掌，抗疏勇退，於是吏部奏于上，有『歷仕有年，持身無失』之褒。既歸，乃葺園疊山，與弟雙溪都憲公及諸弟徜徉山水，飲酒賦詩，不問世事。明年正月八日，即八十之初度辰也，則封何以壽吾父至數百歲也？」予嘆曰：「錫賢而忘往年『日惺』之題邪？且錫賢不見荆溪之簜乎？其摇風呼雨，映水漱石，固美矣，然非引根茁笋之暢茂，則固無以爲此簜之光遠也。昔者上蔡爲惺惺法之學，不啻使其父壽也，雖曾祖商者，至今猶存焉；曾子爲三省之學，然後獲聞夫子之一貫，使其父晳與己並壽，今雖以等南山之無疆可也。然則錫賢欲壽澤西先生至數百歲者，惟在不忘日惺耳。夫惺也者，心之星也。是故衡有銖、兩、鈞、石之星也，若爲塵垢所掩，則不可得而辯矣；天有斗樞、三垣、五緯、二十八經之星也，若爲雲霧所障，則不可得而辯矣。夫人心之有星，亦猶天與衡也。而錫賢心之有星，則固澤西先生之所授者，錫賢而果能日惺惺焉，不掩于塵垢，不障於雲霧，行與衡平，動與天游，則詩所謂『彼醉不知，視天夢夢』者，皆有愧於錫賢，而錫賢之壽其父者，殆與謝氏、曾氏可媲矣，況澤西先生之道，自足以傳方來者乎？於戲！壽澤西先生之言，於錫賢日悜之外，果無餘説也。」

澤西先生諱濟，字世卿。

壽林母吳孺人七十序

處士林基學自莆田來，過鷲峰東所，問予曰：「賢母吳氏，出洙陽望族，虞部員外贈郎中瑋公之外女孫也。生有高識，復閑禮度，既歸先君，無違宮事，雖吾祖耻齋及吾曾祖璞菴，皆稱重之，以爲可以範女流、起林氏也。先君心度怡曠，好延賓客，不時之需，皆母辦具。先君又過怙賢兄弟姊妹，終歲無怒容，吾母矯之以嚴，今皆賴以成立。及先君既殁，綜理家務，猶如强壯，宗戚閭里，贈遺周救，罔有不宜。明年十月，壽躋七十，而賢資不逢世，朝夕乏鍾鼎之養，謬意高遠，學不能潤身，則何以使吾母至千歲也？」涇野子受其簡，而基學亦移之鷲峰方丈居焉。今年三月，基學又申前問，涇野子曰：「基學所言者，皆在母孺人者也，不在基學者也。在母孺人者，可數百歲；在基學者，可數千歲。昔者顔子之養親也，先以其簞饌之親，而後餕其簞，其親不以其簞爲貧也，顔子樂之；先以其瓢飲其親，而後啜其瓢，其親不以其瓢爲薄也，顔子樂之，故能使其父路母仇，❶至今數千歲猶壽也。如使其父母不悦於簞瓢，乃顔子自以爲樂而不改，則雖夫子，不肯稱其

❶「仇」，續刻本作「姜」。

賢，而顏子又焉能使其親壽至今存邪？ 基學其自卑近處求之，不可乎？ 何謂卑近？ 人之所言，吾亦言之，實非人之所言也；人之所行，吾亦行之，實非人之所行也；人之服食，吾亦服食之，實非人之所服食也。世之學者溺意於官祿詞章，而忘其身心之何在者固非也，若使抗志高遠、立論宏闊而躬行不繼者，亦非也。何者？ 言行相背，體用殊途，道術裂爲天下私也。 基學蚤棄科舉，專心學道，不求仕進，已高出常人之上矣。 若是鍾鼎之養之念未盡絶，則猶夫在科舉也。 抑吳孺人亦未能忘情於是邪？ 如吳孺人能忘情於是也，是誠天下之賢母，可與尹彦明母比肩矣，而基學雖終身負米以養之可也，又何憂不能潤其身如顏、曾氏哉？ 然則吳孺人之壽，基學雖使至數千歲可也。」

少保工部尚書俞公七十五壽序

嘉靖七年三月十六日，宮保大司空西湖先生臨安俞公生七十五壽矣，耳目益精，音聲益亮，動履益矍鑠不衰。當其壽，豈啻百歲有餘乎？ 或曰：「遐算之人，猶長生之木，厚受而不剥者壯其幹，多静而不折者達其枝，有功而不居者忘其蔭，見美而不貪者足乎己，臨難而不避者定其心。 公天授醇樸，背如罔阜，長大博雅，無一巧僞習，是有幹也。 除御史不久，居一鴻臚十餘年，在通政亦近之，玄修潛養，不求人知，外感無所撓，是有枝也。 省百工費，陰施於民，既戡定邊患，處之若無，是不有其蔭也。 人方争炎，已則守涼，人方争榮，自云非枯，其視權勢通顯泊如也，則其在己可知矣。 爲少司空曰，塞北有警，上曰『保定等五府武備，非其人不可』，乃命公兼右僉都御史往蒞，公即毅然星駕，無所顧忌，則其於心可知矣。昔衞武公和身守抑抑之戒，學盡猗猗之竹，壽越九十且百歲，宜乎瞻望公者以爲難老也。」吕枏曰：「此猶未也。去冬予道經歸德，其城西有廟巋然，問諸士人，皆曰：『此宋睢陽五老祠，今少保俞公所重建也。』公釋褐爲行人時，差典周府喪禮，途感瘧疾，幾不能生，舟次歸德，仰天嘆曰：『某五歲而孤，賴母教育，至有今日，萬一客死，遺母孰養？天如佑我，獲事母終，死亦無憾！❶』失聲痛哭，醫侍皆泣。是夕忽夢五老，鬚眉皓白，立語：『爾母壽高，汝壽亦遠，官且崇顯，病當尋愈。』公即請問，答曰：『此地五老人耳。』旦訪其詳，則宋太子少師杜衍、侍郎王渙、司農卿畢世長、郎中朱貫、馮平，年皆八十有餘，致仕里居，用唐白樂天香山故事，結社賦詩，形於繪像，有廟于斯，歲久而頹。公遂捐俸，托守重爲建置。其後公母太夫人年八十有七，公官果至今尊。去春四疏乞休，上遣中官賜羊酒蔬菜。再疏乞休，上賜勑致仕，給之歲夫月廩。即者優游泉石，强健倍昔。昔孔子謂仁者壽，其門人有若以孝弟爲仁之本。然則人之能孝，猶木之有本乎！當公恨疾念母之時，其誠已通天地、達鬼神矣，斯其志雖千萬世永可也，區區浮生之一二百歲，何足爲公算乎？」於是其子南京都察院都事意民，❷以予素受公知也，請登其言於軸，寄壽於杭。杭父老子弟聞之，皆歌《南山》篇

❶「憾」下，續刻本有「矣」字。
❷「意民」，續刻本作「惠民」。

以侑觴。

醉泉朱公七十壽序

刑部主政烏程朱瑞卿來曰：「雲鳳斬焉，有母氏之喪未除也，煢煢哀疚之間，幸吾父醉泉翁年登七袠而尚健，少慰不肖之懷耳，則何以使至千歲也？吾父諱仁，字以德，受性敦慤，亦復直率，無所文飾，雖敝衣疏食，❶恬然處之。其於世之聲色紛華，絶無所好，惟資給不肖以學，至假諸富室，鬻産而償，亦無難顔。家後少裕，又以貸貧，雖棄貲不校也。性頗喜飲，意不在酒，若遇合志之朋、知義之友，則日與酬酌，不知其他。去郭二十里，有别墅在樓賢山，每花辰月夕，携三四耆舊，角巾野服，駕扁舟而往，使僮子引壺觴、捧卷帙，或席地而酌，或倚樹而吟，以自適於溪山林石之間。嘗受有冠服之榮，一赴鄉飲，棄去不就。於是有大人君子識其意，號翁曰醉泉云。今八月二十四日，其初度辰也。」答曰：「若是，則醉泉先生之壽詎可量乎！夫泉也，出於山下，放於四海，行而有常，流而不盈，疏天地之命脉，發陰陽之秘結者也。飲而以是爲醉，吾知其有節矣。昔有爲吏部者嗜飲，至盜臨舍酒，醉眠其槽甕之間，予嘗以爲濫矣。有爲從子作詩以戒者，❷至以酒爲狂藥，則又恐其言不能盡行，人不肯盡信，予嘗以爲隘矣。惟淵明有酒斟酌，堯夫飲喜微酡，之二夫子者，則予所喜慕也。乃今見醉泉先生之事，將無庶幾乎？今夫火，盡

❶「敝」，重刻本作「布」。
❷「子」，重刻本作「予」。

露其魄，不久而化，若潛之於物、養之以固，則雖甲夜種、旦日求，無弗繼者矣，而況於泉之有本者乎！ 然則先生之壽，可知其遐算也。 莊周曰：『注焉而不滿，酌焉而不竭，而不知其所由來，是謂葆光。』夫『葆』也者，藏也，大也，久也；惟於『光』也，藏斯大，大斯久矣。 又聞之云：壽有三，有王澤之壽，有聲聞之壽，有行仁之壽。 夫王澤之壽，在《書》五福之首，不過百歲耳；若夫聲聞、行仁之壽，則乃人子所與臻，蓋不啻數百歲已也，是在瑞卿焉。」

簡軒文行集序

張武庫沖霄刻其父簡軒先生所爲詩歌，暨諸名卿所撰先生之碑志、傳、讚，凡百餘篇，曰《文行集》。 他日過予，曰：「先君子不獨文焉耳，而行實先之。」然亦嘗聞諸其鄉縉紳矣，亦皆曰：「張簡軒溫而敏，恭而畏，信而孝，雖暗室、屋漏，未嘗敢欺，而窮通得喪、患難死生交變於前，不一易其守。 當時遊其門者殆百餘人，多科第去，而簡軒君竟不獲一遇，然其志亦可取矣。」嗟夫！ 世之爲詩文者，多迷心於煙雲花鳥，而不知志之所向，故雖連篇累牘，君子以爲未文也。 其或文也，又心與口違，身與辭舛，雖論皆仁義，言皆堯舜，君子以爲未行也。 然則簡軒先生以布帛菽粟之文，而有人倫日用之行，斯刻也又何難焉？ 聞之云，古之君子積學累行，畜而未發者，多顯諸其後，然則光前人之志，而見諸事業、措諸天下者，其在沖霄乎？ 雖然，文，末也；行，本也。 本之不足，而惟末之事，雖以往時沈、宋、鮑、江、二陸、三謝，亦無足取，況其他乎？然則沖霄之爲繼述者，當必急所先矣。

簡軒諱鯨，字文升，松江之上海人，弱冠已知名，卒年纔五十餘云。

約齋序

莆田劉子少功以「約」名齋，蓋取夫子「以約鮮失」之意。夫約，要也，又儉也，大抵對博而言，有所會歸也。今夫絲，千縲萬縷，甚無頭緒也，有所約焉，則各順其理而不亂，以爲錦綺羅縠、黼黻文章，以飾身而華國，無往不可。道之千變萬化，事之千條萬緒，必有所主，何以異諸？則夫子所謂「一以貫之」者，其約乎！七十子之從事夫子也，非不皆習聞其説也，然或以辯失，或以藝支，或以勇淺，或以名蔽，惟顔氏、曾氏獨得其傳。故顔子曰「夫子約我以禮」，曾子克唯一貫，而孟子謂其能守約也。然則居是齋者，其有志於學顔、曾而上求孔子之道者乎？少功誠如是也，予願摳衣捫齋，以示我於入室焉。

貞順集序

儀制正郎莆田方世佩以簡書付歙人吴成，并《貞蔭集》謁予。聞集乃成祖母汪氏守節，成問諸名公大夫所爲文詩者也。予嘆曰：「世有如吴汪者邪，乃如此其貞乎！世有如吴成者邪，乃如此其順乎！世之秉節者，至於撫遺孤已矣，於其孫，恩已薄。世之尚孝者，至於事孀母已矣，於其祖，敬已衰。夫仕榮之歿也，汪年二十四，上托以六十姑羅，下遺以二歲孤廣。汪植桑種桕，❶啼泣蠶績，撫孤既立，有子五人而孤死，乃又撫其五孫，與婚與業，至八十餘歲而後卒。古紀季之存酅，夏侯令女之有曹氏，不是過也。夫孤廣之歿也，成年不過十五六，乃於汪也，生則問壽於學士程篁墩、尚書戴浮梁，歿則問序傳於太常羅杏峰、太僕都玄敬、郎中王開州、副使方思道，其詩則幾滿百人，或跋山涉水，越數千里，或候門跪戺，守一二年，蓋自弘治庚戌至今，幾三十餘年。昔漢石建、唐李密之守訓陳情，不是過也。夫《厲貞集》，方按察之所題也，言汪之貞以厲時人也；《貞蔭卷》者，羅太常之所題也，言汪之貞以蔭後人也。予遂改其集曰『貞順』，言非汪則成不能以有今日，非成則汪不能以傳後世，汪爲貞婦，成爲順孫，皆可以風化四方矣。」

江陰劉氏家乘序

《江陰劉氏家乘》凡二十卷，光禄卿毅齋劉公克柔所哀輯，❷九峰山人鄒辰輔所校編者也。爲誥勑文者計十有四，爲碑誌傳狀題贊者以百計，詞賦詩引序歌者以千計，蓋公自釋褐以來，即謀顯其先人，寢食行坐，亦未嘗忘，故積言富多，率皆名筆。他日辰輔難於彙分，欲以十干爲別，列「誥勑」於乙集，公曰：「乾敢後其君乎？」辰輔又欲以文序分，「生榮」、「死哀」爲丙集、丁集，公曰：「乾敢先其祖乎？」於是辰輔詣予曰：「壁往日雖聞毅齋名，未聞毅齋道，近

❶「桕」，續刻本作「栢」。
❷「柔」，重刻本作「仁」。

因講譜，乃知其毅於忠與敬也。」呂子曰：「卜子嘗云『大夫及學士始知尊祖』，求其人而不得，乃今見毅齋公乎？夫人之生也，與化同運，然千姓之内，聞無四五，數世之中，達不二三，間有名士焉出，因以闡幽發微，昭潛揭隱，則於其先也，雖販繒織蒲之末，屠狗醫牛之細，亦與圭爵章甫者並耀史册。蓋天地不以貧賤富貴專人，而積行累德之家，固終用明昭也。夫劉氏自諱茂叔以來且九世，其族屬單遠且百指，雖代有哲人，殊無顯者，逮於毅齋，焕知其祖。茂叔開端於無錫，信之啓家於江陰，耕樂表墓於黄山，鶴軒立傳於張簡，而友桂翁重銘疊贊，不可殫述，雖遠在公署彦美之裔，亦波及祖免緦麻之戚。夫毅齋者，豈惟止於『始知尊祖』者哉？故自耕樂而施，雖達得纓繹之先，皆由是明也，可與廣順矣。自友桂而施儒、倩、泰、秦以至剛源、珍、瓛，皆由是恭也，可與廣孝矣。由身而施堯、禹以至芹、薅，皆由是睦也，可與廣弟矣。由子輔學而施登政、麒麟以至選嵩，皆由是昌也，可與廣慈矣。夫孝、弟、慈、順、忠、敬者，道之六物也，而毅齋務之，以其五物以處家，以其一忠以居國，斯不可謂之善行乎？宜乎世之善言者，皆歸之毅齋也。」

然家乘成，而乞休之報適至，費庶子曰：「毅齋善事友桂翁及母薛淑人，甘髓之味，精毳之服，一菓一蔬，必先之而後用，其餘若訓淑義方，即籍記不忘。在户部，以清慎直方忤權姦，五下獄而不渝其志。」嗟乎！五物以孝爲本，以敬爲地，而一忠則以直爲難也，乃毅菴咸明厥躬，而又徵諸人言，劉氏子孫之於斯譜也，其善守此五物，

以來忠於國乎哉！❶

壽佘封君詩序

南京陝西道監察御史柳州佘行甫勉學仕於南越年矣，迎其父碧梧先生來。今年八月五日，適先生六十之初度辰也，南海吴誠輔、臨桂秦相之諸君子，皆廣東西人，與問壽言。予曰：「先生之居柳溪爲況也。」曰：「先生既去合州矣，又有行甫矣，家食十載，日無一事，惟耕督僮僕，讀課孫子，奕留朋儕，酌延親舊，或撫悠然之軒，或卧北窗之下，於世慮泊如也。古稱『提挈天地，獨立守神』爲真人，『象似日月，益能致壽』爲賢人，先生將非有賢人之況者乎？且先生自舉廣西不偶禮闈也，得歷教於臨江、海鹽、吉安，皆身率以正，動嚴以規，既取風憲，甘於自黜，不賂權奸，三邦之士咸頌焉。及其出令光澤，禮感太守，義遏橫寇，勇斷富孀、逆僧之罪，邵武之民咸稱焉。及其陞守合州，供應省其費，寇竊散其黨，豪猾杜其奸，積逋完其課，權貴失其欲，合州之民咸思焉，此雖以壽一二百歲不可乎？」曰：「予欲諸君子更壽先生至數千百歲焉。亦嘗見園丁之接花菓者乎？於園有株木焉，花間如錢，菓結如繭已矣，他日接之以枝，不三二歲，其花大如盃，其菓大如盂。然猶以常木接也，而況以樹本巨也，乃又蘊澤於根，達脉於幹，則其發韡蕚而懸碩菓者，又何如哉？且謂程太中，何時生人乎？」曰：「多淳化、至道間人。」曰：「此其人，自淳化至今且千年，然猶長視久履，存而不

❶「來」，續刻本作「求」。

殁，比於朱顔黎首者，尤强壯焉，安知碧梧先生不是人如也？夫太中之永壽者，以伯淳爲之子耳。伯淳之爲御史也，神宗召對之日，進説甚多，大要以正心窒欲、求賢育材爲先，以至誠仁愛爲本，不飾辭辯，不急功利。常言人主當防未萌之欲，不可輕天下士。其尤極論者，輔臣不同心，小臣與大計，興利之臣日進，尚德之風浸衰。神宗至俯身拱手以聽。今聖天子遠駕堯舜，已非神宗可比，而行甫之爲御史，適與程子同，則固當以程子爲法也。行甫而法諸程子，以誠意感動，則聖天子必將見采，以裨諸行事。當時被其澤，方來仰其德，而行甫之立身行道，揚名後世以顯碧梧先生如太中者，又豈可以年歲數哉？」

送倪宗玉知廣南序

上元倪君宗玉既有廣南之命，其僚何起莘、方其大及其女弟夫鄭維東謂予曰：「夫廣南雖府也，然遠在雲南之鄙，地多儂人，俗類百夷，蓋與古器野、維摩、阿迷、師宗爲鄰，其跣足長襦、絲髻尖笠、醢鼠噉虫之風，今尚有之，即昔持摩道之地，疑非人所居也。蓋其郡治自洪武中建置於平突坡來，百六十年無重繕者，往年鄞人楊守雖少葺理，又旋罷去，故宗玉斯行，徘徊躑躅以爲難。且宗玉，太子太保、禮部尚書文僖公之孫，少保、吏部尚書文毅公之嗣子，生長都邑，居養宦門，未習蠻方，一難；年十三以蔭授中書舍人，十九而蒞任九載，升南工部主事，積至今官，久宦清華，未諳夷情，二難。」曰：「士之仕也，豈必先履其任，而後踐其階乎？豈必預至其地，而後居其位乎？是故優於此者，必足於彼；堪乎其繁者，則不患於其簡也。且宗玉昔爲中書也，嘗同武安侯册封岷世子矣，固卻贐金，一無所受。厥後在南部，抽分龍江則陳列便宜，督修城池則庶役咸悦，監收磚廠則宿弊聿革。及綰綬都水，剸繁治劇，動有條理，四司大夫齊口褒嘉。且南都乃鄉里親戚所在，有道者宦之，猶甚難也，宗玉仕幾二十年，操持之正，明敏之材，又皆無可議焉，苟持此以往，則雖治廣南如腹裏，不難也。且宗玉不見文毅公之探親宣平乎？地當邊徼之外，身居朔漠之中，日與韃靼爲鄰，時以干戈爲處，爾乃因楨陵之霽雪，登高岡以作賦，喜豐年之瑞，慶羽檄之停，視虜窟穴，如遊青溪，其忠勇何如也！又不見文僖公之奉使朝鮮乎？即席命筆，文不構思，座客侍人，縮首出舌，駭嘆驚服，及試以難，酒一飲數斗，未嘗沉酣，夷人畏之如神，其文雅何如也！夫廣南，不險於宣平，不遠於朝鮮，而宗玉又素有繩武趍庭之學，苟持此以往，則雖治廣南如家庭，不難也。昔漢太尉楊伯起、楊叔節以清白致位三公，而其子司徒伯獻又以德業繼之，傳其道於子文先。魏尚書僕射杜伯侯、鎮南將軍杜元凱以材德致位將相，而其子尚書左丞世嘏又以名勳纘之，垂其休於子洪治。然則宗玉之光前裕後者，亦在斯行乎！」或曰：「漢班超《與任尚書》，亦宜載之笥中以行。」

送鄭成昭知臨江序

南刑部正郎莆田雪齋鄭君成昭既有臨

江之命，其同鄉仕南都者皆欲贈之言，而正郎諧甫者，其族孫也，乃爲之來問曰：「族祖舉辛未進士，于今幾二十年矣，他同年多官尊而位顯，族祖今始得臨江，功名之際，可謂屯蹇矣。」曰：「雪齋君直乎？」曰：「直。」曰：「剛乎？」曰：「剛。」「則何以明其然？」曰：「族祖自鉛山知縣有治蹟，徵入爲刑部主事也，時錢寧竊柄，以事干請，族祖力沮之，竟以直道行，於是錢寧銜之，未幾，謫降臨清州同知。錢寧敗，陞知州。又嘉靖改元，查録守正被害之臣，乃獲陞南刑部員外郎。四閲月，轉郎中，然又以養病去。六年之冬，病起復任，今春乃有此陞。」曰：「然，吾固意有此，不然，今其官未必一臨江也。夫時有遲速者，在天之數也，道無損益者，在我之真也。古之人有速者矣，一歲而三遷，今豈以爲盡然乎？古之人有遲者矣，十年而不調，今豈以爲盡非乎？如其在我者之已真也，雖一歲三遷不爲速。如其在我者之未真也，雖十年不調不爲遲。故君子求諸我，不求諸天；守其真，不泥其數。即使雪齋君阿錢寧而安其位，今且躋華歷要，然爲父母國人之所難言，又安能如今臨江之爲美也？況聖天子近勑吏部，特重太守之選，至戒御史不許作威折挫，異時跪啓俗禮，一切革去。二考有治行者，得陞僉都御史、按察使；九年有治行者，得陞侍郎、都御史。然則今日臨江之行，不減於二司矣，又何爲遲乎？雖然，此猶以官論，不可以煩吾雪齋君也。夫臨江，古吴越之地，漢都尉之邑，自宋江南轉運使張鑑奏割瑞之清江、吉之新淦、袁之新喻以隷臨江也，而後臨江之郡始壯以大矣，其後相繼爲臨江者，如林沖之之措置有方，彭合之蠲秋苗耗末，張著、孔本端之勸諭士類，江溥、王伯大之賑荒有法，臨江人至今千百年猶祠祀之。雪齋君入其國而祀之，兼取其長而措之政，以爲諸守令者法，又可以遲速論邪？」

贈張公陛按察序

昔者予之在京也，東鄰有沮濱劉副郎焉，與夏山同官於刑曹，會必言夏山賢，而夏山亦或枉問予，因爲其翁作《荊溪篇》，曰：「美哉夏山，可與之以學舜乎！」比予之在南京也，同年有約菴周都憲、石菴段地卿，則常之鄉大夫也，會亦必言夏山賢，而夏山亦數寄問予，因爲其號作《夏山篇》，曰：「美哉夏山，可與之以學禹乎！」乃夏山治常三年，正大弗詭，高朗令終，抑賦砥稅，田桑有餘力，恕在良善，威逮豪强，既安闔郡，亦殄江盜，擣及巢穴，聲聞于朝，錫賚有渥，羔羊在躬。於是廣人鄭翹、易人馮越、陝人劉秉端，屬邑吏也，荷表則之誼，興頌禱之情，有懷難述，假言于予。是時夏山適有上命，晉遷福建憲副，因受其問作《常州篇》，曰：「美哉夏山，可與爲龔、黄也！」

或曰：「擬人必於其倫，舜、禹聖人，夏山雖賢，似未能爲。若龔、黄，不過漢循吏，夏山且進臬司，以望卿相矣，乃混爲媲休，不亦錯乎？」曰：「舜老而慕親，禹無間然。夫夏山風木之思，不忘荊溪翁，而齋扁以爲顧諟之資者，曰：『禹嘗至是山乎？』夏山而不已其學，不渝其操，又何患舜、禹之不可學哉？乃若龔、黄之字民平賊，長於治郡矣，及其爲相，聲名損於其前。夏山自是以往，外撫雄藩，内登臺省，當又有陋兹龔、黄者乎？今夫登太山者，方其迤邐梁父之間，徘徊石閭之際，則固高步接武，不以爲難。若夫三觀之顛，天門之上，崎嶇乎鷄籠、蓮花之峰，跋涉於酆都、馬棚之崖，則非益著其力，更進其勇，不可至也。然則夏山滋知所自勵乎？」或曰：「時俗爲有司則數善事上官，爲上司則好人佞己，習以成風，困窮因是不獲其安。夏山之行而不及是，何也？」曰：「夏山在常而不阿，則在福建必不陵下矣，何俟言？」

夏山大輪，字用載，浙之東陽人，起家正德甲戌進士。

送張臨洮序

嘉靖八年，當天下述職之期，南充張廷茂芊登科甫十餘載，歷倅不五六年，乃以南户部正郎陞知吾陝臨洮府。夫臨洮，境接巴蜀，地控邊陲，南捍鍾存，背阻大河，北狄之道，西羌之鄰。其爲俗也，前志皆稱其勁悍而質木，好勇而喜獵，尚武而務農。然地有升降，政由俗革，則固不可執一論也。昔趙充國、馬援，兩漢之名材也，當是時，此地雖已置隴西郡，而先零、罕、幵猶雜居互處，時肆侵掠，二君皆能挫擊諸羌，留屯於此，其勢之難者，已如此矣。及至晉世，蘇則爲太守，撫循有方，諸羌歸附。宋遂改爲熙州，而王韶、姚雄、苗綬、种師道諸君子，由此其成名也。況今聖化漸濡之久、王政誕敷之遠，非異時可比，而又得吾張君以鎮理之，吾知臨洮民可賣刀劍而買犢牛矣。

今夫鷄之育卵也，當其外者移之内，當其内者移之外。及其既雛也，饑至則引之食，鷹至則覆之翼，雛然後遂其生而免於患。君子處華夷之間，盡柔能之道，則固當審誠於是矣。且廷茂，方伯庸軒公之嫡孫，四川鄉闈之魁選也，初授兵曹主政，不二月丁内艱，服闋尤思親未置，不干仕進者二年，戚友亟促之而後行。既補户曹主政，以至改南，或監收天津，或榷税北新，律己嚴正，涖政平恕，軍民咸悦，商賈無滯。爾乃撝謙不伐，常若有失。以此爲臨洮，將聖天子所求治行卓異之守者，不在若人歟！

送大理少卿石厓林公北上序

石厓林公以吉既有大理少卿之命，其鄉友劉少功謂予曰：「夫石厓者，都憲豫翁之子，而吾莆田之望族也。吾莆人一時仕兩都者蓋百輩，士胥以千計，而石厓之賢，則獨推焉。莆人皆爲詩成册，欲得一言於其端。」曰：「於戲！某受知愛於石厓者舊矣，不知其鄉人尤爾甚也。今有縉紳於此也，官方筮仕，名始通籍，乃即傲宗族，陵鄉曲，買田閏屋，❶耀衣榮食，以爲鄉人苦，於是鄉人或私斥其名，或公詈其祖，或咀呪不欲其顯，甚至欲戕其身而火其家者相尋也，其視莆田人於石厓何如哉？漢張湛矜嚴好禮，動止有則，在鄉黨詳言正色。建武初爲左馮翊，常過其里平陵，望寺門而步，主簿進云：『位尊德重，不宜自輕。』湛舉禮與孔子之事，以爲父母之國，所宜盡禮。然則石厓之所得於莆人者，將非以湛之道乎？夫古之明王登崇賢智，以爲卿相，必於鄉焉舉，必於里焉選者，誠以不能於家則不能於國，不能於鄉則不能於天下，蓋以先其本

❶「閏」，續刻本作「閆」。

也。夫大理，天下之平也，誠得如吾石厓有鄉行里德者以往，又何難焉，而況於久已試之者邪？《書》曰『獄成而孚，輸而孚』，其在斯行乎？ 且夫陳平，世人之所不甚重也，然其後日宰相天下之業，基於其先里社分肉之均，是故君子以覘其微也。 石厓爲程朱之學，而思敦仁義之道，斯行也，必將淑問如臯陶，或且即日大拜，以慰天下之望矣。若曰位已尊而德已重，或自怠而驕，則非吾石厓之所爲也。」

刻雪洲詩集序

嗟乎，詩之難言也久矣，安得起少司馬雪洲先生，聽其緒論哉！ 粵自世降《詩》删，人泯《樂》亡，韋孟得其志，不得於言，司馬相如得於言，不得於志。 若乃志既不失，言亦爾雅，蘇子卿爲近之，晉魏以來難道也。是故其志定者，其言簡以重；其志儉者，其言質以實；其志剛者，其言果以斷；其志直者，其言明以厲。 吾以是而觀雪洲之詩，將無似之乎？

嘗聞胡稽勳矣，言雪洲事事不苟，如古人行。又聞孟中丞矣，言雪洲廉介無比，巡撫時，孟氏爲屬縣吏，當出巡，雖二司茶饌，不一受，獨受孟氏饌，曰：「重其賢，以勸他官耳。」於戲雪洲！ 柟未之能晉謁，即今所聞，當其志從可知，而況其言之皈皈若是哉！ 先生之子，户部襄將刻其詩於梓，謂予嘗學詩，問序焉。於戲！ 予方有見於志而未能，又安能以序雪洲詩？ 然而先生之志，則固不可泯矣，因推著之，以告夫爲詩者不止於音韻格體也。文數十首，意亦類詩，皆附刻。

賀李君尚友陞車駕主政序

應天儒學教授李君尚友既有車駕之命，其徒孫葵數十人來，曰：「吾師漢東先生之迪我應天也，峻守以教廉，崇慤以教信，嚴範以教禮，博物以教智，時課以教業。吾諸士方奉如蓍蔡，駸駸然向進也，乃遽有今遷，吾諸士以爲失依歸。則何以贈諸？」涇野子曰：「是安陸人李尚友邪？吾嘗習之矣。昔者於鹿門鄭氏之第見文賦焉，其才傑以敏，其氣直以剛，每竊高其胸次焉。他日，其徒曹廷欽、汪威問學於鷲峰東所，數持其策問，以觀稽古以證今、對時而裁務，無所不具，則又嘆曰：『古所謂博學而切問者，當非若人與！』然則孫葵之言，奚疑乎？雖然，文事易，武備難，訓士易，治兵難；非武備之難也，文事而不能達諸武備者，斯難耳。燕趙之人善爲車，若使之爲舟，則於舳艫檣柁，皆莫能措手矣。吴楚之人善爲舟，若使之爲車，則於轂轄軹軸，皆莫能用巧矣。是故君子舟車咸宜，水陸皆可。然則車駕之晉，豈非尚友文武兼閑之地哉？世之文士，方騖於浮媚，尚友既於應天而敦革之矣；世之兵力，方憂其虚弱，尚友之在車駕以告長而曁僚者，又豈能恝然哉？」

「君子之仕也，盡其在我者而已，位之升沉遲速不論焉。聞尚友之初舉湖廣也，可以速取科甲矣，乃不忍以其親一日餒也，輒解路金，買田養親而不行。及尚友之既舉進士也，可少遲以取科道部曹矣，乃不忍使其親一年貧也，甘就學官，以禄養而不待。是其於升沉、遲速，已出他人之見矣。

苟於車駕以往，恒猶是也，則道在必行，時不能移，勢不能屈，吾於尚友沛然乎！苟於車駕以往，未或猶是也，則他日雖積登卿相，人亦將謂子前勇而後怯，而尚友豈必其然哉？」

贈陝西提學僉憲鳳泉王子序

南京吏部文選員外郎鳳泉王子惟賢既有陝西提學僉憲之命，其僚潘五山諸君以予嘗同寅也，委贈言焉。予曰：「予鄉得鳳泉子以督學也，全陝之士應丕變矣。予嘗讀《思齊》之詩矣，鳳泉子其使『成人有德，小子有造』乎！又嘗讀《靈臺》之詩矣，鳳泉子其憶『於論鍾鼓，於樂辟雍』乎！昔者先王以士爲民物之本也，是故辟雍樂而後庶民來，庶民來而後魚鳥麀鹿若；以小子爲成人之始也，是故『見小節焉，踐小義焉』、『鴈行分任，提携不至於頒白』，而後賢俊衆，政化成。後世或不然：苟有詞材也，雖小子未造，則登進之以壓長老；苟無詞材也，雖成人且德，則抑挫之以孫童丱。是故長幼爲之陵替，辟雍因之不樂，而欲民來物順，不可得也。鳳泉子澡行中州，績學翰苑，孝弟著于家庭，政教明于官守，既理劇郡，尤重銓司，蓋得學之正者也。斯行也，當使西人復見是詩乎！或曰：『此西周盛時之詩，今其蹟已蕪矣。無已，則唐乎？』曰：『蘭池、三苑之靡，望春、梨園之侈，士人多爲詩賦没矣，不足與也。』『無已，則漢乎？』曰：『平舒、五時之事，石渠、白虎之講，士人頗爲訓詁溺矣，非其志也。』故予於鳳泉子『西周之行』，拳拳於周、召相成之道也。且予嘗涉渭臨滈，自滄池、飛渠，至於豐芑，以訪米廩、東膠、瞽宗、頖宮之處，凡羽籥絃誦之教、書禮乞言之舊，皆聞之矣。又嘗渡溱、沮、灞、滻之水，觀於肺浮、嵳峨、大華、九峻之區，以訪家塾、黨庠、術序之故，凡太師少師之模、上老庶老之訓，皆聞之矣。鳳泉子踐其地而稱之，猶樹柳耳。且鳳泉子，洛陽程子之鄉人也，明程子之道已久矣，程子之論《詩》與西周也，以得《關雎》、《麟趾》之意爲重，鳳泉子按河州而巡麟遊，其風猶躍然可覩也，又豈賴於子言哉？況聖天子方復棫樸菁莪之治，以綱紀四方，鳳泉子豈不足以襄此作人之化，而基他日燮調之具哉？」

鳳泉子，河南宜陽人，起家丁丑進士，選爲翰林庶吉士，以有藩府親，出守廣德及滁州。後藩府親歿，例得入爲京職，至今遷云。

贈五山潘君考績序

五山潘君叔愚之考稽勳三年績也，太宰紫巖劉公既以「勤能詳慎，材優兼攝」而譽著公平，署上考矣。將行，以覲聖天子，其僚在軒諸君以予舊同寅也，皆以五山之美告於予。予曰：「信哉諸君之知五山子也，夫五山子，予知之亦舊矣，當勞而不辭，居長而不傲，多文而不伐，優於政事而不自足，既篤同好，亦寡私繫，豈惟其績可上考哉？雖於考德也，吾亦將無疑乎！夫學者之於德也，不患立志之不高，患其力不足以繼之耳，不患立言之不妙，患其行不足以充之耳。是故觀蒼海而嘆汪洋，非得水者也，惟夫携侶以乘航，上瞻摇光，下窮尾閭者，斯得乎百川之會矣；覩岱嶽而嘆崒嵂者，非得山者也，惟夫奮足而躡梯，下遺石間，上止天門者，斯得乎千峰之尊矣。夫五山子，吾嘗見其行浮於言矣，無或使其言浮於行也；吾嘗見其力充其志矣，無或使其志匱於力也。昔者有子學夫子之言，其言無弗似夫子者矣；曾子學夫子之行，其行無弗似夫子者矣。然則行浮於言者，其入於德也，又何疑哉？於戲！五山子行將晉受聖主之眷，他日雖積至卿相，亦將自是亹亹乎，寧肯以今日之考及諸君之語爲自足哉？」

贈玉溪石氏序

夫學者之於師也，不在於效其言，在於聞其言得於心、見於身發於事也。昔者予之守史官也，陽明王子方在銓部，得數過從，說《論語》，心甚善之。後陽明子遷南太僕及鴻臚，而予再以病起，當是時，穆伯潛爲司業於南監，寇子惇爲府丞於應天，嘗寄書於二君，曰：「陽明子講學能發二程之意，可數會晤也。」比予再告且謫，而陽明子官益尊，道益廣，講傳其說者日益衆，然視予初論於史官者頗異焉。於是日思見陽明子以質疑而未獲也。及改官南來，而陽明逝矣，方切悼歎，居一年，得見其徒玉溪石氏廉伯，則喜曰：「斯人也，非他止效其言者可比，其善爲陽明子之學者乎！其聞其言得於心、見於身發於事者乎！」

古之人之於道也，同己者或知其惡焉，不以其同而私喜也；異己者或知其善焉，不以其異而私怒也。後世或不然，爲陸氏之學者則嫉朱，曰：「何其支離乎！」爲朱氏之學者則憎陸，曰：「何其禪寂乎！」今夫道豈有彼我哉？人自歧之耳！《咸》之九四曰：「貞吉，悔亡。憧憧往來，朋從爾思。」夫苟至於貞也，日往可也，月來可也，皆不失其爲明焉；寒往可也，暑來可也，皆不病其爲歲焉。苟惟喜同惡異，幾何不蹈「朋從」之害哉？予之學，不能陽明子之萬一，而陽明子嘗曰：「夫夫也，是可與語者也。」陽明子之道，予也魯，未能從，然人之議之者，則輒語之曰：「於講道之人而索其過，❶非仁也。」今石氏爲陽明子之學而取予，予未能爲陽明子之道，而心敬石氏至形諸寢食，則石氏非善爲陽明子之學者乎？夫石氏苟不已其道焉，則他日雖日月生明可學也，寒暑成歲可學也。然則石氏自視，亦不可細也。是時吴、楚之學者蔣實卿輩數十人，皆信石氏之學而樂與之游，因其考武選三年績也，請予書别語。於戲！若考績之榮，固不足爲石氏言也。

瑶池蟠桃圖詩敘

鄜州宋獻可仕爲南京山西道監察御史二年矣，其母魏氏生五十有六歲也，獻可數謂予曰：「宜也羈宦於此，不在吾母膝下，每當晨昏，鬱鬱不自安。兹繪《瑶池蟠桃圖》以致遐祝，願一言敘諸詩之端，庶紓宜望雲之心乎！且吾母克相先考裕菴君，存不違經，寡不渝節，鄜人稱貞焉；事先王父母長史君、杜孺人，備極誠敬，旨甘無缺，鄜人稱孝焉；宜兄弟姊妹四人，先君既逝，皆撫教成立，至使宜有今官，鄜人稱慈焉。此其爲婦道母儀亦完矣，則雖以等蟠桃可也。

❶「於」，原作「予」，據續刻本改。

且近者郊祀覃恩，家君贈監察御史，而母獲封太孺人矣。」涇野子曰：「獻可何必《蟠桃圖》哉？且予嘗見《壽安圖》矣。昔者程伯淳之母壽安縣君侯氏也，生伯淳，神氣秀爽，異於常兒，嘗抱付諸姑任氏，能指遺釵，侯以爲異。長遣就學，勸太中即事名賢。後爲御史，進説甚多，不飾辭辯，惟以誠意感動，大要以正心窒欲、求賢育材爲先。又言『輔臣不同心，小臣與大計，興利之臣日進，尚德之風寖衰』，遂忤執政，直道益彰。至今儒生學士皆師事之，歸其功於母侯氏，而侯今且千歲存壽未艾也。然則獻可爲是圖，不尤愈於《瑶池》者乎？且獻可剛明方正，事至立折，無所顧忌，當其資性稟受於魏太孺人者，固未嘗減於程伯淳之於壽安縣君也，使其學如伯淳，爲御史亦如伯淳，又何患魏太孺人不數千歲與侯同哉？不然，則世之爲蟠桃圖者，吾見亦多矣，乃皆未能於其親加一日月焉，何邪？且夫孝者，所以事君也，而況於以母之孝以爲孝乎？貞者，所以處僚友也，而況於以母之貞以爲貞乎？慈者，所以使衆也，而況於以母之慈以爲慈乎？誠如是也，則將使其母傳天下、揚後世無已也，又豈蟠桃之年所能限乎？」

涇野先生文集卷之七

巡按直隸等處監察御史
門人徐紳編刻
巡按直隸等處監察御史
門人吴遵編刻

序　七

别東郭子鄒氏序

予與東郭鄒氏之在南都也三年矣，每以居室之遠，會不能數，然會必講學，講必各執所見，十二三不合焉。初會於予第，東郭曰：「行即是知，譬如登樓，不至其上，則不見樓上所有之物。」予應之曰：「苟目不見樓梯，將何所於加足，以至其上哉？」東郭亦不以爲然。他日同適太學，雪中行已過長安街北矣，東郭曰：「今之太學，非行，安能知哉？」予指前皂曰：「非斯人先知適太學之路以引馬，予與子幾何不出聚寶門外乎！」蓋自是所講數類此。乃東郭又以學問思辯以爲篤行，於「知及之」亦然也，予曰：「『非知之艱，行之惟艱』，非有商傅説之言乎？世之先生長者，恐人徒知而不能行，至於立論過激，以爲『行然後真知』耳，非謂以知便是行也。是故『格物致知』、『明善知天』皆屬知，『誠正脩齊』、『存心養性』皆屬行，但行必由知而入，知至必能行耳。」有學於鄒氏之門者或見予，予必以予之所見者告之，且曰：「今之學，以甘貧爲本，改過爲急，苟能行焉，講知行之不合，無損也，苟不行焉，雖講知行之合，無益也。」然而其徒多守其師説，未之能信也。間有從予遊者亦謁東郭氏，東郭子誨之曰：「知即是行。人能致良知焉，則非義襲而取也。」予曰：「此説固然，然必知義之所在，而後可集耳。」東郭且行，恐予猶懵然於是也，過予復論之，其愛厚之心甚盛也。然予終不能解，惟以前説宛轉開陳，遂講及「執一」之學，喜同惡異之弊，累數千言而後已，東郭子始少然之。恐東郭子别後猶前説也，書之卷以贈。

贈乾菴李君序

南京刑部郎中李乾菴惟大既有陝西僉憲之命，予聞之嘆曰：「是秉廉不惑者之李乾菴耶？朝廷用人恒如此，即士不鼓舞、民不皁安者鮮矣！」予嘗往拜乾菴矣，廐繫下駘之馬，室無函丈之席，四壁蕭條，一僕藍縷，以官之俸金，給家之凶歲，乃嘆曰：「誠如行人及户、刑二部諸僚之稱也。斯人也，分巡西土，當非地方之福乎！」且自予至南都，遇諸士，論學必曰甘貧，遇諸大夫，論政必曰廉，或曰：「學，何不『一貫』之講？政，何不『多材』之談？而乃區區論甘貧與廉，不亦腐乎？」曰：「士之甘貧，則簞瓢之顔、枕肱之孔，皆可學矣。大夫而能廉，則下塞漁獵之途，上杜奔競之門，百姓皆足閭閻，厭粱肉矣。夫惟甘貧則能廉，夫惟能廉則必甘貧之士也。」故予於李乾菴之廉，獨深敬慕焉。雖然，乾菴斯行所典者刑也，夫刑也，明不盡則是非淆，公不至則喜怒偏，慎不致則生死易，決不果則姦僞滋。夫明、公、慎、果雖生於廉，然廉矣而明、公、慎、果或未至，則亦非其廉之性也。昔者包希仁可謂廉以明矣，然而脊杖、臀杖之間，吏能罔之，包莫能辯焉，則包平日所事者，「察」而非「明」也。蘇孺文盡法于清河太守，非不公也，由君子觀之，未免用意以徼名耳。是故子貢有信陽之行，夫子謂之曰：爲吏者奉公以刑民，不聞枉法以侵民；治民莫如平，臨財莫如廉，廉平之守，不可改也；言人之善，若己有之，言人之惡，若己受之，故君子無所不慎焉。又謂子路曰：衣敝緼袍，而片言折獄，有如是之果也，而不能從政者鮮矣。是故慎如端木氏，果如仲氏，則乾菴雖由清刑以理全陝之民，猶運掌耳。況乾菴之道，明白端重，無所循阿，他日受知聖上，或入爲廷尉，或晉掌秋曹，以與周之司寇蘇公齊名，吾見其有餘也。乾菴西行，予方卧病，不及言。既去矣，予鄉仕南都者思乾菴之爲人，俾予爲是以相告，知乾菴之不棄邇言也。

旌節卷序

旌節者，旌安福人周君之配許氏節也。周君諱梯雲，以子侍御煦貴，已贈監察御史，許已贈太孺人矣，奚旌乎其節也？言乎其初也。婦之抱節者亦多矣，奚獨於許乎？節之被旌者亦多矣，奚録於周乎？許之節有五苦，周之旌有三難。夫許也，年十七而歸贈君，越二年而贈君殁，琴瑟之好，未及中世，一苦。哀毁幾絶，即欲身殉，止以七月之娠，忍死圖存，以紹周後，二苦。當是時，父以其年少也，欲使再適，乃矢死靡他，以事舅姑，外無可資之親，内無可仗之力，誠孝所極，鬼神可通，三苦。每自言曰：「生男吾守，弗男弗生。」厥既生男，曰：「天意有屬於夫家，即二世獲嗣矣。」誓與存亡，以告周人，危疑自堅，心等金石，四苦。侍御襁褓，嘗得危病，抱泣籲神，寢食俱廢，及其少長，紡績資學，給油伴讀，辛楚叢懷，猶昔在娠之日也，五苦。夫以如是之苦，其旌又何難耶？令甲守節在三十以前，奏旌在五十以後。太孺人卒年四十有九，格於長例，一難。凡旌者，先申舉矣則行查，行查矣則覆勘，覆勘矣則覈實，覈實矣則保結，保結矣則類請，經五移而後獲，若節婦或當覆勘而死，或當覈實而死，或未類請而死，其行雖烈也，皆中寢。太孺人五移皆未行也而卒，二難。其例雖當旌矣，然文滯於歲月，事稽於吏胥，苟非有力之家，以及在顯之官，莫能成也。然而侍御前以諸生而含抑，後方釋褐而未命，三難。於是侍御曰：「吾母忍死以存煦，煦既成立，而母志未顯，何以生爲！」乃遍訪掌故之儒，歷詢守節之家，得於桐城縣人陶亮之妾吴氏，亦四十九歲，孝廟特旌，又與陶鏞之妻鍾氏、陶繼之妻方氏死後獲旌相同。乃言曰：「煦母守志於十九之年，比三十者已前十年，其爲志，尤難也。煦母死節於四十九歲，比五十者止欠數月，若不死，甚易也。」其辭悽慘，人鬼泣聽。於是五苦之節始白，三難之旌遂獲。

於戲！許有侍御，則雖三難亦無難矣；許無侍御，安知一旌不十難也？周有太孺人，則雖五苦亦不苦矣；人苟非太孺人，則雖一苦莫能堪也！是故《凱風》之婦，其子已七也，然猶以勞苦而嫁；孔悝之鼎，其先雖顯也，然猶以誣美爲銘。故凡侍御之有今日者，皆五苦之所造也，由侍御言，則謂之「三窮」焉。故凡太孺人之有往日者，皆三難之所始也，由吾儒言，則謂之「一理」焉。子非母，不成乎其爲孝，母非子，不顯乎其爲節，子母二人，更爲一道，死生殊途，共永千載。於戲！若太孺人者，真共姜、夏侯令女之儔，而侍御痛太孺人之能秉節於家也，則必能秉節於朝而不渝，以與古名賢班矣。諸知侍御者，皆爲之賦，詠其事云。

賀雷州知府易後齋七十序

予同年南京人後齋易君，今年生七十矣，四月二十二日則初度之辰也。當是時，同年仕於南都者有五人焉，致仕在南京里居者有二人焉，皆將稱觴以賀。而後齋有子曰同，學於鷲峰東所，先謂予曰：「諸年叔之壽吾父也雖以酒，吾父之托壽於諸年叔也唯以言耳。」乃召工繪《玉洞桃花萬樹春》之圖以展予，且曰：「安得使吾父常如此圖乎？」予嘆曰：「後齋年兄，其有子乎！且予嘗聞壽有『三在』焉：不在言在行，不在人在己，不在身在其子孫。後齋天授質朴，少喜書史，肆意文翰，聚徒授業，資養二親，每當時祭，必致洗腆。既舉進士，滋篤政務，海寧之撫字，刑曹之明決，雷州之牧政，至斷疑獄，活十數命，寧忤當道，以至罷歸，不以爲悔，既著績於所至，亦騰譽於四方，材德既美，職位未滿。是其己之行以致遐壽者，已有二在矣，又奚賴於人與言哉？惟是在子孫者，則同也不可不勉。」

「昔者許仲平年七歲，受學於鄉師，一日問其師曰：『讀書欲何用？』其師曰：『應舉取科第耳。』曰：『如此可爲致君澤民、扶持斯道乎？』師大驚，謂其父通曰：『賢郎穎悟非常，他日必有大用，吾不能爲子之師。』後仲平果拜相，遂成用夏變夷之功，以續周、程、張、朱道統之傳，使其父通至魏國惠和公，壽到于今數百年未已也。同之年已弱冠矣，而予之學又不敢止以鄉師自比，則同之讀書所欲用者，固又嘗講之亹亹矣，所謂『壽在子孫』者，不同是乎？ 然則《許衡傳》，同自是不可不日誦而夜思，身體而力行也。同苟能，則後齋公雖壽至數千年，以與惠和公並可也。」於是諸同年皆稱難老之觴，而同舞彩衣於堂下。當是時，視後齋真如在玉洞桃花中矣！

贈陳順慶序

南京户部郎中侯官陳君良弼既陞知順慶府矣，適胡貞甫來，予曰：「人臣之材賢，有大小高下，與之郡則有廣狹遠邇，蓋言堪也。順慶，古巴郡巖渠之地，金泉、棲樂以雄峙，嘉陵、渠篆而襟帶，既領二州，亦隸七縣，外阻重慶之徼，右達潼川之封，則實郡之廣且近者，非良弼之高賢大才，不可得也。夫士之仕也，不患大用之不至，惟患公論之弗獲。人可大用也，偶得卑官，則衆惜環至。人可小用也，偶得重任，則群誚立興。良弼陟順慶，而上下寮寀無弗以爲宜，則於公論，又獲之矣。」

「雖然，治郡有三常，一曰正士之常，二曰足民之常，三曰明法之常。士不正，則口誦孔、孟而身爲儀、秦，欲以成化，不可得也。民不足，則貌若親順而心實仇讎，欲以致治，不可得也。法不明，則姦譎肆行而良善陰挫，欲以措刑，不可得也。夫良弼於三常，將無已諳之乎？ 良弼有門人李實者，記良弼既舉乙榜，司訓臨川，善誨諸生，多所獎進。嘗校文廣東，得人最盛。以被屢薦，陞推吉安，秉公惟哲，民有善謠，至與異時陳茂烈並名。爾乃既取風憲，改南户部，蓋嘗榷税新河以便民，督儲鳳陽以袪弊，監督芻糧以正法，典掌司牘以完逋負而釋冤禁。繼又校修《會典》，清處屯田，總巡倉場，罔有不嘉。斯行也，充臨川之教，以正蜀士，即無不化之蒙；充户部之政，以足蜀民，即無不獲之夫。若又以吉安之理通其變，使民不倦，以措刑有餘也。」

「雖然，一人也，或一日下七十城，或三年不能克二邑，豈其智於前而愚於後哉，志之不繼耳。一材也，以治郡則有餘，以爲相則不足，豈其長於此而短於彼哉，學之不至耳。是故爲衞泉者，必以鄭藪爲難；爲鄭藪者，必以楚湖爲難；若爲越海，則諸水皆細而歸焉。予嘗聞志於伊尹矣，一夫不得其所，若己推而納諸溝中，則二州七縣者，豈真爲廣乎？ 又嘗聞學於顏子矣，至欲以夏時、殷輅、周冕、虞《韶》，以爲邦而佐王，寧肯以一郡爲有餘乎？ 吾知良弼順慶之往，必不肯自謂已能之也。予之賢不及良弼，良弼之材優於予，獨以予年少長而無能也，乃同貞甫諸友數與予處，故予於良弼之行也，言志與學云。於戲！ 元齋教授之志，古靈先生之風，知良弼之必不忘也。」

送趙温州序

南户部正郎守樸趙君文卿既有温州之命，其僚秦象之諸君謂予曰：「異哉文卿之爲仕也！ 當其始也，由南户部主事進郎中，又進南吏部稽勳郎中，又進北兵部武庫郎中，又進武選及職方郎中。自下而上，由遠而近，若是乎不謂之陞耶？當其今也，推補光禄少卿矣而不獲，乃推補尚寶少卿亦不獲；推補大參矣而不獲，乃推補憲副亦不獲，至是始得温州焉。去京堂而就監司，去監司而就有司，若是乎亦謂之陞耶？」曰：「子亦嘗聞陞降有出於位之外者乎？大行不加，窮居不損，況知温州也，而以爲非陞乎？亦嘗聞陞降有出於時之外者乎？上下無常，進退無恒，況於推光禄也，而以爲非降乎？昔有齊人懷千金者矣，之楚而買荆山之玉，裹以錦綺，載以舳艫，中流而遇暴客，并千金亦失焉。使不之楚，其千金固在也。鄭人獲良馬數十匹不自用，散諸宗戚、比鄰，而自留其一駘，鄉人皆以爲愚也，他日廐焚駘斃，宗人歸一良焉，戚人歸一良焉，比鄰各歸一良焉，不數年而前馬俱至，無缺乘。使其初也，良馬皆在閑廐之下，今爲灰盡久矣，雖欲求一騄，不可得也。是故知退者知進者也，知降者知陞者也。況吾文卿，畿輔名學，燕趙碩士，兵穀具練，文武咸閑。自督揚州商課，已邁介守之聲，後處職方參戎之劇，尤多經略之績，士林固以材卿名大夫望之矣，然則温州之往，豈能久淹驥足耶？當路者固暫試之，以爲他日大用之途耳。且即温州，亦不可以易而視之也。過於慈者失其義，過於嚴者失其仁，過於恭者失其智，過於察者失其禮，由其道而無愆，得乎民而無損。文卿雖自此以陟臺撫而正藩臬，皆其地也；雖自此以邁循良而登聖賢，皆其所也。區區京監，何足云？」

文卿名錦，涿之良鄉人，起家丁丑進士。

抑齋序

「抑齋」者何？抑抑子司寇公周充之齋扁也。公崑山人，嘗號玉巖矣，棠陵方子之所題也，公又自謙曰：「君子比德于玉，吾不能。且吾之名『廣』也，言心體之大耳；『充之』，則無所不該。苟不從事於『抑』，而有下學篤實之功，幾何能稱吾名與字乎？」夫公爲御史時，以直言被謫廣東懷遠驛。厥後權姦既誅，召復舊職，乃又有直言，謫阮州竹寨驛。去驛不百步，則灌莽也，虺蛇虎狼之所穴處而遊行，公乃獨居其中，止次子士淹侍焉。一夕，夢老人柱杖以過，問其年，曰「八十矣」。詰旦，偶展及《大雅》，見《抑》之篇焉，諷詠不已，既而頓悟，嘆曰：「夜所夢老人者，非衛武公邪？今所讀《抑》詩者，非以啓予邪？全令德而堅晚節，當不在是乎？」乃遂扁「抑齋」於燕居以自儆焉。

夫公兩言之事，皆關切大政，言人之所不能言；其兩謫之地，皆窮極荒遠，處人之所不能處。當其志與氣，固可以横四海而塞天地，不可謂非廣也，乃猶以「抑齋」自勵，則公之所進，豈有窮已乎？且予嘗讀《抑》詩矣，不過謹於言行耳，故抑於言，則必磨白圭之玷，以惠朋友而承萬民；抑於行，則必慎屋漏之覯，明爲民則，而幽爲神格矣。公如是也，又何慮不稱其名與字哉？雖棠陵子所謂玉立千仞之巖者，將無亦在是乎？若曰「斯抑也，以前之挫而爲戒，以位之高而或持」，是皆不知公者也。

贈柯掌科考績序

獅山柯君元卿爲南吏科給事中三年矣，考其績於吏部，諸諫議餞之青瑣外署，以予同寀也，邀陪餞讌焉。酒行，須野丘君曰：「南都之害，馬快船劇，有司計窘，無所於處；抗論祛弊，不畏讒傷，❶自獅山始。凡内府之庫人、門人，以及閽人、厥人，冗濫滋甚，❷侵漁細民；論汰其半，以復舊額，自獅山始。操江戰艦，向無紀極也；亦皆閱視分明，定爲恒規，自獅山始。聖皇欲節財裕民，班給關防于南科，而獅山監督倉場鹽局凡三十所，剔蠹刷垢，歲省萬計。其己丑考察，論黜精當，後有留者，旋亦贓敗。他細事且勿言，此皆昭昭然在人耳目者也。❸」予嘆曰：「獅山子之績，果若是乎其多也！」獅山子曰：「相方以是爲慮耳。夫銖銖而較之，將其鈞石者，得無或遺乎？寸寸而察之，將其尋丈者，得無或誤乎？天下之事，各有攸司，百官之職，各有所重。猶之藝麻者，舍其縱橫之畝，舉畚𣃁而治他人沃桑之園，❹力雖勤，桑雖盛，非己分也。且古之言者無專職，後世有專職矣，乃又分理他人之職，兹予所重慮也。」

曰：「然則獅山子之慮，可知已乎！于此有樹桃樹梨焉，已蕡其實矣，然而蠹虫陰滄其核，明嚙其膚，遠咀其枝葉，園人朝治一虫焉，其夕猶夫朝也，夕治一虫焉，其朝猶夫夕也。園人憂，乃問樹於藪師，則告

❶「傷」，續刻本作「言」。
❷「甚」，續刻本作「蔓」。
❸「昭昭」，續刻本作「皎皎」。
❹「𣃁」，續刻本作「鍤」。

之曰：『如欲毓斯木也，必壅其根，沃其旁，時初歲以振其身，則無蠹患矣。』園人從之，而明年桃梨乃實焉。❶ 昔者齊景公爲其亡馬與鳥也，欲罪圉人及燭雛，晏子乃皆益之以三罪而數之，其後圉人乃獲生；陳平以決獄、錢穀不知其數也，而漢文滋重其賢。齊景不足爲明時道，而陳平亦非獅山子之所欲，將其言亦有其方乎？ 且朝廷寄公道於科道，凡人材暨錢穀、兵刑、禮樂，必委之以稽察，科道以爲真，則信其真，科道以爲僞，則信其僞。 即如是也，百司知懼而諸弊聿革，其陰有益于國與民也不淺矣。 乃獅山子猶過慮焉，則真有取于藪師者乎！ 夫事有兆謀，而時有定機，是以君子別小言大言之入也。 故如其未得言也，雖使歐陽子以書切責者，亦不失其賢；如其可言也，雖司馬君實以刺義勇之微，面折韓魏公，不以爲抗也。 且獅山子以光明端愷之心，而爲博大正直之學，既舉丁丑進士，作邑于永新，與有擒濠之功，繼令于商河，又有拯饑之勞。 夫治天下，猶治一邑也，獅山子已蚤諳而豫閑之矣，茲爲諫官，又得與宰相公卿論可否、爭是非，以共治天下。 斯往也，雖因以獻納，上輔聖主之德，光天之下，至于海隅蒼生，以成偉績也，不在是乎！」於是諸諫議曰：「子司符也，而言吾科，豈其欲爲杜蒯者乎？」

贈侍御楊德周考績序

南京湖廣道監察御史東岡楊君德周之考三年績也，其僚王君元玉會諸僚餞于憑

❶ 「桃梨乃實焉」，續刻本作「桃盛甲虞虢」。

虛閣，曰：「東岡子自爲御史也，使之巡城，則閭閻不夜驚；使之折獄，則訟至能辯；使之外巡群倉，内巡九庫，其考稽之密，繩糾之嚴，姦弊無不革。至有言于上，亦無弗中理也。」曰：「東岡之績有大於是者，亦嘗聞之乎？今夫富人之爲宮室，非一手所能成也，必使栭人爲楶，桷人爲榱，闑人爲⿰木矦，簃人爲連，閍人爲門，若乃勵其勤惰，察其巧拙，使群匠咸效其能，則在夫督工者也。若群匠或競功而争雋，則督工者又得以定其上下，息其喧嘩，俾富人之室家胥慶以落成焉。於是主人計績班物，則群匠受下勞，督工受上勞。故東岡之績，非他一官一司者可比也。昔者秦穆公既得百里奚，而耳目聰明，思慮詳審，公孫友雖致上卿以讓，君子不以爲貶也；鄒忌之仕於齊也，既舉黔涿、種首、北郭刁勃，以來徐、楚、燕、趙之國，雖從車羅綺，君子不以爲過也。此雖小國之臣也，亦皆審於績之大小而安之耳。今之御史，得與宰相百官論是非，天子且胥天下之賢材以付之，使其別白優劣，進退善惡，以圖太平，其績可小數乎？於此有十畝之園焉，既樹梓漆，又種松檜，冀數年之内，可以作琴瑟而充棟梁也，然旬月不視，則葛蘞荆榛，蒙纍縶蓋，下不成蹊，上不見日，其中無所有也。於是主園者覓園丁以芟治，然或秉斨未審而持刃未熟，則或并松梓而除之。主園者排扉而視，徒見其疎朗空闊，可恣遊憩也，遂以爲園丁良，厥後琴壞棟撓，將覓材於中園，無可用者。則園丁之爲績，亦不易立乎！故古之君子，數觀治園以治世焉。聞東岡初令寧晉，子惠邑民，除去姦慝，卓有聲稱。後以材堪治繁，烝調吴縣，吴縣賦多役重，素稱難治，東岡蒞之，易如樹柳。夫治天下，與治一邑同，況御史振肅百僚，與佐理天下者同，故予得因以言治天下之道，知東岡必不以今三年之績爲滿也。東岡苟益進於盛焉，則他日雖積登卿相以佐理天下者，亦由是乎！」

東岡名叔器，福建侯官人，嘉靖二年進士云。

感恩盡思詩序

南刑曹正郎鄭君從商數謂予曰：「㖆父菊軒公生嘗業儒，愛山水，多所吟詠，桂林人稱菊軒處士焉，㖆母曾氏，以德内相之。當是時，家事蕭條，母常紡績，寒暑不廢，而㖆又孱弱，父教於外，母訓於内，勉以夙興夜寐，無少懈惰。㖆既成舉人，爲嵊縣矣，乃吾父母相繼以殁。及㖆陞入南刑曹後，蒙聖恩贈吾父如㖆官，母贈爲安人，然皆未之能見也。興言及兹，涕泗摧裂。諸相知者憐吾榮親之未逮也，皆有詩章以詠嘆其事。則何以教之也？」曰：「從商而知仲子路乎？其貧時，身食藜藿，爲親負米百里之外。親殁之後，南遊於楚，累茵列鼎，願爲舊事，不可得也。他日以告夫子，夫子曰：『由可謂生事盡力，死事盡思者矣。』然即夫子言之，則從商今日之事，得非感恩盡思者乎？宜以是題之册焉。雖然，亦不可止於思也。昔日仲路雖片言能折獄，考其所自樹者，能使千乘之國不信其盟，而信其一言。從商當折獄之任，而明決忠信，又常希乎仲路，雖由此以使菊軒贈君及贈安人，如子路父母焉，並千萬年存可也。」

贈侍御田德温考績序

南京江西道監察御史小村田君德温考三年績，其諸僚合餞之，❶而鈍菴何君道充數過予問贈言，曰：「宏嘗爲六合，小村子時巡江也，不以其不材，嘗辟之於朝。且嘗斷一流囚焉，❷蓋得其情之真矣，小村子三駁，而予三執之不改，不以予爲倨也。小村子嘗三過六合矣，予皆適有公差他出，不及一迎事，❸及覽吾之政蹟、詢吾之行事，曰『此其爲吏，亦可乎』，不以予之失迓爲簡也。」予聞之嘆曰：「鈍菴而知民之休戚、時之隆污之幾乎？惟繫乎士風之直與佞耳。今夫爲巨室之棟者，必取深山之材，而不用街巷之木，豈其惡近而好遠哉，以其材碩大無朋而能直耳。他日予之在外也，見爲上官者或不然：其屬吏田野不治，獄訟不息，然以其善趨承而有依恃也，則遂忘其瘝官焉，以爲賢而薦之；其屬吏貨財不好，請謁不行，然以其好戇直而守迂愚也，則遂惡其徽名焉，以爲不賢而棄之。是故上官一舉錯之間，真休戚隆污所關也。則小村之事，豈非予所深慕而敬羡者乎？聞小村嘗爲麗水知縣，剛明方正，能慈惠於細民，上官獎且辟者凡十餘次焉。既爲御史，諸所巡視監理，查盤刷卷，巨魁就擒，❹遂蒙聖上金幣之錫。夫若是，則小村之取於鈍菴者，豈非首績乎？又聞小村云：『玉生平無所長，惟是長史家君每以忠孝庭訓焉，玉奉差

❶「合」，重刻本無。
❷「且」，重刻本無。
❸「事」，重刻本無。
❹「巨」，萬曆本作「渠」。

或之任，每便道歸省，必以是訓玉。今且考績，又得便道以省吾親，自念職益重而政未成，又將勞家君之訓，玉深懼無以對之耳。』夫若是，則小村之成今績者，又豈無本乎？雖然，斯政也，行之一處易爲力，大行焉則或變；斯孝也，行之强壯易爲學，終身焉則或忽。小村他日或進臺撫以至宰相，其取人猶夫於鈍菴也而不變，即天下之不康乂者鮮矣；小村他日雖越耆年以至耄期，其順志猶夫今日也而不改，即後世之不揚名者鮮矣。」

小村，山東利津人，正德辛巳進士。

贈劉體乾考績序

石首人劉體乾爲江陰二年，拜前館城華亭之倖，考其績於吏部。江陰進士吳蕡、陸九齡方業於太學，謁予於鷲峰東所，曰：「涇野子知吾劉侯乎？自莅江陰，壹志愛民，動法古昔，立四戒以阜民，守五程以安民，定三規以烝髦士，爾乃自修清約，食多蔬腐，絲竹歌舞，一不經目，自行儉樸，以爲邑民先。於是化被綺山，風行海上。斯往也，雖漢之循良，何可讓乎？」涇野子曰：「是舉癸未進士、名欽順者劉體乾邪？予舊知之矣。人之言曰『文不足以知行，言不足以知人』，豈其然哉？方體乾之會試也，予適得其卷，未知爲誰氏也，然其念民之無衣，至言『圖不可繪藍縷之狀』；憫民之無食，至言『耳不可聞呻吟之聲』。予撫卷嘆曰：❶『此其人，下必能澤民，上必能致君者乎！』遂持以告于主考先生，主考先生閲三

❶「嘆」，原作「漢」，據續刻本改。

試皆相類，以爲有古風，必非常士也，即列置上等。今如二生言，則予之所取於體乾者，亦將非妄乎？夫騰口之説與造道之言不同，專文之家與篤行之士不類。蓋花之剪綵爲者，與其有本而生者，遠觀之，雖其紅粉瓣萼亦略相似，若就而細玩焉，風神光潤，生意盈溢，有本者自不同也。予固不能比孟氏之『知言』，然而於體乾，則既驗之矣。且昔者之評體乾也，不啻此耳，以爲爲臺諫，則必能直言天下之事而不回；爲藩臬，則必能均濟困窮之民而不偏；進爲中丞宰衡，則必能甄别海内人材而不私。體乾考績而行，此其位皆可以漸而至者也。若其所行皆如予之所評，則予之自幸於非妄者，又何如哉？况體乾之高祖方伯公舉永樂辛卯進士，爲翰林侍講者三十年，纂修國史，銓集六經，多出其手，直以不干楊文定公，仕於藩司而止。祖刑部君舉天順甲申進士，在刑曹有冰檗之操、明信之聲，乃未究其志而卒。則體乾之所以發潛顯幽而光先世之積者，雖起周、程之道而樹韓、范之業，亦可也。」

贈葉敬之考績序

南刑曹主政旗峰葉君敬之將考三年之績。他日邀餞敬之，而棟塘陳君忠甫、雍里顧君武祥亦在座。於是敬之偶言及董仲舒、諸葛孔明、程伯淳之於道也，予曰：「董、葛可謂立矣，於權恐未能。若伯淳，則庶幾於化乎！是故言於神宗，則斂容以待；言於安石，則敬其忠信；雖司馬君實純誠能信于華夷，欲用伯淳，猶慮其無以異於元豐，後當累人耳。故伯淳若用，董、葛不足道也。」敬之曰：「董不及程，或然矣。若孔明，則三代遺材，文中子謂其可興禮樂，恐亦未可少乎？」曰：「孔明豈惟不及伯淳，雖蕭何亦未之能及也。」武祥曰：「論人品，孔明優。」曰：「正謂人品不及何耳。」楝塘曰：「論學問，蕭何劣。」曰：「正謂學問劣於何耳。」「然則蕭何之學與人品奚當乎？」曰：「何之學雖未及周公之大且純，然而人品則固有伊、吕之風矣。當漢高之未肯入漢中也，則勸之入養民以致賢，及已致韓信、陳平諸賢矣，乃韓信忽亡，則不告諸王而身追信，漢高疑其詐，則曰：『取天下，必斯人也。』漢高欲將之，則曰：『此不可如呼小兒輩，禮也。』乃教之築壇以拜而問策，夫惟築壇以拜而問策也，秦楚之士、天下之賢，皆自杜南蜀中而入，如饑渴之就飲食於漢也，乃然後出漢中以定三秦，長於籌者用其籌，長於戰者用其戰，長於計者用其計，而我惟給餽餉以繼其後，故雖取天下如卷席，以定漢業，而人不知爲有何也。孔明之時，雖漢失人心，然尚挾帝室之胄，入蜀後，並未聞吴、魏之賢有至者，爾乃區區校簿書，列陣圖，用巧於木牛流馬之他技，果於自用而不知也。在蕭何，則謂之『夫我不暇』矣。」「然則蕭何奚爲能是也？」曰：「不以喜怒爲愛憎，雖胡越，人皆如兄弟矣；不以異同爲賢愚，雖仇讎，人皆如朋侶矣。是故蕭何之所用者，皆范增之所毆者也。此夫子獨絶乎『無我』，而顔子請事於『克己』也。謂蕭何未有所聞可乎？」於是三君子頗然之。酒既，而敬之猶申告行之請，曰：「即所講者，可贈敬之，以爲他日位至卿相需矣。」

楝塘，名良謨，安吉人。武祥，名夢圭，

崑山人。敬之，則台之太平人，起家癸未進士。

贈邊華泉致政序

大司徒華泉邊公守南户部尚書二年矣，去冬來，數疾作，每帶病聽政，其湯藥調攝，則間居於家。於是都御史汪公言于上，吏部覆疏准歸休。報至南都，或者曰：「公既疾矣，但去之少後耳。」其僚少司徒新山顧公謂予曰：「公歸之心久矣，惟是聖上方勵精堯舜之治，則不敢以己疾自便，重違聖上心，是以遲遲耳。」報至，而公喜曰：「吾可浩然歸矣。」予爲之作而嘆曰：「蘇子卿不云：『臣之事君，猶子之事父。故父母愛之，喜而弗忘；父母惡之，勞而弗怨。』其殆邊公乎！或者之言，何其細也！公斯之見，何其大也！」夫大臣宰相之度，過人遠矣。今夫詩，儒人之所喜談而力爲者也，删後以來，士林率稱漢蘇李、唐李杜之爲其模，而作者不可以縷數，今且千餘年，無能一追其踪。我朝弘治以來，當文明熙洽之時，於是公與慶陽李獻吉、安仁劉元瑞、信陽何仲默、姑蘇顧華玉、鄠杜王敬夫、侯官鄭繼之諸君子，奮翼聯起，刮磨砥礪，首倡雄製，當其鏗鏘，真可頡頏李杜，以爲聖代一時文字之光。彼慶陽、信陽、侯官既以足乎此而往矣，公與安仁、姑蘇乃皆致位九卿，而公所至又漢三公之地，昔人所謂「品職冠服可同丞相，郊廟服冕可班太尉」者也，乃公益寬厚博大，雍容鎮重，且事至立折，慷慨不回，凡所著作，多飾諸政，恐李杜大用，未能及茲。則公雖先數月以去，又豈如今行之爲明哉！且公年二十發解山東，即成進士，既諳禮於博士，旋昭諫於兵科，一仕提學副憲，屢任南北太常，明辟著於司寇，砥賦行於牧伯，蓋進退有儀，而出處致審者矣，則公之去就，信非或者之所易識也。有習于公者曰：「公雖疾也，政務少暇，輒披覽經史，所積書已充棟，猶抄集不少暇。」夫公職總地官，位如此其高也，甲子未六十，年如此其不老也，乃其志與學，又如此其不倦也，苟使不去，以竟其所有，則其行道於時者，雖漢劉寵不足比也，又豈啻今日乎？雖然，《書》不云「雖爾身在外，乃心罔不在王室」？公歸歷山之下，瞻依泰山之旁，頤養天和，保愛道學，聖上思元老舊臣，再起公於冢宰之位、台鼎之間，公雖力舉伊、傅、周、召之業可也，寧肯喜於今之解任而自已乎？

後溪西遊詩序

後溪子年少時，從其父蘭溪先生籍於延安之葭州，既弱冠，與予同舉陝西，已而又同舉進士，被選爲御史，又或節推平陽，出守鄭州，遂以同知蘇州而去，居浙之蘭谿者十餘年。蘭谿，蓋後溪子之原籍云。後溪子曰：「寬生長南方，宦學北地，凡燕、趙、雍、豫之境，足跡所至，皆已十七。獨建業，吾南州之勝也，未獲遊覽，豈不闕典？」乃從溪買舟渡錢塘，泛大江，直抵秣陵。凡金集、虎丘之邃，牛首、花巖之麗，罔不收入詩卷，以暢襟懷，名之曰《西遊録》，間以示予，問序焉。予得而觀之，歎曰：「後溪子爲御史，則思振肅群工，爲州府，則思綏集百姓，然其志未竟也而罷，今皆一泄之于詩乎！斯遊也，後溪子豈徒恣盤樂云哉？雖然，後溪子如不以一西遊自足也，歸息蘭水之上，醉起金華之側，載裝琴書，重整行李，趨梁甫，詣泰山，以窮其奇而探其神，更爲《東遊録》，以並《西遊》，如之何？當是時，若遣一价以問序，予雖千萬言，亦不辭也！」

贈秋陂王僉憲序

祥符人王君元玉，自行人選授南京湖廣道監察御史，明而有斷，直而不阿，上以其風采昭著，可戡繁劇也，方三年即擢江西僉憲，坐司理訟焉。其僚宋君獻可爲問言，涇野子曰：「予有一言，久懷之，未敢以告人，告人恐人之不用也。」曰：「子知王君久，王君亦知子之久也，宜是以來於王君。而猶憂其告之不用也，奚謂相知之久哉？然則所謂一言者，何如也？」曰：「不遠伊邇，皆予與君及王君之所早聞而幼識者也。」「雖然，請試言之。」曰：「非予之言也，夫子之言也。」「在六經乎？在四書乎？」曰：「近在《大學》，重在《論語》。雖六經也，不外是耳。」「然則子何言之難，而秘之固乎？」曰：「祇恐王君以爲易，而不然爾。」曰：「王君如以爲易也，宜無是問矣。」曰：「夫子不云『必也使無訟乎』？」曰：「若是，宜其憂人之不用，而慮王君之不然也。夫古今異世，風土異情，今天下方多訟，而江西尤甚。易日月以售私，更姓名以欺公，幻有無以愚吏，鬻證佐以藏奸，籍威富以干紀，挾德怨以陰報，覓簡牘以陽謁，此七者，蓋不可以慈母訓而文儒分也。是故大其桎梏，猶有以爲徽纆之細者矣；重其鞭箠，猶有以爲楚萋之輕者矣；廣其囹圄，猶有以爲畫地之隘者矣；極其聰察，猶有以爲木訥之可犯者矣。今乃曰『無訟』，雖則夫子，對時則謬，不亦誤王君乎？且何以能無訟也？」曰：「大者勿論，姑以田土一事言之。昔者條山之頂、平陸之區，有膏腴之田數百畝焉，虞公曰：『此虞田也。』朝耕其西畔焉，芮伯曰：『此芮田也。』暮侵其東壠焉，分争詬辯，積數年而不決，乃相與跋雷首、泛洪河，以訟于西伯，履華陰而足欲蹣跚，濟涇渭而舟欲遡洄，且至豐鎬而訟心皆息，以置閒田矣。于是周之臯門積歲常開，而無金矢之入，肺石生苔蘚，嘉石映日月也。」曰：「苟若是，果不能有訟矣。宜將告諸王君，使誦《無逸》之書焉，曰：『徽柔懿恭，懷保小民，惠鮮鰥寡，不遑暇食。』使歌《思齊》之詩焉，曰：『雍雍在宫，肅肅在廟，不顯亦臨，無斁亦保。』『不聞亦式，不諫亦入，肆成人有德，小子有造。』以不負子望王君以求學孔子、文王也。然則王君斯行也，其亦甚重乎！」曰：「然。」

王君名琇，起家癸未進士，予嘗獲見其試卷，有深學。

贈司馬君守懷慶序

監察御史西虹司馬君魯瞻爲南京四川道五年矣，蓋臺中之望也。比懷慶守缺，銓曹以爲此中原之處，而河山要害之地也，乃奏陞魯瞻。❶ 予聞而往拜之，君曰：「其郡也，若之何？」則謂之曰：「蓋嘗九過是郡矣。依大行，帶沁沇，襟黄河。黄河善徙，

❶「魯瞻」，萬曆本作「焉」。

徙南則北民無田而有稅，徙北則南民有稅而無田，野王之墟，恒以是爭也。孟之力，罷於途衝而未休，❶甯之畝，荒於風沙而未墾，皆予所親見也。乃若軹、陟及温，多傍山阻而近斥鹵，其民剽疾而寡固。以吾司馬君之道而蒞之，遠可如寇恂，近當如文彥博矣。」他日君又過予曰：「子所言者，皆土俗也，其何以益泰乎？」曰：「君亦嘗聞茁北山之牛及來丹山之鳳者乎？朝日則三芻，暮日則一水，牛始能飫其腹而濕其耳，以載耒耜而服畎畝，不難矣。若鳳，則希世之瑞也，乃日種淩雲之竹，歲栽朝陽之桐，遠射鴟張，近彈鵂鶹，清明映日，湛虛接天，于是九苞之鳳不翽翽而來、嗈嗈而鳴者，未之有也。故君子愛衆如茁牛，養善如來鳳。君又嘗聞高陽之里有九男之父乎？其五子皆賢人也，其四子則不肖，其父於五子則陽稱其善，以愧四子，於四子則又陰沮其惡，且勸之改，以追五子。於是四子亦如五子材，而九男之父安以樂。《詩》云：『鳲鳩在桑，其子七兮。淑人君子，其儀一兮，心如結兮。』君誠待民若子也，又奚但如茁牛與來鳳哉？雖然，山有藏玉，居巘者乃知；田有蘊秀，在畝者始明。覃懷有栢齋何公焉，予嘗評其學，比之仲路、端木賜，論其政，嘗期以韓、范、富、司馬也，斯其人乃今卧病王屋之陽，採藥溴水之陰，❷君行而咨度焉，豈惟可治黄河之陽哉？君他日雖外掌藩臬，内歷卿相，斯其道亦有餘矣。予安能以益於君？」

君本陝西咸寧人，國初籍南京錦衣衛。

❶「罷」，原作「能」，據重刻本改。
❷「溴」，萬曆本作「淇」。

其父芝居先生績學而未顯，至君乃起家癸未進士。於是陝人仕南都者，自都督容堂楊公、廷尉中梁張公而下，亦皆欲予有言也。

贈宋潞安府序

潞安府者，故潞州也，地廣而阻險，其名雖州，其實則府。然但以州名也，以知州理之，則甚難，一不得人，民斯失所。故近者青羊山盜聚數萬，出没澤、豫，招結奸回，虜格士女，拒殺官軍，僭號不軌者數年矣，土兵屢伐之而敗衄，且或執及守令，莫敢誰何。聖上赫怒，乃命河南、直隸、山西，興三面之師以討之，然後平。既而曰：「潞已安乎？」適有言者，謂宜改州爲府，遂創建潞安府焉，置上黨縣以附郭，即青羊山開設平順縣，通舊長子、屯留、襄垣、潞城、壺關、黎城皆隸焉。是地於商周爲黎國，於秦漢爲上黨郡，唐宋以來，非軍則府，倚太原而跨河朔，據太行而控平陽，本重地也。及府既建，吏部以爲此新造之邦而險要之郡也，民方釋干戈而瘵瘡痍，田方治耒耜而墾汙萊，苟非克慈克訓、克廉克斷者，不足以授之也。於是選於兩京科道部屬資望相直者，得宋君元錫焉。聖上遂俞允之，而元錫謙虚若不能勝。他日過予曰：「何以爲潞安乎？」予曰：「元錫有前賢之心，苟舉前賢之政，於潞安也何有？今之守令之治民也，奔走官署則有餘，而閭閻之敝陋，田桑之荒蕪，固未嘗一著目而加足焉；勞勩簿書則多長，而禮讓之廢弛，忠孝之陵夷，固未嘗一朝喻而暮督焉。青羊之盜，豈無自乎？君之斯行，潞安民賣刀買牛、賣劍買兵，皆集戍潞安，而兵備憲副且開司焉。如子之言，則兵將可勿用邪？」曰：「元錫而治潞安，當使環潞之境，夫妻鬻琴瑟，兄弟置塤篪，村落遍絃歌，雖有兵，將安用之？且予嘗過潞州矣，有仇氏森者，一丈夫耳，猶能用《鄭氏家範》、《吕氏鄉約》睦其族及百口，化其鄉及百家，彼何嘗用尺寸之弧、錙銖之刃哉？況吾大君子之爲政乎！」越數日具餞，宋君論及治道，稱程伯淳書「視民如傷」之爲賢也，曰：「伯淳之在晉城、鄠縣也，民已安矣，猶視之如傷。況今潞安之民已傷矣，又當視之如何哉？」吾知元錫於此，固有如慈母之抱羸兒、嚴父之訓癡子者矣。《詩・緜蠻》不云乎：「飲之食之，教之誨之。」其宋君之於潞安哉！

雙萱並茂詩序

南京刑部主政崑山沈君廷材來，謂予曰：「大楠之父守齋君、配王氏，年且强，無子，而大楠本生父樂清君、配許氏，生大楠兄弟四人，而大楠其三也。先王父麟臺君曰：『不可使沈二無子。』遂告諸沈氏廟，立大楠爲守齋君後。未幾，守齋君、樂清君相繼没，而二母撫育大楠有今日，其後也不知其非生也，其生也不知其或後也，而大楠之事二母，其後也則若其所生也，其生也亦若其所後也。故許年八十矣，猶如大楠之懸弧矢時也，王年七十又三矣，猶如大楠之在襁褓日也，故大楠雖痛二父之皆逝，幸喜雙萱之並茂。但大楠舉有進士，仕爲縣令，而王母獲蒙恩典封太孺人，許母則未之及，是所欲然耳；❶許母三子七孫，曾孫一人，而王母止大楠生一子，是所欲然耳。於是諸僚友皆作詩稱壽，以寫大楠之心。不知涇野子何以使吾二母皆至千歲，爲大楠終身樂也？」曰：「廷材何必以是盡心哉？❷且廷材常言許母儉素不華，上事舅姑，始終一禮，恭于樂清，歿乃斂戢，諳曉書史，用訓諸子，勞心苦節，四十餘年。廷材繼其志，以勿忘於行可也。廷材常言王孺人順事守齋，朝夕惟謹，既在湯藥，猶代家務，課桑督農，未嘗少懈，雖廷材有過，輒加痛懲。廷材繼其志，以勿忘於行可也。是故二太夫人之道，有孝焉，有友焉，有勤焉，有儉焉，有貞焉，有慈焉。廷材繼其孝，則忠斯至矣；繼其友，則信斯近矣；繼其勤儉，則夙夜匪懈、羔羊在公矣；繼其貞慈，則無成有終、福及群黎矣。二太夫人之道，雖立於一時，而廷材衍之，可至於千載。千載之下，稱二太夫人比于壽安縣君程侯者，皆是也，顧廷材不又樂乎？」於是廷材取以上諸二母，以效南山之祝。

贈陶杏垣還彭澤序❸

杏垣陶君仲文者，五柳先生之後，江西鄉進士欽民、欽夔之父也，善爲李祖之學，兼究内照圖術，且於《素問》、《靈樞》亦總覽而有得焉。由是，諸胗劑迥與他庸醫異，獲効數多十全，又能理奇疾異病，皆不在今常行方，故一時名重於江南，江南人以爲佗、

❶「欲」，續刻本作「歟」。
❷「盡」，續刻本作「盡」。
❸「垣」，續刻本作「園」，下同。

扁復出也。異時寧藩宸濠聞君名，甚重之，使人召。君謂宸濠不可見也，逃匿於九華山中，比宸濠既敗，而君始出。江西人曰：「陶仲文雖不中甲科，其志節優於李士實、劉養正萬倍矣。」於是江南人益重君，謂君不但長於醫也。去年大司徒邊公疾，徧金陵、姑蘇醫無一效，乃使使請君來，數日即效。謂邊公曰：「埜治四分，公自治六分。」邊公弗能也，又弗效。故其疾隨復隨效，隨效隨復。君曰：「埜不能即瘳邊公之疾矣。」有歸志，而邊公又不欲君遽返。於是君召其二子欽夔、欽皐自彭澤來，師事予於鷲峰東所，曰：「埜至金陵，豈止爲行醫來哉！」余亦心重其有所見焉。居二月，君及二子行，於是大司馬浚川王公、少冢宰甬川張公以下，皆爲詩贈之，欽夔之友章宣之輩遂以序問予。予是時以《論解州略》一帙贈君，以濂溪、横渠之書贈二生，即謂之曰：「君及二生之歸也，然獨以醫治人之身乎？以醫治人之身，有效有不效，若以道治人之心，無弗有不效者矣。是故《論解州略》，君可用之以治汝鄉之人心；周演、張釋，二生他日可用之以治天下之人心也。夫五柳有道而未用，生子五男皆不肖；君雖未用，而五男皆材，果以予言爲可取也，則五柳先生畜而未發之志、隱而未顯之學，當不有在於今日乎？欽夔、欽皐亦不可不奮往前修也。」

封君戴先生暨配杜宜人八十壽序

鄞人茂軒戴君以伯子鼇貴，封南刑部員外郎，配杜封宜人。聖上登極覃詔，又以鼇貴，授四品服色。今年生八十歲矣，宜人生七十又九歲，即八十也。是時，仲子鯨仕南京工部主事，季子舉人鰲業太學且滿歷，工部及鰲謁予曰：「家君子生鯨兄弟五人，兄鰲仕知尋甸府已歸，兄鰲顯典家政，弟鱉成進士，爲四川按察僉事。鰲若是矣，❶皆家君子庭訓、吾母幼教之德也。茲八月三日，爲家君子初度之辰，乃鯨不在膝下，工部將遣鰲東還，用祝南山壽，則何以畀之一言乎？」曰：「工部與鰲，可欲使公爲郿人張殿中丞乎？　張公于景德、天禧之間，今已數百年矣，其壽猶與太華、終南争高未艾也。可欲使公爲汴人程太中公乎？　程生於乾興、景祐之間，今已數百年矣，其壽猶與嵩山、黄河争長未已也。夫親之壽，雖在其身，實在其子；子之壽親，不惟其言，惟其行。不見渭、洛二水乎？　夫渭，張氏之所居也，當其發源鳥鼠也，止可濫觴耳，及其澧、涇、漆、沮次第而入，始波流澎湃，達河而入海。夫洛，程氏之所居也，當其發源熊耳也，猶可厲涉耳，及其澗、瀍、伊水次第而入，始水勢浩蕩，入河而宗海。昔者張子厚精思力踐，仁誠、禮樂、性命咸聞，而天祺德性老成，直道匡時，爲殿中丞光，故殿中丞至今猶在也。昔者程伯淳造詣精粹，見道分明，孔、顏之學，於斯重顯，而正叔以道自任，率履不越，開先賢哲，夷險如一，爲太中公榮，故太中公至今猶在也。況茂軒先生少負不羈之才，長教八閩之郡，行先孝弟，躬恤貧窮，讓財無鬩墻之忿，篤友如《伐木》之詩，於是鄉之大夫與其父老曰：『吾猶及見戴先生有古之道也。』鄉之子弟與其齊人曰：『吾乃幸見戴先生有後之福也。』

❶「若是矣」，續刻本作「等若是」。

是其所至，固不減于前修矣。而杜宜人慈良巽順，供蘋蘩，勤織紝，至老不倦，亦有壽安縣君之風焉。使工部及縶之所履，猶夫子厚及伯淳兄弟也，則將使茂軒先生與殿中丞、太中公並，而杜宜人可與侯内君比以長久也。」

柳氏家譜序

嚴州柳進士士亨作家譜一帙，持以謂予曰：「本泰先世以魯展禽食邑爲氏，晋、唐閒族屬繁衍，著名河東，代有聞人。黄巢之變，播遷江左，爰及有宋，居於睦州建德之下涯，柳氏再顯矣。宋末元初，有號上户者，行義宗於鄉邑，維時方臘煽亂，避兵獅峰。至正初年，朝奉君富八者，則本泰之七世祖也，爰自下涯出贅駱氏，因家黄饒。至四世祖勝華明經歲貢，授知澧州，進階四品，是生祖泰安州學訓導諱時者也。至本泰父常恒，亦歲貢爲國子生。夫自朝奉之定居，今七世矣，自澧州之力學，今四世矣，賴先世之澤，以有本泰。本泰闇劣，無能繼述，有所顯揚，則涇野子何以語之也？」曰：「昔予在解州，嘗編《聞喜裴氏傳》、《夏縣司馬氏傳》及《河東柳氏傳》，不知河東柳氏，即士亨之前修也。夫裴氏，自漢代遵曄以來，名卿碩士無慮數百人，至今咸永不殁者，惟賴中立耳，直言權倖，宣諭跋扈，既成淮、蔡之功，尤摧鎛、异之姦，以身係天下重輕者三十年，於是裴自寅、樞以前，皆重光矣。夫司馬氏，自漢遷、晋孚以來，賢臣逸民無慮數十輩，至今皆久不殁者，惟賴君實耳，幼有敏識，口無妄語，三劄五規，爲時要策，辭樞拜相，爲世大範，以名係夷夏安危者二十年，於是司馬氏自池、炫以前，皆重光矣。惟柳氏，自景猷仕魏之後，支派殊衆，縉紳尤多，或宦南北兩朝，或歷魏宋諸代，或以功著，或以行顯，或以寵盛，或以文名，然皆未有如中立、君實之粹者也。振百代未洪之緒，立一時肇造之家，以如中立之於裴、君實之於司馬者，不在吾士亨乎！卜子夏曰：『野人知父母之何算？學士大夫知尊祖而敬宗。』夫學士大夫，學其道以爲大夫者也，然則士亨之學於道也，必有所務矣，必不以圖世系、畫昭穆爲已足也。❶」士亨篤志斯道，故及之。

贈張惟静提學序

南京禮部儀制郎中東沙張君惟静，既有江西提學副使之命，其僚秦懋功、吴宗仁來問言。涇野子曰：「昔予之初渡江也，即勞東沙枉問予於柳樹灣中，遂獲與東沙遊。厥後見東沙數詩焉，接物命景，對時興致，清新俊逸，標格不凡，則嘆曰：『此非鮑照、謝脁之作乎！』他日又見東沙數文焉，製辭紓情，發微闡幽，高趨簡質，不同乎流俗，則嘆曰：『此非《左氏》、《國語》之作乎！』東郭鄒氏者，東沙之寮也，去年雪中速客飲，時弘齋陸伯戴、虚齋王子崇及東沙皆在坐，偶談及《易·艮》之《彖》暨《噬嗑》諸爻，而東沙説皆有根據，❷不詭於常。時或泛論焉，東沙又爲他語以折予，予自覺其非，而不辨其言之激也，則謂子崇曰：『東沙又深於經學，固不可專以鮑、謝、《左氏》、《國語》

❶「畫」，續刻本作「書」。
❷「皆」，萬曆本作「的乎」，重刻本作「綽」。

目也。』且東沙素行孝友，賦性愷悌，風度逸邁。然則斯行也，其惟以經學導士哉！」秦、吴二君曰：「作士不用詩文矣乎？」曰：「師之導士，如禹之導水，導之以正，則趨於正，導之以他歧，其不旁流爲患者鮮矣。子嘗遊龍門，遵蒲坂，尋雷首，放于三門、砥柱，又東至于殽、澠、成皋之間，見黄河由兩山中行，雖有濤漲，無或泛溢。比至徐、濮、曹、滕，上下土性疎慢，而岸崖陀斥，於是周徙矽礫，漢改頓丘，雖有瓠子之築、宣房之宫，至今捲掃不休，亦無如之何。使導士不以經學，而以他技先焉，是謂決龍門，破蒲坂，大壞隄坊，河未至徐、濮之地，而已泛濫于中國殃人矣。況夫士習易於趨卑，猶水之易於就下，何也？蓋各就其性之所近，以爲所好而進耳。是故高者耽玄，卑者溺俗，治詞者忘物，榮名者廢實，喻利者損義。此五者，多士之病也，其藥石皆具於六經。是故經學者，士子之隄坊也。故謂東沙斯行，專用經學以導士云。」

東沙名時徹，浙江鄞縣人，起家癸未進士。

贈胡福州序

山陽胡君貞甫仕南户部，方總巡諸倉，乃有福州之命，於是黄日思、林太和諸友問贈言。他日會飲於東園，貞甫曰：「聞福州有丁科八分，每歲一徵，苦於繁費，若十年一徵，則簡且省也。」涇野子曰：「夫民次第輸辦易爲力，一併科，率難乎其爲餘矣。且民多無十金之藏，而日惟尺寸之營，兼歲總會，獨先安之邪？」又曰：「福地多僧，僧多田，田多租於民間，既租矣，未二三年，則匿前租，射後租，名曰『重章』。痛懲其僧，不可乎？」曰：「是豈惟僧之罪哉？此必後租者多威與富，以啗僧耳，威富既訖，則無此患矣。今夫瞽者，人所易忽也，冕衣裳者，人所必敬也，乃夫子待之，皆過趨、坐作無兩心，楊龜山以爲一貫之道，《論語》之要，盡在於是。獨不可移以治租田乎？」又曰：「歸無牒之僧行于俗，割有餘之僧田以業之，不可乎？」曰：「《易》不云『已日乃革之』？君子行禮，不求變俗，謹修其法，而審行之。市井賤丈夫，鬻一菓一菜，百僞千詐，叨得升勺，聊以糊口，聖人不究其隱焉。彼僧行者，顧不當是邪？夫凡有血氣者，皆當並生而兼育；所可以汰此輩者，惟德化既行之後耳。」「若士則何如？」曰：「福，禮義之邦，詩書之藪，皇化久漸之地也。子是之行，課文非所先也，談經非所急也，若有孝子悌弟、烈士廉儒，義夫節婦，子雖造廬以禮，❶出儲以犒，本之於誠，將之以敬，可也。❷《易》曰：『中孚，豚魚吉。』言能中孚，雖豚魚亦可化，而況於人乎？且自予至南也，三四年矣，見子食無兼味，衣無重采，客無雜交，物無妄取，固鎖先門，六年一日，予清不如子。《詩》曰：『温恭朝夕，執事有恪。』《禮》曰：『執虚如執盈，入虚如有人。』久求斯人矣，乃於貞甫見之，予慎不如子。政務填委，剖決如流，井井不亂，吏息其奸，民服其心，予明不如子。苟言之，必有之，苟諾之，必踐之，考道稽德，上下咸允，予信不如子。此數者，貞甫皆過於予，而予猶論處租料僧儒之事者，豈以貞甫爲

❶「雖」，萬曆本作「須」。
❷「可也」，萬曆本無。

不足哉？大抵勇於爲義者，或不恤其他，切於變俗者，於其經未必慮也。貞甫，淮人也，不聞汲長孺之治淮陽乎？折其箠楚，殺其賦稅，停其營繕，驅其智慮，日卧齋堂之中，不下階而淮陽大治，此固不可移以治福州邪？若是，他日爲時社稷臣者，亦必在子乎！貞甫懋哉！」

貞甫名有恒，初號筠亭，取節也，再號慎齋，取獨也，皆可以知其爲人矣。起家嘉靖癸未進士。

贈招蕪湖考績序

涇野子與胡生大器談學於鷲峰東所，每嘆曰：「守令之設，凡以父母斯民也。民饑則思食之，民寒則思衣之，民勞則思逸之，民愚則思導之，民危難則思安之，民强悍盜竊則思懲而除之。有父之嚴，有母之親，斯可爲守令矣。然必本之以忠信，敦之以慈祥，優之以寬厚，守之以廉潔者，而後能之也。得若人而遍布郡邑，卧赤子衽席上矣，惜乎未之多見也。」胡生曰：「吾縣招侯雖不能盡如斯言，亦可謂庶幾乎，但與時頗不合耳。於是有以招侯爲長者，亦邑人也；有以招侯爲短者，亦邑人也；義者以爲廉也，貪者以爲寡於才也；惠者以爲慈也，暴者以爲劣於威也。」涇野子曰：「大器不聞夫子告林放『寧儉』之禮乎？勤卿果若是焉，爲政之本已近之矣。昔者仇香之長蒲亭也，寧憂鸞鳳之不足，不求鷹鸇之有餘，故不孝雖如陳元，亦皆化之。但恐勤卿於爲政之本，不欲以仇香自處耳。若夫寬嚴得中，仁義兼舉，勤卿久當自得之，無慮其與時不合也。勤卿嘗有事于京，夜宿于鷲峰寺，且謁予于東所，自是遂以長者之禮事予不改，豈以予能知其心乎？ 若夫考績之殿最，知勤卿必不以爲重輕也。」

勤卿名廣，學于其門者號鶴臺，起家廣東鄉進士。

壽封君省菴丘公序

省菴先生者，今監察御史提學南畿丘君以義之父也。 先生少爲晉江學生，受《易》於虛齋蔡先生，蔡先生常曰：「得吾《易》者，丘生也。」於是閩以南治《易》者多宗師之，門下士蓋數百人。 當是時，侍御方垂髫，亦同諸門人受《易》業。 他日諸門人屢登科第去，先生屢不第。 他日侍御又登科第去，先生又不第。 乃從有例，❶歲貢入大學，既又以侍御貴，受封如其官，然皆非其志也。 每嘆曰：「某篤于學者，謂苟得一第以行吾志，身親見於明時也，乃竟不獲，豈其我學者之非邪？」每拂鬱嬰襟，疊發奇疾，隨以侍御孝養承歡而又起也。 今年十一月十二日，先生於是生六十歲矣，益矍鑠强健，懷抱悦樂，前疾不復作，當其所自得於《易》者，又非往日也乎！ 於是侍御方有學政，❷來謂予曰：「養浩何以使吾父至數百歲哉？」先是恒齋馬公亦語予，予謂恒齋曰：「有是哉，丘先生之英也！ 且孟子何人也，年四十始不動心；謝安既老矣，以一捷而折屐齒。 即先生發憤於五十之前者，不可易議矣。 然則今益矍鑠悦樂而無疾者，可知已乎！ 且己之第與諸門人之第孰

❶「有」，續刻本作「往」。

❷「方」，續刻本作「膺」。

樂？」曰：「諸門人之第樂。萃先後殆數十人焉，數十人之行其學，皆己之學也！」「己之第與子之第孰樂？」曰：「子之第樂。子之第，一大比至薦百數十人焉，百數十人之行其學，皆己之學也！於此有樹花焉，其英萼皆着於千枝百幹，而其本則不一着，謂英萼非本之所有，則不可也。雖然，先生之樂尤有大於是者。」「可知已乎？」曰：「昔者，邵堯夫少時自雄其材，慷慨力學，至廢爐扇，講《易》於家，就問日衆。卒之德氣完粹，洞徹中外，吟笑終日。於是老穉倒屣以聽車音，既厚風俗，亦成人材。夫堯夫亦未嘗舉有科第，顧其樂如此，而其壽至今數百年猶未艾也。乃先生潛心理學，寢食皆忘，於《易》有説，於四書、《正蒙》、《通書》、《皇極》皆有論解，雖願先生爲今堯夫不可邪？」曰：「先生之樂，又有大於是者矣！堯夫雖壽，第其子伯温、仲良猶未大行耳。昔者程太中之子伯淳之爲御史也，進説甚多，不飾辭辯，或請防未萌之欲，或戒輕天下之士，至使神宗拱手以聽。今以義既承庭訓，官又同於伯淳，其薦賢作人者已有緒矣，斯往也，動與伯淳準，則即未便入啓聖明，然而南畿俊秀，則江海之英也，誠使皆誦伯淳之言，體伯淳之行，以爲國家材，侍御且將爲今之伯淳，而省菴先生壽與太中公等，傳數千年不啻也。顧先生不又大樂乎！」

贈地曹黄日思考績序

儀真黄君日思爲地曹照廳，將考三年之績，入覲聖天子，行有日矣，其僚友韓汝器來曰：「日思與偉交且數年，苟有諸心，必發諸口，既無隱伏，亦不文飾。夫子論益者三友，而以『友直』爲首，日思其偉之直友乎！」予嘆曰：「美哉，汝器之取友也！今夫直有六難：言直，人難與語；色直，人難與親；立直，人難與並；行直，人難與隨；好惡直，人難與同；取予直，人難與偕。今汝器以日思爲上友，豈惟日思之美哉？且予嘗聞日思之父雪洲先生司馬公矣，博學儉德，直躬而行，蓋於言、色、行、立、取予、好惡，皆無或乎有曲也，然則日思之無所隱飾者，其亦有雪洲先生之風乎！」

予之於日思也，其學則無所聞，其年則少有所長。乃日思常枉問予，予置之上坐，日思曰：「褱不安。」他日三枉問予，予必置之上坐，日思三曰：「褱不安。」問其故，日思曰：「褱嘗受言於莊渠魏子矣，曰：『此之南都，可與涇野子處。』褱而上坐，是非所以見涇野子之心，而褱將有忘於莊渠子之志耶！」於是遂辭上坐。則日思豈惟直於一言哉！日思雖以司馬公蔭，未舉甲科，然而蚤受庭訓，克傳家學，身通《毛詩》、《禮記》。及入胄監，博交天下名士，德器益美，照廳之守、十三司僚友無弗以爲賢，而部尚書尤器重之。則日思豈惟直於一言哉！於此有取巍科高第者矣，然言或逢勢，行或迎時，則雖致位崇顯，君子不以爲榮也。是故直有二美，亦有二疵：以義直，謂之正直，不以義直，謂之婞直；以道直，謂之讜直，不以道直，謂之絞直。誠使日思益充其所有，配義與道，無往而不直，無時而不直，則雖浩然之氣，亦將有可求矣。朝廷久需如是人以大用，或出守一方，或喬轉二司，振乎風俗，綏此黎庶也，則日思仰光於司馬公者，又何如哉！

壽王母俞氏八十序

王母俞氏者，南京禮部主政王君直夫之母也，今年十月四日，生八十歲矣。直夫問壽言，予因問曰：「聞君之在長州也，猶寄居他人屋，然乎？」曰：「斯吾母之志也。先訓導府君宦業涼薄，微有田屋，吾母命庭讓之二兄。二兄者，前母之所出也。庭是以今猶寄居耳。」曰：「於戲！直夫只此寄居，真可以壽俞母至數百年矣！」「庭惡能使吾母至是乎？」曰：「吾常見舉進士者矣，當年即有良田，當月即有美屋。君今舉進士且十年，官至郎曹，乃猶無産而寄居。持是道而不變也，豈惟可壽俞母至數百年哉！不見宋李文靖公乎？其爲相也，於利害則報罷，於水旱、盜賊、惡逆則力奏，其慎重先識，至使王文正、張忠定皆深嘆服有遜爲真聖人者，然其治居第於封丘門外，廳事前僅容旋馬，頹垣敗壁，不以屑慮，藥欄破壞，不命葺治，乃譬諸『巢林一枝』。文靖由是也，至今數百年，論宋名臣者多以爲首稱，而其母亦數百年未亡矣。則直夫他日所造，又安可少乎？」直夫曰：「果若是，斯吾母之德也。吾母好觀群籍諸史，不但以誨庭也，雖諸女婦相聚，必與之講明某可爲勸，某可爲戒，至繆肜兄弟、公父歜之備官，尤懇切言之。凡塾師課限於庭者，暇必督責庭。比其乏也，雖使庭授鄉學以業養，亦不令違義以干人，庭是以有今日耳。且吾母生尤甚異，年十五得瘻疾，卧床蓐者五年，一夕夢青衣童子授丸藥服之，既覺，香猶在口，病遂愈。又三年而歸先君，其處前母遺子女，真如己出，而勤儉辛楚，不可殫述。則身教乎庭者，又已豫矣。果若斯言，壽可數百年也，皆吾母所自致耳。」曰：「若是，則俞母之資固近於孟母仇氏，而直夫繼志以述事者，於他日之得志也，登卿相以行素學，亦如孟子弗爲堂高數仞、榱題數尺者，則直夫之壽其母也，又非但如李文靖母矣。」

贈汀州知府劉文韜序

南刑部正郎鶴城劉君文韜既有汀州之命，乃以其鄉朱秋厓子紈問言。❶予曰：「予嘗宦遊兩都，行歷數省，多接諸藩臬郡守矣，其賢者，必其洞民情者也，其不賢者，必其懵民情者也。夫民情雖隱，其發也多於獄訟，官職雖衆，其練也莫如刑曹，故凡爲刑曹者，出而以藩、以臬、以郡守，常十七稱賢也。然則文韜何有於汀州哉？」諸大夫曰：「文韜之在刑曹也，使之決獄，固無不明，使之兼督營繕，亦無不理，至于審覈死囚，多所全活，尤人所難。於是部尚書周貞菴公有『精爽詳嚴』之考，吏部及河南道亦稱其『練達操持，明爽平恕』也。」曰：「若是，則文韜又非他刑曹者比，其於汀州又何有哉？夫『刑以齊之』，雖時務之急，然『德以道之』，尤出治之本。韜苟又以其有諸己者之德，如所謂操持平恕者，而開先士民焉，則夫汀也，不又升於至治乎？況汀州重山複嶺，水迅溪迴，前引交廣，背達江浙，俗雖質直而尚義，民亦剛愎而好鬬，難治之國也。故自唐天寶之前，開福、撫之洞，臨長汀之溪，以有斯郡也，蒞守之官無慮數百輩矣，然惟一陳軒者擅名於元豐。當是時，蝗不入境，年穀

❶「紈」，續刻本作「純」。

屢登，汀人大樂，至使黄庭堅有詩以紀，以爲『平生所聞陳汀州』耳。原其爲政，惟一清静愷悌，無他技也。則道德之能格民，有如是乎！文韜斯往，亦如陳氏焉，行見汀人之歌曰『宋有陳氏，明有劉君』矣。況文韜，長洲世族也：始祖德基爲黄州統領，著名於宋。先祖順之爲平江提領，有聲于元。高曾叔祖發解應天，祭酒國子。至其父中丞先生爲方伯時，又以直道忤於宦瑾，罰粟八百，揚名士林，于今爲烈。文韜固將繼志述事，位漸卿相，道終高朗，不但與陳軒比也。」

文韜名烱，起家癸未進士。

南垣便養圖序

南京兵科給事中進賢何德徵作《南垣便養圖》以詣予，曰：「涇野子知吾母舒氏今封太孺人者之志乎？昔者先考繼直君早年失怙，育於祖母李氏，太孺人既歸先君，每事内相，祖母寢疾三年，乃朝夕侍側，務悦其心。先君好客，雖於夜飲，肴果必備。生祉兄弟四人，三兄皆殤矣，祉復多疾，撫育訓誨，辛楚萬端，加以祖母既逝，先君亦亡，哀疚造家，至有今日。及祉既舉進士，兩疏歸省，未荷俞允，乃附舟迎養，居京一年，不樂風土，鄉思日切。既拜户科，懇疏諸上，若曰：『人臣無在家之思，始可以勵在官之志。人子有養親之孝，斯可以盡事君之忠。』疏兩進，始改今科。仰慚恩德之未報，俯愧劬勞之難酬，《便養》之圖，則何以命之乎？」涇野子曰：「諫垣雖有南北，其務忠則一。事親雖以便養，其行孝則同。吾聞孝有五至，忠有七經，『心無逸念，敬之至；口無過言，厚之至；見義必爲，愛之至；廣近仁賢，榮之至；揚名後世，壽之至』，故君子以五至爲孝，而奉養其次焉；『好惡無偏，經之情；進退無失，經之體；邪私難干，經之信；諫止應時，經之則；心同寮宷，經之用；動中機會，經之方；事先大體，經之本』，故君子以七經爲忠，而南北不論焉。雖然，有五至者，必能盡七經也。吾嘗以此而觀德徵，雖或未之皆備，然而其志與學，則固亹亹於是矣。德徵而不已其功，益求其所未至，則夫便養猶善養也，南垣猶北垣也。他日德徵位登卿相，猶如寇平仲捫足折節之意，則雖使太孺人揚名方來，與寇太夫人並美有餘也。」

送韓汝器北上序

嘉靖十一年正旦且至，南都群臣先期進賀表，而户部郎中洪洞韓汝器廷偉序當捧持以行。其竣也，又得便道過家，以省其父運同清寧子，暨其伯父玉峰大參公。乃來問予曰：「何以益偉之斯行乎？」曰：「美哉，汝器之行也，可與知忠矣！君子之仕也，❶恒以近君爲悦，一不爲竊其寵，二不爲憑其勢，三不爲叨其利，惟在盡道於己，暢於四肢，發於事業，質於君之前無愧也。汝器之在户部也，言不越經，政不違則，發憤修道，澡雪日密，❷夙夜在公，此其心已可對聖明矣。斯行也，將群臣頌禱之誠，祝萬壽日增之盛，鶴舞鵠立，萬象快覩，《書》所謂『昭受上帝』者，非歟？昔齊大夫管夷吾嘗朝于周襄王，襄王嘉其督不忘也，勞之有加

❶「君」上，續刻本有「夫」字。
❷「澡」，續刻本作「藻」。

禮，而夷吾固辭，君子以爲管氏能世祀也。夫夷吾，伯臣也，且取於襄王如此，豈若吾汝器學於王道，久積悃誠，其所感動而爲一時之光者，又何如哉？ 則已不待言語之間，而輸忠于朝者深矣。 且古不云乎：『求忠臣於孝子之門。』乃汝器大事竣也，❶不遑他念，便以省親爲事，則其所輸忠者，又豈爲無據哉！ 夫清寧子，予未之能識也，聞其以舉人通判嘉興、同知開封，歷著政績，瀕陞兩淮運同，屢疏辭官，乞養忠定公于家。 若玉峰，則又予之素知也，其守懷慶時，予適過郡，是時忠定公年八十矣，乃玉峰見予無他言，惟問壽忠定公詩，予識之至今未忘也。 然則便道之省者，固繼玉峰及清寧子之志乎。 則汝器之所輸忠者，又豈爲無自哉！ 雖然，忠固以孝爲本，孝尤以忠而大。 汝器不見忠定公之致身乎？ 爲諫官，餘十年而不調；❷居司徒，論八黨而甘危。 道全終始，名著華夷，至今士林論正德中名臣，推爲第一。 汝器又必繩其祖武，益篤乃學，益礪乃節，益齊乃位，益弘乃政，絶塵而奔，動與道俱，用光顯於前人，雖與伋、虎之纘戎太公、召伯者並，亦可也。」

贈顧廣東序

南京吏部驗封郎中顧雍里武祥既有廣東參議之命，繼雍里者，江夏馮三石子和也，❸乃同諸僚爲問言。 涇野子曰：「雍里

❶「大」，續刻本作「之於」。
❷「餘十」，續刻本作「十餘」。
❸「石」，續刻本作「召」。

之行，於予有二損，於廣東有三益。昔者諸僚嘗飲於雞鳴寺之憑虛閣，是日予未能有辭爵，醉徹面目四股，行不能正履，語不能及常，戴月吟馬上而歸，且日醒，甚悔之。未久，諸僚又飲於白鶴道院，酒至投壺，予三辭爵，雍里曰：『子無以雞鳴爲戒也？』予喜而謝曰：『敬聞過矣。』乃自後少能辭爵。雍里行，予無以聞過，一損也。雍里居無隋容，行無肆武，言無輕發。他日雨甚，予與胡在軒佇立司廳，雍里從外來，寡雨具，馬濺泥濡裳半齊，乃益張拱整步，不失尺寸，予與在軒語曰：『此非漢茅容者乎！』雍里又善爲晉唐人詩，諸僚政暇，觀蓮憩竹，瞻山臨水，探梅玩月，其撝題綴句，俊逸雄偉，動出塵想，近自何、李後未見也。當其志，雖發乎性情，止乎禮義者，亦可望以入焉。雍里行，予無以見善，二損也。」「然則三益於廣東者何？」曰：「雍里之上有撫按，見其恭而有禮也，能不相感以善乎？雍里之儕有僚寀，見其敬而無失也，能不相信於法乎？雍里之下有士卒庶民，見其廉而有度也，能不相阜於財乎？」曰：「若是，則雍里之往，更無所進邪？」曰：「雖然，聞之矣，君子之學，在己者不爲有餘，在人者不爲不足。昔有貫珠巖下者，其智取於齊襄監門之士，一信陵君猶虛左車，迎以廣學也。故夫子以不器之君子歸子賤，若端木氏者，直謂之瑚璉之器耳。故曰：『知微知彰，知柔知剛，萬夫之望。』雍里雖他日以此相天下可也。」

雍里名夢圭，蘇之崑山人，起家嘉靖癸未進士。

贈張君之成都序

隴西張君彦卿以吾陝鄉進士，自光山教諭進爲南京國子學録三年矣，既考績，遂有成都通府之命，於是陝人仕南都者屬予爲贈言。先日，彦卿亦過予曰：「傑行有期矣，請涇野子一言以勖我。且傑久棲學校，於民事未閑也，今兹之往，有錢穀之劇，有獄訟之繁，有簿書之叢委，傑實懼焉。」予曰：「天下之事有難易，而道有淺深，故事以訓士爲難，治民爲易，道以典教爲深，出政爲淺。故俎豆重於泉貨，夏楚先於桎梏，業課首於文移。彦卿於其難且深者已躬行之矣，又何有於淺易者哉？」曰：「成都沃野千里，襟帶二江，西扼吐蕃，南撫蠻獠，阻以劍閣，抗以峨眉。傑雖非專府之尊，然上有撫按二司，皆所奔走以事，下有崇慶、漢、綿、威、茂諸州縣之民，皆所稟移以理者也，則何以堪之？」曰：「彦卿亦聞子産之治鄭乎？其事上則敬，其養民則惠。」曰：「婞婀取容亦謂之敬，姑息刑罰亦謂之惠乎？」曰：「君子之道，惟中爲至。如其當盡之禮也，則毫髮不可缺；如其殺人以媚人也，則周茂叔先有所不爲矣。夫三十二州縣之民，何者非君之赤子乎？彦卿如存父母之心，則所以察其饑渴、問其寒冷、開其昏愚者，已先得其心矣，豈必使彦卿家至而户與哉？凡至乎其前者，一人即百人也，十人即千人也。如梗治之徒，痛懲之而不貸，一人即千人也，十人即萬人也。且彦卿光山之教，已在人耳目矣。日者南雍之分堂也，其行静以潔，其志公以慤。他日嘗謁甘泉湛子，亦亟稱彦卿學行之良，後遇甬川張公、方齋林公，皆如其言。故諸鄉先生常望彦卿旦暮選取科道也。乃遷此官，方以爲未盡彦卿之材，則彦卿又何懼乎？雖然，臨事而懼者，基治之本，彦卿如不忘乎此懼，皆如其前所言焉，則彦卿他日積登藩臬方面，亦不足爲榮。惟是庶幾於道，則諸鄉先生今日之意也。」

贈黄伯元考績序

弋陽人黄君伯元爲南刑部山東司主政三年矣，將考其績於吏部，其僚李文輿、林大和爲問言。予曰：「朝廷立法雖以三年、六年、九年之績爲考，士君子立身則以百年、千年之績自考也。士而能考千百年也，則雖三年之績劣，不害爲無績。士而不能考千百年也，則雖三年之績優，未必爲全功。所謂績者，非必戡禍定亂、掀天揭地而後然也，惟此一心之德，傳之悠遠不磨耳。是故稷急於播穀，回樂於陋巷，其績之有無甚明也，知之者以爲『同道』；禹抑洪水，孟軻闢邪説，其績之難易甚明也，知之者以爲『孟子之功不在禹下』。故至今累千百年，其照耀日月無異也。故君子之爲績，亦求諸己而已。不識伯元將止以優三六年之績而已也，亦將考千百年之績而後已也？如將考千百年之績而後已也，則其所以追法乎古之人者，不遑暇食矣。」文輿曰：「伯元嘗爲浙之武義縣，蒞官行法，馭吏治民，一皆敬慎不苟。乃若刑曹之政，決斷明敏，尤衆所共見之，則伯元者，豈徒優三六年之績者哉？」曰：「伯元既若是矣，其益奮往力邁，仕則學禹、稷，處則學顔、孟，不可乎？或曰：禹、稷、顔、孟，大聖賢也，曠百世莫與並肩，遽欲學之，不亦迂哉？ 曰：士患無肯爲之志耳。是故『旦爲顏、孟』，昨雖非顏、孟，旦以後皆顏、孟也；『夕爲禹、稷』，朝雖非禹、稷，夕以後皆禹、稷也。」「爲之則何如？」曰：「在我者，自衣服、飲食、宫室始；在民者，一饑一溺，皆我饑溺之也。且伯元之祖石厓先生，❶以風力御史著于憲廟之時，伯元之父團峰先生，以嚴整家法表于潭石之里。伯元思光前烈，以考千百年之績，必不肯以斯言爲誣也。」

贈蒲汀李公考績序

蒲汀先生濮州李公爲南少宰三年矣，將考其績於朝，司廳及四司大夫來問言。柟曰：「先生之績，豈可以年數計哉？ 然即柟一人者觀之，亦可以占一二矣。往年予履南考功任，初謁先生，即置上坐，予曰：『堂屬既分，體統攸定。』先生曰：『獨來則從我，同四司來則從子。』且吾與子自正德七八年以來，經筵則聯班，史館則並局，其爲寮寀久矣，今豈可以新而改舊乎？』予無以應。未幾，先生以直道忤時，引疾北歸。去年聖上思用舊人，起復於前位，時予已移今官矣。他日瀛州勝會，至厭予以並席，舉費、賈二公故事以告衆。夫予一人者之身不足道，則凡其餘卑賤之品，知先生遇之皆不忽矣。今雖贊先生以此入相天下，亦可也。昔宋富文忠公爲相，雖微官布衣謁見，皆與抗禮，引坐語從容，送之及門，視上馬乃還。自是群公效法，遂改自唐以來旁唱尊重之敝習。先生爲今之富公非邪？

❶ 「元」，原作「光」，據萬曆本改。

抑尤有大者焉！周公相成王，語其子魯公曰：『故舊無大故，不可棄也。我文王之子、武王之弟、成王之叔父，於天下亦不賤矣，然我一沐三握髮，一飯三吐餔，以待賢人，若有白屋之士，則躬下其居以訪之。』夫富公之所抗禮者，猶於其來謁者也，豈若周公不待其謁，屈懿親冢卿之尊，身親下於其家哉？然則先生即登相府，雖爲周公不可乎？」或曰：「公孤職在燮理弘化，如必狥曲勤細敬以爲相，恐人以爲何子之不憚煩也。」曰：❶「人君之治天下，非一人所獨理，而賢相之業，必不使匹夫匹婦不獲自盡也。」「然則士有務名以邀榮者，則亦下之乎？」曰：「有周公之明誠，則所下者皆藹藹之吉士。苟非其人，惇、確、惠卿輩安得不奔走於其前哉？先生早受父大司徒杏岡先生之庭訓，及弱冠舉進士及第，歷翰林編修、學士，講筵明切，史筆讜直，主考會試又號得人之盛，其在南也，克舉大體，蓋有經濟之學者也。斯行也，聖上必將眷留，入登臺司，以成太平之業，則所謂周公之道者，豈惟枏一人者之所祝望哉！」

陸氏重壽序

昔唐崔山南之曾王母長孫夫人年高無齒，不粒食，其王母唐夫人每旦櫛縰笄，拜於階下，即升堂乳其姑。故長孫夫人雖無齒，猶數年康寧無恙，皆山南之王母克孝之徵也。乃今於太學生陸縉之父母見之乎！縉父名禮，字節之，號敏齋，於予爲同年進士，初授廣州推官，取擢南京户部主事，歷

❶「曰」，原無，據續刻本補。

員外郎、郎中。頻陞方面矣，乃以母厲太恭人高年，再疏乞歸省，武宗俞允之。當其志，雖一歲三遷不顧也。未幾，補知柳州府，嘆曰：「親在不遠遊，禮之素志也。今有君命而不行，人其謂我以柳爲逖乎！」乃留其室高安人以侍母，而身之柳。未久，復三疏懇乞終養，今上改元，亦獲遂請。當其志，雖即取藩臬不顧也。於是敏齋自此家居，日事太恭人者今十餘年矣。高安人自適敏齋，遭家中替，黽勉其間，事太恭人夙夜祇畏，未嘗有惰容。故太恭人今年生九十有四歲，矍鑠如艾强年，雙目不花，燈燭下尤能觀史書細字，戚黨女婦輩以爲雖一二百歲可到。而敏齋及高安人又皆年登六旬，健壯倍常。無錫人皆謂厲太恭人之壽，乃敏齋及配之孝所致也。然則縉豈非今之崔山南，而敏齋及高安人又何讓於唐夫人之夫婦哉？況敏齋爲推官，以清謹明恕著於廣州；在户曹，出納平允，而又慎密有材略。高安人則躬服補綴浣濯，娣姪和厚，閨門肅穆。若是者，實敏齋及高安人孝悦其親以致壽之本源，於《崔氏傳》又所未有也。則敏齋他日起事聖明，移孝爲忠，以顯揚厲太恭人於後世者，又豈但比於崔氏而已乎？雖然，長孫氏、唐氏皆女流也，以一崔山南壽傳至今，數百年不没，則縉之所以度越山南，以收鄉族之盛，而振孫子之昌者，尤不可不自勉於學也。

贈顧頤齋考績序

頤齋顧君志仁在南銓曹，將有考績之行。或問于予曰：「何以謂之考績也？」曰：「考績者，考夫義也。義則爲績，弗義，則雖有績而弗與。」「何謂也？」曰：「今夫較獲禽之績者，得若丘陵，可謂多矣，然一近於利焉，則君子不爲也。較廣土之績者，得乎天下，可謂重矣，然一非其義焉，則聖人不爲也。故義者，績之質也；績者，義之功也。故君子適莫皆無，而惟比于義也。」或曰：「率土之濱，雖皆王臣，然而有遠近之分焉，有輕重之别焉。是故均一郎署也，在北則近，在南則遠；均一銓曹也，在彼則重，在此則輕。顧君去近而之遠，舍重而就輕，可謂貶績矣，今乃合而考之，則前績多，後績寡。斯亦謂之義乎？」曰：「義有以遠爲近者，則不得謂之遠，是遠於位，非遠於義也。義有以重爲輕者，則不得謂之重，是重於勢，非重於義也。」「然則顧君前之近且重者，非義乎？」曰：「義也。近亦義，遠亦義，輕亦義，重亦義。」「則何居？」曰：「於其遠且輕者既義矣，則其居重與近可知也。古之人固有欲出入禁闥而好近者矣，固有欲得齊卿相不欲去而好重者矣，君子未嘗不許以義也，苟非其人，雖謂之無羞惡之心者可也。古之人固有欲辭樞副而好輕者矣，固有欲解説書、思爲永安尉而好遠者矣，君子未嘗不許以義也，苟非其人，雖謂之無是非之心者可矣。顧君能如孟、汲也，近與重皆可也；顧君能如馬、程也，遠與輕皆可也，故曰無適而非義也。往年顧君初入吏部，嘗聞劉約齋言其材之美矣；既居吏部，又聞林基學言其學之正矣；比得數聯讌席，瞻德容、聆法語者又數月也，則其所以辭近而居遠、舍重而就近者，其爲義，四方固皆誦之，豈待於予之言哉？斯往也，當考課之責者，固不能以南北爲重輕矣。」

顧君名陽和，字志仁，福建莆田世族，

起家嘉靖辛巳進士。

贈林瓊州序

丹丘林君質夫歷任南京兵、刑二部主事，至署郎中，有瓊州之陞。或曰：「瓊州，古珠厓、儋耳之地，蒼屹、黎母、郁射、石版之所，盤迴南龍、延澄諸湖之水，襟帶而墊隘，於是生黎數犯其邊，群蜒恒肆其患，颶風時振其居，賈捐之所謂『霧露氣濕，多毒草蟲蛇水土害』，欲棄之者。乃今航海而往，質夫遠乎！」或曰：「瓊在大海之中，幅員二千里，既領三州，復隸十邑，雖畿甸鉅郡不逮也。乃若合浦之珠，顔羅之藤，翡翠玳瑁之珍，五木七寶之貴，甲於天下。❶乃握符而居，質夫富乎！」涇野子曰：「不然，是非以言質夫也。前之者是以難言，輕質夫也。後之者是以利言，小質夫也。若質夫，則予久知之矣。夫時有變易，志有定守。質夫之在車駕也，管撥四十二衛馬快夫船，盡革異時内臣多索船隻，歲省各衛夫船之費至十四五，他日守備論其擅減進解船隻，❷藉有公論而免。夫減船之事，利害甚重，乃質夫力抗之而不撓，彼瓊州之物，當視之如糞土矣。質夫之在刑曹也，持法嚴明，吏胥畏服，諸僚稱材焉，蕞爾瓊管，何足難乎？况此地自漢末至五代，中原避亂謫秩之人多立家而占籍，今衣冠禮樂已班班然矣，異時姜唐佐、王進慶，及明興王克義、丘仲深者，皆由此其産也。或者之言，豈知今之瓊州，非漢之珠厓乎？」「然則質

❶「於」，續刻本作「諸」。

❷「解」，原作「鮮」，據續刻本改。

夫爲之者如之何？」曰：「君子之治庶民，猶天之於萬物、父母之於子也。天之於萬物也，以三時生之而不足，以一時殺之而有餘。父母之於子也，自少撫育教訓之，瀕老或不用一荆。故君子與其威浮於恩也，無寧恩浮於威；與其義浮於仁也，無寧仁浮於義。故君子因其政，不易其俗；行其禮，不違其情；宣其樂，不逆其生。故居山者不以魚鱉爲禮，非賤魚鱉也，山所不有者而責之，則固矣。居澤者不以鹿豕爲禮，非薄鹿豕也，澤所不生者而求之，則淫矣。故曰知慈而不知嚴者，母而不父，民斯玩；知嚴而不知慈者，父而不母，民斯携。夫玩，雖不合於矩度，然猶有民也；至於携焉，民斯去矣。此恩威重輕之别，仁義大小之分，君子不可不蚤察而詳圖之也。《書》曰：『柔遠能邇，安勸小大庶邦。』此非古之格訓乎？」

質夫名文華，莆田鉅族，起家嘉靖癸未進士。

贈少參棟塘陳君序

棟塘子陳氏忠甫以南儀制郎中陟湖廣少參，戒行有日，涇野子餞之鷲峰東所。酬爵既行，棟塘子曰：「昔者吾子之論大禹也，止以『菲飲食，惡衣服，卑宫室』定聖人焉，恐此三者，不足以盡聖學之精微。」涇野子曰：「此正其精者耳。仲尼，至聖也，於此三者，再言其『無間然』，而吾子乃猶以爲不足乎？夫後世學者多騖心高遠，興論新奇，或遺落事爲，饌浮五鼎，衣度齊紈，田連阡陌，屋亘里閭，不知其過也侈，然猶以爲得道者有之。吾子蓋嘗鄙之矣，乃又有是言，何也？ 其以吾子常從事於菲食惡衣，而謂禹不但如是邪？」曰：「近有應仁卿者，嘗論精一執中，其言頗妙，第於予之心有惑焉，曰『精一執中，固在於飲食、衣服、宮室之間耳』，若是，則何以謂之人心、道心也？」曰：「夫人豈有二心哉？ 心方之乎形氣，其道即寡矣，私而有害，不亦危乎！ 心方之乎道義，其人即寡矣，隱而難見，不亦微乎！ 故人心雖危，其實可制而不可無；道心既微，其究可著而不可昧。故飲食、衣服、宮室者，心之人；菲飲食、惡衣服、卑宮室者，心之道。此之謂『惟精』乎！ 此之謂『惟一』乎！ 此之謂『允執其中』乎！ 當舜之時，巢父、許由之徒有見於道心也，遂至捐飲食、衣服、宮室而去之，堯、舜、禹曰：『世豈有不服食者之道哉？ 此賢智者之過乎中，不可以教天下後世也。』饕餮、窮奇之徒有見於人心也，遂至貪飲食衣服而亡之，堯、舜、禹曰：『世豈有喪禮義者之人哉？ 此愚不肖者之不及乎中，不可以教天下後世也。』由是言之，『精』、『一』、『執中』，皆自飲食、衣服、宮室而作矣。後世學者或既爲巢、許之論，而又兼行饕餮、窮奇之事，宜中庸之道，三代以後，民鮮能乎！」棟塘子曰：「吾子之發精一執中，視仁卿又少白乎！」

棟塘子天性孝友，博學能文章，見善而能好，見惡而遽絶，歷仕禮、兵、刑、工四曹，皆以清謹明公見稱，蓋有志於學聖人之徒也。惟恐執乎中者或少偏焉，於其別也，直述席間論答之語以識之，後將以瞻斯道之有傳也。少參之政，不足爲棟塘子語矣。棟塘子名良謨，浙之安吉州人。

涇野先生文集卷之八

南京禮部右侍郎致仕前國子祭酒
翰林修撰兼經筵講官
同修國史高陵吕柟撰
巡按直隸等處監察御史門人建德
徐紳海寧吴遵彭澤陶欽皐編刻

序八

贈恒山張公北歸序

予同年恒山張公仲齊提督操江三年矣，去冬適朝覲會試之期，海寇竊發，公分兵勦捕，十九垂滅。言者未聞，先以論列，皇上震怒，至削籍令歸田里。南京公卿自大司徒鳳山秦公以下，皆有詩章，大中丞治齋萬公爲問序焉。予往唁公，因言曰：「夫盗與其難戢于後，不若善息於先。昔陳忠奏立捕盗法，凡强盗爲上官所糺覺，一發，部吏皆正法，尉貶秩一等；三發，令長免官。公誠如是行也，寧有他盗乎？」公曰：「迂哉涇野！夫吏各有所統，而權各有所屬，予方責巡捕之官，已爲過甚，又安能以及守令之長邪？夫今日之事，將予人言之未盡聞乎？下情之未盡得乎？籌策之未盡廣乎？刑罰之未盡適中乎？有一於此，皆予之咎。不能仰承聖天子憂民意，削籍尤爲薄譴耳。」予嘆曰：「事權有分制之異。❶鎮江罷參將之戍，江淮承水旱之餘，

❶「異」，續刻本作「意」。

會逢其適有數存焉，乃公皆責諸己而不尤人，便欲角巾歸第，其有古大臣省愆思過之風哉！ 予與公同第二十有五年矣，知公久且深，正足以平物而不迂，直足以振紀而不撓，明足以察奸而不譎，廉足以立威而不回，信足以孚人而不同，忠足以體國而不比，守足以秉節而不移，甚至片移尺牘之或失，雖下官之申禀，亦必采之而不以爲難。予嘗以爲邦之司直、士之楨幹，竊冀朝夕大用以澤民也，乃遽以盜發而獲戾，雖謂之命，亦可也。 乃公猶自責己不已如此，豈以當其難，未可他諉乎？ 漢武帝時，禁民挾弓弩，而吾丘壽王奏言：『宇内日化，方外向風，其盜賊猶有者，則郡國二千石之罪，非挾弓弩之過。』夫今以數十郡邑，不能撫字招安，小民日毆桀黠無賴，爲盜於江海島嶼之間，乃公以一人之力而任捕除，即盡力捕除，盜且又生，將若何？ 然則公之自責不已者，豈以當以其先未有所請乎？ 聖天子志復唐虞三代之治，方恭默思道，或究盜起之由，而略捕盜之法，則必霽威，再起公於撫治鈞軸之地，雖海隅，外户不閉，行者不持寸兵，臥赤子衽席上，亦可跂而見也。然則公之引咎責躬於往者，亦已矣！ 惟是雖在江湖而有廊廟之慮如范仲淹者，則固當夙夜不暇，無但優游林泉，自以爲息肩也。」

贈大司成方齋林公序

方齋先生莆田林公汝英守南京國子監祭酒越年矣，上命改北國子監祭酒，且行，其徒楊鈞、歐陽乾元數十人來曰：「方齋先生之教我諸生也，楷範端以慤，啓迪正以勤，差歷之撥公以平，寬而有制，嚴而不刻。諸生方日漸月化，以求登夫岸也，乃今舍我以去，當路者不亦厚彼而薄此乎？」涇野子曰：「無以爲也！ 夫仁者『己欲立而立人，己欲達而達人』，諸士豈未聞方齋子講邪？且諸士欲立達於己，顧不欲在彼者亦然邪？ 夫辟雍雖有南北之設，論輕重廣狹，北雍尤廣且重，蓋在天子輦轂之下，四方秀造輻輳於是，得方齋子涖之，教遠而化博，以成國家棟梁榱桷之材者何限。 不三二年，并南雍諸士布列内外，上以移風，下以易俗，裨補於明時不淺，不猶愈於在此乎？且方齋子嘗任翰林編修、春坊贊善，爲上經筵講官，其言温厚和平，多所啓沃，蓋有宋范祖禹之風焉。 聖主每御文華，意未嘗不在贊善也。 況今水旱爲災，盜賊竊發，報無虚月，斯行也，方齋子仍任講筵，必有訏謀正論仰贊聖主，即致中和以成位育之功，蓋不啻一辟雍作人而已，不猶愈於在此乎？諸士抑嘗聞龜山楊先生耶？ 龜山固建人也，嘗師事明道程子於潁昌，及其歸也，明道曰：『吾道南矣。』後龜山官祭酒，雖未久，風化所及，蠻夷知名，其後延平李氏、新安朱氏皆傳其道焉。 夫龜山所仕，猶在靖康之間，而其所傳，惟止於一隅之士，乃其道今數百年爲士林師仰未衰，豈若方齋子當斯世大一統時，受知聖明，兼兩京國子祭酒，得天下英才而教育之。 則其所以係國家之重，而明斯道於當時，以傳於後世者，當又不肯讓龜山矣。」於是諸士持之以告焉。 方齋子曰：「予嘗言涇野子迂腐，乃今望我以是，實與素心合。 涇野子豈真迂腐者邪？」

方齋子，莆中望族，起家正德辛未進

士，選授翰林庶吉士云云。

贈何嘉興序

進賢何君德徵守兵科越三年矣，陞爲嘉興太守。❶ 涇野子往問之，德徵曰：「甚矣，嘉興之難爲也！ 近聞其郡之田有百數則焉，官民互隱，美惡交射，科辦之雜，又無紀極，册易於遞年，税忘于累主，此有田或無糧，彼有糧或無田，其何以勘而定之乎？ 即一定之，豪右興讒，桀黠叢怨，不五七年，不能平也！」曰：「雖然，苟有父母斯民之心，將思之無不至，行之無不當，令之無不從。 且古之爲大司徒者，❷環四海九州之內，山林澤藪之間，皆可以畫經界、立封畛，使無一夫之不獲。 德徵他日之進，不啻司徒已也，乃又難於一郡乎？ 且聞近嘗查理兵、工二部矣，疏革積弊，所省於軍民者不啻數萬，今得郡而專制之，視於二部，顧不易邪？ 夫所不易于郡者有三，一曰守之不定，二曰公之不至，三曰驕心之未滅，斯三者，于德徵皆無焉，故予謂嘉興數月而可也。」曰：「守也，公也，不驕也，祉自忖雖終身不能改，惟是『明無不照』，『躁無不除』，則未易能耳，故懼其弗勝也。」曰：「于嘉興之中，❸豈無可師友者乎？ 豈無可賓客遊者乎？ 豈無可蒭蕘采者乎？ 豈無可狂夫擇者乎？ 誠使恭敬以訪之，參互以考之，案牘以證之，于是之中得其非焉，于非之中得其是焉，於政有不明者鮮矣。 若夫躁心

❶「爲」，重刻本無。
❷「且」，重刻本無。
❸「于」，重刻本作「彼」。

之釋，惟在不尤人耳，子嘗云：❶『一語爽于口，即大書于壁，以資顧諟。』守是道而不渝也，又何躁心之難釋？且嘗于邸報中見德徵之疏矣，以爲『苟自是之心一萌于中，則意氣遂形于外，惟見己之善而不見人之善，喜于聞人之過而不喜聞己之過。❷予謂時務之急、❸治道之本在是也』，豈其已能告于朝，乃不能行于己乎？」

「昔者予之同考癸未會試也，獲子之卷，私料其必忠信正直、憂國愛民之士也。今且十年矣，見德徵苟可盡孝於母，雖辭近密，而不顧其榮；苟可盡忠于君，雖犯忌諱，而不虞其害；苟可盡力于公，雖逆流俗，而不畏其難。常喜曰：『科目亦可以得士，踈迂之人亦可以知人乎！』故即其已往者，知不難于嘉興也。然則猶有是懼者，豈非不已之心哉？蓋惟能懼，斯不懼矣。嘗見馭于羊腸之阪者，謹其轡控，視其險阻，不終朝而過，馬無隻步蹶；至于坦途，稍縱其心，馬或有誤足矣。近予過碧峰，聞有定僧焉，召而問之，對曰：『心冷已三十年矣。』則謂之曰：『人之治心，當如天道之寒暑晝夜。若纔一冷，則便熱乎？吾恐汝之未能常冷也。』未幾，僧述往日有尊官過問者，頻行，偶視其腰帶橫金，自驚失禮。則詰之曰：『此非汝之熱心邪？』僧忙然自失，遂忘其三十年之冷心也。是故求明心、釋躁心易，守也、公也、不驕也，不可不時時惴懼以爲難者也。又曰：明，生于公與守；躁，釋于不驕。」

❶「云」，重刻本無。
❷「于」，重刻本無。
❸「謂」，萬曆本作「惟」。

送中丞海隅毛公致仕序

海隅先生陽信毛公以都御史總督南畿糧儲越年矣，朝廷以言者准公致仕去。予往拜問，見公言論閒雅，動静從容，不失常度，出而歎曰：「公真有所養乎！」越三日，公枉報拜予，問之曰：「公歸，居住縣城乎？」曰：「然。有茆屋數間，且與縣學對。」「夫公入仕如此其久也，致位如此其高也，乃尚茆屋乎？」曰：「自爲主事以來，每歲俸入，率積一二十金，於今三十載矣。中間婚子三四焉，嫁女一二焉，遭親大故不計也。今歲奔走荆蜀之間，明歲往來江海之上，在外日多，在内日寡，雖欲爲美室，不可得已。」「然則公歸，其樂乎？」曰：「予師張先生者尚健也，予友董某者尚在也，予姻王某者尚存也，家無長物，歸與打雞漉酒，❶以頤餘生於聖明之世，云胡不樂？」既送公起，入而歎曰：「公真有所得乎！」明日，户部郎中湯汝承數君子者，皆稟公事事者也，乃告予曰：「公之遇恩輩也，恭而有度，和而不流，于情之中，有法存焉，於義之中，有禮存焉。恩輩甚辱公厚，無以酬公，故欲得吾子一言。」予因是憶往日常與總兵楊公，論吾鄉一先達類西漢人物，容堂曰：「則海隅者，固東漢人物乎？」他日學士穆公謂予曰：「子南來，與海隅游乎？海隅富有問學，與論天下事，援古據今如倒囊出物，滚滚不竭。」夫楊、穆二公，素不阿其所好，而數君子者之舉，又舊日之所無者也，益以驗予以歎服乎公者，豈偶然哉？然則公之歸

❶「打」，續刻本作「殺」。

也，不可自謂息肩爾矣！

昔漢董仲舒以病免居家，專志修學著書，漢廷或有大議，如郊祀繭栗、宗廟鼂鷟及雨雹電霾諸異，必遣使者如張湯、鮑廠就家往問，其對皆有明法。今天下邇年來雷彗旱蝗，其異不一，朝廷欲求其故而不得，又必省諸於碩儒處士，❶則董氏學，公不可謂之迂也。況今虜酋小王子擁衆拆邊，❷攻燒榆林、延綏、墩臺，衆至十萬，遞到番文，假言進貢，其情叵測，朝廷方遴安邊驅胡之材，則公者非其人歟！昔宋范希文帥邠、延、涇、慶四州，預築清澗、大順諸城，復承平、永平諸寨，開墾營田，取賊地而耕之，於是明珠、滅藏大賊皆鼠首奔竄，至使熟户蕃部稱希文爲「龍圖老子」。朝廷不日起公總理延州，則希文經略之具，宜又當皇皇夙練矣。

學獨樂園序

《學獨樂園》者何？曲沃李季和爲南京後軍都督恒齋馬公天錫作也。嘉靖五年間，公以右都督鎮守薊州、密雲、永平、山海地方，嘗奏薦陸尚書、豐學士等官，忤旨革任，著南京後府，帶俸閑住，乃卜居徐氏東園，不携室家，杜門謝客，孤處五載。則東園者，其公之獨樂園乎？或曰：「東園之勝，甲於南都，無問縉紳、韋布，皆獲遊樂。今乃比諸司馬君實之獨樂園，❸而惟公能學之者，❹豈以心遠堂即讀書堂，一鑒亭即弄

❶「省諸」，續刻本作「有請」。
❷「拆」，續刻本作「擾」。
❸「今」、「君實」，重刻本無。
❹「能學之者」，重刻本作「學之」。

水軒，滌煩亭即種竹齋，登眺月巖即望轘轅之見山臺乎？又他人之於東園也，或暫觀而不能久留，惟公常居其中，隨芳飽玩，迎時飫賞，獨樂之趣將深有所得者乎！❶」曰：「當公之殺流賊于裴子巖、野雀窩也，劇賊崩潰，遂成狼山之績。既而殺胡虜於洪山口、栢崖塘也，匈奴挫衂，遂收中路之功。既而追斬犯邊韃靼于白羊谷也，威震北狄，遂壯薊州之鎮。凡外人之望公者，以爲威如熊虎，鎮如山嶽，邁如風雷，常比諸李廣之斬賢王，霍去病之六擊匈奴，可仰而不可攀也。乃今棲遲東園，焚香讀書，射隼投壺，粥粥乎隱約如經生，澹泊如處士，五年之久，不越外户，回視前日威望，漠然若不在己，惟以日費俸錢無以報國爲愧，軍民之窮獨不得其所者爲憂。❷則公者，❸即古所謂『用則爲龍虎，❹不用則爲屈蠖』。❺故謂獨樂園者，非公不能學也。」

「且予嘗聞公之守中路也，擦崖子當胡人出没之地，絶無城寨墩堡，❻民方耕牧，輒被虜掠，公曰：『此不可以旦夕戍也。』乃令部下具一月糧芻，親帥材官五兵，營于崖表，列陳如長蛇，鉤戟長鎩，據崖藺石，營内砍木伐瓿，百工咸作。匝月之間，城池廨舍，次第立興，雖軍士之釜甕場圃，❼亦皆與具，然後乃還，守禦官軍無不樂從，至今爲一壯塞。又聞公之戰洪山口也，伏兵丘山阸隘，身領控弦、白梃數十，障以盾士，伺據

❶「者」，重刻本無。
❷「者」，重刻本無。
❸「則」，萬曆本作「若」。
❹「爲」，重刻本無。
❺「爲」，重刻本無。
❻「寨」，萬曆本作「塞」。
❼「雖」，萬曆本作「凡」。

山側，候胡入口二三百，❶乃自蹶張引强，以斷後胡，而先胡半爲伏兵所殄，餘皆緣谿澗竄逸。群胡聞之，號哭喙遁，❷自是不敢牧馬洪山口。往者胡人進貢，自入喜峰口，傲横無狀，三堂者禦之不嚴，畜之無恩，至使群胡擁圍以争厚賞，其三堂可於座上虜也，故有把兒孫嘗刺副參矣。❸公之驗放也，耀威以觀兵，申令以示禮，明法以彰信，厚犒以結恩，布段無不中衣，牛酒無不中食。於是折掃箒兒之指，鞭小失台之背，群胡皆魚貫而行，孫如膠庠。他日有盜胡掠二樵以去，公召其酋花當，與之一矢，不五日，縛盜胡并二樵來，❹公示之賞罰，後以爲常。則公之學獨樂園，豈亦『先憂而後樂』者乎？」

「雖然，若使公三二人者常在陝之三邊，即漢之河西五郡，唐之河北三城，皆可以復；瓦剌、黄毛之猛，亦不敢窺賀嵐、❺躒降城、❻犯黄河。凡河套之内，天倉之東，浩亹之西，桑麻遍野，而華夷可爲一家矣。乃今棄公於此，恐一旦有警，起公無及乎！故宋自君實居獨樂園後，而熙河、銀夏多事，予又於公之學獨樂園也，不免先爲邊陲憂矣。夫君實，宋之賢相也；公，今之名將也。公之於君實，豈可但學其獨樂園而已哉？雖學之爲君實不可乎？君實再起，遂成元祐之治。今聖天子篤念宿將，再起公於南京後府，然聞北虜尚壓境，即委公以攘夷之權，公當益懋忠貞，矢竭心膂，爲北門鎖

❶「百」下，萬曆本有「步」字。
❷「喙」，重刻本作「豕」。
❸「有」，重刻本無。
❹「縛」，萬曆本作「獲」。
❺「嵐」，重刻本作「蘭」。
❻「躒」，萬曆本作「蹂」。

鑰，驅腥羶於陰山、瀚海之外，因以遥制亦卜剌、土魯番，重舉屯田，用成安内之功乎！」

贈楊容堂致政序

南京中軍都督同知容堂楊公年七十矣，今春上疏乞休，聖上特准致政。❶異時武職大臣請老者，非閑住則養疾，惟公初得致仕，蓋與文職大臣等，實異數也。❷公將還陝西故里，其僚問贈言。予竊惟平天下之道，固在君相明德絜矩，以爲大本，而兵食二政，則亦事權之重不可忽者。夫兵，莫急於西北三邊；食，莫要於東南諸路。西北之兵，以總參爲據；東南之食，以漕運爲關。若乃兵揚沙漠而坐銷邊塵，食充官軍而久負人望者，則公其人乎！夫爲將有三德焉，一曰謀遠而不泄，二曰見功而不貪，三曰有過而不蓋。有此三德，其他攻城略地、斬胡開邊，皆細事也。初，公之守備固原也，直北狄入寇，大折官兵，雖公部伍，亦在左次。時巡撫周公欲公減其數以報，公堅不肯，具以情上，周公患之，公對曰：「人臣失事之罪小，欺君之罪大。」其後紀功者覈實，諸漏匿者皆被辜，而公之名遂重于時。及爲總兵鎮守四川，同巡撫高公統兵征勦大夥流賊，賊迫於失險，願得招撫，高公即以爲功，具疏奏聞，三請於公，公不署銜，且曰：「賊情叵測，寧無後虞？」及公以疾去蜀，諸賊果叛，諸附功者推逮不免，其衆始稱公高。往年亦卜剌侵據西海，土魯番回夷煽起爲患，而匈奴亦復入套，公嘗獻

❶「政」，萬曆本作「仕」。
❷「實」，萬曆本無。

議於總制楊公，暫舍西海之賊，遣使哈密，許其通貢，以當充其再來之謀，❶專意套賊，則備少力强，戰守皆易，俟其出套，❷然後徐及河西，所謂「易以計破，難以兵碎」者也。未及數年，套賊果已壓境，今且燒墩折邊，❸震驚中外。使其初議果行，全北邊軍民之命，省數萬兵糧之費不啻也。昔漢神爵間諸羌背叛，趙充國請馳至金城，圖上方略，言先零首爲叛逆，他種劫略，可捐罕、幵暗昧之過，先行先零之誅，遂上《屯田策》。卒之從枕席上過師，坐支解羌虜，降者三萬餘人。當是時，辛武賢誘其功於前而不從，浩星賜獻其侵于後而不聽，❹則公爲將之三德，足以欵國，❺而西北人常稱公料敵如神、築城如金者，其亦有此乎！

乃若漕運之政，虞夏以來，未之有改也。秦漢之間，實無良漕。唐開元時，猶用一斗錢運一斗米，惟劉晏以户部侍郎領漕事，即鹽顧傭，即傭置吏，即水置舟，即舟造艎，即艎定綱，即綱定人，卒不告勞，舟不告逆，❻一時稱便。國家漕事，自永樂十三年始罷海運，通今運河，然其所利雖在黄河，而其爲害亦不小。故其間障有隄防，灌有塘湖，委有泉溝，啓閉有閘，遏禦有壩，卒有總，船有數有式，官上下有掌，地淮、徐、臨、德，通有倉，蓋事爲之處，而物爲之備，雖古和糴之利、轉搬之便，皆可推而行也。但法久弊生，歲遠政湮，及公奉勑掛印提督漕運

❶「當充」，萬曆本作「欵」。
❷「出」，重刻本作「復」。
❸「邊」，萬曆本作「墻」。
❹「侵」，萬曆本作「便」。
❺「足以欵國」，萬曆本作「足當充國」。
❻「逆」，重刻本作「乏」。

也，竭殫心力，修復廢政，故一時稱漕運十二便焉：一實糧以免水兑，二嚴程以革寄囤，三造淺船以補撥裝，四革掛欠以絶私債，五就清江廠以造洋船，六開通惠河以省軍脚，七更兩江二總及遮洋總以從人便，八改駕運京操諸衛以便附近，九奏革沽頭閘官以汰冗員，十奏減船廠之浪費以節民財，十一禁權要派索運船之蓆價以裕公用，十二省跳板以杜侵耗。故五七年間，運銀積二十萬，足以賞軍；蓆銀積九萬有餘，足以修船；車脚積銀纔三二年也，亦至二十餘萬，足以填實太倉。此皆陰補于國，人所不知者也。公真可以續平江之政，而劉晏不得專美于唐矣。然充國籌邊年七十有六，公今尚少充國數歲，而北虜又復壓境，朝廷棘惟得人以攘夷安夏，疇咨海内宿將元戎，舍公其誰？不日起公以閫外之寄，則公當益懋忠貞，罄展謀略，廓清塞外，使永無胡沙之驚。❶《詩》所謂「方叔元老，克壯其猷」者，尚有望於公焉。公勿謂身在江湖，而忘廊廟之憂也。

壽山福海圖詩序

上虞陳君道源仕爲南京福建道監察御史，其父雲溪先生今年壽登六旬，正月之初，道源之僚十數人協爲《壽山福海》之圖，各譔詩篇，以寫道源遐祝之意。❷瀕舉，而道源以言事被繫，既釋歸，於是道源持其圖展予請言，曰：「吾父少籍縣學，輒能工舉子業，上虞人皆言可拾芥取進士科也。會

❶「驚」下，萬曆本有「焉」字。
❷「祝」，原作「視」，據續刻本改。

有縣尹者善侮學師，及其乘轎以詣學，諸學生置其轎於他所，縣尹騎馬去，移學諸生於上官，獲削籍者三十人，家君亦與焉，於是上虞人曰：『惜哉，陳器之亦罷也！』乃家君自是徜徉百麓之山，吟嘯五雲之溪，絶念仕進，一志高尚。然禀賦近仁，當先王父母卒，喪葬之具皆出身辦，不累兄弟，雖錢穀之輸，亦多自先及。名吾兄弟四人以『濂』、『洛』、『洙』、『泗』，庭訓之下，戒諭切至。或聞比鄰有撻其子弟者，輟食往救，如痛己子。心更誠篤，凡夢寐中鬼神語告，後罔不驗，雖吾舉甲科名數，至叨今官，及近被繫之事，❶皆前知焉。」予嘆曰：「雲溪先生之道，如此其高邪！昔者齊景公探鳥鷇，鷇弱而反之，晏子拜賀，以爲得聖王之道也，況于救鄰兒乎？然則道源之壽之者，亦有據矣。且道源今爲明道程子之官，若能爲明道程子之學，則雖壽雲溪先生如太中公可也。」

他日道源復過鷲峰東所，且曰：「明道之學如之何？」曰：「惟仁耳。夫仁者之心，以四海九州爲一身，越人之飢，猶己口之無饔也，胡人之寒，猶己背之無綿也。故大舜欲並生乎頑讒，伊尹恥溝壑乎一夫之不獲者，皆是仁也。學者之心少有未仁，其不違天下之好惡、狥一己之喜怒者鮮矣。」「然則何以能仁乎？」曰：「『必有事焉』可也。蓋凡物之所至，人之所接，念慮之所起，雖一衣之鮮潔，❷一語之出納，皆常見夫此仁而勿忘焉，斯爲『有事』矣。」「然則有時而或忘者，何也？」「此必有其根焉。夫人之病各不同，而其爲忘之根也亦以異。好

❶「近」，續刻本作「今」。
❷「鮮潔」，續刻本作「解結」。

詩者以詩忘，好文者以文忘，好名者以名忘，好勢利者以勢利忘。人苟各隨其所忘之根而除之，則其有事於仁也，自無終食、造次、顛沛之違矣。」於是道源曰：「涇野子命我哉！」曰：「道源不忘乎是，則自此以往，亦如明道，得志可使萬物各得其所，凡四海九州之人皆在所救，而雲溪先生往救比鄰之子者，於是乎廣矣。是雖壽雲溪先生于千萬年，與日月爭光可也，《山海》之圖，又其細焉耳。」

贈余行甫考績序

東臺余子行甫爲南京陝西道監察御史三年矣，正月之初將北上考績，以言事被收繫，既釋歸，始過吏部以給移，於是其僚陳子孔修爲問贈言。涇野子曰：「東臺往歲迎其父碧梧先生來，奉歡稱壽，悦動南都，吾知其孝矣。今春之北逮也，臨難而不戚，遇善而不讓，❶聞禍而不怵，同行之僚皆稱任焉，吾知其友矣，果若人言。昔有君子，書之下考，其色自若，書之中考，其色不喜，於是盧承慶以爲寵辱不驚也，遂書上考。若東臺者，當非若人歟？是故君子之仕也，其上考德，其次考行，其下考績。績以徵諸民也爲下，行以見諸僚也爲次，德以格諸君也爲上。德有五至，諷而無私則愛至，將而不阿則直至，尊而不懾則敬至，犯而不欺則信至，匡而不猛則忠至，五至具而德崇矣。行有六疵，一於可人而索瘢，二於憸人而蓋愆，三於勢人而附美，四於讜人而離群，五於比人而喜同，六於利人而解義，六

❶「讓」，重刻本作「攘」。

疵去而友成矣。❶ 績有四懋，其情可殺也，其律不可殺也，君子雖不殺也，刑亦近於殺也，是之謂懋義；除其陷穽而憐其愚也，開其藩籬而指其迷也，究其胚胎而傷而誤也，是之謂懋仁；榧楚之下《相鼠》歌焉，桎梏之餘《行露》詠焉，是之謂懋禮；折獄片言而可爲也，刖人有竇而不用也，是之謂懋信，四懋具而績建矣。昔者張天祺嘗爲御史矣，以靈寶采稍歲用，民力久爲困擾，乃言於朝，止籍隸監園夫，日月課伐，以足歲計，民力自是以蘇，推是政也，績之不建者鮮哉。吕獻可爲御史，知無不言，言無不盡，一時諸僚如范純仁、司馬君實，或稱其貞固，或美其先見，同心戮力，以奬宋室，雖謂其友之成可也。❷ 惟明道程子又有大焉，其在神宗時爲御史，進説以正心窒慾、求賢育材爲先，以至誠、仁愛爲本，常言『人主當防未萌之欲，不可輕天下士』，其尤極論者，『輔臣不同心，小臣與大計，興利之臣日進，尚德之風浸衰』，神宗至俯身拱手以聽，是所謂崇於德者，蓋嘗以告東臺矣。之三者，東臺必居一于是乎！」或曰：「崇於德者必成於行，成於行者必敏於績，不可以支離説也。」曰：「若是，則所望於東臺者，不又周已乎？❸」

東臺名勉學，廣西馬平人，起家嘉靖癸未進士。

贈侍御方體道考績序

儉庵方子體道常過鷲峰東所以談學，

---

❶「六疵去而友成矣」，萬曆本作「六行去而疵成矣」。
❷「友」，萬曆本作「行」。
❸「已」，重刻本作「至」。

曰：「夫道之不明，學者之過也；學之不明，講授者之過也。夫棄學而不講者已勿論，間有從事於講學者，乃執己見、騖高談，捐行事而不顧，斯道之病益甚矣。」予曰：「子鄉晦庵先生之後，於今學者尚有遺風乎？」曰：「吾鄉之士，氣節、辭章、訓詁者亦有其人，第如晦庵，時之諸賢則甚鮮耳，抑其無倡之者乎？如黄直卿之遠器，李敬子之任重，張元德之篤志，蔡仲默之博雅，陳安卿之善問，李公晦之果決，葉味道之好古，石子重、輔漢卿之勤勵淳謹，皆一時之良也，然多散處異邦，初志未必皆同，得晦庵兼收而丕作之，始駸駸乎達材成德，爲時名儒，斯道賴以一明。」予曰：「雖然，晦庵之倡道也，延平李愿中開其源，廣漢張敬夫、金華吕伯恭、建陽蔡季通爲之友，斯晦庵有所資藉耳。雖則二程亦有然者矣，微當時茂叔、堯夫、君實、子厚輩爲之師友，程子又安能獨明斯道，上承孟氏不傳之緒，下開尹、謝、游、楊、馬、張諸賢以至晦庵耶？由是言之，師友之功誠大矣。故孔子得師於三人之行，大舜取善于陶漁之地，良有以也。且游定夫，儉庵之鄉人也，在宣和間爲監察御史，大著直節，程子稱其『德器粹然，問學日進，政事亦絶人遠甚』，蓋誠於中，形諸外，儀容辭令，燦然有文，人望之，皆知爲成德君子。故傳程氏之道於東南者，定夫與中立寔並名焉。儉庵固今之定夫也，而其官又與之同，日滋發明程氏之道，上以告諸朝廷，下以行諸四方，不可乎？彼晦庵丕作，黄、李諸賢之事，亦不待言矣。且儉庵坦明高邁，博學好古，與其僚二三人相約告善規過，以爲慎獨之學，久事於此也，人皆不知。然則行程子之道，又何有哉？夫才可操萬斛之舟，必有不肯舍柁者矣，不然者，非舟師也；力可舉百鈞之重，必有不肯息肩者矣，不然者，非烏獲也。或曰功從何處起？曰：自『師三人』、『取陶漁』始。夫何故不能於此者，皆其不能舍己者也。」

儉庵名日乾，福建福清人，起家癸未進士。

贈張存良考績序

南京廣東道監察御史鳳溪張子存良將考三年之績，且復命於上也，其僚陳子道源爲速贈言。予因問之曰：「鳳溪之所復命而考績者，何事也？」曰：「其一，牧田侵隱於勢豪，今勘出者，二十四萬餘畝矣。其二，鷄田、鵝田久没于宦寺，今勘出者，省户部稻穀數千石矣。其三，典牧官田，内外軍役恃守備之勢，率占取焉，而典刑勳戚者之子孫或無立錐，今皆查復舊規，遂增兵部租銀六百餘矣。」涇野子曰：「鳳溪嘗過此，論及史事，凡前代政之廢興、時之治亂、權勢之盛衰、民情之休戚，歷歷如指諸掌。予以爲漫談也，不知乃親見諸行事乎！予獨惜夫其所勘出，何若是之少乎？」曰：「數千萬畝田出於一旦，猶以爲少，何也？」曰：「晉之田四十餘萬畝，齊魯之田七十餘萬畝，蜀楚之田三百餘萬畝，秦之田三十餘萬畝，吴越之田二百餘萬畝，其中豈無侵失者，鳳溪何不一一勘出之邪？」曰：「涇野子迂矣！鳳溪一人身耳，又無重命，安能盡至四方之里哉？」曰：「吾欲鳳溪以一人身化十人身，以十人身化百人身，以百人身化千人身，將四海九州之遠，窮邑小聚之僻，皆可勘矣。」曰：「古亦有是人乎？」曰：

「古之人有行之者，伊尹是也，當其耕於有莘之野，不侵人畔，凡郃水之陽、❶瀵水之曲，其耕者皆化，亦不侵己之畔。於是商湯聞之，三聘以爲相，尹遂相湯，行井田之政，七十而助。西不盡流沙，南不盡衡山，東不盡東海，北不盡恒山，凡四海之内，斷長補短，方三千里，爲田八十萬億一萬億畝，而溝洫之通，封植之立，貪暴豪强者舉不得以淆其分界，信乎無一夫之不獲也。故曰：湯舉伊尹，不仁者遠也。夫鳳溪能如伊尹之爲，則今勘出之田誠少矣。不然，宜人皆以爲多也。」曰：「鳳溪縱能求爲伊尹之學，其如無位何？」曰：「安可謂鳳溪不便卿相？且鳳溪之官，固可告天子以用伊尹者也。苟不惟其本，而徒殫力于其末，則四海九州之遠，信非鳳溪一人身所能到也。故舜有四目四耳，禹有九手九足，説者曰：『舜以四方人之耳目爲耳目，禹以九州人之手足爲手足。』故能風動四方，地平天成。斯行也，若先以此復命，而後陳勘田之數，如之何？」

鳳溪名心，浙江餘姚人，起家嘉靖癸未進士。

贈鄧汝獻掌教政和序

泰和鄧子汝獻，去冬同其友陳子發、楊充之數人謁於鷲峰東所，問修身治民之學。涇野子曰：「聖賢之道雖千言萬語不能盡，切於今日之急務者，惟有二焉：一曰改過，二曰甘貧。」「何謂也？」曰：「改過，不惟能盡己之性，人物之性皆可盡矣，行之列國則

❶「郃水」，續刻本作「洽水」。

爲仲由，行之天下則爲成湯。甘貧，不惟能足一家之用，百姓之用皆可足矣，行之於己則爲顔子，行之於人則爲大舜。」明年汝獻春試不第，曰：「吾而拘拘以甲科爲事以拂吾志，是忘涇野子之教也。」遂以乙榜從選，授政和教諭云。既過南都，乃謂之曰：「夫師儒之官誠重矣，苟得行其道，雖公卿奚讓焉！如其公卿也，或失其道，雖於師儒有愧焉。且夫政和，界在建陽、崇安、浦城之間，當南宋時，名儒輩出，晦菴朱子實振起於此，今其遺風猶有存者。汝獻斯行，其再舉之以教政和可也。」或曰：「朱子之道雖大，然以爲學規，莫如胡安定教授蘇、湖之爲切也。蓋嘗嚴條約，以身先之，置經義齋、治事齋。經義齋者，擇疏通有器局者居之。治事齋者，人各治一事，如治民、治兵、水利、算數之類。」曰：「雖然，安定固一時之名師也，第其條約頗支離耳。蓋聖賢之經，乃所以治事；天下之事，皆本於經。歧爲二齋，則『經義』非『治事』所關，『治事』又在『經義』之外，似非合内外之道，於聖學有疑焉。惟朱子之教，爲己務實，辨别義利，每三致意于謹獨之戒，欲學者窮理反身而持之以敬。從游之士，迭誦所習以質其疑，意有未諭，則委曲告之而未嘗倦，問有未切，則反覆勉之而未嘗隱。故一時學者，遠器如黄幹，任重如李燔，篤志如張洽，善問如陳淳，博雅如蔡沈，果決如李方子，好古如葉味道，或以成德，或以達材，皆濟濟有見焉。汝獻之教政和，信不可舍晦菴而他求矣。況汝獻年以强壯，言及父司寇，即慕如孺子時；其恭兄汝粹，有君實保戀伯康之狀；凡與人交，言不妄發，發必踐之。其孝弟忠信，已有誨人之本，誠使又不舍晦菴之志以爲教，❶則斯道當一明于時。區區甲科，真不足道，而予所講甘貧改過之説，將無亦在此乎！」於是汝獻拜曰：「玉瓚願謹受教而措之行，不敢以時俗學官自待也。」

贈俞舜牧考績序

二江俞君舜牧爲南京山西道監察御史三年矣，❷將考績北上，其僚問贈言。明日，宋獻可以其札來，曰：「此二江之自筆也。」札曰：「稷，浙江建德人，家君諱廷貴，起家歲貢，授山東平陰訓導，陞伊府紀善，至審理正致仕，壽今八十有三歲。長兄夔，丁丑進士，任四川僉事。次兄龍及弟貢，皆邑學生。」予覽之曰：「此札與考績奚涉乎？若非二江問慶壽序，必其請一樂堂記也。」曰：「二江固爲考績札耳。」曰：「果若是，則二江之績不可及矣！古人一言之出不敢忘父母，一行之美不敢後諸兄，將非二江之謂耶？且獻可嘗言其奏革黄册之宿弊，條陳江洋之盜賊，裨陳治道，以濟久任而拔幽滯。其他分祀有疏，舉劾有章，罷革南京堂官有議，署掌河南、湖廣等道之篆凡七。❸蓋多風紀所關，政務所急者也。乃二江或没而不列，又或列其一二於後也而不先，則二江於道德功名之際、緩急輕重之間，已了然矣。昔馬時中之爲御史也，常曰：『吾志在行道。使吾以富貴爲心，則爲富貴所累，使吾以妻子爲念，則爲妻子所累，是道不可行也。』今二江動以父母兄弟爲先，其行道之

❶「又」，續刻本作「能」。
❷「三」，萬曆本作「二」。
❸「七」，原作「此」，據萬曆本改。

志，沛然難遏，將不可爲今之馬時中耶？❶」「二江常署河南道印矣，❷河南道者，❸考覈南京部院寺監衙門屬吏之賢否者也。予在考功時，得與河南道通，河南道以爲賢，考功常取其十九焉，河南道以爲不賢，考功常取其十八焉，蓋詢訪既博，稽察尤切，是故然爾。夫二江之在河南道也，其書稱職者，必先道德者也，其書不稱者，必其先名利者也。二江常以此考人。今其登吏部而考於人也，必居一時之最，無疑矣。雖然，君子之志於道也，救時爲急，薦賢爲重。今天下北方春夏貴雨，而山西、河南、陝西等處，或旱乾數千里間，使老稚轉於溝壑；南方春夏貴暘，而應天、徽寧、蘇松等處，或霪霖一二月間，使麥稻蝕於蝗蛹。若是者，盡謂之天數，恐未必然。若歸之人事，則夫當言路之責者，選建明德於九州，以救飢餓於一時者，固有夙夜不遑暇食者矣。昔曾子之廣孝也，雖戰陣無勇，以至殺一禽、斬一木不以其時，皆以爲非孝，然則二江推具札之意而充之，則其極也，雖光於四方、通于神明者，亦可馴致乎！當是時，其勳績又豈他人所能考哉！」

贈大司寇貞菴周公考績序❹

貞菴公履南京刑部尚書位三年矣，將考績北上，以覲聖天子，南都諸公卿皆有贈詩。其僚南津胡公以序屬予，曰：「公掌邦刑三歲，決小獄訟幾何，斷大辟幾何，覆勘

❶「時中」，重刻本作「仲」。
❷「二江常署河南道印矣」，萬曆本無。
❸「河」上，萬曆本有「夫」字。
❹「大」，重刻本無。

重臣勳戚罪犯幾何，實有古五聽三訊之風，圜土肺石之教，其績真關繫國體者也。」予曰：「是豈公之績乎？」曰：「公初令新安，❶凡賑飢、育馬、作學、禱蝗，以及鹽糧桑絲之處，民無不阜。及爲御史，或諫止佛事，或疏設虜備，或薦雍世隆之賢，或發寺人李興之奸。及在大理，以保釐受賞；在操江，以弭盜馳名。節財著于司空，擇將稱于兵部。其樹勳明時已久，至於今考，不亦偉乎！乃不以爲績，則公之績也如之何？」曰：「予嘗見三山里有富人爲巨室者，栭人雕楶，開人敷笵，枋人豎闑，椉人程檼，桷人削榱，丈或失之短，尺或失之長，方或失之廉，員或失之流，乃速工師，一定規矩準繩，於是群工皆效其巧而措其能，遂成巨室之美焉。故大臣者，官家之工師也，上以道德佐人主，中以綱紀正屬吏，下以風俗化士庶者也。唐宋之季或不然，知君有所喜也，哀所好者以迎其喜；知君有所怒也，縕所惡者以濟其怒。謂之得君則可矣，於道德則未也。其屬斷罪克允矣，因其非我意也而拒之；其屬斷罪未公矣，因其如我意也而從之。謂之崇勢則可矣，於綱紀則未也。天下人心本直也，見巨公貶道以求合，莫不改其直焉；天下人心或曲也，見巨公守義而獨立，莫不變其曲焉。故大臣之動止雖微，係乎風俗者不淺如此也。」

「聞公嘗以父疾乞養病，未幾居憂，例當入京取勘符，當是時，宦瑾方横也，其友勸公曰：『子以病歸家，以憂入京，恐不免，

❶「新」，原空缺，據上海書店影印明萬曆末年曼山館刻本《徵獻録》卷四八《周倫傳》「初授新安」、明嘉靖三十一年孔天胤刻本《苑洛集》卷二《周公考績歸南都序》「始尹新安」等記載補。

可貸數百金以賂瑾。』公曰：『以金而市惡名，非心所欲。』卒得致仕罷。他日又以言事罰米督輸京邊，有同年請公過揚州以處具者，公曰：『方次苫塊，痛不能出，且利之所在，害之所伏耳。』破業以應罰，人皆於公稱愚，知者以爲公高矣。且久居要路，未嘗一肆驕侈，一侵鄉閭，宜公於患難之際，見親而不見官、見義而不見利者，如此其壯也！人言公於戊子仲冬已擢南刑曹矣，而己丑初春即改北，以手敕下閣議轉也。然蒞政方四十二日，桂相適以事去位，言官交劾，下之於獄，所司詣公請正，公曰：『重臣被劾，起自言官，朝廷命有公道及律例耳。』他日告當道亦若是。又曰：『司問來，可則行，否則駁，亦常格也。當審時若肯服辯，即當擬審，奏聞取斷，他莫之能比。』次日有旨，復改公南刑曹。人皆爲公稱屈，知者以爲公陞矣。且久列上卿，未嘗一奏祥瑞，一獻佞諛，宜公於進退之際，見法而不見害、見公而不見私者，如此其定也！將所謂『忠在道德，而不逢阿其意；正在綱紀，而不適莫其心；化在風俗，而不傾側其身』者，公殆近之乎！昔成周盛時，蘇公爲司寇，能列用中罰，故能長此王國刑措四十餘年，功及成王之世。公雖爲蘇公不可乎？況聖主方興唐虞之治，欲刑期無刑，親見四方風動之化，則公之往也，其明五刑以弼五教者，雖晉爲淑問之皋陶，不亦可乎？❶」

太宜人王母侯氏八十壽序

開州人王子德徵歷任山西、河南按察

❶「亦」，萬曆本作「又」。

副使，陞遼東太僕卿。當是時，其母太宜人方八十也，德徵嘆曰：「我何以遼卿爲哉！」遂疏諸上，辭不去。今年春，太宜人年八十又一歲矣，偶得危疾，幾不能起，德徵乃齋戒沐浴，籲天請以身代，且矢之曰：「萬一母病瘥，崇慶願斷酒肉三年不一御。」未幾，母疾果駸駸然就平復。今夏，開州守孫君憐德徵之蔬食也，屢欲開矢言，德徵曰：「天能從吾，吾顧不能從天耶？吾而反矢言，是使崇慶以母病既愈而騙天耶？」比入秋，遂遣從弟崇賢渡黄河、泛長江，之鷲峰東所，爲太宜人問壽語，并以其《答大理少卿韓公汝節論道書》下問焉。書曰：「古之學也，道與事一，今之學也，道與事二，此君子所以惟支離之患爾。不然，聰明如釋老，何可當也？夫惟其外人事而爲道，故横渠謂之『往而不返』也。」又曰：「盈天地間皆氣也，氣而形皆物也，物而則皆道也。知形之顯于有，即道之妙于無；知道之妙于無，即形之顯於有。非舍形氣之外，復有所謂道也。」予覽而嘆曰：「不會德徵數年矣，乃今見此進，其可當乎斯言也！且未論德徵行與不行，然言能至是，亦可謂有見矣，謂此非太宜人之所與者邪？是故人子能一美言，即父母之美言也；人子能一善行，即父母之善行也。昔二程勵志聖賢，著書立言，上比孟軻，人皆歸于太中公擇師之教，故二程有是言也；黄叔度澄之不清，撓之不濁，其行可幾顔子，人皆稱爲『牛醫兒』，故叔度有是行也。當太宜人之疾也，德徵精誠禱於鬼神，幾死而復生，使八十餘年之人矍鑠倍昔，雖百歲未可量，是可謂壽太宜人之體矣。若又能即其所論之道，行其所見之言；見物即道，見事即道；

見己即道，見人即道；見寢食即道，見窮通即道，見天地鬼神即道；見之即行之，行之即得之，則太宜人之壽將與南山比高，東海比深，雖千百年未艾也，是可謂壽太宜人之道矣。是故壽其體者數百歲，壽其道者千萬歲。數百歲者，德徵已能行之；千萬歲者，德徵不可不勉也！」

南莊詩序

南莊先生王君廷實者，今南刑科給事中景純之父也。南莊篤於好善，遇士大夫之賢者，必禮而敬之，或延以教諸子；性喜施予，見貧乏不能存者，輒解推所有以周之，有古義人之風焉。嘗蓄書植花，掃室靜坐，對爐燻，終日不外出，著一衣，經十年無垢瘢，其行孚於鄉鄙姻戚，有古潔人之風焉。季兄瓊嘗赴象州學正任，母梁氏就任焉，君諫弗能止，乃以舟隨之象。及中途，兄母果中瘴，歸返桂林，君追趨至吐血仆於地，過者曰：「身著青衣，必廣東遠人也。」解以草藥而蘇。當是時，母疾危甚，有白醫者神而痊之，人以爲先生至誠所感云。踰年而母卒，先生哀毀啜粥七十日，凡所受遺命，兄弟之子二三孤皆撫育而婚嫁之，有古孝弟人之風焉。後景純發解廣東，成進士，受刑科給事中，於是甘泉子爲君立傳，一時瑣闥諸君子皆有詩篇。及景純改南科，南縉紳亦有作也。他日持以示予，予曰：「諸言者悉矣，惟是傳先生於千萬年者，則在景純耳。昔漢劉路叔少有智略，武帝謂之千里駒，然路叔常持老子知足之計，大將軍霍光欲妻以女，輒不從。嘗爲宗正至封侯。寬厚好施與，家產過百萬，則盡以振昆弟賓客食飲。陰及其子向，治行修飾，通達能屬文辭，宣帝擢爲諫大夫。會初立《穀梁春秋》，向受《穀梁》，講論五經於石渠。及成帝時，因缺救補，應時諫諍，至纂《洪範五行傳》以上，蓋皆事干近戚，言犯權倖，明於治亂之機，達於災祥之故，洞於天人之道，自有諫章以來，未有如向之昭切者也。然其言雖未大行，奸纔亦因之斂縮，忠良時爲之退進，有補漢室，其功不細，至今稱名儒焉。夫南莊君之道近路叔，而景純襲其餘德，至拜官又與向同，則其所以朝夕獻納，因時諷議，當亦有同於向者矣。況今水旱相仍，災變迭見，每上廑當宁之慮，而景純材學洪博，直亮茂著，其所建明，比諸向當又諄切也。誠如是，則所以延南莊君之道於千萬年者，不啻更生之於路叔矣。」

西山類稿序

西山者，祁門謝君一陽之别號也，嘗築室西山之麓，讀書學道，門人稱爲西山先生。性好吟詠，多所題作，既没矣，門人裒集其藁，各以體裁分類，曰《西山類藁》云。祁門汪子祊者，嘗持《類藁》謁予曰：「外王父幼甚敏懿，聞康齋吴先生講道小陂，遂棄舉子業，不遠千里從之遊。凡聞康齋之言，率心體力行，以求自得；其所疑，則精思審問，必究其旨。康齋常語人曰：『近得謝生，斯道有可望乎！』既歸西山，旦夕率妻子躬侍親側，無怠惰容。凡坐立，未嘗北面；居私室，與其妻相待如賓友。文公四禮，久墜未舉，乃力行之，以爲鄉人先。迺合邑之謝氏肇建祠廟，立始祖唐金吾公以下數主，歲冬至祭焉，正旦則率長幼參拜，或講讀孝敬之道於此，以詔族人。今子孫世守，蓋不獨以其詩也。」越明年，祁門謝溉者又謁予曰：「先王父，❶晉太傅文靖公之後，朱子門人龔州助教諱璡者十世孫也。兒時常同儕輩遊入文廟，遍觀聖賢像貌，嘆曰：『聖賢亦人耳，吾獨不可學乎？』聞者已瞰其不凡。既受教吴聘君之後，日自砥礪，躬行孝弟忠信，式是鄉閭。於是邑侯鄭君問政焉，郡守幸菴彭公問《祁誌》焉。則其學雖未大用於世，然已行乎其鄉矣。」予嘆曰：「予當童稚時，已聞康齋聘君之名，然不獲見其人；既入官後，數尋求其徒而訪焉，皆未獲。今乃聞西山君之學如此，真吴門之高弟乎！夫溉，西山君之孫也；夫祊，西山君之外孫也。古之君子抱孫者，良欲有所授耳，故《下武》之詩，以『繩其祖武』爲美，而《小過》六四之『過其祖』者，於其孫則宜也。兩生誠審於是焉，再起西山君之道而光大之，則可謂不獨行其《類藁》，又能行其家學矣。」

贈石泉潘公考績序

南少宰石泉先生婺源潘公將考三年之績，南都諸公卿皆有贈詩，少宰之屬爲問序焉。予曰：「公之茲考，已歷三任矣，其績孰爲盛乎？」曰：「公在大理平讞明允，在吏部衡考精實，已不待言矣，惟是在鄖、襄者，則又盛焉。當是時，地方饑饉疫癘之餘，公乃黜貪墨，節財用，招撫流離，發儲粟以賑餓殍。未幾，河南之盜入武當，陝西之

❶「王」，原作「生」，據續刻本改。

盜入上津，四川之妖寇入漢中，侵軼震撼，甚猖獗也。公則請建巡司以障險隘，割取香錢以充軍實，設保甲法以聯守禦，立更番團練規以振師旅，於是河、陝之寇三月而平，蜀、漢之孽一鼓而擒。盜賊既息，刑罰亦省，乃作新士氣，敦正風俗，三邊爲之底定，朝廷遂有金幣之錫。則鄖、襄之績，實非人所易及者也。」予曰：「抑吏部之績爲獨盛耳！諸君不見獵事乎？當舜之時，歷山有嘉禾千畝，北山之三狐殘其數壠焉，南谿之狡兔蝕其幾丘焉，歷山主人引韓盧以獵之，於是獲三狐，縛狡兔，而田始成，然而嘉禾之踏踐者，亦過半矣。未久而狐兔又出焉，則歷山主人不勝其獵，乃身之蒲阪，訪諸虞益，益謂之曰：『若塞三窟，杜陰穴，窒其出入，絶其種類，則可高枕而卧矣。』從其説，遂無田患。是故賢材者，斯民之庇也，使當時河、陝、蜀、漢之間，皆得賢材以居藩臬守令，則不能驅盜於鄖、襄，❶公雖欲成非人所易及者之績，其可得乎？」

「夫吏部實賢材之樞，而少宰則佐冢宰以統百官、均四海者也。當其進退抑揚之間，苟各當其材而不謬，即天下之爲藩臬守令者，皆斯民之庇也；當其進退抑揚之間，苟不當其材而或謬，即天下之爲藩臬守令者，皆驅盜之徒矣。近嘗同少司空中梁張公有石城之行，中梁曰：『石泉政本忠信，行出孝友，實予同年之信厚也。』則嘆曰：果若前言，向使如公數人者布列蜀、漢、河、陝之間，則雖無公以撫治鄖、襄亦可也！今天下西北之旱方數千里，東南之蝗經一二月，海寇出没于江洋，北虜跳樑于邊塞，

❶「能」，萬曆本作「致」。

秦、晉、梁、豫之民，流離餓殍者不計其數，其究豈可皆謂之天哉？然則當賢材之樞者，能不隱於心乎？公誠遴選如公之在江、浙、漳、武者以爲藩臬守令，使天下皆得其人，既可以弭盜而阜俗，亦可以召和而豐年，不尤愈於鄖、襄一隅之績乎？故曰：吏部之績爲獨盛也。」

曰：「子之言似矣，其如南北之異位何？」曰：「大臣之言論風采，朝建于家，暮行于國，方動于此，即至于彼，具績之斯往，❶雖上告聖主以爲政之本，下告執政者以建官之要，蓋皆同心一德之事，固可立而行也。近嘗聞待選吏部之官者，率多不問義而問命，於是有十年不調之令，問之卜人，曰『命也』，有一歲三遷之守，問之卜人，亦曰『命也』。夫使天下之士皆樂于談義而輕命，即民之不利者鮮矣，豈非天下之福乎？使天下之士皆樂于談命而舍義，即民之不害者鮮矣，是豈可不爲之寒心哉！夫公之所居與其所可言者，皆在進退賢材之地，故曰：吏部之績爲獨盛也。且聖主見公之令儀，而稽公之茂烈，即聞冢宰且虚席矣，宜將柄用乎公，行見可使野無遺賢，蒼生皆被乎其澤矣。」

玩月嘉會小序

韋菴自松江來，四峰會諸同年宴之世翰堂，則八月七日也。比十日，半窗宴之於其第，是日雨甚，予計十二、三日必晴也，請宴之鷲峰東所，半窗曰：「斯二日皆有他約，十四、十五則何如？」曰：「吾同年兄弟

❶「具績」，重刻本作「且公」。

睽違數十年，或三兩月不聚，直此中秋，而韋菴且遠至，亦奇會也。過此，雖多酒亦不嘉。」遂定宴於十五日。期晨起，聞曲林自句曲山中來，予喜如狂曰：「此真奇會哉！古所謂『千里命駕，以赴一日之雅』者，此也，當非神交乎！」不及拜，先摺簡以邀，曲林曰：「不簡，亦赴宴。」日夕，風晴霧散，皎月當空，絕無纖毫雲翳，而諸年兄皆襟懷開洒，超出塵世之外，乃曲林執五骰又皆得紅，遂浩然蹶起曰：「戊子中秋，涇野有柳灣精舍之宴，今年中秋，又有鷲峰東所之宴，人生幾何！」即問筆賦詩一絶，諸年兄皆次其韻。是時後齋、曲林皆七十，其詩皆燈下作，細字書，四峰、韋菴及予皆班白，獨前川、半窗朱顏青鬢，然四五人者之字畫反壯大，不及二公，僕從環侍者，謂二公真仙人云。詩畢，興猶未闌，乃西遊鷲峰寺，對月環坐殿臺，又有數作。是時月華益清爽，真三五年所未見者，豈惟吾七人者之奇會，其會此月亦更奇耳。若十二、三，半窗無他約，十四日，前川亦允請，則曲林焉能與會，而月色亦未必然也。故改「奇會」爲「玩月嘉會」，見禮之所由生也。因嘆曰：「同年三四百人，初憶宦遊中外，可百年常際會也。今仕隱且勿論，即存亡已難計，會此者僅七人，所不忘者，獨筮仕初心之信耳。因知君臣相遇真有定數，其致位崇卑遲速皆不可計，所不忘者，獨筮仕初心之忠耳。《傳》以忠信爲禮之本者，其此乎！不知諸年兄以爲如何？」

田氏家乘序

有田氏，辰州望族也。成化丙申間，

《家乘》已成，思府教授廬陵劉君有序焉，其一言彭縣教諭由舉人起，其二言雲陽知縣由貢士起，其三言思府推官子玉由舉人起。科第簪紱，相繼不絶，已爲田氏文獻徵矣。至子中之世，又數十年未具也，他日子中又問序焉。涇野子曰：「惡用是序爲哉？」對曰：「不序，則吾田氏之乘不能傳千百年耳。」曰：「廬陵之序，當日已湮蕪，微子中書以示予，其誰知之？是傳田氏於千百年者，在子中，不在文序；望子中於千百年者，在斯道，不在科甲。子中不見周召氏、晉司馬氏乎？當君奭太保周室，司馬孚守正嫉邪於晉朝，固已開先二氏之序矣。中世以來，漸不稱道，日以衰微。至於有宋，堯夫出而召氏再顯，君實起而司馬氏重興。且子中博學敦行，楚之名士也，若又能篤志斯道，由深潛以至純粹，處則爲堯夫，出則爲君實，吾見焕知其祖，不憂不千百年也。夫省科，子中已有之，所將有者，進士科也。苟徒以是爲足，而不惟斯道之求，又或惟斯道之求也，志忽於隱微，力輟於流俗，則子中之所以篤有田氏之祜者，雖於彭縣、雲陽亦不能增美，而予之序又豈能有加於廬陵者哉？子中行矣，光前裕後，其在兹乎！」

容思先生年譜序

《容思先生年譜》者，少保大司馬幸菴彭公之所編也。公從孫職方郎中、前御史續已入梓問序焉。初，予在學童子時，聞先生守南陽身先教養，所建志學書院，皆精選一時豪俊，誨以古聖賢道。厥後，柴冢宰公照、王少宰懋學出而以政事鳴，舉人張景純輩處而以文行鳴。則嘆曰：「得公數人，分布省郡，士習有不正者鮮矣！」又聞公自萊州歸，小泉周廷芳者，守墩軍士也，一旦讀《大學》而有聞，遂盡治五經，篤信力行，吴恭順侯者請教其子，小泉對以「往役則可，往教則不可」，志節高峻，言不空發，先生乃訪諸秦州，數與交遊講論，期以尋濂、洛、關、閩之緒。於是蘭州俊髦如少保及王至善輩十數人，皆勃然興起，並敦古道，至今蘭州士風甲於他邦。則嘆曰：「如公數人，散處田里，鄉俗有不美者乎！」比予既入官，會其子翰林檢討炅，及蘭人殷主事承緒，質問前聞，皆曰「果然」，然尤未究其詳也。今觀少保所編年譜，然後知前所聞先生之道者，得什一於千百耳。蓋先生仁以及民，皆出心誠之求；義以守身，皆本志道之定；負休休有容之量，抱蹇蹇匪躬之忠。如先生之道行，出可以移天下之風，豈啻一郡而已哉！處可以易四方之俗，豈啻一鄉而已哉！惜當其時未能大用耳。雖然，有子如檢討，有從孫如御史，皆思守先生之道，而力爲繼述之學者也，行將爲斯年譜徵矣，則段氏文獻且傳諸後世，又豈啻關一時風俗而已哉！

贈楊陝西僉憲序

玄洲子仕爲南京大理評事四年矣，乃有陝西僉憲之命。將行，凡陝西人仕南都者皆曰：「陝西皆吾輩之故鄉也，自嘉靖八年秋旱，禾不收；九年，熱如隕火，弱夫瘦子或行十餘步斃，或貿布糴米于途中斃，若是者不啻數千人；十年，飛蝗蔽天，糜芑秬柸，[1]殘傷殆盡；今年自正月不雨，至於秋

[1] 「柸」，疑爲「秠」。

七月，麥禾皆無，陜西歲不熟者凡四年。於是百姓多餓殍，流離入市廛者，十去五六，編户爲之大稀。北虜窺瞰其隙也，突入邊塞，無所掠而後返。玄洲子斯行，其有以招徠而綏寧之乎？」或曰：「此皆郡守、縣令之事，玄洲子持法于臬司，官尊而階峻，安可以是望之邪？」曰：「郡守、縣令之不救其民，寧亦非法之未行者乎？諸君子不見綱與網乎，綱散而不收，則諸物皆去，一振其綱焉，則網雖萬縷千緎，自有條而不紊。近聞朝廷常發數十萬金以賑陜西，可謂至仁也，❶司會者計口分金，人金三錢，然貧者或未得，困者或未及，即貧困者之得且及也，然而多端之費、諸弊之耗，三金未至而已去其二矣。故予嘗謂博施非難，濟衆爲難。博施者，如發數萬之粟以與民是也；濟衆者，民皆得數萬之粟以爲實用是也。故仁人之政，與之斗者，民受其斗，與之升者，民受其升，德如流水而不壅，政如金墉而難穴。若是者，非有持法之長吏，以旌淑而別慝，吾未見其能然也。夫玄洲子，少師石齋公之姪，司馬瑞虹公之子，脩撰用修之弟也，其家學源流，遠有所承，而又年少能文章，取進士又能持重不苟，選入翰林，爲庶吉士，邇在大理，平允克當，士林歸偉。其於仁民之道，蓋不獨聞之允，則亦學之深矣。故於斯行也，敬以「仁」告焉。

贈許廷章北上便道省親序

嘉靖十一年冬十月，南京文職群臣先期進明年正旦賀表，都察院經歷靈寶許廷

❶「可」，原作「司」，據續刻本改。

章次當捧行。廷章甚喜焉，曰：「詞之斯行也，進可以上覲聖主，歸可以下省吾母矣。」於是其僚諸侍御亦曰：「廷章斯行也，公可以盡爲臣之忠，私可以盡爲子之孝矣。」乃爲之問言，他日廷章亦自枉焉。涇野子曰：「昔者戊巳之年，君嘗與予談及邊事矣，凡陝巴、牙蘭之故，弩溫失力之詳，赤金、罕東、嘉峪、燉煌險阨之處，歷歷如數狎人而指熟路。當是時，君方幕前府也，予嘆曰：『廷章居散秩而不忘重務，其志遠哉！』邇者又嘗與予偶談及憲務矣，曰：『激揚之道，在得人之實，不在以喜怒爲清濁。舉錯之方，在當人之材，不在以同異爲崇卑。』予又嘆曰：『廷章斯言，則又異前聞矣！』然則斯今之往，仰行其忠，固不待言，其歸省母高太夫人也，尚有不悦者乎？昔陳堯咨之母馮氏，以堯咨出守荆南，惟攻弧矢，則責之曰：『汝父教汝以忠孝輔國家，今不務仁政善化，而專精卒伍一夫之藝，豈汝先人之意邪！』夫廷章務於忠孝，斯往也，吾見母子聚樂，匪夷所思矣。且廷章獻表之後，會其伯兄少宰焉，見奔競之風熾也，方務於進賢退枉，欲正天下之士習；會其仲兄司徒焉，見灾傷之地廣也，方務於損上益下，欲厚天下之民生。歸以告高太夫人曰：『伯兄夙夜不安寢，將休休有容，以好人之技聖，爲國家壯元氣。母無慮伯兄哉！仲兄日昃不暇食，將孳孳不倦，以憂民之饑寒，爲國家阜元首。❶母無慮仲兄哉！』於是高太夫人見廷章之行如此其端也，聞廷章之言如此其切也，必慰喜曰：『季子主事方筮仕，吾不能以遽厚望。吾所

❶「元」，續刻本作「黔」。

日夜拳拳於懷者，惟汝兄弟三人耳。今汝兄弟三人者，果若此其懋也，汝父襄毅公之志與事，足克繼述，許氏孝謹之風，燁然其盛乎！』於是河南人曰：『古人云：求忠臣於孝子之門。柳溪許廷章一行，忠孝且俱，堯咨及其兄堯佐、堯叟，不能專美於宋也。』」

蘊齋陳翁八十壽序

蘊齋先生陳翁字主德，泰和之處士也。年十八時，祖臨安公没，無厚遺，即抗志願作清白吏子孫。及父順菴公病溲遺，每籲天祈身代，暗垂涕泣，面收淚談笑，以開其心。他日母病風疝，啜痰唾、驗甘苦以求瘥。蓋力田、孝廉，有古逸民風，順菴公嘗羨以爲得子黔婁云。故公能身率以正，教其子昌積學有成，發解江西，文名重一時，然數會試不第。今年春，子發冀一舉以慰翁也，然又不第，乃嘆曰：「甲科遲速，固知有定數。第八十歲父癯僂在堂上，無以爲對耳。」其友仕者且規之曰：「甲科亦不可無。子發不見與人交乎？人見其儒巾襴衫，不免先興慢心，比其扣知子發也，雖加敬亦後矣。子發盍斷割古文學，一念舉業，來科管取高第，且以酬蘊翁。❶」於是子發鬱少解，走諸名公，索壽蘊翁文詩，而後過鶩峰東所。涇野子曰：「子發從舟來乎？」曰：「然。昨將至真州，用數金買一舟，行十餘里，見舟主若失意者，并其金而還之，乃以他舟至。當其在先舟也，與南城人張氏子同舳艫居，張氏子頗不良於兄，昌積常

❶「翁」下，續刻本有「乎」字。

謂之以『能思先父母，必能恭厥兄矣』。」曰：「子發之初入京也，華亭弟贈一鉅舟，子發揮而不用，爲已約友人章宣之同舟矣。夫子發其去也如此，其歸也又如此，似已見道於舟乎，比於登高第者，不啻爲多，又何欝欝于甲科哉？ 夫烏帽、金紫，皆儒巾之化也，但有先後之間耳。 如其秉執志節以有道也，雖儒巾，亦爲榮。 如其乾没名利以失道也，雖烏帽、金紫，亦爲媿。 且子發不見程正叔、邵堯夫乎？ 彼且甘此儒巾矣，人焉能慢之哉！」

明日，子發偕宣之問壽藴翁言。 曰：「子發之歸壽藴翁也，道豈遠乎哉？ 夫水行也，固見道於舟，陸行也，或御車見道於車，或乘馬見道於馬，何者非鳶魚之飛躍乎？ 在外也，固見道於友，在内也，或行家庭見道於家庭，或睦宗族見道於宗族，或處鄉鄙見道於鄉鄙，何者非夫婦之造端乎？ 且藴翁清白之廉，可以貫金石，啜菽之孝，可以質鬼神，子發繼其志而有得於斯道焉，居則化行於一鄉，出則政行於四方，將可壽藴齋於千百年矣！ 晉人有積粟數萬鍾者，偶見越人之犀象翡翠而愛焉，盡出其粟而易之。 未幾，天久不雨，方數千里旱，年無粒米入，犀象不可饔，翡翠不可飧，乃遂困且餓，然後知粟之貴於犀象翡翠也。 今子發見道於舟，皆晉人之粟也，彼犀象翡翠何足以易吾之寶哉！ 夫堯夫之學既安且成，壽其父古至今不没。 然堯夫猶偏於隱者也，不足以爲子發望，若正叔之壽太中，子發不可不深長思而踐履篤也。 子發而能若是焉，雖曾參之壽點，顔回之壽無繇，亦可力而至矣。」

楊母尹氏六十壽序

楊充之將還泰和也，過鷲峰東所，曰：「人皆有母，不如吾母之爲苦也。人皆爲子，不如完之爲子不能慰乎其母也。母今六十矣，諸苦皆歷之，及完兄弟二人者之成立也，蓋無所不盡其心焉。完歸，其何以壽之乎？」涇野子曰：「充之欲壽其年乎？抑壽其德乎？壽其年，其德不可得而兼矣。壽其德，其年可得而兼矣。充之不見程母侯氏乎？侯年未滿百，惟伯淳帥其弟正叔壽之以德也，至於今且千年也，猶存之矣。充之若身爲明道，帥其弟爲正叔，不患尹夫人之不能千年也。且夫長江發源岷山之下，止可泛盃耳，惟繼其後者能開導之，闢瞿唐，刊大別，使汶、漾、潛、澧諸水皆受焉，於是日夜不息趨東海，千萬年不已也。充之若欲壽其德，雖使尹夫人如長江可也。」「敢問壽德之謂何？」曰：「通於神明，光於四海，之謂壽孝。民饑則食，民寒則衣，之謂壽慈。夙興夜寐，不懈於位，之謂壽勤。羔羊五總，之謂壽儉。」對曰：「有是哉，涇野子之迂乎！此皆名卿、良大夫之道，完曲儒也，焉能以望此？」曰：「充之禀受端慤，學術醇雅，尹夫人之志，豈使其止若今日已哉？充之能思尹夫人事王母孀居之敬，不患於不能壽其孝也；能思法祖文貞公之教，不患於不能壽其慈也；能思夜績衣敝之事，不患於不能壽其勤與儉也。是故壽親之德，在實不在文，在行不在言。充之而果有實行也，雖予之文言，亦無所於用矣。」於是充之拜曰：「微文則不能聞其實，微言則不能得其行。完敢不敦兹實行，以爲吾母千萬年永，而以負涇野子之文言？」

章母朱氏七十壽序

進賢章宣之之母朱夫人，怡菴公之長子、南京留守前衛知事直齋先生之配也。嘉靖庚寅之夏，宣之從予遊於鷲峰東所，共學古道，暑不知扇、寒不知爐者將三年也。然予每以宣之睽違朱夫人膝下慰問焉，宣之必曰：「吾母以詔受教門墻甚悦也，每寓書來，無爲定省慮，故詔得以專志於學。詔惟恐學之不能習先生也，先生無憂詔焉。且昔者詔之生十年也，吾母即遣離家五十里從師學，不姑息。及弱冠遊邑庠，鄉舉赴會試，小違數十里，大違數千里，亦不以爲念。今豈以在先生之門，旬月得音問，知吾母之必不慮也。」予嘆曰：「賢哉朱夫人乎！蓋有孟母三遷之志矣。惜予之道不及子思，不足以爲宣之師也。然居嘗與宣之講授，攷諸行事，徵其過愆，督其將來者，則固以孔氏爲宗，未嘗須臾離也。」今壬辰仲冬，宣之告歸省，偕其友陳昌積拜曰：「詔即還進賢省吾母矣。吾母明年九月六日，則七十之誕期也，欲請一言以爲壽，可乎？且吾母事先之孝，雖金釧不惜解；處家之勤，雖晝夜不停績；相先君之恭，雖脱簪珥以需賓客不爲倦；待猶子之慈，與之婚娶，教之成立，殆若己出不以爲踈；凡其濟窮急難，有古匍匐往救之風，族黨戚里皆齊口稱其仁惠不以爲異。詔，蠢人也，無能發於其德，雖學於先生之門者三年知所向往矣，其歸也，豈能以盡慰吾母之心乎？」曰：「宣之無以予之不似子思，而不以孟氏自勉也。孟氏之道，雖不外出於仁義，而其學則惟在於擴充。且即朱夫人之五德而充之：充其孝，則所以忠君者至；充其勤，則所以居業者備；充其恭，則所以事長者篤；充其慈，則所以子民者切；充其惠，則所以處僚寀朋友者周。是謂『立身行道，以顯父母，揚名於後世』，將使朱夫人壽數千歲而未艾，上可與孟母仇氏等埒，顧不可乎？」對曰：「詔敢不努力以從事？但尚未聞用功之約耳。」曰：「窮理以知言，集義以養氣，則固與宣之日探而月討者也。」

北村劉先生集序

竊聞之，詩之爲訓也深矣。得于耳，可以開舊聞；得于目，可以廣私見；得于口，可以平逸氣。故詩有五材，惟君子爲能舉焉，獻俗而不俚，列政而彰義，極幽而不隱，貢善而不諂，刺惡而非怒。故歌之房中則美化流，謠之鄉黨則親睦行，賦于朝廷則綱紀立，發之軍旅則威武振，頌于郊廟則神鬼格，斯其爲不苟作也。今觀北村先生之詩，其格體固不敢以遽論，然而其志則固有在于斯乎！故上思則忠，下思則惠，外思則義，內思則恩，信思則久，慈思則遠。凡高密之撫字，户曹之剔弊，刑部之明決，其隱皆於詩焉發乎。昔者李伯藥見王文中子，論詩，王子不答，伯藥退謂薛收曰：「吾上陳應、劉，下述沈、謝，分五聲八病，❶剛柔清濁，各有端緒，音若塤篪，而夫子不答者何？」收曰：「嘗聞夫子之論詩矣，上明三綱，下達五常，於是徵存亡、辯得失，故小人

❶「五」，續刻本作「四」。

歌之以責其俗，君子賦之以見其志，聖人采之以觀其變。今子營營馳騁乎末流，是夫子之所痛也。是故詩以言志，虞廷之所以昌也；或以眩藻，六朝之所以衰也。」夫北村先生，固王子之鄉人也，其仰止王子而思以再興者乎？《劉氏家傳》曰：「先生博學多聞，工高詞章，雖理鉅邑劇曹，不廢題作，日不暇給，夜漏二十刻，猶聞吟聲。」或謂「脱凡近，得肯綮」者，亦邇俗論，非知先生者也。雖然，王子論詩固至矣，然而其後郊、時、勃、勮皆未大顯，又豈若先生之長子紫巖公舜卿進士及第，自翰林編脩，累官今太宰，進退天下人材，入相天子在即；次子黄巖舜弼以庶吉士入翰林，累官修撰，今官大參，賦政鉅省未已，則先生之所恒吟不休者，當亦有明于斯乎？

紫巖公常言先生捐館後，裒集遺藁得二十卷，未及鋟梓，仕路奔馳，恒携以隨。及轉南禮，發篋頓亡，百計究尋不獲，懊恨至成疾，以爲先人田廬器物雖或廢，猶可再理，惟兹遺集，精藴所發，一失難復，深自追咎不已。給由過家，二子爵、恩，訪諸鄉舊，四拾散逸，亦謄鑱石，方有今編，纔十一二耳，其餘發揮奥義，可追古作者，率多放遺。嗚呼！如先生之全集存，則所以思繼王子之志者，當不又有徵乎？紫巖公深懲前悔，梓行今編，若乃劍出豐城，珠還合浦，則尤其所深望也。文數首，意多與詩類，其誥勅、碑銘亦皆附行，又以徵先生之道德，質諸詩文，不徒言也。

河東周先生新受誥封序

河東先生周君廷珍者，南户部郎中宗

道祖堯之父也。宗道舉癸未進士，出守潁州，既立三載，綽有政績。方請誥封，遽補南曹，移文遷延，閱年未獲，去歲考績，始償厥志。于是誥封河東先生爲南京户部員外郎，其配李氏爲宜人。明年宗道還南都，謁予曰：「祖堯父母之德，於是其少酬乎！昔吾父少拔鄉校，以二親既老，終鮮兄弟，爰棄學業，勖帥吾母，養親于薄荷營，生事竭力，死幾滅性，黑髮頓白，送終之費，鎔及奋斛。❶ 其誨祖堯，戒警日切，稍從嬉戲，輒加鞭策，年及弱冠，恒呼小字，俾生深愛心。吾母偕德，孝慈並名，恩詔褒封，實天昭其隱乎！祖堯固無能用力也。」涇野子曰：「宗道今茲可用力矣。昔宗道既舉山東也，偶因友邀晚歸，先生誨之曰：『天下事獨此舉止邪？輒從荒廢如是！』涕隨言落，宗道即愧懼杜門，斬絶私出，求所謂天下事者，以用力也。及出守潁州，過家也，先生勉之曰：『一不可阿諛逐時，二不可峻刻殃民。』宗道至袖簡從政，寧過於惠下，而不甘於迎上，至忤方面，被怒而不悔，以用力也。」「然則祖堯今茲可用力者，嗚呼存？」曰：「宗道無以一誥封其親自足也。宗道不見汝鄉之孟氏乎？加齊卿相，若可動心矣，然惟求在己之言與氣，使達于政事而塞于天地，不知卿相之爲榮。又不見汝鄉之曾氏乎？論富晉楚，若可駭俗矣，然惟求在己之仁與義，使慊于吾心而尊乎吾德，不知富貴之爲美。」曰：「此以爲己固可，以爲親，雖卿相富貴，不害其爲多也。昔人捧檄色動之心，則謂之何？」曰：「己之與親，義不可以兩視，道不可以異待也。且宗道又

❶「奋」，似當作「畚」。

不聞孔子稱舜之大孝乎？則曰『德爲聖人』。」

東山書院儀節序

東山書院，仇氏時淳承其兄時茂之意而創建之，以教育鄉之俊秀者也。時淳之弟時閑欄嘗從予遊，往年自潞渡江，已問《書院記》歸矣；茲復具《儀節》以問序，蓋嘗與谿田馬子請訂者也。其儀自立學釋奠、月朔釋菜、月望謁廟、始入學及春秋釋菜、立學入學教授、朝晡升堂教授、歲時稽考、朔望元旦升堂諸儀，殆數十條。其從祀諸賢，則以有關于書院者爲立主焉。蓋皆敬神端始之義，隆師重道之規，思以移風易俗，而長養人才，求爲聖賢之學者也。昔予之記書院也，嘗以設科于書院望時閑，使爲鄉人標準，今去記時已數年矣，時閑之科條遠不能見，覩此《儀節》，當非其大概邪？三代時學校之美，當不于今再見乎？且近聞時閑侍母之疾，母飯一口，己亦一口；母飯再口，己亦再口；母一日不飯，己亦一日不飯；母二日不飯，己亦二日不飯；甚至設言母若不在，己亦隨之不在，聞者無不墮淚。其誠孝足通鬼神，豈惟可感化潞之後進哉？予在江南，凡鷲峰東所諸士談及，無不心服，于四方可知也。然則時閑書院之建，[1]豈特舉此《儀節》而已哉？固有篤行以爲之本矣，則《儀節》斯不爲虛文，其傳也必矣。雖然，孝子之事親，以體其心爲至。親既老且往，而子必欲隨之偕往，是豈親心之所欲乎？親心不欲而子必欲之，是

[1]「之建」，續刻本作「山長」。

一節之士，非中庸之道也。時閑試以所祀先師以下諸賢觀之，曾有是事乎哉？夫時閑建書院以教人，而乃以此行率之，其誰乎從之？時閑而少推母夫人之心，則必不以一死爲道，而「事親如事天」者，皆在是矣。斯《儀節》豈惟可傳之天下，雖垂之後世可也！

贈石高州序

南吏部文選郎中玉溪石子廉伯既有高州之命，其僚龍村賀子仁、后江楊惟仁諸君餞之尚書第，而予亦與焉，❶且以予年少長也，請先行爵。爵再舉，又適洗，玉溪子辭曰：「古禮有再爵，無三爵。」予曰：「然玉溪子由夫古之道哉！雖以此古禮爲州，不可乎？今夫世之爲守令者，其事上官也，拱或至於磬折，拜或過于君親，其使下民，耗其財不知損，疲其力不知休，蓋皆不能以古禮節之故也。如再爵之禮行，敦士風而正民俗，❷于高州何有乎？」坐定，后江問：「赴高州之期，當在發春邪？」玉溪子曰：「素多病，而廣路尤熱，俟秋冬而後起台州耳。」后江曰：「若愆期而爽度，無乃不可乎？」對曰：「簡性疎懶任真，涇野子所知也。去年之考績也，久菴、治齋二公嘗薦之時相，簡未能一謁焉。未幾又薦之，時相乃取閱門簿，查無簡名，則曰：『此人初未嘗來見我耳。』有友又促使往見，簡終不能。且不聞今日之治齋公乎？官至二品，以一言而罷，進退利鈍，又安能以容心邪？」予

❶「而」，重刻本無。

❷「正」，萬曆本作「振」。

嘆曰：「達哉玉溪子！將孔子所謂『可與立』者，不殆庶幾乎？使其初少屈以謁權門，今內爲京堂，外爲藩臬顯官，又安有高州乎？夫玉溪子嘗師事陽明王公，陽明以『致良知』爲教，學者類能言之，然或當行而不知向背，臨言而不知從違者亦有之，玉溪子真可謂不倍師説者矣。如玉溪子守其道不變而又濟之以古禮，豈惟可爲高州哉？雖他日積登卿相，以成經濟之業，亦由是乎！」或曰：「高州居二廣之間，據叢山之險，❶前揖銅魚，後拱寶峰，近者猺、獞爲盜，肆行猖獗，阻塞道路，擾及電白、信宜之地，茂名幾于不守，蓋多難之邦也。玉溪子持古禮而往，是猶以結繩而治干戈也。」曰：「不見漢龔遂之于渤海盜乎？單身之郡，未匝月，民多賣刀買牛，賣劍買犢，數年之寇皆爲良民，彼豈嘗持干戈以往哉？故玉溪子之致良知者，正有見于今日也。」

玉溪子，台之寧海人，起家嘉靖癸未進士，歷官兵、刑二部，皆以清白端謹名。

劉氏族譜序

《劉氏族譜》者，今太宰紫巖先生輯其家世宗派而爲之者也。世傳本元城劉忠定公之後，當金、元之亂，有諱務者避兵徙于襄垣劉渠，又自劉渠卜居長樂鄉蕭家垛，今十有一世矣。長樂公二世，生子鑄一人。鑄三世，生子厚、嚴、鍫三人。至四世世村行，則十人矣；五世彥實行，則二十人矣；六世景初行，則三十餘人矣。至七世時占行，八世伯福行，九世恭行，十世至寧行，率

❶「險」，原作「間」，據萬曆本改。

多五十餘人，不足則四十餘人。十一世大興之行，方來未艾，不可數計，皆長樂公一人開之也。故自長樂公至至寧，則先生繼別之大宗，所謂百世不遷之宗也。自耕樂處士至北村公，則先生繼禰之小宗，所謂五世則遷之宗也。乃先生皆裒而序之，考而傳之，可不謂能收族者乎？夫能收族則能敬宗，能敬宗則能尊祖，可以親親，可以尊尊，可以名，可以出入，可以長幼，可以從服，繫之以姓而不別，綴之以食而不殊，可不謂能幾于禮者乎？昔伊川正叔作《程氏家牒》，自中山少師以來，歷爲紀載，至于賜第京師，卜居醴泉，御書詔勑移載以藏，雖於影帳侍者，承旨老嫗，備録不遺。今斯譜也，既列圖系、居址、行蹟，而於誥勑、制策、序、記、誌、表、詩、賦，亦皆分類編次，將無非伊川意邪！或曰：「族譜所以重婚冠，明祭祀，敦喪紀，不徒爲也。故大夫士祭，省其于祫，服窮於袒免，越五世則絶也。譜族而十一世者，何居？」曰：「古者天子之子繼天下，其支子出爲諸侯，故不得祭七廟。諸侯之子繼其國，其支子出爲大夫，故不得祭五廟。大夫之子繼其家，其支子出爲適士、官師，故不得祭三廟。時當封建，禄多同姓，已有先我而祭之者，故不敢爾，周道然也。自漢以來，庶人有百世之祖，列士垂累代之胤，可以學士大夫忘其宗，而與野人都邑之士論哉？族雖百世譜可也。」夫伊川官止説書，未能大行，獨賴與門人弟子講學之故，使《程氏家牒》傳今不磨。乃先生弱冠及第，累官學士，以至于今，長樂公之孫子雖繁盛，然而精明之氣、純厚之德，則固獨萃于先生一人，宜其大發於茲。今且北轉，入相聖主，行當自牖啓沃，對時經濟，以行道于天下也。若然，則既廣長樂之源，益宏耕樂之流，吾見斯譜也，天下後世皆争誦以傳，襄垣劉氏不得而私之也。

紫巖文集序

此《紫巖文集》，乃太宰襄垣劉先生之所著也。古詩及近體，凡千餘篇，序、記、奏疏諸文，殆二三百篇，方來者不計，可不謂富乎！然詩則清新俊逸，本性情而循禮義，無險怪語，文皆平正，説道理透徹，不詭於古，可不謂達乎！夫富而不達謂之俚，雖多亦奚以爲？達而未至于富，則于論學與政，未免缺漏，如彼耒耜銍鎛之器，一不具，不能爲良農也。然則斯集也，可不謂盛乎！昔宋嘉祐之間，學者争務奇僻難澁之詞，文體大壞，識治者懼焉，及歐陽永叔者出，敦尚平實，其典文衡，崇雅黜浮，頓革士習。今天下文風多好魏晉齊梁，辭賦議論漸入虚寂，衛道之士數有隱憂，如斯集行，亦可少變頽俗，則先生固將爲今之歐陽子乎！

先生弱冠及第，入爲翰林編修，累官學士，以至今位未已。當正德間，嘗與相論及經筵講學及他史事，偶有不合，則曰：「某豈懷姦者乎？」時相皆惕然。嘉靖七八年間，以内翰宿學、禮曹久佐，一不能婞阿時相，至使後進晚出多登台輔，而先生甘居南吏閒曹，不一動念焉。去年又聞先生偶失其父北村公之集，日夜懊恨，至感疾，半載而後瘳。其愛弟舜弼，教之成名，嘗偶病在途，憂輒形于色。真可謂端重在朝，孝友在家者。故所爲文詩，思致親切，超出群衆，有本者如是乎！歐陽子於范仲淹之謫饒州，作《朋黨論》，豫息黨錮之禍。其事父觀，兄昞，孝敬兼至，則其行固亦類是耳，宜其出雖先後異時，文固將一揆也。雖然，先生本欲帥舜弼爲明道、伊川，以事北村公爲太中公，又將使二劉之在今，亦若二程之在宋也。

小學章句序

《小學》一書，新安朱夫子之所編定，其章句，則今虎谷先生和順王公應韶之所著也。自有《小學》以來，饒雙峰有註解、題辭，熊勿軒有句解，近世黄江陰、吴海虞、陳姑蘇、陳天台各有解註，並行于時。然章或未釐，句或未析，音切又或未著，以待初學尚爲未備。于是先生會萃諸家，參取折中，章分句解，犂然明白，雖於衿纓、負劍之微，亦皆辨别洞曉，其于初學甚便焉。雄山仇氏朴建東山書院，以教鄉之髦士，并刊是書，使誦習之，蓋以端立教之本，而廣明倫敬身之義也。士讀此書者，當于章句之間，而得人倫修身之道可也。苟或不然，徒以章句視焉，是豈先生之初志哉？先生原有序，并曾提學亦有序，其言斯書甚詳，仇氏其皆訪刻並行乎！

涇野先生文集卷之九

巡按直隸等處監察御史　門人徐紳編刻
巡按直隸等處監察御史　門人吴遵編刻

序　九

送治齋萬公南歸序

嘉靖壬辰之秋，聖上以彗星再見，令兩京文職大臣陳言時政得失。於是南京右都御史治齋萬公疏列八事：一曰公推薦，謂用人不必屢推，惟在先知其人，以察衆舉之異同；二曰辨國是，言疑信一差，則邪正倒置；三曰審蠲除，言勿赦拖欠，惟預免來年徵辨；四曰通鹽法，許商人就邊輸糧芻以中正鹽，其帶中餘鹽則納折色；五曰裕邊儲，除招商中鹽外，納粟則勿限地方，和糴則勿抑時價，足食則通漕關陝；六曰廣矜宥，宜放免大禮大獄謫戍之人；七曰正憲體，言本院問完囚犯，巡按舉劾官司，及操江、巡江，各有攸典，無得別有牽制；八曰先實務，願去聲容繁飾，及屏好動喜事之徒。疏奏，聖上曰：「萬鏜本以所司屢推未用，意在怨恨，明説『後推未必勝前』等語。」下吏部參看，覆：「題准罷位去。」栴往唁公，公曰：「是鏜之罪也。疏惟論後推之在人，乃頓忘先推之在己，言雖出於無心，跡則涉於有意，既設詞之未詳，宜在法所不免。荷聖主神明寬仁，弛其誅戮，止於解職，得歸田里，可謂幸矣。」柟歸而嘆曰：「古之大臣，善則稱君，過則稱己。萬公於罷位而能知過，其有古大臣之風乎！且公之所言者八，而聖主之所怒者一，以其一事以怒公，其七事則用公矣，公未爲不遇也。聖主求言於大臣者衆，而去者獨公一人，乃公之去又以一言，其餘數千言已自效矣，聖主未爲不納也。夫七者，皆今日時務之急也，又聖怒之所未及、公罪之所不入，儻在廷之臣有見事之善也，俟霽威之後，或申其義以獻焉，或推其詳以論焉，内以幹國，外以壯邊，何者非公之遺功哉！夫爲人臣者，殞其身有益於國則爲之，況去其官以有益于國乎？故謂公未爲不遇也。」

「昔范希文參知政事時，亦嘗條列時宜十數事，未能盡行，遂出爲河東、陝西安撫使。未幾，仁宗有憶於其言也，復詔入爲參政，與韓、富並命。希文益鋭意天下之事，遂成慶曆之政，爲宋室光，未必非前條列之故也。公行矣，聖上或因廷臣之言，有懷于其説，不日起公當鈞軸之地，且將觀公之行，以顧前言也。況公平日履廉迪正，自吏部、太常、京兆以至于今，夙持綱紀，守憲不回，風采懋著，士林敬服，宜知其不已於此也。且希文初嘗進《百官圖》及《四論》，以指廷臣之遷進遲速及邪正公私之實，亦如今所謂公推薦者矣，坐是落職饒州，益自進修不已，常曰：『士居江湖之上，當有廊廟之憂。』則公又豈肯以有江湖也，恣爲躭樂已哉？」於是其僚峨峰潘公以爲然也，取其言歸諸公，而南都群公卿皆賦詩。

海山詩集序

《海山集》者，故太常少卿姚公元肖之所著也。集多詩，詩多贈答壽挽之作，作多説性情而本禮義，沖雅清淡，有唐韋應物之風焉。初，公在考功時，倡義進言，諫止南巡，武宗盛怒，罰跪五日，撻于廷，多至死者。公幸復甦，腿股如桶，肉碎八九寸。公云：「若有益於國，則一身亦何足惜。」且喜死而復生，得以苟延殘喘耳。」夫死生之事亦大矣，公當竭忠之日，身幾斃而無難色，則其平日居家之孝友、行己之端嚴、莅官之清正，皆可知矣，宜乎發之吟咏者，氣味雋永，非尋常之作也。昔者謝靈運、沈休文、鮑照、江淹、吴筠、孔珪，其詩非不工也，由君子觀之，或失則傲，或失則冶，或失則怨，或失則怒，良以無其本故耳。然則《海山》之集，人雖曰不傳，吾不信也。公殁之後，餘稿散失，其弟太學生繼嵂收其遺亡，止得詩百餘篇，分爲二卷，並以其行實、誌表，及誥命、諭祭諸文，編次成帙，將以入梓。嗚呼！觀《海山》之集者，既誦其詩，又考其行，足以徵予言之非誣也。公之履歷，具誌狀中，不列。

廣文選序

昔梁蕭統編定《文選》，粤自秦漢，迄于齊梁，騷賦詩歌、詔册表啓，時且千年，焕知其舊。第博雅君子泛覽别籍，見有遺詩脱文，則又每病乎統焉，然未有能廣裒散失，粹纂重行者。今少司寇梅國劉公，英特之材，博大之學，旁搜群書幾二十年，類摘門補，世採人增，凡統之缺漏，十九攢完，學士觀覽，無不足之嘆。長垣侯君子方守揚州，謂可遠傳，乃命學生葛澗校正差訛，既且入梓，遣使問序。涇野子曰：「懿哉，梅國之用心乎！夫自乾坤典謨以來，載籍宣昭，歷世誦習，然《三墳》或隱，《九丘》多支，惟左史倚相者具能讀之，楚人歸善，尊爲至寶，白珩不齒也。鄭公孫僑使于晉，適晉侯有病，卜云『實沉、臺駘爲祟』，雖叔向莫知，乃問于僑，僑具述高辛玄冥之遺，參、汾主封之故，通國驚動，以僑爲博物君子。然則梅國斯編，其有滋于學士之聞見者富乎！」或曰：「《文選》以《毛詩序》與《思歸引序》並列，《廣文選》以《思親操》、《猗蘭操》與《胡笳十八拍操》同卷，聖愚不分，經騷不辯，惟多是取，不揆之道，亦以爲富，可乎？」曰：「不見《詩》、《書》、《春秋》邪？古《詩》美惡咸收，至三千餘篇，因得取爲三百篇之定。古《書》及《中候》，聖狂皆載，幾千餘篇，因得取爲五十篇之定。左丘明傳述《魯史》，將數十萬言，治汙具存，因得取爲千五百條之定。《廣文選》如行也，焉知後無作者不因此而説漢禮晉文，比于古文獻之足徵者乎？審若是，且將恨收取之未盡廣，又奚暇議其醇疵哉？」書凡二千餘篇，爲卷者八十，其門分類析，皆准昭明之舊云。

空同李子集序

空同李子者，陝之慶陽人李二獻吉也。既歿矣，遺文詩殆千百篇，其甥曹君仲禮守鳳陽，將梓行，問序焉。他日，玉溪王子公濟過會予于燕子磯，予告之。王子曰：「信哉，李子之集不可以莫之行也！一爲歌行近體即如李、杜，一爲古選樂府即如曹、劉、阮、謝，一爲賦記序書即如屈、宋、賈、馬，擬之而必至，創之而先合，海内士爲文若詩者多宗法之，真天下之奇材也。」予嘆曰：「果若人言，向使李子一爲《定性》、《訂頑》即如程、張，一爲《大學》、《中庸》即如曾、思，惜其力不加之乎此耳。」王子曰：「人有定品，材有定格，必居一以限之，吾懼子之難乎其論世也。」曰：「子雖知李子矣，猶未如予知之深也。昔在弘治中，天下方苦于二病、三害、六漸，如人元氣受傷，棘須療理，然自卿相以下，莫能計也。李子時爲户曹主事，詳列其故，犯貴戚，觸近倖，不顧刑戮，惟冀民生之遂焉。及正德之初，幸閹八人日導武宗造爲淫巧，支蕩其心，狗馬鷹兔、擊毬角抵，隨欲而中，時號『八黨』，然自輔弼以下，莫能正也。李子時爲户曹郎中，乃奏記部尚書洪洞韓公，韓公深取之，即令屬草，且率群臣伏闕，請除八閹，惟冀君德之成焉。嗚呼！使弘治之疏行，即病害皆去，而下可爲民；使正德之疏濟，即暬御皆正，而上可爲德。當其爲志，雖商傅説、周召虎，皆思可企而及也，又何難於曾、思、程、張乎？今顧其爲集，乃工于曹、劉、李、杜之間，精于屈、宋、賈、馬之場。夫世有干霄之材，斲而爲侏儒之柱者則必悔，人藏照乘之珠，分而嵌糟釃之槃者則必怨，此非其力之不贍，乃其藝之未審耳。故予每讀二疏，深爲李子驚，及觀他文詩，則又悵然惜矣。」曰：「李子存，吾子不以是告，李子亡，吾子乃以是言，將無陷于病李子乎？」曰：「非然也。吾于李子，生既不能數會，死若又不能以盡言，則爲負此知己，使天下後世知吾李子止可爲曹、阮、李、杜輩，而不知究其極有如此之美也。且今天下之材如李子者幾人哉？如李子之材，而未究其極，予而塗人也則可，予而苟一交遊也，寧能忘于懷乎！夫如李子之材，未究其極也且如此，天下無李子之材者，乃或又遺其大而惟他乎狥焉，則又豈但爲予之所惜乎？雖然，觀李子之集者，能先請事乎狀疏一卷，徐以讀他文若詩，亦可以思過半矣。」

贈朱葵軒應詔北上序

都督僉事葵軒朱公德之，其僉書南京中軍也，法得同五府侯伯都督諸公輪直禁城三日，一至尚寶司驗換令牌，於是得數與公交際焉。一日公曰：「振在兹，食厚禄而履峻階，他無所事，惟於數日後一入直耳。往在邊鄙，常整搠數千人馬，身彍弩蹶張，或殺胡陰山，或抗虜洪塞，以當朝廷一面之寄，受禄戴寵，亦無媿耳。」予於是未嘗不壯其勇而敬其略也。邇者韃靼猖獗，及密雲、古北殺掠官軍，聖上以廷臣會議，急擇將領，又揀素有勇略、歷任邊方、熟知夷情者，行取數人於京，以備急調，而公居其一焉。予嘆曰：「公素有是言，乃今有是行，其足以償所志乎！雖然，予固不知兵，然於戰守之機則，亦嘗聞之矣。孫子曰：『凡先處戰地而待敵者常佚，後處戰地而趨敵者常勞。善戰者，致人而不致於人。』『出其所不趨，趨其所不意。行千里而不勞者，行於無人之地者也。攻而必取者，攻其所不守也。守而必固者，守其所不攻也。』趙之北邊良將有李牧者，常用是術矣，居代、鴈門備匈奴，以便宜置吏，日饗士，習射騎，謹烽火，匈奴即入盜，急收保，是數歲亦不亡失。匈奴數歲無所得，以爲怯。邊士日得賞賜，皆願一戰。牧乃大縱畜牧，人民滿野，匈奴少入，佯敗，以數千人委之，單于乃大率衆入寇。牧又爲奇陳，破殺匈奴十餘萬騎，單于奔走，十餘歲不敢近邊。夫牧雖用孫子致敵之法，然猶以數千人委虜，非萬全之事、王道之純也，況後世將之於夷，如羊之畏虎，一入輒驚，不敢與戰，任其虜掠，既退而追，稍獲數級，即奏上功，以獲厚賞，又非牧之可比。今公之勇略若此，斯行也，如有闖外之寄，多在代、鴈門北邊，即牧所居地，若欲竭力盡忠，以酬聖主知待之恩，無有過于往法李牧而又上進者矣。況公少孤蚤奮，自襲其父指揮同知以來，屢立戰功，歷任都指揮及大同遊擊、本鎮副總，正德初轉陞宣府鎮守，掛『鎮朔將軍』印，後以疾歸田里，他日大同逆軍爲變，聖上勑起公討平焉，公益罄展材謀，稅介抗旌，計斬渠惡，鎮中底定，遂陞總兵，鎮守大同，掛『征西將軍』印。然則公斯之行，益當知有其國，不知有其家，知有其忠，不知有其身，以不負乎明時可也。」於是後軍都督恒齋馬公取而書諸軸。

送胡南津還沭陽序

南津胡公仕爲南刑部侍郎既三年且獻績矣，乃有致政之命。費庶子偕予數人往唁焉，公適飲于石泉少宰而歸，喜氣滿容，顏如渥丹。予曰：「公之去位也，樂乎？」費子曰：「一人論之，千萬人惜之，固不樂哉！」光禄王子曰：「夫君子之去有三樂，崇階極品不與焉。故有其位無其功，不樂；有其官無其名，不樂；有其身無其子孫，不樂。夫自有位以來，吴白甸、詹師富、黄苗俚，❶皆閩海之鉅寇也，公嘗擣其巢穴，❷服其權要，而汀、漳以寧；佛郎機、牙里海、牙哪嗟、曷昆，皆南海之譎賊也，公嘗破其三舶，置之九法，而廣、粤以定。若乃究奸婦之罪，雪髑髏之冤，靖盤石之亂，其功則甚多也。在福建則肖像勒石，在廣東、江浙則夷民畏服，在刑部則端重嚴明，輿論尤多，其名則甚著也。公長子效才爲名御史，出守真定，士林稱美；次子效忠潛心正學，綽有遠器，其子孫則甚賢也。」曰：「諸君子亦嘗聞魯顔闔乎？居于魯鄙，哀公問治道焉，闔對曰：『有虞氏未施信于民而民信，夏后氏未施敬于民而民敬。蓋言而後信，信之細者也，不言而信，❸信斯深矣；動而後敬，敬之小者也，不動而敬，❹敬斯至矣。』是故大鵬不滯於溟海，故能乘九萬里扶摇之風；良才不受乎斤斧，故能隱千萬重宥密之山。公之斯去，蓋將不計其功而惟明其道，位不足以言之也；欲逃其名而惟耽乎實，官不足以論之也。又以其餘，身教孫子，倡道學于淮海，先風化于南州，一身之事，不足以盡之也。則公之樂，殆有出乎塵埃之外，而通乎廣漠之鄉者矣。士有言『分膺寵召，以成經綸之業』者，則公當視之如浮雲矣。」

公字重器，別號南津，弘治乙丑進士。

❶「俚」，續刻本作「狸」。
❷「擣」，原作「儔」，據續刻本改。
❸「不」下，續刻本有「待」字。
❹「不」下，續刻本有「待」字。

送程齋盛公還潮陽序

弘治末年，程齋盛公初爲翰林檢討，時西涯先生爲相，公見時政有闕違者，率一二僚友拜諍于其第，言未獲用，引疾南歸。比予叨入翰林，未嘗不高公之爲人也。近至南都，繼公爲尚寶，得數從宴會講說之末。夫伏羲、神農之學不傳久矣，公嘗著《五行論》，言消息盈虚，必折衷於伏羲；其言藥物，皆出炎帝精蘊，陶隱居諸君不逮也。故自予至南，得公之益獨多。迺公遽有致政之命，於予心惘然若有所失。及同介立林子往唁焉，公欣然有喜色，曰：「聖恩甚深厚，得以此官歸矣。」予曰：「公之德可以易士風，其才可以經世務，正宜烝在輔弼之地，以成俊偉光明之業，乃遽至此。」公遜謝曰：「豈敢云然！兹歸也，若買田問舍，以奢侈榮耀驕惰其子孫，決不敢爲。倘一息尚存，此學亦不少廢，謹身節用，以爲子孫法，暇則栽藥種樹，頤養殘生，❶歌頌聖明耳。」因述其友及其弟《招隱》之詩，暢然洒落，有絶塵而奔之態焉。予出而嘆曰：「人之所不能違者時也，道之所不可廢者學也。時有升降，陰陽盡之矣；學無止足，鳶魚見之矣。陰陽盡，窮通得喪，皆非在我者也；鳶魚見，體用顯微，皆非在物者也。故君子植金梔于嬴豕之頃，❷用視矍于震鄰之候，觀于時以知天命，篤于學以知人道。知天命，則去就輕，人雖曰不樂，吾不信也！知人道，則存省熟，人雖曰不樂，吾不信也！

❶「頤」，原作「順」，據續刻本改。
❷「柅」，疑爲「柅」。

然則公之欣欣有喜色者，其殆有見于斯乎？」明日倪維熙同其僚數君問公贈言，遂書此。

贈浚川王公詔改左都御史序

浚川先生儀封王公爲南京兵部尚書，參贊機務三載矣，兹者詔至，改都察院左都御史。是日予方偕僚友出郊，遇野人焉，皆曰：「王公去，南都軍士靡所依恃矣。公能杜私役，精武選，罷横斂，黜豪猾，汰泛差，振綱紀，南都士固欲家像而屋祝之者也。」答曰：「野人知一而不知二。使公蚤就此改，雖四海遠可均也。」僚友曰：「果然。公文章超孟、董，❶器識追丙、魏，才略擬韓、范，斯行也，整肅百僚，旌别淑慝，于均四海裕如矣。」曰：「豈惟是哉？❷公于此數者，雖皆無焉可也；有一于此，則凡四方之挾所長者，皆得投其隙間以進而不知也。故君子不可以有己，斯可以有人。夫人之品，見乎諍譽，而己之情，形于喜怒。聞譽而喜，見諍而怒，雖智者亦所不免；聞諍而喜，見譽而懼，雖仁者或有不能。夫世之爲諍者多義士也，爲譽者多利人也，世之怒諍者多惡異者也，喜譽者多好同者也；於其諍譽之來而能中喜怒之節，則於好惡之正、義利之辯、治亂之源，亦思過半矣，非智仁之至者不能也。不然，譽人彙征而諍士就戮者，亦有之矣。❸則夫君子之喜怒，豈細物哉！且謂司馬君實何人也？宋室之純

❶「超」，重刻本作「趨」。
❷「惟」，萬曆本作「爲」。
❸「亦」，重刻本無。

臣也，其心欲罷新法，蔡確窺其意，順之而譽則甚喜，蘇軾識其機，逆之而諍則遽怒。夫確之邪，衆人皆見之，顧君實豈不知哉？乃蔽于在己異同之心，而忘其在彼諍譽之故，遂使一忠誠者亦臨事而眩矣，況其他乎？夫左都御史者，國家之重臣也，高皇帝初御宇内即置御史臺，設左右御史大夫，從一品，與中書省、都督府擬古三公之尊，而尚書不與焉，尋定設左右都御史。至正統初，顧公佐爲左都御史之後，英宗難其人以繼也，歷數年不設左。蓋其職專以糾劾百司，辯明冤枉，提督各道御史，以正諸不公不法等事，其於人材之進退、民生之休戚、世道之升降，關係甚急也。則其所以公喜怒而照諍譽者，尤不可後矣。」

或曰：「《論語》言政，必酌取夏時、殷輅、周冕、虞《韶》之法。今獨詳于一己之喜怒者何？」曰：「若無孔氏之『四絶』、顔子之『四勿』，而徒欲紛更制度，則凡爲譽如佞人、鄭聲者，皆紛至于前，不自知矣！夫公嘗再辟予于朝，予固不敢以爲公私，公于予亦未嘗有德色也。予嘗屢談道于公，公固不以予爲戇，予亦未嘗以公爲有怒意也。則公斯之行，當無君實之失，而有孔顔之得乎！且公之直諒在臺諫，儒雅在翰林提學，經濟在藩撫，孝友敬讓在鄉里，忠貞廉明在朝廷者，人皆先能信而言之矣；❶惟是以喜怒處諍譽者，則誠持憲之大本，當時之急務，雖他日晉宰衡，入輔相，亦不外此，故予獨拳拳焉，知公必不以爲迂腐而忽之也。」於是其僚峨峰潘公曰：❷「絜矩之道，

❶「信而」，重刻本無。
❷「峨峰」，原作「莪峰」，據重刻本改。

亦在是乎？」曰：「然。《傳》不云『所惡於下，毋以事上』。雖前後左右，❶何往而非是哉？」

送四峰張貴州序

四峰張公子才以鴻臚卿出爲貴州參議，余同介立林子往問之，坐定嘆曰：「公其陞乎！」公曰：「去卿而就參議，以爲陞，何也？」曰：「公亦嘗見輪人乎？其爲輪也，克和三才，能法陰陽，可規可萬，可水可縣，可量可權，固國工也。然置之江漢湖海之地，於是轂不能直，篆不能正，膠不能厚，筋不能數，輻不能齊，牙不能指，❷凡柁人、篙人，皆環議而笑焉。他日，燕趙之人知輪人之良也，請而置之河濟之北、恒山之南，於是輪人得以施其巧，凡圜、匡、直、均、同、侔之法，罔有不精，以行澤如割塗，以行山如摶石。自是，速輪人者無虚日，而輪人之名遂大振于中原矣。且余與公之同年也，今二十有六載矣，在南都之會，尤爲數見。公論用人，必崇恬退，權倖之門不欲謁；論理財，必獎廉節，奢侈之事不肯爲；論聽訟，必貴簡實，徂詐之風必欲息。若乃事繼母同於親母，而通國稱孝；處母弟無間於己，而鄉黨稱友。歷官既久，家無十畝之田，則豈非古之孝廉君子者哉？爾乃自筮仕以來，北滯於中書尚寶，南滯於鴻臚，久覊散秩，棲遲閒居，無所事事。玆有貴州之行，豈非輪人趨於燕趙之地乎！德可以遠施，才可以大著，於是而總憲，於是而典藩，

❶「雖」，萬曆本作「其於」。
❷「指」，續刻本作「直」。

公滁之來安人，早受其父太守朴菴先生之庭訓云。

贈中梁張公考績序

《漢書》言文、景之世，黎民醇厚，耻言人過失，閭閻厭粱肉，斷獄數百，幾致刑措，有周成、康世之風焉。予讀史至此，未嘗不追慕其時而思其故也。當是時，周勃木彊質厚，可屬大事，與張相如俱稱長者，兩人言事，不能出諸口。後有萬石君石奮父子，馴行孝謹，雖於子孫不名，有過失，對案不食，待肉袒謝；上賜食，必稽首如在，上前食之。數人者，率爲丞相卿侯，見重朝野，一時如周任、張歐輩，皆引列僚佐。然後知於是而撫巨省，於是而正位九卿，屈指可到也，故謂公自此陞矣。且夫崇政殿説書與永安尉，其職之榮辱相懸也，乃有欲舉其職者，寧辭説書而甘尉。永安縣令與治中别駕，其位之繁簡相遠也，乃有欲展其驥足者，必傲百里而思大行矣。即公貴州之行，聖天子正試公于盤根錯節之地以别利器也，豈可泥以爲降乎？」或曰：「貴州在滇、蜀之間，萬山之叢，左阻五溪，右距盤江，犵狫異性，苗羅殊俗，❶治之亦難也。」曰：「《禮》不云『因其道不變其俗，通其情不失其宜』？是故有不火食者矣，則燔炙之法雖美，不可以强聒也；有不粒食者矣，則饔飧之劑雖善，不可以遽告也。況公厥德既厚，而負才尤優，其因人而施，隨地而處，固當無入而不自得矣，必不肯以此爲降，泥于懷而不解也。」

❶「羅」，續刻本作「玀」。

文、景之治有所自也。今天下承平日久，祖宗德澤道化既遠且深，文運士氣於是爲盛，故賢智輻輳，忠篤輩出，如吾鄉中梁張公，尤其著者也。公談道論政，若不出口，至於不言而信之德、不動而敬之學，實亹亹焉。中丞孟有涯嘗曰：「人數有所高論，然稽其行蹟，察其事爲，多不相似。若中梁公者，恂恂木訥，然事至而即辨，法行而不滯，政棼而必舉，信乎行在言前，古之鞠躬君子者哉！❶」予嘗以爲知言。蓋予與公同舉陝西，今三十三年矣，孝弟之在家庭，篤敬之在鄉黨，信義之在朋友，西人固皆家談而人羡之矣。其廉明之政，光大之規，嚴謹之操，宜爲交遊僚友者稱許如此也。蓋公自爲廷尉，訊讞明允，其所平反者十常三四，未嘗對人一語。且邇來工部之費，頗稱繁重，歲辦月耗，動至千萬，公佐其長石湖何公，事從節約，役惟減汰，每計省于民，不啻百萬。及其工成績效，絶口不道往事，則公當非今之周勃、石奮者哉！

聖天子崇尚道德，方厭浮薄喜事者，思得忠慎博大之輩登庸任使，以迴古醇厚敦龐之風，則公斯之行，必在所簡用眷注，作天下厚先也。❷夫正臣之近遠，係士風之醇澆，民生之休戚，世道之升降。故歷考前世，其世將升也，則尚行者有枝葉焉；其將降也，則尚辭者有枝葉焉。公如其進也，則豈但予鄉黨者之願哉，雖九州遠皆然矣！公之益懋于道可知也。沈既濟嘗曰：「緩行徐言非德，工文善書非材，累資積考非勞。」故謂公之斯行，其爲最，真有出乎是者矣。

❶「鞠躬」，續刻本作「躬行」。
❷「厚」，續刻本作「之」。

公漢中南鄭人，字伯翔，别號中梁，閩西漢之治又甚習也，起家弘治乙丑進士。

贈賀子考績序

蘇州賀子子仁，其先本吾陜之延安人，自筮仕吏部司廳，即同吾陜人仕南都者爲鄉里會。今其考績也三年矣，於是吾陜人皆欲贈之文。賀子固遜曰：「惠何功之有，敢辱諸丈者之雅乎？」予嘆曰：「賀子有功而不居，可謂知德之虚乎！以言爲所重，可謂知行之實乎！虚以進善，其造無涯，實以履方，遠而不禦，持斯道也，其績豈可量哉！且亦嘗見繩人乎？大匠之爲宫室也，授繩人以墨斗，他無所爲，凡鋸人、斤人、斧人、鑿人、椹人，皆受直焉。不然，則析木失强弱之分，削木錯厚薄之宜，以爲宲櫨梲榱，皆難也。夫司廳者，吏部之繩人也，堂非司廳無所授，四司非司廳無所受，是故文選得以序其位，驗封得以實其勞，稽勳得以察其故，考功得以明其人，吏部得挈其綱，皆司廳之績也。賀子有是績者，今三年矣，乃尤讓而不居，人雖曰非德之虚，吾不信也。且賀子孝心純篤，婉戀父母，猶有嬰孺之態，友誼顓慤，交際寮宲，不失忠敬之心。蓋言不苟發，行不輕動，凡南都大夫士之至吏部者，其辭命儀度，必先咨訪，事竣之後，莫不敬其篤厚周慎云。則君之爲績，已有其本，匪直積勞累功而已。雖然，德必弘，而後虚可大也；行必毅，而後實可久也。昔者曾氏子輿嘗爲是學矣，故論『弘』必以『任重』爲至，論『毅』必以『道遠』爲至。吾知賀子必以曾氏之學爲所從事，不以一時廳官之績爲自足也。」

賀經府王君暨配劉氏七十雙壽序

予判解州時，太學生王克孝光祖從予解梁書院。比予改官南都，克孝自解渡黃河、涉大江，問予於金陵，且年矣，始北歸。自是每歲必遣使以問予。今歲憶予之將考績也，又遣使逆予至金陵。是時，克孝篤道之行，與其記予問答之言，凡在鷲峰東所者，皆傳誦之，無不慕克孝之爲人，思欲親見之也。於是户部正郎楊叔用嘗會克孝者也，而忘其年，偶見其使而問焉，使者對曰：「若干歲矣。」因問其父經府君及母劉氏，對曰：「皆七十歲矣。」叔用遂告諸三四僚友及章宣之、易伯源曰：「吾輩慕克孝之爲人，而無以伸其敬。今其父母已七十，度克孝之心，必欲壽之至千百歲者也，盍問一言於涇野子，附諸使持以賀克孝乎！」予聞而嘆曰：「此義舉也！夫經府君積學未第，以歲貢士授登州府經歷，處則以孝友忠信式於解梁，仕則以清慎勤敏稱於山東，固古之明經敦行之士矣，而劉夫人又以孝敬忠慈佐之。然惟脩其德於晉之西鄙，不求聞達於四方。今叔用諸君，皆秦、楚、閩、越、潤、❶廣、蜀、歙異地之良也，乃同慕克孝之行，敬其人以及其親，則克孝之所以壽其父母者，雖以此至千百年不可乎！」

「昔漢河南張元伯遊太學，及其告歸也，其友山陽范巨卿約後二年當過拜尊親。比至其日，元伯割鷄炊黍以待之，其母曰：『二年之別，千里之約，爾何信之深耶？』及期巨卿果至，升堂壽母，盡歡而別。夫元伯

❶「潤」，續刻本作「浙」。

獲巨卿之拜母，猶出於素會與宿約，然而一踐其言，至今傳千載不磨，豈若克孝之於諸君子，或一覩其貌，或未見其人，義契於數千里之外，神交於三二年之間，則克孝所得，固有出于元伯之上者，而諸君子好善崇誼之舉，足可以敦薄俗而起頹風，殆又非巨卿之所及乎！雖然，此猶其在人者也，克孝於此，止可驗在己之得失，不可據以爲榮辱也。昔者予之在解也，克孝嘗講明道之學，别久不知造詣何似，若果有所得焉，則所以壽其經府君、母劉者，雖萬世亦有辭矣。克孝不可不因此而益慎勉之！」

同年雅會詩小序

自庚寅來，同年會南都者七人焉，然每會必有作，每作必因物命題。庚寅以前多未録。辛卯之春，於黄筠溪觀畫菊，而張恒山有作，各次其韻，於是四峰釐爲七會。未幾，恒山北歸，筠溪北去，今四峰又西去，半窗又東去，仕南都者止予一人，雖遇物，將誰爲題？雖有題，將誰爲唱酬？然則一時兄弟之情，交遊之好，規切之義，又安可得乎？此予欲去未能之念，益不能置也。四峰有册，命書七會之作，因題其端曰「雅會」，著久要云。

贈葉東平序

今年考察之期，葉子子大與外補之列，其僚友及相知者皆愕然稱屈曰：「葉子而亦然乎？夫天下財賦以南户部爲重，南户部財賦以江西司爲要，蓋其所理之金穀，內則應天，外則江西之巨省也。弊多而吏易奸，則冗而民易猾，❶葉子之典斯司，以精敏之才，秉廉公之心，行平明之政，查隱匿以懲頑慝，稽逋欠以足國用，窒耗蠹以安良善。至估價一事，雖忤權要而不顧，南都人固皆稱爲才大夫矣。且他日之同知廣信也，以營建龍虎山之第，爲惜財愛民之故，力抗中官，至收繫詔獄而不悔，可以知其他矣。乃今有兹行，豈非屈乎？」涇野子曰：「君子之于天下也，雖義以爲質，信以成之，然非禮以行之，遜以出之，則其事雖濟，亦不免于道之議也。蓋能者怨之府也，直者忌之地也，故君子已能而不有，雖直而不屈，則得其道矣。況子大忠信孝謹，欲致此也何有哉！且亦嘗聞班婕妤乎？當成帝之時，與諸妃嬪媛嬙侍上於宮中，乃飛燕寵冠後宮，偶一失容，他侍者竊笑，班婕妤獨斂容，若罔聞見。成帝瞰知，嘆其修德者用心之苦如此，于是班氏終成帝之世獨免焉。夫班氏猶婦人耳，不見言游孔門之高第也？司士賁嘗問襲床之事，言游直以爲然而不讓，至使縣子譏其汰，以爲專以禮許人，言游然後知在己雖熟于禮，聞斯言而又得其所未至也。然則君子于天下之事，豈可不知『緩』與『虚』乎？」或曰：「『忙後錯了』，張觀參政告新學者也。今乃以語子大，不亦過耶？」曰：「道無大小，理無精粗，豈以人之長少而限之哉？」「虚者之謂何？」曰：「顔子何人也？仁不違于三月，政則兼乎四代，古之德行人也。何以能至此乎？曾子曰『以能問于不能，以多問于寡，有若無，實若虚』。夫虚也，在顔子且然，而況于他乎！是皆爲子大講切于鷲峰

❶「則」，續刻本作「賦」。

東所者也，苟能從事焉，雖積小以高大，他日上輔聖主以成王佐之才者，亦不外是也。」于是倪維熙適來，且曰：「子大之過在有餘，不在不足。」曰：「維熙真知子大矣！夫處不足者其學難，處有餘者其學易。不足之學在于充，非大而不可爲也；有餘之學在于無，非忘而不可爲也。」未幾，子大有東平之命，遂書其説。❶

賀倪氏重慶序

南户曹正郎倪維熙之父罯浦先生，以舉人署教于靖安未久而歸，仕不携家，隱則爲親，且念古人留餘之義，今年生六十有八歲，已膺郎中之封。其配王氏，封安人，則七十矣，是倪氏之一慶也。維熙之祖大參先生配于有林，封太安人，太安人自去大參先生之後，貞慈不回，今年生九十有一歲，猶康强難老，且見維熙之兄紞生子已娶妻矣，❷是倪氏之重慶也。維熙偕樊少南過鷲峰東所以告予，予嘆曰：「是誠人間之難得者也！自唐崔山南之曾祖母長孫夫人、祖母唐夫人之後，乃今於倪氏見之乎？雖然，一慶之道雖在親，實在子；重慶之道雖在祖，實在孫。夫林太安人九十餘歲，非慶之至者也，惟其貞慈不回，以撫有倪氏，使子孫玉立蘭茁爲八閩光，斯其以爲慶乎！罯浦先生及其配之皆七十，非慶之至者也，惟其孝親誨子，敬身不變，使其子雙舉進士，一爲御史，一爲户曹，以發其庭訓之懿於四方，斯其以爲慶乎！由是言之，祖之

❶「説」下，續刻本有「以贈之」三字。
❷「紞」，續刻本作「絖」。

慶乎孫者，在貞慈，不在九十；親之慶乎子者，在孝敬，不在七十。然則維熙爲子孫以篤此二慶者，豈有舍貞慈孝敬而他所用力者乎？且維熙明敏端懿，鎮静潔齊，若移孝以事君，則忠無不精；移慈以使民，則惠無不廣。貞以履位，處經事而不失其正；敬以臨政，遭變事而不失其權。身立于此，道行于遠，信于天下，光于四海，則將使林太安人及晉浦先生之道，可千百歲常存也！且維熙不見孝感縣太君張氏及太中公壽安縣君侯氏乎？則固洛汭之女流、伊陽之丈夫行耳，惟有明道兄弟爲之孫子，故其壽至今不磨也。維熙之於重慶也，亦如是焉，則所以于學于政如明道者，自有不容已矣。不然，或篤于自好而不樂取人，專于爲已而不肯爲人，明道之志或有未類焉，雖林太安人及晉浦先生，亦不肯以爲慶也。」

送黄日思養母致仕序

儀真黄日思仕爲南户部照磨且四年矣，以繼母陳淑人老且多疾，欲乞休以歸養，數過告予。予謂之曰：「忠于國者，即孝于家者也。不見古毛義奉檄色動者乎？且子才敏而達，心易而直，行廣而廉，政通而明，言剴而切，官位既清，交遊多賢，敭歷若久，上可以報國，下可以顯親，未爲非大夫人之志也，可勿歸。」他日母疾再作，垂涕泣又過予曰：「襄不能一日於此矣！但考察期至，先去則有嫌耳。」比考察既舉，而日思之賢在高等，則又曰：「是襄渡江之時矣。」遂具疏以聞。疏行半月，恐其未遂也，隨之以後疏。聖天子方以孝治天下，洞見其情之真切也，即于其前疏俞允焉。明日，日思喜而來曰：「襄今也得與吾母團戀聚首矣！自先母張淑人之亡也，先司馬公繼配今吾母，以撫襄至成立。襄之才既非大用以光先司馬公，又違吾母于膝下，膳不能視寒煖，疾不能嘗湯藥，甚負先司馬公托吾母于襄之意。此襄之日夜膺心者也。今獲茲告，於襄也豈不悦乎！」曰：「自予及諸君講學于茲也，方賴日思告我之過，繩友之愆，以共明乎斯道耳，乃日思遽有此行。於日思爲親之志遂矣，於吾輩講學之志不亦孤耶？」對曰：「襄定省母後，九月當再來耳。」曰：「日思斯行，如超塵埃而脱樊籠，豈得云然？」對曰：「涇野子豈以天下再無章宣之賢耶？」予爲之動容，遂拜別而去。

晡時倪維熙來問言。曰：「孝足以繼親志，廉足以輕爵禄，信足以辭聲華，立足以起頑懦，守足以耻奔競，此五者，皆有補于士風者也。昔范堯夫以父母在，凡調官皆不赴，以爲純仁不可重于禄食而輕去父母，雖近亦不能朝夕在側，遂終養焉，則日思又豈非今之范堯夫乎？所願日思歸田之後，守其道而不變，充其學于無窮，無惑流俗，無染放曠，不以己之所已得者爲自足，而以閔騫、曾子之孝爲必可至，斯吾輩所講之學，亦有徵夫天下後世矣。」

椿庭遺痛册序

《椿庭遺痛》者，易伯源痛其父逸軒先生年越五十即告不禄，己方弱冠，未能逮養，抱恨終天以自痛者也。伯源曰：「泉父幼肄儒業，長攝家政，郭篤簡默，其性愿以慤；人樂親就，其情和以平；面斥人過，其志毅以方；家無餘蓄，厭飫經史，敬承東涯公清白之風，其行孝以潔；友于兄弟，艾年不改，其倫篤以厚。乃泉蠢然弗似，則其所以爲痛者，不但于年之不永，兼于其道之未傳也。」涇野子曰：「吾知伯源之痛矣，可謂思其志意、思其好樂者乎！予之於先太史公也，生未能盡遂其意，亡未能盡繼其志，每自悔恨，中夜不眠，計無若何，惟求置此遺體於斯道之中，以無作先人羞爲可少解耳。於是出言必思先人以發，舉足必思先人以行，取衣必思先人以製，當食必思先人以飡。時所競者不敢以競，非先人之義也；世所怯者不敢以怯，非先人之勇也。是以行年五十有五，髮雖白而心尚赤，道雖遠而力未歇，凡以爲痛先人耳。今伯源亦有此痛，故於予之所痛者盡告伯源，知伯源當亦若是而不爽也。嘗見伯源言及椿庭，雙淚懸落，其所以矢心篤志，用光于逸軒先生者，予已玄識之矣。行當與伯源共力，以觀斯道之成，不但爲兒女子之痛已也。」

懶軒秦君六十壽序❶

秦汝化遊於鷲峰東所，一日曰：❷「泮父懶軒君今年生六十矣，涇野子何以爲言乎？」曰：「懶軒君之懶也，如之何？」曰：「吾父懶于財，其隨吾祖之任也，❸所得養廉之資，盡與兄弟公共，不以私。吾父懶于世味，嘗曰窮通壽夭，已有分定，不必苦較，有所希覬。吾父懶於外事，每戒不肖輩，凡鄉閭争競，不得與聞管辨。❹吾父懶于回互，

❶「六十」，重刻本無。

❷「曰」，萬曆本作「請」。

❸「吾」，萬曆本作「父」。

❹「管」，重刻本作「營」。

凡里中是非曲直來質者，正色折之，無少假借。凡此四懶，皆吾父之性成也，遂以『懶軒』自號云。」曰：「汝化亦嘗聞七懶乎？乃有權門勢府，炙手可熱，一入其門，通顯立致，世固有懶於奔競者矣。乃有當途要路，出言莫違，一和其聲，賢聖改稱，世固有懶于諂諛者矣。乃有城狐社鼠，陰肆奸慝，屠戮正士，求解盈門，世固有懶于鑽刺者矣。乃有貧不聊生，覓幻化術，投隙而進，伺欲而合，入于左腹，坐致萬金，世固有懶于逢迎者矣。乃有利害交戰，榮辱争持，既罔是非，渾無可否，富貴以終，世固有懶于雷同者矣。乃有恃才妄作，謂人莫己若，己有過而不知，人有善而不聞，世固有懶于驕亢者矣。乃有畏首畏尾，日虞禍患，一見尊顯，奴顔婢膝，垂首流涎，不能自立，卒以取敗，世固有懶于怯懦者矣。夫先知『四懶』，則鄉有善俗；後知『七懶』，則世有良材。今汝化忠信敦愨，方正明達，其未仕也，已受『四懶』于庭訓；行且仕矣，若又能推廣此『七懶』焉，則汝化處可爲孝子，出可爲忠臣。忠孝兼盡，立身行道，而懶軒君之教可以傳四海、永後世，其壽之長也，上可與北斗比高，下可與廬岳争久矣。」

懶軒字某，九江湖口人，少爲舉子業，棄而不就，又自以爲懶於是云。❶

贈夏仁甫還山序

涪州夏子仁甫仕爲南户部郎中二年矣，適考察之期，仁甫乃以疑似之事爲人所

❶「是」，重刻本作「仕」。

簧鼓，❶流于執事者之口，❷遂得冠帶解職去。諸與仁甫遊者甚惜焉，曰：「仁甫守身如此其廉也，居家如此其慎也，臨政如此其明也，接人如此其恭也，蓋有古莊士之風焉。乃不幸遇萋菲之讒，媒孽其短，遂離魚網之設，使爲善者沮，不亦可惜乎！」涇野子曰：「市之無虎，衆所知也，然一人曰市有虎，不信也，二人曰市有虎，不信也，至三人曰市有虎，雖智士亦爲之色變矣。曾參之不殺人，衆所保也，一傳曰參殺人，不信也，再傳曰參殺人，不信也，至三傳曰參殺人，雖慈母亦爲之投杼矣。故成宜陽之功者，謗書盈篋而不顧；致長平之敗者，憂在于去頗而用括也。雖然，此猶以其在他人者言之耳，若在仁甫，何計于是哉？不見董仲舒乎，勵志下帷，非禮不行，漢之醇儒也，進不得爲卿士，乃以江都相致仕而去。惟董子學益不懈，動師孔子，著《繁露・玉杯》諸書，發明《春秋》，以大有功于斯道，於是後人追崇其學，至擬諸孟子，當時身都卿相者不與焉。故君子以謀道爲重，謀禄爲輕；以得學爲大，得官爲小。然則今日之事，雖去仁甫之官，固未能去仁甫之道，則仁甫之歸也，豈肯以去其官而併去其道乎？如仁甫之不去其道也，則所謂對天地、質鬼神、合日月、貫金石、並山河以永者，皆在于是，又何賴于一官哉？」

他日仁甫聞之，請益焉。曰：「世固有以仕爲勤者矣，勞勞于簿書會計之間，日不暇給，由君子觀之，非勤也。世固有以隱爲逸者矣，優優于詩酒登臨之際，冠不思整，

❶「所」，重刻本無。
❷「口」，重刻本作「耳」。

由君子觀之，非逸也。蓋前此之勤，非行義以達道，後此之逸，非隱居以求志故耳。仁甫之歸也，涪水之濱豈無丈人乎？豈無儕友乎？豈無俊髦乎？慈惠端慤之行成，雖丈人瞻式矣；忠信切偲之行成，雖儕友倣法矣；❶謙恭孝弟之行成，雖俊髦承師矣。近可以爲訓于一鄉，遠可以傳業於天下，然則仁甫之往，又何賴于一官哉？」

劉忠愍公年譜序

余自童子在學校時，聞忠愍公於正統八年上修省十事，忤於王振、馬順，下詔獄，其死甚慘，未嘗不想其爲人。及仕南都，見其孫後府都事祚，言貌動止，敦慤雅重，則嘗與鄒東郭嘆曰：「忠臣烈士，後昆必茂。天祐善人，良不誣已。」他日，後府持公年譜以問序。予展閱之，公自舉進士筮仕主事以來，或建祠置祭田，或分俸供家廟，或置義田義塾以給宗族，或主治具以立鄉會，或上疏以晉邑尹何澄。及其爲侍講也，或請備京師水患，或疏極畿内水荒，或請罷麓川之征。蓋於鄉家，惟恐其俗之不厚，於朝廷，惟恐其政之不舉也。十事之疏，豈如一時徇名士之所爲者哉！宜其歷年愈久，其事愈著，傳世既遠，其名滋烈。彼一節一行之士，真難與公比倫矣！後府蓋嘗受教于無錫二泉邵公，乃有此編，二泉謂公不但爲諍臣，又爲諍子、諍弟、諍友。此譜行，真可以使人臣欲死忠者知有本也。公名字、履歷詳於譜，此不列。

❶「倣」，萬曆本作「做」。

贈余晦之應詔北上序

嘉靖十二年，期當考察，南北御史去者五六十人，蓋聖上勵精求治，而執事者承意唯恐後，於是雖微過小疵，率多不晉，❶而能言之士，亦或波及一二焉。於是改主事、評事及推官、知縣、教官以補其缺，蓋皆稽諸輿論，素有風力之人，實精選也。乃南京大理評事余子晦之居首徵焉。❷明日，晦之問予鷲峰東所曰：「則何以語光乎？」曰：「御史職在辨明邪正，糾舉賢否，以人事君者也，所貴不以喜怒爲取舍耳。有人于此，言或逆于心，行或忤于意，禮或不至於前，若可怒也；察其志果賢焉，則當忘己之怒，雖三辟於朝可也。有人于此，言工於媚悦，行善于趨承，禮篤于周厚，若可喜也；察其心果邪焉，則當忘己之喜，雖三劾於公可也。且近者浚川王公之被徵也，予嘗以是告之，晦之之往也，又能如是，則總其綱于上者既端好惡之本，而振其風于下者又得是非之實，真足以佐聖主任賢勿貳、去邪勿疑之政矣，天下之不平治者，未之有也。況晦之忠信果敢，明敏端方，思報國以赴科，爲養母而改南，其忠孝之心，素所蓄積者乎？」對曰：「政有大體，言有大機。忘其體而毛舉細故者，❸雖謂之奸人可也；違其機而先後失時者，雖謂之迂儒可也。光嘗久慨于心矣，若公喜怒以正取舍，光自忖或不難焉。」曰：「晦之何言之易乎？」越數日餞

❶「晉」，重刻本作「留」。

❷「焉」，原作「馬」，據重刻本改。

❸「毛」，重刻本作「枚」。

晦之，曾宗周、林廷彬諸友皆在也。晦之偶言及有見侮者，詞色頗不平，則謂之曰：「此細事也，何損于己？此泛人也，何關于政？而晦之且若此。則夫公喜怒以正取舍者，果不可以爲易而忽之也。」於是晦之瞿然曰：「光誤矣！如之何？」曰：「志在天下國家者，則其小可略；身繫三綱五常之任者，於其他皆忘之矣。昔程伯淳、馬時中皆嘗爲御史，可法也。伯淳之志，惟在以誠意感動人主，時中之學則曰：『吾志在行道，雖富貴妻子，亦不累焉。』晦之之往也，取其二三策，試恒觀覽焉，不可乎？」

贈馮臨安序

三石馮子子和既有臨安之命，適有公讌，會於玄真觀，三石遜坐焉，且曰：「故禮如此，況今外補乎？」予曰：「三石亦爲俗言耶？」或曰：「三石宏才雅學，慷慨剛方，出言不諱。屈遠如此，甚爲同志者惜。」予曰：「豈爲三石亦薄臨安耶？夫明時以華夷爲一家，選其賢者於遠且難，以免外顧之憂，厚望之也；選其不賢者於近且易，以免內顧之憂，輕視之也。三石豈肯以賢者爲不美，以不賢者爲美乎？且文帝、武帝，西漢全盛之時也，董子、賈生，漢儒一代之美者也。然董子未嘗列位於卿，止相乎江都；賈生未嘗通籍于朝，止傅乎長沙。夫江都、長沙，小臨安數倍焉，董、賈且樂爲之矣。如董、賈以江都、長沙爲遠且小也，則董、賈當日何不或一歲三遷，或一言取相，超趨崇階，躐登臺司，而甘此卑微者哉？是故當其道之有行也，惟患位之不高，非以高位爲患也，位高則道廣；當其道之未行也，惟患地之不遠，非以地遠爲患也，地遠則道近。如三石子初貶道以求合，自北吏部而轉焉，今以久居卿寺之列，又安能與臨安論遠近哉？故予謂三石自北而南，固知其賢，自南而臨安，滋知其賢矣。若以爲屈遠，恐非知三石者也。雖然，奉身固貴乎直，不直則道不見；馭夷則貴于柔，不柔則政不立。柔之爲道，因其俗勿變其常，通其情勿泥其經。有不火食者矣，從其獵較可也；有不粒食者矣，從其犬羊可也。雖然，自漢唐至今，凡身都將相，手握權柄者，皆嘗經歷邊疆、撫綏夷虜而後取也。則三石斯行，又安可謂之遠哉？」

三石名世雍，字子和，楚之江夏人，起家嘉靖癸未進士。

湯氏族譜序

司徒郎湯子汝承持其家世譜曰：「不腆寡族，中山商氏之後。先世鼻祖伯堅氏，自楚之孝感，實仕於蜀，終則止焉，維今潼川安岳縣永康鄉實爲攸居。伯堅氏以來，延及不穀，九世于兹，賴天之靈，菑害不生，奕世載德，以迄于今。若我清谿君、義安君、養恬君，咸以樹憞範俗，垂于後昆。比我先大夫白山君，懋學植德，登仕先朝，實能修其職業，休有令名。肆今不穀暨我諸父昆弟而下，夙夜祇懼，亦惟是先業是嗣。是寡族之紀也，昔吾上世嘗考而論之，以示于世，先大夫實克成之，明訓修義，于是乎取焉。弗嗣，其佚將大。不穀欲以聽命于梓人，承先志也。其謂何若，將班敷德義，徼福于寡族之先廟也？」涇野子曰：「不佞不能達世家之誼。夫吾子之舉也，其知禮乎！夫禮以正家，昔者先王之治天下，莫大乎治親，故尊祖而敬宗，收族而重廟貌，故有百世不遷，以厚本也；同姓合族屬，以萃涣也；繫姓綴食，百世而婚姻不通，以遠别也。故人道親親也，自天子達于庶人，五服之制，聖人有所不敢過也，而尊卑之倫、昭穆之序，胡可遺也！今子之族可謂蕃矣，蕃則遠，遠則疎，仁人之族也則耻疎焉，故譜系之作順矣，上治祖宗，下治子孫，旁治昆弟，孝之至也。然吾聞之，君子非辨族之難，而比宗之難，是故廣義修睦，遠利釋貳，散比崇公，尚忍侈教，然後禮可得而立也。禮既立，以居則賢，以傳則昌。」

蘭峰詩集序

《蘭峰詩集》者，大參蘭峰先生程公時昭之所著也。詩凡數卷，皆清新不腐爛，有古作者風。予一覽之，愛不釋手，豈徒以其詩哉？蓋公骨鯁之忠、冰霜之節，燦然吟咏之間，快人心目爾。即有絺章繪句，攡文琢字，上軋沈、宋，其爲華藻，固云美矣，然而其行不足稱也，其志不足取也，由正人莊士觀之，則比之雕蟲俳優矣。公在江西時，嘗忤逆濠，誣參他事，拘留不獲考績，竟遇其變。公密訊其子舉人鋭起兵討賊，垂死，賊舟反風，得不焚溺。其後當事大臣不與分白，反坐謫戍。於是鋭抱憤哀訴，始獲釋免。且公守南昌時，不阿文選以求美官；當宦瑾時，不奉司禮而辱過客；在兵備時，不從權要以冒公，而自掩其績；蓋皆守正秉節，侃侃然丈夫之爲也。❶宜其形於詩者，詞嚴意正，讀之凛然有生氣云。公之考方伯公原有《竹巖詩集》，兄昊登丁未進士，弟昌與予同年進士，仕終四川廉使，鋭又嘗從予遊于鷲峰東所，則公之所源流者，又可知矣。

公諱杲，起家弘治癸丑進士云。

送宜山陳公北上序

宜山陳公以副都御史巡撫南畿二載矣，聖上召入爲大理卿。或曰：「中丞、廷尉，皆内朝之重秩也，等亦無甚差異，奚爲改哉？」予曰：「巡撫，一方之司也，廷尉，天下之平也，誠不可易以爲選也。或一方無人，猶可擢賢以代；天下之平，不得其人，民之蒙殃者多矣。且平猶衡也，砥衡者雖以權，持衡者則以繫，持之者或失其平焉，則或有以銖爲兩，或有以鈞爲石者矣。故善持衡者，不輕移權。茍得其情可辟也，雖天子曰三宥，亦必曰：『法如是，不宥也。』況肯撓于權豪乎？茍得其情可宥也，雖天子曰專殺，亦必曰：『法無是，不殺也。』況肯溺于習俗乎？若是，則怙終姦宄無倖免，良善忠直無枉罪，刑一人而天下之爲惡者懼，宥一人而天下之爲善者勸。斯是以爲天下之平乎！故堪是職者，非吾宜山公不可也。」

「昔漢文帝，恭儉仁義之主也，乃選張釋之爲廷尉焉。有犯驚乘御馬者，文帝欲當以大辟，釋之止令罰贖。雖至於盜高廟

❶「爲」，續刻本作「節」。

玉環者，亦斷以法而不阿。於是漢人歌之曰：『張釋之爲廷尉，天下無冤民。』流芳青史，垂範千載。則吾宜山公，顧不可爲今之張釋之者哉？且公辭寡而中，行方而毅，貌崇而恭，守儉而樸，才敏而慎，備此五德，固一時之良也。予西人也，往見公巡按陝西及分巡漢中，風采懋著，西土咸仰，則其他歇歷山東、南畿、山西、雲南，以及今巡撫之政者，皆可知已。斯往也，其必爲張釋之無疑矣。況聖天子聰明仁孝，思追虞舜，不止爲漢文帝而已。公之往也，益懋其忠，益執其法，以柔濟剛，以可濟否，予曰辟，汝惟勿辟；予曰宥，汝惟勿宥，則見惟明克允，以教祇德之風復見於今日，公雖追法乎皋陶亦有餘也，況釋之乎？吾知公固亹亹於是矣。若乃以忠諫爲誹謗，正論爲妖言，則固非明廷尉之所行于聖世者也。」于是其僚輿浦王公、方山張公皆以爲然。

公字子敬，湖廣德安人。

廬陵曾氏族譜序

《廬陵曾氏族譜》者，南京刑部主事曾宗周之所編也。曾於夏鄫子曲烈之世勿論，然而自點以後，皆可考已。由漢車騎侍郎寶以上，皆居于魯。由據不仕新莽，南遷吉州以下，數居廬陵、泰和、永豐數邑地。其間雖偉顯于唐，竦顯于五季，中顯于宋，然未有能紹子輿之緒而光大之者也。宗周之爲斯譜，豈獨序昭穆、別支派、收族屬而已哉？其志殆欲明子輿之道乎！初，宗周之見予也，予嘗論及體仁之事。未幾，宗周有提牢之差，凡囚人之衣服、飲食、藥餌、桎梏，察之無不精，視之無不周，處之無不當，於是囹圄皆茹其慈，僚宷皆稱其才，則宗周之於仁，似已有見于提牢矣。夫仁之體，豈惟是哉？昔子輿之論仁，則以弘毅爲至也，予嘗推其説：「弘」如天覆地載，斯物無不並生焉；「毅」如不舍晝夜，斯道無不流行焉。審若是，豈惟可譜曾氏一族而已，雖以類四海九州之族可也。宗周問：「何以能弘毅乎？」曰：「子輿言『吾友嘗從事』者，又可以詳觀而脩省之也。」

太宜人樊母計氏壽序

南工部郎中樊子少南過鷲峰東所曰：「鵬家自義勇公之世，燿起耿山，功著牙瓜，爵列金吾千兵。自茲以後，玉公、清公以至鎧公，皆能紹繼其業。至吾祖剛公，始籍信陽，流離之餘，轉徙之後，樊氏中替，而先大夫贈君之日，家步滋頻。然而先大夫抗志尚義，不同尋常，又得吾母太宜人以爲之助，於是樊氏再興矣。先大夫尚儉，嘗鬻菜草、賣酒漿以自業；太宜人則身不衣帛，助其儉焉。先大夫尚勤，力田業作，或賈於外，驅馳道路，日不暇給；太宜人則辛楚百出，酒漿、米菜，躬親執事，以助其勤焉。先大夫嘗賈正陽，有報淅水里家大水漂没者，則遽問其父母惡在，盡忘其他，正陽主人太息曰：『樊二公，大孝人也！』太宜人善事舅姑，久無惰志，以助其孝焉。先大夫嘗買綿湖廣李氏，歸旅舍，閲數多，輒返之；嘗買田牛氏，溢與三金，其人自減以告，不允也；又嘗以錢穀行息，大斗出，小斗入，其久逋者，焚券豬礝中；❶於淅水里，人皆以

❶「豬礝中」，續刻本作「若干紙」。

爲至義也；太宜人則事無專制，以助其義焉。今年生七十有五歲，七月十二日則設帨之期也。鵬以便道過家，則何以爲壽乎？」涇野子曰：「少南其可以他求哉？惟在念此四德而不忘，充此四德而益廣耳。少南不見汝鄉之淮水乎？其發源胎簪之山，止可濫觴耳。厥後受汝、溵，納沛、泗，於是白浪滔天，洪濤湧日，北吞黃河，南敵長江，以趨於海，亘千古不已也。少南能使太宜人如斯淮焉，又何慮其不千歲哉？況少南質行忠信，文學博雅，能充其勤，則必終日不食，終夜不寢，雖孔氏『不知老之將至』者，亦可學也；能充其儉，則必羔羊素絲，布被匪飾，雖禹之『菲飲食，惡衣服，卑宮室』者，亦可學也。於孝而能充，經所謂『夙夜匪懈，以事一人』，道行于人主者，不在兹乎？于義而能充，傳所謂『所欲與聚，所惡勿施』，利及于百姓者，不在兹乎？誠如是也，功加于當時，澤及于後世，頌休德而歌大名者，皆歸之，太宜人可與古淑人壽母比肩，雖數千歲，亦有餘也！」

紀德篇序

《紀德篇》者，爲劉邦奇紀憲副嚴公之德而作也。邦奇嘗謁予曰：「正德初年，奇父某號君賈于西蜀，當時奇生九歲矣，弟邦固甫二歲。於是十餘年無還書，❶而邦奇已爲邑學生矣，痛父之久于外也，乃出尋父。至荆、蜀諸處，無所遇。聞雲南金齒永昌有賈客劉姓者，與父且同名，遂給假提學，同弟邦固徒步求訪，又無所遇。騰衝衛者，外

❶「餘」，續刻本作「數」。

接緬國，内雜僰夷，山溪陡險，中夏封域，蓋盡于是矣，聞有百人遊商居此者，亦偕弟復至其地，又無所遇。然道路日險，蠻寇時發，自料兄弟死此，不能生還。當是時，憲副餘姚嚴公適出巡焉，邦奇入求見，乞命土人導尋吾父。嚴公聞邦奇高陵人也，乃越萬里之險至是，驚嘆感泣，憐慰如骨肉，即令土人領奇緣邊色訪，❶又無所遇。乃又賜金米，給脚力，送出所部之地，復寓書建昌憲副胡公，亦令人導訪資給焉，亦又無所遇。初，邦奇至金齒，見士夫土人稱嚴公之廉明，曰：『自金齒建永昌以來，政平民安，蠻夷畏服，人不敢干以私，蓋無可與比者也。』邦奇微賤，且未謁拜門下，偶爾至此，蒙公恩德如此，雖未獲見吾父，而邦奇兄弟軀命皆公所賜者也。推公之心，豈欲邦奇終失其父如今日哉！公所爲人，雖與青天白日對可也。邦奇歸高陵九年于此矣，未嘗一日不在公之左右，願乞一言以爲公酬。」涇野子曰：「劉生亦嘗聞朱壽昌之事乎？壽昌早失其母，求徧天下，得于同州，同州太守第五琦奏聞于朝，遂旌進壽昌。生之求父雖未得，然其心與壽昌未始異也。嚴公之待生，其感泣資給，厚意周至，與第五太守之道，又豈不異世而同符哉？夫生之索文酬公，隨予至華山而後得，當其意，雖至江左亦所願也，則其萬里求父之心，豈不出于真誠者哉！公之資給待生，遺書至建昌而未已，當其心，雖至奏聞亦所欲也，則其平生崇孝之道，豈不出于固有者哉！爲子者能如生，則可以化背逆之俗。爲政者能如公，則可以興孝弟之風。故予謂：

❶「色」，續刻本作「尋」。

生之求父，公之待生者，雖以風俗天下可也！」

送玄菴穆公致政序

天下之事，有方聚而遽散，乍合而輒乖者，睇道則增感，撫情則愴懷，予於玄菴公是也。正德初，予舉進士，同公仕翰林，居則比鄰，朝則聯班，登途則並鑣，出館則更僕，言疑相訊，行慎相稽，自以爲得善聚矣。未幾，公以忤權姦調官南曹，而予亦以病免西歸，其爲離散者蓋數年也。至壬申間，予雖既起，而又旋返，則猶是離也。嘉靖初，予應詔再起，同公侍講幄，進則考忠，退則視履，或因經以諷，或緣史而規，共仰篤棐之風，各勵納誨之志，自以爲得善聚矣。未幾，予以言事謫判解州，再進南曹，其爲離散者又數年也。至辛卯間，公亦改南，而又旋轉，則猶是離也。今公典南太常一年矣，而予以其佐來，方竊慶幸，以爲斯聚必久，所懷必愜，奈何未匝月，公又以南太廟災自陳解位。若兹之離且散，當又何日而聚哉？如之何不增感而愴懷乎？

或曰：「公，聖上日講之親臣也，爲學士將十年，嘗七擬侍郎而未陞，在太常雖一年，又三推侍郎而未就，文行重于縉紳，名實加于天下。聖天子若思直講之臣，公當復起，或掌南禮，或佐吏曹，以爲吾子之聚者，可計日待也。」曰：「子未聞數乎？官之陞沉進退，正與人之聚散離合等耳。即使公起，又安能必予之不去乎？且如公者既去，況予之不材，又安知不爲之後乎？」雖然，公之初有報也，予往唁焉，公欣然曰：「心知不久於此，第未知何事去耳。今兹之去也，不以人勑，不以己專，可不謂之歸乎？便當從吾所好，以温舊業耳。」予嘆曰：「公有不愧屋漏之學，有忠信博雅之器，有獨立不懼之操。其龥直近汲長孺，隱厚如直不疑，❶孚信如韓康伯，經術近劉向，史通近司馬子長，道學近程正叔。乃且益篤其道，益邃于《易》，兼究老佛，折衷孔孟。在位固表儀朝著，不在位則益式是鄉黨，風流四海。公固不以陞沉進退爲意者，而予於聚散離合間，又不能不爲之重矣。」於是南都群公卿皆然其言，用爲祖道篇。

西園雜著序

西園薛子君采既歸隱于亳，杜門謝客，窮天人之秘，探道器之源，究性命之藴，雖仙佛諸籍，亦皆博采廣搜，會其旨歸。於是以其所得，著爲論説，凡數千言，大抵皆禮樂度數之故，陰陽鬼神之情，政教法令之本，君臣民物、古昔聖賢之懿。果行焉，可以適治也。其門生賈君體仁將梓傳之，予謂賈君曰：「西園子，博物君子也，久任吏部，已閲天下人才矣，兹者仕優居亳，又如此其學也，宜其所言皆揆事中倫，正名定物，無詭於經，足資于世乎！」遂名其書爲《西園雜著》，并以數語弁諸端，觀者當有以取于斯也。

定遠三應序

邇者道過定遠，遠人無老穉遠近，皆稱邑侯唐子薦之賢，至道路有謡。叩其故，皆

❶「直不疑」，續刻本作「雋不疑」。

曰：「自侯來，甲省户費，稅減羨徵，馬止京債，塘開水利，鹽盜遠遁，訟息鬻越，倉庾充盈，祠壇完整，學校咸興。此九利者，其大概耳。」予嘆曰：「民之安危生死，關係守令，誠使天下令皆如子薦也，而民焉有冤抑者乎！」未幾子薦來謁，問爲政。曰：「子能得民如是耶！」答曰：「直不敢有擾耳。若里有高年敦行之民，或召至廳堂，酒食勞勸，令之轉化各里，其不率教者，懲其一二。於是凡錡所行，民多信從，知錡之政，凡以爲民，無他也。」予嘆曰：「昔予判解時，亦嘗若是，至今解人頗多懷思，其別予時，號送不舍。子薦專縣也，其政又加予數倍，他日定遠人必尸祝而户頌之矣，則士之功名，又何必公卿爲滿哉？」明日，定遠之鄉大夫士凡數十人來拜，曰：「唐侯之在定遠，兩夏無雨，侯禱輒雨，一冬無雪，侯禱輒雪。邑人感侯之誠，能爲民昭格天也，率侈爲詩歌，作《三應圖》，不識肯一與之序，以廣其傳乎？」予曰：「諸君知三應之故乎？維在唐侯一念之誠，實由平日九利之積也。且子薦方求爲寂然不動、感而遂通之學，後當隨感而應矣，不啻三應也。」於是子薦聞之曰：「錡固不敢以三應而自足。」

恩榮雙壽序

恩榮雙壽者，刑部副郎王君仲行之志也。仲行過予曰：「正思父石谷君今年生五十有八歲，母華氏今年生六十歲，强健不老，此其雙壽，皆得于天者也。石谷君今年封南刑部員外郎，母華封宜人，鄉黨歸美焉，此其恩榮，皆得于君者也。石谷君受性懇直，履端迪嚴，每當祭先，如親見之；事其伯父龍山冢宰如事父母，篤念訓教，白首不忘，奉身廉養。❶ 通古文詩，然不屬草，以爲德不如古，他美弗傳。遇事慷慨，有古人風，又面斥人過，人多畏避。宜人克慈克順，其相石谷君，勤苦無間，又以柔濟剛，家務滋振。此其道德，皆得於其身者也。獨念正思爲之子，年且長矣，雖舉進士，至有今官，然無毫髮俾益於其父母。乃誕期且至，又身在千百里之外，其何以爲獻邪？」涇野子曰：「仲行而未聞邢臺女乎？將嫁而懼其步之不工也，問於姆氏，姆氏曰：『臨邑有邯鄲女者善爲步，周旋則中規，折旋則中矩，西施不能比其態，宋子不能並其容。』乃之邯鄲女而學焉，未匝月，而趨蹌疾徐，皆獲其巧。今仲行叔父陽明子之壽其父龍山冢宰也，學以良知爲本，政以戡亂爲能，江浙之士從而遊者千餘人，于是龍山先生雖以冢宰顯，實以陽明子永其壽也。然而陽明子之進退於庭，陟降厥家者，仲行固已耳濡目染，心醉親炙，非但臨邑之邯鄲女矣，況石谷君又嘗指之以爲教者乎！仲行如思陽明子之言以爲言，即言可中理矣；思陽明子之行以爲行，即行可式臧矣；思陽明子之或有不及者而及之，或過者而節之，率由周、程，上遡顏、孟，即道可庶幾矣。夫然則石谷君得于其身與其得于天、於君者皆有限，可百年計；其得于仲行者，可千萬年計，壽無窮也。且仲行嘗言先世王逸少爲會稽内史矣，然逸止善行草字，自晉至今，壽數百載不没，而況仲行克修家學，敦明先聖賢之道者乎？足知其使石谷君之壽，如海屋添籌無算也。」

❶「養」，續刻本作「恭」。

送少司空新山顧公致政序

天下之事，有求之而不得者，有不求而自至者，不惟可以語命，亦可以觀義也。方新山公之爲少參也，三疏求退而不遂，至棄官以歸，而副使、參政之命，更接踵以臨門。其爲侍郎也，七上乞休而不遂，至移書以懇，而素望供職之詔，更優禮以勤渠。當時公之心，固在泉州之新山也。然義雖主于退，而事不與之偕，其如命何哉？蓋自是公益輸悃邦計，許身公家，暫輟明農之志矣。故今南太廟之災也，隨衆附疏，拘例陳劾，事不關于己，災不對乎職，豈其有必去之意乎？乃俄允辭位，遽獲還山。命既乖于進，而時復與之值，其如義何哉？於是其屬楊叔用、江伯馨曰：「公之爲司徒也，奉身以儉，莅政惟勤，服食有常，夙夜在公，有古羔羊五紽之風，凡我諸司，罔弗瞻式。今其去矣，衆正觖望。將君子之進退，固有命乎？」其鄉李仲復、倪惟熙曰：「公之居泉州也，言不越度，行不違禮，孝友于家，任恤于鄉，有古望步寺門之風，凡我後學，將爲表儀。今其歸矣，髦士迎門。抑君子之出處，固有義乎？」予爲之嘆曰：「義也者，命之本也；命也者，義之符也。義不精則命不明，命不立則義不行。諸大夫之言命者，實以公之有義也，不然，誰其以命爲惜哉？諸大夫之言義者，實以公之有命也，不然，誰其以義爲美哉？昔者孟子言孔子之退也則以義，其於位之得不得也則曰有命。公固常以孔孟爲師者也，故於其問也，著《義命篇》。」

送東川段君考績序

東川段君紹先爲南職方正郎三年矣，將獻其績于朝，凡吾同鄉仕南都者咸往賀焉。白山周行之曰：「美哉東川之績乎！夫南都六曹，以兵部爲重，蓋有機務之責也；兵部四司，以職方爲要，蓋有地方之係也。乃東川之爲職方也，補伍則勤而不漏，受逃則寬而有制，驗操則簡而不苛。凡五城兵卒之給直，内十三門、外十有八門之關戍，皆待之以恕，而選之以嚴。於是南都之兵士，莫不畏而愛之，悦而誦之。當其獻最，豈他曹署所能及乎？」楊叔用曰：「昔者東川嘗爲杞縣矣。杞縣之田多抛荒，有糧者或無田，有田者或無糧，逃竄既衆，遺累滋廣。東川乃申均田之法于上官，遂畫四封之内，立方丈之標，計以頃畝，畫以繩區，編以名氏，定以册籍，躬造其隴，手籤以驗，照田定糧，計糧付地。一區之内，雖兼乎數姓，而田無虧欠；一人之身，雖散于數區，而糧無羡剩。於是居者無幸業，逃而復者有資産。概縣之田，均於數月之間。上官嘉其法，遂通行於中州。當其績，雖一省可收也。」宋獻可曰：「昔予之爲行人也，東川方爲御史，能忘身家之私，進忠讜之論，上逆龍鱗，下拊虎鬚，❶性命危於累卵，直聲動乎士林。當其績，雖天下可明也。」涇野子曰：「東川之績如此乎！然自予至南都，與東川遊者已三年，見東川之貌，若積卑官而至此，初無御史之態；聞東川之言，若抱虚襟而莅政，初無矜人之詞。夫

❶「拊」，續刻本作「捋」。

東川，臯蘭人也，將無有志於其地之黄河乎？」趙良佑問其故，曰：「子不見近日之涇、渭、漆、沮乎？惟其爲身之狹也，一遇大雨，百谿皆注，量不能受，盈溢泛濫於兩岸之外，頹田屋不下數萬，溺人畜無慮百千。一入黄河，群流旁趨，細若絲縷，行千餘里，而干涯之人眠帖席。夫何故？惟此黄河爲能容耳。夫東川苟爲是學也，則他日所至，其可量乎！」楊天瑞曰：「予藏有《容思集》，知東川之曾祖也，蓋嘗爲斯容矣。守南陽，一奏績，義夫節婦滿由册，當其時比名于西漢吴公，而關陝人以爲可希蹤横渠也。則東川學斯容于庭訓者，蓋已久矣。」曰：「東川如是，雖爲蒼海以輔明聖，亦所願也。」

東川名續，起家嘉靖癸未進士。

送劉長沙通判序

安福人劉君孟純爲光禄寺典簿已七年，凡再考于部臺矣。于是吏部書其最，可大郡任也。適有長沙督糧通判之缺，遂具題請，而上賜允焉。孟純且戒行，其僚蔡彦、劉延諸君來曰：「孟純雖嘗從公遊，然而其爲簿之詳，恐未聞乎？孟純之在廳也，祁寒暑雨，日必一赴，偶未蒞廳，夜寢不安；孤處一邸，不隨家累，四壁蕭然，無異寒士，至于出納之際，明而無私，其爲廉也，雖古之懸魚庭中者，亦可庶幾焉。寺中供用冗費，動與内宦相涉，孟純疏革時弊，三呈於堂，俱加許可，轉請得旨，歲省民財，殆數百千；怨任于己，情忤于人，奉公秉正，不恤其他，當其爲直，雖古之杖衞縱牧者，亦可庶幾焉。」涇野子曰：「懿哉孟純，迺能至此乎！夫居官以廉爲本，人臣以直爲正。廉則百姓無不足，直則庶士無不端。百姓足則教化興，庶士端則風俗美，如此而世道不升者，未之有也。安得如吾孟純者數百輩，布列内外諸司乎！昔者孟純之曾祖南雄公督賦浦江，卻鄉友之甖俎，校文南畿，辭有司之供帳，爲治中而門無饋遺，守南雄而税清絲毫，妻子不携，經三十年，時人比之范丹。孟純之廉，將無雄之比乎？予又聞孟純之父司空恭襄公觀政兩臺，足不至貴顯之門，修史東閣，身自任筆削之公，抗禮中貴于嶺外，雖被繫而不悔，上書自陳其官況，至開釋而不誇，勢利在前，一不能回，時人比之董宣。孟純之直，將無述之比乎？❶」「然則孟純無以加諸？」曰：「《書》不云『直而温，簡而廉』者，尤孟純用力之地也。孟純若又能從事于斯道，不其可得乎？」予與孟純有一日之遊，故以是終篇焉。

孟純名珙，以其父司空恭襄公之蔭，積學胄監，筮仕典南光禄寺簿云。

送大司空石湖何公致政序❷

石湖先生山陰何公守工部尚書五年矣，邇以灾變請罷位，未獲也，至是又以老疾乞骸骨，聖上俞允，賜馳驛。先是，乞休者數不從，即從之，亦無善歸。乃獨公有此，真異數也。故報至，而南都人咸嘆曰：「榮哉，石湖公之歸乎！」其屬諸大夫咸來

❶「述之比」，續刻本作「近道矣」。
❷「大」，重刻本無。

問言。予曰：「公兹之行，固柟所願言者也。夫治天下以得民心爲本，得民心以散財爲先，散財以節用爲急。初，予至南都，太廟半頽損，計脩可用數十萬金，若行派辦，當天下騷動矣，公經營有藝，移借有方，比落成，費止萬餘金，較正德中一寢之脩不及十一。國子監堂號殆數百穩，❶每一北行，其敝陋不忍觀，諸師生率就民舍以居，❷若欲葺理，非數千金不可也。公治之未洽年，卒不告勞，財不告匱，煥然一新，足爲育賢之所。工部軍器局久燬于火，每一造作，率假廠錢，甚不便也，適有寺人空第，公乃計價易之，不改榱瓦，周築崇墉，遂成宏局，百工皆居其中，若當重建，所費豈可貲算？夫以『國之大事，在祀與戎』，而大學尤賢士之所關也，公治之必先、成之不苟、用財不濫如此，則其他可知矣。人言公自爲主事時，護送壽王，檄減行舟二千，省財可萬計。爲郎中時，力拒内庫虚出收單，至忤姦宦，誣下詔獄，竟莫能害。其他卻永平之贜金，平廣西之巨亂，裁悼陵之冗費，省通惠運河之脚價，爲民之心，惜財之志，蓋積之有素，不俟詳矣。」

「夫《大學》論理財，雖以『生之衆』、『爲之疾』以開財之源，實以『食之寡』、『用之舒』爲節財之流，此平天下之大政然也。凡公所至，有不得于《大學》之道者乎？昔者堯、舜之時，民皆阜財解愠，時雍風動，固雖稷、契養教于其先，實亦工垂節用于其後也；莊周不知大道，至謂垂有巧思，擬諸魯般之徒，乃欲擿工垂之指，不亦誤哉！不

❶「穩」，疑當作「檼」。

❷「就」，萬曆本作「僦」。

然，茅茨土堦之日，漆器不用之世，垂雖有巧，將安措手？公雖比方虞、垂，豈不幾及乎？❶夫後世流俗，率謂仕者至于極品，終受寵賚而還，以爲榮歸。假使其在官，上無補于國，下無益于民，徒媕婀取容，以臻穹爵，雖進有晝日三接之遇，退有路車駟馬之錫，由君子觀之，祇謂之辱耳。故公之歸，人皆榮其官尊寵高，予獨以政成功立爲公之榮歸也。」

贈鄭維東知德安府序

南户部郎中鄭維東既有德安之命，開宴于其第，辭予及諸友。偶語及爲守之道，維東曰：「幸菴彭公之爲徽州也，當其時，豈無一二之小失，然至今徽人無大小無弗思彭公如父母，至立祠而尸祝，豈其有他道哉？惟純誠愛民，恩入人心深耳。」涇野子曰：「維東移以治德安可也。」因謂楊叔用曰：「曾聞吾鄉人有爲浙郡守者乎？其爲知縣、御史時，已著冰蘗之操，及至浙郡，其僚則侈人也。一日，侈人之内邀其内以飲，珠翠盈身，可數百金計。其内首無重飾，漸沮而歸，數恚告焉。浙郡守嗔不聽，久亦稍用其言，于是政聲頓減于其前。故守之確道，❷至少保而不改，守之少有不固，一漸郡而損矣。」維東曰：「此涇野子之至教乎！」

他日諸友餞維東於心遠堂，因言汲長孺開倉救饑之事，愛民真如子，不暇計其專命之罪也。葉子大曰：「于後世恐不能行，必三請于當路而後敢。」曰：「即如是，民委

❶「不」下，萬曆本有「可」字。
❷「道」，重刻本無。

溝壑多矣。子不見人間父母之于子乎？未寒，與具其衣，揣其薄也，又絮之；未饑，與具其食，防其餓也，又餱之；未難與病也，諭之以道，時其患之至也，又捍禦而藥石之。若是者，豈使其子先知而後爲之哉？又豈俟請于他人而後爲之哉？❶況長孺之事，又已親見其饑寒而爲之者乎？今乃又以爲難，宜必有所曲意爲之者矣。且維東之在户部也，利必欲興，害必欲除，雖囤基之費、問吏之税，❷亦必言諸公而正之，恐病民也。予素不明于政，因維東而識錢穀出納之機者多矣。況其操持之嚴，以南都人宦南都地十年矣，人不能干以一私，行舉長孺之道也，又何難哉？」楊叔用曰：「於維東，不患其不興利除害也。事有可因者，姑因之，第勿使奸吏爲蠹于其間，斯善耳。」曰：「維東而又兼乎此，他日奏績于朝，雖治行課天下第一，入爲廷尉、卿相，與漢吴公等，抑又何難哉？」于是子大曰：「所謂『恐後世難行』者，正以作維東耳。人苟存心于愛物，法無不具，豈直維東可爲乎？」維東曰：「往日雖多，所謂不及近會，尤切於淮也。」

維東本閩人，國初以大户填實京師，遂爲上元縣人，起家嘉靖癸未進士。

歐陽孺人陳氏六十壽序

泰和舉人歐陽曰大來鶩峰東所曰：「乾元之母陳氏，少司馬静軒先生之孫，梅齋先生之女也。年及笄，歸御史家君碧谿

❶「于」，重刻本無。
❷「問」，萬曆本作「門」。

先生，即執婦道，凡幼所讀《古列女傳》及《孝經》、《論語》，皆見之行。上孝先大父母極誠敬，中相家君，處則贊其爲學，仕則贊其秉節。及其有乾元兄弟四人也，幼誨于膝下，親受句讀，及長訓飭有常。如是者三十三猶一日。今年五月二十八日，則六十初度之辰，雖亦强健不老，而乾元爲子者之心，欲使數百年皆如今日也，則何以致之？」涇野子曰：「夫曰大而未聞先世也，家貧無以資學，鄭夫人教以畫荻習書。永叔既長，益邁于進，至以文章節義冠于當時，遂使鄭夫人至今數百載猶存也。嚮微永叔邁于所進，則鄭氏，潁州推官之配耳。是故道在陳孺人者可百歲，學在曰大而壽之者可數百歲也，惟曰大益求其所以如永叔者可耳。雖然，鄭夫人之壽，而歐陽氏一家人能誦之，而廬陵郡一國人能誦之，又不若通之天下、傳之萬世，如大任者之爲壽也。」

是日楊允弼亦在座，允弼曰：「大任之子文王之學，惟在『望道而未見』乎？」因問之。曰：「顔子已能見道于卓，爾乃文王顧不及邪？蓋顔求孔道之實，至覩形象，而文王得斯道之虛，不自滿假，皆生于一望也。夫人之有心通于目，目之有神通于天地萬物，望則目之用也，見則望之真也。是故君子之學惟在望，而其有得也惟于見。羹墻，日用之物也，唯舜則能見其堯；杅盤，沐浴之具也，唯湯則能見其銘。人之于望，苟不邪僻而常正焉，則可以見鳶魚于夫婦之近，瞻輿衡于蠻貊之遠。凡遠取諸物，即近取諸身，是雖文王純亦不已之學，亦可造而入，顧不能使其母上希大任也邪？苟此志一懈，而于日用云爲皆疎略遇之，則溺于流俗也。❶以爲造道，則雖欲壽其母如鄭夫人者且不能，況上希大任乎？陳孺人幼訓膝下者，不可不寢思而食念也。」于是曰大拜曰：「家君碧谿先生訓乾元者亦嘗至是，乃至涇野子又聞其微，則公明儀所謂『文王我師，周公豈欺我』者，乾元不能不努力矣！」

贈秦象之知曲靖序

雙山秦君象之任南户部正郎，既有曲靖之命矣，其僚葉子大來曰：「雙山之在户部也，凡綜理出納之間極其明審，上不失於公，下不失于民，中未嘗一言一行失於僚友，凡十三司皆齊口褒嘉，可不謂材乎！行以皁曲靖之民，有何難哉？」涇野子曰：「子大而未聞乎？昔者予之在考功也，雙山方爲吏部司廳，與處甚契厚，有政必謀，有疑必問，有人物之淑慝必與辯，有暇必講學，有茂林幽谷，當其興之至也，必與偕往以相適，有新詩或旨酒，必與唱和酬酢而後已。乃雙山和不失之同，矜不失之争，語不失之多，默不失之少。當是時，冢宰及四司無不加敬焉。雖行以作曲靖四州二縣之吏，亦又何難哉？且子大知山陽胡貞甫乎？蓋淮安之信人也，言皆有實而不妄，嘗稱雙山之教山陽矣，廉足以厲士之貪，公足以服士之心，勤足以作士之惰，端足以正士之行，山陽人言數千載無是師也，故凡山陽士之南都或應試者，必之雙山候問焉。則雙山行以作曲靖七學之士，當有不待言

❶「則」，續刻本作「别」。

語之繁、夏楚之細者矣。」「然則於雙山之行，更無所益乎？」曰：「聞之矣，人之材各有所宜，其用各有所長。故優于治郡者，或短于爲相；能爲治中別駕者，于百里之小或忽也。若乃鸞鳳于枳棘亦棲，瑚璉于信陽亦重，自非學爲不器之君子者不能也。且夫曲靖，負金山，瞰石保，瀟湘襟其前，白石江帶其後，交、廣之衝，蜀、貴之阨，固雲南之雄郡也。但其地人雜僰爨，俗兼漢夷，或脱帽以爲禮，或木床以爲戲，或大環覆胸以爲婦飾，或片木刻物以爲契券，蓋不可純以中國理之者也。聖天子方敦柔能之政，而興混一之化，則雙山之之曲靖，固其選擇而使之者矣。然則因其俗不違其常，從其情不失其宜者，固今日之所當從事者乎！昔唐有韋仁壽者，嘗爲曲靖都督矣，能收兵保障，至于西洱，蠻夷悦服。然猶在武德之間，蒙、段二氏尚不梗化，而仁壽之政已能如此，況今曲靖沾濡皇化既久，而雙山之材行政教，又昄昄若此，斯行也，豈特追蹤仁壽已哉？他日雖如韓稺圭所至有遺愛，夷狄畏慕，及其還朝，北虜常問安否，以圖畫像者，亦可馴而至也，雙山勖哉！竊恃有舊僚友之義，則不但于其已能者爲滿望也。」

雙山名儀，廣西臨桂人，起家鄉貢進士云。

風木圖詩序

昔予在陝時，河内王明叔以甲戌進士出尹盩厔。偶同對山康子有太白、❶終南之遊，遇明叔焉，温恭愷悌，其言論或追述厥

❶「偶」，萬曆本作「予」。

考即墨先生焉。予嘗私重明叔，以爲篤不忘也。比予改官南都，而明叔已僉憲山東則既十年矣，一日寓書于余曰：「暘之于先人也，年雖近强艾，而懷思猶如齠齔之日，官雖屢遷轉，而追慕猶如庭訓之初。遂作《風木圖》以志感，知暘者皆有詩賦成帙矣，則涇野子何以爲言乎？且先人早歲穎特，長從關中邢司徒先生學，端嚴誠恪，深獲器重。尋領順天鄉舉，授尹江西太和，太和俗頗競訟，而先君持廉秉公，方及三年，百姓向化。後補即墨，敦崇德教，蠶月麥天，不閉四門，閭閻安堵。及先伯客死無子，孤女俱幼，遂棄官以歸，同先母潘孺人撫養諸孤，選賢以嫁，李御史經、邢御史昭，皆其壻也。其教暘學，課讀甚嚴，每逮夜分，至有今日，是多涇野子舊所聞也。風木之悲，豈容已乎！」曰：「明叔職司憲臺，毋但觀風于木，其觀風于民乎！『觀風于木』，一墓上之物耳；『觀風于民』，巨省雄藩皆可得而理也。故觀民之風敬也，可以知己之莊；觀民之風讓也，可以知己之謙；觀民之風貴德也，可以知己之仁；觀民之風賤貨也，可以知己之義；觀民之風顓慤不譎也，可以知己之信。自汶、濟以東，龜、蒙以西，皆是風也，則先夫子即墨一邑之風，廣爲東人一省之風矣，此顧不可乎？若明叔由此而又不已其道，則他日積登廷尉、卿相，雖風動四方，亦有餘也！」

陳思古集序

陳將軍思古汝玉，安吉荆溪鄉人也，少有將略，讀書便領大義，以爲丈夫當雄萬人，何以書生耶。年十七，襲父爵懷遠將軍，統衛事。至弘治十八年，用尚書劉公薦，陞署都指揮，總揚州遭運，搜剔冗濫，歲省米五千餘石。正德間，追捕劉寇，斬首數千級，❶又攻破孝豐陽賊，俱有功，陞實授用臧都御史，拜參將。宸濠之變，領兵駐下江，節制鎮、常、蘇、松、儀真軍，歲省米萬五千餘石。事平，賜銀牌金花朱衣。嘉靖五年，天子廉得其狀，拜南京坐營。至則人不知持兵，將軍曰：「兒戲也！坐食國家，而緩急無用，何豢豕之異？」乃比什伍簡卒，不能兵者去之。六年，改坐團營，旋復拜參將，理通會閘河，成歲運百九十餘萬石，省車脚費三十餘萬金。十年，天子益知其能，拜南京後府署都督僉事，兼理操江，節制安慶、九江下至鎮江諸軍事，兵數十萬衆，戰船十萬艘，署府事如故。天子曰：「爾往來視江上下，無安坐都城。」將軍拜命，滋懼曰：「嘻！吾無功而屢受上賞，惟當鞠躬盡瘁，報國家爾。」涇野子聞之曰：「夫古謂師旅皆道也，其信然哉！夫思古承祖父之業，起一旅，三十年而至上將，握金印，横紫綬于腰，呼吸百萬，可謂至富貴權寵矣。然節財愛士，喏喏如不出口，❷羞稱功伐，至以盛滿爲憂，豈所謂居寵思危，不溺于富貴者乎！雖古名將，有不可跂而及之者耶，是宜傳其集，以示四方乎！」

❶「千」，續刻本作「十」。
❷「喏喏」，續刻本作「吶吶」。

涇野先生文集卷之十

南京禮部右侍郎致仕前國子祭酒
翰林修撰兼經筵講官
同修國史高陵呂柟撰
巡按直隸等處監察御史門人建德
徐紳海寧吴遵彭澤陶欽皋編刻

序 十

淳菴處士許君六十壽序

涇野子曰：自予至江南與諸友之講學也，在柳灣精舍則有休寧胡孺道，喜予言，未嘗忘，退或劄記，率相似也；在鷲峰東所則有歙人許汝賢，喜予言，未嘗忘，退或劄記，率相似也。比予居太常南所，兩生以大比之後，又同處三四月，當其進修，視昔者益通明且堅定焉。來年正月十四日，則汝賢之父淳菴君六十初度之辰也，汝賢與其婭壽卿偕孺道來曰：「象先甚不肖，無以爲淳菴家君悦，兹誕期且至，象先歸將稱壽觴，則先生何以教之乎？」予謂孺道曰：「淳菴君則何若？」對曰：「淳菴恬静樸略，不好華靡，訥訥然，言若不能出諸口，有古周任之厚焉。痛家業之中衰也，北度大江，耕商和州，以資孝養，嘗遭父疾，親煮湯藥，左右扶持，晝夜不眠，有古孫咎之志焉。父令與諸弟之索居也，其服飾器用倍厚于君，示重嫡也，君痛泣辭謝。其父既卒，遂以精美者分歸三弟，自取朽敗，後諸弟有婚喪之事，則又竭力贊襄，俱使得所，有古薛包之風焉。」予嘆曰：「有是哉，淳菴君乎！汝賢今兹之致壽，不可以他求矣。夫敦厚者，先進之禮樂也；孝友者，聖賢之政事也。惟造詣有淺深，則功用有大小。在淳菴君，可謂生質之美，暗合古人者矣。在汝賢，則當盡學問之功，益充其先美可也。汝賢不見江滸之灌木乎？其初止一本耳，有善植者析其條肆而種之，不數年遂成千章之林、百丈之材，其上可以礙雲日，其下可以蔭行旅，皆其善植之功也。汝賢植淳菴君之道如植灌木焉，則稱於鄉黨者，可以稱於天下，稱於宗族者，可以稱於後世，其爲壽於淳菴君者，豈啻數百歲哉！且鷲峰東所之劄記亦相似；矧淳菴君之道，得于庭訓之言，皆偶會之説詞耳，汝賢一不能忘，至於久，而受之躬行之餘者乎？汝賢能纘成而光大焉，則雖晦翁之發韋齋亦可期而至也，又豈但式穀似之而已哉？是故享壽之名則在淳菴君，致壽之實則在汝賢。」

盛氏族譜後序

太學生盛範卿從游于鷲峰東所者三年，比予居太常南所，持所自編族譜一帙來觀，曰：「楷家世居儀真者。自永樂間始祖伯謙公創爲族譜以來，今族屬繁衍矣，無復有能再譜之者。楷生也晚，然而尊祖敬宗之心，推恩收族之意，則固與楷之年日進而不能已也。兹編且考，則何以語之乎？」涇野子閲之曰：「夫世系作，則本枝有條而不紊；世傳作，則行履有據而可考；文詩録，則名德常著而不泯。範卿之於家者，如此其厚乎！且範卿兄弟四人，儉庵君蚤已令之析居矣，其第三兄業既析而又貧也，範卿復請與同居，不忍遠去焉，當宗族之中有若人焉，則範卿之心可知也。然則範卿之爲此編者，豈徒文字乎哉！」於是範卿曰：「楷講教而先生以是語，不幾於溢美乎？」曰：「範卿毋是已也，不聞古之君子，又使天下人皆能收其族乎？」

朱程問答序

南昌太守婺源程君仲樸，輯其遠祖允夫先生與晦庵朱子問答之言爲一編，曰《朱程問答》，暇以問序焉。予披覽之，然皆辯難《論》、《孟》之奧，疇咨《太極》、《西銘》鬼神、禮樂之群疑也。予然後知朱子集註諸經、四書者，雖皆出于手筆，然亦當時群賢講論之功耳。若允夫者，亦其一也。仲樸乃能輯而表之，豈獨昭先人之隱績，亦以使四方治經之士，知朱子之學有集諸儒之長焉。雖然，斯問答也，於解釋訓詁居多，惟吾仲樸質明而志美，學博而行篤，見人之善而扶其弱，見人之非而抑其强，蓋將以《論》《孟》經籍暢於四肢、發於事業，不但一問答訓詁間也。夫然，則仲樸之克光厥祖者，雖以此編傳之千萬世不磨可也。

誥封太宜人劉母陳氏壽序

太宜人劉母陳氏者，南京禮部祠祭司郎中、前吏科都給事中平嵩劉子實夫之母也。今年三月十有四日，生六十有八歲，且七十也，而太宜人之鸞誥適至。實夫喜，走謁予曰：「世揚碌碌不才，而吾母劬勞萬狀，無以涓埃酬報。叨冒聖恩，衮詞褒喜，賁及誕期，而世揚寸草春暉之心少舒，不知何以使吾母至千百歲也？且吾母自繼室吾父誠庵君也，力持婦道，夙夜匪懈，及父既没，秉節不邪，端柔勤儉，閨範懋昭，閩人稱貞焉。吾有兄二人，前母林氏之所出也，吾母子之，無異於所出，鳲鳩之愛，可方古昔，閩人稱慈焉。不識此可以致千百歲乎？」曰：「是在實夫已耳！且予嘗聞淮水之名矣，以爲出台簪山者即洪流也，近過其地而詢諸人，其發源止可濫觴耳。及潁、汝、渦、泗諸水以次而入，然後其流始大，與黄河、江、漢並名齊驅，稱四瀆焉。故在太夫人者，百年之貞慈也；在實夫者，千年之貞慈也。」

「實夫不見《易》之言貞者乎：『天地之道，貞觀者也。日月之道，貞明者也。天下之動，貞夫一者也。』實夫之在諫垣，固已秉貞矣，自兹以往，或外而藩臬，或内而卿相，皆秉是貞而不渝焉，上足以格乎君，下足以帥乎僚，擴其心，雖與天地日月争光可也。實夫不見曾子之論慈者乎？其言曰：『慈者，所以使衆也。』蓋民餒其腹，雖或使之，則腹枵不欲行；凍其體，雖或使之，則體解不能行。實夫邇爲司牧，固已嘗用慈矣，自兹以往，或外而賦政，或内而陳善，皆用是慈而不改焉，近足以悦乎民，遠足以育乎物，擴其道，雖與乾父坤母比恩可也。是其爲貞慈也，豈非延太夫人於千歲者哉？昔者孟母有仇氏生孟子而失其夫，守節矢靡他，及教孟子學爲聖賢，至於三遷其居不以爲勞，誠可謂貞慈矣，然微孟子承其貞而廣之以義，體其慈而擴之以仁，何以訓當時、傳後世也？則有仇氏者，固戰國時一婦人耳，奚能至今千百載猶誦孟仇氏如存不没乎？實夫必有所取於斯矣。」

贈宋君獻可陞知真定序❶

仰山宋君獻可既有真定之擢，同鄉楊叔用諸友適來，予爲之喜甚，曰：「聖天子於此地，真得人哉！」叔用曰：「涇野子之喜，其以獻可爲鄉曲之英乎？」曰：「固然。但吾儕有知地者，或不知人；有知人者，或不知地。予知地又知人，是以喜之耳。今夫真定，隸州縣三十有二，西盡於平定，東薄於瀛、濟，表山帶河，接海據關，拱皇極而通群省，蓋京師之門庭、畿輔之要地也。往者正德中，流賊扇亂於坻、霸，真定無守以控阨之，❷遂使衝突馳騁，南騖河、洛，縱横於汝、蔡、徐、淮之間，毒及天下。蓋此地風迅沙飛，人馬剽悍，一迫於饑寒而失其心，頃刻呼號，輒成群黠，雖有滹沱、沙、漳之險，不能爲之限域也。」叔用曰：「獻可之爲御史，則嘗聞之矣，巡城則參論監局之貪横，掌道則會彈權姦之彌進，刻述職官而言無不當，❸巡下路江而威無不宣，其他條陳江防諸事，緝獲通番雜貨，帶管本科并點軍門，以及監試科場之差，皆風力烜赫，在人耳目者也。此其人以守真定，足知其有餘裕矣。」曰：「雖然，予之所言乎真定者，非但已也。真定當衝路之衢，民疲於力役而艱於衣食，予欲使欒、鄗、趙、晉之間，雖或冠蓋相屬于路，而民肩不生疣、足不生繭也；雖或糜芑萱蔔之未獲，而民杵春饔飧不缺也；雖或麻枲綿絲之未收，而民寒冬

---

❶「陞」，重刻本無。

❷「阨」，萬曆本作「扼」。

❸「刻」，萬曆本作「劾」。

衣褐皆完也；雖或晝不建旗於城，夜不振鐸於巷，而終歲犬不生氂、馬脊生肉也。」叔用曰：「若是，則又不知獻可何以能之乎？」曰：「子亦嘗觀建業之斢水車乎？於此有數百畝之田者，邊於鴻池，田高於水不啻尋丈，有能爲百斗之車者，或挽之以力，或推之以牛，掣池中之水如貫魚，斗斗皆行田也，於是禾易長，畝終善，且有年矣。聞獻可之巡江也，有下官怠於趨承而簡於禮遇者，獻可徐察其有守，能愛民也，遂薦之於朝。當是時，其人方懼其劾也，及獲是舉，乃自慚且嘆曰：『吾可謂以小人之腹，度君子之心矣。』然則獻可之爲真定，又豈可以他求哉！夫三十二州縣之長貳，豈無若人之賢者乎？有則奬進之，優接之，當其考也以最書之，則賢者益勸於善矣，豈無不及若人之愚者乎？有則懲督之，摧抑之，當其考也以殿書之，則愚者亦改其過矣。賢者益勸於善，則仁政流行於四封，愚者亦改其過，則暴政滅息於一日，如是而民力不蘇、衣食不足者，予未之前聞也。」他日，獻可言此郡之奔走繁劇無暇時。曰：「苟有子民之心，則雖奔走送迎之頃，皆仁政耳。」獻可又曰：「巡江之事，偶然之見，恐不能以周茲郡也。」曰：「是在克己既盡，則認人不錯，於天下且有餘，況於一郡乎？獻可苟持此不變其學，他日身都卿相，進退天下人才如辨黑白，於予言當一驗也，況獻可孝敬忠信，剛明正直，鄉黨皆稱之乎！」

獻可，陝之延安鄜州人，起家嘉靖丙戌進士。

贈須南野升陝西僉憲序

陝西榆林之西路，在延安北數里，❶即古大順招安萬里之地，蓋切近虜境之要路也。舊額除按察憲臣一人，駐劄新城，以督理糧儲，整飭邊備，兼理詞訟，凡民庶之安危，軍士之勇怯，將領之勤惰，皆得稽察，于以壯國威而禦外侮，誠重任也。邇者三年述職考察，既黜其瘝官者矣，輿論以此地非廉明威惠、信厚周慎者，不足克堪，乃選於衆，得吾南野須公孟觀以畀之。當是時，南野方奉勅出巡廬、鳳等處屯田，而都憲治齋萬公又嘗題將蘇、松、徽、寧等處屯田一體兼管，司徒輿浦王公亦坐名題准清理營房、倉場、教場等項地土。行且三年，諸劇就緒，朝廷稔知其才賢，故復有是擢耳。

予往拜，南野退遜以問西路之事，予曰：「夫西路，予雖未獲履其地，然予西人也，亦嘗聞其大略矣，使南野移所理南畿屯田者而往治之，豈有不如拾芥者哉？夫士有五懈，而馬有三罷。穀粟後爨則腹懈，布花違時則體懈，賞賚失實則勇懈，曲直混淆則心懈，苦樂不均則情懈。青不及接，❷馬罷于野；秣無飽蒭，馬罷于廄；行不裹菽，馬罷于陣。懈與罷既除，而邊塞不壯者，未之有也。則何以能之乎？惟在釐其將領耳。往在正德間，聞他衛有貪將，善懈罷士馬者也，一日虜驟入塞，士馬不肯爲之前，卒至失機，其貪將猶侵漁其下，買絨蟒内賄當路，以求逭誅，未幾大敗，殺士民殆數城，

❶「數」下，疑缺「百」字。
❷「接」，萬曆本作「廐」。

而後去其官。當其時雖貪將之罪，亦諸監臨察視者之過也。然而南野茲往，先問士馬，即知其將領矣。昔者，有宋韓稺圭、范希文皆嘗經略延州以北之地，即今西路諸處也。稺圭則增土兵以代戍兵，久之器械精堅，諸城有備，至謀取橫山，以撓夏國。希文則墾營田，復廢寨，練士卒，熟羌亦爲之來歸。當其時，至有『軍中有韓、范，賊皆心寒破膽』之謠。夫宋去今不遠，其故迹遺法猶有存者，南野誠取其長而用之，雖他日出將入相以總制三邊，亦有餘也。」

贈吕君君言陞知兖州序

觀復吕君君言既有兖州之擢，其刑曹諸寮來曰：「則何以贈兖州乎？」予曰：「夫兖州，先師夫子之鄉邦也。夫子與諸弟子論政者多矣，君言能取其二三策焉，足可以治兖州矣。昔者夫子語子貢曰：『足食，足兵，民信之矣。』語仲弓曰：『先有司，赦小過，舉賢才。』兼斯二者，其於兖州也，如運諸掌乎！」諸寮曰：「君言嘗北爲户曹，南兼刑工。在鈔關，則杜請托而包攬息；在屯田，則立節慎庫而金籍明；論採珠之弊，至罰俸而不悔；致聽訟之慎，❶於傳致而不事。此雖於兖州有餘也，何賴於二子之政哉？」曰：「此固君言有立政之本，但其致用，尤不可以廢古耳。於此有畜絲積羽之人，不可謂無具矣，然非學水涑之法于慌氏，❷豈能得涚水漚絲、暴日與井之詳？非

❶「致」，萬曆本作「極」。

❷「涑」，據《周禮・考工記》當作「湅」。「慌」，據《周禮・考工記》當作「㡆」。

學染羽之法于鍾氏，豈能知漬湛丹秫三入、五入、七入之數哉？故事必法古，而後可以得道也。蓋在子貢者，❶乃安民之要；在仲弓者，乃用人之方。夫食者，民之口體也；兵者，民之手足也；信者，民之腹心也。得乎民之口體，則手足、腹心皆歸我也。故安民之政，以足食爲首。闔郡之事，非一人所能辦也，是故有器使之道焉，則有司當先矣；有巳日乃革之道焉，則小過當赦矣；夫然後去其不職者，進其克職者，賢才當舉矣。故用人之政，以有司爲先。今之餒民食者多矣，或淫其額以取盈，或致其期以足賦，或追其蠲以填虛，或玩其時以誅無，或重其役以鬻産，或博其罰以耀威；機無方丈之布，而官有匹縑之征；田無長畝之獲，而公有庾釜之取。凡此，皆可以絶民之咽喉，而銷人之飢膚也，此奚以足食乎！有司之不先者，凡以恃己之長耳，誠能委之錢穀以觀其廉，察之桑麻以觀其惠，試之甲兵以觀其勇，課之禮樂以觀其文，移之刑罰以觀其斷。字民矣，雖倨而不與怒也且注褒；戕民矣，雖諂而不與喜也且注貶。如是以先有司，未及舉賢才也，即有司已變爲賢才矣！」

「夫兖也，統州若縣幾至三十，凡古之曲阜、滕、嶧、鄒、單、泗、汶、鉅、鄆、曹、穀、郯、費，諸名邦壯邑皆與焉。而君言廉明持正，抱立政之本，聖天子已知其賢材，而遴以畀斯地者也。誠又兼二子之政以往焉，豈不可收兖州之治，如昔人不下堂而成者哉？夫苟持是道而不已其功也，雖他日身都卿相，若夫子告顔子以斟酌四代之政者，

❶「在」，重刻本作「告」，下句「在仲弓」同。

亦可跧而學也。」

君言，揚之江都人，起家正德辛巳進士。

贈陳師禹出守岳州序

南京留守後衞揮使周時準平者，玄菴穆子之門人也，以予厚於玄菴子也，遂以事玄菴子之禮以事予。一日謁予曰：「平有上司武選南橋君者，蜀之巴人也，往年以工部營繕主事督理南京太廟功成，大司空石湖何公疏聞焉，尋得進位。武選寬不失嚴，慎而有禮，凡平之諸僚輩無以爲南橋贈，惟吾涇野子一言，將無不可乎？」則應之曰：「夫南橋者，豈非陳君師禹乎？吾久敬之矣。當其登癸未進士也，予與知其文學之材焉。及出令長安也，予與聞其循良之政焉。若營繕之事，時予方守尚寶，數出長安諸門，而師禹量度謀爲之詳，課工節財之法，披星沐雨之勞，夙興夜寐之勤，又予所親見者也。今時準言在武選者又如此其美也，斯其人以守岳州，夫何有哉？夫岳也，沅、湘、衡岳接其前，漢、沔、州峴帶其後，左瞰洞庭，右俯彭蠡，蓋兼有江湖之勝者也，民雖刀耕火種，而尚義好文之俗不減於舊，以師禹而治之，猶建瓴水於高屋耳。雖然，邇歲以來，水旱爲虐於天，而誅求肆害於人，民之罷於衣食者亦甚矣。故君子治郡之罷，猶醫者治人之病，其受痛之急而救之，斯民免於危亡耳。」或曰：「何以爲先乎？」曰：「是不可遥視而闊料也。夫醫者之劑也，必先切脈，而後知病之標本。是故病在臟，則後腑；病在腑，則後臟。故穀梁子曰：『民勤于力，則工築鮮；民勤于財，則貢賦少；民勤于食，則百事廢。』蓋得其道矣。師禹如知切脈之仁，於仁岳州也，必先哀煢獨而恤顛連，塞梮食之竇而補褫衣之缺，家與之穀粟而户授之絲麻矣。如是，雖旦夕之頃，亦可起其罷也。昔者陶士行亦嘗鎮巴陵，即今岳州之地也，當是時方有杜弢之亂，而士行乃使鄭攀平定其地，綏懷得宜，深得荆楚人心。況今其地久霑濡乎聖化，又非士行時之可比也，而師禹之材賢所至，取效又彰彰如此，則雖於全楚無難也，而況於岳之一郡乎？夫苟持斯志而不渝也，尋見其政成民頌，晉掌藩臬，入都卿相，行道于天下，揚名于後世，又何不可到哉！」

贈陝西參議南莊喬公序

南莊喬子伯藏守南京浙江道御史六年矣，今春有陝西參議之擢，駐劄莊浪。報至，吾謂吾鄉之士曰：「莊浪其得人哉！夫莊浪在西寧之北，鎮蕃之東，迺古月支、龜茲之地，故吐魯蕃覘於前，匈奴、瓦剌伺于後，亦不刺竊據于西海，治北衛孤懸河外，甘肅賴以餽給，臯蘭藉以藩護，實一邊之要地也。得吾南莊以分守于兹，聖天子其無西北之憂乎！」或曰：「南莊惡乎長？」曰：「惟其有實心耳。不見江南之爲籬人者乎？以栢爲楨，以杉爲題，以簜筠爲經緯而織之，以鋒其巔，於是室宇暢達，貨財攸居，長幼卑尊皆爲之安樂，飄風不能撼其躬，積雨不能蝕其本，暴客不能肆其刃，比鄰不能攘其鷄。凡以栢與杉，皆實心木也。即者大工之興，計費可二百萬鎰，以太倉内帑不足也，乃派辦于天下，蓋將人人賦而户户科也，少有愛國之心者，不勝杞人之憂矣。南莊遂奏言曰：『海内未脱凶荒，而各曹量有畜積，如户曹之餘鹽餘課，兵曹之缺官柴薪，工曹之没官贓仗，及各處撫按司府之贓罰剩派，苟一那移動支，亦足以暫資急用。』於是上允其言，即天下之閭閻遐荒皆受其賜，此非有實用者乎？往者予及諸友講學於鷲峰東所，既久而未效也，他日南莊及其僚方體健數過予，一日講及此學，南莊曰：『予與體健二三友默約一規，善則相勸，過則相箴，政則相議，功則相勉，以爲慎獨之學，且數年不敢以告人。』予驚嘆曰：『蓋嘗觀君之行事而重其履，聞君之言論而嘉其識者已舊矣，豈知乃陰爲是功哉！』此非有實學者乎？是故有實用由有實學，有實學由有實心，南莊子持是有實心以涖莊浪，豈不足以捍外衛内，如江南之籬人者哉？往者吐魯蕃用牙蘭之計，結婚于亦不剌等類，黨勢强勝，侵掠哈密，奪其城印，至使甘肅震擾。朝廷累遣重臣經理其地，歷數十年而未定，使當時莊浪有守，預防而早圖，以佐甘肅之棘，豈至是哉？然則南莊斯行，以實心而布實用者，當如救焚拯溺矣。今夫中土之民、上國之士，苟一食不繼，則朝不能以逮夕，一衣不足，則冬不能以及春，而況邊陲之子，疆圉之卒，身履沙漠之地，躬禦虎狼之寇，苟枵其腹，瘦其體，而欲以得其死力者，予未之前聞也。然則南莊推廣實用，以强此衛之兵，聰明睿智，皆由是出可也。他日兵修政成，晉臻卿相，守在四夷，亦自是乎！南莊勉哉！」

南莊名英，保定東鹿人，起家嘉靖癸未進士。

莊浪篇有序

《莊浪篇》，申贈南莊喬子也。恒齋子見知于南莊子，南莊子有莊浪之行，恒齋子問于涇野子，涇野子爲作《莊浪篇》云。

問莊浪卒。曰：夫卒也，既遠酒泉，亦遡西寧，孤處黄河之偏，❶無所附依，備東則白羊、石板不守，備西則鹹水、大沙無具，苦灣、紅城以爲朝暮，武勝老稚而作比鄰，負弩而腹不宿飽，執殳而肘不抗扎，蓋三邊之苦卒也，故君子常綏之如子弟焉。

問莊浪馬。曰：夫馬多以茶易之蕃人，以給衛卒者也，其寺苑閑廄之馬至者則鮮焉。卒得其壯者，且或羸矣，得其羸者，豈能以有馬哉？卒不能以有馬，而責馬于卒，并其卒亦失之矣。是故戰無彪虎之壯，追無飛翰之疾，退有班布之怯，是歸罪于泥淖之蹈也。

問莊浪衣糧。曰：豈惟莊浪，凡三邊之遠，皆關陝八府之民所供饋者也。故自潼關以西，未秋則男舂粟，曰：「將以食邊也。」未寒則女織布，曰：「將以衣邊也。」然粟至而卒或無斗釜之入，布至而卒或無尋丈之惠，蓋率因公以先扣，緣役以預奪矣。于是卒不能自存，離位取裝于其籍，裝即辦而返伍，則又次第以賂上官，其營屋猶然懸磬四壁立也。故雖以全陝之力，不能給三邊之費矣，乃不免招商於下，取帑于内。如是而猶或不足，于是寒餒之士鬬弓而起，如近日寧夏、大同之手刃將領者，已數數也。彼且不誘虜，幸矣！又安望其禦邊哉？

❶「偏」，重刻本作「外」。

夫三代以上，且未能引論，即漢初解衣推食與士卒同辛苦、晁錯所論輸粟塞下者，豈有是哉！

問莊浪蒭菽。曰：馬春夏牧青，秋冬食枯，菽則臕馬者也。故蒭取于廥者，計馬有數；菽取于庾者，計馬有量。故馬或春夏食枯，有奪其青者也；或秋冬食木，有奪其枯者也；或日夜食糠麩，有奪其菽者也。雖上無施奪，士或以蒭代薪、以菽代粲者，則并其馬，士亦奪之矣。及虜入塞赴陣，其骨立之馬，跛蹀蹣跚，見胡即仆，聞鐲即僵，乃以責馬之不進，豈不後哉！故君子積蒭菽如水火，用蒭菽以劑量，姦宄不能耗其數，❶貪穢不能損其真，于是駰騵成彭蹻之材以赴虜，如虎狼之捕犬羊也。

餘冬序録序

《餘冬序録》者，燕泉先生何公之所著也，蓋於經史子集、文武事變，皆旁搜博取而詳説之矣。昔楚有左史倚相，能讀《三墳》、《五典》、《八索》、《九丘》，楚子遂以爲國之善人，寶之過于白珩。公固楚人也，又生值聖明之世，而乃有此録，言雖述乎舊物，論實裁以新義，豈惟使人考古而通今，亦可以使人勸善而懲惡。予未能習於倚相，當其學，恐亦不出此也。人徒知公奉身潔白，履官方正，政事在邊鄙，忠節在朝廷，以爲漫爾樹立也，亦豈知其學有源本，如《餘冬録》所具者乎？則公當非明時可寶之一善人

❶「宄」，原作「冗」，據萬曆本改。

乎？然乃使投閒置散，序其學於《餘冬録》，堯、舜在上而野有遺賢，此何以辨也？雖然，間閲録中所論顔、曾、思、孟之際，周、程、張、朱之故，不可謂公無所見也，顧乃以魏董遇之三餘，齊甯越之十五年學，漢東方朔之三冬不畜枕自比，則公豈專博物洽聞者哉？昔之君子率隱約以卑況者，其志遠矣，然則觀公之道者，無徒概於其自序也。

暘山永慕詩序

暘山者，葉君世民之别號也。其子定甫泓從予遊於太常南所，每言暘山自幼至艾，未嘗有一不順親之心，亦無私貨私畜。遇其父竹軒翁暨母劉氏之疾，嘗稽顙北辰，求以身代。既卒，哀毁逾禮，見者感泣。遂築室父母墓傍，當暘山之麓，因號「暘山」，蓋欲其舉目入耳，不敢忘親也。於是其執友傷其意，矢爲詩賦，作《暘山永慕卷》云。聞之休寧人云，暘山常自痛曰：「古語云：親戚既殁，雖欲孝，誰爲孝？其殆萬邦之謂乎！」。然則暘山真可謂永慕者矣！予謂定甫當努力斯學，終日乾乾，夕亦惕若，務使道得於己而學成于身，處則化鄉，出則濟時，使暘山子身親見之，無或少惰其力，孝有不及，亦若暘山之永慕竹軒翁也。

贈鶴亭王公考績序

鶴亭爲副都御史巡撫大同已，又改撫遼東，未洽三年，晉陞南京大理寺卿，閲四月，通前理考三年績云。于是南都自大司馬紫巖劉公、大冢宰介谿嚴公以下，皆有贈章，其僚楓崗徐公請予爲之序。予雖與鶴亭爲同年，然自予被謫以來，數任於南，其在大理平允之績，身親見之矣，其在大同、遼東者，則未能與聞焉。楓崗曰：「大同違邊墻止二百餘里，軍民被匈奴虜去逃回者，公嚴諭邊守番明護送該隸處所，其原籍本鎮者，官給押送，人役白金五錢，外省者倍之。於是虜中走回人口，父母妻子，咸得完聚，而又撫恤窮困，令各得所。未幾，以他論改用公于遼東。然遼東之地，與胡爲鄰，每遇開市入貢，公撫處有差，虜率信服，莫敢侵掠，其諸將官罔不固守疆埸，弗敢貪功以啓邊釁。癸巳大饑，人相食，公奏發内帑賑濟，地方賴安。」予嘆曰：「嗟乎！使公未去大同，即往遼東而又復召用也，則郭鑒、馬昇輩未必興亂，而韃靼諸胡未必至邊，敢盟大同肆行挾制如近日者也。夫銷患於未萌之前，人所不見，其功率以爲細也；平亂于既熾之後，人所共驚，其功率以爲大也。然自君子論之，惟獨取於曲突徙薪者耳，則公之功，亦可想見矣。昔者李牧，趙北邊之良將也，嘗居代、鴈門備匈奴，以便宜置吏，市租皆輸入幕府爲士卒費，習騎射，謹烽火，多間諜，爲約曰：『匈奴入盜，則急收保，有敢捕虜者斬！』如是數歲，無所亡失。趙人皆以爲怯，乃以他將代牧，徼功生事，致匈奴爲邊苦，所得不償所失。尋復用牧，牧終守前約，乃大破殺匈奴十餘萬騎，滅襜襤，破東胡，單于奔走，十餘歲不敢近邊。公雖比方于牧不可乎？雖然，撫邊之功似難而實易，平獄之績似易而實難，昔晉士燮常重内憂而輕外寧者，良有以也。是故汲黯、王旦在内，而淮南、西夏之謀皆寢。若唐宋之季，喜用紛更之人，即天下日趨多事矣。然則公之於此，固有所隱於心，而思追踪乎張釋之、于定國不已也。吾知其必仰思臯陶，上弼聖主，下慎庶獄，使風動四方，而絶蠻夷猾夏者，亦在斯行乎！」

公字應時，武功中衛籍，直隸丹徒人，以進士選授監察御史，有直聲，陞山東按察副使，整飭天津兵備，克獲劇賊，欽賞彩段花銀。尋陞山東參政，已而按察江西，布政河南，皆著有懋績云。

贈南野歐陽子考績序❶

南野歐陽子崇一以翰林編修出爲南京國子監司業，今將考三年之績于朝也，南都群公卿皆有贈章，大司成鍾石費公欲予爲之序。或者聞歐陽子之考績也，問曰：「治水者以疏導爲功，治火者以焚萊爲功，提兵刑者以平寇決獄爲功，皆可指而見也。歐陽子爲少司成，職在訓迪諸生，其事隱而未見，行而未成，乃亦謂之考績，何也？」涇野子曰：「亦嘗見北門作室者乎？解人計鋸以受金，笵人計槫以受廪，榱人計檼以受資，鏝人計堵以受餼。若乃定鋸以示分，比槫以示度，差榱以示數，會墻以示堊，則惟工師者懸尺斗而操繩墨，以指揮之者也。是故他吏之爲功雖顯，而其效甚近；司成之爲功雖隱，而其效甚遠。」「惡乎存？」曰：「惟在正士習耳。夫立誠而言、蹈矩而行、奉規而學者，士率如此，雖謂之習不正，不可也；工於媚悦、閑於奔競、安於偷惰者，雖謂之習之正，亦不可也。士習如其皆正也，即天下吏皆得其人，而民蒙其福，不啻一水火兵刑效治耳。歐陽子蓋嘗識其機

❶「南野歐陽子」，萬曆本作「歐陽南野」。

而用力於是矣，當其績，又孰能爲之大乎？」

「昔者陽城嘗爲是官也，諸生有三年不省親者，城曰：『諸生篤于文而薄于親，吾又何以教爲？』乃遣使歸省，於是一時士習以孝爲重。聞今南雍之士，固有不待遣而數歸省者矣，豈其賢於陽城時之士哉？蓋多假借之言，不勝告乞之繁，即先誠之訓，反爲後僞之囮耳。歐陽子有父母具在也，曰：『德既仕於此，不能歸養，而又離逖二親，其謂諸生何？』乃顓迎二親，晨昏定省，三牲以養，愉惋之誠，風流南國，於是諸生曰：『歐陽子豈惟言教，將以身教我者乎！』薰其德而化者，蓋種種焉。聞歐陽子嘗爲州守，其撫字之勞，又與陽城在道州者同，又安知他日或當大論力定國事，不與陽城同哉？然則歐陽子雖爲今之陽城，不可乎？」

「昔予校文癸未會試，嘗見歐陽子試卷矣，嘆其弘博醇實，當冠《易》房也。然歐陽子學于陽明王子，其爲文策多本師說。當是時，主考者方病其師說也，予謂其本房曰：『是豈可以此而後斯人哉！』其本房執諍，終不獲前列，一時遇閱其卷者皆惜之。及歐陽子爲司成，遂以其師說『良知』者日講授諸生，益擴充而廣大之，蓋將仰師孟子，❶并其『良能』者亦以率人，不但思同陽子而已。歐陽子茲往，固知有所亹亹於是矣。」於是鍾石公曰：「佐吾立師道于天下者，正有是耳。」

贈羅江冼公三品考績序

羅江冼公之在南京也，仕大理卿者二

❶ 「蓋將」，萬曆本作「誠能」。

十有一月，仕工部侍郎者七月，仕太常卿者八月，蓋三年於兹矣，皆三品也，考其績于朝。予在僚末，將授大理、工部故事，醵諸上卿以餞，且徵文也，公乃謂其屬顧子彦夫曰：「無以爲也。兹既與涇野子同僚，即涇野子文可也，醵餞亦從太常故事宜。」予嘆曰：「予久薰公之德而諒公之心矣，兹也果若是乎！夫大理之平反居多，而不執不隨，人之生于公手者衆矣；工部以節省爲正，而頹廢亦未嘗不興，勞之著於南邦者多矣；若太常之寅清日懋，肅恭匪懈，不愆陰禮，思格明神，又予所親見而景式之者也。然此皆不足爲公多，惟兹遜處簡静，不賴榮耀，則豈人之所易及乎？初，公舉進士知安仁縣時，以父鷗侣先生年高路遥，不能迎養，至今言及，猶爾隕淚。及自太興進選監察御史，蓋嘗迎母楊淑人於京邸，楊淑人不習其土也，遂舉還順德。未久，公以懷母之故，申乞終養，其言詞懇切，讀者酸鼻。當是時，公爲御史已七年矣，首差督捕盗賊，嚴校不能刺其隙；再差查盤湖、貴，同事無不服其節；三差巡按應天、徽、寧諸郡，而貪猾豪黠無不畏其威。於是御史大夫深加器重，簡掌本科者一年，而輿論歸高，且晉丞大理也。及終養疏舉，僚友皆慰勸需遷，雖邃翁冢宰亦憐其才而沮其行。公曰：『光之思母，度日如年，不知有此官矣。』泣涕俱下。邃翁愴懷，始爲之調護允旨焉。即日戒行，中丞東沂王公令諸御史輟公出送，以榮孝舉，冠蓋祖帳，聯絡都門，有丁御史楷者，比諸陳茂烈云。歸養七載，而楊淑人歿，服闋，撫按司府，數爲勸駕，公復引疾再告，亦獲所請。爾乃寄情山水，固將終身於是。巡按廣東涂、謝諸君訪知其賢，屢奏恬退，以列其純孝睦鄉之實。然則今兹三任之績，予雖縷縷數也，又豈足爲公多哉？」

「昔公之爲安仁也，一志慈民，凡陂塍塘圳，疏治殆盡，野無曠隴，安仁人至今賴其利。又善於折獄，民心悦服，凡近安仁州縣者之有訟也，無不乞於撫按臬司以歸聽焉，故公雖受一邑之命，而實兼數縣之事。邇年故宰桂公安仁人也，公在安仁時，桂爲諸生，安仁之政，心所服也，比至執政，薦陞通政、參政，再陞太僕少卿。及廷推坐院僉都御史，冢宰方公謀諸中丞汪公，汪首稱公，方以公鄉人也，抑陪以吉林公，皆未用。尋言官論方事，乃波及于公，汪因極陳始末，公心斯白。夫即使公欲進之心速，則十五年韜晦山林，又何以辨也？聖心既知其賢，尋陞南京光禄卿焉。且公舉丙辰進士，今四十年矣，同年者數位至尚書，或且尚書致仕以去，而公始階工貳，乃又以南太廟災自陳乞休不允，改任今寺，續又請以前官致仕，亦不允，則公委曲於進退之間者，蓋未嘗不以十五年山林而爲念也，又安可以今三任之績，爲公所多而屑陳之乎？雖然，以十五年山林爲念者，公之本心；以千萬世社稷爲念者，臣子之至願也。公其益懋有位，仰答聖慈，不日烝在輔相，罄輸忠藎，措國家於磐石之安，於公静養之素志，不亦愜乎？遂初之賦，姑置勿及云。」

壽容菴處士程君世大七十序

容菴處士之七十也，其子爵欲上難老之觴，以嘗從予遊也，欲予有言，又以予數言處士也，未敢遽請。比予起南都而北上，乃囑其戚友胡孺道追予懇壽言。予方有公事也，未能遽應。孺道曰：「先生豈以容菴君爲不足耶？容菴君世居休寧之由溪，剛方樂義，善事父母，於其没也，作《泣椿》、《見萱》二卷，求名筆不下數百篇，石亭陳内翰爲之類次成編，名《終慕集》，而先生亦既跋之矣。其造書屋，課子居業，遠近來士，燈膏有助，郡伯鄭雙石公高其義也，爲書『萬峰書院』以褒之。君又買地一區爲義塚，以瘞里之貧餒，搆永濟石梁於歙之衝路，創祠宇以合族人，皆其所義舉也。寧可不一言乎？」涇野子曰：「予豈不知處士哉！昔予嘗抄釋周、程三子書，授其册於爵，處士見而悦之，曰：『是書也，豈爵一人私哉！』遂捐金刻梓于由溪，使江南士慕程朱之學者，皆獲一見焉。夫三子之書，誠予素所躭愛，然予一人抄釋、一人行之而已，得處士以刻，千萬人皆可行也，處士斯名不亦稱情乎？此其壽雖數百歲可也。若乃充處士之道，處則肖之于學，仕則宣之于政，壽致數千歲而美名不泯者，非予與孺道所能，則在爵乎爾！則在爵乎爾！」

贈楊叔用陞知馬湖序❶

膚施楊君叔用仕於南户部主事至正郎六七年矣，乃有馬湖之擢，凡吾鄉縉紳在南都者及叔用知舊諸君，皆欲予有言以贈，而叔用亦曰：「先生如有言也，其詳説馬湖之政，本源將奉以周旋焉。」涇野子曰：「昔者子之爲祁縣也，身率以正，慈盡百姓，❷無少妄舉。民有訟争，與分曲直，各中其情，兩

❶「陞」，萬曆本無。
❷「盡」，重刻本作「愛」。

造讐服，善者咸勸，頑者改圖。遠如澤、沁，亦乞上官，於君歸聽，蓋凡所批委，執法身讞，未嘗因勢低昂。若遇征税，先期令辦，惟恐鬻産。比去祁，祁人涕泣攀送，如失父母。當其時，予亦奚有所言乎？及子之在户部也，户部以金穀爲職，而銀庫總巡之差，❶則又大且重焉。子守銀庫，凡出納交承之間，雖數百萬之衆、十三省之輸，罔不明實，無錙銖爽。其督修庫室，鞏可千年。巡倉則攢典具潔，❷運官、糧長率速完起，細至葦格草式，皆與輕處簡裁，静重惠澤玄施，❸於是户曹堂屬指數歸高。當其時，予亦奚有所言乎？則馬湖之知，❹人皆謂子才大而郡小，枳棘棲鸞鳳矣，又何待於予言邪？」曰：「惟馬湖艱哉，蓋古僰侯國之境，漢置犍爲、牂牁二郡，唐則置羈縻馴、騁、浪、滈四州，地雖以府名，屬則無州縣，蓋皆夷夏雜居，散處山箐者也。本源豈能以理祁縣與户部者理之耶？」曰：「君子學有要領，則應無不當；心有所見，雖蠻貊之邦亦可行也。且叔用忘三十年前雲槐精舍乎？子與趙幼孜之來也，予嘗講《虞書》第二篇至『咨十有二牧』矣，其言曰：『食哉惟時，柔遠能邇，惇德允元，而難任人，蠻夷率服。』子蓋聽之真而信之篤矣，豈非爲今日之用哉？夫古之州牧，即今之郡守也。馬湖之地，赤崖、雷番之内皆邇地也，泥溪、平夷、蠻夷、沐川之外皆遠地也，辨其遠邇而以優以撫焉，❺則省方之道得矣。地雖要荒

❶「總」，原作「総」，據重刻本改。
❷「具」，重刻本作「且」。
❸「静重」，萬曆本無。
❹「知」，重刻本作「往」。
❺「優」，原作「擾」，據萬曆本改。

也，豈無有崇本好仁者乎？豈無有包藏姦惡者乎？別其賢愚而以敬以遠焉，則馭人之道得矣。然此又皆以及時足食爲先耳。若是，蠻夷有不率服者，吾未之前聞也。行見印部以西、❶烏蒙以南，當襁負其子而至矣。」「然則爲馬湖，若是之易也？」曰：「自吾抄釋程子，十年於茲矣，未有能用之者，而子言於是，行於是，或以決疑政、蘇困吏亦於是，足知其所爲矣。自子居户曹七年於茲矣，所服猶士服也，所居猶士居也，食無二味，用無長物，至拜四品不能具衣紳，足知其所守矣。予嘗見世之仕者矣，有以官爲仕者，有以道爲仕者，以官爲仕者，惟恐其官之不日陞也，道或不加增焉；以道爲仕者，惟恐其道之不日陞也，官或不加美焉。子之往也，如馬湖之政成，則道斯陞矣，視彼道不增而官日美者，其孰爲榮辱得失哉？子必不以馬湖爲遠，必不以泥溪諸長官爲惡。」

重刊許山屋百官箴序

《百官箴》者，有宋山屋許君太空之所著也。太空嘗讀周辛甲《虞人之箴》，於是作箴四十有九篇，蓋自左丞相以下，至太子太保、師友僚屬，其諸司群辟亦略具矣，而於丞相、經筵、諫官，尤致丁寧焉，蓋將上以爲德，下以爲民，不啻儆百官已也。初，太空讀書巁崌，嘗受學於鶴山魏了翁先生，與謝枋得爲友，學有源本。及廷對「憂勤逸樂」之策，則謂「使人君逸樂者，宰相竊權之具」，時相深憾之。他日有徐元杰者攻史嵩

❶「印」，據《明史》及《明一統志》，疑當作「邛」。

之私，史陰殺元杰，君率三學諸生伏闕訟冤，致論朝廷時政三事，❶又忤賈相似道，故雖行如此其高也，官終運幹而止。然則百官之《箴》，豈爲己哉！《傳》曰：「國家之敗，由官邪也；官之失德，寵賂章也。」夫上有賈、史專權，以章寵賂，而山屋雖欲行其志以作千官箴，其奈何？嗟乎，痛哉！雖然，賈、史遺臭萬年而不足，山屋之箴傳至後世爲龜鑑，尤有餘也，自今觀之，許與賈、史，當孰爲得失哉？始傳其書者，門人李夢科、從孫汻；再傳其書者，六世孫埱英；三傳其書者，九世孫亮熙。夫山屋之子孫思其道、傳其書，且欲敦其行，至九世遠，益昌熾如此也，彼賈、史之子孫，又安在哉？即有存者，又不欲認之爲祖，與無者同。此尚不可爲善惡者勸戒哉！

贈楊君滙夫考績序

岷山楊君滙夫守南國子監典籍者九年矣，將考其績於朝，吾鄉士夫榮滙夫之行也，開宴於心遠堂，俾予贈之言。於是王仲和曰：「凡士大夫仕於南都，自府部院寺之群僚，速則三年遷，遲則六年遷，即不然，七年、八年遷者，率以爲滯且久矣。滙夫越九年未遷，而且考績，不亦深滯者乎？且滙夫所代之前官，或三二年遷，或四五年遷，至滙夫九年有餘，此何以辨也？」趙邦佐曰：「夫仕者，時也；時也者，數也。與時合者，其進速；與時違者，其進遲。於此有人焉，言不加直，行不加方，其績亦未甚著也。

❶「致」，四庫本《百官箴·原序》作「至」。

當其時者，以爲斯人也不忤衆、不違物，乃順時之君子也，於是有一歲三遷者矣，其數豈惟三年哉？於此有人焉，言無少曲，行無少回，其勞亦未或寡也。當其時者，以爲斯人也鈍而不敏、迂而不通，乃逆時之戇人也，於是有十年不調者矣，其數豈惟九年哉？」「由是觀之，則數之有遲速，在外者也；道之有得失，在己者也。匯夫亦顧其在己者而已矣，在外者奚暇論哉？且匯夫自守典籍以來，凡催管補修「二十一史」，委刷進呈諸書，無不日殫心力。其代署典簿廳印，催督匠作修葺文廟，慮無不周。而敦厚純謹，恥言人過，歷司成五七公咸加褒重，而南雍之士與接者靡不稱美焉。則於在己之道，似亦得之矣，而邦佐所論遲速之數，信不可爲匯夫言也。且匯夫不見令先祖先父乎？國朝凡舉一甲進士者，苟無他故敗行，率二十餘年得入相，雖庶吉士進者，遠亦不過三十年。匯夫祖莊敏公，發解陝西，中正統己未會元榜眼，自編修屢官至户部侍郎、尚書，一户部十餘年而未進，既致仕矣，始進太子少保。匯夫之父太常公，自舉戊戌進士，行且三十年矣，始至少卿兼侍講學士。夫莊敏公慎獨之學，化及闕觀之女，經濟之才，績於南雍之日，而太常公早承庭訓，思肖先明，然皆不能附時以速進，予於匯夫，又何疑焉？惟匯夫日懋厥學，不懈於位，紹庭上下，繩厥祖武，衍莊敏公之風於千萬世，則爲在己之正道也。其視一時位之遲速，孰爲榮辱哉？」

贈潘君弘夫陞知太平序

南户部正郎如齋潘君弘夫既有太平之

命，其僚解君問贈言。涇野子問其前，曰：「弘夫，閩之懷安人也，少舉鄉進士，嘗同知桂林府且七年，而後進南户部也。」曰：「斯其人易爲太平矣！」曰：「太平，古麗江地，朝廷昔日羈縻之處，雖領有四縣、十有五州，然其民多衣冠不正，飲食亦殊，金櫃、鰲頭之表，青連、隴馬之外，皆夷獠雜居也。吏於是而著名者，惟元李維屏一人。以爲易爲，何也？」曰：「子知行路乎？有越人於此，將適北燕，跨馬則痪其髀，登車則裂其夤，履恒山而慴其巔，濟滹沱而濡其尾，其艱且危也。若使趙人、邢人以適燕，褰裳策蹇，可計日而至金臺、閭城矣。即使越人適楚，亦若趙人之適燕也，蓋將馬使舳艫，而杯視彭蠡、洞庭矣。聞張司成言弘夫之在桂林也，既本經術，亦信法律，廉介有守，方正不阿，議處目兵而營舍以建，應迓湖兵而剽竊咸戢，招撫蠻寇而酋長帖服，下民茹其澤，上官奏其賢，則既於桂林已效矣，是何有於太平哉？蓋太平雖在桂林之外，然土俗民情亦不甚相遠，則固趙人之燕、越人之楚也。」解君曰：「弘夫往在桂林，其佐也；兹在太平，其正也。佐則旁觀，其職易舉；正則自剸，其職未易以成。」曰：「雖然，弘夫之在桂林，其太守之公平正大以慈惠小民者，弘夫必嘗好其賢而心與之矣；其太守之姦讒貪酷以戕害其民者，弘夫必嘗惡其不肖而心鄙之矣。今若以其所好太守者爲太守，而不以其所惡太守者爲太守，其於太平也，又猶燕人之燕、楚人之楚，人雖曰不易，吾不信也。」解君曰：「然。弘夫果能若此，當不日見其報政治平，内進卿寺，外進藩臬，亦勿難也。」

壽聞人母王太孺人七十序

聞人母王太孺人者，提學南畿聞人邦正之母也。邦正舉進士，令寶應，徵拜爲御史，乃得封王爲太孺人也。王，餘姚之名族也，海日先生又舉進士第一，官冢宰，其兄也；陽明公以兵部尚書討叛伐逆，樹勳一時，且當干戈倥偬之日，講學不輟，倡道東南，其兄之子也。太孺人早受姆訓，深諳家教，奉其女儀，歸於聞人貞菴先生。貞菴先生少籍邑庠，綽有文譽，蓋與海日先生並名餘姚者也，然未究厥業，齎志蚤逝。當是時，太孺人年方三十也，守節訓子，至今年乙未六月十二日，於是生七十歲矣。邦正開宴於敷教察院，司寇石塘聞公、中丞南臯王公及諸上卿，皆登堂稱壽，而司諫錢、陳二君俾予説其意也，以上太孺人焉。予曰：「婦人者之道也有二焉，一曰貞，二曰慈。太孺人自貞菴先生之歿也，食茶茹苦，❶思明夫子，秉節不渝，七十年如一日，里女以爲難，可不謂貞乎？生二子，長閭也，邑學生，爲救邦正之病，祈以身代，遂因是以卒，太孺人曰：『有是子也，又死於友于。』遂晝夜哭，喪明。專督邦正曰：『盍副汝兄之志哉！』邦正用成進士、董學政，可不謂慈乎！夫貞則婦道盡，足以慰貞菴先生於九原之下，古之共姜、叔姬者，其儔也；慈則母儀全，足以淑邦正提學於四海之内，古之程侯、張某者，其儔也。是其壽亦可遠傳矣，又何賴於數公者之壽哉？雖然，數人之壽可增十餘年，百人之壽可增百

❶「茶」，疑當爲「荼」。

餘年，千萬人之壽可增千萬年。吾所説壽者，數人耳。若使千萬人皆壽之，則在邦正，非予之所能及也。今夫大江以北，西不盡金斗，東不盡廣陵，其南也，西至騰雲而遠，東至闔閭而遠，當其地建置學校，殆一二百處，則夫青矜而居、❶菁莪而遊者，斯其人豈啻千萬哉？斯其人不啻千萬，皆欲壽太孺人也，太孺人之壽有不千萬年者哉？」或曰：「斯其人有賢者焉，有不肖者焉，何以能使之皆壽也？」曰：「賢者，日勸於善，惟恐德之不修焉。不肖者，日改其過，惟恐才之不逮焉。」曰：「則何以能勸善而恥不肖也？」曰：「在邦正推太孺人之貞慈耳。以一人之貞也，廣而爲千萬人之貞，以表正南畿之士，纖枉毫曲不容焉；纖枉毫曲之不容，即千萬人之能貞以壽也。以一人之慈也，廣而爲千萬人之慈，以並生南畿之才，微忍薄私不行焉；微忍薄私之不行，即千萬人之能慈以壽也。蓋嘗讀《棫樸》之詩矣，其言壽考也，惟在作人之道，使成人有德、小子有造耳。然則邦正當作人之責，而其所以仰師先聖賢，以壽考其太孺人于千萬年者，孰有外于造小子而德成人哉！」

徐生椿萱具慶序

《椿萱具慶》者，爲都昌徐道徵之麟序也。道徵從予遊數年矣，今年乙未會試不第，再過南都，作《椿萱具慶圖》，以壽其父秋山君及母王孺人。因謂予曰：「吾父今年正月二十九日，六十有四之初度也。吾母今年九月二十九日，六十有二之初度也。

❶ 「矜」，疑當爲「衿」。

夫吾徐也，雖著姓雙港，然累代考妣率不偕老，今吾父母年踰周甲，以望古稀，際兹具慶，喜越常分。都昌自開科以來，莫或有父子繼第者，吾父登正德丁卯鄉舉，而麟叨舉嘉靖辛卯以續其後，吾父母咸悦。由麟私心言之，謂之『椿萱具慶』，不可乎？」涇野子曰：「父母壽望古稀，道徵以爲具慶；如使父母壽至千百歲也，不又具慶乎？道徵能纘秋山君，以取一第以爲父母悦，且慶也；如使道徵登科德行、政事，以與古顔、閔、冉、仲齊名也，不又且慶乎？是故在天者不可必，君子求其在己者而已矣；在外者不可泥，君子求其在内者而已矣。」

「且道徵言秋山君教立淮陰，政著象山，寬猛兼濟，正直不阿，自治清慎，無所污累。後改奉化、如皋，守持不變，救災恤患，存活尤衆。至太守連州，草寇竊發，爾乃奏計上官，身任撫討，甫及三月，賊皆底平。他日田州之變，上官知君，檄委策應，君益殫心力，寢食皆廢，遂成貞疾，奉身以還。王孺人内政甚勤，備嘗艱苦，怨惡不形，歷隨仕路，清謹之助寔多。夫秋山君雖在州縣之間，其欲盡忠於國如此其篤也，王孺人雖在閨閣之内，其所守貞於家如此其至也。道徵苟推其忠，自今日之學，以至他日之事君上，其心無往而非忠焉，則可以顯諸廊廟，一象山、連州不啻也；苟推其貞，自窮居之守，以至他日之臨民庶，其動無往而非貞焉，則可以達諸海隅，一雙港、都昌不啻也。夫然是忠貞之在一家一邑者，道徵能演之于天下；忠貞之在一世一時者，道徵能傳之於後世。既篤繼述之心，遂成顯揚之孝，將使秋山君及王孺人壽千百年不啻也。是其具慶，不又大且遠乎？」於是道徵曰：「麟敢不努力家學而他求哉！」

贈姜君錫知臨安序

廣安姜子君錫既有臨安之命，其齊魯、徐揚之士咸曰：「臨安，古句町之國，善闡、阿僰之所分據，烏、麽些、爨之所錯居，其民短衣跣足，佩兵採獵，舊稱建水，爲雲南極邊之地。姜子斯行，不亦遠乎？」其荆楚、巴蜀之士又曰：「夫臨安也，漢屬牂牁，唐屬黔州，領四州、四縣及九長官司，北抵澂江，西連楚雄，乃滇海之上閫，廣西之都會，違廣安不及匝月。姜子斯行，不亦近乎？」涇野子曰：「諸非所以言臨安也。聖天子兼統華夷，一視無外，據德授官，因材畀位，豈有遠邇之心哉？若齊魯之論，行則固有忘遠者矣；若蜀楚之論，行則固有泄邇者矣。夫君錫，予舊知之，何嘗有所擇於遠近哉？雖然，知近者必知遠，能遠者必能近。今夫武功於予爲近，於君錫爲遠。君錫之爲武功也，砥其賦而民不困，時其役而民不罷，平其争而民不枉，弭其巨寇，民豫遠于害，於是藩臬十獎，撫按九辟，今去武功且十年，每過是也，邑人攀戀如父母，不忍舍。夫君錫于武功之遠如此，其於臨安之近可知矣；夫予知君錫於武功之近如此，其於臨安之遠可知矣。」

他日倪維熙言：「君錫之在户部也，理糧芻而釜斗尺寸無所差，管銀庫而銖兩毫分無或訛，蓋精於錢穀者也。」馬子約言：「君錫之在刑部也，聽折明決，招議無詭，僚有疑獄，率來質辨，雖呈稿於堂者，亦或移之以理，蓋審於獄訟者也。」予曰：「斯二言者，皆君錫之緒才耳。蓋數於君錫談學，至論及二親，孝思滿容，戀慕猶若爲兒子時態。他日聞母喪，不數日，束裝星夜奔，棄諸塵俗辭謝事不在念，予心私重之。夫唯此一德，亦足以化臨安，何況兼此多才，而又先之以武功之循良耶！」於是嚴子元瑞曰：「然則於姜子無所益乎？」曰：「即其材擴而充之，使滋廣大焉，如曾氏之言『弘』『久』，則雖他日位卿相、輔國家，亦有餘也，即其德而守之，使至悠遠焉；如子思之論而況臨安乎？然則又何必於臨安論遠近哉？」

君錫名恩，起家嘉靖癸未進士。

贈二槐沈子陞知延平序

崑山二槐沈子廷材，自南刑部主事簡調文選主事，歷陞郎中，至是受延平之命也。延平有九士子者業太學，及歷事諸部，來問予言以賀之。涇野子辭之曰：「邇來憚於言辭，無以應九士子耳。」林士子祥曰：「涇野子即不容吾九士子，其能忘吾楊中立、李愿中耶？」予矍然曰：「九士子其發我哉！予久思起楊、李之道而無托；二槐子則予舊所知者也，斯行也，楊、李之學其屬以再興乎！」

昔者程子之講道河洛也，唯將樂楊子立雪門墻，載道以南。於是沙縣羅子徙家南平，師楊蕭山，潛思力行，任重詣極。越至劍浦李子，復從羅學，謝絶世故，怡然自得，當其所造，冰壺秋月，瑩徹無瑕。至其以仁問答，傳道晦菴朱子，使天下後世崇其學、誦其詩焉，然皆楊子載道之功也。夫將樂、南平、沙縣、劍浦，皆延平之隸邑地也，往何以諸賢如此之盛？今去李子時未及三四百年，雖有名卿才大夫顯著於時，然如爲李子之學者，則未之能聞焉，豈其地不生是人乎？抑生是人也，固上無有作之者，乃至使隨流顛踣、因質限沮者乎？二槐子斯往也，博訪郡士，躬爲延攬，於其中有篤志者，有潛思者，有力行者，有博文者，有任重者，有器識者，東拔一人焉，使爲楊、李之學，則郡東之士皆興矣；西拔一人焉，使爲楊、李之學，則郡西之士皆興矣。賢俊四興，教化振立，則楊、李之道重明於延平，于以阜成閭閻之民，猶樹蒲蘆耳。況二槐子系出趙宋義倫之後。國初有趍菴君者，積書千卷，以儒名家，教子四人，俱著文學，科第相續，代不乏人。至二槐子，登癸未進士，出知東明縣，守己愛民，均田賑貧，除惡平寇，甚爲上官所重，至有『一私不立，百度惟貞』之考，其在刑曹，又乃盡心明允，在吏部，持體正大。則延平之往，正宜滋廣素蓄，益懋乃位，首重作人之教，復明先賢之學，不可厚自遜也。苟或以爲迂緩，不切今日之務，又或以爲高遠，非一時所易就，以自遜焉，則豈予之所知二槐子者哉！」於是九十子曰：「祥南山等亦不敢不努力傒志，以仰承太守公之休德！」

王封君醒菴七十壽序

醒菴王先生者，泰和縣之南富里人，刑部主事如悔貞吉、舉人如性貞善者之父也，以如悔之先知平山縣也，於是得勑封平山知縣云。今年乙未八月四日，則七十初度之辰也，如悔之僚、如性之友皆稱觴宧邸，頌祝南山，而君方皓首童顏，倚席啣杯，其樂陶陶，人觀其壽數百歲未艾也。當其期之未届也，如悔、如性嘗以長者禮事予，問壽封君千歲之術，并以其友吴用晦之傳來也。吴用晦者，廬陵之名進士也，言封君字懷賓，一字問道，蚤篤儒業，中休山林，躭嗜玄寂，系譜宣派，創祠收族；其輸税力繇，每先公期，里人質辯，片言剖决，信如蓍蔡。至其篤誨三子，因「貞」命名，咸則往訓，斯亦古之孝悌力田、忠信諒慈者乎！此其躬之所被者，固可數百歲矣。若欲延之至數千歲，其術則在如悔、如性，不可他求也。

且如悔而知醒菴君名以「貞吉」之道乎？夫《易》爻言「貞吉」者幾二十，然至於「精義入神以致用，利用安身以崇德」者，則惟《咸》之九四爲然。如悔之求貞以吉也，果能杜「朋從」之思，免「悔亡」之戒，則雖使醒菴君如日月以生明可也，如寒暑以成歲可也，當其壽豈可以限量哉？如性而知醒菴君名以「貞善」之道乎？夫《易》書言「貞善」者幾盈策，然至於「學聚人之仁以輔主聖，學理財之義以禁民非」，則惟動之貞一爲然。如性之求貞以善也，果能内而觀乎爻象，變而見於功業，則雖使醒菴君體貞觀以塞天地可也，法貞明以對日月可也，當其壽豈可以算數哉？雖曰不數千歲，吾不信也。於是如性持以告如悔曰：「是果在吾兄弟二人耳。」遂書之以上。醒菴君曰：「涇野子之言，誠當日名汝兄弟之旨。汝兄弟果如是言焉，吾又何慮哉？」乃俾侍者申録之，以貽貞譽。

贈御史燕崖李君考績序

燕崖李君仲謙爲南廣西道監察御史三年矣，將奏績於朝，其同舉嘉靖己丑進士者，有在部署焉，有在廷評焉，皆曰：「吾屬拘文循格，抱簿掌故，幾能有益於國家哉？惟吾仲謙年兄之在道也，以六事言彗星，關切時政，以四事言蝗旱，裨益倉場。至於查錢穀百萬之弊於鳳陽，免守陵三千之士于京操，以及奏劾冢宰王公，被繫詔獄、罰俸半年而不悔，尤其績之烈者也。」涇野子曰：「此績之在燕崖，特其緒餘耳。諸子亦嘗知鳥之鳴乎？鶯鳴于柳，鵲鳴于簷，雉鳴于崖，鳩鳴于堞，鵰鳴于漢，或以發春兢秋，或以貢喜呼雨，人之聽之，未嘗不忻然愛也。乃若著至治之休，輝文明之世，上以昭德，下以塞違，羽翽翽以淩高崗，音噰噰以蒞朝陽，斯鳳鳥之鳴，又海内所共快覩者也。夫李君，蓋將爲鳳鳴者也，豈肯如諸鳥之嘖嘖𠹌𠹌乎？」

「夫物有基本，事有會通，蓋以言其幾也。故不得其幾者，雖千言尤不足，若得其幾者，雖一言猶有餘。譬之解結，鐫雖利也，❶使橫挑而悮入之，愈鬠固而不可理，若得其幾而投取焉，可不勞而就緒矣。昔之君子，或數年不言，至一諫而成功，或率啞不恥，至一語而動主。李君蓋稽之熟，而審之久矣。況李君飭身勵志，澡行浴德，孫于鄉黨，睦于宗戚，楚人稱賢焉。乃又疏達政體，諳曉章陳，虛心從善，見事風生，國人稱材焉。則其所以惟暨乃僚，詳而後舉，動而不括，沖天驚人，以成一時之殊勳者，固可旦夕而見也。」於是諸君子曰：「果若是，豈惟吾同年者之光哉？亦聖天子之所以優禮言責者之深願也！」遂取其言以告燕崖。燕崖曰：「祺有是心舊矣，思以圖報盛時，以與古埋輪都亭、簪筆側階者齊驅，不知涇

❶「鐫」，疑當作「觿」。

野子以先得予之心乎！」

贈吴君德徵考績序

東原吴君德徵爲南都察院照磨三年矣，將奏其績於朝，其僚侍御諸君過予問贈言，於是俞君有孚、王君天錫、高君子卿來曰：「德徵之在臺屬也，慎以脩職，巨細必閲；遜以持己，衆寡無慢；勤以厲學，經史不廢；信以處寮，交際無詭。他日承署司廳，夙夜惟寅，規度滋整。當其所志，殆尚友於古人者乎？惟時輿浦王公方總臺憲，見君風儀，深加器重，今兹之考，至有『敏識可任以事，磨勘不盡所長』之注。則德徵斯行，將何以贈之邪？」涇野子曰：「天下之事成於謹而憤於忽，故孔聖之論三軍，亦不過臨事而懼耳。事而能慎，謀始必周，慮終必至，雖於大政，亦無不可也。常人之情，貴則驕賤，富則驕貧，强則驕弱，衆則驕寡，於是妄自尊大、好人佞己之徒接踵而出。持是遜以往也，雖無他技之大臣，亦不過是耳。自公卿以至士庶，皆有日爲之分藝，惰慢則偷，安肆則荒，故古雖賢聖之君，亦以無逸爲戒也。上世淳朴，忠信相與，故士風敦厚，民俗熙皞，厥後勢利之態興，乃率諂以相悦，僞以相取，譖以相欺。如兹信之道行也，雖片言之微，重於千乘之盟矣。夫吴君果具此四德，將見斯行也超起殊遷，殆不滯於斯官乎！」於是吴君聞之曰：「夫此四者，彭年以爲小廉曲行，守身之常法耳，乃不知其廣大高深，如涇野子之所云乎。彭年敢不努力於斯，充其所未極，補其所不足者哉？」侍御諸僚聞之，咸曰：「東原子果若是焉，於他日分省方面又何有哉？且德徵先世出梁駙馬都尉僧永，爲長興望族，吕蒙山故宅存焉。其後林霏、樵樂、栖雲、巢松、甘泉諸君，雖隱德弗耀，然皆有詩文行世。叔祖珵珍、叔綡俱登進士，官南北刑工二部郎中主事。而德徵早失怙恃，能自成立，司空沈公雅愛之，妻以季女。吕山之吴不墜其緒者，寔有賴焉。又其居家也，睦族訓子，躬行禮讓，嘗請于從叔祖太守貞默公修舉鄉約，行之數年，鄉人多化。」曰：「德徵之優於官者，寧非其本於家邪？若自兹以往，學與政日懋不已，則雖德崇業廣之地，亦可遠至，而況於尊階峻級邪！」

雪坡顧君八十壽序

雪坡顧君，常州無錫之高士也，今年生八十歲也。其子彦夫仕於南京太常寺典簿，往年以恩詔封雪坡君如其官。至是彦夫將有考績之行，其行也，得便道過家，稱壽雪坡君，乃拜予以問言。涇野子曰：「雪坡君之近態則何若？」對曰：「精神滿容，鬚髮始白，眉鬣如漆，登涉不倦。」「則何以能至是乎？」對曰：「吾父受性閒曠，恬於世味，遇佳山水，徜徉終日，樂而忘返。素能料事，懸定成敗，後無盭爽。彦夫叨魁鄉舉，喜不見面，屢蹶禮闈，亦無愠色。蓋其胸次淡薄，寬平洒落，無所係累，乃真足以致壽乎！但不知繼此亦可以至數千歲耶？」曰：「是在承美，不可專歸于雪坡君矣。承美不見寺中之紫薇乎？當其初，樹之幹大如盃盞，厥後土壅其柢，水漫其旁，金剔其蘖，於是本堅如石，體碩如柱，枝接四簷，葉蔭雙墀，丹萼叢開，小者如升，大者如斗，經久不謝，寺中人吏無不瞻翫嘆賞，以爲得水土金之力也。是故在雪坡君者，天道也；在承美者，人道也。天道惟命是聽，人道可以力致。」

「且承美之爲簿於斯也，廉潔自守，絶無外慕，至或取米於家，給饔於官，則亦可謂不忘其『恬於世味』者矣。使更能堅持此操，雖他日位卿大夫亦若是焉，則雖衍淡薄之家風於天下可也。自予之至太常也，與承美共事一年矣，凡事之是非善惡、祭品之精粗、鬼神之享祀，承美皆能力持正論，剖決不謬，陰喜其得良助焉。使他日當大任，臨大難，亦能迎刃而解，無所回曲，其與夫『料事懸定成敗』者，大小何如耶？且承美舉南畿亞元，文詩詞賦，一時南國稱才焉，乃淹屈散僚卑官，自他人處之，鮮不昂然自足，怏然不平者矣，爾方自視欿然，惟以學之未進、政之未善是懼也，忿不留於中，怒不形於言；充是以往，而益廣其量，益緝其功，則雖於仁也，亦將有可求而得者矣，何止於『面無喜愠』之忠乎？果若是，真可謂立身行道，揚名後世，以顯父母者。故謂承美雖壽雪坡君數千歲有餘也。承美其無忘此紫薇！」

鵠亭處士李君七十壽序

李亨夫會試還，謁予太常南所，既而將歸武昌，拜曰：「萃辱游於涇野子之門下，不識亦知吾父鵠亭君之爲人乎？吾父天授樸實，事至即行，言多徑遂，不避諱忌，常惡世俗浮靡，爾乃遠紛辭繁，寡所交游。少時儒業郡庠，後爲親老，自求削籍。故事父母甚謹，不知有其己也；處伯兄甚恭，不知有其利也；待諸姪、子姪，撫教甚篤，不知有其勞也；處族黨親故、比鄰州里，既睦且任，不敢有所疎慢。明年五月九日，實七十之初度也。吾母□氏，少家君止二歲，亦並强健不老。夫七十自古稱稀，吾父躋此，皆其所自致耳。萃欲延至數千歲，不知亦有術乎？」涇野子曰：「予與亨夫日言壽親之道，乃亨夫又問之耶？昨者諸友之講仁也，『己欲立而立人，己欲達而達人』，雖博施濟衆，亦由此進，非其壽之實耶？」對曰：「有是哉？亦邇迂矣！此堯舜之所病，而以望于韋布之微，於壽親奚涉乎？」曰：「士而爲十數人之學者，是以下壽壽其親者也。士而爲千百人之學者，是以中壽壽其親者也。士而爲億萬人之學者，是以上壽壽其親者也。欲親之上壽，而不爲億萬人之學，是無其體也；欲爲億萬人之學，而不博施濟衆，是無其用也。故子所言鵠亭君者，一鄉之壽也；吾所言於亨夫者，天下後世之壽也。昔者顔子有見於此，樂簞瓢而事克復，雖天下亦歸其仁，故壽其父顔路至今千餘年猶存也；曾子有見于此，彼富貴而事弘毅，雖天下亦散其財，故壽其父曾皙至今千餘年如生也。」於是亨夫再拜曰：「果若是，萃之斯歸也，請於涇野子所嘗言『以仁爲課簿』者，當日從事焉，不敢須臾忘矣。」曰：「亨夫而無忘於斯言，數千年之術，端在是哉！」

具慶重封圖序

《具慶重封圖》者，禮部正郎項君遷之爲其父鶴山君暨母婁氏作也。遷之曰：「鶴山君今年生六十有七，矍鑠不老。母婁氏生六十有五歲，康强倍常。喬生平無他悦好，惟兹二親夙夜所安耳。孟子曰：『父母俱存，一樂也。』可不謂具慶乎？」遷之舉進士，授南京膳部主事，封鶴山君如其官，婁封安人；及遷之晉司兵部，鶴山君封職方員外郎，婁安人封宜人。勑誥疊加，寵命更新。遷之曰：「吾父母教喬之心，而喬報父母之德，庶幾其少舒哉，可不謂重封乎？」他日謁告於予，以問壽言。涇野子曰：「遷之之壽親也，乃止以『踰六望七者爲具慶』、『郎官宜人者爲重封』而足乎？」遷之矍然曰：「則何以開我？」曰：「今天下莫大於權，亦莫尊於勢，權能生殺予奪人，勢能利害榮辱人，故權勢所在，人多趨之。乃遷之筮仕而就南，被取而改南，惟知道義之重，而不知榮貴之美，在他人固卓乎不可及矣。則壽其親者，豈啻踰六望七而已哉？人之言曰：以權壽者，權亡則壽亡；以勢壽者，勢去則壽去；以道壽者，權勢雖無，其壽固常存也。故閔子之壽親，寧在汶上，而不爲費宰；曾子之壽親，寧正而斃，而不用大夫之簀，凡以永親之年於無窮也。況鶴山君質直好義，博洽能文，建祠廟以聯宗，勸鄉閭以息訟，雖無隔夕之儲而豪吟達旦，雖無科第之官而明醫濟人，渥受寵命，泊如寒素。婁宜人又温柔持家，勤儉内助，因禱祠而廢殺，雖當病而知命，則亦可謂同德比行，人中之傑，女中之英，固自可致數百歲矣。❶而遷之又以敦行勵志，獨立不倚，使更能守此不變，益充其所未至，學以衍其美，所以致壽於鶴山君及婁安人者，又數千載亦可也。古之曾母、閔公至今常存不没者，遷之不可不使其親

❶「數百歲矣」，萬曆本作「壽」。

與匹休之也。」

送大司馬紫巖劉公應詔北上序

紫巖先生劉公爲南兵部尚書參贊機務，適御史論諸大臣，而公亦在列。聖旨曰：「劉某取回京用。」將行，五府都督暨侯伯諸公問於予曰：「劉公之在此也，事總大綱而條貫自理，其機務之重亦無不當，官軍方仰賴，不意乃有今言，然聖意眷留，則固厚焉。乃外人又議被言者十餘人，其餘或罷或謫，或調或改，獨公深荷倚注，更取回京，此何故哉？」對曰：「諸公亦嘗知巨室傭人以植家乎？初得數傭，老練敦實，作事遲緩周悉，不失舊榘。主人惡其不敏也，率擯之遠去，乃別求便速之傭，便速之傭妄迎主人之意也，數更舊以爲新，幻遏以爲邇，浚實以爲名，渝經以爲奇，然立功雖易，而見效則難，務家雖頻，而居業則寡，甚至廩食虛耗，營爲無節，童僕犯令，四鄰不睦。然後主人者，覺後傭不如初傭之爲愈也，遂又棄之而復召初傭以還。當是時，人雖有言於初傭，主人亦不之聽。今兹之事，將無似之乎？況公之在北署也，自學士以至禮部侍郎，皆爲上經筵日講官，其所説《論語》、《大學》、典謨、訓誥，率根本義理，明暢親切，關係治理。予嘗親見，嘆其非浮辭蔓語，有宋范祖禹之風。此義浸沃淵衷，而聖學謙虛，懷公之直講已久矣，兹者偶因人言，反觸初心，其召公回也，方恨其遲，而又何外議之足滯乎？但今天下之士，特立者固多，然亦有執其隨而媚悦者矣，習以成俗，如風偃草，如水流濕，其勢則然也。公之斯行也，上之或進秘閣以參密勿，次之或開東閣以知制詔，又次之或爲宗伯以典邦禮，然皆輔弼之地也，吾固知公必用其舊學矣，肯爲習俗所移乎？ 況江南之地素無蝗蝻也，今其飛蔽天日矣，公之所親見也；河北之地素無叛卒也，今其卒犯遼、朔矣，公之所共聞也。 公爲致中和之學者，理宜星夜北馳，上贊聖皇，以成位育之治可也。 若區區循進退辭讓之節，在處一身者則可，以處天下國家者，非予之所知也！」

海山慶壽圖序

南刑部廣東司郎中曹子廷寵數謁予曰：「誥父青丘山人以誥在刑部之故封主事，誥母蔡氏封安人，明年六月，皆八十初度之辰也。 誥奔走于官，十年未省，茲得履滿且歸矣，便道上壽，第愧無言以爲稱觴之具耳。 且吾父思吾祖隰州君之德，每念於心，輒勵於行，事祖母陳氏，承顔順志，爲所鍾愛。 篤於兄弟，有無相共，不分彼我，或割雞烹魚，雖夜必餉，黄崗人稱孝友焉。 既中鄉舉，教諭渠縣，表尚氣節，崇奬德義，士有甘貧好學者，必加優厚。 令黷貨，乃諷以言，使更所行，徼惠于民，令反啣之，忽臺察至，❶乃姻聯也，遂以中傷。 臺察不悟，叱之于庭，吾父義不受辱，趨出長歸，時方三十九歲耳，渠縣人稱忠直焉。 蔡安人上事祖母，克盡婦道，遇誥叔伯，敬恭無懈，凡所操持，咸媲德於父，不知其壽皆可以延數百歲邪？」涇野子曰：「廷寵既圖海山矣，亦知海山之所以然乎？ 夫海也，雖曰原泉之大

❶「忽」，萬曆本無。

也，惟其江入之，淮入之，河、漢亦入之，然後汪洋溟淵，❶亘千載而不涸也。夫山也，雖曰平地所爲，惟其朝加一簣焉，夕加一簣焉，歲月恒加一簣焉，然後崒嵂嵯峨，歷百世而常尊也。廷寵之立身行道，苟增益於父母如趨海爲山焉，則所以延其壽者，豈止數百歲乎？廷寵不見青丘山人之於隰州君耶？隰州君方學生而明敏，❷乃感時政，❸三上書於朝。厥既受官，或奏發久積禄米，活數千人；或奏辯誣陷死囚，平反甚衆；或膺一品冠服，往訊土官讎殺，至判定緬漢地方而返。此其績甚烈，然得青丘君以纘其緒，而孝友忠直光於楚、蜀，於隰州君始顯揚也。夫青丘君止一學諭耳，於其親且如此，況廷寵舉進士、爲司寇耶！苟充其所學，當其顯揚，雖數千歲亦可也。」曰：「誥之官雖多於先正，誥之道未加於前脩，深爲是懼耳。」曰：「廷寵無厚遜也。常人之情，履富貴則驕逸，遇權勢則懾挫。聞廷寵既舉於鄉，肩或任擔，已受乎官，手自撑舟，則亦可謂富貴不能淫矣。鎮守之人，雖隻錢不與，當路之家，雖一法不貸，則亦可謂權勢不能挫矣。予之學甘貧賤而恥附權勢，廷寵乃能同予，肯與之游，則其志與學固可知矣。廷寵苟守此以往，雖他日位至卿相亦不改也，則士風可正，民生可厚，澤加於當時，功垂於後世，豈但使青丘君、蔡安人壽至數千歲而已哉！歸，其以此告諸廷可。」

❶「淵」，萬曆本作「瀰」。
❷「明敏」，萬曆本作「被拘爲吏」。
❸「乃」，萬曆本作「後」。

一溪王君還山序

竊聞之，士有雖退而實進，雖辱而實榮者，行道于時，不合則去是也。邇年以來，余于江西見二人焉：其一則一溪子王汝學者，建昌之新城人也；其一則黄氏直者，臨川之金人也。一溪登正德癸酉鄉舉，授知漳州平和縣，尋上《正禮養儲》之疏，當路排拒，下福州獄，迺罷其官。一溪退居楊溪别墅，遂誦「世紛無盡，生事隨足」之句，菜羹疏食，不求聞達。余聞而敬羨焉，當非其所謂實進而實榮者哉！初，平和迺閩廣之交，峻阻之會，豺狼所嘷，盜賊所巢，近以弗靖而設縣焉，矩度草創，張弛恒難，一溪力爲之振刷而精明之，聯其里閭，優其長老，教其子弟，裁以義而綏以仁，比三年考滿，諸宿爲盜賊渠魁者，率稱新民，詣巡按以保留，今其地有《棠陰鳴愛録》。去任後，民皆隨地立碑焉，重立生祠于東門之内。然則一溪之所以上疏，豈徒内無實政、外要虚譽者哉？一溪之子子卿材從予游于太常南所，嘗問壽一溪之言，而一溪適遭母憂，余謂子卿曰：「欲壽一溪無他術，惟在繼一溪之志與政，擴而充之，雖以壽之千萬年可也。」

雙壽榮封詩序

「雙壽榮封」者，水部盧君子書爲户曹王君子山之父確齋先生、母安氏題也。確齋今年生七十歲矣，猶矍鑠不老，安之年亦若是焉，其健不減於確齋，當其强有力，雖百歲未艾，於是武邑人皆稱「雙壽」云。初，子山舉進士，爲鳳翔推官三年而政平訟理，乃得封確齋如其官，母得封爲孺人，武邑人咸以爲美談，於是稱「榮封」云。予道過臨清，子山已進户曹，榷商税於是地，乃偕子書以問言。涇野子曰：「君子之壽，雖在年，實在德。君子之榮，雖在官，實在仁。故箕子言『攸好德』于『考終命』之先，而孟子謂『仁則榮』也。聞確齋君勤業農，致家饒裕，訓子向學，罔間寒暑，資給之費，幾于破家。及子山筮仕理刑，深加戒諭，歷示欽恤。而安孺人之道，亦足比埒，則亦可謂迪德邇仁，固已俱壽榮之本也。使子山能繼其志，德教溢乎四海，濟衆及於天下，則確齋及安孺人之德與仁，當傳諸後世，雖南山之壽，賢哲之榮，亦不過是矣。」子書曰：「子山方佐户曹一司，雖日夜祇德求仁，恐未遽能溢四海及天下也。」曰：「凡有事商於此者，丈舟尺車，何者非天下四海之人哉？若是，子山見之無不真，處之無不平，雖當榷征之頃，而有寬恕之意，則下固不虧於民，上亦可足乎國，即此一政，亦已可博德廣仁矣。使又能不已其道，雖他日位列卿相亦若是焉，則其所以榮壽乎確齋、安孺人者，又何如哉？」於是子山拜曰：「宗恒敢不努力，以負涇野子之期言！」

廢庵謝君七十壽序

予自南太常改官北上，謝夢卿送至淮安，拜而曰：「熊父字天然，號守拙，又號廢庵。幼性聰穎，稍長即知學，能崇謙抑，敦朴實，安貧處約，無外慕，衣不求華，食不求美，居不好玩弄，志不惑佛老，甚好善嫉惡，親賢樂義，皆其恒性也。初年壯志四方，無非禮之履，既而歸侍親側，朝夕左右，未嘗居私室。親没，哀痛殊至，居喪悉尊《家禮》，以先鄉人；喪終，立主私室，晨昏拜奠。其訓家之弟姪，誘善懲過，率如己子。處貧困及解紛争，皆爲之盡心曲處，有慈斷，人皆服焉。年幾五旬，以違親日久，游藝未遂，憂思惟勞，遂至喪明，『廢庵』之號，所自更也。爾乃抱鬱懷痛，砥志礪行，不失始學之功。行年七十矣，熊又不才，不能早爲顯揚，以致榮壽，則涇野子何以命之乎？」曰：「予與夢卿相處已多年，其論人子壽親之言，不下百數十篇，大要以能繼其志、擴充光大爲本也。況廢庵君孝敬純實，親賢睦族，諸行卓卓，身訓夢卿者如此，夢卿可不思所以繼之乎？夫爲士之道雖多端，而孝親、友賢尤爲急務。子能思廢庵君之孝，益充廣焉，如曾子所謂『事君不忠，戰陳無勇，以至殺一禽、斬一木不以其時，非孝』之説，則斯孝也，可以光於四海，通於神明，區區宗族稱孝，不能也。子能思廢庵君之親賢，益充廣焉，如大舜之取於耕稼，取於陶漁，大賢則爲之師，次賢則爲之友，則斯親賢也，可以行於邦國，達於天下，憧憧朋比往來，不論也。況吾夢卿温良而敬直，坦易而嚴謹，如此而不已其功，則雖學爲古之程朱以顯其親如大中、韋齋，壽千百年亦無不可也。夢卿其勖哉！」

涇野先生文集卷之十一

巡按直隸等處監察御史　門人徐紳編刻
巡按直隸等處監察御史　門人吴遵編刻

序十一

監規發明序

《國子監規》，乃太祖高皇帝爲諸監生作也。作於洪武初年者爲舊規，凡九條，永樂三年申明之；作於洪武十五年者十二條，十六年者八條，二十年者二十七條，成化十年間，祭酒周洪謨嘗通刻榜諭諸生矣。故諸生入監者，必先讀《監規》，而後治餘書。近見諸生率艱於背誦，又或擇其易讀者，捨其難讀者，於是《監規》雖已行，實未爲諸生有也。竊嘗仰思我太祖之心，欲得真才以爲邦家實用，其於諸生，雖坐立進退之間，飲食衣服之際，號舍齋堂之處，誦讀講解之詳，課試倣字之細，皆本道義而有榘範。愛之至而教之切，真天地之於物，無不覆幬，無不持載；父母之於子，飲之食之、誨之教之者也。此其恩德深重，化育周洽，則《監規》誠諸生所當先讀，又不可以有所擇也。柟自涖任以來，深懼淺薄，不勝其職，以負我聖皇委任之意。乃日誦《監規》條釋其下，詳演推廣，如異代諸儒箋註五經四書者，使誦讀之頃，因傳以求經，不以爲難，又知字字句句皆道之所在，不可有所擇而或舍之也，因名曰《監規發明》云。諸士子除將已行《監規》莊誦外，其於《發明》録一帙，時加覽玩，自當手不釋乎《監規》之卷矣。

儀禮圖解序

《儀禮》本周公所作，其篇目甚多，遭秦焚書，漢高唐生止傳其十七篇，與淹中經同。后倉能明之，然多士、庶人、卿大夫、諸侯之禮。宋朱文公欲以《儀禮》爲經，《禮記》爲傳，其徒楊復遂圖解《儀禮》，存其篇于《十三經註疏》中。柟卒業太學，時嘗約所友五七人，率其子弟習行于寶邛寺，今三十餘年，心未之能忘也。近蒙聖恩，誤授今官，圖報靡稱。伏覩聖皇以禮樂爲治，而太學尤禮樂所先之地，用是仰承德意，旁求《儀禮圖》本，偕其僚童公思，與在監習禮公侯伯及諸士子演行，使知揖讓進退之節，以沐聖上菁莪棫樸之教，而效雍熙太和之化也。第此書稀少，止訪獲一二善本，乃命監生王世康輩手抄其圖，月數日藝業焉。尋將具題請勅工部刊印而未遽行也，有監生盧堯文、魏學詩、汪尚庭、錢寅、余誨者，廣求《儀禮圖》以觀，爾乃奮然興念，身自書寫校正，且捐貲刊刻，成書送觀，以問序焉。柟嘆曰：「美哉，此五士也！昔姚樞居于輝之蘇門，病一方學者之無書，乃自板《小學》諸經嘉惠輝士，於是許衡亦自河内就書于輝。厥後元之數儒敦尚經義、尊崇古道，説者多歸功于樞焉。聖明在上，家《詩》《書》而户程、朱，夫豈前元可比。然而五士者之所刻，則固太學諸生之一助，蓋不待如樞顯達後而始著矣。固可徵聖世人材之盛，而諸士子於此書，尤當行之而必著，習之而必察也。」

詩樂圖譜序

《詩樂圖譜》者，取《詩經·周南·關雎》以至《商頌·玄鳥》可歌之詩八九十篇，被之八音，以爲圖譜者也。夫此詩樂，自周室盛時奏於郊廟朝廷，頌聲大著。漢唐以來，俗樂聿興，新聲代作，而三百篇之雅音絶響矣。洪惟我聖天子龍興以來，敦崇古道，脩明禮樂，一時俊髦，罔不思奮。柟自蒞任以來，仰承德意，偕其僚童司業課藝諸士，習行《儀禮》，內有用樂之處，選知音監生衛良相等率其友百餘人，取前詩篇，日每歌詠，諧之音律。未及期年，衛良相於前諸詩皆能畫圖定譜，除鐘鼓柷敔之外，列爲六調：一曰鍾磬調，二曰琴調，三曰瑟調，四曰笙調，五曰簫笛調，六曰塤篪調。每一用之，渢渢乎有古音之遺。柟益嘆曰：「聖明作人之深，而古樂亦不難復也！」因命傳教六館諸生，以養其性情之正，育其和平之德，仰副我聖皇教養之厚意也。或曰：「漢賈誼請興禮樂，文帝答以未遑。武帝用協律郎李延年造《天馬》《芝房》之歌，汲黯深非之。今此之舉，何也？」曰：「汲黯之論，文帝之言，固孔孟之旨也。昔孔子以仁爲禮樂之本，而不專於鍾鼓玉帛；孟子推好樂之心，與民同樂，則聞鍾鼓之音者，欣欣然有喜色矣。惟我聖皇，具《關雎》《麟趾》之義，篤愛民好士之心，迺乃定郊廟之大禮，復《雅》《頌》之古樂，本末具舉，質文兼脩，正所謂建中和之極，而行以位天地、育萬物者也。當其隆盛，追復西周，豈但如漢文帝而已乎？」於是諸生皆歌《靈臺》之篇，而詠《棫樸》之雅。

正學書院志序

侍御余子晦之巡鹽河東，鹺政既舉，乃曰：「予身履唐虞之墟，目覩稷契之舊，顧風俗未振，醇良未興，是光以一鹽自足也。」爰度運城之東空地若干，創建正學書院，并建塾學於其傍，嚴選信厚端慤之士群業其中，暇則親臨訓迪，以明孝弟謹信、恭敬學文之道。而又舉行《藍田鄉約》，延致仕馬、張諸君爲約正副，講習古義，表正群物。一時志士聿興，齊民多勸。於是監生王世相纂輯其事，作《志》七卷，而都運詹子諸君走使問序。然其《志》亦采予判解州時事，苟有題引，是予自多其績也。既而曰：「昔召信臣之守南陽，常開芍陂以灌民田，後杜詩繼之，不隳其烈，南陽人遂有『前父後母』之謡。予之道不及信臣萬一，然而當時之心，則固不敢以一善自私，便欲博及四方也。今去解且十年矣，侍御乃能兼攬古今，廣開藝局，雖予淺陋，亦與舉行，凡蒲、解諸地，莫不聞風飆起，挽回古道。是予行之一郡者，今充而爲數十州縣之廣；試之一時者，今傳而爲千百年之遠，豈特一杜詩繼召信臣而已哉？則予又何敢以一己之私，而廢侍御之公乎？斯《志》也，雖以共天下及後世可也。」

贈少司成桂濱張公陞南少常序

予自南太常少卿補今官，既至京邸，宿于公署。當是時，桂濱張公尚爲少司成也，即夜枉問，續燭話舊，叩所以教人之道，蓋已示之大略矣。未數日而公南少常之命下，即以予之缺也。予嘆曰：「予方慕公，以叨同僚，而公乃不耻予之不良也，以同予之先官。予適至而公往，公將行而予來，睽離之久，猶爾南北，合并之難，信如參商，事之奇怪，一至此乎！」公戒行有日，問曰：「何以贈我？」對曰：「不外乎留我者耳。昔者子路問事鬼神，夫子答以『未能事人，焉能事鬼』，蓋幽明惟一理，而知明爲先；人神無二道，而格神則易。今公已能教乎人，又何有於事神哉？且嘗察公之教人矣，寬而不失之縱，嚴而不失之刻，順而不失之阿，逆而不失之犯，操縱得宜，處置有方。諸士子無不畏其威而懷其德，信其令而式其文，故於公之將行，咸戀戀不舍也。然則公赴太常以事神，又何必他求哉？雖然，予於太常未考厥職者有遺悔焉：淮豕欲變而未程，堧蔬欲藝而未圃，廚米枉汰而未還，樂師欲正而未請，秩祀有失而未經。或頻舉而遭更代，或適議而遇遷改，遂使懿業未脩，正政躭弛，至今抱悔者，不啻此五者而已。公之往也，斟酌其事，損益於時，或大補其缺典，或盡釐其紀文，當必又有出於予志之上者已。公海内名流、翰苑宿儒，聖上方興堯舜之治，暫假公禮樂之司，不日詔還近禁，漸進密勿，敷宏雅之才，攄經濟之具，南都少常真非公久淹之地也。公必駿奔厥職，靡禮不備，靡樂不和，其肯如予之有遺悔乎？」

公字子陽，廣西桂林人，起家正德丁丑進士，選爲翰林庶吉士，讀中秘書，授翰林編脩，歷任兩京國子司業，至今遷云。

冼母陳氏六十壽序

冼母陳氏者，吏部觀政進士、南海冼奕倩之母陳也。去年奕倩舉進士，思母不置，每中夜興曰：「安得吾母自南海來，饌此進士升斗禄乎？」於是遣人迎之南海，母曰：「吾兒桂奇舉進士，吾聞之喜而不寐，吾意亦欲北耳。」乃使其父家弟某侍舳艫，并携奕倩之室以來。舟至臨清而某殁，母號泣泊舟不欲進，曰：「吾爲吾兒來，而使吾弟野死，吾何以進爲！」奕倩聞之，驚悼戰懼，四體無措，夙夜使人慰母於臨清，櫂厝其某，若迓母於京邸。然母終思弟某，對食則泣，游庭則泣，雖以奕倩愉惋之誠，旨甘之奉，百計不能解也，曰：「除使吾弟之櫬歸窆南海，吾淚始可收耳。」是時奕倩授官期不遠，乃置然曰：「母情如此，而桂奇奚以官爲？假使母憂成疾，是尚爲有人子哉？」遂列疏上天子，吏部覆題，得送母南歸。然其時已至今年正月，陳夫人於是生六十歲矣。奕倩之友數十人因作《金臺祝壽圖》，各賦詩歌，而奕倩請予序其事。予嘆曰：「陳夫人在家承順父母，既歸履齋君，敬恭内業，無違宫事，履齋君既殁，尚志不渝，節操比冰霜，迪訓奕倩，至有今日，而其處弟某之變又痛切如此，則亦可謂古淑女之孝、有、貞、慈者。有此四德，神發其祥，其壽自可長視遠履，不啻百餘歲矣。《金臺》之祝又何以也？無亦使奕倩發孝以忠君，移友以處僚，貞固以立本，敷慈以字民，推是四德於國乎？夫陳夫人具是四德於身，一家人、一鄉人知之壽之而已；奕倩果能推是四德於國，則雖天下人、後世人，皆可知壽之也，是其壽豈可以年歲計哉？且奕倩未第時，嘗謁予於南太常之别邸，會晤雖未久，然已瞰其志之不凡矣。比今過此，見奕倩母來則來，母去則去，母樂則樂，母憂則憂，進退無必，惟母是據，則奕倩推四德於國也又何難乎？奕倩而不難於是焉，其視世之口談心性而不知置身何處者，其爲壽其親之遠邇也，奚啻倍蓰哉！」

封户部主事南山周君暨張安人雙壽序

予在南都時，户部周謙之嘗過予以論學。比予改官北上，謙之問壽其父母南山君、張安人，言皆且六十也，予已諾之矣。今年春，謙之考最，又申前問於端範亭，答曰：「孟子云：『爲高必因丘陵，爲下必因川澤。』吾願謙之爲高而無下也。夫爲高而不因丘陵，則用力多且難，子有自然之丘陵，惟望勿舍之以他騖也。昔者汝鄉之張敬夫篤學踐履，取《論語》中夫子與諸弟子言仁之事，類萃成帙，曰《洙泗言仁録》，以資顧諟遺同志。斯其學益深見本原，一時師友門人皆推讓其純正，傳數百載而益光。故子之漢州崇祀敬夫并其父魏國公，正位廟貌以祭之。子誠學仁於敬夫，如藉丘陵以爲岷峨之高也，則所以壽南山君者，亦如敬夫之於魏公，當數千載遠不啻也。況南山君生而抗志幹蠱，恥櫜鞬之粗，爲聖賢之棄。既生謙之，六歲而出就外傅，十歲而教督文業，五鼓呼之以興，乙夜伴之以寢，寒暑匪懈，淡泊是甘，張安人又茹荼食辛以佐之。於是謙之甫及弱冠即成進士，爲小司徒，而語默動止惟聖賢趨，皆南山君、張安人之賜也。然則謙之之所以繼其志者，雖欲不爲敬夫，不可得已。夫敬夫之學仁也，固爲顓周矣，然猶不若張子厚之論仁廣大切實也。子厚論仁人之事天，比之孝子之事親；謙之之事親，誠如仁人之事天，則所以壽南山君、張安人者，又豈可以年歲計哉？」「謙之何其用力也？」曰：「夫子不云乎？功在終食、造次、顛沛之頃，驗在富貴、貧賤、取舍之間。」

順德府志序

順德即古邢國，漢鉅鹿、常山地也，風門、百巖之所環拱，濁漳、沙河之所襟帶，蓋明時之股肱郡也。舊有《志》，訛漏不善，今大守孫君元朴自蒞任順德，篤志慈民，政平訟理，四境之內，盜賊屏息，民安其業，則曰：「非往無以開來，失古何以貞今。」爾乃考摭遺失，遹追舊典，選委師儒，纂成斯《志》，將以具文獻而詔士民也。涇野子覽而嘆曰：「後世郡邑之紀，有古列國諸侯史之遺意。然時世雖異，而道義則未嘗不一也，乃王仲淹謂陳壽之《書》、范甯之《春秋》思過半者，蓋以遷、固而下，制作紛紛，率競博洽，而鮮勸戒，其志寡也。斯編也，當其志不亦遠乎！」《志》自《郡紀》以至《外傳》，凡三十四篇，豈惟足徵，亦可詔後，其可傳無疑矣。

孫君諱錦，陝西綏德衛人，起家嘉靖丙戌進士。

封君王水樓先生雙壽序

水樓先生王君德容者，南京禮部郎中

國珍文儒之父也。國珍爲户部主事時，封水樓君如其官，今年生六十六歲；所配陳氏封安人，今年生六十四歲。於是其鄉縉紳，咸謂其有雙壽之榮也。往年予在南都時，居太常之清風亭，與水樓君之第甚密邇。當夫春芍初榮，秋桂正芳，常邀水樓君枉過，散適於空庭之中，遊賞於爛熳之地，則見水樓君撫景欣暢舒懷，笑談矍鑠之狀，似四五十歲人，未嘗不擊節忻羨，以爲深有所養者也。今年夏，國珍以考最北來，問雙壽之言，且云：「水樓君年弱冠時，有司舉入郡庠，百方避免，及長，堅志不求仕進。賦性仁孝嚴敬，公正勤敏，讓風水以與弟，割己有而濟人，赤子之心，古人之行，近雖受封，泊然若無。陳安人亦貞順柔嘉，勤儉剛正，濟人利物，視人饑寒，猶己痌瘝，媲德不愧。」予嘆曰：「往年之欣羡，固知水樓君之有此哉！雖然，此其在水樓君者也，而忠非所以爲至也。若乃引其孝以事君，而忠藎在朝；廣其仁以慈民，而德澤在野；法其敬以居位，而職業罔有不脩；擴其公以莅事，而進退無不可度；推其儉讓以處寮宷，而有羔羊之風、循墻之規；充其濟人利物之心，而使無一物不被其澤。以赤子之心而爲大人之心，以古人之行而變今人之道。將見水樓君之德可壽於一鄉，而國珍之衍之者可壽於天下；水樓君之德可壽於一時，而國珍之繼之者可壽於後世，是可使水樓君暨陳安人壽數千歲不啻也。且國珍不見長江乎？初發源岷山者，止可濫觴耳，其後群流引附，遂至浪浴日月，濤隱雷霆，以爲南邦之紀者，亘萬古不替也。況國珍純篤忠信，見利不惑，臨事立判，而又抗志高遠，步趨聖賢，然皆水樓君、陳安人之賜者也。則吾固知其自不能不廣其道於無窮也。」

壽萱圖詩序

《壽萱圖》者,國子學正巴陵余子叔載爲其母李孺人作也。初,予在南都時,叔載方典教於蕪湖,他日以事來,謁予於鷲峰東所,予甚重其威儀端雅,志向不群。以後雖未數聚,然或寓書寄聲,義未嘗不相通也。比予改官辟雍,叔載已先陞學正於此矣。爾乃孤處退省一室,寡交際,絶取予,若物外人者。問其故,言李孺人年八十在家,乃不携妻子耳。然叔載日以屬官禮事予,既數月,偶以他事來,忽言及鷲峰事,予曰:「叔載而忘鷲峰之舊邪?」曰:「坤未敢忘,第恐諸僚以坤爲扳援耳。」予曰:「師我在前,屬我在後,《禮》曰:『有其舉之,莫敢廢也。』此天地間之大分,又何嫌疑哉?」於是叔載矍然改執舊禮。予於是滋重叔載之爲人,耻爲趨承奔競者也。又數月,叔載以《壽萱圖》來,且言:「李孺人凡古今格言諺語切於日用者,一有所聞,多能默識,發諸論説,亦多中節。遇事無大小衆寡,處之秩然有條。既歸時隱先生,事舅姑,皆賢之。内政旁午,躬執勤儉,裕用拓産。家法甚嚴,於坤兄弟中雖素鍾愛者,稍有咈意,撻之不貸,嘗曰:『上等之人,不教而善;中等之人,教而後善;下等之人,教亦不善。若等甘於下等人乎!』其紡織多至夜分,見坤兄弟學業無進,又責之曰:『吾聞孟母斷機教子,懼不成器也。若等可不知自勉乎!』夫吾母治家教子如此,乃至有今日。是年八月四日,則八十初度之辰也,幸賴强健矍鑠，未甚有老態，不知涇野子何以語坤，使吾母至數百歲乎？」曰：「叔載又豈可以他求乎？夫李孺人尚以孟母自待，乃叔載反不以孟軻自期耶？且叔載受母之質如此其美也，奉母之言如此其謹也，使能踐形以益美其質，篤行以益顧其言，則李孺人之道爲之益廣，而叔載自比於孟子者爲不難矣。當使李孺人之壽至數千歲，如孟仇者至今猶存且芳也，不可乎？」

宋四子抄釋序

宋四子者，濂溪周子，明道程子、伊川程子，横渠張子，晦菴朱子也。朱子曰：「程氏兄弟二人，其學既同，其言無異。」遂稱程子云，故曰「宋四子」也。予謫判解州時，嘗抄釋周、程、張三子書，解士丘東魯、王光祖校正而刻之解梁書院。比予官南都，光祖復篋是書，問於鷲峰東所。於是休寧程爵見《周子》、《程子》，取而刻諸由溪；維揚葛澗見《張子》，取而刻諸江都；同志之士欲求周、程、張子之道者，皆可因是以知其大略矣。比予既守太學，其誨諸生，每稱四先生之言爲入五經四書之門户也，乃徽中戴冠、胡大器、黄卷、汪雲、黄本静、汪光儉、洪釗、胡其仁、黄登諸士侍側曰：「是刻諸江南者之三子書也，冠輩尚能誦之，但恨未能博及天下之士耳。願暨同志曹顥、羅瓊、吴時敘、黄錫、吴文達、汪鳳梧、汪櫓、汪一中，自爲校寫重刻，拜請朱子者以加諸梓，使海内遊太學者皆得誦習四先生之言，以求爲孔子之道。當見士風可正，民俗可移，不尤愈於一由溪、江都之行乎？」予然其言，遂併抄釋朱子以附之。於是冠輩持是書請博士南海蕭子日强、莆田鄭子汝舟重加校正，遂入諸木，曰《宋四子抄釋》云。

朱子抄釋序

予在江南，徽中士從予遊者請刻《朱子抄釋》，予諾之，未有以應也。比守太學，徽士戴冠輩十餘人復以是請，予乃取門人楊中立所編《語略》者，遺其重復，取其切近，抄出一帙，條釋其下，以便初學覽閱。夫朱子之文，動千萬言，學者少而讀之，至於白首不能窮盡，乃今落落數百條，何也？曰：君子之學，雖貴於博，而尤要於約也。苟惟其博之趨，在朱子大賢也則可，於學者之學，豈不泛濫而無所歸哉？學者苟於是編少加意焉，然後以觀朱子之全書，自當知所從矣。且因是以窺周、程、張子旨奥，上溯孔、顔、思、孟之道，亦可優入而不難也。

贈博野掌教邢君序

予初守太學，掌科王龍塘諸君子枉謁予曰：「敝僚邢掌科汝默者，其父古松先生弘仁，山東名士也，爲臨邑選貢，求就學職，獲授博野縣教諭，請一言以贈，罄吾僚友者之情也。」予嘆曰：「予不知爲人師之難，近守太學，方信其不易矣！夫士之來者，聰明才辨，固多有之，然頑梗强悍、安逸自取者，亦不無其人焉。又或富者怙財，貴者恃勢，朝教而夕更，昨誨而今違，導之以禮，或不循其節，陶之以樂，或不諧其音。予每求其故而不得也，則嘆曰：『當非予本之未端，而我教之未公乎？』遂痛自刻責，敷陳古昔，於是諸生始頗有聞言而信、見行而迪者矣。今龍塘子言古松先生之爲人也，五歲失恃，善事繼母，無異所生，友愛諸弟，喜怒與偕。隨父静海，繼侍岢嵐，一心藝書，無所外慕，祁寒暑雨，亦不釋卷。其甘淡薄，出於質性，輕財履義，豪髮不苟。凡處友朋，厥乎交如，至於論事黨直，人或不堪，退無怨言。親故或偶失義者，輒自懼曰：『得無爲古松所知乎？』夫古松先生如此，則是其本已端，而在我者已公矣，以訓博野之士，吾知其令之無不行，❶禁之無不止，又奚有予之所嘆者哉！夫使天下郡邑之師，皆如古松之有本也，則其士之入太學者，皆可以不煩告詔鞭策而趨道矣，予又何所憂嘆哉！」

「夫民生之不厚，皆由士習之不良；士習之不良，皆由師道之不立。聞有勸古松就封子官者，則對曰：『人各有志，我又何以子之官爲哉？』夫子之官，已所成者也，且不欲就，況其在他人者乎？則古松之志，出乎風塵之外，拔乎流俗之表，雖安定胡瑗、泰山孫復之立師道亦不過是，以是而作士之良也，雖傍郡連邑，皆將易心興志矣，況於一博野乎？嗚呼！安得天下如古松者數百輩遍布庠序，以爲太學賢士之張本，則民生之厚，可坐而見矣。」

贈沈南湖考績序

侍御沈子文瀾將考三載之績于天官氏，其僚曰：「沈子自縣令進拜監察御史，嘗兼綰數道印綬，數道無壅事；其掣鹺商，商無怨言；其恤軍士，士無離伍；其差視群

❶「之」，萬曆本無。下「禁之」之「之」同。

倉，巡按鳳陽，諸弊聿革；而又條陳時事，皆關政體，非他累一績、具一勞者可比也。」涇野子曰：「夫御史之職，激揚有道、舉錯有方而已。夫激揚之道，不惟其喜怒，惟其人，即百官之惡德者遠矣；舉錯之方，不惟其同異，惟其才，即百官之不才者遠矣。若是，而百姓有不蒙其福者乎？行而考諸天官氏，雖曰不職，吾必謂之職矣。如其狥己之喜怒也，清濁必至於混淆；如其泥己之同異也，賢不肖必至於倒置。若是，而百姓不被其殃者，未之前聞也；行而考諸天官氏，雖曰職，吾必謂之不職矣。夫文瀾嘗與予論均徭之事矣，重役不頻于乞丐，輕賦不假于富室，余嘗以爲有鳲鳩之志，真民之慈父也。他日又爲其父敬軒君請墓銘，敬軒君歿已十餘年矣，文瀾戚容盈面，舉言淚垂，予嘗以爲真時之孝子也。文瀾若又移孝爲忠，則必視君如腹心，知無不言，言無不盡，婉轉委曲之間，即有回天之力矣；移己之縣者以待諸守令，則其所鼓舞勸戒者，即有風動之勢矣。以是而行激揚舉錯，即才德皆至，又焉有喜怒異同之説哉？文瀾，予禮闈所取士，知其必惓惓于是也。」

椿萱榮壽序

《椿萱榮壽》者，工部正郎鄧子一新壽其父節菴翁暨母劉宜人者也。節菴今年生八十歲，劉宜人少四歲，皆以皇太子誕生，覃恩德膺誥命云。於是一新之僚友曰：「翁素嚴毅朴實，孝友兼盡，樂聞善言，一事耕讀，不藝他業。宜人慈惠好施，紡績至老不倦，又能教諸子以禮，宜乎有此眉壽且榮也。」一新乃作《椿萱榮壽圖》以樂之，留都大夫士咸歌咏以侈其事。他日一新以告予，予問其詳，一新曰：「文憲父日無所爲，農事之暇，好觀孝順事實，然必盥手而後開卷，有所得，輒見之行。母偕復爾。」予嘆曰：「節菴、宜人之壽，此可以躋性百年未艾也，雖然，猶在一新能廣之耳。去年予在太學，有泉州進士黄鎮卿者從予遊，甚重一新，言能教邑士子，邑士子至今思慕，猶蘇、湖人之仰胡瑗。而一新之在工部，又能秉度奉程，不愆于素，工部上下皆稱良焉。他日繼此，益廣節菴之行，成節菴之志，益恭所事，不懈于位，秩晉公卿，亦不改其操，常如所謂盥手而讀《孝順事實》者，則必澤加於當時、風流於後世，節菴、宜人壽雖千百年猶存也。」

贈殷良器考績序

昔者予之在太常也，數署寺印，得二屬友焉，其一爲無錫顧承美，其一爲長洲殷良器。夫太常職在祀神，蔬果有户，犧牲有所，酒醴有程，香帛有度，樂舞有士。然積歲既久，廢弛因仍，廚門敝而不扃，道流惰而無矩，逭褻神之罪難矣！我爲此懼，每舉一賢也，二屬友或導之於前，或推之於後，必使其義立而後已；每懲一愚也，二屬友或發之于始，或斷之于終，必使其愚儆而後止。予私喜曰：「苟爲堂官者皆得若人以爲屬焉，何患不能以事明主哉！」故常恨不能即日同升諸公耳。又嘗見二屬友所製文詩，皆格力不凡，超入古作，乃承美舉應天亞元而未獲甲科，良器選貢於鄉而未獲一舉，又數惜其才屈於散秩也。

比予改任太學，遇銓部必曰：「安得使顧彥夫者爲太學博士，爲我諸生説經乎？」銓部亦有然其言者，方舉而遽去任，於是承美猶滯於兹。比推及南禮署篆，南吏方有入賀之行，即日出印，而良器考績文移適至，乃謂其考功曰：「予素知其人，乃不能一書其最。」夫賢如二屬友也，其不遇如此，豈非有數哉？雖然，遇不遇者數也，學進而不已、志立而不渝、行脩而不願乎其外者，則君子之常也。二君子苟審于斯，又何患于不遇哉？不觀古之大賢上士，亦不待崇階峻位而後顯也。乃其僚李博士惟中，數爲良器問考績之言，於是乎書。

贈趙士美考績序

仲南趙君士美爲御史三載，考績于宰衡，吾陝縉紳在南都者咸曰：「懿哉，趙仲南，三爲御史也！巡視西北二城，巷無犬吠；查閲府庫倉場，糧無鼠竊；差視蘇、松、常、鎮江防，積盜瓦解，歲久，客舟無虞。當其爲績，誠一時之偉然者也。且其隨事進説，應時陳言，皆不詭不詖，率布忠悃，豈惟吾鄉有光哉！是獨不可一言以賀乎？」涇野子曰：「士居小官難，居顯要易。諸君知士美治撫寧乎？撫寧遠在邊鄙，地險而民貧，士美治之，如抱餒兒病女。他日有寺人自山海關回，貨車十餘輛，役騾數十匹，計蒭菽之費，日不啻十數金也，乃又張威以索撫寧，士美凝然不動，曰：『彥之寧解此知縣，不忍毒吾撫寧。』公廩之外無羨餽，且革關人之濫。寺人居數日不能行，至停其數車而後往，遂毀士美于京師，而士美之名反滋重。夫士美于其難者如此，則其在顯要者之績可勿訝也。且君子以立心爲上，立功次之，邇聞馬子約言士美當薦人之時，偶亡一賢，既覺，寢不能寐者數宵，此其心，雖以質諸鬼神可也。斯往也，益廣其知人之明，益堅其袪邪之操，見賢必舉，舉之必先，見不善必退，退之必遠，雖古之名御史，當亦不過是矣。」

刻博趣齋藁序

虎谷先生和順王公自舉成化甲辰進士，歷仕禮部祠祭至都御史，凡平日所著文詩、奏議以及學政、兵務之章程咸具焉，自名曰《博趣齋藁》，意蓋以志道、據德、依仁爲本，孫而不居，此特其游藝之一端耳。夫先生學爲孔孟之道，身兼文武而材備體用，其道德仁義，固未嘗不於文字間見也。某年十七八時，先生提學陝西，深受其開喻獎拔之益。凡先生之言語動静，恒以爲師模，而一時西土士風亦駸駸乎復古矣。及先生殁，某遂撰次其行爲墓誌銘，亦略具矣。第其著作之富，力莫能爲之傳也。往來過雄山鎮，會玉松仇時茂，嘗語及此，而時茂素慕先生，即以其藁托某校正，命其弟時醇、時閑輩刻之。然某官事紛冗，兼以道路奔馳，校未及精，而時醇使人過江取回是藁，入梓以完兄命，且裝釘送觀問序焉。予覽之，甚悲喜，蓋是書非先生不能著，藁非仇氏不能刊。先生雖無子弟門人以永其業，而秉彝好德之君子，則固不以先生存亡而有間也。然後知道學人皆可爲，而生前之成敗利鈍，皆不足道矣。

藤蔭先生壽詩序

國家百餘年間，華夏蠻貊，罔不率俾。數年以來，殞將喪師，損威耗財甚矣。予嘗以爲壯邊惟在于鼓將，强兵惟在于飽士，人多以爲常談。邇者北虜吉囊率其部落覘寇莊浪，時且麥秋，人倚爲命，若不獲刈，則齎虜糧矣。侍御文江胡君伯時巡按隴右，聞此虜變，❶馳至金城，集諭諸將曰：「往者小王子屢寇河西，亦不刺雄據海外，土魯番糾連回夷、住牧西羌，爾等擁兵自衞，既不能討矣，今吉囊馮陵至此，乃又欲顧身家耶！」先是，伯時下車察士卒之饑寒，周其糧餉，足其布花，增其餱鈔，懲其兇魁，士固有欲投石超距者矣。至是，諸將聞御史之令，咸攘臂自奮，有以纓繫吉囊之志。比至紅城子，選遣健卒，各持銃砲，夜逼虜营，更迭燈發，賊數潰亂，自相蹂踐，驚徙外遁，達旦始定。如是者三，而我軍偃旗息鼓，匿不見形，虜始則驚疑，終則以爲虛弱，益不爲備。文江乃命諸將各出驍騎，數道並進，直擣虜營，斬其梟帥，并奪器馬。旬月再捷，獲級百餘，匈奴遠去，邊民獲麥，無不懽悅。露布上聞，重加賞賚，則予之常談，乃于侍御一驗。

未幾，會伯時于途，伯時乃問藤蔭先生六旬之壽言。予曰：「即河西之事，亦可壽藤蔭先生于數百歲矣。❷」復曰：「將無益之

❶ 「此」，萬曆本作「北」。
❷ 「于數百歲」，萬曆本無。

乎？」曰：「不見子鄉之程太中耶？太中之子伯淳亦嘗爲御史矣，其論王道十數事，并諫人主防未萌之欲者，今其遺書固在也，侍御取而行之，豈惟可靖一河西哉？豈惟可壽藤蔭先生于數百歲而已哉？且藤蔭先生早遊黌舍，博暢經史，才足經世，退耕于野。嘗廬親墓，孝感紫藤，引蔓墓側。其所配喬夫人没，先生年纔四十六也，鰥居守義，矢不更配。至教御史兄弟，義方懇切，偕之大道。是藤蔭先生之賢，固欲追踪大中，❶而伯時之壽其父者，又肯讓伯淳而不欲匹之耶！審若是，則藤蔭先生之壽，雖數千歲無涯也。」

崑山鄭氏族譜序

歲甲午，鄭生若曾請序其家譜於金陵，予已諾之矣。茲申前請，予覽之曰：「若曾之先，故開封鄭人也，從宋南渡始家崑山，今已四百餘年。譜凡三脩之矣，一脩于晚宋，再脩于天順初元，三脩於若曾。其開封舊本，今固存也。其曰太師豐者，譜之第一世祖也；曰學士億年者，始居崑山之祖也；曰季四者，始傳宋薛産醫之祖也；曰玉者，國朝立籍醫院之始祖也。溯本窮源，功德並茂，其爲昭穆傳記，支分派別，亦既詳且明矣。予感而嘆曰：休哉，鄭氏之種德乎！夫耻爲元臣，樂事義莊，以贍宗族，皆綱常倫理之大，宜其生男多賢，而女婦之克貞也，其於譜也亦榮矣。雖然，綿延昌大，使先德永永弗斬，責在爾後之人。夫譜，所以明一本也，故縱而觀之，自始祖以至於若

❶「踪」，萬曆本作「宗」。

曾，皆一氣而禪者也，不容不反其始；横而觀之，親屬遠近，莫非一體之遺也，不容不篤於親。夫反其始則尊祖，篤於親則合族。尊祖、合族，而譜之輯也有其實矣，若曾其勖諸！雖然，嘗告若曾以學仁矣。仁則以天地萬物爲一體，雖於天下族皆可合也，而況於一鄭氏乎？」若曾曰：「『孝子不匱，永錫爾類』，先生之言，匪直訓曾而已，曾知所敬矣！」

雪舫處士方君七十壽序

雪舫處士之七十也，耳目聰明，步履矍鑠，身走霜雪中，築鳳臺於水口，以利鎮人。當其壯健，類四五十歲人，歙中士率滿口褒嘉。其子太學生鑾嘗從予遊，過金陵問壽言，手持雙溪鄭大參、東峰汪少卿二序曰：「恐涇野子不知吾父悉也。雙溪之言曰：雪舫君平生樂交與，嘗舉數千金，托諸其友而盡之，不訝，復與之，竟得其報。東峰之言曰：雪舫君内而家族，遠而鄉黨，有鬥争者、有孤苦者、有是非曲直相角者，乃爲之平其忿、植其弱、解其紛，汲汲皇皇，不暇寢食。」涇野子曰：「由雙溪之言，則雪舫固古之義士也；由東峰之言，則雪舫固古之直人也。義則利不可溺，直則曲不可回，持是道而不渝也，豈惟可百歲哉？昔者鑾之遊鷲峰東所也，謂予曰：『家父以鑾從弟遊京師而不返，俾鑾浮江至此，欲同領明教，偕之以歸。』予嘗嘆曰：『雪舫於其猶子如此，則於其子時嗚可知矣，豈非有古孝友之風者乎！』今觀雙溪、東峰之言，信不誣矣，則雪舫豈惟可百歲哉？雖然，百歲之壽，在雪舫者也，衍之而至於數千歲，則在時嗚爾。時嗚不見漢之石建乎？其父奮敦篤重義，口不輕然諾，諸子有過，召立終日，不與顔色。後建守其家範，尺寸無違，嘗取奮中帬廁牏，❶手自浣滌，諸弟效法，時稱長者，漢至今千餘歲，建父子猶在也。況時鳴進用有待，使學如不及，以雪舫一人之義直、孝友，暢於四肢，發於事業，達之於千萬人焉，行道當時，揚名後世，則雪舫君之壽雖數千歲有餘也，一石建之壽其父，何足爲時鳴道乎？」

李孺人七十壽序

太學生胡大器自都下來，至金陵謁予曰：「解州王舉才，與大器及黄卷、吴梁十數人同游業北雍，義氣相孚，情相厚。聞其母李孺人今年十二月某日，七旬之誕期也，舉才以父恩榮君琳先逝，值母壽期也，又自離逖膝下，不能稱觴，累旬懷苦，無以自解。卷輩相率醵金，裝軸賦詩，寄壽解梁，請序以宣舉才之思。」涇野子曰：「卷、器，徽人也；梁輩，松江人也；某魯人也。地去解梁若是其甚遠也，人與舉才若是其殊俗也，乃皆敬舉才，欲壽其母，舉才如未能順親，豈能信友若是乎？然則諸友之欲壽其母，則舉才之能壽其母也可知已。」

「昔者予之判解梁也，舉才羈丱，與其兄舉直、舉善從予學，當時已聞李孺人之賢矣。其祖舉人濡，司教永寧、曲周、南樂，以善誨人鳴。其父歲貢經，任伊府工正，以良于其職。故孺人奉其閨訓歸恩榮君，克盡内助，無違宫事，所生四子，皆教之以道，彬

❶「中帬」，原作「中帍」，據《漢書・石奮傳》改。

彬然聞于三晉。比予自太常過解，舉才以鄉試中式，舉善已廩膳高等。時解太守、學正諸君，暨解梁書院諸生、鄉約諸耆，且百人也，送予至静林寺，開宴萬栢之中。諸生憶予在州之日，曾教童子詩歌，請重肄詠，予諾未已，舉善即出班，倡衆歌者。然舉善年已近三十矣，憶昔教歌之歲，方當弱冠，乃今老成，朗誦不忘於宿昔，予深感動，泣數行下，收不能已。乃益知恩榮君、李孺人教子有義方，王氏之昌熾未艾也。」

「夫予在解時，鄉約諸耆托王太學、閻節推，書院諸生托丘孟學。節推已化去，丘、王已出仕矣，則謂舉才曰：『叔元不可不承其緒也。』舉才聞予言後，日居書院，禮舉其廢，樂脩其壞，俗振其頹，經辯其疑，鄉約繼其成，恒若初舉之日不懈也。有余御史誨之者觀風河東，還至京師，褒嘉不置。於戲！舉才不日試春官，對大廷，有官守言責矣。其舉措發于事業，施諸民物，近則光于四海，遠則垂于後世，則李孺人之壽雖數千歲不啻也，斯固器、卷諸友之志乎！」

謝氏族譜序

王源謝族凡七八百人，自南唐銀青光禄大夫諱詮者以來，五六百年矣。銀青公生三子，居王源者，孟芳之五世强也；仲端之後，居黨安閂水，今幾二三百人；季佺之後，居茅嶺、汾溪及祁城中，今幾八九百人。然初皆祁門縣謝村里人也。世遠氏繁，三支百宗，譜亦異牒。王源之譜，今已六脩之矣，猶有遺而未收者焉。强十六世孫有曰祚、曰紋、曰華者，孝弟力田，思繩祖武，恒欲聯王源之族，以纘銀青之緒，乃命其姪顯重加校編，積歲成帙，分爲五卷，始于申伯受謝，至於子孫雲仍，罔不明著，其制誥、勑命以及藝文，亦皆備載。

他日，華之子顧嘗從予遊，持斯譜以展予，予覽而嘆曰：「王源之謝，可謂盛乎！雖然，發族本於祖宗之德，收族係於子弟之賢。子孫賢，則雖在袒免之外，猶若期功之親；子孫不賢，則雖在兄弟之近，猶有鬩墻之害。顧不聞德澤君之爲僉憲乎？躬秉忠清，信及虺蛇，當路訴冤，積害頓除，浙人畏如神明，此其政恒在也。顧不聞章甫君之居適齋乎？敦禮迪義，親喪泣血，力追古風，日與汪環谷講學桃墅，從遊甚衆，斯文一時鳴於徽中，此其教恒在也。顧又不聞銀青公之初開爾謝乎？自少英邁，才兼文武，當南唐元宗之間，累進讜言，數平患難。及周師攻壽州，唐以齊王景達爲元帥，陳覺爲監軍，達遥爲聲援，覺意不決戰，銀青公請重元帥以撓監軍之權，計不見聽，遂變前名，携家祁南，其視棄大將軍官爵如脱屣耳，此其忠烈恒在也。顧歸以告諸父叔，使族中俊乂子弟聿興懿志，共步前脩，使禮文由是而出，恩愛由是而篤，信義由是而明，孝友施於家，忠貞著於邦，斯譜也，不亦又有光乎？不然，止以標名字、係支派爲事，則世之爲斯譜者亦多矣，而又何貴乎問予言也？」

贈南少司馬乙峰蘇公考績序

乙峰先生西安蘇公將有考績之行，同鄉諸縉紳謂予宜有言，且曰：「公之績雖考於三年，而公之爲少司馬并前太常卿、少司空也，今已十年三品矣，積勞多而累功高，惟吾子鋪之。」曰：「是奚足以言公哉？是故有大臣之績，有小臣之績。建一功，樹一業，決一獄，營一室，練一卒，計數而開，并署而課，此小臣之績也。若大臣者，言論風旨，進退動静，百司具瞻，❶多勞不與焉。公邇嘗進表北上，竣事而適有少宰之缺，人謂公舊吏部也，例當居此。然新體凡遷，權要近秩，必有所請謁焉，而後可得也。人以告公，公曰：『吾豈可躡私門而取公爵乎？』即日束裝出彰義門，夜宿于良鄉，公遂不果，改吏部。未幾，少司馬缺，公南少司馬且久也，例亦當北改。是時公已還南矣，人謂公少濡滯，兩缺必有一得，免兹三年之行，惜乎公之不然也。公聞之曰：『吾寧爲三年之考，而不欲苟爲一旦之趨。吾寧爲數千里祁寒暑雨、往來奔走之不憚煩，而不欲爲咫尺捷徑之行。』聞之於人，人皆稱曰：『乙峰公其有大臣之體哉！斯其風，真可以敦薄寛鄙矣。』即使公有北缺之改，人以爲進表而往，遷官而行，未必有今日之懿稱也，其孰爲美惡輕重哉？昔漢張釋之始事文帝，十年不得調，久宦減仲之産，不遂。後爲謁者僕射，從文帝登虎圈、驂乘行，至司馬門，或至霸陵，及出中渭橋，應對輒據法理，文帝率皆稱善，後遂爲廷尉三公，令治案盗高廟座前玉環事，亦不阿旨，天下後世稱爲盛漢名臣。然則人臣事君，惟懼政至而不能舉經以謀國，禄至而不能守道以濟民耳，又安可論位之遠近、官之要散哉？此固公之素志與定見也。」

「且公初舉進士，出令榆次，榆次素稱刁悍難治。公至之日，平易近民，懲其桀

❶「瞻」，重刻本作「瞻」。

黠，而又砥平役賦，均涂水利，❶民愛如父母，既久不忘。被召行取，額註科道，公辭而不居，授兵部主事。因有他讒，忤于宦瑾，謫播州桐梓驛丞。瑾既誅，召還，授吏部考功主事，至文選郎中，凡選用人材，士林稱公。後陞太常少卿，以至今位，則公之履直迪義而不苟於逢人者，蓋自昔則然也。茲往也，或晉正卿，或入輔相，益懋忠貞，表儀朝著，風行海内，勒勳鼎彝，是吾鄉曲者之深望也。」

贈李端甫陞知杭州府序

或問學，曰：「仁。」問政，曰：「仁。」「何謂也？」曰：「學亦政也，政亦學也；學政皆仁，内無有己，外無有物矣。」「何謂己？」曰：「喜、怒、哀、懼、愛、惡、欲，七者由情而不由性之謂己。❷」「何謂物？」曰：「飲食、衣服、宫室、車馬、五穀、三金、百用之類，數者由利而不由誼之謂物。今夫天，日月星辰繫焉，風雨雷電作焉，霜露雪霰變焉，飛潛動植形焉，百千億萬萬物生焉；今夫民，父母尊長稱焉，子孫卑幼呼焉，攻劫穿窬出焉，寇讎罵詈興焉，孤矢戈戟之毒至焉。❸故學能仁，則己克而上與天道達；故政能仁，則物化而下與民志通。上與天道達也，一物不遂其生，吾憂焉，夫何故？即己之肱折而股痍也，❹膚刺而指缺也，吾惡乎不憂！下與民志通也，一夫不獲其所，吾慮焉，夫何故？即己之兄纍而弟縶也，子餒

❶「涂」，萬曆本作「除」。
❷ 上「由」字，原缺，據重刻本補。
❸「戟」，原作「戰」，據重刻本改。
❹「痍」，原作「夷」，據重刻本改。

而孫瘃也，[1]吾惡乎不慮！昔者顏子以仁爲學，飲于瓢，與五齊三清同；食于簞，與膾炙熊掌同；居于陋巷，與畫棟彫梁同。七情皆輕，一仁獨存，故曰『不遷怒』，怒且不遷，其他可知矣；故曰『不改其樂』，樂而不改，其心可知矣。及其以仁爲政也，酌虞、夏、商、周之制，取《韶》、時、輅、冕之宜，得其道使治不泥，通其變使民不倦。民厭文，濟之以忠；民厭輅，和之以《韶》。參伍不居，神化無方，斯民歌『帝力於何有』，日遷善而不知也。」

或曰：「此其道，蓋宰相丞弼之責，乃以告郡守，可乎？」曰：「職有大小，道無二致。道行於郡，則四封之内安；道行于國，則四海之内安。夫漢遵三代者也，當其時如黄霸、于定國諸賢，多由郡守陟晉御史大夫及丞相，道安可限於郡守邪？況端甫孝友忠信，章丘名士，其令魏縣，砥則徭役，[2]節省里甲，弭戢盜賊，敦崇節孝，賑災捕蝗，敷教興學，政成循良。去魏之日，舟出天雄，魏父老子弟垂泣涕送，不忍釋焉，一時上官有『四知克畏，六事孔脩』之考。其後二守鈞州及永平，兼以晉任南京金部，[3]益諳民情，稔練政體。公退之餘，猶肆力問學，追逐史帙，[4]窮經致用，則固有爲仁之基矣。暇嘗過予論學，率多稱仁以説，而又顏氏故里人也。則夫杭州之政，方繼憔悴之後，饑渴之時，誠舉仁而敷焉，凡天目、秦望之外，岩崿、武隆之徼，山叟溪童，皆興浴沂之樂，稻塍筍塢，皆引鼓腹之風矣。端甫既成杭州

[1]「瘃」，重刻本作「疲」。
[2]「則」，重刻本作「削」。
[3]「以」，萬曆本無。
[4]「史帙」，重刻本作「志侶」。

之政，他日晉爲卿相，舉此措之，以佐明聖，又何難於四海之民哉？」或曰：「何以能仁政於杭也？」曰：「郡領九縣，九縣長吏誠與之同心，使共宣力焉，凡其俗之近奢靡，汰而去之，無虐煢獨而畏高明，❶此其大機也。」

端甫名冕，起家嘉靖丙戌進士。

送南塘宋公應詔進佐都察院序

御史大夫南塘宋公總督南京糧儲且三年矣，凡諸利弊既已興革，官軍皆及時獲食餉，有大益於根本重地，聖天子賢之，乃以廷臣交推，進佐都察院事。公將覲霄漢之輝，依日月之光，總激揚之柄，振綱紀之風，以阜成海内煢獨者也。時大廷尉鶴亭王公方署南都察院篆，暨副都御史東皐邊公適代公任，乃集諸縉紳詩歌，餞公江滸，請予序之。予問公之詳，二公言，公自云：「由弘治乙丑進士除知睢州，改監察御史，閲年以病歸。尋陞浙江按察僉事，未幾以母病又歸，數月母卒。服闋，陞山西按察副使，兵備潞州。歷陞山東、四川參政、布政，晉南光禄卿，至今位。鰥官竊禄，實負聖恩，平生無一可書，曷敢欺罔以自立碑乎？」予嘆曰：「於戲，南塘公之不可及也！夫自公至南都，予數聞其言論，婉而且嚴，不輕然諾；數觀其威儀，恭而有度，不失尺寸；又數察其交際，上不失諂，下不失瀆，《語》所謂『無衆寡，無小大，無敢慢』者也。故牧愛形於州守，剴直彰於御史，憲臬克振於晉、越，旬宣久著於蜀、魯，則其政績皆正大光明，可敬而誦之者也。乃公漠然不居，視如浮雲過目，

❶「高明」，萬曆本作「彊禦」。

將明智者守之以愚，俊偉者處之以謙乎！求其人于古，殆西漢丙少卿吉之儔匹邪？」

「昔武帝時詔治巫蠱郡邸獄，宣帝真皇曾孫方幼，以衛太子事坐繫，吉以故廷尉監徵，乃擇謹厚女徒，令保養曾孫，置閒燥處。數病，數相視致醫藥，後因望氣者言，有詔盡殺獄繫者，吉閉門捍拒謁者令郭穰，曾孫得免。吉後入爲光禄大夫，又奏記霍光迎曾孫於掖廷即帝位，遂絶口不道前恩。尋遷御史大夫，有士伍尊者上書言吉保養狀，下吉，削去尊辭，專歸美於胡組、郭徵卿。他日，掖廷宫婢則令民夫上書，自陳阿保功，辭引使者言吉，職則無功，❶降庶人去，宣帝始知吉有舊恩終不言，大賢之，封博陽侯。夫當幼病而養帝，當詔刑而全帝，當議立而迎帝，此臣子之極功，豈惟恩流海内，殆漢天下萬世之勳也，乃蓋而不彰，隱而不露，豈非敦篤君子者乎！故致西漢黎民醇厚，耻言人過，比美周成、康世，皆丙少卿輩之風也。公自光禄卿、御史大夫且進輔相，其履歷已多與丙少卿同，而其言論行事又率類乎少卿。今兹之行，益懋篤恭，獻納明主，屹然爲邦之司直，使諸御史承其下風者，皆敏於自求而不敢過于責人，正於自處而不敢陰以報乎恩怨，用成有明醇美之化，以還虞、夏師師相讓之風，不啻比隆周、漢中世而已可也。若乃總揚以振綱紀，在公特緒事耳。」

贈張運夫陞山西兵憲敘

琴山張君運夫既有山西兵憲之擢，凡

❶「職」，據《漢書》卷七十四《魏相丙吉傳》，當作「識」。

吾鄉士大夫仕南都者請予言，答曰：「予方欲有言於琴山也。昔者予之謫判解州也，做取《藍田鄉約》以教州之士民，請諸當路建解梁書院，月朔望，耆民髦士序謁鄉賢祠，出升仰山堂，予親臨課校。若有孝義信厚，克化鄉里，并能講律誥及古賢孝人者，則請出勸酒，蒙士歌侑。行幾二年，訟争既鮮，盜亦頗戢，耆壽脩行，小子有造。予既遷官南來，則謂解梁士民曰：『去矣，無漏我堂館，無垝我墻堵，毋折我樹栢，居其室則思脩其業，讀其書則思師其人。』未幾，琴山以監察御史忤於執政，謫繼予判，郡政之暇，一事書院，耆民考德于鄉約所，童子問業于養蒙館，院基不足則拓其地，庭栢或菑則申其植。若乃甃墉以限内外，種蔬以杜苞苴，躬行君子，表率士民，又非予之所能及也。於是解梁書院賴以緝熙光明，至使相代巡鹽御史，或取其高年以托賑濟，或倣其良法以式運城，或迭其詩歌以教節奏，皆琴山後繼之功也。即使予去而琴山不繼，又安能以成解州之俗而動解士民之思，至今十餘年不忘哉！今玆之行，若過解梁，能不又爲士民之一新乎？」

或曰：「琴山今陞兵備僉憲，駐劄石州，連屢岢嵐、保德、吉、隰四州，分馳崞興、大寧、石樓諸縣，東據偏頭，西接黄河，以達神木、府谷之險，而北虜每犯是邊，當其阨要，不減雷、鴈。是地去解遐遜，而又職非其居，今以解事告之，不亦迂乎？」曰：「古之選將，必取悦詩書而敦禮樂，其折衝千里之外者，則不出樽俎之間也。張子兵備，若非移解梁之法焉，則何以使士脩其孝弟忠信之實，奮其攻殺擊刺之勇，如手足之捍頭目、子弟之衛父兄者乎？且往年寧夏之丁廣、何錦，近歲大同之郭麻子諸人，非其明事哉？」或曰：「乏軍起於缺糗，獷士起于長傲。如解州之教，吾恐不足以捍內而壯邊也。」曰：「琴山嘗爲襄邑二縣矣，額課之外，歲積五百，足代夏税，野捍之鄉，定立徵期，咸遵約束。及其入爲御史也，言必以正，無所回顧，薦必以善，無所滯緩。巡鹽兩浙，奏立成法，雖遇權要，亦不畏忌，至被其中傷而無悔。其在南刑曹，有姦民豪富，雖群咻相囑，輒抵于法而不聽。户曹遇軍鬻幼女，憐其徹夜號哭，爲出價以還而不言。以此而涖石州，加以解梁之教，所謂期月之間『可使有勇且知方』者，不在斯行乎！雖他日巡撫山西，入爲卿相，亦不過是也。如但以年資深遠，與後進者同征；歷任清苦，與貪墨者並儕；艾强孤介，與和光者同塵。灰其心而倦於勤，惰其志而慢於行，以忘解州之初也，則予且將仇子，而况於他人乎？故於琴山之行，特舉解州之事云。」

琴山名鵬翰，陝西慶陽人，起家正德甲戌進士。

贈侍御王子清戎浙江序

侍御王子德仁近有浙江清戎之命，蓋殊差也。予與其父家爲同年，往賀焉。德仁曰：「何言乎浙江也？」答曰：「予知陝西，不知浙江。雖然，將浙江亦無同乎！昔者予邑有陳氏、東氏者，同街里居也。陳氏本靖虜衛軍，久苦於衛之朘削也，乃賄軍吏，盗改籍、衍國册，去其『陳』之旁，❶上通

❶「旁」下，重刻本有「阝」。

于兵曹吏，逃匿姓名于漢中竹山。數年而靖虜清册至縣，勾東氏補伍，東氏以爲素非軍也，對官吏桀傲語，官吏曰：『爾貫趾同，姓名同，宅地同，奚而强辯以避役乎！』即解東氏以填伍。又南里有兩李者，一氏民，一氏軍，其田宅率相似也。軍李氏者，亦豫更尺籍，竄滅己名，註以民李氏之祖名，而逋于他方，賂軍吏曰：『遲七年而後清也。❶』十年而後清，遂解其民李氏爲軍，李氏莫能白也。❷然此則自其變者而言之。若乃著在令甲者，凡軍士逃則根捕正身，亡則起解户丁，老疾則選壯替補，幼小則結勘紀録，户絶無丁則行挨究，中途在逃則責原解，赴衛違限則隨在送問，官吏縱容害人則處以重刑，❸隱藏傳送則罪同本犯，❹寄住影射則通移挨查，冒名代解則本犯調衛、代者替伍，拘無名籍、迷失鄉貫則軍調遠户丁原衛，若殘傷肢體，意圖窺避則全家發充煙瘴，此其爲法亦甚嚴矣。然而自首復役者免，借撥征進逃故、遺男孩孺者免，垜集軍故、户止一丁者免，見任文武官及吏儒等、户上三丁者免，❺户絶結勘三次者免，先爲事充軍、後薦起爲官者免，僧道充軍故者免，是又未嘗不寬也。故不嚴則法隳，不義而不可爲也；不寬則恩缺，不仁而不可爲也；寬嚴相濟，仁義並行，祖宗於軍旅之事，亦可謂曲盡其道矣。若乃因其法，用其宜，斟酌舒慘，權衡輕重，不在浙江斯行乎？」

❶「七」，重刻本作「十」。
❷「李氏」上，萬曆本有「民」字。
❸「縱容」，原作「繼容」，據萬曆本及《明會典》改。
❹「傳」，重刻本及《明會典》作「轉」。
❺「上」，據《明會典》當作「止」。

「雖然，法如此其嚴也，又如此其仁也，爲軍士者亦可以無逃匿而免於清勾矣，何苦而至於隱藏傳送，寄住影射，明知重伍而故迷失鄉貫，明知煙瘴而故殘傷肢體，此其故何也？夫清勾逋逃者，其末也；究所以逋逃者，其本也。昔漢晁錯言于文帝，募民相徙以實塞下，省北戍之事，寡輸將將費。❶又飭邊吏，存恤所徙之老弱，善遇其壯士，和輯其心而勿侵刻，築室置器，醫巫婚祭，田桑墳墓，各從宜處，使先至者安樂而不思故鄉，則貧民相募而勸往矣。夫錯，漢深刻吏也，其言猶如此其厚也，所在皆募徙之民，非若今之邊軍自祖土著者也，然猶可以戀邊而不去；所指皆西北苦寒之地，非若今之浙軍多隸南丹、奉義、得州等衛，猶可以水土習而不惡。則今之逃者，可知其本矣。夫居安而惡遷，好生而憎死，樂富而厭貧，此常人之情也。乃有占殷實作軍伴，勞而貧者任其力，即軍裝以侵漁而行者喪其資，月糧不獲支則準科差，布花不獲領則折雜役，首級不獲雋則賣豪强，故軍以煙瘴爲衽席之安，殘傷爲舞蹈之樂也。英宗皇帝即位之初，❷詔凡内外衛所官，有將殷實軍士賣放買閑、新勾不行恤存、❸抑逼在逃者，軍士事故、管軍官不將在營人丁收補，及以見役軍妄作事故者，清軍官具奏題問。聖謨洋洋，顓究弊根，垂憲萬世，惟在乎人奉行之耳。夫德仁英邁忠信，博貫經史，志在天下國家，數進讜言。其於士民也，欲革奸猾之弊，而措之衽席，作之勇鋭者，固其素

❶「輸將將費」，《漢書》卷四十九《爰盎鼂錯傳》作「輸將之費」。

❷「英宗皇帝」上，重刻本有「昔」字。

❸「恤存」，萬曆本作「存恤」。

心也。兹行也，可知其本末咸舉矣。將召虎、方叔由此其選，必不如他人者應一常事還也。」

德仁名獻芝，徽州歙縣人，起家嘉靖壬辰進士。

贈南京光禄寺少卿石淵傅君考績序

石淵傅君朝晉爲南京少光禄三年矣，將考其績於朝，諸公以予與石淵有場屋之雅也，皆欲予有言，且曰：「南光禄亦統四署，署皆以奉先殿爲首事，月有供養，歲有薦新，極敬重也。其他大常諸祭，殆百餘起，多取辦于斯。而直隸、浙江等處解納犧牲、粢盛以登簿正者，皆有額數，甚則至差科道監視收受，其務直繁劇矣。乃石淵或代長以任其勞，或署篆以蒞其事，精誠思通于鬼神，嚴正每倡乎僚屬，法守恒肅乎廚卒，可謂嘉績多于光禄矣。」予曰：「是豈足以言石淵之績哉？初，石淵仕南刑曹，旋以憂去，起復，調北未洽。再期，法比精練，迥拔行輩。銓部推薦于上，簡擢山東道監察御史，巡鹽山東，積弊聿革，鹽法大行。尋復巡按江南。當是時，習尚和同，法多廢弛，贓吏、蠹民、豪右梗化。石淵既至，劾罷贓吏數輩，未發者至欲解印綬以去，其豪右多罹誅鋤，縮頸斂跡。而又平反冤獄，開釋無辜。徽、寧、池、太之間，霜旱以時，民安如堵，此則予所親聞者也。」

「今夫良篙師操萬斛之舟，載千人之衆，中流而泛瞿塘。當是時，灩澦大如牛馬，篙師乃迎風舉棹，背石摇柁，須臾而過瞿塘，千人者皆鼓掌笑謝于篙師，以爲險中獲安也。下至三峽、大别，篙師信舟而逝，舟中之人至有相眴眴鼾睡者矣。夫石淵已良于巡按之難，又何有于光禄之易哉？南野歐陽氏言：『石淵孝于二人，于伯氏朝宣，自幼師事之，友恭篤至，長亦不衰，鄉黨皆重其行焉。而又倜儻闓爽，識達時務，綜理微密，志慕古先，不肯與時浮沉，可以大受。』則其所至建績，非偶然也。雖然，官怠于宦成，心懈于績著，石淵自此陞矣，雖他日位至卿相，勳勒鼎彝，亦必視之如浮雲，而惟此心之勉勉者不已也，是予所贊于石淵者。」

石淵名烱，江西進賢人，起家嘉靖癸未進士。

贈掌科南岡曹君考績序

南岡曹君德仲守南京户科三年矣，將考三年之績，其僚陳子山甫、尹子商衡爲問贈言，且曰：「高皇帝最重户口圖籍。南京玄武湖中有阜洲，乃令工部搆屋于阜洲上，殆數百楹，❶屋有架閣，四圍水也，非盪舟不能至，凡天下造到黄册，咸投送户科，户科覽驗，照入後湖。若有舛訛漏遺，❷則用監生數百人清查，乃行駁復造。及遇雨雪，則又以時曬晾。凡天下户口登耗有誤，田糧盈縮有差，皆起文本貫，告投户科，入湖徵册。故湖册，我明天下萬世之寶也。南岡職司其居已三年久，其勞勩不可單述，心思不可勝究，其孰績如之乎？」予曰：「是奚足以言南岡之績哉？夫自文皇帝建都順天之後，兩京皆設六科，事體相同，蓋謂參

❶「殆」，原作「始」，據重刻本改。
❷「若」，萬曆本作「慮」。

駁、糾劾、言事，無或異也。夫參駁，係君上之明違，而於其德則有補；糾劾，係臣僚之邪正，而於其政則有賴；言事，關天下之利病，而於世道則有裨。」

「今夫天，雖純陽之物，實兼五行之氣，然而因其運之速、行之健也，不能無缺焉，善事天者常因其缺而補之。故天耗缺其木，則煉青石以補之；天耗缺其土，則煉黄石以補之；天耗缺其水金火，則煉玄白赤石以補之。於是天資其材力之長，復于混沌之初，四時行焉，百物生焉，而自不待於言也。久達之衢，❶有同往者數人焉：❷一人困于酒，仆諸途；一人荒于内，陷諸溝；一人躭於金銀珠玉，倒眠于東肆。有端丈夫者過焉，睨而視之曰：『是吾比隣里巷人也，吾焉可恝然避邪？』遂扶仆者以解其醒，出陷者以懲其色，覺倒眠者使無瀆于貨。於是其他如三人之病者，聞之皆惕然惺，勃然改。是何也？以其所糾劾者當也。於此有古銅人焉，聯屬四海九州之血脈而爲之者也，凡三百六十五穴無不具焉，蓋神農、軒轅之所劑定，扁鵲、華佗之所校行者也。於是有胃痛者，則示以足陽明之箴；有心痛者，則示以手少陰之箴。病在四肢，則示之標也；病在元氣，則示之本也。知無不言，言無不盡，上有勿藥之喜，下有護疾之戒，大和行于兩間，世道升于大猷，豈但裨焉而已哉？」

「夫南岡英敏忠信，博貫經史，練經濟之才，志在天下國家。其晝之所爲，夜之所思，動之所趨，言之所入，僚寀友朋之所講

❶「久」，萬曆本作「九」。
❷「往」，重刻本作「征」。

議，三年之間，於此三者，蓋稔諳之，相時而必行者也。此其績，將百僚皆讓焉，一圖册之勞，真不足爲南岡道也。」

南岡名邁，四川榮縣人，起家嘉靖壬辰進士。

封監察御史禾江傅君暨配劉孺人雙壽序

禾江傅君以子國鼎之貴，封監察御史，配劉氏，封孺人。劉今年生六十歲，禾江君又長三歲也。國鼎爲御史，履信迪義，直躬而行。偶有微疴，上疏得告。謂其僚姚宗舜曰：「某不樂爲御史，惟予父母咸壽榮封之爲樂也。某不憂予之疾之難瘳也，惟吾父母行年踰六望七，思一稱觴以祝眉壽之爲喜也。且吾父好友樂易，貧而能安，寒家則有子孫遵教，而又能息人忿争，以興里讓。吾母沉静端重，不輕言笑，孝於舅姑，恩在族戚，鎮初出門，惟以慎刑爲訓。凡鎮之有今日，皆吾父母之賜也。今甲子一週，而某躭榮食寵，離逖膝下，鬱鬱無聊，疾由是作也。泉州兹往，豈其得已哉！」涇野子曰：「國鼎誤矣。昔楚有士伍鶴者，辭於其君而事其親，其親弗願也，使士伍鶴復仕，以盡其職、成其名焉。而況國鼎抱博雅之學，練經濟之才，際聖明之世，爲名御史而不爲士伍鶴者乎？夫呰窳縮朒之子，負數十斤，行數十步，則仆于途；有木强魁岸者，舉千斤于肩，日行百里不趑趄，力不同故也。子有木彊魁岸之力，而當多事之際，乃引疾以往，竊爲國鼎不取也。國鼎若移禾江君之孝以事君，則忠藎至；移其友以處僚寀，則同寅協恭者衆；移其樂易以御民，則民可近而得其情；移其安貧以臨財，則百姓足；移其閑家有則者以報國，則娼疾奸讒遠；移其息忿争者以蒞政，則寇盜迸絶，夷狄賓服；移慎刑之訓以行法也，則怙終不縱，而冤抑不枉。此其在職之仁與在家之孝，國鼎試權焉，孰輕孰重？試度焉，孰短孰長？是故仁行于國，其爲孝重且長者也；孝重以長，則親之壽當如山嶽之峙而不可易，如江河之流而不可禦矣。國鼎斯往，如有取于斯言，吾知稱觴之後，勿藥之餘，雖絶裾以登舟，不俟駕以載塗可也。」

贈静菴袁公詔改北少司徒序

南少司徒静菴袁公既有進改北部之命，予聞之喜甚。越翼日，其僚大司徒桐溪錢公枉托序，且曰：「知静菴者，莫若同年也。❶」予辭不獲，諾之。或曰：「子他日無是喜，亦無是諾，今果知静菴者耶？」曰：「然。昔者静菴公初巡按于越也，見有溺女之事，思欲禁之，謂不塞其源，雖三令五申，民亦不從。乃先汰裝奩之費，革紛華之用，民始肯育乎女。比公去越十餘年矣，有父母長成女子者曰：『是某年巡按君之存女也。』數其歲，實當公日，則其所活人命豈可數計哉？公嘗見途有餓莩，甚愴心焉，乃買他人田數畝作義塚，凡無所歸者，率於此收瘞。其後撫按所至之處，常令有司勸作富民興建義塚，量減門差，歲終開報葬過人數，每滿任去，計數殆且萬千。山東多盜，一倡亂，千百爲群。公巡撫時，捕盜必獲，獲盜必誅，於是良民安如堵墻。歷城、章丘諸處，窪田將億萬畝，一遇淫潦，麥禾無望。

❶「若同年」，萬曆本作「同年若」。

公改任待替矣，因民之訴，遂下令以田數定夫額，鑿渠以通河，導河以入海，匝月之間，億萬畝田皆成膏腴。蓋公心在斯民，聰明睿智皆由是出，他率類此。而户部之政，又人所共見而稱誦者也。❶若乃在大理時，❷席尚書以辰州宋知府之忤己也，先於巡按湖廣之日，劾其人命數十，❸贓私數萬，上遣公偕司禮監太監、錦衣指揮同往勘焉。瀕行，席以揭帖囑公者再，公皆不視而還之，曰：『彼自有在官卷案也。』既至，其他人命皆因公覈而明，❹惟一人命，司禮、錦衣欲償知府以阿席，公以律例，執不肯，且曰：『殺人以媚人，吾不爲也。』輒以贓坐知府去。其後勘回，公甚危，賴聖明洞察而始免。」或曰：「果若斯言，則公於民如此其仁也，其於權勢又如此其義也，仁義並進，豈非實有道學者乎？」曰：「豈啻此哉？往年進表于京也，予嘗與公同事，每聞有權門之往，蹙然不欲行，既見矣，飄然即欲去。且公爲法司已三十年，致爵位已三品，乃宫室隘陋，自奉菲薄，夫人冠紳衣尚未克具，孟子所謂『我得志弗爲』者，今於公見之矣。如公數輩，進長臺省，將士風勃然而變，民生熙然而阜成矣，私心以爲甚喜者，真在斯也。」或曰：「於公無增乎？」曰：「持斯心也，雖位至端揆而不變，堅斯學也，雖耄期稱道而不改，是予之所願耳。若乃因俗而爲通，逐流而自愛，予知公心所深惡，必不然者也。」

公字醇夫，保定雄縣人，起家正德戊辰

❶「誦」，重刻本作「善」。
❷「若」，萬曆本無。
❸「劾」，原作「刻」，據重刻本改。
❹「他」，萬曆本作「地」。

進士。

贈曹寧波序

南刑曹正郎曹子廷寵既有寧波知府之命，予往賀焉，言及前榆次寇司馬嘗爲寧波矣，廷寵曰：「惟寇公爲是郡嘉邁，詰焉能繼之乎？」涇野子曰：「子懼其多勢要也，比於瑞安則何如？持法而不撓，履正而不私，奉義而不阿，俟命而不懾，公論既明，勢要亦無如之何，則既已能於瑞安矣。子懼其多獄訟也，比於廣東司則何如？凡應天合郡，以及府、廠、錦衣、留守諸衛，有詞皆歸折，蓋南刑曹之第一劇司也。晨湌而入，晡時而出，入則先僚，出則後侶，五年於茲，既無冤獄，亦無滯事，則既已能於廣東司矣。然則何有於是郡乎？」對曰：「願翌日詳教之。」

于翌日，❶而其僚陳士仁、趙立夫來，曰：「則何以贈廷寵也？」曰：「予有千幅之被，無翡翠飾、珠璧緣，著以湖纊，紞以揚綾，厚方三寸，紉之久矣，願以贈之。予有四規之鏡，自照所思，存之七日，可見千里，既無所將，又無所迎，應而不藏，往而不去，磨之勩矣，願以贈之。予嘗獲五劍焉，乃區冶子之所鑄，秦薛燭之所相，蓋錫出赤堇之山，而銅涸若邪之溪者也，貯之繡襓，積有歲月矣，願以贈之。」二子曰：「贈被，何也？」曰：「《詩》不云乎：『哿以富人，哀此煢獨。』故有踝尰者與覆其足，有折臂者與覆其肱，額瘍者覆其首，背疽者覆其脊，凡鰥寡、孤獨、顛連，比裂其幅以給之，使郡及

❶「于」，重刻本作「越」。

屬邑當寒不畏其凍者也。」「贈鏡，何也？」曰：「賊仁之人其容白，殘義之人其容赤，侮禮之人其容玄，寡智之人其容黄，不信之人其容青，以此四覯照，肝膽畢露，而況於妍媸乎！」「劍何以有五也？」曰：「純鉤以待稔惡，湛盧以待横逆，豪曹以待叛亡，魚腸以待海寇，巨闕以待劫盜。」「古之人有行之者乎？」曰：「若房琯、孔戣、陳襄是也。戣善用三子者，皆嘗刺明州而令慈溪矣。戣善用其被，雖蚶蛤淡菜之微，奏罷其貢，歲充役夫四十餘萬，而況肯遺權貴乎？於是時，民多有衣卒歲矣。襄善用其鏡，興學校，所注意講求者，惟民間之利病，蓋毫髮無不知而皆興革之也，於是時，鰥寡無蓋矣。❶琯善用其劍，以德化民，鑿湖溉田，其有害于民者則劍之，於是黠吏豪惡避而逋逃者數千人。況吾廷寵飽諳經濟才略，志在天下國家，素不畏强禦，而又法例練達；若兼三子之長，而用三物以得宜，豈惟可繼寇公哉？雖他日大行其學，衣被四方亦可也。」

廷寵，湖廣黄崗縣人，起家嘉靖丙戌進士。

贈南户部周正郎陞知雲南府序

户曹正郎周子謙之爲部屬方六年，舉進士方七年，銓曹知其賢且材，遂有雲南之推。以雲南在會城之中，轄隸四州九縣，即古益州、昆湖、滇池之地，崇岡巀嵲，激澗縈紆，爨、牢、僰、玀，於民十七，時恬則蜂屯蟻聚，有事則獸駭禽奔，❷蓋人自爲險，勢難統

❶「蓋」，萬曆本作「虐」。

❷「禽」，萬曆本作「狼」。

一。故往年安、鳳二氏之亂，及木邦、孟密之搆，必先趨是郡而攻之，極其雄劇者也。謙之過予曰：「滿往意得中土一郡，選取屬州縣之茂才于郡以造就之，乃今有此乎！」涇野子曰：「予方病時之提學或撫按郡守多此舉也。夫科目已有額數，與其善文辭者速得之，孰若有實行者亦與之乎！且均一士也，與選者何恩？不與者何讎？是舉一興，士率兢浮文而薄實行，欲民生之遂難矣。且謙之蚤受南山君之庭訓，幼稺勵學，不問寒暑，年甫弱冠，即成進士，而又質直好義，事不合理，噫嗚而去，樂交賢友，吐露腹心。其誦書窮理，寢食或廢，蓋語默動止，惟聖賢師，故予嘗期以學南軒張氏之仁者也。邇者交趾之亂，聖天子方有南顧之慮，予聞謙之報，喜曰：『雲南治矣，雖交趾亦可服也。』乃謙之猶惑於俗，而欲選教茂才者乎？」

對曰：「涇野子誤矣。交趾遠在此郡千有餘里之外，逾臨安、沅江、老撾者，樂車里之險而後達其境。❶日者朝議欲起四省之兵，出大將，會征南將軍以伐之，猶謂其難，況雲南一郡乎，請先言治雲南！」曰：「昔者齊宣王出獵于社山，有父老十三人來覲，王曰：『勞矣。』召賜田不租，又賜勿徭役，父老皆拜賜。中有閭丘先生者獨不拜，宣王問焉，對曰：『臣之來，願得壽、得富、得貴耳。』宣王曰：『壽係于天，非寡人所能與。寡人倉廩有限，焉能以多富？大臣在職，小官不缺，焉能以悉貴？』對曰：『王若選富室之有行者以爲吏，平其法度，則臣得壽矣。春秋冬夏，振之以時而不數擾，則臣

❶「樂」，疑當作「躒」。

得富矣。王出令，使少者敬長，長者敬老，違令者罰，則臣得貴矣。若賜田不租，則君之倉廩虛；賜勿徭役，則君誰與爲役使。』宣王從其言，齊國大治，甲于天下。夫謙之所屬州邑，不必拘貴賤也，課其田桑，長其雞豚，治其紛爭。其中若有一二孝悌脩行者，如得其真，或爲之禮貌，或移之勸獎，或減其雜差，則士不思奮、民不思勸者鮮矣，南軒氏之仁，于今日身親見之矣。漢后倉能通五代之禮，徐生善爲容，至則選若人焉，使相民間冠婚賓祭之禮，因其俗之所宜，參用先王之典，俎豆列于品類，玉帛榮于羅次，❶燦然有文以相接，藹然有恩以相愛，而孝弟忠信之道達矣。予又贈子以凫氏之鍾、后夔之磬、鞞人之陶、單父之琴、瓠巴之瑟、衆仲之六舞，至則或戛擊于堂，搏拊于室，萬舞于兩階，而中正和順之氣通矣。未及三年，雖交人也，以爲雲南且如此，況於朝廷之上者乎！莫不解甲冑而覩揖遜之容，投干戈而觀羽籥之舞。當其氣象，真如洪武初年張鶚菴之在滇、❷黄忠宣之在交也，不可乎？而謙之陟長藩臬，進登卿相，亦是物也。」

贈張仲立陞知順德府序

汝陽張子仲立舉嘉靖癸未進士，是年予濫司同考，仲立雖非本房，然其博雅之學，英敏之才，則固共敬其名矣。至於蒞政決事，卓有執守，風采懋著，超邁尋常，予又陰重其人焉。往年推陞提學浙江而未獲，

❶「榮」，萬曆本作「集」。
❷「真」，萬曆本作「儻」。

去年推陞山東參議而未獲，乃今膺順德之命。將行也，偕其僚董道夫、許國華問順德，并以其政略二、祭王文來。涇野子曰：「懿哉仲立！可與論過化存神矣。」道夫曰：「斯二者，上下與天地同流。仲立雖賢，未可遽以是與論也。」曰：「昔者予北赴太學任，會馬氏津於彭城，馬氏曰：『所謂過化者，非但毀謗侮訕之來而不有，雖碩功偉動，亦浮雲過目，無而不留者也。所謂存神者，立此心體，至明如斂霧之日，至公如同雲之雨者也。』予嘆曰：『馬氏之學，知予遠哉！』惟如此過化也，則視千萬人之身如一己之身，譽之而不喜、犯之而不校者，皆妙道，日入高明，所進豈有窮乎？ 古之人有行之者，大舜是也。 疎而河濱、雷澤之人誚其拙而不記，親而有庳之君怒其賢而不藏，及其有天下也，四方風動，黎民時雍，四岳、九官、十二牧推其聖，而不自以爲是焉。惟如此存神也，則即一人之心通千萬人之心，不言而信，不行而至，無物不照，無鬼不伏，日對帝天，所至豈可測乎？ 古之人有行之者，孔子是也。 端木賜問之而無言，仲子路請之而不禱，及其所獨得也，雖顔氏之子既竭其才，嘆『高堅』、『前後』而莫知其所在焉。」

「人言仲立筮仕行人，正靈川王之祭，兼却其金，考福建鄉試，亦辭其幣，是科稱爲得人。 及忤當路，謫官同知青州，懲革奸猾吏書盜用印簿，抵換民壯，賣富差貧；去青之日，捐却屬州邑贐金，殆且百數。 此在他人，固烜赫之蹟也，願吾仲立以爲過者而化之，上希大舜不可乎？ 仲立於青州辭神之日，披瀝肝膈，諒無汗顔，至告其師王南原者，則自誓於無聞之年，獲以一善成名，使其地下無宰予之悔。夫青之城隍雖亦神稱，非海内之所通尊，南原雖賢，亦未易擬以宰予之師，將别有所謂神乎？顧仲立存之，以仰師乎孔聖不可乎！且仲立少即傑特，雖爲諸生時，先後提學皆以國士奇之，蓋有志於斯道者也。故予以『神、化』、『舜、孔』之事期仲立學。仲立試行於順德，以爲他日作卿相之張本，如何也？」

贈四川少參東穀孫君文宿新任序

東穀孫君文宿既有四川少參之擢，分守嘉、鄜諸處，予聞之雖爲文宿喜，實爲文宿未滿也。或曰：「戊戌之春考察之後，科道部屬在南都之出陞者，多則郡守，少則僉臬，而文宿既參雄藩，猶以爲未滿，何也？」曰：「予嘗數閲邸報，見諸言事者多攟摭瑣細，掇拾腐爛，不曰八條，則曰六款。若比論不足，則牽引無辜，以填對偶，其關係利害、干犯權倖者，則固匿而不言，以爲知時務也。乃文宿之在諫垣，獨識大體，當其時相各立黨與，旁開門户，私相比周，鼓舞奔競，陰逐善類也，其誰敢言？文宿痛列其隱，悉疏其弊，以爲必如此而後天下治。人以爲文宿身墮虎口矣，賴聖明洞察，特宥而不問。及時相告訐事發，多官會審，乃有出言鄙倍、横肆桀傲者，其誰敢抗？文宿掌其案曰：『當言者未言，當避者不避，互相諠囂，是尚爲有朝廷乎！』遂劾應避之相。人以爲文宿頸逆鋒刃矣，❶賴聖明照臨，時相既去，文宿雖下獄而輒釋。及他日王給事以諫言謫爲典史也，當考察之年，患病未

❶「逆」，重刻本作「迎」。

至，吏部參其有怨望之心，其誰肯辨？乃文宿疏論：典史與臣舊同寮寀，素抱忠悃，並無怨望。吏部并參文宿黨護，因謫高平縣丞，蓋亦聖上先知其忠直而薄譴之也。今文宿蹇滯卑官，棲遲散寮，亦已久矣，兹陞也，使得進列卿士班行，寧不爲省寺之一重乎！」

「昔者予嘗過少華峰，見樵夫往來其上，檡樸不能生，榛橡不能長。及至大華之麓，萬峰岑嶔，千巖聳翠，玉女峰指而不可到，蒼龍嶺仰而不可即，晏子所謂『松栢既多，望之盡日不厭』者也。夫何故？傳言其上有白額虎、金睛豹，以爲此山之護守也。使文宿即諫垣而進卿寺，當非太華之虎豹哉！其誰敢採藜藿乎？漢武帝時，有汲長孺者最戇直，張湯善紛更，則面折其過，公孫弘善阿諛，則面斥其非，武帝内深嘉之，稱爲社稷臣，不冠不見，隱然爲漢室之重，至使淮南諸國謀爲不軌者，望黯之風而皆寢。東穀兹往，勿因前之屈以貶其道，益齊其位以施諸民，他日積進卿相，當亦如長孺之在漢廷，不可乎？」

贈經府黄性之陞知阡府序

南京左軍都督府掌府事永康侯徐公、忻城伯趙公過予曰：「經府黄君性之近有石阡知府之擢，請涇野子一言以爲贈。」予方抱病，懇辭。越翼日，二公復過予，仍以是請。越三日，性之乃來，見予之病也，畀以萬應膏、香殼烏苓二劑丸，併抄三方以貺，且曰：「服此，疾必瘳。」續亦以言問。予曰：「子無文摯之目，長桑君之口，華佗之手，而遽擬沛相、陳奎之神膏，安能必其効乎？雖然若有効，予又豈不能一言以告子哉？」曰：「敏材之方極真不假僞，雖秦越人之起趙簡子亦不過也。但藥之奏効在旬月間，而一介行李在旦夕起，涇野子豈可待藥效而後言乎？」答曰：「予固不能三方，亦有二方焉，人人之所通用者也，子能識之乎？其一方則嘉種之穀，蓋炎帝之所貽，實后稷之所浴種者也，秬秠可以生人，糜芑可以祀神。子其遍穫於琵琶筆槊之野，匝植于深溪石磴之間，灌以烏江，浸以厓泉，而又省耕于春，課耘于夏，使皆方苞穎栗，雖葛彰葛商之地，比有積倉、閭有積箱可也。穀梁子曰：『一穀不升曰歉，二穀不升曰饑，三穀不升曰饉，四穀不升曰匱，五穀不升曰大侵。』子欲飫石阡之民，此嘉種之方，不可不先務也。其一方則帝女之桑，長五十丈，其枝四衢，葉大盈尺，赤理青華。子之於石阡也，使市居者植桋桑，山居者植檿桑，澤居者植隰桑，凡四長官司之人，各爲箔如廣場，爲簇如大屋，切不可如漢尹昆以爲非初至初務也。當見四封之内，豈惟老者可衣帛，雖黼黻文章皆由是出也。二方既立，則民日不慮饔飧，寒不憂襖纊，以興禮讓，以除强梗，將石阡之遠封，可比中原矣。且子初署烏程學訓，躬行以率士，乃聘典廣東乙卯文衡，所取士稱得人。服闋，改補順天，復聘典湖廣乙酉文衡，所取士亦稱得人。九年滿，入大選，考登部元，遂除山西解州知州。是時予以判官方去解而南遷矣，爾乃歲遭大歉，賑濟有功，忠信愛民，解人慕悦，立去思碑。及陞九江同知，清戎造册，一不擾民，亦有去思碑，予所作也。撫按交薦，遂有經府之陞。然則石阡之擢，非徒偶爾，而君之素履明白，足可嘉尚。且其二子具登鄉舉，皆昭庭訓，亦嘗謁予，器宇静嘉，則君之于民可知。然則二方之贈，亦非漫然也。君其懋哉，以需後寵！」

君家世雲南晉寧州人，起家某科舉人。

贈陳正郎陞知姚安府序

莆田陳子士仁爲南刑曹主事至郎中未五年，乃有姚安知府之命。將行，來辭曰：「祥麟於先生無光耶！」涇野子曰：「士仁而亦薄姚安乎？ 昔者程正叔思盡其職，雖永安尉且欲爲之，而況此二千石之專城者哉？ 夫士君子之光，正在學之深淺、力之厚薄、政之舉廢，乃若官之美惡、地之遠邇、位之崇卑不與焉。 夫士仁飽諳墳典，旁疏子史，所至人多從遊，莆人望諸陳茂烈、湖士擬以胡安定，其學亦深矣。 素履自持，含章不露，官至大夫，舊屋未改，馬子約言『雖書翰亦精妙，然數隱而不耀，恐長于人』，而司空胡公每稱其『甚有德，若其行亦厚矣』。他日張僉憲運夫會飲吾鄉之士，曰：『鵬翰仕刑曹，見陳士仁者律例極精，每決罰咸當於理，其請議讞有所難疑，更竄數字於法輒準，雖部尚書亦重其明。』夫運夫久爲御史，老法司也，且推士仁如此，則士仁之於政也可知矣。 茲三者，騰輝士林，傳芳百世有餘也，其爲光大矣，乃士仁猶不自足，而取於他光乎？」

「夫官之治民，猶農夫之治田也。 有農於此，有田溢千畝，亞旅不澤，疆域不選，東不知溝澮，西不知畎洫，雨不耰種，霜不秋殺，鹵莽而畊，滅裂而耘。 及其收也，此有滯秉，彼有曠穗，莨穀兼刈，稗秔同穫，計工食之費，耗倉箱之儲，當其所入，不及所出，終歲勤動，而不免於饑餓，是雖千畝之多，不及百畝之少。《詩》曰：『無佃甫田，惟莠驕驕。』其此之謂乎！於是田畯且將請置限田以裁之矣。有農於此，有田惟百畝，塍圳既明，瀦泄有法，追琢其僕，夙夜是力，趨澤而耕，比旱而耘，既朽荼蓼，亦耔本抵，於是秬秠如玄山之禾，黍苗皆陰雨之膏。及其收也，良稷可以烝畀祖妣，饒利可以賚及鰥寡，是雖百畝之少，可浮千畝之出。《詩》曰：『禾易長畝，終善且有。』其此之謂乎！於是田畯且將請立勸田以褒之矣。夫田多而不治，猶郡大而不理；田少而不荒，猶郡小而克舉者也。當其始，若有美惡之分；當其終，不知孰可得而軒輊之也。然則士仁於姚安，不可以爲小而忽忽矣。況人之言曰：『朝廷方議有事於安南，其與雲南接境諸郡，咸遴選賢能之士以往。』而士仁之學行又章章如此，斯往也，雖視姚安如上郡以理之可也，他日進登卿相亦自是耳。」

士仁起家丙戌進士，初授湖廣東安知縣，七月以才堪治繁，調改麻城，乃即告病。不及一月，求爲學官，改授浙江湖州府教授，居四年，而進刑部云。

刻横渠先生易説序

予訪横渠先生全書有年矣，往在解州刻其《東》《西銘》、《正蒙》、《理窟》、《語録》，并《文集》一二卷，其他未之見也。去年蘇州舉人黄省曾謁予，言及之，獲此《易説》，暇嘗披閲，其言簡質實，於發經開物、脩身教人甚切也，當爲先生之書無疑矣。予竊謂《易》本爲人事而作，雖歷四聖，其究一揆，非專説天以道陰陽也。故孔子以「君子行此四德」，解《乾》元亨利貞，示諸卦爻，皆此例耳。今以質諸《易説》，益篤焉。太學生劉椿、程爵謁，見此書好愛之，椿請入梓，爵同校正，則先生之《易》，固與程《傳》、朱《義》並行於世不泯也。

涇野先生文集卷之十二

南京禮部右侍郎致仕前國子祭酒
翰林修撰兼經筵講官
同修國史高陵呂柟撰
巡按直隸等處監察御史門人建德
徐紳海寧吴遵彭澤陶欽臯編刻

序十二

半閒先生沈翁七十壽序

沈新之將之官，❶來問於予曰：「家君諱嵩，字汝南，少事舉子業，棄而不就，居第雜于市廛，退然如遠在林野，恂恂自持，與人無忤，惟以教課孫子爲業，❷於是自號曰『半閒』，言其於物無所擾且撓耳。某月某日，壽七十也，願一言以爲壽。」予惟壽也者，受也，受其所授而不失焉者也。天以一元之理全授斯人，固欲人之壽之也；❸氣稟殊其分，攻取紛其欲，則有不能全其所授者矣。故夫子曰「仁者壽」，又曰「仁者静」，則静也者，固壽之原也。今翁自號曰半閒，蓋自道辭也，當其心固已闃其無人，庶乎静之旨矣。夫棄舉業而不事，是閒於聲華也；混塵俗而不染，是閒于利欲也；與人無忤，是閒于形感也。此則翁之爲閒，可通乎其静，所謂能全其所授者，非歟？翁雖度百

❶「沈」下，萬曆本有「大」字。
❷「孫子」，重刻本作「子孫」。
❸「壽」，萬曆本作「受」。

歲有餘也，豈啻七袠哉？

雖然，翁以「半閒」自受，其將以「半不閒」者授新之乎？昔新之嘗問我以達孝之旨，予答之曰：「夫子以達孝歸武王、周公。原其所以爲達者，則爲善繼志、善述事耳。」夫孝之爲道，萬古一趨也，今新之舉進士，節推大郡，其所明服者可知已。夫殊而賾者物之跡，隱而茂者物之情，推測訊鞫之下，果無不允者乎？平反、比附之間，果有不允者乎？則其所以思之於繼日，行之於待旦，對時而折獄，因情而擬法，不狃於已見，不撓於勢壓，情狀微曖之難，而有明清之公，此豈止於半不閒者？蓋無時而可閒也。雖他日晉臺諫，陟卿相，亦猶是耳，此又新之以「全不閒」者壽先生也。夫先生以「半閒」自壽，百年有餘而已；新之以「全不閒」者壽先生，數千歲未艾也。

贈大京兆毅菴孫公致政序

應天尹毅菴先生孫公德夫今年生七十矣，乃據禮與例，上乞休疏。聖皇以其情詞迫切，不欲重違，乃如所請。明日，其僚四泉楊公協諸卿寺大夫，以贈言枉問予。予初不知也，甚訝之曰：「毅菴雖老甚健，且材德咸優，乃遽去乎？」四泉曰：「毅菴公方甚樂耳。」予曰：「固知其甚樂也。」或曰：「何以知之？」曰：「君子有五樂，而有位不與焉。君子有三憂，而去位不與焉。」或曰：「無位而樂，猶有位而憂乎？」曰：「然必先有位而憂，然後無位而樂。故獨樂園作于免相之後，而『先憂』之言，蓋執政時發也。是故君子有其位，憂無其學；有其學，憂無其行；有其行，憂無其材。茲三憂者，多因在其位而常生者也。言于君，雖未必盡行也，然潛移默轉之間，寧非其力乎！或以薦賢，或以糾邪，未必皆盡黜陟也，然賢者勸而爲善者衆，邪者懲而爲惡者孤，即士風攸關矣。❶民者君之赤子，因其疾痛顛連，愛護保全，亦不傷吾同胞者也。物吾與也，使之以時，用之以禮，無或暴殄，而天和完矣。君子已仕則有寮宷，猶未仕則有朋友，言足以孚其心，行足以服其志，所交雖廣，信無不立焉。兹五樂者，多因去其位而後知者也。」

公自南科以至今秩，或因宣、大、昌平巡事，指切虜禍如膚受之愬；或因郊社祭祀之愆期，稱述祖戒如密邇其訓；或因視朝經筵之疎闊，舉引典故如身際其時。未幾迴鑾御宇，當非公之忠諫乎？其曰公舉劾以嚴考察，崇綱常以奪私情，任老成以廣言路，尚廉恥以正士風，黜姦貪以懲兇惡，皆切務也。一時賢能頗安，而彬瑯、❷喜宣諸輩皆遠矣。民壯濫役則革之，工匠買閑則汰之，令浦城以恤窮獨，嚴操備以固江防，發逆濠以杜禍變，民力有逸而顧有不安者乎！皇店抽税而商賈不蘇，織造大冗而機户浸繁，宫殿久役而工程無期，倉場歲計而濫支日廣，穿甲詭寄而賦役難均，内府上納而解户搭賍，❸重紙湊陪而行頭消乏，皆與力救正之，而無有不皐者乎！❹在南科則諸諫議倚其公，在藩司則衆牧伯賴其任，❺在京兆則寮佐及屬協其心，不可謂不

❶「關」，萬曆本作「觀」，重刻本作「係」。
❷「瑯」，重刻本作「卿」。
❸「賍」，重刻本作「販」。
❹「無」，重刻本作「物」。
❺「任」，萬曆本作「觀」，重刻本作「仁」。

信也。

於此有吴江之篙師者，造萬斛之餘航方成，❶而遇大賈收貨以征。其貨多雷、廉之藤藟，禺氏之玉，汝雅之金，❷垂棘之璧，赤野、黄反之珠，醢町山之銀，❸陸焱、水蝺之魫、❹鰿、餘蚳，月氏之瑪瑙，蘇、湖之杭稻，松、楊之縝綾，天竺之車渠，巨蜒州之玳瑁，❺瓊厓之翡翠，❻殆數十萬金貨也。篙師者受其數十鍰之直，盡裝其貨于餘航，役群櫂以開船，乃日居飛盧，夜坐翟室，遇風濤則布金貓，遇底磧則命水弦，遇暴客則命蠲鼓弧矢，宵無熟睡，晝無酣食，坐不穩臀，立不停足，❼其憂何如也！已而越桃源、下邳之險，過吕梁、徐沛之洪，比出蓮渦，底于天津，艤於路干，❽盡受其貨于九衢之市，❾無少沾濕滲漏，大賈得以仰事俯育，睦族親鄰，惠下柔遠，篙師之喜，而後可知也。使當時遇險而不持，萬有一虞以臭厥載，❿大賈叱責罵詈，褫其衣而反其直，欲求一樂得乎？而况五樂哉！故毅菴公之樂，雖發于去位之日，而實積於有位之時，不然將悔恨尸素之不暇也。雖然，公志於爲社稷臣者也，豈肯以斯五樂自滿哉？吾知廟堂之憂，又在江湖之上矣。

公名懋，浙江慈谿人，起家正德辛未

❶「餘航」，萬曆本作「餘艎」，重刻本作「餘皇」，當是。下同。
❷「雅」，據《管子》疑當爲「漢」。
❸「醢町山」，據《後漢書》當爲「醓町山」。
❹「焱」，據《爾雅》當爲「贆」。「魫」，據《爾雅》當爲「魧」。
❺「巨蜒州」，據《藝文類聚》卷八十四當爲「巨延州」。
❻「瓊厓」下，萬曆本有「府」字。
❼「不」，萬曆本作「無」。
❽「路」，重刻本作「潞」。
❾「受」，重刻本作「售」。
❿「臭」，萬曆本作「隕」。

進士。

贈周懷玉之仕序

周懷玉既有廣州通府之命，職居捕盜，去年會試欲過南京問予，同舟友人不便，乃托林子之書以抵予，曰：「來年會試遇不遇，必至此。」已而章宣之會試亦不遇，來曰：「懷玉已授官矣，約必過謁。❶」今月二十五日，蓋大暑後七日，中伏之六日也，酷熱爍金，道鮮行人，懷玉乃解裝鎮江，買棹飆至。予與諸友嘆曰：「忠信哉，懷玉果至矣！持此以往，豈惟可判廣州哉！」越翼日，偕諸友餞於玄真觀，懷玉問廣州，予曰：「自宋初至今仕廣州者，雖崇階峻級無慮數千百，然皆名不可得而詳，世不可得而論，乃惟濂溪周子一人，官雖提舉刑獄之卑，名並日月照臨之顯，❷其故惟在以洗冤澤物爲己任，雖瘴厲險遠而不辭，厥志克立，誠能形著耳。懷玉兹往，再起其風，仰追遺蹤，不可乎？」對曰：「璞不才，恐不足以答遠望也。」曰：「昔者己丑之秋，予講《論語》於鷲峰東所，嘗曰：『飲食男女乃做功處，衣服宫室乃觀心處，言語動静乃體驗處，夢寐交遊乃見道處。』當是時聞者數十輩，然而如懷玉潛思力行，❸以斯言爲可信者，不過數人耳。乙未之夏，予講《論語》於太常南所，嘗論：『仲弓之敬簡，非止坤道。顔子之不遷怒貳過，可至位育。』當是時聞者亦數十輩，然而如懷玉有講即契，以斯言

❶「約」，重刻本無。
❷「名」，萬曆本作「明」。
❸「思」，重刻本作「心」。

爲不妄者，不過數人耳。乃若諸所論難，言或違逆，意無齟齬，一時諸友，淺者稱其有見，深者服其有得，殊不知懷玉乙未之所至，乃自己丑相信而然也。夫君子之志於道也，不患言之難，惟患言而必信之爲難；不患信之難，惟患信而必行之爲難；不患行之難，惟患行而必得之爲難。若苟信矣，又何患行與得之難哉？解裝買棹之事，可無難於懷玉矣，廣州之政，又豈有異説乎？」對曰：「但此地之盜多起賭博，率與海寇相通，捕之不能窺其巢，禁之不能遏其勢，視他處盜頗難耳。」曰：「是不難。《易》不云：『豶豕之牙，吉。』夫是盜也，始於有財，卒於無籍。有財多貴富之子弟，肆驕侈，爲賭博而不思其後。然其父兄可講也，其子弟可諭也，其法度可嚴以立也，君子于是以行義焉。無籍多窮迫之桀黠，思身家、爲痛恨而恒悔其前。然其閑田可農也，其空地可廛也，其上官可白以處也，君子於是以行仁焉。仁義交舉，職思其居，憂勤惕厲，於此乎切，聰明睿智，由是而出，凡一念之動，皆處盜之策。道在内，勢在外，信在己，名在人，豈惟可戢廣州盜哉？雖他日聖明徵晉，以爲大夫卿士，可使方國外户不閉者，亦在是也。」

懷玉，福寧世族，起家福建乙酉舉人。時章宣之諸友爲問言，遂書爲序。

贈南野歐陽子陞太僕少卿序

南尚寶卿南野歐陽子崇一既有太僕少卿之擢，凡寺監諸卿大人皆欲予爲贈言。予惟馬政之設，著在令甲，廄牧有定所，關換有常法，折糧有恒額，收買有實值，印俵有成規，於南野可頤指而辨也，奚待予言？且南野昔自編修爲司業以表績也，予嘗贈以正士習焉。士習，天下之大事也，南野已行之，何有於斯馬乎？或曰：「斯馬也，以供内御，而力事、校尉皆可作其勇；以給騎操，而邊卒、塞士皆可振其氣；以俵孳種，而攻駒、朋椿皆可充其閑。蓋聖朝克詰戎兵之急務也，顧可少之乎？」曰：「即使南野成雲錦數十萬如唐王毛仲，立法于金馬門如漢東門京，豈足爲南野多乎？雖然，昔者伯樂薦九方皐善識馬於秦穆公，公使皐求良馬，皐得一馬牝而黄者於沙丘，歸以告公，公取視之，則牡而驪者也。公謂伯樂，言皐不識馬，伯樂曰：『此真良馬也。在精不在粗，在内不在外，皐得其天機耳已。』試之，果日行千里不爽。請與南野論馬於牝牡驪黄之外可乎？夫管夷吾，伯大夫也，從齊桓公還自孤竹，以馬爲知道。豈惟管氏，雖孔子聖人也，以驥爲有德而稱之也。然此馬也，豈必皆朱鬣金睛，出犬戎、雞斯之産，汗血馬足，發大宛、渥窪之種哉？是故雖騏驥也，亦必編之皂棧羈靮之中以馴其性，群之駑駘踶齧之内以弘其量，服之鹽車九坂之間以多其材，馳之周道修途之上以日閑其輿衛。日中而出，日夕而入，蹄可以踐霜雪，毛可以禦風沙。用之戰伐則奮如虓虎，足以決敵而折衝；用之追逐則迅如飛龍，足以駢風而比電。執轡則如組，御驂則如舞，行地則無疆。蓋無遠而不可至，無入而不自得，無行而不與二三子者俱也。斯馬也，尚有不良者乎！若乃爲白馬生以諫如張湛，執策數馬以對如石建父子，此有漢之太僕也。旦夕承弼厥辟，使出入起居皆欽，發號施令皆臧，慎簡乃僚，使便辟側媚皆去，巧言令色皆遠，非貨其吉，惟人其吉者，此有周之太僕也。亦願南野次第而行之，以張塞淵之本也。」於是諸卿大夫曰：「果若斯言，雖比於『白馬非馬』之論亦可也，宜贈南野行。」

南野名德，江西泰和縣人，起家嘉靖癸未進士。

贈簡州知州程惟時序

歙人程惟時去冬北赴會試，過予曰：「默今會試，越五且六矣。昨拜辭老母，老母與默同泣，且曰：『吾早年望夫，中年望兒。汝父既没，汝弟又亡，今止遺汝，倘授一官，不問崇卑，吾心少慰。莫效汝弟，驅馳道路，竟於無益，吾甚怨恨。』且去秋母病，幾於不起，默裂心治劑，偶爾有感，倏忽轉生，入仕之言，益切默懷。不知先生以爲何如？」涇野子曰：「予初至南都，居柳灣精舍，惟時即從予遊，今蓋十餘年矣。其魁舉應天且勿道，其志向、學識，行業、材略，蓋亦友朋中之寡儔者也。夫臣子之仕也，於立功建勳，流澤於黎庶，垂名於竹帛，多進士科者爲然。惟時可進士科也，乃遜而以從母命，恐先夫子亦不然乎？若他人，吾不言；在惟時，雖十科待亦不遲也。」惟時頗然之。既至京，迺寫予意以復問其母，其母深不然，且聞惟時覆舟於丁字沽，鼻衄於入場後，即作書，星夜遣人至京，嚴示以「不第，必授官」之言。惟時果又落第，乃向天再拜曰：「默不敢違。」遂赴吏部試，得有簡州之命。然又離家遜遠，瞿江險惡，於迎養難，乃復悔棄予言，夢寐不寧，心神恍惚，數廢寢食。路至浦口，猶不渡江，遣子白説。予復之曰：「惟時泥亦至此！夫天命、君命、母命且然，即師命在是矣，又何疑？所願者，畢力效官，以無辱命耳。夫今之州守，即古之刺史，昔者琅琊王陽亦嘗爲益州刺史矣，簡州固益州地也。陽之益州，過九折阪，見其險惡，乃曰：『奉父母遺體以涉此，豈得爲孝？』後王遵繼陽爲益州，行至此阪，謂吏曰：『此非王陽所畏之路耶？』吏曰：『然。』遵遂促前驅疾馳過阪，曰：『陽爲孝子，遵爲忠臣！』然由此觀之，忠孝豈有二道耶？夫盡陽之孝，即爲遵之忠，盡遵之忠，即爲陽之孝，雖視瞿江如象馬牛也，又何難於險惡哉？」

惟時始即日渡浦口江，過予問簡州，予謂之曰：「理簡州亦無他法，即柳灣精舍所講愛民之仁耳。是故胥吏爲奸，不仁也；編臺隸爲蠹，不仁也；豪黠爲武，不仁也；徭頗側，不仁也；賑濟虚惠，不仁也；悖逆争鬭，不仁也；田有蒿萊，不仁也；溝洫淤淺，不仁也；里書蓋蔽，不仁也；盜賊竊發，請謁公行，四民晝不甘食、夜不安寢，不仁也；野桑無沃葉，不仁也。」惟時曰：「此數者皆謂之不仁，何也？」曰：「子不見昔者子路之爲蒲乎？夫子入其境，見田疇盡易，草萊甚辟，溝洫深濬，知其恭敬以信，故其民盡力也；入其邑，見墻屋完固，樹木甚茂，知其忠信以寬，故其民不偷也；至其庭，庭甚清閑，諸下用命，知其明察以斷，故其政不擾也。則夫諸政之有弊者，豈非愛民之未仁耶？惟時誠體母氏愛惟時之心以愛簡州之民，則簡州之民無不得其所而治矣。即簡州之治以復母夫人，則母夫人之喜又何如哉！當是時，雖君命可對，天命可格，惟時晉陟部寺，以至大夫卿士，亦必由是，與登進士科固亦未嘗不相同也。」於是章宣之諸友爲問言，遂書爲序。

太子太保兵部尚書秦公七十壽序

太學生江陰徐洽嘗從予講《論語》於鶩峰東所，一日曰：「洽有子衍嘉，爲今宮保大司馬鳳山先生秦公之孫婿，公次子太學生思宋，則嘉之外舅也。故公於洽爲父行，而思宋與其兄舉人思魯則洽之婚姻也。公有孫男子六人，其孫女子不列，其娶與歸者，多錫山之名族，皆洽之四門親也。公之古稀誕期也，諸眷屬皆請公卿大夫文詩以頌禱。洽魯人也，辱在門墻，敢乞一言以爲公壽。」予諾之曰：「若鳳山公者，亦予所願壽者也。」未幾，予改官太學北上矣，洽又以書請於太學，未能以應也。比予再改今官，洽使其价三持書復申前請，然公於是年已七十有四矣。聞其人，曰耳目益聰明、步履益矍鑠，强健類五十上下人，且與錫中耆英結爲社會，化導鄉曲，風行禮讓，走卒知名，四方仰重。予嘆曰：「公殆宋之文潞公乎！」

夫公敭歷中外，一爲尚書，更轉四部，歷事四朝，類潞公身都將相五十餘年。巡撫湖廣，遭值寇亂，躬親矢石，戡定逆獞，有《安楚録》以行，類潞公出知秦州，元昊黠虜懼不敢犯。公嘗兩參機務，旋即休去，名重士林，類潞公兩以太師致仕，英特威重，人所仰賴。若乃提學河南，奬拔俊士，後多成材，爲時名宦，其在吏、禮二部，又能分别善惡，整齊儀矩，則又潞公所未兼有者也。潞公壽九十有餘，皇祐、至和之初，兩登臺相。今上上方堯舜之治，久惜民瘼，思惟舊人元老，置諸左右，以更化而善治，不日蒲輪之徵，照耀夫椒、芙蓉之峰矣。當是時，公必以一己之壽，壽天下之人，凡天下之人，以至八蠻九狄，皆欲千壽其公若洽輩婚姻之間，不但已也，是又類潞公四夷知名，而契丹耶律亦敬其爲異人者也。

贈侍御謝子清戎序

監察御史涓齋謝子良卿既有清戎之命，其僚俞有孚、趙士美、錢汝載咸爲問贈言。予曰：「邇有《清戎小言》，已著於王子《浙江篇》矣。」汝載曰：「謝子云不必清戎，苟有論學之語，尤所躭愛者也。且謝子嘗自敘曰：『受性質直，不諧流俗。』因以『涓』自號。初令浦城，民有不堪于法者，譁而不寧，或欲骫法，勸之少貶，應曰：『惟聖人爲能過化存神，非聖人而事事悅人，是鄉愿也。』力執前政，不肯少渝，民久相信。比及考績，知謝子從此陞也，遠近老穉扳號牽挽，留鞮爲識，設位儀門之右，祠且祝焉，乃後知涓之能感人也。然謝子在南道，則又通敏練達，事至無礙，有大議，論政務，即能究其終始，考其得失，定其成敗，諸僚多倚重焉。邇者添設鎮守，國人以爲皆莫敢論矣，謝子獨草奏千餘言，據故典，明是非，列利害，謇謇乎不阿不戇，真得告君之體，乃欲實封自行，諸僚愛其詞之良也，偕附名焉。今其奏吉凶未可知，則謝子可謂臨事不懼，雖古之通達國體者，將亦能乎？第不知在浦城而涓，在御史乃又通，何也？」涇野子曰：「夫謝子，殆有見於斯道乎？夫其涓者，正以立通之體；夫其通者，正以達涓之用。涓而不通，於己則潔，於世無益，其害也滯，絶物逃世者之徒也；通而不本於狷，於人雖合，於守則喪，其害也流，和光同塵者之徒也。」

「昔者原思辭常禄之九百，處蓬蓽之一室，甕牖繩樞，鶉衣敝履，亦狷矣，子貢結駟而過，曰：『夫子病乎？』答曰：『思貧也，非病也。』足以折賜之貨殖不受命矣，思雖狷，似又近乎通焉。田常欲亂齊以伐魯，孔子曰：『魯，父母之國，何以紓難？』子貢乃爲之説吴伐齊，説越伐吴，一出而數國交鬭，魯免於禍，亦似通矣，及受孔子『美言傷信』之教，矯揉其學，至聞性與天道，似亦得乎狷焉。若乃狷通兼體，體用咸具，於孔氏門人，惟顔、曾二子爲至耳。是故簞食陋巷，雖萬鐘而不視，耘瓜耕田，雖致邑而不受，可不謂狷乎？至於四代之制，一貫之旨，則獨聞之。然後知通乎道者，有先狷也。夫謝子之學，必將求至於顔、曾氏而後已乎！」汝載曰：「果若是言，一清戎何有哉？信謝子不以清戎爲問也。」

謝子名瑜，浙江上虞人，起家嘉靖壬辰進士。

周詩漢傳贈魏太守之西安任有序

少潁魏子子宜既有敕郡西安之命，有細民報曰：「魏大夫守西安矣。惟此鉅邦，非大夫莫可與治理者。嘗見其總巡矣，所涖官攢殆數百人，諸省糧長殆千餘人，至難馭也，莫不服其明而信其公，畏其威而懷其德，蓋有不恃捶楚者矣。」異日，有會魏大夫，猶執昔讓，既退而嘆焉，有臺人曰：「魏大夫迪道厚而履義堅，宜其然乎！嘗見其進退有度，言動不妄，雖吾僕隸千百輩，莫不誦其人也。」予嘆曰：「《易》有之『邑人不誡』，其魏大夫之謂乎！」他日有請於西玄馬子，馬子曰：「往歲嘗署户部篆矣，識魏太守焉，接其容無諂瀆，聽其言無誕支，察其行無矯揉，誦其文詩，渢渢洋洋，若鳴金石而糿黼繡也。」未幾，諸舊與太守遊者問贈言，且曰：「子宜少承父祖之訓，强學飭行，無敢惰苟。既爲諸生，先後提學試輒首，褒『文行雙嘉』。筮仕南户，差管倉場湖册，及監督鳳陽倉糧，續典揚州鈔關，咸秉廉正，無毫髮疵，文案官胥具信不爽，三年考績，至有『雅淡簡重，清嚴慎勤』之注。故吏部以缺風憲，奏改監察御史，乃尋陞本部廣西司員外郎，續陞山西司郎中。」涇野子曰：「予前所聞於子宜之上下人者，亦若諸友之言。然而自子宜所云，則又多歸美於其先人，以及兩提學、三司徒公之教，則吾子宜之進，其可量乎！且予與子宜處者五六年矣，其事明誠之學，篤仁義之道，練經濟之材，抱天下國家之志，予心所敬重而口常美談者也。今兹遷吾西安守，民其受多祉乎！」

「夫西安，于周在王畿之内，於漢爲京兆地，又爲内史、馮翊、扶風三輔之國，然其地山峻水汛，土厚泉深，民生其間者，多剛勁强悍，粗淺羨力，争競喜訟，至貧破其家，叱嗚不顧。又西二邊，密邇番虜，而星軺日郵，絡繹道路，一有輸繕，騷動雞犬，民或戴病吁口，拍瘡賣衣，以赴公令。蓋其尚義輕生，自周漢來然也。夫當文、武、成、康之時，自陝以西，周公主之，西安正其首治之地耳，《詩》有《臣工》、《噫嘻》、《豐年》、《載芟》、《良耜》諸篇，以及《豳》之《七月》，皆張其治具者也。於時風雨和調，穈芑麻麥，秀壓洫壠，百姓衣食饒足，無所爭誚，刑措四十餘年，禮讓蔚興，頌聲大作。其在漢初，敦用兒寬爲內史，雋不疑、張敞相繼爲京兆尹，韓延壽爲左馮翊，尹翁歸爲右扶風，於時閭閻厭粱肉，阡陌之間，有馬成群，黎民醇厚，耻言人過，當其雍熙，頡頏周室。子宜斯往，必挽西漢之俗，以上遡成周之風乎！」

子宜名廷萱，許州人，起家河南辛卯亞元，連舉壬辰進士高等。

贈上濠湯子陞雲南僉憲序

上濠湯子而栗爲南刑部陝西司員外郎數年矣，乃有雲南僉憲之命，其僚桂守誠、馬子約諸友爲問贈言，且曰：「而栗言，嘗有一日從遊之雅，則不可無文以爲別也。」涇野子曰：「夫而栗，其於雲南僉憲也，猶折枝之易矣，又奚言乎？」二子曰：「豈其在刑曹也，剖決明敏，犯無遁情，折斷允公，囚無冤口，臨蒞勤惕，狴無滯獄，下誦其賢，上稱其才，優於雲南者耶？」曰：「是固然矣。夫凡人之情一也，然處險者難，處夷者易，蓋盤根錯節，不若坦途熟路者之爲輕也。在人之才一也，然居遠者難，居近者易，蓋殊方異類，不若同好合情者之爲安也。」

「夫崖在瓊府之南千有餘里，即漢珠崖地，賈捐之所欲棄者也。蓋其地孤懸海島，瞻顧萬山，石版、黎峨之所盤回，澄島、石蟹之所旋繞，霧露氣濕，多毒草、蟲蛇、水土之害，生黎十六，熟獠十四，而蜑酋番猺錯生其間，中國往者，舊有『千之千不還』之語。乃而栗入選吏部，考列高等，爲忌者擯，遠知是州，人不堪其憂，而栗曰：『唐韋執誼、宋崔與之皆尊官高賢也，且久居於此，寬顧不能守此州耶？』乃奮然就道，至即廣布仁恩，薄示刑罰，雖撫異類，亦如同胞，察其饑寒，問其疾苦，緩其征輸，達其嗜欲。居五年，遂與崖人習，崖人皆能知其心，於是監司相信，撫按三辟。未六年，而以母憂歸矣。服闋，改任高府之化州。❶化雖比崖差裏，然在銅岡、來安之陽，茂名、羅陵之陰，即古高涼、石龍之地，唐所謂辯州者也，❷俗雖簡儉，然頗敬鬼。而粟至日，適值兵荒，當道征輸，棘於星火，過督，下弗堪命，少緩，上有專責。兼以往守僻視此地，恣爲漁獵，化人困苦極矣。乃政倣兒寬，與民爲一，裁其闊狹，黜姦冒之吏，業游閑之民，捐贖金以代轉餉，息力役以後催科，❸賑窮養老，興學迪士。於是户口日增，風俗日美，比去之日，民有至卧轍留鞮者矣。」

「夫崖與化，其遠與險，誠非人所居者，乃而粟之往，既無他災，亦且即治。於其難者已如此矣，而況雲南僉憲，分符臬司，總法臺端，委蛇退食，容與在公，一令之宥，足以勸善，一辟之信，足以懲惡，其爲化理，豈但折枝者哉！雖然，人之情恒警於難而忽於易，猶馭驂者，率慎于羊腸九折之坂，而周行之上或眇之也。昔燕田單一日下齊七十餘城，至攻翟，旬月不下，其後因魯仲連一言，始克下之。然後知易者使傾，危者使平，不可始勤而終怠也。而粟若蒞滇之日，恒如居崖之時，治滇之人，常如治化之民，《詩》用『匪懈』，《書》用『明允』，終始其道，

❶「高府」，重刻本作「高州府」。
❷「辯」，原作「辦」，據萬曆本改。
❸「後」，萬曆本作「便」。

以資格爲俗見，以窮民爲赤子，雖他日徵陟卿尹、六曹，亦猶是也，當其仁，於師尚不讓矣。」或謂而栗曰：「雲南多珍玩，如大理石亦其一也，宦於其地者，多傷民財力，取以賂權貴而侈私家，而栗其革此弊乎！」予曰：「而栗昔於崖之玳瑁、車渠，化之樹石，屏不一睨視，而肯睇大理石耶？吾知而栗非禮勿視者，猶當烱崖、化之目矣。」

而栗名克寬，永豐世族，起家江西鄉進士高等。

賀太子少保大司空石菴蔣公七十壽序

宫保、大司空石菴先生蔣公，今年八月十九日七十之初度辰也，參贊機務、大司馬輿浦王公乃公之己未同年也，偕南京六曹長貳，具壽軸、羔羊、朋酒往賀公，而以言畀枘，且曰：「公爲御史，雅持大體，多所建白，關切時政利弊。既陞知敝府揚州，視民若傷，裁其闊狹，憂樂與同，汰損科罰，胥吏銷奸。他日武廟南巡，扈從需擾，躬抗其魁，下免漁獵。揚人戴如父母，去後塑像以祀，顔貌惟肖，底今不忘。布政湖、江、楚、越，咸明農賈，老穉各有懽心。及巡撫河南，北抵恒山，南通長江，西距潼華，東接齊魯，方數千里之省也，乃公物政顒定，誠在令先，庶司祗若，威惠懋著，黄髮黔首，如墻堵安。未幾，協堂南憲，疊轉南北工侍，法例既宣，裁省冗耗，於地方尤宜。尋晉今位，加太子少保，寔聖心之簡在也。年已古稀，矍鑠倍常，百餘歲壽，不卜可知。」枘曰：「輿浦公所言者，皆公自河以南者之事也。若自關以西者，則枘知之矣。公嘗參政陝西以督糧儲矣，當是時，亦不刺住海西，黃毛虜在河套，吐魯番侵哈密，三邊告急，全陝如燬，百姓起科，不遺餘粒，乞運不恤重繭，守催不惜鬻子。微公斟酌其間，緩急其内，廉静其下，寬嚴其法，豈惟諸寇奔突爾乾，即涇陽、華陰之良皆變矣！故公於吾陝有保傅之恩，西周之民今尚談思欲壽其公者，雖數百歲，亦本心也。」

「雖然，與浦公及柟之言，皆據一方而言者耳。夫兹大司空也，漢當與大司馬、大司徒或同太尉爲三公，故荀爽起巖穴爲司空，人以爲登台司也。若少保之於成周，又在三孤之列，故成王以毛公爲司空，斯其職，下居四民，以時地利，上理陰陽，以象五嶽。今聖天子方思任老成，以不遺壽耇，不日徵晉冢卿，以還登台階，或授黃門之几，或錫靈壽之杖，則公經綸密勿，恪奉祖章，以康濟天下小民者，雖九夷八蠻咸被其澤，其爲稱壽，又欲其千餘歲不已也。且漢趙大尉喜年踰八旬，心力克壯，三葉在位，練達國體，明解朝章，而猶遜讓自處，言不稱老，公殆欲與之爲儔乎？周衛武公和年九十有五矣，言于國中曰：『凡在朝者，無謂我老耄而舍我也，必恪恭于朝夕，以警戒我。』聞一二良言，必誦志而納之，今見于《詩·淇澳》《賓筵》及《抑之》諸篇可見也。公殆欲與之爲儕乎？審若是，則公之壽，傳諸後世數千載亦有餘也，豈可以年數計哉！」

菊鄰處士吴君七十壽序

菊鄰處士吴君者，太學生體惺之父，吴興之逸士也，今年生七十有六矣，其九月十日則初度之辰也。舊嘗以九月爲菊月，九日爲菊節，君之誕日實於九日爲鄰，而君常蒔菊盈圃，花時撫玩，朝飡其露，晝晞其日，夕飲其陰，菊下每成蹊焉，蓋素性愛之而不倦者也，乃遂以「菊鄰」自號云。乙未之年，予在太學，其春，體惺就貢入監。當是時，太學生殆二三千人也，不五七日，病者數人，予數訪通《靈樞》、《内經》、方脈、藥鈐之士，立爲知醫禮生，使劑療之。未幾有報體惺者，即使視三二人，疾皆能興起。以後凡有疾者，皆使體惺往醫，醫輒多效，遂以體惺爲吾之良知醫也，度越他知醫遠矣。及予轉官南來，體惺亦告改南監。然予自今春夏來，亦數數疾，體惺亦數數來胗視，去則使其僕盒劑以餽予用。他人藥多不驗，獨體惺藥朝用暮益，夜用旦益，益嘆體惺往真有功於太學諸生者也。他日叩體惺，對曰：「體惺父菊鄰君或少違和，體惺常劑數方，應候而進，無不痊愈，吾父晨昏左右，恒不離體惺藥。先生之疾，惺亦瞰之熟矣。」予嘆曰：「體惺可謂在家爲孝子，在監爲信友，在予爲敬士矣！」

南野歐陽子言，菊鄰君常云：「菊乃花之隱逸，吾生鄰焉，天之命我者在矣。」遂不求仕進，擬志淵明。乃訓體惺以「忠孝節義，讀書循理，心不外慕，自有樂地」，期以經世之學。亦常見體惺文藝、行業，果可遠到，然皆菊鄰君之與也。且菊鄰君樸雅醇良，動遵禮義，鄉人信重，而又覽觀史籍，善惡成敗皆示體惺。體惺誠能充其所與及所示者自醫其身，無但以醫養其親體，而必以道養其親志焉，則他日以一身之醫，醫四方民之疲癃殘疾、顛連鰥寡者，自有餘也。斯時也，行親道於當日，揚親名於後世，則菊鄰君之壽，豈啻傲雪凌霜於東離、儀鳳舞鸞於千仞者哉？雖數百歲，亦常芳也。

法曹陳子榮壽其親序

長洲里人以陳刑部子年之父道原先生暨其配顧氏，年偕六旬，並膺恩典，褒封伊始，内外重輝，宗戚咸悦，以爲榮壽而賀之。他日子年問其益，涇野子曰：「聞道原先生幼輒聰慧，讀書循禮，醇謹雅飭，屹如成人。既孤孝母，根諸天性，恭厥伯兄，撫字孤姪，恩義周浹，甚爲叔祖中丞公所鐘愛。而又坦夷樂易，無疾言遽色，平心率物，仗義輕利，人不忍欺。訓子義方，敦延師模，貧不廢禮。既謝吴江醫學訓科，優游泉石，不涉城府。當其孝友慈諒，宗族鄉閭咸則而誦焉。又傳顧夫人身通《小學》、《孝經》，婉娩淑慎，肅持閫儀。父疾刲股，親嘗湯藥，其中帬厠牏，手自浣滌。姑既年老，卧起與偕，滫瀡時進，而又勤儉綜理，家賴不墜。當子年讀誦，箴刺組織，伴至夜分。偶遘危疾，行路人禱，天起孝婦。夫醇雅勤儉，以勞觔骨，皆黄耇鮐背之本，而孝友任慈，以完性真，實不願人文繡之具也。此其爲壽，自能度越百歲，而其榮也，令聞廣譽，將四邑人咸羡慕矣，又何賴於宗戚里人之祝，及丙申疏乞之恩，然後爲足耶？」子年瞿然曰：「椿惟知以此爲榮壽，不知在吾父母者已有餘乎！然椿也愚戇，不識繼此亦可以榮壽千餘歲耶？」曰：「是又在吾子年耳。子年不見同鄉之范希文乎？於其父母且勿論，雖其祖履冰，唐宰相也，至宋已弗聞矣。乃希文汎通六經，感激論事，奮不顧身，先天下之憂而憂，後天下之樂而樂，其在環慶，元昊破膽，及權知開封，上『四論』及《百官圖》，譏切時政，善類賴之。至使其祖履冰亦榮壽祇今千載不滅也，其父母榮壽之久可知也。子年忠信沉毅，質美向道，近舉進士。在刑曹，諸所決罰，率依于祖。誠使又爲希文之學，舉希文之政，行希文之志，則道原先生及顧夫人之壽，亦可千餘歲，而其榮也，將聿光賢俊，頡頏豪傑，輝達四耀，垂後世有餘也。雖子年位至卿相以誥封，亦不足比其榮遠矣。」

道原先生名澐，世居吴江陳湖。顧夫人亦吴江著姓。

趙正郎重慶榮壽序

南法曹正郎趙立夫同其僚陳子年詣予曰：「一中之祖字以仁，今年生八十有五歲矣，嘗值恩詔，賜高年冠帶。祖母張氏，今亦生八十有三焉。一中父字克潤，母蕭氏，俱閲甲子一周有餘，以一中之今官也，誥封吾父如一中官，母封宜人。一中竊念自學仕以來，無分寸毫髪有報于國也，而一中之祖孫父子際遇若此，身在重慶榮壽之下，私心竊甚喜，則何以引延於數百年乎？且吾祖自少讀書，顓事家人生産業作，不妄交談。年二十時娶張夫人，方閲一年，接值曾祖父母憂，乃獨居靈側，苫塊逾四年，時有贈以《孝子傳》諸文詩者，今尚在也。及一中舉進士守汝州，遺書舉辛玄馭云：『兒子從宦貧乏，是好消息，一中不可以家爲念，而内愧我。』乃今耄耋之境，矍鑠强健，騎馬登樓，不藉人力。張夫人亦身甘淡泊，蠶繅紡織，躬執其勞，以教女婦，喜怒之色，不見于面，而吾父母又皆孝敬恭儉，以順于祖。

當其重慶榮壽，殆有此道，將百餘歲亦可占乎？」涇野子曰：「立夫若求有千餘歲之榮壽，亦可占也。立夫不記垂韶時在高年公之膝上，克潤先生之庭前訓乎？如今《小學日記》之司馬君實是也。夫君實天資學力，兩臻其美，實立于脱桃之餘，智發于擊甕之頃，行積於警枕之日。故其成也，直如汲長孺而不訐，識如賈太傅而不驟，文如陸敬輿而不冶，廣如韓稺圭而人不可欺，任如程正叔而人不能黨。使在孔門，則閔騫之孝友，季路之忠信，求、賜之藝達，未知孰爲後先也。是以道久愈盛，名遠益彰，遂使其祖征東將軍陽、其父知晉州遲，❶至今數百年也，榮壽如一日，而其爲慶也，豈啻一重而已哉？况吾立夫質性沉毅，忠信不詭，守汝州，有循良政，其在刑曹，執法不撓而果斷中理，蓋有求爲君實之志者乎！斯往也，使益懋斯道，挺拔奮迅，勿忘其所有事，雖位至卿相而不渝，以爲今之君實，上顯高年公、張夫人暨克潤君之表裏，其爲榮壽，將千餘歲不已也。」

賀封御史静軒苟君暨配袁孺人榮壽序

封御史静軒苟君彛之者，今南京湖廣道侍御蒲州苟省夫之父也。静軒君今年生七十有五歲，八月十一日則誕辰也。省夫之僚俞有孚、王希舜偕十三道諸僚皆醵具稱賀，謂省夫能榮壽其親也，而以言問予。予曰：「御史、孺人之封，信榮矣，然皆在於君者也。七十有五之年而又矍鑠不老，信壽矣，然皆在於天者也。果若人言，恐未足

❶「遲」，《宋史》卷二百九十八作「池」。

以盡致賀之道乎！」王希舜曰：「聞之云，静軒君垂髫受學于塾師王仲威，仲威號有榘範，即能允迪其教。未成童，祖家析矣，隨其父商秦州。秦中夏都憲、黄吏部素稱學究，且里居也，静軒君賈暇，輒往問經術、行業。弱冠，還蒲爲學生，即迥拔等夷，舊同硯席者，咸仰視之。成化甲辰，歲大侵，學徒逖散，趁四方熟，静軒君援例入胄監，後授山東聊城縣丞。聊附東昌，路當衝衢，乃分俸養親以甘貧，竭材治劇以任勞，或委攝旁邑，或承勘棼事，或拔名士，或辯冤獄，聊人戴如父母，上官褒以廉能。乃忌於鄉官，被誣而歸，遂以親老日侍，抱屈不辯。會值詔書，得返冠服。當是時，九川呂子道甫者，方自都諫謫倅蒲州，數重高義，樂與定交，其爲人可知矣。袁孺人上事舅姑，得其懽心。聊城出委或數月離廨，孺人嚴肅門闑，恒如在衙。斯其年高而偕受恩榮者，不偶然也。」

予曰：「固有道矣！然皆在於静軒君、袁孺人之身者也。」「必何如而後爲能盡其道乎？」曰：「是在省夫耳。省夫不見蒲州虞鄉之張玄素乎？玄素父母初亦未甚榮顯與壽也，惟玄素秉心忠真，議論讜正，當唐貞觀初，太宗問政，對以：『隋亂，因君自專，身決庶務。日斷十事，中者甚善，有如不中者何？一日萬機，積其失，不亡何待？』太宗稱善，即拜侍御史。及四年，發卒治洛陽宫、乾陽殿，且東幸，遂陳『五不可』，比諸煬帝、桀、紂，太宗嘉納，至言『後往雖露坐何妨』，乃罷役賜綵。當是時，魏徵在廷，獨號一時梗挺，乃嘆服曰：『張公論事，有回天之力，其仁人之言哉！』歷遷少詹事、右庶子，而其諫正太子承乾尤加切直。今且數百載久，玄素名益彰茂，而其父母賴以榮壽，不止於炫爵封、數周甲而已也。況吾省夫之鄉與玄素同，官又與玄素同；近見其諸所差任建白，多抑僥倖而恤窮獨，崇正直而杜奔兢，風采奮揚，是其志操又與玄素同。斯往也，日益懋敦其道，比蹟玄素而又過之，將使靜軒君、袁孺人之榮壽，可以齊前賢而溢千齡有餘也。」於是省夫拜曰：「儻使吾父母榮儕前賢而壽溢千齡，汝安雖夙夜努力以往，不敢倦也。」

衢州篇序❶爲李太守邦良作

南禮部精饌郎中李邦良既有衢州太守之命，乃偕其僚問衢州，且曰：「此地前有四守，率被訟去，不能終其任，而遂又薄弱多病，亦不欲久於世也。」涇野子曰：「前四守者之去，恐非皆衢人之罪也，必其心衢人多未之知耳。邦良茲往，當使衢人皆知其心乎！知其心，而民之不悦者鮮矣，又何難於衢州？邦良亦嘗聞漢張騫之窮河源乎？西至葱嶺山、星宿海，所經之地，多浡泥、古里、淡巴、婆羅、阿哇、忽魯之種，其生率獸心鳥喙，非人所居也，騫往返數年而未嘗有害。又嘗聞夏大禹之導江漢乎？南至彭蠡、洞庭，所遊之處，或岣嶁、祝融、酉陽之險，三峿、匡盧、龍會、儲潭之阻，其幽多神姦鬼怪，非人所安也，禹往來且八年而未逢其害。蓋騫之心，人皆知其爲窮河源以通遠，非有他意也，雖虎豹犀馱，亦皆遁避矣；禹之心，人皆知其爲除

❶「序」，原無，據《目録》補。

水患以安人，非有異謀也，雖魑魅魍魎，亦皆潛匿矣。」

「若使邦良之在衢也，愛其獅橘以賂上官，朝取十筐，暮取百筥；喜其藤紙以厚記室，❶日取十一，❷月取十千；則其心誠衢人所不知，固有怒及橘藤之少，而怨及筐筥之大者矣。恐四守者之去，亦由是也。若使邦良之在衢也，見姑蔑之南，自爛柯以至于九龍、浮蓋之間，凡常山、江山之區，有田數千頃，此不治其塘圳者鞭其背，彼不修其陂塍者笞其膚，農隙方殷之日，無或少息焉。大末之北，自崢嶸以至唐臺、石門之處，凡龍遜、開化之野，有桑數萬株，不浴種者桎其足，不盆繅者梏其手，蠶月方兢之時，無或少逸焉。則見三衢之人莫不曰『鞭笞我者，非厲我也，欲我之有食也』，男歌於野矣；『桎梏我者，非賊我也，欲我之有衣也』，婦勤於機矣。則吾邦良之心，如白日懸天，清流在地，莫不仰其照臨而籍其潤澤，尚有一夫之不知者哉！雖魯公儀，鄭子産，漢黄霸、龔遂，皆可頡頏矣，安可與前四守者論高下邪？且邦良質直好善，躭學不倦，嘗仕北禮部，於法有違亦持之，而陳子發嘗言於我，則固已有父母斯民之本矣。」此其志意風聲，衢人已先知之。前云者，因邦良自孫之言而解之也。

贈鴻臚趙邦佐九載考績序

初，予始至南考功不久，邦佐亦爲鴻臚矣。方六年，與邦佐同至任者已遷官去矣，

❶「記」，重刻本作「私」。
❷「一」，萬曆本作「百」。

人謂邦佐可數月亦遷也，然不果。方七年，有與邦佐同至任者已遷官去矣，人謂邦佐可數月亦遷也，又不果。乃至今九年矣，猶未遷，遂以秩滿考績去，至貧乏不能以自行。或謂邦佐曰：「人之云『遷者或有所作於己，或有所贊於人』，邦佐使早爲之，當不至九年矣。」答曰：「升沉之際，國卿豈不介意哉？第國卿取貲於家，供費于宦，出則賃馬，行則覓僕，至九年而無倦者，凡以不肯使愧此心耳。故凡吾之不遇者，皆其命也，焉敢效尤於人乎？」涇野子曰：「彼都哉邦佐，殆有漢顔駟之風乎！昔駟之不遇于三君也，自謂拙醜不武，而不敢怨其上，百世之下，未嘗不以駟爲良士也。日者有會於諸卿大夫，有桂濱張公者，舊爲國子司業，今爲太常少卿，揚言于座曰：『久署鴻臚寺矣，然見北上有趙序班者，寺中人皆稱其既閑禮度，又練政體，勤慎清苦，終始如一，上下大小，齊口褒嘉。是時考績，吏部注亦相符云。』即使邦佐得一州縣之佐，領牒而去，何如今鉅公鴻儒之公論哉？故古人以令聞廣譽蔑視文繡，醉酒飽德，薄此膏粱也。邦佐之不從人言也，當有所見乎？且邦佐同州世家，其考子德先生，嘗中鄉舉高等，歷尹交城、饒陽、金鄉，以能廉稱；其叔父世忠先生，嘗登癸丑進士，歷任御史、憲副，以能直稱；而從弟國良在給舍，又以不阿權要，甘於外貶；則邦佐之所自得于家庭間者，已遠且久矣，他日所造，殆不可以淺近論。若乃久晦而明，積滯而通，此固天理人事之常，不足爲邦佐瑣瑣也。」是時鄉中權德昭、傅起巖諸友具軸以賀，謂予之言或是也，取而書之軸以贈。

文氏家譜序

《文氏家譜》者，徐州掌教文仲芳之所編者也。文氏，漢成都郡守文翁之後。翁守蜀時，德教懋著，蜀人眷留，遂爲蜀人。至唐莊宗同光乙酉，諱時字春元者，爲唐帳前指揮使、輕車都尉，自蜀往鎮江西，未幾石晉代興，乃隱籍永新。傳至七世，曰諱奎者，開館廬陵之富田，遂遁籍廬陵。又傳七世而至宋，生天祥，即信國公，則理宗端平元年丙午也。信國公無子，以其姪陞子爲後。陞子有孝行，號學山，當元初，以禮聘爲集賢學士，其卒也，葬廣西之鬱林州，子孫遂家焉。於是文氏居廬陵者，則文惠公璧之後，而籍鬱林者，實信國之後，陞子學士也。學士傳十世而至仲芳與弟楷。至九疇、九有，則已十一世在鬱林者矣。

夫文氏之譜，初修于信國，公自爲序；再修于文惠，則呆齊劉公序之；至仲芳，則三修之矣。乃問仲芳曰：「二序云何？」對曰：「劉序多道信國公行事之實，信國公之序則言『以天下視國則國親，以國視家則家親』也。」涇野子曰：「果若公言，則公之序譜也，固志在天下，而其究未嘗不本于家也。雖然，『家親而後可以親國，國親而後可以親天下』；當公之志，欲自末以窮本，若序之志，則欲篤近以及遠，實不相背也，孟子所謂『親親而仁民，仁民而愛物』者乎！推是道以承信國公之休，不在吾仲芳以導後昆耶！」

静菴處士宣城徐君七十壽序

静菴處士宣城徐君年且七十，矍鑠不老，其子監生亨之、孫舉人元策拜問壽言。涇野子曰：「亨之能爲曾子輿，則汝父静翁可與曾晳比高，雖壽數百歲不啻也。元策能爲楊叔節，則汝祖静翁可與楊寶並美，雖受數百歲不啻也。昔者曾子輿之爲學也，一日三省，隨事精察，既真積之久，遂豁然而通，身聞一貫之旨，手著十章之傳，魯人以爲得《大學》之道者，惟子輿其人焉。於是其父晳也藉以並傳，至今數百歲焉，謂子輿非壽其父可乎？昔者楊叔節之爲道也，通《京氏易》，旁覽群籍，守『四知』之庭訓，拒百萬之賂遺，既爲侍中、尚書，力諫私幸梁徹，❶忠正有徵于勸講，劾奸不辟乎單匡，漢人以爲有父祖之風者，惟叔節其人焉。於是其祖寶也藉以同永，至今數百年焉，謂叔節非壽其祖可乎？」

「聞静菴翁受性英敏，早躭問學，外隆乎名師，内孝于父母，安静以持身，勤儉以起家。敦『三毋』以教子孫，曰：『立心毋欺，出言毋易，制行毋苟。』崇『四有』以處族鄉，曰：『交際有禮，然諾有信，貧乏有助，老病有賙。』於是行符于士論，德重於鄉飲。當其勿較横逆，不履城市，飄然物表也，似亦有古浴沂之風焉，有父如晳，亨之肯不以子輿自力乎？當其念耕牛之羸蹶也，不忍屠食，痊而全之，怡然心安也，似亦有古放雀之風焉，有祖如寶，元策可不以叔節自勉乎？夫亨之、元策誠有取於予言，數世公

❶「徹」，據《後漢書》卷八十四《楊震列傳》當作「胤」。

卿不足道也，當使静菴翁之壽，自數百歲以至於千祀有餘矣。」於是亨之與元策拜曰：「不意今日得聞斯教，行將竭才以請事於子輿與叔節也。」曰：「子輿事見《孝經》、《論語》及《小戴記·曾子問》諸篇。叔節事見班固《東漢書》其父伯起傳中。元策若又進法乎伯起，以比方於關西夫子，吾知静菴翁亦不汝靳也。」

贈南少宰鍾石費公考績序

鍾石先生鉛山費公履少宰任、通前禮部者三年矣，將獻績于朝，南都九卿諸公皆有贈詩，太宰甘泉湛先生以序畀我，乃應之曰：「柟習於鍾石公者舊矣。柟自嘉靖六年赴南考功任，明年，公亦自翰林出赴南尚寶任，自是交際周旋，密於在翰林時者一紀矣。然公之班敘，數在柟右，而公輒念翰林之先班也，多遜處其左，公爲庶子則讓尚寶，公爲祭酒則讓少卿，今且皆侍郎矣，或遇私讌，則又讓於禮部。往年祭酒之缺也，公正爲南祭酒，衆擬公必轉北矣。當是時，其兄大學士鵝湖先生且再起入相，公寓書於路曰：『北祭酒缺，甚無念汝弟，必以吕少卿改。』書至再三，言極諄切。比鵝湖先生履相位，不鄙菲材，竟用其言以薦之。夫公與柟，正秦越人也，公處之如此，其他可知，夫公可不謂有大臣之度者邪！聖天子龍飛，登用宰輔，多公之鄉識，聞公與之議事，必合人心之同而不順其意；與之論人，必公天下之選而不狥其情；與之談道，必盡臣子之忠而不阿其所好。不惟身不與比，亦且口不肯譽，屹然卓立，靡所依違，公可不謂有大臣之識者耶！初，公之在翰林侍從也，嘗得告過家，當是時，逆濠方横，且欲爲援，公恒避去，與之絶跡。他日公昆弟數人或骫於法，有司者執之棘，諸昆弟欲逋匿以謝譴，公萃而勸之曰：『第就執去，吾能救汝脱；有罰，吾爲汝當之。』於是有司者論諸昆弟于罪，罰鍰無少爽，公皆與之金，俱分入贖。諸昆弟免，出謂諸子姪曰：『微翰林兄，幾令予輩不良于有司。爾等各慎迪常訓，無干再憲也。』於是凡鉛山勢家聞之，亦皆斂跡，無横民。公可不謂有大臣之風者耶！」

或曰：「公考績行，而以器度言之者何也？」曰：「不見夫海乎？江漢來則受之，淮泗來則受之，雖大河自崑崙、積石而來也亦受之。量惟如是之弘也，是以百川皆能濟乎人，而九有皆可安其居矣。人惟有器識也，於凡榮華勢利熏目炙手者，皆視之如水面漚、花上露耳，蓋其見定，其論自直，夫孰得而撓之哉？君子苟言有物而行有恒也，則風化自火而出者，皆可爲父子兄弟足法也。況公所居之官與其所履之道，不日徵晉冢衡，爰入台輔，寄絲綸之責，行經濟之業，所需乎識度與風教者，尤不小也。所望益大其度，仰思休休之臣；益礪其節，確守無黨之義；益懋其忠，遠求四方風動之效。夫然，則公之識度、風教，雖傳諸後世亦有餘矣。吾知公必不以其所已能者自足也，吾又知公必不使如公之告人者，亦以告公也。」

公起家正德辛未進士，選入翰林庶吉士，授編修，至春坊贊善，出爲南尚寶卿、國子祭酒及今位。

費氏傳芳集序

鉛山横林之有費氏也，海内人率誦説仰重焉，蓋不獨以鵝湖先生狀元宰相，勳在鼎彝，鍾石公以翰林編修，今方少宰，道行于時而顯也。其先也，父之同母兄弟五人焉，三中鄉舉，一登進士，官至參議，兼有政聲，已鳴江西矣。其後也，中鄉舉者又五人，登進士者二人，及第者一人，各著材賢，士林歸榮，宦族實鮮比也。初，復菴少參以鉛山費氏「五玉」，擬諸燕山竇氏「五桂」，今也，蘭桂碧玉，森立庭砌，進修日懋，世濟其美，豈啻一代五玉而已哉！信乎誦説仰重者徧四海也。

或問其故，曰：「嘗讀《南山有臺》之篇矣，蓋山有桑楊，則其葉沃若而可遠觀，足爲邦家之光；山有杞李，則其實甘美而可養人，足爲民之父母。然必先有多根之臺萊者以爲之基本，然後不但『爲光』與『民之父母』耳，又如栲杻、枸楰，而德音茂密，保艾乎其後矣。文莊公丘氏曰：『費氏有隱君子者别號樂菴，樂菴公配周夫人，是生五玉公。乃紹先世之逸休，開後嗣之儒業；刲股以養贈考之疾，百計以雪季父之冤；事繼母如所生，友厥弟以分艾。少從塾師，輒知《論語》之義；長課諸兒，極喜《中庸》之解。聞陳氏之學，千里遣子；受孫尹之教，終身不忘。若乃敬老恤貧，解難已争，崇禮敦義，獎善化暴，鄉人有過，惟恐公聞知，比諸漢王彦方云。』則樂菴公豈不如《詩》之臺萊，以立費氏之基者哉！宜其子復菴少參功祠吕梁，武著三苗，以繼其志矣。而五峰贈公入給家費，出應公役，扞遏强暴，勤苦百狀，孝及祖母，敬于嫂妹，手收曾祖之遺骼，逆季弟于風江，以篤生乎鵝湖先生焉。順菴贈公孝敬曲盡，賑貧恤族，恒迪勤儉，家道日隆，幹蠱勞瘁，憫荔舟之覆，平饑歲之糶，下馬以避樵路，捍兄以禦寇難，内無鬩墻之畜，外無門第之伐，以篤生乎鍾石少宰焉。」

夫鵝湖已矣，今篤費氏之祉，以光前而裕後者，不在鍾石公邪！ 公不見河南吕氏乎？ 吕氏自蒙正、蒙亨以至公著之間，狀元一人，及第二人，致位宰相者二人，皆有功德鳴於宋室。 雖其祖夢奇以及龜圖、龜祥積仁累行所致，然非原明學士篤志斯道，交遊程子，守中原文獻之傳，爲吕氏奕葉之光，何以使夢奇侍郎以來數十世不殁，至今人猶欽仰乎？ 則夫復菴少參俾山陰君謄輯《傳芳》之集，待公發而後梓者，固欲亦如河南吕氏者乎？ 燕山之竇，奚足比哉！ 吾知公之以往也，益開誠布公，集衆廣忠，以輔乎我聖明之治，而宣化于海隅，則見斯芳也，且傳天下以及後世，一費氏不得而私之矣。於戲！ 爲費氏子孫者，處則盡其孝，仕則盡其忠，其亦知芳之所自，而勿忘孝謹之風乎！

贈李君陞任山西少參序

南工部營繕正郎昭菴李君時昭，近以陵廟功成，進陟山西參議，其僚周司廳及四司大夫來問贈言。涇野子曰：「予於十餘年前，已知時昭有今日之遷矣。」薛都水問其故。曰：「昔者嘉靖甲申之秋，予自翰林謫判解州，路過曲沃，君是時方爲曲沃二年矣。見其勸民之耕田也，理溝洫，畜牸犍，儲糞壤，庤錢鎛，豫趨澤，明封植，禁侵掠，農田皆臧也；見其教民之蠶織也，樹桑墻下，蔭無妨田，布株廣隰，葉無黄殞，剔其萌蘖，枝率遠揚，遏其條青，花有碩實，女織咸勤也。勸節五酒，曰：『古者非正祭不茅縮，非親賓不釃泲，酗則賊德，吉則洗腆。』勸蕃六畜，曰：『多畜母牝，不奪孳尾，食之以節，用之以時，則有恒肉。』『爾民無或不孝，易爲竊盜；爾民無或不弟，易爲病廢；宜敦術塾之義，各重班白之老。』於是民俗漸改，士風日新。乃又申白户口食鹽之積累，屯留力役之過少，太平接遞之偏輕，一時所省於曲沃者，不啻數千萬金也。若其自奉，雖菜肉油紙之辦，廄馬宅祭之費，亦皆汰革，不以厲民。於是沃人戴之如父母，愛之爲歌謡。予嘗嘆曰：『謫宦西來，於潞見仇氏，能用書以化其鄉；於沃見李令，能用書以化其縣。予讀書四十餘年矣，盡空言耳，不如一夫一令也。』比時昭陞知隴州，益懋其政，日新其良，養老課農、儲粟立社之事，已皆成效，而建三岔之腰站，改郿縣之析布，於隴人尤便也。則君之材，豈啻可爲山右一少參哉？斯往也，或分守一方，或佐理司事，其所統治者，不但一州一縣而已。苟使所統之州皆治如隴州，所統之縣皆治如曲沃，不以功之已建者而自怠，政之已成者而自足，則其所進，可無已乎！且時昭不聞漢黄霸邪？爲郡則優，爲卿相則劣，凡以其生於自足與自怠耳。聖天子方興乎隆古之治，將令孝弟力田者滿於海内，黎民醇厚，比屋可封，選遷愛民如子之人，以爲方岳之長、公卿之貳，當不舍吾時昭矣。時昭其勖哉！」

時昭名暹，直隸滑縣之世族，起家鄉進

士之高第。

贈趙曲靖序

廣州丹山趙君元默爲南户曹正郎未六年，陞雲南曲靖軍民知府。其僚江伯馨諸友爲問贈言，且曰：「元默初舉弘治辛酉鄉試，屢赴禮闈不第。嘉靖癸未，遂入銓曹，考居部元，除授湖廣澧州知州。母憂，既闋，補除保定祁州。九年，陞中府經歷。嘗感激獻忠，以圖補報，列上九事，又嘗上《宗廟圖并説》及條款數事，深蒙聖明采納，令宰相呼至閣門，諭以用心供職。癸巳之夏，乃陞南京户曹。夫言禮諸臣，率多柄用，否則亦至顯位，獨元默之言既行矣，乃官居南户，已非優處，今又遠守曲靖，知友咸惜。」涇野子曰：「昔者廣川董仲舒嘗對賢良策，其於天人之際、禮樂教化之論、三代授受之道，言極明白剴直，用之可立有効而坐成功者也。漢武帝固一代英邁之主也，乃不用其言，出爲江都王相。乃若嚴安、徐樂、主父偃輩，所論多匈奴邊務之末耳，朝上書，暮召入，至謂相見之晚。則人臣之進言，其遇不遇固亦有命乎！宜乎顏駟能自辭于三世也，豈以元默而不知之哉？」

「聞元默幼同甘泉湛先生及應天鄧訓導，受學於白沙陳内翰。當是時，白沙之徒殆百餘輩，今且數十年矣，惟甘泉子博大爾雅，所至勸人爲善，其學鳴于天下；應天履廉迪義，確守儒舊，足爲士子師模；曲靖讀書文明臺，慷慨瀟洒，常思浴沂之風。三君子者，學之所至雖或不同，然皆有光於師門者也，位固不能以限之矣。夫曲靖也，豈足以拘吾元默哉？」

秋中，倫祭酒彦式得告南還，予同渭厓霍宗伯餞之石頭城下。時元默方卧疾烏龍潭邊以待奏，至聞倫公行，有詩贈，予覽而愛之，遂次韻和其一章，方寫以贈元默，然元默已瀕行矣，即磽一琴，❶并琴歌及素作數篇以貽予。予曰：「元默殆以予爲知音者乎？無亦以予詩有『細雨黄花獨弄琴』之句者乎？」予未登白沙之門，然而元默似亦有其遺風者哉，則夫伯馨諸友甚無以曲靖惜元默也。乃若多建白于經府，及在户曹查出僞造印顆、積歲拖欠金穀之功，知元默必視之如芥，不留于心，若昔舞雩三雨之詠矣。審若是，當其所進雖化曲靖如中原，亦必曰「蓋偶然爾」。然後知元默得斯道于白沙者，不淺淺也。

元默名善鳴，廣州順德之世族。

贈地曹艾治伯考績序

米脂人艾子治伯爲南户曹主政，管後湖版籍三年矣，將考績于朝。諸同鄉曰：「艾子斯行，或留北部，或陟正郎，會晤者稀，涇野宜有言以贈其别。」予謂周白山曰：「若録治伯宦績至，則可據以爲語耳。」旦日，治伯躬自來曰：「希淳之在後湖雖三年，然查册有士，書辦有丁，曬晾有役。淳也，隨人而入，隨人而出，如彼湖舟之往來，積歲累月，實無寸功，方慚尸素，又何宦績之能録？且從先生將二年矣，儹呰時出，昏弱日懼，惟先生賜教言以箴之乎。昔者樂克有餔餟之從，孟子則責之；冉求有聚

❶「磽」，疑當作「磽」。

斂之失，尼父則責之。淳之身百孔千瘡，其過浮于求、克者萬千。斯行也，若獲箴砭之言，淳當載以周旋，比諸弦韋矣。」予嘆曰：「於！懿哉治伯！殆有見於斯道乎？往者與治伯嘗共論詩樂矣，治伯皆能究其微而正其音，嘗共論讞獄矣，治伯皆能剖諸律而折諸例。夫刑也者，爲政之法，樂也者，德之熟而政之成者也，兹二者非治伯所常司也，治伯且兼明之，則於其版籍可知矣。且篤孝其親于家，移教其弟于南，尤人所難能者，乃治伯皆遜而不居，且求其所過，當非有見於斯道者乎！」夫聖賢之道，以仁爲本，而其學以虚爲要。蓋嘗觀於天之春矣，淑氣一至，萬物咸育，無纖芥之遺生焉，其殆仁之所爲乎？又嘗觀於地之海矣，汪度恒開，百川皆注，無支派之滯流焉，其殆虚之所爲乎？故伊尹樂好生之舜，而欲無一夫之不獲。孔門自顔、曾之外，子賤則能取善，子路則喜聞過，故夫子特許以「君子」及「果於從政」也。予固不能求昔賢之萬一，然而治伯望道之見，則固加予一等矣。

弘治間，邃菴楊先生嘗提學陝西，見米脂學陋且敝，移令有司重建。至正德中，有司者既鼎修矣，問其記于高陵，予嘗以「文行忠信」爲説，曰：「聖人之教有四：舉文則道明，舉行則性盡，舉忠信則德行定而命能至矣。窮益于鄉，達澤于世，聖人之道，滋用有光。」今去記時，三十餘年矣，米脂諸俊傑能用斯言者，不在吾治伯邪？所望治伯終日乾乾，益懋介直，他日位進公卿，必行斯言于天下也，治伯勖哉！治伯之材雖足以有爲，而其志耻于輕進，故每以林麓爲樂，其友因號曰「居麓」，望治伯無以是爲戀也。

治伯起家嘉靖乙未進士。

贈王道宗知潞安序

王子道宗爲南刑部正郎，陞知山西潞安府。夫潞安，前七八年間猶潞州也，後以既平青羊山之亂，始陞州爲府，設上黨縣以附郭，即青羊山設平順縣，并舊長子、屯留、襄垣、潞城、壺關、黎城皆隸焉。吏部奏選賢能，以涖府事，於是初擢保定人宋天錫圭以往。當是時，天錫用其言，居三年而潞安治。今道宗之有潞安也，❶托馬生翀來問。越翼日，其僚胡孟和諸友又爲之請贈言。夫道宗去天錫時又數年矣，潞安民固已衽席卧而米肉飽也，其何以加諸？聞之曰：凡地方之治，和甚難，而乖亂甚易。夫民譬之提孩，撫摩之，乳哺之，顧復之，朝夕鞠育之，既久而後得其懽心。苟或一失其欲，即呱呱泣，剌剌語，反面而啼，棄糗而嗔，既不認爺，亦不望母，當是時雖再加撫摩乳哺，亦難乎其能初心也。故治羸兒癡子猶易，而御飽煖頑慧之孺寔難，❷古所謂饑渴易爲飲食，而積玩之稺不可與正論者也。昔者道宗嘗令陽城矣，視民真如其子，凡事静約，不一剥擾。至贖小犯，量收粟穀，若銀買穀石，皆粒粒浄，顆顆勻，以貯預廪，久無紅腐。比道宗去陽城數年矣，陽城遭歲侵，時尹出其廪以賑業貧餓，凡民與升者得升之用，與斗者得斗之用，皆能充饑腸而改菜色，乃益思道宗如父母之至親，兄長之至仁，不然，必不肯長顧卻慮，以至此久遠也。他日道宗進陞户曹主事，差收太倉糧儲，見

❶「有」，萬曆本無。

❷「寔」，原作「亦」，據萬曆本改。

監收内臣之朘削乎士民也，遂告諸科道同劾之，後被其中傷，至謫官外補亦不怨。比公道既明，始復進南刑曹正郎，乃益竭明清之心，盡聽折之材，嚴冰檗之操，未三年，而遂有茲擢。然則道宗之往也，其勿渝初心，滋慎職任，民已治矣；視若未治，亂已戢矣；視若未戢，當使潞安允升于治平，而無他後虞可也。道宗，河南衛人，舉嘉靖癸未進士。是時予在翰林得分考，雖不出予本房，而道宗又高陵人也，於予有鄉土之情，又嘗同王如晦過，❶加禮于予，予知道宗凡事思進，不惟肯少改其道，❷當益充廣而光大乎素學，他日積致公卿，以經濟乎天下有餘也。

文溪文集序

《文溪集》者，宋侍郎忠簡公李先生之所著也。其文質實而簡勁，盡脱陳俗，初讀頗難，偶以爲樊、柳之儔也。及觀跋菊坡之作，及淳祐赴闕奏劄，乃知公正直忠信，學宗清獻崔公，而立朝之讜論，浩氣骨鯁凌人，數被史嵩之讒沮。有經綸之才而不獲輔相之任，其言之奇古，固有由也。《語》曰「爲之難，言之得無訒乎」，不其然哉！公至今十餘世矣，其嗣孫翺仕爲南禮部主客郎中，言動不苟，文雅清修，綽有公風，方將纘公之緒而益光大之，則公之道雖未大行于一時，而實遠流于百世矣。吾知斯集也，當與文溪並行于永久而不替乎！

❶「如」，重刻本作「汝」。

❷「肯」，萬曆本作「不」。

贈方城楊公進改太僕卿序

方城楊公自山東布政陞南光禄卿，未數月改太僕卿，日近天顔，君子以爲猶進也。南都諸公卿以予與公翰林舊僚也，欲委贈言，而其僚石淵傅君又爲之懇。或曰：「咄哉，方城子之不遇也！ 公辛巳狀元及第，未數年，同榜已有登相位者矣，而公方陟春坊中允，人以爲甚屈也，則亦已矣。未幾，又調出外任，或提學于晉、豫，或督糧于青、兖，既轉布政，方擬中丞，乃遷南光禄卿矣。夫太僕，猶光禄也，既無啓沃之責，亦非編摩之任，雖云在北，何異於南。咄哉，方城子之不遇也！」涇野子曰：「不然也。客亦嘗聞魯織室之女乎？ 既有容德，亦有良材，十五而學浴繭，二十而善盆繅，鄰女皆歸高焉。既嫁于夫，妯娌諸姑其材之長也，數短毁之，於是下綺機，出緹閣，西漚麻于陳，南鑊葛于越，夜不息紡績之聲，日不停奔走之勞。歲月既久，積累益深，鄉黨國人，皆惜其能而稱其屈。有賢妯娌者聞之，乃備言諸夫，使之脱去征衣，復登織室。爾乃辯其苦良，察其精粗，縷縷不紊，繩繩不纇，經緯既明，玄黄自成，以爲黼黻文章，騰蛟龍而舞鸞鳳，上可以補袞衣之缺，下可以被四表之民。則方城子固亦魯織室之女也，又何爲不遇哉？ 況聖天子方隆堯、舜，思得皋、契、夔、龍之輩以爲陪側，予所望於公者，惟於當遇之日，恒思未遇之志可也。昔者王孝先之爲貞也，學諳六經，科取三元，懇辭會靈之使，因被欽若之擠。其後復進于相也，力制章獻之臨朝，遂列昭應之五害，開陳無隱，辯博有餘，進止如有尺寸之度，清修常無溫飽之心，恩不欲出於己，謗則常斂于身。宜胡文定稱其儼然不動，而楊億自以爲獨不敢戲者也。吾知方城子他日之積進登相，其施爲謀猷亦如孝先之在宋室乎！

方城子文章在史館，其教養之功庸在山東西、河南北，兹不贅。

贈順德知府高升之序

南京户部雲南司郎中高子升之既有順德知府之命，其僚司廳張希尹、副郎丘孟學爲問贈言。涇野子曰：「是嘗通判順德者之高升之耶？斯其人而守順德，當如樹柳之易矣。」二子曰：「豈以其先判順德也，寬釋冤抑，體恤幽隱，查理倉庫，清刷文卷，百姓有超生之謡而然者邪？」曰：「是固然矣。且亦嘗聞玉工之事乎？楚國有玉工孟乙者，獲卞和之璧，乃日操椎鑿，夜砥沙石，以爲圭瓚璋瑑及琬琰璧琮之屬，雕爲龍麟鳳彪之文，鏤爲松桂穀鬯之章，於是子姪、比鄰皆得日視而時觀之。他日有問子弟以杼上者，則言其可近葵首也；有問比鄰以好度者，則言其可無鼻射也。有齊人之子學玉於孟乙，乙乃提其耳以誨，臨其面以命，使爲璧琮則類裸圭，使爲判規則類邊璋，甚不率教也。何則？耳所聞者，不若目見者之爲深也；路初由者，不若熟行者之爲易也。夫升之之判順德也，已更一二守矣，與之兄弟處而堂廳坐，不但子姪、比鄰已也。蓋民情既諳，土俗亦稔，其守之長者則取之，短者則棄之，有餘者則汰之，不足者則補之，斟酌損益，與民宜之，當見治順德其如樹柳之易矣。」

「且升之舉正德辛巳進士，初仕寧波推官，直日本倭夷入貢，互相讎殺，奪城劫庫，禍連寧、紹。升之挺身督戰，勦除魁惡。巡撫歐公首薦其賢，且瀕行取，乃陞襄陽同知。屢遭灾傷，立法賑濟，民多全活。他若清軍伍、處夫馬，咸有條格。未幾，陞南户部員外，尋改北部。奉勑督理漕運，歲額四百萬石，每歲災傷，減免十五。時大同告變，上命全運，乃日夜躬督，歲增羨米。竣事，陞本部四川司郎中，因撰《通倉志》。嘗懲温州衛運官以法，忤于當道，順德之判，由此其謫也。然則往日所折屈之處，豈非今日所得力之地乎？天道之增益善人，固如是哉！況升之之伯父某先生，嘗爲南大司徒，經營國計，真如家務，上佐公室之急，下蘇百姓之困，其成法固不出于而家也。升之少習其庭訓，長聞其官政，當不啻孟乙之子姪耳。斯往也，滋懋其善政，丕著乎仁聲，不日烝晉大拜，外則撫巡，内則公卿，以爲朝廷宗廟之圭璋瑚璉者，亦自此順德耳，升之其信斯言哉！」

贈趙子明知瓊州序

鄞縣人趙子子明，予於三年前識之於順德途中。當是時，子明方同知順德也，予下車禮貌之，特優厚與款語，復從容移時刻，且慰之曰：「久舉進士，筮仕行人，瀕授科道，乃上封事，甘謫閩藩照磨，已陞池州推官，今始滯兹順德邪，屈哉！」子明遜謝不敏，言温而禮恭。予曰：「不久於順德矣。」越明年，進南刑曹正郎，會晤于江左。未久有瓊州之陞，枉過請别。翼日，其僚姚正郎爲問贈言。予曰：「瓊崖在大海之中，幅幁二千餘里，❶蓋一大都會也。予嘗三爲瓊崖贈言矣，用其言者，率得民心，多樹政績，階銜日起；不用其言者，輒速官謗焉。當其道，惟在『好而知其惡』、『惡而知其美』耳。蓋瓊即古珠崖、儋耳之地，蒼屹、黎母、郍射、石版之所，盤迴南龍、延澄諸湖之水，襟帶而墊隘。於是生黎數爲之寇犯，群蜑恒肆其禍患，而颶風亦時振其屋居，賈捐之所謂霧露氣濕，多毒草蟲蛇水土害，欲棄之者，其可惡如此之甚也。乃若既領三州，復隸十邑，地産合浦之珠，顔羅之藤，翡翠玳瑁之珍，五木七寶之貴，甲諸天下，其可好又如此之甚也。雖則可惡，然而其俗淳樸儉約，質慤畏法，牛羊被野而無盜，兇歉歲侵而無丏，苟正其身、端其令以得其心也，即民戴之如父母，信之如師保，歸向至焉，歌頌生焉，其美又如此也。雖則可好，然而中盤黎峒，外際海寇，上遠按制之官，下多恣肆之處，苟或一見其欲，少肆其情以失其心也，即民嫉之如讐敵，戲之以干戈，忤犯興焉，侵伐起焉，其惡又如此也。是故馬之失，可惡也，而或者以爲福；璧之獲，可好也，而或者以爲禍。故君子務以得民心爲本，不以地之遠邇爲念。苟得其心，即瓊崖之險遠，如順德之近矣；苟或不然，即使子明內守順德，豈不又在瓊崖之外哉？且子明之在行人也，先因出使岷府，上瑞蓮之疏，而以儀鳳、《洛書》爲真瑞；後以起復前任，論尊養之禮，而以禹穴、舜冢爲先規，則子明之於好惡、美惡，蓋已知之明

❶「幁」，疑當作「員」。

而見之蚤矣。斯往也，惟持此志而不渝，守此學而不惑，則他日沛然斯道有餘裕也，吾又何疑焉？區區外進撫臺，内進公卿，又何足爲吾子明道哉？」

涇野先生文集卷之十三

巡按直隸等處監察御史　門人徐紳編刻
巡按直隸等處監察御史　門人吴遵編刻

序十三

贈董正郎致政序

刑部正郎西沙董君潤卿將考六年滿，而有四品之擢也，非憲副則少參，無已，則鉅郡太守也。黄金横腰，緋衣華躬，世之士大夫多冀得此，以爲榮美，潤卿可不數月而有之也，乃以母老思鄉，遂飄然乞休歸去。報至，來告于予。予曰：「潤卿何遽有此乎？」曰：「琦領鄉舉，致位此官，自分足矣，年艾若此，亦自分足矣，又敢有分外之望乎？」「於母氏之意如何？」曰：「母云：『汝爲秀才，官至大夫，外佐名郡，内司法曹。吾年耄耋，已受恩封，歸樂鄉井，亦甚嘉悦。何必尊官大爵，然後爲快哉？』」予嘆曰：「賢哉母也！古聞尹母惟以善養，今見董母不以禄養矣，則潤卿之賢能，固大有本源者乎！雖然，潤卿，夫子之鄉人也，不聞子貢之事乎？昔者端木子貢倦於學，求息而事君，夫子告以執事之恪；又求息而事親，夫子告以不匱之孝。夫子貢之倦于學，猶今潤卿倦于仕也，若思息于家也，則必移事母之孝，下以誨子弟，旁以訓宗族，知潤卿又自分或不足矣；思息于鄉也，則必移處家之道，近以化比鄰，遠以正州閭，知潤卿又自分或不足矣。是故道無止息，不分于仕隱，故子思等鳶魚于天淵；學無止足，不間於顯微，故夫子嘆逝川于晝夜。」

「予判解時，有胡孟和者，潤卿之同僚也，其言潤卿之判嘉興也，催科不擾，撫字有方，常例既革，額賦盡完，遂蒙欽依旌異焉。其言潤卿同知處州也，吏畏其威，民懷其惠，屢見知于監司，疊書賢于薦剡焉。邇在刑曹，其清白之操，寬厚之政，又予所稔聞而恒羨者也。夫嘉興，此潤卿也；處州，此潤卿也；刑曹，此潤卿也；今還恩縣，乃肯又一潤卿乎！世之士大夫，在官也率多矜持，不失榘度，一致仕還里，輒曰：『司言者不吾劾也，執禮者不吾繩也，持法者不吾律也。』日以買田問舍爲常，詩社酒會爲高，遂使士風淪替，後進淫惰。慝者多在位，婪者多在職，皆前偷教之也。故曰：『鄉無善俗，則世乏良才。』夫子所以以仕學爲一，不許子貢之倦也。久與潤卿相知，必不如世之他致仕者爲也。」

靈椿榮壽圖序

户曹主政呂鳳儀作《靈椿榮壽圖》以告予，曰：「韶父渾齋君性敏好學，讜正樸茂，被服儒雅，業且登科，遭例授羽林衛經歷，封徵仕郎，尋陞磁州同知。以正衛官之侵軼乎州也，爲守詿誤，起送赴部。韶母舒孺人先卒于京，父因護櫬還里，自輟仕進，惟日以教韶暨兄弟音、章、歆、韻五人爲事，談詩說禮，洎如也。今年二月五日，實六十初度之辰。韶以怙育之篤，庭訓之蚤，賴有今日，嘗疏乞貤封，已蒙聖恩，准給如詔之官，榮莫大焉。詔思壽母無及，惟欲吾父壽比靈椿八百且千歲也，因有此圖耳，不知可使詔能如是以遂其心乎？」涇野子曰：「鳳儀，楚人也，生于衡嶽之封内，日夕瞻望此山，其能學爲衡山乎？夫衡也，宿當翼軫之分，上應璿璣之度，列峰七十有二，瀉泉三十有八，而祝融、紫蓋、石廩、天柱諸峰，東與太山之日觀、天門、鷄籠、馬棚相望而峙者也。鳳儀誠能學如衡山，則足以爲南國之紀，不騫不崩，其壽渾齋先生也，將附天亘地于無窮，八百靈椿又何足道哉？且渾齋君好學，合乎智；讜正，合乎禮；樸茂，合乎信；蒞官行政，見勢不撓，詿誤赴部，自棄其官，合乎義；政有遺愛，磁人立碑，合乎惠；自舒孺人之歿也，教鳳儀兄弟五人皆成儒業，而鳳儀且舉進士，筮仕版曹，練經濟業，慨然有志於聖賢學，合乎慈。此『六合』者，皆君子之德也，而渾齋君有之。」「鳳儀雖欲不學衡山，何以能益於『六合』邪？」曰：「鳳儀之學山也，必至於樂焉斯可耳。夫子不云『知之者不如好之者，好之者不如樂之者』，鳳儀學山誠至於樂焉，則舉天下無可尚之物，尚復有遺理乎？」「學山至於樂也，則何以能壽吾父耶？」曰：「夫子又不云『仁者壽』，自樂山而得之也。」「然則學衡山之功，如之何？」曰：「自學黄岡山起。君子之道，辟如行遠必自邇，辟如登高必自卑。鳳儀其自黄岡山而學上衡山，自衡山而學登泰山，學力果至於此，當是時也，材能已可希乎聖矣，又何事于仁乎？鳳儀勖哉！」

贈李潭水還任河南序

潭水李先生者，山西平定州人也，以會試中乙榜，除授吾高陵教諭。垂七載，陞鞏昌府教授。未六載，以母夫人憂去，服闋，補直隸廬州府教授。未幾，陞伊王紀善，六年而進五品服色。予嘗三過洛陽，皆得會晤於郵亭，數惜其才大未施諸用，潭水亦嘗曰：「初與予同年同選者，今多進補部僚，或擢豸史，言行於君，政及於民。奎起家二十餘年矣，尚拘滯如木偶人，素學荒落，初志蕭索，宜爲知己者惜也。」予曰：「潭水行懿而慤，才敏而精。當其在高陵也，迎養二人，教撫諸弟，且令庚、箕從予遊於雲槐精舍。當是時，念、愈兩生尚未成童，然已頭角嶄然矣。諸生觀法身教以遵教令者，翕然丕變焉。是其孝友之行，可通神明；篤信之學，不愧往哲。天之報子，不在其身，則在其子弟乎！」比予四過洛陽，時庚、箕二弟繼舉山西，念、愈兩生同登進士。且庚、箕重卒業於太學，器益深邃，念、愈同拜予於函丈，志益高遠。予欲即見潭水，以矜前言之先見也，而潭水以省親平定矣。今年春，念爲錢塘令、愈爲太常博士，皆且三年，潭水乃以他事道便至錢塘，續至太常，予始得會晤於禮部外第，執其手曰：「夫潭水孝友之誠，庭訓之正，天今報子，有驗乎！」

未幾，潭水將還洛陽，其户曹馬郎中，則潭水在高陵時之門人也，其傅行人、喬主政、王評事諸子，又皆錢塘、太常之同年且交遊者也，皆裝軸歌詩以贈其行，而以言問我，且曰：「潭水先生斯行也，可謂樂乎！

夫豈啻以錢塘、太常雙登進士，同任美官，不久進爲科道而樂邪？ 蓋以錢塘惠而明，上官嘗注曰『無一民之不服，無一政之不善』，他日所建之勳可知矣；太常博而雅，南都常稱曰『請文者多之焉，論詩者多聚焉』，他日所造之學可知矣。」予曰：「殆又不啻此也。予常瞰潭水以四品服色之事，潭水以爲『縱雖有之，亦非吾身所親致也』，當其微意，亦可測乎。昔者董仲舒歷事江都、膠西二王，言本諸道，非禮不行，王雖或驕，久皆見化。後老於廣川，漢廷遇郊祀、雨雹之類，數遣上使就家問明，至今千百載垂名不没。吾知潭水壯志，必欲追法斯人，求與並名，而後以爲樂乎！」於是諸子曰：「誠如涇野子之言，則錢塘、太常又不知何如其用力，以廣潭水先生之樂於無窮也。」

送毖所何封君還泉州序

封户部主事毖所何君孔偉者，何元孝述之父也。元孝舉進士，任南京户部雲南司未數月，即懷二人，忘寢食，走使者迎養於宦邸且半載矣。毖所君以諸幼子猶在晉江也，乃思南歸。予具觴以餞曰：「元孝之在此也，朝饔丹粲，暮茹黄虀，間佐以腊魚，非供養不市脯。唐辛玄馭以『兒子在宦所者貧乏不能存』爲好消息，今毖所君可謂目擊雲南之詳矣，豈啻得其消息而已哉？ 斯歸也，不亦樂乎！」答曰：「誠如涇野子之言也。昔吾六歲失怙，刻苦儒術，不竟其志，棄爲鄉閭諸童師。資其束脩，以養吾母，克恭二兄，身雖屢空，恒無怨言。兄弟既析之後，漸破其業，及元述鄉舉報至，予即毁其甑竈，與弟同爨，迨今十餘年矣。家有祠堂，日必夙興，洒掃焚香，近雖暫寓官舍，亦不肯廢。蓋予常舉古人忠孝勤儉之事如范文正公輩，以訓諸子，而於陳萬年教子咸之諂，則深鄙且惡焉。此予所以砥身勵行於夙夜者，正惟耻躬不逮于言耳。然則今日消息之好，豈亦其能繼吾志者乎？」涇野子曰：「愢所君猶未知元孝所造之遠耶？往年予在太學也，方舉《監規》而棘賴乎丞也，數言諸銓部。當是時也，元孝方教授惠州也，其善教聞天下，銓部舉以語我，予喜曰：『繩愆得斯人焉，舉《監規》如樹柳耳。』日望元孝夕至，夕望元孝旦至。然元孝滯於途，涉三時而後至，予已改官南禮矣，於是予常恨元孝之未獲同事，知元孝之心亦必不爽也。當元孝之至監也，凡予所已行者，則繼之不肯廢，凡予所未行者，則補之不肯遺，故諸士子言元孝之在監，亦若予之未去監也。及元孝之陞今官也，乃來拜曰：『述未得事涇野子於北，今乃獲請之於南乎？』夫君子之道，不以離合、親疎、遠近、生熟異其心而變其志，于以通天地、質鬼神可也，予於元孝見之矣。然則元孝之於愢所君也，雖仰希曾子之養志亦肯爲者乎，豈但如范文正公而已哉？愢所君斯歸也，不又至樂乎！」未幾，鄭汝德、林以謙諸友問贈言，遂書之。

林母蔡太安人七十壽序

林母太安人蔡氏者，南京户部主事林子君修汝永之母，枕書君思敬之配也，今年三月二十七日，則太安人七十有四初度之辰也。君修之僚友仕南都者何元孝輩醵裝壽軸，問予言以稱賀，且言：「枕書長逝時，君修年方七歲。太安人新憂初罹，家步孔艱，百苦叢集，迺身任其勞，既操井臼，亦藝紡績，晝殫厥力，夜忘其寢，咀柳母之參連，服鮑桓之布裙，鞠育撫教乎君修者，今且五十年也。乃君修承顏順志，攻苦向學，明經修行，遂領正德庚午鄉舉，以家貧不能甘旨乎太安人也，就教南樂，轉陞國子助教。所至之處，躬行以率士，嚴科條以程業，士種種皆知向正。而君修端謹之風，孝廉之實，歷爲執政者所薦，至有今官，獲貤封，於太安人劬勞之心，亦庶乎少慰矣。不識繼此猶有可益君修，以壽太安人于久遠者乎？」涇野子曰：「元孝不聞宋呂原明者耶？當其十歲上下時，雖其母申國夫人性嚴有法度，教原明事事循蹈規矩，然至其德器成就，大異衆人，則非申國夫人所盡與也。初，原明與伊川程子俱事胡安定先生，居並舍，原明少程子一二歲，察其學問淵源，首以師禮事之，一時明道程子、横渠張子、孫覺、李常諸賢皆獲交遊。由是知見日以廣大，略去枝葉，一意涵養，以造聖人。至今且千百載矣，論程門高弟，必以原明列諸尹、謝、楊、李之間，而其母申國夫人，又因原明壽至今不没也。予初抵太學任數日，而君修即遷今官來，雖未能數相會晤，然其才行之美，則已心敬之矣。當其志，雖仰希程子，亦所優能，豈但可爲原明已乎？君修而能誠如呂原明也，蔡太安人之壽不待賀祝，當亦如申國夫人，格於千百載久遠矣。」

楊氏族譜序

四泉楊公謂予曰：「昔者先君子光禄

公嘗曰：『吾欲作宗譜而未及，將有待於爾麒乎！』當是時，先君子方丞藍山縣，地僻而俗囂，民獠錯居，事多廢滯。鄰邑安仁、衡山，交互梗黠，歷數令，咸齟齬去。當路者奪取令篆，付先君子。爾乃一志奮庸，績用茂著。比後乞歸，邑民上章借留，乃浩然長往。先君子所未及于譜事者，政阻之也。夫譜所以崇孝而傳信也，吾不能逭斯業矣。且吾楊氏出唐叔虞之後，伯僑自晉歸周，封爲楊侯，一脈胤衍，至于上饒，兵燹屢更，家乘失傳。麒生也晚，雖不逮見先世，亦蚤聞于諸父矣，又安能逭斯業邪？」

「昔吾鄉先正歐陽永叔亦嘗譔家譜矣，上不及於長沙，下致詳於景達。吾欲竊比爲例，所及知者不敢或忘，所不及知者不敢强附，系以宗圖，纂爲譜牒，用傳示子孫。惟吾子弁一語于端，使後世知斯譜之所由，庶以考先君子之志也。」涇野子曰：「語不云乎：『先世有善而不傳，是不仁也；誣其實而不真，是不義也。不仁與不義，非所以教來世也。』然則四泉公之爲斯譜也，其志遠乎！夫教後以正，猶有弗正者矣；始納于邪，後將奚觀？四泉公厲冰檗之操，篤貞信之守，博雅謙恭，好賢樂善，思以光前而裕後，其殆居諸仁義以爲正者乎？楊氏子孫，其滋茂恭厚孝忠，以不詭諸仁義乎哉！」

王氏家録序

王氏自周靈王之太子子喬以直諫廢世，修黄帝術于緱山，其子宗敬爲司徒，時人號曰「王家」，至今蓋六七十世矣，公侯卿相，世不乏人。南大理寺評事壽卿喬齡乃纂其譜牒，通爲世系，自晉錯以後，如指諸掌，壽卿篤孝之心，可謂曲盡其誠矣。暇又謂予曰：「王氏自文正公旦自敘，五十世以迄于汝梅，曰『王氏原譜』，建炎南渡，間關扈駕所携之舊本也。自工部尚書文穆公候，與從弟朝散郎守、中書令兼侍講鉌、右通直郎平江軍節度推官監潭州鎮南遷，始家餘姚，凡居南者系之，曰『王氏南譜』。家藏舊有文正公及懿敏公素二遺像，傳守綿遠，集所爲像贊、詩序，曰《王氏遺像集》。自南渡至今，十四世孫椿，字廷壽，號培軒，喬齡之父也，生三子，曁弟高、嵩，喬齡登乙未進士，授今官，高、嵩皆庠生。歲丙申，皇太子誕生，推恩封吾父培軒君如喬齡官，母熊氏爲孺人，維時迎養金陵，而年壽俱七旬以上，喬齡之僚友、同年及同鄉親戚之在此者，共爲《三槐餘慶圖》及詩文以貽之，曰《榮壽集》。總『原譜』、『南譜』、《遺像》、《榮壽》爲一帙，名曰《王氏家録》云。請一言括爲之序，以示後之子孫乎！」涇野子曰：「惟孝子能敬其父母，惟順孫能敬其王父母。敬其王父母者則有孫，敬其父母者則有子。有子者孝之成也，有孫者順之效也。即觀文正公極探討考索之力，備編纂類次之勤，以明數十世于前，不順而能之乎？既觀元公休徵失繼母朱氏之愛，盡剖冰幙雀之誠，以傳千餘載于今，不孝而能之乎？壽卿將數編而總籍之，可不謂有休徵、子明之志乎？壽卿又不見河汾仲淹之道耶？身通六經百傳，約之以禮，周公、孔子之道於是乎且復明焉。此亦壽卿之先正也。其爲宗譜，玄謨至虬，上下數十世，焕然復著于後，於今百代稱賢焉。壽卿嘗與予論『安止幾康』之旨，洞徹精微，慨然有上求前古之志。然則復爲文中子之學，以爲王氏千百世光者，知壽卿必不厚孫也。」

別顧承美序

昔者予之在太常也，當是時正卿已去，代者未至，予署寺篆，而承美適典簿于西廳，凡寺事之可否行止，皆得與承美論決焉。如欲變淮豕之惡，蒔園蔬之美，復廚米之舊，葺烹屋之新，究禮樂之器，獎端慤之士，彼此論究，互相辨難，幾于成章。而予改官辟雍去矣，於是數言承美於當路，進爲監丞、博士諸官，以贊予之不逮。機會一失，遂不可得，使予不能繼公叔文子之美者，今尚抱歉也。比予改官南禮，與承美處益親切。暇嘗問其所作，乃書十解以似予：一曰「正朔解」，二曰「數目解」，三曰「《春秋》解」，四曰「左氏解」，謂左氏長于史才，博通古今，豈有不知當時之正朔乎？閔、莊以前，去世既遠，或有誤傳，若昭公七年夏六月甲戌朔，日有食之，祝史請用幣，平子曰「止也」，太史曰「當夏四月，謂之孟夏」，是言周之六月爲夏之四月也，夫昭公在春秋之末，皆左氏見聞之切實者，其尚有誤耶？五曰「春王正月解」，六曰「三正解」，七曰「《伊訓》解」，八曰「七月解」，九曰「《史記》解」，十曰「孟獻子解」。或引梓慎「火出，於夏爲三月，於商爲四月，於周爲五月」，或引獻子「正月日至，可以有事於上帝，七月日至，可以有事于祖」。夫其十解之辭，反覆變難，多宗左氏「王周正月」之言，而以辨宋儒之説「春王正月」不然也。以視予説，雖亦不同，然而博雅精究，斯亦勤且良矣。乃如是之人，久滯寺簿，始陞通府，斯固銓曹者有遺明，然而承美又何必尊官峻爵哉？所望不以在外者爲念，而於在我者當益修其所未至，以求與古之先達者匹休可也。

承美起家舉應天亞元。

晦庵朱子文抄序

或問：「晦庵朱子何以文抄也？」曰：「朱子之文，浩瀚無涯，學者未能徧觀而盡識，❶是以抄其要者，以範後進耳。」「海虞吴氏抄於宣德之初，安陽崔氏抄於嘉靖之中，皆切近矣。合觀二抄，不下數千萬言，併計所不抄者，雖萬億言不啻也，不亦已多乎？」曰：「公都子以『外人好辯』譏孟子，孟子以爲『不得已也』。朱子之言，亦不得已之意乎？」

「昔者漢高祖馬上得天下，不事詩書，惠、文、景、武繼之，仍襲戰國亡秦之故，挾書之禁，久而復馳，❷于是何、倉以刑名爲相，良、參以黄老飾治，輒、❸賈以游説傳行，諸治申、韓、蘇、張之言者，猶紛然競也。廣川人董仲舒者，三年下帷，一遵孔子，進退容止，非禮不行，學士咸師尊之。其言主于正誼明道，而以《春秋》爲大一統，❹位雖未顯，道則常行，六經用章，斷獄者引經折僞，繫囚者受經問道，❺或印綬加身而守死，或汙辱釋掾以觀仁，至有鞠躬盡瘁，斃而後已者，用能扶漢業于四五百年。魏自建安七子以來，崇尚五言，争眩靡麗，晉、宋承之，

❶ 「徧」，原作「偏」，據重刻本改。
❷ 「復」，萬曆本作「後」。
❸ 「輒」，萬曆本作「徹」。
❹ 「以」，萬曆本作「謂」。
❺ 「問」，萬曆本作「聞」。

汩于齊、梁、陳亡，或怨以怒，或治以纖，三綱淪而九疇斁，至篡殺以相尋。河汾人王通者出，隋開皇之初進獻十二策，以期太平，退擬六經，纘明先聖，一時董常得其藴，王珪、魏徵、杜如晦輩發于事業，以開唐初之治。李唐之世，半踵漢而襲梁，達摩、羅什之氣未斬也，蕭瑀合掌禮佛，稱地獄以拒傅奕，至有宮人出而爲尼，畜髮以踐大后之位，濁亂海内，幾殞唐祚，宜乎永真以後、元和以前，迎佛骨于天竺，舁傳禁内，雖號學者，出舍爲僧，❶夷狄熾而中國滅矣。河陽有韓愈氏者出，奮不顧身，上表論諫，其言曰：『人其人，火其書，廬其居，明先王之道以道之。』表上而身貶，言出而道章，誠足以正人心于百世也。宋承五季之亂，立相多仍舊人，于是君子小人迭相柄政，王欽若出守天雄，閉門誦經。其後安石撰著『新經』，❷益肆其奸，至使李沆、寇準不獲常用，而司馬君實、兩程夫子且被逐譴，遂致徽、欽狩虜，汴京丘墟。南渡以來，諸儒學術又復不同，❸陸子静高才篤學，亦名儒也，倡爲一偏之學，其徒楊簡揚其波而助其瀾，宛若文殊辟支之護法也，而況陳同父、張九成輩，或以功名，或以詞章，相兢于時哉！婺源晦菴朱子者出，先格致以擇善，即誠正以固執，事爲之辯，言爲之論，理不明不已，道不直不休，聖學至是，亦大復續乎！是故董子明《春秋》而人心正，文中子續六經而聖道顯，韓子闢異端而正教明，朱子辯群説而斯文之實學定。」又曰：「聖學雖以言而

❶「舍」，萬曆本作「家」。
❷「經」，萬曆本作「説」。
❸「復」，萬曆本作「多」。

明，亦又以言多而晦。析危微之弊，❶求精一之中，此三聖人示萬世道學之的傳也。故朱子又嘗言曰：『惟曾氏之傳，獨得其宗。』今觀《大學》、《孝經》、《論語》、《曾子問》諸篇，果亦不如此之多也。學者誠因朱子之言而專師曾子，於聖道有不可至者哉！審若是，朱子之功亦又大矣。某官某地某氏命其人梓行傳布，❷意深遠乎！」

陝西鄉試録後序代作

嘉靖庚子之秋，《陝西鄉試録》既竣矣，某以執事當序諸末簡，以申告爾諸士子。曰：「於戲！諸士子知中式舉人録乎？聖皇崇重斯典，凡以爲治道設也，故格之以言行焉。言行者，君子之樞機，所以動天地、感鬼神也，而況於治道乎！粤自虞夏以來，凡其言之立者，必其行之立者也；凡其行之能立者，必其言之能立者也。故主司者於爾諸士子，雖因言以占行，又將以其所言，徵諸行事而驗之也。今夫如矢之言必烈士，如金之言必莊士，如春之言必醇士，如韋之言必懦士，如剽之言必貪士，如石之言必慤士，如猱之言必不恭之士。此七言者，豈不出其肺肝而呈其手足哉？宰我、有若善爲説辭，似能立者矣，然中狷之士亦或索其疵而尤之，不以爲聖人也。閔騫、丙卿率不言也，或至老且歿者矣，然哲睿之士亦多得其情而信畏之，必以爲忠孝之豪傑也。今爾諸士子，沐休明之治教，説

❶「析」，原作「折」，據重刻本改。

❷「某官某地某氏命其人」，重刻本作「侍御潁川雙溪張君光祖屬藩司」。

《易》能釋卦爻之隱，而于四聖無遺藴；説《書》能列帝王之變，而于四代無厲政；《詩》之説也，真能解頤，而六學之旨已精；《春秋》之説也，真起廢疾，而五體之情可得；于《禮》，既不忘羲、農之舊，然於古亦不泥也，又不膠《儀》、《周》二經，然于今亦不滯也。論能發萬理之源而不窮，策能折今古之實而不窘，使有司者至或擊節嘆賞而不寐，以爲得佳士也。斯往也，其踐所言哉！」

「今四方多故且勿言，姑舉關中之弊，雖曰旱乾頻仍，歲久不登，胡虜出没，邊常不靖，以爲戕斯民衣食之源也。然而或酗于而鄉，或鬩于而墻，或詬于而里，或嫳于而邑，或盜竊于比鄰，或劫奪于道路，凡經史所載之陋習，近多有之。此豈可專歸罪于民哉？此豈可專歸罪于歲與兵哉？夫天下之惡一也，諸士子往也，遲速大小雖不同，必皆服官政矣，其何以釐此哉？即爾秦隴之人，有適趙魏之地者，遇車師授以六等之車數，歸語鄉人曰：『我善爲車者也，轐屬、微至皆有法，輪、軹、軫、轐皆有節。』既已爲之矣，近不能超崤函，遠不能歷大行之麓。夫士也，若道聽塗説，而言不本諸躬行心得者，猶隴岍人之爲車也，其能終踰絶險以不臭厥載者幾希！夫聖人於静言庸違者深責之，今諸士子已公言之矣，又豈肯公違之乎？是必言而民莫不信，是必行而民莫不悦！」

壽對山先生康子七旬序

對山先生康子先歲之六旬也，柟適過家，約作壽序一首，未幾奔走南北，日不暇給，久未踐約。今歲庚子，先生年已六旬又六，且望七旬矣，乃益童顔龐眉，鳳翥鶴舉，且猶能弄璋，由病軀老態視之，❶真仙人也。枘喜甚，謂執友曰：「先生其數百歲未可量乎！」或曰：「涇野子壽人多矣，未嘗喜，即喜，亦未嘗至於甚，何獨於先生若此乎？且先生每酒必用樂，每樂必用歌曲，多所自撰，又或用工人妓者雜笙管奏之。涇野子亦取而壽之，何也？」答曰：「此其細者耳。南海霍子方以爲先生隱於此，而子乃議之耶？且先生之孤忠大節，如勁松、鍊金，枘也鈍，萬萬不及也。且先生之壽，❷繫於世道者不淺，其出也，保愛君子，端人由是而進；其處也，表正鄉閭，諂風由是而息。天壽斯人，如之何其勿喜甚乎？」

昔者先生之在翰苑也，當正德己庚之間，宦瑾竊柄，威侮縉紳，雖洪洞韓忠定公、慶陽李二獻吉，皆所逮繫。李子獄，手扯衣襟，噬指血書曰：「康子救我！」先生乃速渼陂王子以告曰：「海許友以死，分也。但念老母在，恐被及耳。」王子曰：「若有他虞，止罷君官已矣，諒亦不至老母也。」先生慨然曰：「即如是，海何惜一身之官而輕二賢之命哉！」遂入言韓、李事於瑾。瑾鴟張恚甚，先生徐言曰：「海來爲公，非爲二人也。」瑾訝問其故，答曰：「洪洞雖不識事體，然負正人之名於海内；李二文章超絶一時，關西之光也。倘二人受戮，即公之名隕矣。」瑾時若有許可之意。明日，二人得不死。洪洞寧家，教授子孫，❸子孫至今有登巍科、躋顯任、篤斯道者。慶陽謫官之

❶「由病」，重刻本作「無病」。
❷「且」，原作「凡」，據萬曆本改。
❸「孫」，萬曆本作「弟」。

後,漸轉憲副,提學江西,作人寔多。韓、李履虎尾而不咥,一時正人爲之生氣,足爲善者勸,而直言極諫之士接踵不絶。世皆高韓、李之名,而先生保全君子,陰登善類,以贊斯世於隆盛者,人殊不知也。

韓、李既免之後,其士林被先生言語之傷者皆曰:「瑾以韓、李八黨疏草,痛恨切骨。康子之言,❶而脱二人之命,當非有親於瑾耶?」於是康子果罷其官,如王子之料矣,至今三十年未起也。正德末年,蜀人有仕爲少司馬者,素與先生稔也,取道武功,先生留饌焉,司馬曰:「家兄尚在閣,入京必白家兄,對山久屈林下,請一出也。」先生答曰:「康海豈在爾兄處取功名者哉?」司馬愧笑而去。他日又有提學副使者訪先生,副使曰:「康太史以萋菲之讒,罹此虞羅,久投閑散,於予心甚不安。盩厔王給事亦久廢矣,予欲薦太史、給事于朝,則何如?」先生答曰:「此語也,有願聞者,有不願聞者。吾子典吾陜一方文衡,關西士子皆周、漢之遺,咸仰範焉,豈可不自重乎?」其人惶赧無地。一時門人侍吏聞之傳于人,而奔競諂趨之風爲之頓絶。則先生豈非出能護賢才,處能變士習者哉!柟所喜甚而壽之者,此也。

柟嘗以先生出處數事,遇人樂道之,以爲先生之道極于此矣。去歲還山,辱先生枉問予北泉精舍,予同友人餞之西郊,因論及用人事,先生曰:「若任此責,當先進君子,其小人不須搏激,則自潛消默化矣。」予驚嘆曰:「此柟三四十年窮經之功,方有此見,乃先生開口便與聖賢暗合耶!不可及,不可

❶ 「之」,重刻本作「一」。

及！」友人問其故，予曰：「即『舜、湯舉臯、伊，而不仁者遠之』旨也。」今歲二月，會壽於谿田馬子，因舉所聞浚川王子與栢齋何子書，論聖人有變通不執泥，何子答之書曰：「接淅而行者，亦聖人也。」浚川之書意在箴何子之過于退，而何子之書亦箴浚川之必于通也。先生判之曰：「此皆今之畫紅模兒秀才者也，若古之臯、夔、稷、契志在蒼生者，意豈若是踐跡乎？」予又驚嘆曰：「自别先生後，日力斯學，自以爲可幾及也。今見先生造詣益高遠，可謂有命世之才，人所難知也！」彼以詩酒聲妓之細測先生者，不亦宜乎？柟願天壽斯人，雖至數千歲未可量也。

貞節趙李詩序

趙李者，趙太學生漢之配李氏也。守節有聞，爰獲旌賜，郡士大夫歌詠其事，其婿學生陶機叔度彙而成帙，以光前淑，以勸來媛者也。初，李氏之適生也，年甫二十，生即早逝，遺厥翁姑，起敬起孝。姑嘗有疾，寢問堂外，每進湯藥，口必親嘗。及疾既革，焚香籲天，乞以身代。翁姑壽終，哀毁踰禮。仗節冰檗，余四十年，忠貞之風，孚乎尹旁達。越有御史奏請于朝，旌表厥門，光輝里閭，加賜白金三十，鄉黨傳誦，以爲異數，歌詠之詞，不徒然也。

機嘗與弟舉人梓從遊於解梁，至是，梓至涇野，機寓書幣問序焉。夫婦人之事夫，猶臣子之事君，從一而終者也。婦人從一則爲貞，臣子從一則爲忠；貞婦多則閨門正，忠臣衆則天下理。風俗所係，治亂攸關，而可少此舉耶！然則予豈徒以機之舊也而序之乎？

沈元明詩稿敘

都下人有張詩子言者，於正德戊己之間，嘗師事予於宣武門左，時子言已能爲詩賦古文詞，翰苑之良多稱焉。後予改官南都考功，子言乃泛黄河，渡長江，問予於柳灣精舍。既歸，不相見者十餘年也。嘉靖乙丙之間，予改任太學，子言病已卧榻矣，屢遣僕來期謁予，予以其病也，遏止之。未浹旬，予往問其疾，則已蓋棺矣。又數日，其友沈東元明持李杭州達狀，爲子言索墓銘，遂以子言事予之禮以事予。予乃歸子言銘，而元明即家自礱石敦工鑽勒，或覽而垂涕泣以讀焉。予憐其意，於子言之戚，若骨肉之切，暇問之曰：「元明何以知吾子言如此之深，友吾子言如此之厚耶？」答曰：「自吾之交子言也，吾母老在堂，遇誕辰，子言則稱壽，遇元日，子言則跪拜，遇鮮脆，子言則問遺，事吾母猶其母也。子言今死矣，值誕辰元日，當疇誰至吾母哉？東安能不待子言如兄弟乎？」予嘆曰：「子言、元明可謂燕之范、張，今之陳、雷矣。彼其以詩酒合者，詩酒乏則疎，以勢利交者，勢利盡則傾，視元明爲何如人乎？」他日元明又出其素所爲詩數十篇，大抵多與子言唱酬之作，其於忠孝友于之意數寓焉，則元明也，豈徒以其詞而已哉！是宜敘之於端，因以憶《谷風》、《伐木》之舊云，冀元明日懋于學，而不已其功也。是詩也，問序在嘉靖乙未年，至是而後能答之。

雲夜吟序

《雲夜吟》者，心漁先生錢君希明之所

撰，而又以自名者也。心漁生三歲而喪明，既長，令人誦詩書、道正事於其側，不數遍即能心記不忘，於是作爲詩曲，皆發乎性情，而不違乎禮儀。紹興人謂心漁目雖失明，而心之明固常存也，則其所以鼓瑶琴，吹杖簫，間爲蓍卜，比於嚴遵鳴蜀者，皆其緒事也。昔左丘明、張藉亦嘗盲目，其著作文詞，發揮道理，至今不没，固不以其盲而廢也，況明、藉之子且不傳乎！乃心漁之子洪甫寬蚤習庭訓，高舉進士，方爲國子監丞，佐司成以教育天下英才，當其立身行道，思欲揚名後世，以顯心漁於數千載焉。將見斯吟也，行爲百代之「晴晝吟」矣。

賀解梁太守解母郭氏八十序

涇野子方致思於北泉精舍，有解州思訓薛仲野偕武進少尹王子中暨鄉約諸耆、書院諸生，咸來訪予，時天久不雨，道路多流移，守令且因他事過客，剥削誅求，不念民隱，咸嘆息焉。薛、王二子及諸耆生咸曰：「吾解州近得一守姓解名情者，其良吏乎！蒞郡數月，即迎其母郭氏以養之。郭母今已八十有五也，守旦視其膳，夕問其安，夜陳其政事。念民之饑，即欲推其食；念民之寒，即欲解其衣；念民之勞，即欲息其力；念民之科擾過甚，至欲其去官而不肯應其私。邇者貴官之過解也，他郡費且千金，吾解數十金而止，至兩司命治候舍之饌，亦損其席數而不從。其言曰：『情見民之窮也，情豈忍剥其肉以食其人乎？縱上官有責，不過免情官而已。』」予嘆曰：「予昔判解，解民於予素有情，解守如是，解民其安堵乎！然則解守之孝、郭母之賢，皆可知矣。」未數日，太學生張汝附、侯子耘亦來，其言亦如薛、王諸友言也，且以幣爲守索壽母文。予諾之曰：「解守能壽解之人，汝解人固當爲之壽其母也。昔宋有尹彦明，嘗因考官不正策問，投筆而出，告諸師以諗諸母，其母以爲善養，至今尹母壽千百載不没也。況郭母有吕申國夫人教孤侍側之嚴，有魯公父歜母躬織紞效績之儉，❶有宋陳堯咨之母忠孝仁政之訓，兼古數淑之賢，其壽當傳數千載乎！汝解人如欲罄南山之情，止可願汝守益宏其政，益堅其節，以與古龔、黄齊驅，則郭母之壽，雖茂數千載不啻也！」

李母蕭太淑人八十壽序

蕪湖李生原道嘗學于涇野吕氏，今年既登禮部司務任矣，其二月十九日則其母太淑人設帨之辰也。太淑人於是生八十歲矣，乃康强悦豫如六七十歲人，司務來問壽言，且曰：「吾母年雖八十，猶能日夜紡績，以率諸婦女。蓋自先尚書公學士以來，垂五六十年如一日也。」涇野子曰：「夫紡績也，在婦女論亦其常事，乃古今人恒重此者，何也？夫婦，女之事紡績，猶農夫之事稼穡也，豈惟關乎一家之盛衰，雖天下之治亂亦恒由之。故刈穫之詩，周之所以興也；蠶織之休，周之所以亡也。雖桓、莊、頃、匡之後，魯有敬姜者猶聞此風，其訓子歜之言曰：『王后親織玄紞，公侯之夫人加以紘綖，卿之内子爲大帶，命婦成祭服，列士之妻加之以朝服，自庶士以下，皆衣其

❶「父」，原作「文」，據本書卷七《壽王母俞氏八十序》改。

夫。社而賦事，烝而獻功，男女效績，愆則有辟，古之制也。』乃責歜以爲僮子備官，占魯之將亡，則紡績之事，豈其可輕者乎？今宗銘乃能稱太淑人之賢，以老猶紡績爲首事，當其志業，可謂優於歜百倍矣。斯往也，使益廣其志學，不安於淺小，益崇其政業，不狃於卑近，推紡績之事，使家無不績之女，推稼穡之事，使野無不耕之夫，則太淑人之道行於家者，宗銘能衍之以行於國矣，當其壽也，豈啻可至於百餘歲而已哉？雖揚名千載，上與敬姜同芳，亦有餘也！」

多士贈言篇序

侍御龍岡陳子宇之刷卷於南畿也，取太學生百餘人，以查理各衙門諸卷之弊。且竣事，曾文奎、應楨諸士皆來告予曰：「諸生之歷事於此也，始事之日，陳公即諄諄約束于規矩之中，曰：『情奉勑來，與爾諸士皆共理天工者也，其敬諸！』於是諸生皆省心責己，不敢惰肆以負其意。今既數月矣，敬畏如一日也。尋且註選以歸，深感懷公之多益，無以爲報，敬請一言以爲公謝，亦以示教于我諸生也。」涇野子曰：「善哉問乎！世有親受業於師長之門者，歲月既久，訓誨亦深，恩義如父兄，親厚如膠漆，比其後也，一語不合，百怨即生，或毁於人，或讐於己，如吕步舒之于董門，邢和叔之于程門，操戈入室，面從背違者，代不乏人也。❶今觀諸生之言，豈惟見陳子爲政之良，亦可以見陳子立教之善也。人言陳子

❶「不乏」，萬曆本作「有其」。

初舉進士，出尹劇縣，庶政咸明，吏畏民懷，既擢御史，風采茂著，然則今日政教兼舉，豈偶然之故哉？」

「夫諸士子，志於道者也，然道無往而不在，則其學無事而可忽。今夫斯卷也，皆嘗學道之人而以事見于政者也，得其精者，可知其人之良矣，知其疵者，可知其人之陋矣。❶諸士子於涉歷之間反求諸己，豈不可以懋學而入政哉？昔者樊遲問仁，夫子告以『執事之敬，雖之夷狄，不可棄也』，夫道莫大於仁，孔門自顏子以下未嘗輕許，然其修爲之方，亦惟在執事之敬而已，然則約束於規矩之中者，固不可視爲淺小之物，別求道於高遠以失之也。昔有善爲車者，日從事於車也，輪行如運規，輻直而不菑，輞利如割塗，雖周行萬里，皆指日可到矣。乃又厭其藝之常也，薄而不爲，南之荆、揚，以習舟事，於是其心支蕩，其業荒窳，舟未成而車之巧亦廢矣。故遇事而即學，約束其心，不出規矩，雖大學之道，亦不外是。諸士子其無以陳子所教，專爲刷卷設也。」其以是質諸陳子。

王母方太安人六十壽序

涇野子曰：「予嘗聞之矣，背德而不敬其親者，頑愚之子也；感其親恩而後敬者，中常之士也；不必有其德而自能常存其敬者，上智之子也。是故伯俞雖杖而猶泣，寇相捫瘡而益懷，豈必其皆有恩德者哉？況太安人之恩德如此，蓋之兄弟滋法其德，處則力于學，仕則行其道，則太安人恩德施于

❶「知」，萬曆本作「得」。

家者，可衍而施于國天下也。然則太安人之壽，雖傳千百歲不有餘乎！子如不力，但念母之恩德，其與尋常人家兒女子之戀其親者何異哉？」

新昌呂氏家乘序

《新昌呂氏家乘》者，封君芝山先生中遂命其子侍御信卿之所纂著者也。呂氏自始徙新昌，十有七世矣，子姓凡二千餘人，先後仕者七十有二人，有德慧而隱者十有九人，間有文詩傳家者亦十數人。信卿曰：「洵如無聞已矣，幸而學道以有知也，乃忘其所自而不之考録，先人地下能不于洵誅乎！」乃日事鈎稽詢輯，粤自太岳佐禹有功封申、太公相周平殷封齊以來，及于唐御史大夫延之居河東，節度使琦之居

河北，皆表焉。琦後有三侍郎院，景德侍郎院之後爲丞相大防，長興侍郎院之後爲丞相蒙正、夷簡，而琦爲天福侍郎院，生兩子：餘慶，參知政事，端，平章軍國重事。端子荀，荀子誨。誨七子，由誠死節，其子億蔭爲大理左評事，隨宋南遷，占籍新昌，是新昌呂氏本河北天福院侍郎琦之後，而申、齊之裔也。乃遣使以示予，涇野子曰：「於戲，新昌之呂盛哉！信卿之纂實哉！枏亦齊呂之苗裔也，求其先，止于宋理宗朝，其前無據也，訪諸藍田四呂氏之里，其族湮無聞也。今得信卿序略，乃知膚功碩勳之後，果爾蕃衍俊乂，不虛傳也。枏嘗觀王仲淹于隋唐之間矣，其序王氏自蓋先生、江州君之著述無遺焉。又觀程正叔于趙宋之世矣，其序程氏自司馬喬伯、太子少師羽之爵謚無遺焉。亦非王、程兩

氏之自撰也，蓋兩氏者學師尼父，顯親揚名，如使勿父何、正考父、木金父以及祈父、伯夏並名者也。然則信卿斯纂之志，豈徒求爲王、程兩氏而已耶！且信卿嘗枉問予于白雲洞中，稔知其學之正矣。斯往也，孝子之事親，仁人之事天，可必其功之不已也，而凡爲吕氏子孫者，其亦知所慎乎！」

贈大司徒前總督三邊大司馬松石劉公之部序❶

嘉靖庚子九月間，固原黑水苑捷至，聖心嘉悦，綸音涣褒，以松石劉公總督經略，懋著勳庸，加太子太保，廕一子錦衣衛正千户世襲，賞白金五十，紵絲四表裏，一時協同建功撫按、副參、三司諸臣亦多進階受賞，而公又尋陞南京户部尚書。公讓之曰：「昔者於安鞏成師，❷郤克、士燮且皆以爲晉君之訓，二三子之功，臣何力之有？況今聖天子在上，安夏攘夷，德威並隆，誠洪洋公所謂『廟謀獨運，聖武遠揚』者。且元臣贊襄於先，群帥協力於後，致有今捷。和惟免于誤用先穀、原軫足矣，其何力之有乎？」未幾，撫按群公問序以賀，前史官吕柟曰：「審若是，雖未臨黑水苑之戰，可知其必捷矣！且公之總督三邊也，學原六經，謀用群策，忠義持身，仁惠莅政，推赤心以待士卒，時秉鉞以嚴軍令。故兹役也，豈惟鵬東輩效其力，雖張奴兒、野百斤者，亦

❶「贈大司徒前總督三邊大司馬松石劉公之部序」，萬曆本作「贈司馬松石劉公之部序」。

❷「安鞏」，《春秋左傳注疏》卷二十五成公二年作「鞌」。

能手斬吉囊之子那顏及其戚人矣，❶其餘賊屍，拖扶而去者不計其數，蓋滿須彌寺、韮菜坪也。」

「當夫六月之候也，公已親詣花馬池，調度防禦，趲運軍餉，查理墩塘，較閱邊備，督令各屬添領定邊及右五諸營精鋭，而洪洋公亦駐劄固原，委官管理運糧，召買軍需戰馬，督徵積逋矣。當夫正月之初也，俺答阿不孩已引黠醜，渡河駐牧，公即嚴督諸屬各遵先令，又行府衛、州縣、驛遞、監苑，遇警棘堅壁清野，其各府衛，備各馬步官軍、民壯并甘、涼下班者，分布平涼、静隆一帶，至固原嚮石溝諸處矣。及至深秋，大勢達賊果欲搶三岔川、定邊諸處，自乾溝潛入也，公即斬戍溝兩鼾睡指揮，以號群師，乃四發火牌，督令付總魏、周二公，各勵所統官軍兼程進剿，勉以忠義，上報明時。遂急調蘭、静諸處官軍，及甘肅遊兵各路應援，而洪洋公慮虜乘隙東侵，亦急調原議延、涼諸兵并下班官軍，巡按雙溪張君及沃州吕君，又皆督令運發火器、供餉，其同心如是也。孫子曰：『善戰者先爲不可勝，以待敵之可勝。』然則黑水苑之役，我之先爲不可勝者久矣。又曰：『治戰之道，攻心爲上。』那顏一斬，吉囊魂飛魄散矣，諸賊不奔何爲哉？夫自弘治年來，虜賊一入，動稱數萬，而吉囊狡詐猛悍，甲於諸夷。去冬既入河套，跧伏窺伺，不曰西搶海子，則曰北虜黄毛，爾仍于八月間潛入，之後即遭大雨彌旬，道路泥濘，弓解馬蹶，技莫能施。公固歸功於聖上德威並隆、山川助順也，而公之忠赤感動，天人交應，豈獨一殺伐之功而已

❶「之」下，原衍「之」字，據萬曆本、重刻本删。

乎？洪洋公曰：『虜入我境，既遭挫衄，報復之舉，勢必相尋，防範機宜，時不可緩。』夫公陞且去矣，承其後者應知其重爲軫念，而公當亦如趙充國杜浩星賜之語，以告聖上也。雖然，夫子之論政曰：『足食，足兵，民信之矣。』公斯之行，掌國計百萬之需，自九重玉食之奉，以及官胥之廩禄，士卒之衣糧，皆於公焉攸司，其責又不輕於一方之總制也。若乃使舳艫蔽江，運卒絡繹，免瑞醉人於盛唐，常振有人於前宋，以實京邑，以寢驕夷，使足食果先於足兵，以仰符夫子之言者，於公真有望矣。❶ 雖自是使天下民信之矣，將亦可跎足而致乎！」

封監察御史東村張公榮壽序

東村先生張公五十且七也，其子侍御雙溪君方被命巡按陝西，得過潁水之上，舞綵稱觥以壽先生，凡雙溪之同僚數十友，皆賦詩爲軸附獻焉。中有樊渭野者，寓書幣于予以問序，且曰：「先生舉河南己卯鄉試，授令三原，不數月，厭仕進而歸，以教其子雙溪兄弟四人，日夜課督不少倦。乃以身先，博學慎行，孝事二人，克敬友朋，見人不善，導之以正，或陰有他訾，消沮蔽藏，❷ 懼聞于先生。令三原雖未久，號令嚴明，至今傳頌。當其壽也，焉可倫乎！」涇野子曰：「信然乎哉！莊周曰：『人上壽百歲，中壽八十。』言壽之難致也。先生之爲道也，學博則德蓄，如葆光之火而不息；行慎則義立，如鎮静之山而不拔。孝可以式是

❶「真」，萬曆本作「斯行」。
❷「蔽」，重刻本作「閉」。

人子，不蹶其本也；敬可以厚此親交，❶不偷其俗也。化及不善，里仁之美可恒也；正以爲令，花封之政可傳也。此雖上壽，又何難焉？」

「雖然，此在先生一身者而言耳。陽嶼有仙人山，其頂有平石，方十餘丈，蓋仙壇也，壇陬有筋竹焉，葳蕤青趣，❷風來動音，自成宫商，石上浄潔，無少麤⿰扌⿱艹睪。然其初惟一本也，既久而後有子竹，既久而後有孫竹，引根茁筍，⿱竹鈎篁直挺，上干雲霄，下蔽仙壇，微風一至，鈞天廣樂，音滿人世。故君子之道，行于一身者壽百歲，行于一邑者壽二百歲，行于一郡者壽五百歲，行于數郡一省者壽千餘歲。今雙溪君按節三秦，❸風動八郡，華山、黄河皆其所奠安也，誠使廣先生之道，以學行而倡西周之士，以孝敬而導西漢之民，德化改乎不善之俗，嚴明懾乎姦佞之輩，則先生之道行于一身者，雙溪君廣而爲一省之政矣，此其壽先生，豈啻百餘歲而已哉？雙溪君方將舉庶官之真賢者于朝，不使倖進者售其巧，斥庶官之真惡者于衆，不使貪酷者肆其僞，此易簡之道，誠明之學，所以廣先生之道者，其大本乎！雙溪君他日進位卿相，以行道于天下，雖壽先生于數千歲有餘也！」

陝西奏議序

《陝西奏議》者，雙溪先生張子之所著也。嘉靖己庚間，雙溪巡按陝西，遇大政

❶「交」，萬曆本作「友」。
❷「趣」，萬曆本作「翠」。
❸「三」，原作「二」，據萬曆本改。

事，必奏議聖主俞允批處而後行，陝之八郡、❶三邊以及四鎮之急務，罔不釐舉也。雙溪子既滿且去矣，有良司牧者録次成帙，爰加諸木，將以範後之有事西土者也。然其内雖有獄訟、錢穀數條，獨於條畫邊防之事爲詳，蓋以當其地也；又於區處宗室之事爲詳，蓋以當其遇也。涇野子讀而嘆之曰：「雙溪子真可謂昭代之俊傑而識時務者乎！夫政因時而變，議以時而立，違時而議，不知務者也。故賈生建《治安》于漢文而七國卒平，董公論《春秋》于武帝而六經遂章，韓退之闢佛氏而正教著，司馬君實折新説而王道明。亦猶禹之抑洪水于有虞，孟氏息邪説于戰國，凡以當其時而務之也。假使賈生以息邪説爲急，君實以抑洪水爲先，雖言之辨如此其富也，文之麗如彼其工也，然于政無益，于世無補，迂亦甚矣，君子以爲不知務也。雙溪子之奏議，若巡按他省則非所先，巡按陝西則爲切要，故曰：《陝西奏議》以範後之有事西土者可也。雙溪子若執此以往，雖他日《皐謨》、《伊訓》，皆可求而得其術矣。」

雙溪子字德徵，名光祖，潁川人，起家嘉靖壬辰進士。

烏臺風教序

雙溪先生張君巡按陝西且滿期，適邊功告成，命下待陞京職。先生出省北上，東次太華之麓以需代者，蓋嘉靖辛丑正月也。先時西安、咸、長三學師生感先生之道德，裝爲《烏臺風教》之册，積有詩歌焉以拜别。

❶「陝」下，萬曆本有「西」字。

長安教諭楊英者，使學生張大政北渡渭河，請予序諸端。涇野子謂之曰：「諸士子膠庠居而章句習者也，焉能知先生而爲之詩歌以序乎？」生曰：「涇野子不聞『士尚志』耶？凡先生之政，皆生輩今日之所願學、他日之所願行者也，豈待先生申其呫嗶，以爲諸生之益哉？即庚子之大比也，其舉者罔不以爲喜也，其不舉者罔不以爲當也。罔不以爲喜，是長諸生好善之心者，先生也；罔不以爲當，是堅諸生懲惰之心者，先生也。先生若久于斯，雖古之『成人有德，小子有造』者，生輩亦可期而至之矣。況先生之于政也，刑賞必揆諸公，刺舉必求其當，施舍必合乎宜，予奪必歸諸理。宗室有善，必先以聞，有不善者，亦不敢蓋其愆也。邊防有警，必先以奏，雖未至者，亦未嘗後其謀也。此皆師生得于聞見之親，以端其趨向之志者也，比于朔望之課教、旬時之賞勸、考督之激進、賫予之周給，其爲益也不啻多矣。使先生而久于斯，雖使生輩有成德者，有達財者，皆可期而至之矣。」涇野子曰：「先生之至此，凡問文也，匪伊異人以爲介。初問《貢院記》，使張訓導來；繼問《賀松石公序》，使謝府訓來；繼問《書呂沃州卷》，使王生紹美來。茲也之子又來，其言又若此，則先生之風教，雖溢乎全陝，西安、咸、長三學尤其所親炙之深者乎！予不可倦于辭，而没諸士子之初心。」

賀七峰方伯孫翁壽序

嘉靖辛丑，七峰翁生七十有六也，其外甥楊子時亨仕爲高陵縣教諭。正月之中，予嘗報拜年禮，柱杖而行，惰于跪啓，楊子曰：「涇野子反不逮吾七峰舅之爲健也。文泰孺時嘗受學於七峰翁，翁時携之膝下，飲食教載不倦也。然翁率樓居，今年已望八旬，上下樓梯如强有力者，無少慑懦趦趄，兒孩童夾持之，揮勿用也。若有遠方賓友書至，雖燈燭下猶能裁箋答作，字如蠅頭，細密蔑潦草。」涇野子曰：「審若兹，七峰翁上壽矣，予蒲柳之質也，安能望其萬一。粤自釋褐之日，已私重翁爲長者行，此雖數百歲可也。且楊子于去秋已請予爲壽翁序，予曰：『若翁之壽，予所願撰者也。』楊子隨以報翁，翁復書謝予，乃詳録其父家與楊子之祖交親履歷，并列張孔明所著序詩諸文辭，比之管、鮑、陳、雷不啻也。予覽而嘆曰：『方爲翁作壽序，翁于己事，頤吻末不一及，而獨備先世之德，如恐予之不良于鳴也。此其處心積慮，仁孝兼優，鬼神咸通，當其壽雖數千歲可也！』」且翁自舉進士，内艱服闋之後，筮仕兵部武庫主事，歷陞武選郎中，選法嚴公，請托不行，凡襲替銓注，一主貼黄，雖本部堂上以及太冢宰有所囑授也，執黄以視，若不聞命。他日諸司偶觸聖怒，挐跪午門，被笞，謫倅德安，無少怨悔。尋轉湖廣憲副，陕西行太僕寺卿，再轉湖廣右布政使。所至廉静，而塞淵之心，詳慎之政，和緩之風，雖久且老不渝也。若乃恂恂居鄉，謙謙自牧，匍匐以惠宗戚及閭里，邑中三尺之童罔弗敬畏也。此其立身行道，不讓周、漢時之碩儒名卿，自可長視久履，壽考無期矣。宜其言則古昔稱先人，行則舉步示兒孫也。」

翁諱鳳，字鳴和，初爲洛陽人，後隨父入嵩，遂爲嵩縣人，三月二十三日則初度之辰也。

典膳忠菴任君七十七壽序

典膳任忠菴者，蒲郡之巨族也。吾邑司訓張南圃者，蒲郡之名士也。忠菴有子曰道，年將弱冠，治詩書，肄文學，求其師，未得其人。當時南圃以《周易》名蒲阪，忠菴又素交于南圃，乃嘆曰：「非南圃，無可以爲道兒師者。」遂齋戒，率道執贄謁南圃，師于門下，以供洒掃役。自是忠菴與南圃情日厚，往來日相密者，將四十年也。及忠菴之既七十也，南圃已爲高陵司訓矣。忠菴之表弟王邦禮者嘗曰：「吾任表兄性素至孝，父嘗患疽且危，數禱于天，求以身代，未幾疽愈，人稱孝感。先是家事寥落，表兄奮志商遊，垂四十年，卒致潤屋，及後與異母兄弟析爨，中分貲產，略無難色。族兄端孤貧無依，表兄生具服食，卒治棺斂，恭敬之心，久而不替，雖鄉人楊綱氏者，亦多所資庇也。表兄致行篤厚如此，今七十有七，望八十不遠，不一壽之可乎？且邦禮方遊業於三原，去高陵甚邇也，南圃先生既司訓于高陵，交宗伯甚稔也，今之問壽文者多之宗伯，表兄且上壽，邦禮可不因南圃先生以問宗伯乎？」南圃既枉問予，且曰：「忠菴素好詩禮，早遊江河，雖太冢宰丹徒楊公、少司馬榆次寇公、大諫議首山史公、大司馬南澗楊公，皆素敬之也。」涇野子曰：「丹徒嘗提學關中，予以師禮者也。榆次，予在京師時同窗學者四五年，合志友也。首山遊太學日，居雖室遠，不三五日不一會聚也。南澗素交于蒲、解之間，今且提督三邊軍務，予雖病處山林，亦爲治生也。夫丹徒、榆次、首山、南澗，皆當代之名卿大夫也，然皆知敬乎忠菴，將非忠菴之孝友誠慤有以取之乎！然則忠菴之壽，雖數百歲未可量也。」遂書歸南圃，以贈忠菴。

大司馬南澗楊公家世序

南澗先生蒲州楊公，位至兵部尚書兼都察院右都御史，總督陝西三邊軍務，保乂王家，威行塞外，乃自念曰：「今日所至，豈守禮一人之力哉？實祖宗積德所致耳。」遂撰《楊氏家世》，托柟序之，蓋嘗有一日之雅也。

按狀，公之高祖諱敬，先世爲山西霍州白道三里人，勤儉持家，散粟濟貧，鄉黨稱爲「楊佛兒」云。勝國末，避兵南陽，生有四子，純、謙、誼、整，皆讜直方正。明初建設保安州，詔民充實給業，免差三年，遂編籍焉。然四子者，又能周饑賑乏，人皆以「太公」、「二公」、「三公」、「四公」呼之。二公性復淳雅，不與人忤，日惟力田誦經，遠邇愛敬，曰大福人也，即公之曾祖云。生二子，曰琳，淳厚明農；曰瓘，聰慧警敏，日習經史，俱通大義，嘗爲庠生，貢入成均，後授陝西蒲城縣丞，廉直不阿，遺愛在蒲。致仕歸籍，以保安之近邊也，過蒲喜焉，遂移居之，不復再仕，保安産業留讓琳子，乃獨開家于蒲，是即公之祖誥贈右副都御史，配吴贈淑人者也。爰生公父通及叔道焉。通仕至鞏昌府通判，後以公貴，贈官如蒲城先生云，人于是稱贈公爲鞏昌先生。所配高氏，贈淑人；次室李氏，封太淑人，即公之生母也。鞏昌先生初治《尚書》，大有聞譽，五舉不第，援例胄監，後授陝西苑馬寺長樂監監正。外艱服闋，改授陝西按察司經歷。當是時，方伯王公衡與巡按李御史鸞訐奏，被逮錦衣獄，事明復職，陞順天府薊州同知。委勘皇莊，亦逮錦衣獄，事明復職，尋陞陝西鞏昌府通判。又忤宦官劉瑾，繫錦衣獄，一年始釋。足知素履剛正無私，廉介寡慾，三罹大獄而俱免，一貧至老而無求，乃又承先世之積，發奕葉之光，宜有大司馬公如今日方隆而未艾者也。

鞏昌先生七十又六歲卒。生子七人，守仁、守義，皆增廣生，而義應詔授儒官。其三即公也，以正德辛未進士筮仕户部主事，累官至今位未已。守智典膳，守信增廣生，守廉、守潔俱所鎮撫。初，佛兒避兵南陽也，雖生四子，純、整不嗣，二公生琳及蒲城先生，誼生二子斌、榮。後生子孫皆籍保安，其在蒲者，皆蒲城先生之後。而鞏昌先生之七子者，守仁子一：廷鸞；守義子二：廷鳳，廷鵾生員；公之三子：尹生員，户、凡；守智子四：廷豸、廷麟、廷熊、廷驥；守信女一；守廉子四：上生員，止、立、直；守潔子一：平。子孫繁衍，員員其來，兩地相望，歲音不絶，真昭代公卿間所罕有者也。昔漢于公積德行善，爲縣獄吏，决獄公平，自言「多行陰騭，可高大門閭，令容駟馬」，至孫定國果爲丞相，永侣爲御史大夫。❶後漢楊寶行華陰山北，見一黄雀被彪烏所搏，墜地爲螻蟻所困，寶救之取歸置巾箱中，飼以黄花，百餘日毛羽成，飛去，其後有黄衣童子再拜曰：「我王母使者，感君仁愛，授以白環四枚，令君子孫潔白，位登三公。」後寶子震爲宰相，震子秉爲太尉，秉子賜爲司徒，賜子彪爲郡守，四世三公，德業相繼，子

❶「侣」，《漢書》卷七十一作「嗣」。

孫仕宦不絶。然則公之先世，自佛兒散粟賑貧，不啻救一黄雀也。蒲城先生佐縣，無所妄取，鞏昌先生歷官通判，一貧如洗，則其所及乎人者多矣，而況于物乎？而公位大司馬，乃内省孔篤，約束甚嚴，論盈謙否泰之數，立驕奢損抑之戒，宜其子孫盛多，庭訓日新，比漢于、楊尤當過之，唐之崔、盧不啻言也。吾知司馬公攄忠報國，爲時名世者，蓋日懋而不已乎！

高陵縣志序

縣久無志，舊志雖美，亦多疎略。弘治辛酉，予忝鄉舉，即事斯《志》，往來京師，篋載以行。入翰林後，秦晉之越歷，河海之奔馳，稿未或忘，垂三十餘年，斯編纔就。今春，學博楊子時亨以諸友之請，使數士來謄此稿，予以未真，不敢從命，乃懇以請，發篋與之。謄將終編，徐侯宗義請加諸梓，予兹固辭。門人楊九式等曰：「國家百六七十年，縣志不著，豈非缺典？況遇明侯，欲行王政，多用教化，適今不梓，後復如先矣。」予始諾之。式等取而詳加校書，并增一二，以答徐侯，而劉岸又手圖三幅，志益章章。

或曰：「志先地理，附以渠堰，何也？」曰：「昔在周、漢之間，井田既行，溝洫未廢，民食其利，故不頌豐年則稱陸海。阡陌既開，鄭渠名秦，白渠名漢，而灃、澇、灞、滻諸水，南灌群塍，東漕支渠，亦因是以名也。厥後官雖設而他委，渠既久而或湮，地征如初，民力衰薄，故地理、渠堰志，復初也。」「建置之志，録諸公署耳。縣令裁減，丞簿不設，而局驛館院之録不亦多乎？」曰：「清平鄉析于三原，孝義、安信、張橋諸里析于臨潼，縣如此其褊小也，而税課猶舊，馬驢牛車之站猶給他地，民日滋貧，縣日滋罷，其誰省憂？故志建置，以憫今也。」「祠廟而後，寺觀者何？」「抑異端也。」「户租、兵匠、物産通爲一志者何？❶」曰：「兵匠之力，物産之財，皆出于户租耳。」「《洪範》四『五紀』，五曰『曆數』，蓋有國者之所事事也。高陵小邑耳，而述曆數，不亦迂乎？」曰：「楊元甫懿，元之大儒也，被徵史局，作《授時曆》，雖成于辛巳之年，實可千百世行之無弊也。以其縣人也，故述之耳。」「禮儀，見行有《儀注》諸書，可勿抄略矣。」曰：「《儀注》雖本于集禮，而未備也。又近年聖皇御製孔子祀典《記》、《説》，未登會典，窮鄉下邑之士，安得聞之？以枏從禮官之後，嘗習聞於公所，故因而志之，不敢隱也。其附以縣俗者，且本禮儀，以示經常耳。」

「職官之考，亦存舊章也。❷官師之傳，秦公子市或爲君，漢趙周、翟方進或爲侯，韓延壽或爲左馮翊，采入官師，豈不濫乎？」曰：「事有關于吾縣者，❸斯志之。且去古則近，去今則遠，雖詳乎古，猶恐其或略也。」「人物之志者，凡以示表儀耳。❹生乎其前者，非一二人，然多不傳者，生如株木，殁如秋草，惡乎傳？」「傳之者，言乎表表者耳，將爲後學所承式者也。是故長厚不如漢周文、張叔，端直不如唐于仲謐，博學守道不如元楊元甫，孝廉不如今宋先生，❺皆非夫也。」「節婦，亦人物乎？」曰：「男子不

❶「何」，原缺，據萬曆本補。
❷「亦」下，萬曆本有「以」字。
❸「吾」，萬曆本作「其」。
❹「表儀」，萬曆本作「後學」。
❺「孝廉不如今宋先生」八字，原無，據萬曆本、重刻本補。

如婦人者多矣。昔有賢后，人且以女中堯舜目之矣。」「科貢、恩蔭，正人物也，而又後之，何也？」曰：「自科貢、恩蔭而能學道，即人物耳；不學乎道，是科貢、恩蔭而已矣。」「則何以邸宅、陵墓終志也？」「王侯生曰『宫邸』，殁曰『陵』。大夫、士、庶人生曰『宅』，殁曰『墓』。故生有邸宅，則殁有陵墓；殁無陵墓，猶生無邸宅也。《語》曰：『君子疾殁世而名不稱焉。』凡以慎其實于生前也。」「原陵，偶陵，亦名稱乎？」曰：「道雖不足，位則有餘，故事有以位存者，此之謂也，又以示執政者防微之意也。微不防，夷狄之中國，且陵墓矣。」

兩淮運同静菴韓公七十壽序

静菴韓先生之七十也，誕期在夏六月，其子陝西憲副汝器得便差，將趨洪洞稱壽觴，曰：「猶幸及今冬爲古稀慶也。」且曰：「家君忠定公之第三子，以《易經》登弘治乙卯鄉舉，禮闈累不第，正德辛未就選，授嘉興通判，以秩禄可養忠定公也。然專職水利，崇本抑末，杜息囂訟，而又春行阡陌，農桑咸舉，撫按交薦，嘉興稱平。六年，陞開封同知，管理河道，仍拓嘉興之績，則曰：『行所無事者智，與水争地者愚。予敢用私智以自鑿哉？』已而水循故道，民免昏墊，嘉績多于浙江，撫按屢登薦剡。三年考績，應獲殊擢，以偉伯方參陝右，而忠定公年已八十，遂抗章乞休，吏部覆題，有『恬退孝養可嘉』之褒，陞授兩淮運同知致仕，乃獲專養，晨昏定省，務得懽心。越五年，忠定公以壽終，鄉人雖稱忠定公厚得于天，而亦歸美家君孝養之力也。平居不履公門，不談官事，當倣真率故事，以爲長春新會。若乃賙貧拯急，睦族和鄰，教子義方，鄉黨取法。而偉母贈恭人郭氏者，其母儀婦道，爲女氏準繩，尤家君之所刑于者也。隴右書至，方切古稀之慶，改官命新，適遂遊子之情，且偉得稱壽吾父足矣，地之美惡，職之繁簡，何敢計哉！所念北堂靈椿之篇，惟先生一語耳。」予固以憂辭，則曰：「此偉西來東行之積志也。」乃言曰：「聞汝器今兹之改官也，止以然諾進退之細，獲少忤上官，諸僚勸之一揖笑開而已，乃堅執不從，曰：『官可棄也，揖不可行也。』至有今差矣。昔忠定公一給事九年而改，既參議八年而遷，後官至大司徒，謚忠定者，皆其不速于改遷之效也。汝器寧改差而不改揖者，豈非尚有忠定公之遺風乎？汝器洪洞之過，充此以壽静菴先生，雖至千百歲亦有餘也，且往年講于鷲峰東所者，正若是耳。汝器乃能相信而不渝，則於斯道之高遠者且有望焉，况崇階峻級，何足爲今日語耶！」

壽魏母劉太孺人八十序

去年辛丑之春，古厓魏先生巡按陝西，有事茶馬。時初入關，自華州過高陵，會晤之頃，乃言曰：「吾母劉明歲且八十，職事有間，因便獲省膝下，欲得涇野子一言，以爲千萬歲祝也。且吾母初歸吾家，舅姑咸老，每五鼓興，盥漱以治中饋，饔飧脯蔬，身親洗腆，不委婢媵，雖有姑命，令少休息，益不敢怠。至于補綴紝箴，常執其勞。及吾叔亦治學業，吾祖以束脩之難也，時吾父已增廣生員矣，乃令以衣巾免業居鄉，吾母益事耕耘紡績，不辭其苦，雖於厚薄炎涼，倍知其味。及吾弟洪紹亦知學也，吾母伴二子讀書多至更深。若遇時祭薦新及舅姑誕期，必先事供養，無少或後。其推食分羹，偏及家衆，諸幼雖或腮飧，亦勿倦也。」涇野子嘆曰：「古淑人慈母，道正如是。然則古厓之有今日，豈偶然哉？昔者陳嘉謨少號『小由基』，嘗爲知制誥出守荆南，比回，其母馮氏問曰：『汝典名藩，有何異政？』答曰：『州當孔道，客以堯咨善射，無不嘆服。』母曰：『汝父教汝以忠孝輔國家，今不務仁政善化，而專攻卒伍一夫之藝，豈汝先人之意耶！』以杖擊之，金魚墜地。後嘉謨感奮，勵志仁政，官至卿相，與其弟堯佐、堯叟爲宋名臣，並鳴後世。夫嘉謨亦蜀人也，而古厓爲嘉謨之後學，習其休風久矣，況太孺人躬行于上，身率以教，而凡中饋之勞，蘋藻之潔，束修之資，燈燭之相，自古厓及洪紹在學之時，固已舉先聖賢之道，訓之詳而誨之切矣。而古厓之爲御史，讜直不比，能行所學，爲時明諫，近在陝西既舉茶馬之政，尤嚴舉劾之典，百辟畏其公，諸司欽其政，又不同于嘉謨初號『由基』，而陳馮失教于專精弧矢而已。然則魏太孺人之壽，雖數百歲未可量，豈陳馮之可及哉？」僉憲康君曰：「古厓學趨孟軻。將望其母于三遷仇氏之間。」曰：「若是，太孺人之壽雖數千歲不啻也！」

送湖廣按察副使魏少穎之任序

初，魏少穎之陞知西安也，予方侍南禮，其同僚皆憂之，曰：「子宜身弱而郡繁劇，恐不勝其勞。」予獨甚喜之。少穎時任總巡之差，其祇候僕隸人等皆稱曰：「隸輩事魏公甚謹，魏公語默動静有威重，隸輩守其令，毫髪不敢犯，雖十西安亦有餘也。江南糧長環總司而望輸納者，日不下百餘人，其弊端杜而復穿者，雖齙齬穴不啻多也，然皆畏魏公，不能弊。」予獨甚是之。既報有西安也，曾一言以相告，少穎艴然不以爲是也，當其意，惟知有道，不知有所謂長者矣，予獨甚重之。及少穎之蒞任也，民皆安其業，黠吏猾卒不得一擾乎鄉縣，周、漢之四民咸喜之，投牒換移，如取如携，不俟更宿，有所告訴，必願以歸，隻錢升米，無所于用，周、漢之山林道路、黄童白叟咸是之。嘗遇試士，專持大體，巧言不能行，凡經品題者，必居魁選，士誦詩書，咸樂其學。至宦邸澄清，湛如秋水，貨客利夫，遠遁千百里外，不敢一闖其門，尤人所喜談者也，周、漢之成人髦士咸重之。及其季年，時當饑饉之歲，又有師旅之虞，上官者謂陝城之東郭人煙輳集，百貨出積，非啻千室之邑，甚爲陝地要害，雖山西北郭不足以比，不可不急爲之城，然非吾少穎無可與托者。少穎乃陽爲土役之舉，因行賑濟之道，雖得民力，亦足民食，宛見子來之風，遂有金城之固，不啻陝人以爲千百年之利，凡晉、豫、楚、蜀、青、齊、吴、越，四海九州之仕于關中者，無不咸敬之。以是知予初之喜重與是者，亦非徒然也。

及聞少穎之憲副湖廣也，予雖喜重與是，乃未及初陞西安之日。或問之，涇野子曰：「君不見黄次公乎？初爲潁川太守，百姓嚮化，孝子、弟弟，貞婦、順孫，日以衆多，田者讓畔，道不拾遺，養卹鰥寡，贍助貧窮，獄或八年無重罪囚，吏民鄉于教化，興于行誼。遂賜爵關内侯，黄金百斤，秩中二千石，潁川孝悌有行義民、三時、❶力田皆以差賜。及爲丞相，號令風采不及丙、魏，功名損于治郡時。夫一次公也，始勤而終怠，先賢而後愚，人心之易變如此，則予于少潁初之喜重者，安得不深念乎？昔予之侍南禮也，與一少司空者爲鄰，其人端謹周慎，每見群公卿之疎闊自作者，則羡以爲大才，必大用於渠。心有疑焉，一日詳以問予，予對曰《詩》云：『小心翼翼，亹亹令聞，將文王非與！』司空深然其言。予懼少潁之不但次公也，故喜重少變焉。」少潁不日進拜憲長方伯，或撫巡吾省，以至卿相，必當戒次公之怨，而恒師「純亦不已」之學，則予之喜重與是，以及天下人之咸敬少潁者，豈有替哉！時乾州判官孫由義，嘗以賢能受知少潁，言于上官，得調署長安篆，又知少潁治郡之詳，于其行也，請予序。予遂以素所知者略言之，且望少潁無如次公已也。

贈雙仲祥陞鎮原縣序

成都雙仲祥會試不第，以母老，思就學職，吏部奏署朝邑教諭。蒞任端謹，身率士子，而又勤于訓誨，各督脩其業，英敏者尤知向往于上，方越三年，即舉二士，上官稱績。他日聘典浙江文衡，收拔皆知名士。既已，復任陝省，藩臬無不稱賢，至動撫按交薦于朝，未洽二考，得陞鎮原知縣。先時，巡撫洪洋趙公請大光禄谿田馬公及予同脩《陝西通志》，以仲祥數人分理其事，因與仲祥數會聚切磋焉。仲祥將行來辭，因問别言。時高陵徐侯，仲祥之鄉人也，吕二

❶「時」，《漢書》卷八十九《循吏傳》作「老」。

司訓，仲祥同事脩志者之友也，皆執軸爲仲祥請贈言。予以憂病辭，不獲，乃具蔬果以餞仲祥，適有遠使來投書，餞畢將餞群僕，仲祥曰：「可先勞遠使。」予按箸嘆曰：「即此頒餕一事，舉鎮原如拾芥耳！且予嘗舉孟子之言：『善政不如善教之得民。』頒餕之政，豈非自善教中來乎？今夫貴者，人知其高爵峻階而敬之也；富者，人知其積粟累金而敬之也；篳門圭竇之微，輿臺僕隸之賤，人孰不知其可忽而輕之也。若乃于貴者導之以分，富者導之以禮，微賤者導之以各輸其力，雖至于負薪畚土之人，而重任輕任之分，并亦若較然不差，非仁人君子不能也。社祭之均肉，里宰之細事也，陳平至以致相而成功名。羊羹之享士，口腹之微物也，華元氏至以失人而敗宋師。若仁人君子之心，又非以成敗利害計論也。『于此有冕者焉，雖少必作焉，雖過必趨焉』，不敢慢也，『于此有瞽者焉，雖少必作焉，雖過必趨焉』，不敢慢也，宋儒楊中立以此爲夫子一貫之道，而予嘗謂『逝川』之語，則以爲夫子『不舍晝夜』之學與文王『純亦不已』者同也。仲祥于頒餕之事能充之而不已焉，雖夫子、文王亦可學，而況于鎮原乎！他日見知聖主，進拜臺諫，以至列卿，施澤于四方，固其餘事耳。仲祥勖哉！」

仲祥名應麟，舉于四川高第。

涇野先生文集卷之十四

南京禮部右侍郎致仕前國子祭酒
翰林修撰兼經筵講官
同修國史高陵呂柟撰
巡按直隸等處監察御史門人建德
徐紳海寧吴遵彭澤陶欽臯編刻

記一

雲槐精舍記

邑郊東后土宫，槐樹匝陳溢塘，老者一二百歲，少者九十歲、七八十歲，孫槐蓬生不算，虬枝蟠榦，❶矗入穹窿。二月迤徂，肆發葉稠，晝蓋日，夜映星月，時與涇雲渭霧縈縮綢繆。接秋花開，十里外望之，黄如金山。長夏居之，不知酷暑，風雪交零，宛非人世。時有奇羽靈禽，棲鳴其上，如鼓笙簧。殿西有屋，蔭當其下，聚徒結廬，曰「雲槐精舍」。屋凡三楹，蕭然面渭，討論古經，言萃於斯，曰「講經堂」。堂含二室，東室曰「仰華軒」，西室曰「望河庵」。華，秦華也；河，大河也。翼堂西面而列者十五椽，陋室也，室卑淺，傴僂而進，成以十五椽焉，邑士不得居，有異地者，去來續居之，又曰「廣居」。廣居西徂二仞，古有甎井，甃而汲之，用給乎硯潁、洒掃、洗沐，曰「文藝井」。井薄南序，棄地二尋，縱横畫畦，種以諸色菊本，秋來花發，紅白碧紫，爛然幽香，坐讀其膝，舍書吟哦，執友訪

❶「蟠」，續刻本作「珙」。

談，多檠於斯，曰「菊畦」。

董仲舒祀田記

新昌劉君讓判兩淮鹽，蒞政四年，奉身自計，乃捐常秩百金，買田于江都，當青草沙，爲方二十畝，募民佃種，年徵租錢，儲于丹廩，貿物供簿正，春秋祭漢董仲舒，祀事孔明。新昌當官，可謂知重矣！董仲舒，漢醇儒。孔子明先王之道，志在《春秋》。《春秋》，孔子之政也。七十子衰，田方、吴起、馯臂、禽滑釐之徒接受孔門，各成其私，於是蘇秦、張儀、犀首、周冣、韓非、申不害之徒變機相軋，攘聖人之道而亂之。鄒人孟軻闢邪説，明《春秋》以尊孔子，莫能行也，秦漢之間，厄斯甚矣。董仲舒一師孔子，進退容止，非禮不行，學士咸師尊之。建元初，對策言《春秋》大一統，宜純用孔子術，罷諸治申韓、蘇張之言亂國政者，自是邪説滅息，統紀一。孔子之道大明於世，自董仲舒始。然武帝不能用也，乃令相江都王，江都驕王也，化；又令相膠西，猶江都也，亦化，足見其用《春秋》之道矣。故劉向以爲王佐，管、晏弗及也。吕步舒傳其業而不知，公羊高發其指而不精，故君子之道鮮矣，故崇君子之道者亦又鮮矣。又曰：廣川，董子故里，膠西亦江都也，亦有如新昌之舉者乎？《詩》曰：「于以奠之？宗室牖下；誰其尸之？有齊季女。」夫天下郡縣皆祀董子，董子享不享！戊辰十月。

悔齋記爲崔子仲凫索作

涇野子曰：君子之志於道也，其求己

也，惰悔，鋭悔，歆悔，泄遺悔，欺悔，襲悔，迂悔，冶悔，漫漫爾悔，執執爾悔，惉滯爾悔，粥粥爾悔，束束爾悔，自是悔，自晝悔。其處人也，亢悔，軟悔，慢悔，諛悔，矜悔，諂悔，可詒也悔，隨悔，忮悔，求悔，觸觸爾悔，訐誣乎人悔，狎侮於人悔，毁悔，譽悔。其求權也，重悔，輕悔，高悔，卑悔，隱悔，露悔，進悔，退悔，同悔，異悔。既過而悔，悔無悔者吉，不悔者凶，數悔者憂，憚悔者吝，更悔者勇，滯悔者懦。吝懦近凶，憂勇近吉。憂存明，勇存敬，明敬存乎志。

雒氏重慶堂記

正德四年五月，三原雒仲頫西歸，言曰：「昂父今年生五十五年，昂母少三歲，俱壯健不老。昂王父少王母二歲，王母生七十九年，俱鮐背眉壽。孟子曰：『父母俱存，一樂也。』昂父母、王父母俱存，昂樂矣。請爲昂作『重慶堂記』。」曰：「人之有此一樂者亦多矣，胡孟子言之難，吾子知之深邪？人少不知學，長而無聞，不足爲父母喜；又其甚者，邪侈頗越，蠱心毒身，仇戚賊黨，爲父母憂。此雖父母存，又何樂之有？故孟子次第三樂，言必得二樂、三樂，然後爲能知一樂也。卜子夏曰：『禽獸知母而不知父。野人曰：父母何算焉？都邑之士則知尊禰矣，大夫及學士則知尊祖矣。』子固宜勉于孟子之言也。子質明而志美，温恭抑遜，執事不屈撓，言必求法道，行必求法舉，復大偏博經史，❶良丈夫也，子固宜勉于孟子之言矣。故曰：『誰其基之？

❶「大」，續刻本作「夫」。

惟祖之續；誰其成之？父母如天。式穀爾子，克敬二人；式穀爾孫，爰篤于祖。』故不敬其父母者，是無子者也；不敬其王父母者，是無孫者也。故君子愛其父母，以及人之子；愛其王父母，以及人之孫。」

羅節婦陳氏記

大庾王廷和曰：「雩都人羅鎬，予故與交。鎬父世序娶于興國人陳處經之女，爲節婦陳氏。陳氏生十七年，即能婦人之道，用幼所習《孝經》、《烈女傳》以行，乃畢宜于羅氏。世序生三十二年死，陳生二十五年也，亦欲從世序死，姑日閑之，得不死，乃曰：『所恧于羅世序者，有如青天。』乃自是不務膏沐以終身也。二兄公相繼亦死，人曰：『舅姑耄耋，兒弱，兄公且皆死，靡所依矣，盍渝也？』曰：『嗟哉！斯正妾罄節之日。渝，不忍也。』舅姑又且繼死，人又曰：『復誰爲哉？爾子自當克家，盍渝也？』曰：『吾志已在蒼蒼矣！』乃督鎬兄弟力田務義，以勿替于先羅。今且六十有一年，大志果考，蔑有瑕纇，縣省以聞，獲旌其閭。」

太史公曰：「於！休哉，此婦人也！懿德貞行，烈如金石，志對青天，自求多福，老而彌堅。共伯之妻，有華衞詩；文叔之妻，諸曹氏有餘辱。夫陳也，世序資之以明夫，鎬資之以明子，羅、陳資之以各華其宗黨。豈直已哉？經曰『人性善』、『人皆可以爲堯舜』，果哉！」己巳春。

秋山記

永新人賀醫居秋山，乃自號「秋山」。

秋山者，禾山也；禾山者，永新之西山也。醫姻吴工部曰：「永新之南，綏原巃嵸，隮屬鵝嶺，秀特如繪。綏原之東，龍頭削立，雙巽文筆，相顧拔地，情若昆弟，又曰義山。我嘉樂之。潔己皆不名，何取於秋也？」醫答若曰：「鳥各有止，人各有嗜。得止乃寧，得嗜乃豫。嗜竽者薄瑟，嗜玉者薄碔砆，嗜賄者薄身，嗜誼者薄物。夫秋山，以著『介』嗜也。夫顔琅邪，唐之烈丈夫也，宴遊于斯，耽樂不棄，溪上懸厓，手澤存焉，永新諸山，誰敢與並？我嘉樂之。夫秋山，以著介嗜也。」涇野子曰：「山川之靈，爰降俊豪。明德君子，增芳山谷。首陽拳石，如金如玉。貪泉洋洋，濁者不啜。故君子閱諸其外，責諸其內，不道而華聲，識者恧焉。稱以『太山』、『大河』，奈何哉？」己巳夏。

吴氏繼善堂記

繼善堂者何？桐廬吴楷之所搆也。堂何以言「繼善」？繼善慶堂也。善慶堂者，吴楷曾王父之所搆，寧陽侯某及今尚書之所扁也。二公何以扁此堂？嘉吴楷之曾王父也。何嘉？爾能犒王師也。正統末年，閩寇方興，二公提師道越桐廬，吴楷曾王父能犒之爾。然則楷之繼之者奈何？曰：犒王師似忠，有華於前人之間似孝。繼其忠，則知所以爲臣；繼其孝，則知所以爲子爲孫。己巳冬。

徐生壽親記

呂子曰：「君子之於親也，愛之而已

矣。君子之愛親也，壽之而已矣。夫壽親有三道焉：得其上者之謂聖，得其中者之謂賢，得其下者之謂才。」張詩曰：「何謂也？」曰：「壽其德者，萬世有辭，金石同其堅，日月齊其明，非聖而能之乎？壽其齒者，順厥考心，身其康强，年越其度，非賢而能之乎？壽其業者，箕裘不壞，爲他人有，非才而能之乎？故聖也者，盡性者也；賢也者，盡情者也；才也者，盡力者也。」詩曰：「世有子非聖賢與才也，而親年九十百歲者何？」曰：「生而不長，没而不聞，辟之草木，當秋而殞，雖謂之不壽，可也。」曰：「古亦有子誠聖賢與才也，而其親凶短折不壽者何？」曰：「爲誰？」曰：「孔子少孤。」曰：「何以知之？」曰：「聞之《禮》云『問于五父之衢，葬叔梁紇于防』云。」曰：「若然，雖謂之壽可也。不然，何吾子生千百載之下尚聞之邪？故自是者，則欲夭其親善；自奉者，則欲夭其親齒；自敗者，則欲夭其親業。三者，鳥獸之道也，然而違聖賢與才，亦不相遠矣。故能不自是，則可以作聖；能不自奉，則可以作賢；能不自敗，則可以作才。」己巳年月日記。

瑞萲記

史暘逆母陸氏，上元奉諸京邸。初，母哭先太史公喪明，左劇。如燕，不能北，寒恒榻火，并夷右目。宿醫，醫皆曰：「公母瞽，弗醫。」暘涕泣樹萲曰：「萲花，母瞻。」萲二年不花。暘遍索國中醫。晉人侯生號金針于國南門，庚午夏宿生，生曰：「生刺瞽，須臾見，三日視，七日遠，四十有九日息，恒弗渝。」暘徵生。生坐母幽室，啓牖。

金箴入，皆旋瞳子三，弗隱雙視，俄炯然曰：「汝暘也！」須臾時，諼花如赭階下。乃闔目昂寢，絹玄菽，加目上，滴水沃菽三日夜。四十有九日出幽室，以視物，猶童子目也。乃八十滋健，受太孺人封。初，暘家樹龍爪，數年不花，戊午秋，莖突然起，花繁碩，暘舉應天。戊辰正月，家折梅插瓶，無本也，二月花，三月實，暘及第。暘友枘曰：「『龍作雷雨，膏澤天下』，戊午花徵也；『梅實調鼎』，戊辰花徵也；『孝子思忘憂』，庚午五月之花徵也。故君子欲下膏澤，以調鼎，存乎孝。若是，太孺人烏乎不悦？悦則康，康則壽無疆。」庚午四月。

紹文堂記

紹文堂者何？無錫俞諫議泰之堂扁也。堂何言「紹文」也？紹前人之文，以示之后耳。始祖貴四，早當草昧，抱經而隱，其文樸以静。曾高祖安一，心主忠信，身行謙退，誣入尺籍，以德而削，其文恭以孚。高祖德惠，學究經術，官舉人才，遭世不靖，未竟厥志，其文默以烈。曾祖宗海，抱痛讀書，未獲永年，其文儆以恪。厥祖友梅，篤于修己，不求人知，恭而有禮，沉而有容，耄耋稱道，不改其初，俞氏之孝，誕弘于兹，其文敦以確。厥考味泉，厭飫經史，旁疏諸藝，凡所諷詠，自情而發，從遊百數，多底於成，爰及厥弟，亦克有立，其文博以達。然則何貴四、安一云爾也？曰名字也。友梅，别號也，宗海之子恭也。味泉，亦别號也，友梅之子謙也。紹文而始于貴四者何？俞本汴人，宋氏南渡，始籍無錫，其譜亡矣，貴四當元始，有考焉爾。何以不及支派也？諫議實生於味泉，自紹文而言，貴正宗也。然則諫議之紹之者如之何？質直而不固，斯可以紹朴静矣。蚤舉甲科，拾遺瑣闥，積誠而動主，言必中會，竭力回天，罔或頗越，斯可以紹恭孚矣。篤而定，斯可以紹默烈矣；昂霄凌雲，斯可以紹儆恪矣；報國如家，守學不渝，斯可以紹敦確矣；糾率寮宷，共濟舟楫，敷時休德，種此四方，斯可以紹博達矣。癸酉。

重建米脂縣文宣王廟儒學記

延安米脂縣文宣王廟及儒學，舊在上城，卑隘不足以奉先師、業士子，弘治壬癸間，陝西提學副使、今大宰楊公乃令知縣徙今下城，建大成殿，五楹南面，碧瓦鱗次，重楣藻棁，疏甍丹楹，朱壁塗。東廡、西廡皆北上，七楹文牖，丹楹疏闑，朱壁塗。戟門在二廡南中，南面，三闑丹。神庫在戟門外東序，西面，三楹。神廚對庫，在西序，三楹丹闑。欞星門在庫廚南中，南面，三闑丹，黼桷，朱壁塗。明倫堂在大成殿北，三楹，背面以山，堊壁塗，畫棟，文楠。二齋在堂南對列，如廡之在殿也，東西皆三楹，黝闑牖，東厫四楹，東齋在西；號舍東十有三楹，西有十三楹，西齋在其東。庠門在二齋南中，南面，一闑黝，縣扁，堊壁塗。建射圃焉，步方六十。

廳三楹，在庠東。正德七年夏，延安知府趙君楫曰：「米脂初無舉人，學建而舉高堂，楊公之功也。」予曰：「先生作學，誕不止此。夫聖人之教有四，舉文則道明，舉行則性盡，舉忠信則道定而命能至矣。窮益于鄉，達澤于世，聖人之道，兹用有光，是作者之意也。」

劉侯戮虎記

華人曰：「華南山六虎，伺逕咥人，莫敢攖，道路蕪蕪，二年旱。知州劉侯憂之，祝神，召虎人逐虎。布穽網，一日獲虎二，山興雲，虎至庭，雨。又布穽網，一日獲虎一，山興雲，虎至庭，雨。又布穽網，一日獲虎三，山興雲，虎至庭，大雨。咸戮之，臠其肉以食人，南山平。」華人又曰：「劉侯芟暴，猶戮斯虎也。」涇野子至華聞之。正德七年十月記。

重修華州治記

正德壬申春日惟吉，華州太守蠡吾劉侯錦鼎緝州宇，爰遵故趾，據渭面華，乃六州堂，寔惟五檼。州堂前樀交廈，南面，合掌而張翼，中虛四達，以爲堂首。庫當堂東，南面，祇藏鸞輿。廳當堂西，南面，州幕涖焉。吏廊，東在庫南，西面北上，西在廳南，皆十楹。儀門在吏廊南中，南面，三闑；內樓二，外樓二，夾陳而列，以冒四碑。譙樓在儀門之南，三樀。小樓在譙樓二耳，左居鐘，右居鼓。廄在左小樓之東，楹四十箇，有祠焉，以祀天駟也。右小樓之西爲狴犴，古之獄神，于是乎享之。理事所在狴犴之後。大門在譙樓之南，南面，三檼。稅廈在大門之內，北面，十楹。作複堂焉，曰「退省」，在州堂之北，南面，五檼。四第在複堂之旁，一曰郡守之第，二曰郡貳之第，三曰郡判之第，四曰郡幕之第。吏舍在四第之東，楹六十箇。榜舍在先門之外，十楹而右。旌善亭在榜舍之東，南面。申明亭在右榜舍之西，南面。徙預備倉于州治之内。倉西，草場也，故曠地，立少華書院焉，乃新儒庠及陰陽醫學。

夫堂也者，明也，君子以明己而明民焉。廳也者，聽下之情以告上也。君子將營公署，鸞輿爲先，故庫在東。廈者，夏也，大也，於是乎大以立政也。門，問也，聞也，君子以問，小人以聞。樓碑，重德也。譙樓者，鳴樓也，以鳴俗而治之也。有鐘鼓者，貴令聞也，君子而不仁，則凡聞鐘鼓之聲者，疾首而蹙額矣。祀天駟，以奮武也。享獄神，以明刑也。退省者，退而自省也，行有不合於民者，於是乎思之矣。第也者，地也。亭、舍、倉、庠，皆治之目也。故君子居堂則思明，至廳則思聰，游廈則思寬，出門則思問，視碑則思後，登樓則思危，振其鐘鼓之聲則思實，奮武則思文，明刑則思仁，燕處退省則思過，居第則思不愧于其地，覩目則思綱。故君子視真而聽令，端本而不墜，于是百姓懷，鰥寡無蓋，安土而樂天，衆目有條而畢舉。

登真觀記

涇野子曰：幾也者，君子之所重慎也，❶故審幾者賢，見幾者聖，知幾者神。虚哉，老子之於幾也，何其肆焉而不審乎？老子之道，可以自守，不可以及人守，可以自庸，不可以及人庸。自守則鉅，人守則孤；自庸則行，人庸則塞。故老子之於幾，未同焉耳。故幾正而動之邪者有矣，幾未

❶「重慎」，萬曆本作「慎重」。

正而動之不邪者，未之有也。

或曰：「老子之於彝倫絶乎？」曰：「未絶。故論『子孫祭祀不輟』，言父子夫婦也；『以道佐人主者，不以兵强取天下』，言君臣也；先後高下之論，主客之辨，言兄弟賓主也。❶故違吾儒雖異，其不同者寡也。今其徒之於老子也，守五病，而又滋之以五異焉。夫絶仁之義，去父子矣；絶聖之義，去君臣矣；絶義之義，去兄弟矣；絶禮之義，去夫婦矣；棄智之義，去賓主賢否；是謂『五病』。戊己黄芽之徒，完真之異也；禳灾祈祥之徒，應附之異也；五金八石之徒，丹客之異也；叱風呵雨之徒，術士之異也；周章化緣之徒，遊方之異也。故五病興，其徒無完人，五異興，其教無良法，其幾使之然也。故《易》曰『差之毫釐，繆以千里』，故君子不可不慎其幾也。故孔子之言，遠如天，近如地，履之而實，測之而廣，其敝寡矣；老子之言，惚如夢，恍如影，捕之而無實，取之而無用，其行寡矣。」曰：「老子之教，可以治天下乎？」曰：「可。『一曰慈，二曰儉，三曰不敢爲天下先』，於治天下也何有！」「老子之教，可以治身乎？」曰：「可。如『五色令人目盲，五音令人耳聾，五味令人口爽，馳騁田獵令人心發狂』，於治身也何有！」「然則何以病於其幾也？」曰：「孔子曰：『擇其善者而從之，其不善者而改之。』」

登真觀，楊崇曉修老子宫成，記於是。以觀趾功次，記碑陰。以講老子之道，記碑前。

❶「言」，萬曆本作「辯」。

河東書院記

正德甲戌春，御史安陽張子仲修巡鹽河東，官吏革愆，商民胥悦。夜讀書，晝誨諸河東生，乃從官司之請，作河東書院于上曲。於是諸車人、店人、牙人願獻木石暨力，諸工師願獻能，諸園藪願獻厥植。乃選義士命理，乃築堵，周七十雉。乃作先門，三楹南面。北渡石杠，儀門三楹。又北，講經堂五楹，阿棚前，南面，層階，雙桐夾階，桐外有二松，夾陳皆松栢若槐。東爲崇義齋，五楹西面。西爲遠利齋，五楹東面。碑亭二，在二齋南，南面。齋負序，序交儀門之南墉。儀門東，東號門，南面。東號門而北：東上號門、東中號門、東下號門，皆西面北上。東序在其前，三號皆南面，三楹。自門折道，以登其榮，❶皆夾樹：下楸、中槐、上桐，背階二梨，其夾階也皆茨栢。號皆有廚，二楹，在左，西面。儀門西，西號門，南面。西號門而北，其制如東號門而北，表二門皆雙楸。退思堂背講經堂北，五楹南面，二槐夾階，茨栢在其南。四教亭在堂北，亦南面。堂東偏南下爲左曲房，西面，其後胥人房；西偏南下爲右曲房，東面，其後隸人房。西墉之西，東墉之東，蜂房，皆四區。四教亭北築閣搆樓曰「書林」，上祀三晉名賢，側藏籍，其林帶水爲環池如圓璧，以種蓮泛舟，曰「天光雲影」，又北爲亂石灘，灘北爲山九峰，中峰曰「仰止」。亭東曰「杏壇」，西曰「桃源」，旁皆甃井，曰「源

❶「榮」，萬曆本作「旁」，《山西通志》卷二百七收《河東書院記》作「堂」。

頭」，四洞先後山曰「遊仙」。蓮池在山後麓，巇岫巒巖，皆有茂木，縮霧縈雲，故左曰「豹變」，右曰「鳳鳴」。自環池東爲石榴園、日心亭，西爲蒲萄園、月種亭，皆背松棚。鞠籬見山在山北西面，❶亭曰「悠然」，其後牡丹園，亭曰「麗景」，又其後紉蘭園，亭曰「予珮」，皆西面。竹逕通幽在山北東面，亭曰「緑猗」，其後荼蘼園，亭曰「微風」，又其後籍草園，亭曰「一般」，皆東面。亭皆南面。自仰止山後，歷青楊而北，爲游息亭，又北爲百果園。其山北東麓、西麓，皆甃井槐亭，飜車上水，潛山翼流，南過源頭，又南會于亂石灘，又南匯爲環池。環池東南閘，滾過東蜂房，❷南縈東號廚，至東號門之南，東匯爲方塘，西會西流于石杠。其西南閘，流亦如之。又北滾分灌山後諸園，❸至于百果。

故君子入先門則懷德，瞻儀門則正履，視碑以懼後，居齋以齊心，陟崇義思入神，降遠利思窒欲，升講經堂思考業，處退思以防過，守四教以存誠，仰山以樂仁，覽水以樂智，覩蜂房以思義。仁且智與義矣，斯周德。日心忠也，月種順也，忠順不失，斯見歲寒不凋之節，故松棚在其後，松棚者，與松爲朋也。是故歷亂石灘可以知險，登書林樓可以知危，游杏壇以述古，訪桃源以濟世，憩悠然以正出處，閱麗景以觀造化，撫緑猗以成圭璧，賞微風以識乾坤。若是乎可以游息矣，故游息亭終焉。譬諸草木，既爾斯果矣，百果園又終焉。

❶「鞠籬見山」，《山西通志》卷二百七收《河東書院記》作「菊籬見山」。

❷「滾」，萬曆本作「流」。

❸「滾」，萬曆本作「流」。

鎮鄖樓記

邢臺人王君震太守鄖陽四年矣，胥史法，百姓安，盜寢無事。乃正德甲戌春正月，以鄖中譙樓先火，乃築基如闍，甃以甓，洞門橫達，門涂方軌，基廣七筵五分筵之三，深以五筵，崇二仞，旋楹其上二十有八箇，崇四尋三分尋之二，復檐連甍，重栭累節，丹牖朱檻，虎軒翬桷，處此鐘鼓，以告人晨昏。夏六月落成。初，撫治鄖陽都御史劉公琬肇建斯樓，名以「鎮鄖」。後合肥人張公淳、東平人王公憲相紹撫治，咸符劉志。太守克承其下，斯樓乃考，乃使使二千里取記。

史氏高陵人呂氏曰：斯樓木石積也，惡能鎮鄖哉？諸公托言耳。往年趙鐩諸寇劫掠竹山，鴟醜西侵竹谿、房縣也，鄖雖東有方城、黎子、礜石，❶南有天馬，西有九室、石門、黃竹之險，亦爾搖兀不鎮，矧斯樓也？當是時也，微太守守于下，諸公續撫于上，鄖幾不有。鎮鄖者，其在諸大夫乎！故以慈惠鎮鄖則鄖親，以紀綱鎮鄖則鄖理而不亂，以忠信鎮鄖則鄖愨，以禮俗鎮鄖則鄖雍睦，以什伍鎮鄖則鄖有勇，內不虞變，外不怵寇，斯鄖人瞻諸大夫若斯樓矣，不然，樓百丈高奚爲？昔者楚子商臣滅江、六，庸爾橫也，麇子師百濮次于選，楚人謀陟阪高以避。夫鄖，故麇也，我憲廟乃立郡焉，然隸荆襄，距揚越，通川陜，鄰徐豫，四省之交，萬山之會，江漢之津，金錫之穴，流離之聚，風塵之所也，諸大夫之在斯也，

❶「石」，原無，據《湖廣通志》卷一百八收《鎮鄖樓記》補。

其上者則克斯撫，其下者則克斯牧，豈惟鎮一郡哉，斯皇圖之大賴也！不然，百姓聞樓鐘鼓之聲，固有蹙額者矣。於是介者持以告太守雋諸石，又以告嗣治郡者之諸大夫。

贈太師左柱國謚端毅吏部尚書王公祠堂記

記曰：古者聖人之以神道設教也，自天地、六宗、山川、帝王，載在祀典，固以觀天下矣，又祀其先正之有動庸賢能者於其鄉，所以廣教也。枏嘗習于王太師端毅公矣，豈惟可祀于其鄉哉！

成化初年歲凶，劉千斤及蔣虎亂于荆襄、南陽之間，河南、陝西、湖廣騷然矣。憲廟選于衆，使公爲右副都御史撫治之，公遂及平蠻將軍李震擣巢南漳，賊且潰，衆欲退保襄陽，公曰：「苟一舉足，襄陽亦不可保矣！」已而賊平，於是給牛田以業貧，發衣廩以卹孤，編版圖以安來，與符節以從歸，復守禦以振武，建關隘以禦暴，期年而襄陽、南陽底定矣。郭景、戍達鎮守雲南，太監錢能者之私人也，假勑入交，奸索金寶，遂啓邊釁，廷臣莫能往撫。時公已爲南京户部右侍郎，改左副都御史往焉。比至，首劾錢能之罪，郭景懼而殞井，遂没金寶，獻逆獄，繫戍達，禁侵擾，嚴賞罰，綏南甸，伐羅雄，而雲南平。我明衣食京師億萬之費，漕河耳，公嘗總理河道矣，其疏殺邵伯、高郵之水，纖悉備具，遂著《漕河通志》，雖百世可行也。昔者自景泰來，法司鹵於用律，人情未允，故公嘗論「姦、盜之皆削職」，懲凶德也；論「僧道及僧道官犯罪之同」，律正本也；論「運米、做工，及煎鹽、炒鐵、充軍、伴儀、膳夫之皆開釋」，廣詔旨也；論「義勇、民壯、舍餘、勇士、力士，及軍匠、囚逋者之皆免紙」，著同仁也。至于諫雲南之貢黄鸚鵡，閉邪心而杜讒也；刻王敬、王臣之取寶玩，端上志而蘇下困也；救給事中周絃，御史李興、張昺，布政劉福，知州劉概，知府孫仁、黎永明，存法也；諫出員外郎林俊、經歷張黼于獄，闢言路而攘異端也；論參議高祿、守備蔣琮，昭公道也；辨院判劉文泰，究姦邪也；諫逐繼曉，惡左道之惑衆也。孟子曰「法家弼士」，公非其人歟！

其初知揚州也，歲饑且疫矣，公曰：「吾惡在其爲民父母也！」乃嚴齋沐而禱神，省政事而責躬，發庾廩而賑饑，沮徵科而綏下，制醫藥而療病，雖于其親子若弟，不過若是懇也，故揚人立頌德碑焉。厥後陝西、河南大饑，人相食，公時司馬南京，既奏開納米、納銀、度牒諸例矣，又奏諸湖廣、江西、浙江搬銀分餉，三省委京官以董振，且曰：「人一日不再食則饑，三四日不食則病，五七日不食則死，故救荒宜若救焚之棘也。」當是時也，三省之人民活于公者，奚啻萬萬哉！ 昔王賀活百千人，以爲陰德，視公之廣狹何如也！ 初，高皇帝以應天、鎮江、太平、寧國、廣德、鳳陽興王之地也，令其田官糧徵半，民糧免，其後官糧十七，民糧十三，及其久也，民糧田率歸豪右，官糧田則細户也，故數府之人，貧富懸絶，莫能損益。公奏令官糧量減其耗，民糧亦少徵焉，公私便而遠近悦，此於高皇帝之法，奚可謂不善守也！ 而又奏免蘇、松、常、鎮、應天、太平諸府秋糧六十有五萬，湖州府糧二十有六萬，其馬草亦邇是，而民莫之知也。世之致位通顯者，匿天變而不告，忽民隱而不卹，以爲固寵爾也，公曰：「惡用是人臣者哉！」是故蝗生開封、衛輝、彰德，則乞休；彗見，地震南京，則乞休；沙飛晝晦裏河一路，則乞休；地震、毛生常州，則乞休；黄沙災傷鎮江、寧國諸府，則乞休；旱災應天諸府，則乞休；京師地震，則乞休。然每乞必自責，自責必懇諫，懇諫必求任賢去奢、恤下蠲税而後已。故其卒也，天變回而民心悦以安矣。

公舉正統戊辰進士，自翰林庶吉士出爲評事，歷知府、布政、左右副都御史、南京户刑部左右侍郎、南京兵部尚書參贊機務、吏部尚書，既已鞠恭盡瘁，所至建勳若是偉也。比其歸也，又以其餘力著《石渠意見》四卷、《拾遺》二卷、《玩易意見》一卷，詩文十卷，《歷代諫議録》百有二十卷，并《奏議》二十卷，《漕河通志》二十卷。其言近而達于理，實而適于用，大而關于治體，顧山林隱逸綦艱深書，騷人墨客作浮華文，以駭世而諂俗者，真廢物耳！

祭法曰：「法施于民則祀之，以死勤事則祀之，以勞定國則祀之，能禦大災則祀之，能捍大患則祀之。」夫五者有其一，尚致祭而報焉，❶公兼有而俱懋，一三原之祀，不足以爲公報也。然則都御史遼陽陳公之舉祠西安，同知太原楊君、三原知縣麻城鄭君之奉修者，其公祠之權輿乎！故枘既具應祀之績，又系之以詩，使有事春秋者歌訟焉。詩曰：

浩浩白帝，惟華之望。殞靈誕時，

❶「祭」，續刻本作「祀」。

太師攸興。幹此帝室，四國是升。豈不令聞，銘于太常。一章

板板倔黠，亂我荆楚。太師爰征，南漳是擣。既登穀郎，亦奠襄武。哀此流逋，南國干舞。二章

憲帝嘉止，乃烝太師。遡彼滇海，交人斯窺。波及羅雄，亦是潰其。太師爰赫，當道問豺。姦宄既伏，永奠南夷。三章

凡厥有位，惟此庶民。太師秉心，慈介且宣。既鞠徐揚，亦拯晉秦。天降厥戾，黽勉刻身。無慮弗忠，無謀弗賢。膏澤爰下，四國攸均。四章

昔先皇帝，既恭既哲，惟太師是説，乃建冢宰。奸蚩攸哲，訏謨孔靈，補衮之闕。越有娼嫉，公是滋烈。五章

皇矣聖孝，敦禮維嘉。肇踐龍軒，寵存于家。公既云遊，輟朝悼嗟。司空九祭，乃造冢阿。美矣陳公，建祠不那。史柟作誦，其風肆遐。六章

上蔡先生祠講堂記

監察御史光山人王君相語柟曰：「史氏而知今少宗伯吾師上蔡李公之教乎？昔者吾師以翰林檢討、浙江提學僉事喪母而歸蔡也，吾汝人五六十輩者得事之稟六經焉，以固者達其變，以用者閑其守，以志者袪其邪，以法度者求其性，以會通者先其忠信。故今五六十人者，或貢焉，或舉焉，或進士焉，皆厭飫師程，粲粲已。」曰：「教哉憂而勤，其志遠矣！」又曰：「史氏而知今大司寇藁城張公之政乎？昔者藁城公之知吾汝也，上蔡謝子之祠久且圮，藁城公

加修之，作講堂、書屋於其後，延吾師焉。故吾汝人之及師門，蓋藁城公登之也。」曰：「政哉近而思，其良於先務乎！」

《詩》曰：「就其深矣，方之舟之。就其淺矣，詠之游之。」宗伯公之謂矣。《詩》曰：「于以采蘋，南澗之濱。于以采藻，于彼行潦。」司寇公之謂矣。夫謝子，程門之高弟也，某嘗習之矣：惺惺之法以存心也，知命之論以定志也，去矜之學以知分也，師冕之説以下學也，勢利外物之用力以進德也，日用言動之爲課以居業也，博學而反以知要也，桃杏之仁、輪迴之私以辨異也，覺以洞仁也，敬以屈禮也，烏頭之服以自得也，是故心存而志定，知分而下學，進德以居業，知要以辨異，則足以體仁禮而自得矣。宗伯公之教，其務此乎？ 是以設科如是其善也。司寇公之意，其爲此乎？ 是以定居如是其切也。某也恨其時未及諸君子鼓篋並遊，以身見發揮謝子者如之何耳，然則行謝子之道於今日者，其在諸君子乎？ 夫然，斯二公之教之政及諸君子之學，於謝子爲不歿矣！ 於是侍御君取而加諸石，以示汝之來學。

少岷山記

少岷山者，蜀故安樂山也，在合江之西，三峰削立，十有二盤，絶巔如雲門，又如雉堞，古木蒼藤，棲霞映日。其南也爲榕山，二石聳峙其巔，崒嵂巀嶪，曰「乾峰」。之溪自仁懷山來，縈少岷而東下，與月臺溪會其前也，入于汶江。汶江即岷江也，自茂州而來，乃過少岷山。蒙泉在少岷山中，無水，雩則獲水，獲水則雨。延真觀在山畔，居緇流，可以憩焉。

初，地官曾璵讀書安樂，嘗出遊大岷，登青城、天彭，覽觀七十二洞，歷汶川，入盤龍，泉慈母，遂上雲山，數乳川、白狗之峰，西望煎氏，❶東瞰江流，朝宗于海，粤昐牂柯，顧瞻隴首，返曰：「岷下山莫如吾安樂。」故改安樂爲少岷山，思終身焉。涇野子曰：「昔漢何岷肥遯西充，肆今充有南岷山。東石之志，柟故知之，豈惟何生哉，其使少岷與大岷齊名萬載乎？ 夫大岷，連峰千里，江水出焉，東潤荊揚吳越，北與崑崙、黄河争功海内。 少岷之志，其在斯乎！」甲戌冬。

涇陽縣修城記

涇陽，西安壯縣，北據嵯峨，東峙唐原，西控小仲山，涇水自仲山而南以東，帶縣入渭，土肥而産秀，人豪而物明。歲久城圮，廳廟單外。❷乃正德丙子，知縣盧龍李君某、縣丞衡水李君某協恭營城，主簿滋州祖豆及典史陳玘乃作涇人役，❸築堵倍舊，月城重門，鞏固無前。初，唐太和間涇流穿城，以給民用，歲月漸湮，今亦疏行如昔。復作石渠，鐵牖于水門，以障城垣，三月而落成。於是縣舉人劉直、魏弘仁，學生吳憓謁記。

吕子曰：「嗟乎，有是哉！《坎》明設險，《豫》急暴客，城郭溝池以爲固，禹、湯、文、武、成王、周公由此其選也。故莒廢巫

❶「煎」，疑當作「湔」。
❷「外」，萬曆本作「卸」。
❸「祖」，萬曆本作「俎」。

臣之戒，不備渠丘，而楚浹辰克其三都。故君子之於城也，山之欲其奠也，淵之欲其池之邇泉也。鞏用瓴甓，規而礱之，欲其闔闢不褻也。❶ 矩之倍堵，五分其堵之廣，以其二爲敵臺，欲其庶也。❷ 幹用楝，楨用欀，汗杵如崩，❸ 堵花不凋，欲其石也。❹ 疏而不露，盾身而遐望，欲其隱而睥睨也。閭門不如里門，里門不如公門，公門不如廟門，廟門不如城門。❺ 城門鴻則郭門如翕，❻ 城門褊則郭門如拒。故覩其郛郭，占其金城，以保者來，以寇者去，以叛者息，以貨者聚，以禮讓者歸。故厚如負黿，堅如塗蛤，欲其顯以遠也；飛樓厥巔，臥卒而頓甲，欲其崇以廣也。」

柟聞之：「烝城如霰，見晛曰消；❼ 石城如革，虫蟻蠹朽；金城如木，火烈則爍；人城無比，萬年不破。若乃蕭、亳殺游，京、櫟殺曼伯，陳、蔡、不羹殺比，渠丘殺無知，蒲、戚出君，咎在過城。若乃堅城七十，齊取于燕，長城萬里，漢取于秦，咎在恃城。故君子仁以築堵，禮以闢四門，不貪以立四隅，安安以建樓，法以濬隍，文章以營雉堞，忠信以表楨幹，仁聲以大郛郭。故郛郭洪，遠人格；楨幹崇，邇人安；雉堞明，下觀而繫；隍險，衆罔敢越；四隅介峻，厥威雷霆；門正，由之者衆；堵安，百姓聚；樓烈，瞻之者遠。」甲戌冬。

---

❶「褻」，萬曆本作「褺」。
❷「庶」，萬曆本作「遮」。
❸「杵」，萬曆本作「楮」。
❹「石」，萬曆本作「實」。
❺ 下「門」，原無，據重刻本補。
❻「則」下，原衍「則」字，據重刻本删。
❼「晛」，原作「睍」，據萬曆本改。

夏縣重修大禹廟記

正德十年，臨潼人楊樞子極知夏縣，大禹廟圮，樞重建焉，其規弘固于昔者二十也。❶ 夏人問記焉，呂柟曰：於乎，大哉禹乎！天由是明，地由是理，人由是定，兼三才而成之者，其禹乎！昔者孔子曰：「吾說夏禮，杞不足徵也，吾得夏時焉。」故至於今行之不易也。劉康公及趙武臨河曰：「微禹，吾其魚乎？」故至於今履之弗溺也。箕子曰：「天乃錫禹洪範九疇，彝倫攸敘。」故至於今從之弗能亂也。兼三才而成之者，其禹乎！

時有修仲渠者與聞焉，問曰：「昔禹治洪水，手胼足胝，猶繼之以跛。余懼仲渠之難績也。」曰：「非然也。柟聞禹有九手，故不僂，禹有九足，故不痺。是故乘輴于北，朝岍、岐而暮至碣石矣；乘檋于南，暮沱、潛而朝過九江矣。今子以一手足而治仲渠，幾何不跌而跛哉？如於四海，吾見其没子也！」「可得聞與？」曰：「吾聞禹之治水也，左鐘右鼓，前鞉後磬，夙夜縣鐸，故能以九州人手爲手，以九州人足爲足，是以不行而至，不疾而速，若是神也。《書》曰『禹拜昌言』，其斯之謂與！故舜有四目四耳，斯無爲矣，禹有九手九足，斯無事矣。《傳》曰『舜目重瞳』、『芒芒禹跡，經啓九道』，蓋謂是乎！」曰：「若是，我知仲渠矣。」曰：「其然乎？柟嘗過玉市矣，一肆沽璞，一肆沽碔砆，有千金之客睨璞而不顧，解千金買碔砆以歸，以視玉人，玉人曰：『非玉也。』

❶「二十」，萬曆本作「十二」。

返則行矣。如常不識玉，吾懼子之入市而買碔砆也。」「然則奈何？」曰：「柟聞舜告禹曰：『人心惟危，道心惟微。惟精惟一，允執厥中。』故能知夫昌言也。」於是夏人以爲發禹也，勒諸他山之石，以爲楊子之知務。

重修學古書院記

監察御史嘉定程君以道在正德庚辛間，以進士初授三原知縣，庶政咸明，尤敦士習。憫學古書院之圮也，躬率富人，申爲修廣，乃殿乃枋，乃堂乃齋，乃建致遠，乃建上庠下庠，乃建名宦，乃建鄉賢，功績倍前，風俗且變。訖落成，被上命遷。❶今巡按陝西監察御史南厓李君元白觀風三原，有賞斯役，乃立石搆樓，以昭休烈，令三原君鄭君本恭問記焉。柟以憂三辭，教授申君偉躬懇之，則不獲已。夫昔者柟之在太學也，秦知府世觀嘗言學古於我矣，李子敬之作也，義而勇；蕭集賢之記也，恭而則；王太師之復之記也，正而果；程悦古、許慎獨、馬雲巖三處士之教也，勤而法。悦古有《雲陽志》，雲巖有《遵述録》，慎獨之學獨不傳。嗟乎！學古之舉，其有所感乎！

夫古之學不明，異端害之也。夫古之異端猶可闢也，後之異端不可闢也；古之異端猶異類也，後之異端則同讀古之書者也。是故懷術者稱「權」，記醜者稱「博」，諂俗者稱「通」，臨事含糊淹滯者稱「處」，談玄者稱「高」，冶辭者稱「文」，蹈襲性命之言者稱「理」，斯七稱者，豈不皆學于古哉？以

❶「遷」下，萬曆本有「矣」字。

成德則不足，以妨政則有餘，誤天下蒼生者，皆此夫也，老、佛其細諸！夫古之學，猶今之學也，語人以古之學，駭然以爲怪者，太卑者之見也；語人以今之學，蹙然不安者，過高者之見也。某聞之，苟學古人之心，雖行今人之俗，猶古之人也；苟存今人之心，雖讀古人之書，猶今之人也。故縫掖章甫，當時之衣冠也，孔子則用之，人不以爲同塵也；夏時、商輅，前代之制度也，孔子則取之，人不以爲反古也。故紛亂之内有結繩，矛戢之中有干羽，簠簋之間有汙尊。夫人莫不飲食也，不知其味，則雖嚼無虚口，終日不飽矣，人莫不奔走也，不得其路，則雖行無虚歲，終身無歸矣。若是，則書院雖曰「學古」也，與張秉氏三官廟奚異哉？

昔之學古者莫如仲尼，故曰「信而好古」，又曰「好古敏求」。夫信則無二心，敏則有功，既信矣，又焉有不敏也？諸君子師于斯，弟子學于斯者，其求所以信之乎？知所以信焉，於學古也何有？若是，豈惟無負于諸作者、復者、教者哉，以道之修，元白之石，亦于是乎如日月也！元白名素。以道名啓充。乙亥。

固原州行水記

正德乙亥，鎮守陜西等處右軍都督府都督僉事平涼趙公文祗奉制勑，駐劄于固原州。州井苦鹹，不可啖醊，汲河而爨，水價浮薪。朝那湫雙出于都虞山，左流州曰「東海」，右流州曰「西海」，西海大于東海，湛澄且甘。公及兵備副使景左議道入州，乃使都指揮陶文、指揮施範帥卒作渠，期月而成，襟街帶巷，出達南河，過入州學，滙爲泮池，池以石甃，面起三梁。於是農作于野，卒振于伍，商賈奔藏于肆，士誦于庠。學正李佐暨生員史暐諸人走狀謁記。

柟惟《易》稱：井養無窮，先王以勞民勸相。夫慈深者策遠，見高者謀實，幾明者敦本，蔑敵者重守，流風者植芳。❶ 昔趙充國屯田湟中，先零、罕、幵坐困俱降，耿恭際危拜井，而解疏勒之圍，公斯之舉，何可無之？今天下大鎮五，陝西有三，然榆林依紫塞，寧夏負賀蘭，甘肅盤合黎而據祈連，總兵各作一邊，長城自堅萬里，惟此固原雖裏，受敵實衆，矧八郡咸維，諸道攸通，三邊一隙，四寇豨突，漠漠平原，莫可扼遏，三輔爲之震驚。故元載議城于至德，曹瑋築軍于咸平，忙阿剌立路于至元。故將不作士，遭敵必潰，士不戀土，作之弗起，土靡嘉實，驅之不戀。公兹之舉，可謂授干戈于卒手，納忠勇于士腹。若夫誨孝弟，視衣糧，閑韜略，杜侵漁，簡什伍，嚴法選器，可由此以寢朝廷西顧之憂，❷誰云不然？

初，柟筮仕史氏，識厥兄斌于御史，宇岸洪遠，心竊雅重。已而擢貳京兆，賦政益新。由公視之，當誰兄弟也。昔漢張焕、段熲、皇甫規嵩叔姪，皆此西北人物，建功當時，史策高上。❸ 由公兄弟視之，諸君子難專美矣。公滋懋哉！

新修劍州名宦鄉賢祠記

李白夫守劍州四年，拓城以據險，裒民

❶「流風」，萬曆本作「風流」。
❷「以」，萬曆本作「施」。
❸「上」，萬曆本作「之」。

以賓州，開市以簪商，嚴賦以餉邊，籍兵以禦暴。則既增劍門之險矣，疑其非本也，乃復禁婚姻之瀆，申喪祭之典，斷質劑之弊，息鬻證之訟，罷誣盜之奸。又疑其非示久遠也，乃復崇孔明之祭，新兼山之祠，建忠義之廟。遂旁搜碑志，采摭群傳，得仕于劍者之名宦五人焉，曰李德新頻，曰張文節知白，曰趙教授大全，曰陳光祖升卿，曰禹狄道祥。得生于劍者之鄉賢七人焉，曰景漢伯鸞，曰李巨游業，曰李養正逢，曰王孝子讚諦，曰文博士同，曰王清虚山人省，曰陳進士概。乃請諸御史盧君師邵立祠以祀焉，師邵曰：「可共祠祀之，名宦東室，鄉賢西室。」白夫遂走使問記。

吕柟曰：「固國莫如守民，守民莫如振俗，振俗莫如存紀。夫君子之志可則也，其言不可遺也；君子之行可程也，其政不可磨也。日月晦則天不明，山川晦則地不靈，聖賢晦則人不立。故鄉賢者俗之表，名宦者政之紀也。俗良而民志定，紀正而民力足，斯其道以理天下可也。夫劍門，兩川之咽喉，全蜀之保障，一夫據，萬夫懾，天下之至險也。然邇來趙鐸屠于前，鄢藍陷于後，豈其無一夫哉？故先民以仁，猶有殘夫，先民以利，叛夫多矣。《易》曰：『豶豕之牙，吉。』故君子嗜風俗如飲食，好紀綱如衣裳，其所志者深也。夫德新端而威，文節清而介，教授訓而理，光祖惠而信，狄道直而廉，仕于劍者皆如此，紀綱有不存乎！漢伯博而遠，巨游節而忠，養正玄而公，孝子信而純，博士潔而高，清虚山人静而逸，進士直而明，學于劍者皆如此，風俗有不一乎！語曰『欲視其影，顧視其履』，天下之道，貞夫一者也。故君子處爲鄉賢，斯能出爲名宦，是故其祠一也，其祠一，其教切矣。夫人不瞻山，則不知所履之卑，不觀海，則不知所至之淺。如覩政而無匹休之志者，民賊也。如見賢而乏思齊之心者，鳥獸也。後之君子，可不懼乎？今天下多事，征斂百出，盜竊時發，奔競風行，白夫乃能虞其本而圖之，而百度亦作，是能闡幽廣迪，昭古訓今，上奉邦國，下固全蜀矣，恐他日之祠，亦不能免白夫也。」

白夫名璧，廣西武緣人。師邵名雍，蘇州人。

仇氏同心堂記

同心堂，此上黨仇氏丈夫會飡之堂也。仇氏世處潞州南雄山東火，❶自其高祖給事君肇開厥家，至宿州吏目楫、濬藩儀賓森，蓋五世矣，家衆汔百指，❷未析也。於是「考鐘而食」家範成：且鐘八聲，❸內外升有序堂聽訓；鐘九聲，丈夫則食於同心堂矣。一家之人，本同氣也，本同氣則本同心。心，氣之主也，故以約氣血，綴骨肉，聯族屬，流恩愛，秀禮讓，❹纘前休，迪嗣續，咸知于此。❺如心同，以居四海九州可也，況于家乎！夫二人異姓也，同心，雖黃金可斷；君臣義合也，同心，雖天命可永，況於父子兄弟乎！夫祠堂尚孝，宗子尚賢，家長尚公，典事尚能，冠婚喪祭尚敬，男教尚義，女教尚順，家庭尚肅，族類尚睦，田宅尚

❶「火」，原作「人」，據萬曆本改。
❷「汔」，萬曆本作「迄」。
❸「且」，萬曆本無。
❹「秀」，萬曆本作「脩」。
❺「知」，萬曆本作「係」。

勤，錢穀尚量，飲食衣服尚儉，賓客尚恭，預防尚知，此十有六範者，非同心，惡能有之？如心同，雖以範四方可也，況于家乎？

昔張氏以「忍」處九世，花樹韋氏以「會」處數世，近世鄭氏以「義」處十餘世矣。夫忍必有所不安，會必有所不合，義必有所不利，然猶勉焉十餘世不衰，若同心，則又焉有不安與合與利哉？雖百世可知也。於戲，仇氏之子其志于仁乎！嗣是之來哲，其永念厥初！苟不紹舊德而興異心，雖富如陶朱，君子以爲守錢虜也。於戲，仇氏之子孫，四方于爾觀焉！予言其事而請記者，寺丞李升之堂。

三原縣知縣程君去思記

君諱啓充，字以道，四川嘉定州人，舉正德戊辰進士，出知三原。君授氣清粹，載履端修，幼學《尚書》，沈潛淵奥，四代之政，克暢其會。厥既莅縣，行之以忠，拯扶孤困，咸使有攸，猛捍姦頑，痛懲罔假，力正婚喪，繩之以禮，罔俾大汰。下車一年，女無愆期，僧道四食，民死弗召。若有服飾踰數，並論以法，督率髦士，濟濟有蒸。政聲旁行，上官歸高，他有疑詞重犯，多下君所，咸與平明。君又能悉采民瘼，條上上官，並獲許允，通移閫府，澤及異邦。官雖專縣，實若郡守，三載考績，帝用明徵。未洽期年，士思于庠，農思于野，商賈思于市。初，予直史館，鄉人來京，咨訪君政，獲聞數事，甚驚畏焉，既病還山，邂逅見君，咸曰無之。乃嘆曰：「人惟無美，有則美皆歸焉。」越既棄縣，民心滋慕，非種德胡能致是！」乃遂告三原人曰：「百爾君子，勿用憂思。今天子陟黜臧否，程君不爲給事，必爲御史，上以輔德，下以振紀，惠之所溢，被此多方，匪直一三原也。」三原人曰：「是吾人朝夕翹首者。」於是致仕同知張尚文、典膳李道源、義官晁慧、耆民陳鉞、梁濟、杜宗學輩，而刻諸他山之石，以告將采。正德丙子季夏。

河東運司學進士題名記

天下鹽運司四，多無學，而河東有學；天下學多立石題名，而河東題名於壁。南昌熊子天秀巡鹽河東之期年，既已鞏禁垣，鼎廟學，瀕行而建題名碑，走幣於楠以問記。

夫河東，較利之地，運學，講義之府；商賈，逐末之流，髦士，務本之人。故非義無以辨利，非士無以形商。故作事莫如敦實，敦實莫如尚名。進士者，未仕者之所求以至者也，已仕者之所由以行其志者也，其名可不重乎！故録字，以尊名也；録經，以原名也；録登科次第，以實名也；録地，以稽名也；録官，以成名也；録始仕及未仕者虛其下方，以俟名也；録始正統丁卯，本運學之復建也。諸士子朝升而暮降，左瞻而右顧，前之車，後之轍，昔之形，今之影，寧無怵惕於中乎？曰「斯人寬」，以戒狹；曰「斯人果」，以戒疑；曰「斯人剛」，以戒懦；曰「斯人廉」，以戒貪；曰「斯人忠信」，以戒僞；曰「斯人達」，以戒滯；曰「斯人高尚」，以戒污。曰「斯人諂」，病吾直；曰「斯人弱」，病吾立；曰「斯人暴」，病吾仁；曰「斯人險」，病吾心；曰「斯人誇」，病吾德。奉七戒，祛五病，❶于是考政，于是善俗，于

❶「五」，原作「七」，據萬曆本改。

是康國，其科巍，其名顯，其熊子之志乎？不然，則彼進士者，三年之間而四五百人，當日即弗聞者多矣，又奚貴邪？ 柟聞之：昔者稷、契題名于唐、虞，益、臯、龍逢題名于夏，伊、傅題名于商，七君子者固晉産也，名至今存，並日月光。 故有題一世名，有題千萬世名。 諸士子如欲題千萬世名，以與七君子並，則熊子固欲磨上黨之崖，礱太行之石，挽西河而模墨本乎天下矣。 熊子名蘭。 柟姓吕。

河東運司學舉人題名記

此舉人科題名碑，亦南昌熊子天秀之所建也。 有進士題名碑於左矣，又奚有此乎？ 録未登進士者也。 如登進士，又移其名於左，如不登進士，終其名於此，然固加於歲貢士者一等矣，亦可以勸士，亦可以戒士，則不可以莫之建也。 雖然，如其進士也，貪禄位，附權幸，蠹忠直，虐百姓，漁貨財，殞聲而墜望，殲躬而殄後，此雖視樵漁者不如，況能及爾舉人乎！ 如其舉人也，秉公忠，履廉潔，奉軌度，綏窮獨，濟艱危，安國家，銘鼎而勒彝，光前而裕後，此雖視師保者不讓，況肯論彼進士乎？ 是故名以實貴，亦以實賤；名以實薰，亦以實蕕。 實有大小，名有遠邇。 諸士子不見卜子夏乎？ 所登之科特文學，居西河，西河人事之如夫子，使當登科德行，又不知何如也。 抑又有之：伯夷，流寓也，而首陽賴之顯；關羽，武士也，而解梁爲之神；王通，布衣也，而龍門籍之高。 斯三子者，非其里人乎！ 又登何科邪？ 諸君子儻有事於斯言，則熊子題名之意不歿矣。

河中書院題名記

蒲州城東舊有岱山神祠，頑夫常挾神以漁貨，男女錯雜于路，弗辨也。同知慶陽呂君道夫出行見之曰：「是尚爲有岱神哉？夫岱，東嶽也，蒲，西河也，非其主，豈神？故雖瀆，不能神！」乃謀諸知州石首工君用章，❶改建河中書院，選籍蒲生學于厥中。二君遂告諸晉大夫，咸嘉許焉。未汔歲，❷而諸學生已駸駸然，可科第者數十人也。二君曰：「宜先立題名石以作之。」遂使使問記。

呂柟曰：「夫名不可以莫之題也。有進士名，則諸舉人懷之；有舉人名，則諸學生懷之。諸學生，故民也，至於有是二名，上以廣化，下以善俗，奚所不是？人之生也，孩孺不名則親戚廢，游業不名則四肢闕，仕宦不名則禄位傾，昔夫子疾没世之無名，至其自任成名，小在執御。茲所題名，豈啻執御哉？雖然，學不究執御之旨，名舉人，辱舉人，名進士，辱進士，又奚貴於題茲名哉？不然，三年之間題茲名者幾千人，如夫子以執御名者，無孑夫焉，則名者又何謂耶？如得執御之名也，雖不題茲名，又奚憂哉？夫四時運，斯名天；百物生，斯名地；晝夜定，斯名日月；動静常，斯名川岳。無實而有名者，盜也；小實而大名者，幸也；暫實而久名者，儌也。儌以幸，君子不處。故一欲不窒，仁名隳；一利不斷，義名挫；一長不具，材名玷。君子之

❶「工」，萬曆本作「王」。

❷「汔」，萬曆本作「迄」。

于名也，未齒而始有，没齒而終有，蓋齊壽天地而並光日月，此石焉能題其名乎？若乃生如春華，没如秋草，雖題名太行之上也，人亦弗之視矣。而況或長惡不材，處則蠹鄉，出則病國，則兹石之名，召詬速戾莫甚焉，又豈不爲予憂題兹名哉？」

重修南鄭縣儒學宫廟記

夫政有統紀，由教者新；教有規模，尊師者隆；師有胚胎，育徒者切。故君子不知幾，不足與有行也，不知本，❶不足與有用也。聖人之道，譬之庶人，則宗祖也，宜家祀而户祝；譬之帝王，則天地也，宜南郊而北社。然繁儀不若重言，重言莫如體道，體道莫如信經。昔漢高帝之王漢中也，固常懷少牢之誠于夫子，想君臣之儀于綿蕞。文、景、武、昭，光明之世，大啓膠庠，丕闡儒風，海内康乂，不愧于商周。中間數傳，戚畹秉政，嬖倖據路，天下紛紛然亂，則亦博士倚席不講，學舍鞠爲園蔬之故也。今天下一統，建學薄于四海，然時葺而歲新之，則在有土之良吏耳。❷夫俗之隆污，賢才之多寡，政之興廢，咸決于是。

夫南鄭，固漢漢中地。今漢中爲陝西省郡，南鄭則郡附郭邑，郡、邑各一學，而夫子廟、尊經閣則共之，蓋國初洪武八年知縣陳師錫之所創建，成化九年按察副使東平梁公覲之徙置今地者也。❸二學夾廟而離逖市廛，固士子所也。惟歲月既久，縣乏修

❶「本」，萬曆本作「大」。
❷「有」，萬曆本作「守」。
❸「平」，原作「明」，據萬曆本改。

飭，❶庠舍傾圮，僅存厥基。正德戊己之間，四明介齋吕公和，江東碩儒，陝西憲副，既駐節于關西，即行道于下車，憫兹庠之尤廢，以興復爲己任。乃新尊經閣，乃新明倫堂，乃齋乃號，乃倉乃庫，乃廚乃射，乃及教官之第，焕然一新。師生者，依渢渢乎琴瑟之奏也，芊芊乎菁莪之茂也，齊齊乎俎豆之列也，蓋欲挽鄒魯之風，不啻爲文翁之化。

縣有教諭淮陽陳君楫者，舊知于予，乃使鄒生鳳謂予曰：「介齋先生之撫漢中也，盈儲畜，偏郡縣，空囹圄，生草莽，戍西鄉，盜賊息，練什伍，賞罰信。若乃買山以築城，劾奸以庇民，則尤其表表者也。」涇野子曰：「此於介齋也何有？夫道無無用之體，人有不學而能，蓋得其幾與本也。《易》曰：『豶豕之牙，吉。』爲學爲政，皆宜若是審也。故由政而言，崇教所以舉政也；由學而言，明理所以克己也。介齋已見諸政，諸生不可不從諸學。不然，豈惟負介齋作養之意，而孔孟之所以爲吾徒者亦荒矣，則夫土木之傷民財，版築之勞民力，又何言哉？諸生其念之乎！」

理是役者，通判周君盛、推官范君昇、知縣牛良、判簿郝貴，而陳君及訓導翰，則又其正教諸生者也。

運城人攀留楊運判記

楊運判者，蘭陽楊君彦夫士魁也。初，彦夫與予同年舉進士，有志行，同年友皆重其爲人。既授户部主事，益肆力于政。瀕陞正郎，乃以他事累謫判河東運司，居河東

❶「乏」，萬曆本作「弗」。

四年，人皆以爲屈，彥夫益修其職。未幾，又改判大名府，河東人如失所依。有進士王一中者，受知彥夫最深，乃言運城人之意，具狀托涇野魏進士弘仁以問記。狀曰：「彥夫之判運司也，祛弊疏滯，平其偏頗。若有便人之政，皆請諸御史君行之。御史君亦重彥夫，有舉措，亦問規畫。凡疑獄劇政，處決不留。若乃苞苴之絶，奸僞之革，豪强之息，彥夫尤致力焉。又開五經館以延生徒，生徒種種成器，多取科第，丙子舉人十四人，丁丑進士一人，皆其徒也，方來者尚未艾。」然則攀留彥夫者，豈獨運城民哉。若彥夫自所得者，亦以多矣，又何計官之崇卑乎？

是事在正德丁卯之春，予聞而記之。

重修華州學宮文廟記

正德戊寅，濮陽桑子汝公某來守華州，每謁夫子廟，曰：「廟舊。」退登明倫堂，曰：「學舍隘，而且圮重，非所以尊道而毓賢也。」己卯之春，裒有材木，興土重修。乃問于巡撫都御史鄭公陽、巡按御史張君欽，皆曰可，問司府，亦曰可，遂誕修正殿。殿棟且撓，四柱皮其下不可瞻，乃出二十金募棟，即有獻棟者，棟與二十金，棟延五尋，圍二仞。二廡，户牖樞斷而鏝彫，四壁落塗，皆易材重丹，至於戟門。遂作欞星門，謂其爽度也。乃作名宦祠，在戟門之左，南面。其右作鄉賢祠，亦南面，祠皆三楹。乃修明倫堂，堂廡如跂。乃修講堂，堂楹如岸。乃修城意諸齋，齋題如翼。乃修泮池，池水如淵。乃作山字門，窈乎若少華峰迹諸其前也。號舍不足，足作者三十楹。乃新射序，豊中侯矢咸具。至於廚，饌器罔或缺。

或曰夫子之在也，賢陋巷，許「長府舊貫」之言，今兹之作，豈其所好？柟聞之，敦夫子之道，數仞其宫墻亦宜；不然，三臺兩觀，《春秋》所深惡也。今天下承平日久，倖喜貨，官喜諂，士喜驕，吏喜奸，卒喜惰，富商喜通，煢獨喜黠，守令者多迎厥喜，弊由是滋。聞桑子爲政，凡徵役、徵税、徵課、徵布、徵金，皆令民刺名徵具以自投，無羨分，有羨分輒還之，於是吏人收人無隙而私。有人賞投金三分於庭中，吏睨視之，輒罷吏。其僉一里之長老，必選多材而有耻者。嗚呼，桑子！予雖不詳他政，據此可謂奉經秉道、不逆夫子者矣，宫廟之作，豈其過乎？如桑子無良政，而興是土木若世俗吏，則豈不反干于夫子之怒乎？❶且桑子，夫子之鄉人也，治《春秋》舉進士，其於夫子之旨詳矣，宜乎其不妄用民力若此也。則夫世之緣是以射私而欺公者，又豈非桑子之罪人乎？

是役也，督工者訓導張繼宗，❷相之者某官某人，請記者訓導某人，撰狀者山東參政張公潛，爲予詳之者生員郭從禮。

華州疏水渠記

山東參政華人張子用昭狀予曰：「華城之北自五六里外，地卑且洳，西至沙隴，北至渭干，東北至華陰之蘆灘，歷壹坡、天

❶「于」，續刻本作「吾」。

❷「導」，原作「道」，據續刻本改。

鬻池，將百餘里，計田數萬頃，然遭淋潦即爲池沼，不可種藝，民患之。華自有守以來，莫肯與省。濮陽桑子汝公涖華未一年，循行郊原，至是曰：『吾何忍斯土民之塗泥至是乎！吾何惜數月之民力，而不樹數千載之黍稷乎！』又曰：『是地有五患：沙河漫，柳子河游，太平河衝，敷水駛，擡頭河瀰不可涉。天作淫雨，五患滋騰，民將魚鱉，矧茲田疇。』乃集民而告之曰：『一害不除，百利不興。害始除難，利終受易。』乃量地作渠，計民受工。民勤而渠成，渠成而水落，水落而田出。渠四，四渠率遠十餘里，而石盂渠尤廣深。於是諸河由其道，千畝興其利，斯華人百世之福也。」

呂子曰：「栴聞之武功康子德涵言，桑子爲華也，有道不拾遺之風。比者華民及諸屬縣民貿遷來高陵者，又多道桑子能黜吏，奸吏至出入不敢與人偶語。夫奸盜者，良民之斧鉞也；沮洳者，良田之蝨螣也。故奸盜猛如虎，沮洳劇如豺，豺虎交作，殺民何算。今桑子教民以禮讓而奸盜息，養民以田疇而沮洳去，謂桑子非華人之父母不可！今天下多事，而誅求愈急，安得如桑子者偏布諸司乎？如天有意于斯民也，使斯人之徒者乘鈞軸、協參贊，天下之喜可知矣。嗣桑子而來守斯土者，慎無棄厥功。」

李氏家廟記

劍州太守李白夫使其子得輿、得友獻書于予曰：「璧，廣西武緣人，要荒之俗，崇淫鬼，忽事祖禰。璧嘗謀諸兄瓘建祠堂焉，有廟，有垣，有廊，有阼階，有西階，有陳，有廚，有庫。廟中有龕，藏先世神主，吉蠲之儀，俱從故典。重懼後人之渝，泯兹追遠之志，謁記登石，用垂不磨。」

呂柟曰：「《禮》天子七廟，諸侯五廟，大夫三廟，適士二廟，官師一廟。說《禮》者曰：七廟者，祀七世也，若官師，止祀一世，不得祭其祖。宋程氏禮，冬至祭始祖，朱子曰『熹則不敢』，故《家禮》祀止四世。夫三代諸侯多出于天子，其始祖，天子祀之矣，故諸侯五廟；大夫多出于諸侯，其高祖，諸侯祀之矣，故大夫三廟；適士、官師多出于大夫，其曾祖，大夫祀之矣，故適士、官師二廟、一廟。自漢以來，郡縣天下，諸侯非繼禰之宗，大夫有百世之胤，❶諸侯而棄始祖，大夫而棄高祖，適士而棄曾祖，官師而棄祖，則庶人例當棄其父矣！夫自天子至庶人，分有貴賤，而祖無親疏之異；禮有隆殺，而孝無彼此之殊。竊議天子七世七廟，❷大上也；公侯卿相一廟五檼，祀五世；大夫一廟三檼，祀五世；郎吏一廟二檼，祀五世；庶人宗子，祀五世于寢，似亦義起之禮也。如《家禮》之說，援古則似僭，通衆則尊卑混淆。故程子禮則近經。❸今天下閭閻庶民多畫神主于軸，其譜牒可考之家，雖十世祖皆祀之矣，未聞有禁也。故程氏禮本人情，通上下，可以發孝，可以殫仁，可以洞幽，可以昭明，可以酌古，可以準今，于孝子順孫之義，其庶幾乎！雖然，此文也。如諸侯大夫能治其國家，雖豚肩不掩豆，其祖固享之；如其廢政防賢，病國虐民，雖八佾、《雍》徹，其祖亦怨恫也。」

❶「胤」，重刻本作「嗣」。
❷「七世七廟」，萬曆本作「七廟七世」。
❸「子」，萬曆本作「氏」。

「白夫孝親友兄弟，極其純篤，自筮仕以來，直躬率士，有古胡瑗之風。鄉人自蜀來者，言劍州民戴太守如父母，路遺馬策，人不敢拾。然此猶白夫之細耳。白夫志遡伊洛，而道存明誠，固已玄格其先人矣，詎止作此廟哉？雖古之君子將營宮室宗廟爲先，今之君子將營宮室宗廟爲後者，亦鮮矣。白夫斯舉，蓋將起數代之廢，變百粵之俗。李氏子孫，其善繼之哉！」

涇野先生文集卷之十五

巡按直隸等處監察御史　門人徐紳編刻
巡按直隸等處監察御史　門人吴遵編刻

記　二

高陵后土宫記

高陵距河門東北有祠焉，土人因其像曰「孃孃廟」。成化初，提學副使伍公福扁其殿曰「后土宫」。弘治中，知縣朱璜時社人建獻殿焉，記其梁曰「坤柔宫」。枘自先世以來，生長神之境，毫髮以上皆神所賜，然求其名，不得其義。蓋如土人之稱，意雖親，近于褻；如大夫學士之稱，意雖尊，近于僭。褻則不恭，僭則難格，社人何以事神？考古經，據今典，此其方社之廟乎？夫社能出百穀，養庶民。社，陰也，有母道，土人之稱或因是而生也，然不可忘其故。社，土也，實地類，大夫學士之稱或因是而廣也，然不可無其方。昔者魯大夫季孫意如旅泰山，孔子譏其非分，庶人而祭地祇，其制何居？若如土人稱，謂昔「櫛髮坐水，鞭龍騰仙」者，説則又惑衆誣民莫甚焉，其背經遠矣。故謂祠爲方社之神，故曰「高陵后土宫」云。

我太祖高皇帝制天下鄉飲酒禮，府州縣官行之學宫，社飲酒禮，里人百家行之社祭之宫。故今東街社人春祭神以三月十八日，即古祈穀之意，其遇雨而賀，即古秋報之意。其他遇旱而雩，遇災而禳，遇疾病而禱，遇無子孫而乞，遇元霄獻燈，皆于神所然。惟祈報之禮既畢，社人序齒燕飲，猶存初制，而神爲方社審矣。夫神既主一方生民之命，是默贊地天之泰，陰暢山川之鬱，光毓品彙之生，保兹元元，申眷窮獨，使君子獲福，足勸爲善，小人獲禍，足懲爲惡，一方人衆，戴神真如慈母，畏神真如鳴雷矣。

是廟也，北垣枕古官道，闊十二丈有八尺。南垣亦臨官道，闊十丈。自北而南，延垣四十二丈有五尺。正殿五楹南面。後寢三楹，湫池在其中，甎甃幾至泉，療疾者率取水焉。獻殿三楹，在正殿之前，中虚四達。其南鐵鑄醮盆高方丈，鐵香鼎高四尺。在殿内，鏞在盆東北。小鐘在後寢内東順。盆南五尋爲露臺之南大門，三楹。廡在獻殿左右，皆三楹。殿東迤北有道院焉，司香火者居之。殿西以北有屋三楹，蓋古集場坊所改建者也，社中士人多讀書其中，柟舉人時亦嘗居以授徒焉，因名曰「雲槐精舍」。夫柟既論記如右已矣，以俟正于後之君子，乃復爲詩二章，使春秋有事祈報者歌頌焉。

首山記

首山者，大參王公拱之之别號也。拱之，襄城人，首山在襄城南三百里，其西爲具茨，又其西爲紫雲，又其西北爲嵩高，爲少室，爲大行，西華群山峷嵂，咸胎於此，故「首山」云。山陰舊築别墅，南面，墅皆名木善卉，❶春夏蓊蔚帡幪，冬亦蒼翠，三槐幔

❶「墅」上，萬曆本有「别」字。

庭，門耀五柳，幽窈奥鬱，恍若洞天。其東南則王氏佳城，密邇乾明寺，松檜森矗，陰接别墅。汝在别墅之北，適别墅，則濟、汝。汝北有潁，潁至襄城曰「渚河」，渚河與汜駢而行。東湨、昆，葉水也，亦與汝、汜、渚河襟帶首山。

拱之當其隱而未仕也，日遊茲山，南望桐栢，西瞻具茨，北眺嵩、少，以周覽汝、潁、汜、湨。於是吊七聖之迷，問洗耳之故，訪漢、宋之遺，傲莊、列之夸，錫考叔之類，闢繆彤之户，思子産、甯越之烈。乃辭首山，渡滹而涉易，北至于恒山，棲栖鳳闕之下，啓青鎖，駁黄麻，封皂囊，巖廊之俊稱忠直焉。拱之曰：「恒山雖榮，不若首陽樂。」已而西往三千里，至于大華，遂遍遊終南、惇物、崆峒、賀蘭，汲黄河水，灌甘棠樹，騰涇、渭、灃、汝、漆、沮以膏黍田，旬宣之際，雖困于虜寇而不怨，❶西周之地稱清惠焉。拱之曰：「大華雖高，不如首山逸。」涇野子曰：「我知拱之矣！蓋欲自茲首山遵淮而東，渡汝、濟，超徐、兖，登太山而觀滄海，拭日月之垢，瞰螭龍之窟，斯歸休乎首山耳。果若是，則斯首山也，真可以首天下山矣！」

西溪草堂記

西溪草堂，東谷張子用昭之别墅也，以在華城西南七里南面曰「西溪」，中搆楝屋三楹，丹牖而黝闌，扁曰「西溪草堂」，西涯相公之小篆也。翼堂而列，有二菴焉：弄月菴在西序東面，吟風菴在東序西面，皆三楹。庭除碧竹二塢，葉繁碩而森秀，予甚愛

❶「困」，萬曆本作「當」。「怨」，萬曆本作「恤」。

之，東谷子猶以爲庸竹也。仰止堂在竹塢之前，亦南面，三楹。東接民屋數家，鷄犬蕭然，村落幽曠，益資西溪之雅。自仰止堂而南，蹴石趨沙將三十步，有乘丘焉，兩人挾而後能登之，松風亭在其上，松大盈抱，葉蒙密陰遠竟畝。其下有觀音堂，東谷子曰：「吾將借名焉耳。」乃酌酒勞予跋涉之苦，曰：「君可醉此松下。」予三爵皆舉白，遂醺然。南出民間場，循場而東下，雀行稻塍百餘步，至於水磨。水自少華麓乘堰而來，磨屋迎之，過磨屋，瀑布縣下，聲如夏雷。北行迤邐至民家門，東折而逝，環草堂後，周西溪之稻，皆此水也。水涯垂柳縈紆，與石錯植，徑不方足。於是背草堂，北渡荇溪橋，過株桑而東，竚臨觀鳳泉之出。泉東數尋有負丘，上祠水神，松檜蓊鬱，蓋泉脉之所自也。東谷子曰：「予欲築亭于泉上，曰『觀泉』，可乎？」予曰：「此泉有瀸有濫，有汎有沃，有湀有潬。其自此觀山也，或襲或英，或伾或岑，或嶠或扈，或巋或嶧，盡在目中。夫山親而益真，泉邇而益詳，山泉相映，張氏養聖功者，其在此乎！請更之曰『蒙亭』。」蒙亭北皆陸地，宜黍宜麥，宜糜宜芑，直達社基。❶社基者，唐杜子美遊春故地也，去蒙亭殆三二里，其地益高爽，雖好看山，然遠而不切，不若蒙亭直入其室也。東谷子曰：「欹湖子來西溪云，草堂南面，恐對山勢不過。改今北面。」予曰：「不然。初，東谷子學欲登太山，奚懼對此少華乎？且背山開門，又何須用此西谿哉？」于是東谷子然予言，故記作南面。

❶「社基」，《陝西通志》卷七十三作「杜基」。下同。

解州重修文廟學宫記

解州夫子廟暨學宫久圮，京人朱君璟知解州，先事重修，正殿改瓮琉璃，[1]甃石爲欄干環月臺，又于明倫堂後購地，欲作講堂、饌室，而明德、至善、知止三齋以及倉庫，亦皆一新。學正洛南張思誠遣學生吕鳴鳳、譚謙來涇野問記。

記曰：先王立學，擇民秀才學于其中，學成而用爲公卿大夫士，以治民之頑愚，使各得其所。恐其無所儀式刑也，乃左立先師孔子廟以象之，使學者象孔子言，象孔子行，象孔子以爲政，而後天下可得而平也。孔子成《春秋》，譏雉門兩觀之作，而刺御廩災之不修，故識治君子率篤意宫廟焉。夫周室末，文盛而質微，故君子率言夏、殷之禮，而思從先進。我太祖高皇帝重傷民命，勑諭碑榜，惟先德行，後六藝，然猶有隋唐後之弊焉，何者？志弱而自貶，一病也；望高而力不繼，二病也；見善而生憎，三病也；遇卑污而樂與之同遊，四病也；或怵于利害，不思己身之大而棄歲月，五病也。五病不除，雖僥倖一第以自肥，與商賈奚異？夫解，堯舜之域，而稷、契、臯陶之鄉邦也，固非他地士風可比，萬一有之，豈惟負孔子之教、太祖之政哉！

舉之者朱君某，相之者同知龐君爵。朱字國信，順天大興人，狀稱其清謹博雅。龐字天錫，咸寧人，亦同志有爲者也。

[1] 「瓮」，續刻本作「瓦」。

重修昭慧院記

昭慧院之建未詳時代，在南陵城東三里，❶俗以其在涇陽、渭陽、咸陽之北也，又曰三陽寺。然經歲既久，垣圮瓦脱，鼠穴佛股，雀巢伽藍之耳。正德庚辛間，住僧滿愍率寺旁居民銀奈、銀孟常、陳景陽諸人，各捐貲物，召匠重修，佛殿、僧房次第改新，周垣百堵，堅高倍昔。工訖礱石矣，乃介銀生世華以問記。

吕子曰：「往年柟嘗遊終南至草堂，覩鳩摩羅什之塔，覽《法華經》之粟矣。然塔院蕭條，羅什骨存而不知其粟也，雖彌昆吾、御宿之谿，然今已爲王人者有矣，況爾滑輩此役者哉？」滑曰：「登覺岸者，不以興替渝念；遊菩提者，所知奉佛而已。今兹衆生，沉欲海而不悔，焚忿坑而不濯，投利穽而不怨，墜名淵而不悟，死酣壕而不醒，騖迷途而不返，落榮網而不飛。甘此七難，不登諸大，可乎？」涇野子曰：「惟兹七難，正坐佛徒！夫佛，西方之賢哲也，幻妄人生，贅疣有爲，陰濁世界，見病山河大地，此其學雖非陰陽之正、仁義之中，然滅心以忘世，絶塵以逃生，指相以如來，則豈今日爲之徒者可捫其墻哉！惟夫杖遠公之錫而三藐不聞，著達麽之衣而一歸未解，誦白馬之經而百詐叢生，晝祇園而夜花市，身比丘而心跖術。佛如有靈，亦忘慈悲之心，而加丘山之譴矣，況吾孔氏之徒者哉！」於是滿滑等謝曰：「微吕子之言，吾輩止知築垣究殿爲事佛矣，自今敢不刻斯言！」于是歸

❶「南」，《高陵縣志》卷二《昭慧院記》作「高」。

而勒諸他山之石。

重修天王寺記

正德庚辛間，僧海潔赤足化緣，重修天王寺成，蓋祖正統間僧圓訌、圓訃及成化間僧明宣之功而修之也。諸附寺居人請記。時有學者在傍曰：「昔賢毁淫祠，諫迎佛骨表，今諸寺遍天下，陰耗民財，潛愚人心。使金碧輝煌而殿閣浪費，佛如有靈，亦不忍也。記如作，不亦傷吾道乎？」吕柟曰：「佛豈惡人哉？爲其徒者之罪耳。吾何以不言乎？夫佛以寂滅治心，雖非精一之中，其視世之乾没于利欲者遠矣；佛以慈悲爲教，雖非仁義之正，其視世之殘賊相加、妬嫉相形者遠矣。但佛貪生而惡死，儒有視死如歸之處；佛以山河爲贅疣，色相爲滯碍，而吾儒所用力者，正使山河安而色相順也。乃其徒小不達其初，遂至捐人倫，别親戚，或然指焚頂以爲玄施，或興齋治醮以爲廣度，甚至毒風俗，昏教化，皆其徒之所爲！佛如有靈，實弗忍也，吾可以不言乎！」于是海傑拜曰：「吾奉佛而不知所以學佛。海傑有罪，海傑有罪！」乃歸而召匠勒諸石。

新建元城書院記

元城，大名屬縣，宋忠定公劉器之先生之故里也。先生，司馬温公之高弟子，今其史傳、語録，天下固已家傳人誦矣。江西劉子遵教秉監以僉憲兵備于此，謂大名乃先生首善之地，而諸士子高山景行以爲天下先者，尤其所切也。于是盡毁闔郡淫祠，建書院于府治之西，曰「元城書院」，本先生也。吾邑侯翟汝揚清者，大名高士也，來謂予曰：「近得鄉大夫書云，元城書院落成久矣，未有記，託諸太史，以示我大名諸士子於久遠云。」吕柟曰：「嗚呼！至誠之道不行于天下者，則以學者虚而不真，仕者猾而鮮實耳。學不真故俗弊，仕不實故政偷。俗弊故治日少，政偷故亂日多。先生初見温公，問盡心行己之要，温公曰：『其誠乎！』問：『行之何先？』曰：『自不妄語始。』先生力行七年而後成。厥後爲正言，爲司諫，逢邪必劾，不退不已，遇愆即繩，不改不止，遂爲章、蔡諸奸所逐，以煙嵐爲飲食，虺蛇爲朋侣，鴆劍爲朝夕，瀕於死者屢矣，而先生至斷醴酪，婦女不御，求爲元祐完人。人見其八十而無疾也，問之，則曰：『惟一誠耳。』嗚呼！先生之學，或取達磨之禪，或有荆公之奸，其爲誠也，雖與孔子、子思所論至誠少異，然立朝敢言，人畏爲『殿虎』，遭變不渝，人稱爲『鐵漢』，至嶺外扶母而行，雖神蛇者所至草木皆披靡，遇先生而自退。學不妄語而至於是，亦可謂慥慥乎言行相顧之君子矣！今天下學虚於口耳之末，仕滑於奔競之途，去異代尤甚，然則書院士子所當盡心行己者，其有過於不妄語乎？」

或曰：「此亦易事。先生力行七年而後成者何？」曰：「此即夫子所謂訒言也，充其極則仁也，仁猶誠也。夫言行無二道，心口同一理，自非上聖，中心不能無妄，自非下愚，中心不能無不妄，二者並根於中、互誅於外，則必交戰於前。當其不妄之勝也，雖欲妄，自耻妄而不甘。及其妄之勝也，雖欲不妄，自貪妄而不舍。此先生所謂掔肘者也。如知其妄，而禁之如縛龍、如射虎，不然，妄其傷我矣。如其不妄，而從之如飲食、如衣服，不然，不妄其棄我矣。故妄者愚，無妄者聖，不妄者賢，十七不妄者次賢，十三不妄者次愚。《易》曰：『不耕獲，不菑畬。』斯其道也。諸士子學不妄語而至於未富之地，❶則雖至誠之域亦可入，又豈非先生之忠誠乎！❷」

書院自城隍以西，直達西城。正堂七楹曰某，後堂五楹曰某，其後則忠定公閣，高七尋。正堂之前爲大門，三楹。東號十聯，聯五間，西號亦如之，皆在堂左右。院西隙地計畝四十，社學、射圃及倉庾皆在焉，其前也，有蓄魚池。城外馬兒莊治地二十餘頃，則日給書院士子者也。提調則知府任公某，主教事者推官曹君嘉，分教者内黄教諭張時啓，開州張潮、張垣、張淑。嗚呼！諸士子思劉子及諸君作養之心而遊業其中，則必不負忠定公矣。

是役也，始於正德己卯之夏，終於辛巳之春云。

重修清真觀記

曩弘治辛壬間，予同友人讀書東郊后土宫，與道人張道隆同舍異室居二年。予治孔氏，道隆治老氏，道雖不相謀，居久則情親。癸亥，本縣清真觀久圮，觀在縣東南二十餘里吴村原上，吴村社人狀縣曰：「清真古觀也，不知創自何代。然西魏文帝嘗遊過觀中，觀中石槽圍方不及二尋，槽水常

❶ 「未富」，續刻本作「无妄」。
❷ 「誠」，續刻本作「臣」。

盈，以飲隨駕馬千餘匹，不減升斗，文帝異而問焉，主觀對曰：『臣有飲馬珠在内，水故不竭。』遂頓首獻珠焉，文帝受之，勑建此觀，正殿五楹，榱貫瓦釘，❶皆範銅爲之，兩廡月臺，甃之瓴甋，屹然雄峙於渭河北岸。原上仍給地若干，以贍觀士。乃今歲久荒頹，獨殿基、田地、槽井依然無恙。乞遺祐玄觀道士一二住持此觀，漸次修復。」於是縣遣道士黎道翠及道隆住居。然未久道翠死，而道隆身率其徒，化緣鼎葺，迄今二十餘年，興築觀垣三百餘堵，雜樹諸木無慮百株。重整舊基，仍修正殿，得銅貫數根于敗礫之下，冶鏷鐵脊，究成五楹，楹皆六椽，角脊獸吻，恍然蛟飛，遂塑繪老子及諸神像于其中，月臺門闌，壯麗倍前，南門直瞰涇渭合流其下。殿之東南垣外乃作道院，院北與殿基同一原也，井濬原土二丈，始與道院地平，空横三丈，縱及三尋，南爲洞門，直達道院。其北倚崖起搆樓廈三楹，有廊，脊與原埒，廈前除地猶餘一仞。廈下中北鑿洞作房，長幾二尋。廈内東一洞、西一洞，寒冬居之，單衣而汗，若當祁暑，如在冰室。出洞門，東西皆有廈屋二楹，以居徒衆。其南客廳之東爲角門，巷行而南，乃前門也，前門雖臨涇渭，不及殿臺上觀之寥寥乎猶豁眸也。往歲嘗送予友康修撰德涵於此，徘徊登眺，曲洞層丘，一一賞識。是日天晴，南山一帶，翠繞如屏，而涇渭瀅映，滔滔東逝，乃勃然興懷，欲漁樵於此，與道隆猶昔東郊日也。

今年殿閣神像粧彩已訖，道隆及其道友郭雲谷來問記。予嘆曰：「道隆其有材

❶「榱」，原作「欀」，據續刻本改。

力者哉！使其初治吾孔氏中庸之學，其所造必滋可觀也。夫道隆衣不帛，食不肉，奔走不休息，竭力此觀，以爲尊奉老子然也，不知老子之心果欲如此乎哉？嘗讀五千言矣，不曰『守谿』則曰『守黑』，不曰『玄牝』則曰『嬰兒』，雖與吾孔氏仁義之旨不同，然其清静無爲，則亦至矣。斯觀之修，不幾於有爲乎？」於是道隆惕然悟曰：「吕子命我矣。」

兵部武選清吏司題名記

夫武選者，知銓注武人，對文選設也。題名記者，題諸郎中、員外、主事名而記之也。舊記事詳而名略，兹陳德英諸大夫悉索洪武來選簿而申諸石，請柟記之也。是故以終官係歷任，以歷任係發科，以發科係籍，以籍係字，以字係名氏，而屬之司。三官于以考勳而詢姦，訊仁而摘暴，稽廉而尤貪，明明而耻幽，進壯而退劣，崇實而卑謟，貴嚴而賤疎。兵有「七程」，題名近之。

夫自文武道分，文以知化，武以知衛，皆於民焉食之，其選不可不慎也。今天下都司二十一，留守司一，衛四百九十一，守禦、屯田、群牧所三百十一，番夷都司衛所四百七，而儀衛、宣尉、招討、宣撫、安撫、長官司不計，則其爲兵不啻萬億，爲官不啻百千，食乎民力者不啻盡矣，咸於斯司焉宰分，名可不題乎？故今制統軍以三爵伍府，❶聯軍以九職，謂總兵、參將、遊擊、守備、協守、

❶「府」下，《名臣經濟録》卷三十三收《武選清吏司題名記》有小字「謂公侯伯中左右前後」九字。

備倭、提督等。榮官以十有二勳，柱國至武騎尉。秩官以二十有四階，榮祿大夫至忠武校尉。咸於斯司焉參達，❶名可苟題乎？故內以衛宮闕，外以障邊鄙，中以宅生靈。故雖上有部尚書、左右侍郎、卿三人，然皆提綱而挈領，不及斯司之精專；下有職方、武庫、車駕三大夫司，然皆析務而承緒，不及斯司之體要，名可易題乎？故今法以六黄正親供，正、續、內貼、外貼、大、小。以伍實釐誥敕，歸附、征克、陞轉、衛所、流襲。以伍除徵選簿，陞、調、復、傳、特。以六地敘功次，北虜、女直、西番、苗蠻、內地、反賊。以九誅慎軍機，殺降、失機、陷城、逃敵、激叛等。以四義銜流官，都指揮僉事以上，及義男、女婿襲者及革授者。以七咎斷世襲，典刑、敗倫、不孝、失機、劫盜、退陣、人文不至襲。以八成懲專縱，擅調發、不策應、縱擄掠等。❷以七罷戒不恪，緩報稽需、違期、歇役、私賣器馬等。以加陞課部卒，以遞降練什伍，以附過御還職，以三試定武舉，以考選、比試、併鎗達材而程力。故斯司郎中二文選，員郎一文選，主事五文選，而其遷之也，內或列卿佐，外或雄藩而鉅鎮，亦與文選略等，名豈徒題乎？

夫功莫大於安社稷，嚴莫大於存綱紀，智莫大於止傳陞，勇莫過於黜貪猾，信莫大於守律令，愛莫大於登才賢，❸廉莫大於清交遊。此非其實耶？夫實盛，則名雖勿題而常存；實之不足，雖好名者莫能保旬日美也。國家百五十年來，郎中由范子敬，員外郎由李本，主事由孟禮，不啻千人。如得其實者，必其人名位、勳德顯如日月，至今

❶「參達」，萬曆本作「登選」。
❷「調發不策應」，原作「發不策應調」，據萬曆本改。
❸「才賢」，萬曆本作「賢才」。

人猶誦慕之，則其字亦尊，籍亦光，❶科亦榮，歷官亦重也。使其無實，固有如今日待查選簿而後知名者矣。如其待查選簿而後知名也，又奚能知其字與籍與科歷官哉？於時德英及路君敬夫，及吾年友李君宣之，及蔣君汝潔、汪君汝潔、王君子中皆曰：「斯往也，敢使他日待查選簿而後知名，以辱吾子言，而愧斯石乎？」柟曰：「石選簿又何難焉？」於是諸大夫咸曰：「兹知所以先石選簿矣！」

河南太守吴君防洛記

洛出商州冢嶺山，冬夏人可涉，至盧氏，東澗南入，猶小也，至永寧，玄滬西入，溪北入，崤、穀東入，乃漫大矣。至宜陽，昌谷南入，其西宜入，又其西汪洋入，其東刀轘入，又其東大宋川入，乃滋大矣。至洛陽，瀍，穀城水也，澗，白石水也，皆以次入，於是洛始大，雖不能北比洪河，凡豫州水皆莫能及也。若附以雷雨霖潦，而鳳翼、魚脊、嶕嶢、廣陽、鐵嶺諸山水皆下於洛，洛於是瀰漫，北浸河南城，於是没及風雨壇，於是没及演武教場，於是没及城外民垣屋，前守者皆莫之省也。今太守吴君廷瓘曰：「瓘方欲利我河南，乃且害不能祛，何居？且夫壇，神所也，場，武地也，神不能事，奚其治人？武不能揚，奚其振文？吾父母河南者何居？」於是選輯屬縣而告之曰：「某，石於川！某，木於山！某，土於丘！某，倉於竹！某，鐵於鑪！」既乃輯吏而告之曰：「某作永寧役！某作宜陽役！某

❶「籍」，萬曆本作「名」。

作鞏役！某作澠池諸邑役！」乃作於洛殺之時，辛巳之冬、壬午之春也。乃先鑿渠于洛陰以移洛，乃築比延防，亘五里。防成，而洛由地中行。嗟乎！枏邇會廷瓘，意漆乎其憫窮也，❶志宥乎其惕患也，言論風望萃萃乎其棘職也。❷洛，宜乎其獲防哉！

夫河南省以開封爲首郡，至其名省乃不以開封而以河南，則此河南雖郡猶省也，洛不防，殃及河南矣，則此防洛，豈直一郡之烈哉！夫天下之水莫大於河，而郡適當其南；天下之地莫中於洛，而附郡縣適際其北，則此防洛，豈直一省之烈哉！夫河，羲畫之所由興也，龍馬出焉；夫洛，禹《範》之所由傳也，奭、旦諸誥之所由作也，神龜出焉，風雨陰陽折衷焉，則此防洛，豈直一時之烈哉！於戲！予於是知廷瓘思弼河圖之政，思宣洛書之化，思繼周誥之教矣！是時貳守桑君汝公以侍御潘君景哲狀來，則汝公協心之忠，景哲樂善之義，亦皆可勿朽也！

廷瓘，休寧人，予戊辰同年進士。汝公名某，濮陽人，甲戌進士。景哲，洛人，辛未進士。❸

重修大興縣治記

武功人張邦獻舜舉爲大興二年，庶政積舉，百廢就理，愧縣宇之久頹，思重修焉。乃問於順天尹萬公仕鳴、❹丞王公伯圻，皆

❶「漆」，原作「潻」，據續刻本改。
❷「萃萃」，續刻本作「莘莘」。
❸「辛未進士」下，續刻本有「嘉靖壬寅五月一日商州知州晚學生漢陽陳柏校刊」二十一字。
❹「順天」下，萬曆本有「府」字。

曰可，又問於巡按御史，亦曰可。既乃上請于帝，帝曰：「葦轂邑廢且如此！」乃使工部給没官材屋六十間，則正德時幸僧法王方丈也。邦獻乃作縣堂，三楹南面，左簃一楹爲幕廳，右簃一楹爲庫。其北作退省堂五楹，前有穿堂三楹，直達縣堂北楠。縣堂前東西廊皆十有四楹，爲六吏之房，房各二楹。户又有糧科，兵有馬政科，又及刑工皆有南北科，各二楹，故通承發、架閣，凡二十有八楹也。儀門三楹，左簃達于承發，右簃達于架閣。先門三楹，有鴈墻。犴狴在先門之内、儀門之外，當西序之西，東面。倉在穿堂東西，皆三楹、氣樓完其前也，皆有巷塗，左自幕廳之東而門焉，❶右自庫墻之西而門焉。❷縣官居第，皆在退省之後。既落成，邦獻以圖問記。予嘆曰：「壯哉，斯縣之規乎！遠哉，邦獻之志乎！」夫斯縣，古薊縣也，至遼而爲析津府，至金與元則名大興，亦或爲府。國朝永樂初建鼎北平，則爲京縣，凡天下縣千有一百二十七，莫能先也，故斯縣官又加天下縣官一品，是宜勿陋。

往嘗報拜邦獻，馬至先門，簷瓦離離欲殞，踟躕而後敢入。既升堂，殘礫零甓，丘積二墀，周垣鏝堊皆皸凋，宗霤棁欀，漏痕如雲，兩廊笓斷如垂絲。吏僦民屋以居，當刀筆詔而後入。廄在後堂西墉下一土櫪，不能容賓馬。予問其故，邦獻曰：「斯縣自始建以來，守者視以逆旅，未嘗葺補，至正德年滋甚，權姦接踵，誅求百出，閭閻無駐足，縣官疲於奔命。月十三日升衙，東門有

❶「而」，萬曆本作「面」。
❷「而」，萬曆本作「面」。

玄明之宮，西山有賽十景之寺，珠玉裝綴，金碧交錯，費踰千萬，雖非盡出斯縣，然爲斯縣者亦難矣，奚其不弊？故舜舉撫大興二年，而後能用其力也。嗟乎！今作斯縣，雖取材工官，則固昔者細民物也，夫民今而後得酬之矣。嗟乎！治亂相尋，公私默運，富姦無終據，私家不常有，權寵者可以戒侵漁，有民社者可以怵豪幸矣。」又曰：「此酬乎民者，特一木石耳。若往年盡發没官金，以代一二年軍需，而爲積疲之民酬，予當親見其禮樂之興，又自斯縣始矣。」

役始嘉靖元年秋八月，終二年春三月。

朱御史脩復宋相文正公司馬先生碑祠記

御史朱君士光巡鹽河東，至則先適夏縣鳴條岡之涑水鄉，謁温公墓及其世家，拜於祠下。祠二，一祀公之父待制池暨公，一祀公之子右正言康。祠皆禆隘，而餘慶禪院又前障之，士光弗是也，乃遵詔例，命夏縣榮令察鼎建其祠爲一宇，正堂三楹，撤二舊祠，附以材，作兩廡，廡皆三楹，廡南作應門。將毁禪院，既而曰：「司馬氏之後既西遷敘、南遷山陰矣，存此猶可以爲墳守。」則止斷佛殿之北楠，用廠門除。又闢路于院東墉之外而達，猶爲先門也，門外有坊表，曰「崇賢」。誠一堂在崇賢之西，三楹，其前也亦有坊表，曰「仰德」。於是坐待制于祠中，南面；坐公之兄大中大夫旦于左，西面；坐公于右，東面；坐正言于大中之後，邇窔；坐公之猶孫兵部侍郎朴於公之後，邇奥。父子祖孫，萃有一廟，弗相戾也。士光又曰：「墳故有『清忠粹德』碑，哲宗篆也，而命蘇學士軾爲文。紹聖、崇寧間，姦人章惇、蔡卞擊裂其碑，瘗諸深土，額趺雖存，巋然中莽。」君乃命解州判官牟景孝訪石於絳之稷山，獲奇珉焉，紫潤堅鏗，礱且成，長溢二丈，厚二尺有五寸，闊三其厚七寸，百牛所難移也，況自稷違夏二百餘里，復阻以汾、涑，迄冬深禾刈，塗凍河殺，農隙客筏亭積，又可橋樑，乃濟。遂摹舊篆于額，重勒蘇子文，以豎于原趺之上，倏若元祐三年之所建也。仍作亭以居之，亭四柱，柱高三丈有二尺，四面皆有橫桴，而洞虛玄達，視司馬桂之碑樓亦無孫焉。功始去年秋七月，凡五月而告成，其財取諸運司之羨。

於戲！蘇子有言：「公之道信華夷、動天地者，至誠惟一而已。」夫「感天人」者效也，「存誠一」者本也，然其致用之德，尤有可述者。公嘗論治心之要，一曰仁，二曰明，三曰武，公蓋庶幾蹈之。公惟仁也，視百姓如一體，是故新法病民即辭樞密，義勇遺害即犯宰相，救災節用即倡廷僚，甚至身羸食少而以死生委命，病革夢語而於朝廷未忘，四患未除而嘆死不瞑目。公惟明也，不受名山，度諒柞之難制；❶議耕窟野，計河東之省輸；論辯新法，雖惠卿亦阻；料覆王氏，雖安石不知；志綏遼、夏，必趙滋、高宜之請戮。公惟武也，見義如嗜欲，好善如飲食，是故濮王之議，不避帝親；宗儲之建，不懼帝諱；充媛、夏竦、麥允言葬謚之論，不畏帝寵；又力罷曹佾之使相，黜任守忠之交搆，劾王廣淵、劉居簡之私結、❷寄

❶「柞」，《宋史》卷三百三十六《司馬光列傳》作「祚」。
❷「劉」，《宋史》卷三百三十六作「高」。

資。是故誠一暢發，天人協應，宜士光脩復碑祠之移曰「民懷懿德，雖勞不怨。吏重風教，雖費不奢」云。

且公之初薨也，天下畫像以祀，哲宗命治墳壙，發陝、解、蒲、華之卒，計工萬有八千九百三十三，至選尚方百工爲葬具，咸淳間，且令天下從祀孔子廟廷，若是其盛也。然自惇、卞欲毀其冢，而墓祠實廢。元大德間，張式始祠於夏學之左，元祐間，李榮祖始作塑像。至於士光祠，斯備矣。宋碑既仆，至金皇統間王廷直謁墓，見銀杏生龜趺之側，蟉枝蟠屈，周蔭交獲，如幄如蓋，廷直乃緣杏索碑，得諸趺下，因裂四分，并其額、趺，共成六石，而選碑翻刻，彼則未能，其在今兹之舉也夫。

士光名寔昌，江西高安人，正德戊辰進士，素志温公之爲人也。

大科書院記

大科書院者，甘泉湛先生與其徒講道之地也。西樵在廣東會城西南百二十里南海之間，村山方四十餘里，凡七十有二峰，大科乃其第一高峰也。正德間，權姦踵横，❶忠良率遁匿山谷不出。先是，南海方子叔賢解綬吏部，投隱西樵，登官山，❷入翳門關，於小科峰西北石泉洞之前，搆紫雲書樓以居，右傍紫雲峰、觀翠巖、伏虎石，而左以寶鴨池、石排村爲依。方子以爲得西樵之勝，遂號「西樵」云。丁丑之歲，甘泉先生守史官，以母夫人憂去。免憂，乃自增城三

❶「横」，萬曆本作「接」。
❷「官」，萬曆本作「關」。

百里外擕家來，亦隱西樵山中，陟相原巘，得斯大科，以爲此西樵之本山也，可以屋處。方子曰：「留此峰久矣，以待甘泉子耳。」

陳謨曰：「西樵東峙而西北面，故山勢東自鷄冠頂、玉泉巖、雲谷洞而來，東北自江浦巡司歷黄旗崗、望夫石、碧雲村而來，東南自閘頭歷聚仙臺、紫姑峰、龍爪村而來，其脈皆結于大科，故大科在小科之南群峰之中，獨崇廣焉。大科之下爲煙霞洞，西面，❶在仙掌巖之北，先生所注二《禮》處也。巖東爲煙霞後洞，門東北開，其前也爲仰止亭，蓋主仰大科峰而設，自此亦可以登大科云。煙霞洞之奥作崇經樓，又其前作茹芝堂，又其前作正義堂，又其前作樂閣，❷閣下爲門，皆西北面。門外朋石矗立，如雙扉拱開，又曰『石門』。大鼓石在茹芝之左，又其左至于望沙臺，皆崒嵂奇峰也。金鍾石在石門之右，北與鷓鴣嶺諸峰並峙。大鼓石者，山人以聲名也。金鍾石者，山人以形名也。古者學設鍾鼓以考業，斯二石其天設乎？己庚之間，四方學者雲集，難容諸生，乃共作凝道堂三楹於石門之下，亦西北面，左右篠皆有業館曰『寅』、『賓』，亦如堂面。其南作進修齋，北面，齋篠皆業館，亦皆北面。其北作敬義齋館，以對進修齋，制亦如之。又作業館二於其前，東南面，以與賓館上對。乃作禮門于二館之中，扁曰大科書院。自門而前，越長嶺，經雲路村，又前過横嶺，乃東適鴨頭、西適大涸之通衢也。於是撫巡諸公命有司建『大史第』之石坊於禮門之前，其西有池曰『月池』，池外有田，田

❶ 「西」，萬曆本作「南」。
❷ 「樂閣」上，萬曆本有「正」字。

外爲煙霞洞門，蓋坊非先生之志，而又以『煙霞』表其先門也。洞門之西有錦巖庵，其北有泉自鷓鴣峰來，經月池之前，西穿洞門而出，以合巖背村南來之泉，下逕錦叢林中，爲水簾懸下，四時如一。於是龍泉北經石子田村而來，垂虹泉南自雲端村陽而來，皆先後入水簾之下，會爲瀑布，於廣老坪注于石澗。西樵之靈脉，皆萃是矣。」

「石澗之北有樂堯莊，先生常偕門人刈禾處也。觀音巖在石澗之西，上下巉巖，人不能到，其麓有保鎮寺，而石澗則直出數百丈瀉下，經觀音巖之右，衝擊響震，注寺後，繞寺前，❶北會于風門凹之前，又北流三里，遠於急水，❷亦大科前之一奇觀也。其雙泉發大科之前麓，折而西北行，歷寶鴨池，瀑布而下，又西繞雙魚麓而北，諸小泉皆歸之，又北穿石橋抵石泉，又北東會于觀翠巖泉，爲湖，直達石泉洞，則先生與方子日沿流而東往來之境也。雙泉北會衆流，過無底井，繞石笋，注于豬坑，達于江。大科之後麓有三泉焉，一發南麓，瀑布而下，經雲谷洞陰而東；一發五指石，東經雲谷洞陽而東；一發北麓，至雲谷之北，會二泉於大坑，東過石笠，至玉泉巖爲水簾而下，東入于江。玉泉巖寬朗曠夷，先生常至此以望增城者也。湛子講學巖在九龍洞龍爪村東南，紫姑峰西北，與通天巖桂笏臺、九龍巖萬竹臺相聯。植一泉西自沖天鳳繞寶峰寺而東，徑九龍洞而南，皆環流講學巖，外徑七星巖，而洞在丹崖千仞之中，蓋爲西樵最幽之處。其程鄉縣人監生陳洪顯置學田二

❶「繞」，萬曆本作「遶」。
❷「遠」，萬曆本作「達」。

十有八畝，則在山下，一日請記。」

吕柟曰：「嗟乎！ 自宋程、張二氏發揮孔孟論仁之旨，其後教者罔或知授，學者靡或肯求，故斯學鮮矣。 甘泉先生之在大科，豈獨與其徒優遊山水以避世哉！ 近嘗讀其《大科規訓》，自諸生服食動静之微，性命舉業之通，童僕薪水之細，莫非據仁以陶鎔，學者若能守之，雖頑如石可柔，❶懦如韋可强，昏昧如醉夢可醒，躁妄如猿猱可定，殘忍如豺虎可慈。 柟昔爲先生禮闈所取士，每謁先生，聞言斯懌，覿容斯肅，退未嘗不矯揉鈍質也。 今大科之士親受規訓，其所得必有多於我者，宜先生往年被徵，而大科士六七人輕萬里之遠，易半年之程，蔑科舉之利，從先生而北來也。 諸君今次第且還，西樵其常如先生之在大科乎！ 幸勿止以山水之佳空自適。」

唐氏種松記

瓊山唐子平侯，弘治中以户部主事引疾養母，正德間母終，既合葬於父封君榕菴先生之新兆矣，乃聚族人，謀於宗子世傑曰：「胄家本興安人也，自宋淳祐間始祖景聲爲瓊州太守，及其瓊山縣尉宗立占籍瓊郡，以肇開文亭山之祖塋，今幾三百年矣，族衆難聯，墓久盡荒，盍重修乎！」唐人咸以爲然。 乃築垣塋域，百堵咸興，其外種松五百餘株，買田其旁，招佃六家，居之墓左，使司灌培，而護墳墓。 今年平侯既陞僉憲，行且以是告焉。

吕柟曰：「嗟乎！ 唐子之築垣而種松

❶「可」下，萬曆本有「明」字。

也，於其族有七教焉。唐氏之族且千人也，往皆各私其親塋，或不復知有文亭山也，今則歲時節序，咸先奔趨脩奉，是教之『敦本』也。自太守、縣尉、户録、教諭、遯山居士諸祖，以至御史、同知之輩，墓以百計，平侯固以加石增土，重封倍前，今則樵牧難至，不復往日之荒頹，是教之『哀死』也。世有名人，故墓多碑碣，森如林立，計坐七十有餘，歲久趺瘞額傾，文字殘缺，平侯固已更顯改竪，今則剥擊難侵，銘表無恙，是教之『訓生』也。往者族人附葬，率溺風水，多入祖塋，干犯穴壙，殘礙骨肉，弘治初，封君封羊盟侯，定立質劑，不得再附，斯盟也今可百世不磨，生死咸安，是教之『尊祖』也。平侯嘗曰：『幽以萃鬼，明以綴族，莫重於祭。』遂算族醵錢，以定祭本，若士之廪者，則出初月之米，貢者出贐之三十一，科者出贐之二十一，官者出禄之十一，以續其本。歲貸其本於一人，❶取其子錢以供祭品，而修祭儀，有事皆統以宗子之名，每三月一日，松栢改色，蒼翠瞻望數里，唐氏子孫士女隨宗子謁祭其中，是教之『敬宗』也。初，縣尉之修文亭山也，護垣、享亭、券臺、墓道，秩然咸備，兼置守佃數十，家居多閃村中，世遠陵替，封君雖嘗訟復其半，不至若今兹之盛且光也，是教之『述事』也。封君且没，猶以未種松爲恨，至平侯克承其意，猶封君思太守之『雙榕』而取以自號者也，是教之『繼志』也。是故敦本則末茂，哀死則生者昌，訓生則死者安，尊祖則後昆裕，敬宗則統緒不亂，述事則業隆，繼志則家人和穆。《詩》云：『如松栢之茂，無不爾或承。』其封君父

❶「貸」上，續刻本有「出」字。

子之意乎！」

又曰：「唐氏子孫而知茲松之難乎？夫斯松也，非爾蒼屹、鴈峰之所能有也，蓋皆渡江涉水，采諸丹崖、臨高之山，包以蒲茅，載以舟船，行三四日程而後至，甚難。初種之日，幾過千本，生而存者，止得其半，甚難。凡此，皆封君百歲生平之志，平侯隱居十八年之樂，佃人六家者日夜壅灌之力也，甚難。嗚呼！唐氏子孫既知『七教』，又知『三難』，則必不見松而思爲薪，入蔭而徒爲憩息之所矣。豈惟可明平侯治家之政於千載，有能因是而得教天下、傳後世之道者，亦在乎志也！」

全終堂記

都察院右副都御史南山周公公瑞，弘治末年養疾山間，正德戊寅七十有四，考終于家。武宗毅皇帝勅禮部致祭壇，工部具葬費，而江西參議陳君墀奉命寔來。庚辰正月七日，其子中府經歷讓等安厝於州東太鄉六都逸山，後依崇岡，兩山夾峙，修江襟帶其前。於是遵制爲域，周垣百堵，建亭其中，祗奉皇言，乃作堂三楹，春秋奠祀。在亭之南，其左則神道碑，少傅大學士邃菴楊公所譔者也。君子謂公歷官中外，清白一致，卒沐殊恩，光前蔭後，遂名其堂「全終」。而衞經以記來問。❶

柟曰：嗟呼，終之難全也！昔曾子啓手足以示全，著戰兢也；子張呼申祥以告終，幸庶幾也。然地有仕隱，則身有行藏，要其爲終，皆不可苟也。夫公自筮仕以來，

❶「衞」，萬曆本作「府」。

細者勿論，其所遭之事，最難終者有六：歷官兵部，清戎内外，得卒八萬，皆可斂怨而速禍，難終也。然才猷茂著，❶而余、馬二公相繼稱獎，凡有章奏，❷且與參謀。其在浙江，杭州之滯獄千人，嘉、湖之餓殍萬計，武康、德清、安吉之盜賊及郡縣，杭、嘉、湖之圩岸崩塌，殃遍畎畝，難終也。然或訊奸而釋冤，或糴富而勸分，或懸金以傳魁，或石岸而濬港，無弗立濟者也。布政河南，出納之羨至四十七萬有奇，雖至潔者，難終也。然皆悉登之籍，無或少私焉。弘治戊午，乃陞右副都御史，巡撫甘州，初，太宗皇帝封元後脱脱爲哈密忠順王，傳至天順間，國王死無子，母監國，有土魯番者襲奪其敕印，其部落奔居甘肅，至孝宗皇帝嘗遣大臣經略之，亦無功，未幾，哈密擁衆立陝巴，復被虜去，承其後者，難終也。公至，即修武備，建議絶貢，放其使臣於瘴鄉，於是土魯番畏服，送陝巴及敕印於甘州。公復奏册封陝巴，并賜答土魯番之禮，又奏以奄克孛剌從女爲巴妻，於是諸部悦服，遣使入貢，上齎賜金幣以彰殊績。及其調内巡撫陝西也，達賊小王子擁衆十餘萬入河套，侵薄延、寧，朝廷遣尊官統京兵二萬五千出至延綏，饋餉仰給于陝，然皆坐食不戰，恭順侯吴某者提兵防河，聞賊勢猖大，亦移疾還省，虜遂猝入鎮原柳征川，當其處者，難終也。公既轉輸延綏，劾罷吴侯，而又以土兵千二百人襲走萬虜，虜侵固原，固原先備，虜侵平涼，平涼先城，虜遂殺謀者而去，而公所獲賊級以百計，人畜以千計，器物以萬計也。

❶「才」，重刻本作「丕」。
❷「章奏」，萬曆本作「奏章」。

薊州草場，地數千頃，內監、京營、民産相雜，自成化中互争，文武大臣科道數勘不定，孝宗皇帝知公才望，調改巡撫，然權貴齟齬，難終也。公至，請官會勘，躬臨量度，取景泰中案草判之，明予奪，正疆界，不少遷就，疏入而上覽至日昃，曰：「草場自此無訟矣！」

況公所遭之人，其最難終者又有三：在憲廟時，寵宦汪直、梁方、李孜省皆欲援公爲助，公委曲辭解，而稱謂亦不失正，比直、方、孜省既敗，他人多貶斥，而公獨不污以終。在孝廟時，陝西鎮守太監劉琅懼公來陝巡撫，寓書中貴以沮之，然公之才望見知君相，中貴不能移也，乃反調琅於他鎮，❶而公更見重於琅以終。在武廟時，劉瑾肆威，毒害縉紳，雖以他事詿誤公罰米數百，而公竟無可疵咎以終。此三者，尤人所難能也。然則扁全終堂者之君子，其亦深知公乎！

蓋公生應祖夢，諱曰季麟。少治《毛詩》及《春秋》，精思勤誦，夜或不寐，鄰染爲之罷碾。既藉郡庠，提學接稱，選入白鹿書院，益諳理性。中遭家變，躬事薪水，膳價過例，拒而不受，事覺獨免。及其鄉舉之年，江漲遡洄，遂爲寧識。若夫順以事可安，孝以事梅月，友以誨公儀，慈以訓諸子，若出天性。然則公之全終也，亦其善始者乎！周氏子孫，其知所以世守其風哉？

重修洙泗講壇記

洙泗講壇在孔林東一里，乃夫子與其

❶「琅」，原作「瑯」，據重刻本與上文改。下同。

徒三千講道之地也。自夫子歿，子貢輩築場之，後人專事孔林，此地鞠爲茂草，二千餘年。至元戊寅，宣尉東野潛偕孔澈嘗修復焉，明興猶新，正德中，盜火其門，殿廡亦敝。嘉靖改元，巡按山東李御史獻暨吾副使山東孟參議洋乃重修而增治之，❶未落成。呂參政經繼完其事，使使問記。

修撰高陵呂柟曰：嗟乎！昔夫子眠不及時，食不及日，與其徒栖栖皇皇，思以救天下、教萬世者，此地正其本根。乃後之人忽不知事，❷雖廣建墓石，繁植宰木，豈夫子所欲乎？或曰：「夫子之道，固難格於後世，周以來稱盛時者，非漢、魏、隋、唐、宋、元邪？斯其代不盡講而見用者，則爲蕭、曹、房、杜；不見用而能講者，則爲董、王、程、朱；且講且用而行其私，則爲禹、雄、林甫、安石。」曰：嗟呼！是謂講者未必用，用者未必講，且講且用者，未必於夫子之道益也。且夫子之道，何道也？伏羲之卦爻，❸炎帝之耒耜，軒轅氏之衣裳，堯之中，舜、禹之精一者也，可以生人，可以秀人，可以阜人，可以壽人。是故能反回之信，能屈賜之敏，能怯由之勇，能實師之莊，斯道之講於學者也；取時于夏，取輅于殷，取冕于周，取《韶》于虞，斯道之講於政者也。子思子曰：「萬物並育而不相害，道並行而不相悖。小德川流，大德敦化。」此其實乎！後世見用於時者，或後立而先權，是故道敝于權矣；能講于下者，或後權而先立，是故道細于立矣；且講且用而爲之

❶「吾副使山東孟參議洋」，《山東通志》卷三十五收呂柟《洙泗書院記略》作「副使吳山參議孟洋」。

❷「忽不知」，萬曆本作「弗知其」，重刻本作「忽知其」。

❸「爻」，萬曆本作「文」。

害者，既非共學，猶難適道，故權立俱喪矣。今夫夫子之道猶大路也，塗亦可通，巷亦可通，有能爲方駕之軌者亦可通；夫子之道猶大海也，罌亦可取，瓶亦可取，有能爲萬石之瓠者亦可取。是故以容教子桑則可，以容教子張則不可；以言教子騫則可，以言教子我則不可。何者？主静非不善也，施於陸氏之門，益其禪也；務博非不善也，施於王氏之門，豐其蔀也。故夫子所講之道鮮矣，故佛氏或得而議我也，故老氏或得而笑我也，故治日常少、亂日常多也。然則洙泗講壇之修，將斯道可由是而明乎！將夫子之靈其真在於斯乎！

重修束鹿縣護城堤記

束鹿，保定隸邑也。滹沱河自鴈門來，經靈壽、平山、晉州、深州，於直沽入海，束鹿間於晉、深，縣址卑而沮洳。滹沱之來也，西韓河自大鳴泉南入，綿蔓、甘陶自平山入，松陽自秋山入，衛自靈壽入，故滹沱至束鹿滋大，北淩束鹿城。四城故有堤，水殺後，邑民或黎堤藝穀，堤漸夷。正德己卯秋大水，晉涅槃口決，滹沱汎濫于束鹿，没丫河，潰城西北堤，西北堤大決，徑淪西城，城外積淤高於街巷，公私舍半傾頹。辛巳秋，患愈棘，城内水或尋丈高，窮民逃入鄰邑，富者編筏而寢食焉，縣令臨潁谷鍾英障不能止，乃告諸巡撫都御史江西周公公儀，及郡守陽武王君德輝。德輝時病卧床，聞之攬衣起，謁周公而先往，至則城且陷，乃召束鹿士民之富者曰：❶「患若此，屋産且

❶「富」，續刻本作「留」。

勿言，其如爾父母妻子何？尚可叉手嘆息待斃邪？」令曰：「三人爲囤，填決壑！」得千人晝夜填，填口愈狹，水愈急，德輝乃告于河曰：「嗟乎！滹沱乃欲魚鱉吾束鹿赤子乎！」有頃，決合。自始填，凡五日，束鹿人曰：「神相之也！」周公臨視喜曰：「束鹿免矣！束鹿免矣！」謂德輝曰：「太守得無加病乎？」時歲方沍寒，而德輝扶病督率，病反瘥抑，其救人之心有所通邪！

已而德輝又告周公曰：「不一勞，不永佚。如復舊堤，斯束鹿千歲之利也。」德輝及興四千役，作堤四城，堤基皆廣十丈，上廣六丈有五尺，高丈有二尺，長二千一百丈有奇。乃以郡判劉君某提調之，谷鍾英統領之，主簿于獻、典史趙晟人領二千役，王官、義官及儲省祭官人領二百役，役分堤五尺有奇，堤足皆樹樫柳，內外盤錯，而德輝旬一課焉。工始正月，至四月而告考。於是邑人致仕教諭焦讓及義民王勳，會其鄉諸耆俊曰：「是役也，實拯吾束鹿人子子孫孫於衽席者也。然非王公上協周公之心，下作諸執事者之志，今尚有束鹿乎？」乃謀諸學諭南陽王璣撰狀問記以立石。

於戲！柟近過保定，遇憲副賈會期，言德輝之救束鹿，略亦若此。夫昔者德輝之爲御史也，先皇帝所諱言者建儲事耳，德輝乃屢抗疏言之，可殺其身而不顧。及其守永平也，鎮守太監誣民謀叛，杖殺數命，德輝平反其余，至繫禁獄七月而不悔。其與束鹿之陷溺也，身嬰厚疾，觸風雪，程畚斛，躬執其勞，忘其病而不辭者一也。嗟乎！格天存乎信，建功存乎仁，使力存乎度，敬上存乎忠，慈下存乎公，謂德輝庶幾乎此五者，非邪？嗣治保定者，幸無棄其烈。

德輝名光，同予戊辰年進士。周公名季鳳，毛澄榜進士。

郭氏忠孝堂記

郭氏者，唐忠武王子儀之後，泰和千秋鄉游溪里之望族也。忠孝堂者，辰州知府郭君仕從其太學兄仁及諸兄弟搆以祀先者也。郭氏至以謙之世又分族焉，曰坑口郭氏，忠孝堂在游溪族中，而坑口郭氏得通祀焉。堂高二丈有四尺，闊去其高之一丈二尺有奇，廂四丈二尺有奇，其深也加丈有二尺有奇。御書閣在堂後，東面，高二丈有七尺，奉藏天子勑命也。閣之下爲神室，厝五龕，以奉五代木主也。在堂前，鍾左鼓右。廳門之外，則「辰州進士」之坊也。工始正德戊寅之七月，至九月而落成。

初郭氏諱瞿者，當唐季由金陵徙吉之什善鎮，瞿八世孫連徙今游溪里。後至諱復可者，辰州之七世祖也，富而好禮，生男子六人，曰均祥、德祥、壽祥、文祥、慶祥、履祥。德祥者，思伯仲之多，篤塤篪之好，紹復可之志，乃搆堂於居第，扁曰「敦睦」，以識孔懷焉。已而宋元擾攘，毁于兵燹，既克有定，仍纘前堂，扁曰「積善」。德祥入國朝，猶得爲千夫長，董區賦焉，生二子，曰彦清、彦高。彦清早卒，遺孤可權、可衡、可平，三子者奉妣蕭氏而善養，乃更其堂額曰「壽萱」，詳《少師蕭公尚約記》中。可權生克哲，克哲生五子，曰貴温者號和軒，則辰州之考，天子勑封爲大理評事者也。封君雖與諸兄弟共奉壽萱堂，然意每欲拓之而未就，至是，太學、辰州與其兄弟克成厥志，而吉守伍公以文山遺筆「忠孝」字來，於是太學、辰州兄弟遂廣兹堂，更舊額而以名之，則郭氏世堂曰「敦睦」、曰「積善」、曰「壽萱」者，至是滋光大矣。

堂既扁，祀事既舉，諸兄弟謂太學、辰州曰：「内思爲德，外思爲民，夙興夜寐，維忠是營，其在吾二兄乎！」太學、辰州乃謂諸兄弟曰：「庭思上下，家思陟降，夙興夜寐，維孝是往，其在吾諸兄弟乎！」有儒士聞而善之曰：「太學、辰州之忠，寔孝是本；諸君子孝，未嘗不爲忠也。郭氏子孫可勿替引之矣。」辰州或以告焉，吕子曰：「是爾祖忠武王之志也！」遂作記。

南和縣劉侯修學記

南和，順德府屬縣，在府東四十里。學在縣治東南，明倫堂翼以文行齋、忠信齋，在大成殿北，南面。號舍四聯，聯五楹，在殿西西廡之西，南面，其前爲神廚。庠門在櫺星門東。

正德庚辰，吾陜中部劉君尚德授知南和，首理宫廟，謂古今之制，廟皆左學，而南和廟門反出庠門之右，諸生進自庠門，循東廡、東墉而北繞，周廟行，日六里也。劉侯於是開起鳳門於櫺星門西，爲夾道，如東庠門之制，其北爲門東面者四，以通四號。又其北盡第一號之地折而東，作右角門，在學甬道之西，西面，與左角門對，以通齋及堂。當第四號門之東，開西角門于廟西序以適廟，而對廟東角門，以通齋及堂。於是扁東庠門曰「騰蛟門」，以對起鳳門，而櫺門獲居其中，不啻在學左也。騰蛟門北亦作號四聯，聯亦五楹，皆南門，如西號制。入騰蛟門以適號，其爲門西面者，制亦如起鳳門北。其東第四號之前，匯水爲池以種蓮，曰「蓮池」。倉在文行齋之東、東第一號之北，有牖焉以隔之。倉北牖之北爲教官之第，當明倫後堂之東，堂西亦教官之第，其南有隙地，以屬西第一號。自櫺星、戟門至殿廡，皆甃甃瓴甋，棟榱吻瓦，咸以次新，黝堊之飾，遍及齋序、射堂。❶騰蛟門外之東，建興賢坊，其對也，建育材坊，在起鳳門外之西。又自城街至於村落，分建社學七十有八，以儲學材。於是劉侯曰：「璋爲汝諸生殫予心，致民力，捐公財，使爾等有門易進，有堂易升，有室易入，有齋易齊其心，有號易考其業，有夫子廟在中，易聞其道。」於是以經立會，會有長；以會係籍，籍有稽；以籍定期，期有課。於是諸生駸駸然蒸義而薰教，懷德而問記。

呂柟曰：「侯，吾關中世家，舉順天，都憲公聰之弟，刑部主事仕之父，先户部主事佐之叔父也。侯思家學之由起，乃欲行之。爾南和侯可謂愛縣如家、愛士如子弟者，非歟？」又曰：「劉侯爲政，流澧河之利，崇宋璟之祀，息五花佛之異，壇壝備飾，候館有增，徵斂惟則，農桑見效，徭賦以衡，城隍可守，衙署倍新，不獨一興學也，故諸生深信云。」

記據生員鞏進狀，焦通、黄彦成圖。

西嶼草堂記

西嶼草堂，吾年友建寧楊乾叔之别墅也。西嶼去建寧城十里，臨澄深，據崇巘，岡巒澗渚，映帶遠近，斯亦群山之囿也。野

❶「射堂」，續刻本作「堂射」。

人嘗爲之鑿池焉，池中小嶼矗矗拔起，松篁叢翳，而煙禽雲鳥時往來焉，望之崚嶒，眇不可即。乾叔思作小堂於其旁，堂中圖書數千卷，環堂有稻畦，有藥圃，有松塢竹徑，有瓜芋區，有采芳之洲、飼牛之柵，其背也有小佛刹。入谷邃，則有泉渟冽，汲之者殊鮮，有幽人之貞焉，因名曰「履泉」。其西所臨溪，乃武夷、雲谷之委流，即建溪也，可以放艇而盪舟。東巘之顛，亦隱有佛刹，躡危磴以上，依而遐覽，雖千百里，舉在目中。乾叔養疴山中，日居西嶼，侶伴漁樵，若與世常相忘者。及復時以出，又復馳情引夢，欲尋盟而終老焉，乃思與戴氏東池、何氏山林、張氏靈壁園駢美而比休。嗚呼！予病涇野時亦營東林書屋，無山可陟，無泉可漁，獨孤松叢竹，聊似西嶼，愧顏多矣。然且不欲如戴、何、張氏者恣逸遊之樂、縱詩酒之賞而自已也，況此西嶼哉？若夫欲瞻木聽鳥，而感江安人之兆者，則其志不可及已。

遊王官谷記

王官谷者，唐司空表聖隱居之地，今少參許君德徵重修而增飾之。往時諸友多言其勝，涇野子至解之再月，偕丘孟學往遊焉。

馬至故市，西折而南，谷水北流入市，問即貽溪也。沿溪南行五里至谷口，路多巉巖石礙馬，丹柿、赤棘夾路掛裳衣，躑躅至先門，伏馬而過。道流引登高致門，門下砌石百級，夾扶之而後能上，見危閣焉，道流曰：「上祠玉皇者也。」乃齋沐冠紳，升閣參拜。下閣，北至三詔亭，又北過休休亭，參謁表聖。日已暮，乃南過了了亭，飯於聚仙堂。飯已，有侯、段兩生讀書於白雲洞中，招而後至。白雲洞則元孤雲子李了了菴所，居以學「休休」者也。乃南臨石泉橋，望天柱峰，則見群山四周，若孫子環拱，而此峰孤高插天，與故市街所望益不同，蓋其峰南之崇山又遠也。渡橋，夜與孟學連榻於石泉洞中，洞在天柱峰根，其前有清流，自東瀑布泉引來而西匯爲小池，欄干護焉。寢洞，談今古，論往籍，久而後能寢。

晨興，瞻玩表聖像，飄然有出塵態。讀《休休記》，乃知其抱經濟材，與時不合而隱，甚可痛惜，但未題「耐辱居士」，❶則枏又病其隘也。壁間多宋元人詩，皆有思致，徘徊遲久。道流引登西山觀秦王硯，硯大如碾盤，無口，下如尖底磑，表聖《山中記》已有此名，其秦敗晉師于王官時所遺者乎？自硯旁不由故徑，懸下倉崖，觀雙人石，石在天柱峰西北，倚峰而立，上有圓石二枚，恍若人面，狀又似北望秦硯而欲濡毫者也。道流又欲西觀藏雲洞，比至蘆葦泉，言「洞常出雲，而泉更甘洌」，云爲曹仙姑地，未往。直趨掛鶴臺，瀑布自天柱直下，而臺在其左旁，鶴二月來，五月生子去，有懸草眠跡焉。臺東，與孟學四人各據一石而坐，北瞰天柱益突兀，有「四瞻雲日俱無影，止有一峰高接天」之句。欲東升以觀東瀑布，道流難之，又欲南進以睇黄河，道流又難之。乃嘆曰：「天下奇觀，豈可盡哉！」遂北反，坐聚仙堂而飯，時已辰巳間。

飯已，東遊豬耳山。又東南至瀑布，登懸崖以觀之，聲如雷轟，貌如雪舞。瞻瞰更

❶「未」，疑當作「末」。

久，乃下崖，旁流而行。北至柿林，臨流編坐磯上，孟學坐一孤嶼，有僧在樹頭摘柿而落紅滿地，吟興俱發，恨筆硯少。孟學以一筆蘸流中，即嶼石而膏之，得二絶句、一律，予得六絶，兩生皆有一二絶。僕人自故市沽酒至，道流菹以鮮蕨秋英，乃滌巵澗中而傳酌，蓋不羨古流觴也。遂北至觀泉亭，則東西瀑布合流之地，而前御史安陽張仲脩建斯亭以博養正之趣，即表聖之濯纓池也。徙倚詩成，而還問脩史、覽照、瑩心、❶九籥、擬論諸亭及一鳴窗，❷道流皆曰忘之矣，乃謂孟學曰：「柟嘗薄唐詩人，若表聖者，豈可以詩人目哉？柟舊過聞喜，以塵事問德徵，德徵時已休矣，今見其所舉，予見笑於德徵者多矣。」遂歸息聚仙堂，取朱御史壁間詩韻，與孟學賡和之而後寢。

又明日，道流以予不至仙姑洞也，昧爽取蘆葦泉中水，煮豆粥，佐以簌以餟予。畢，乃自石泉洞南登，路如蚯蚓，檜栢交錯難進，乃以手拊道流輩，一皂又一繩引道流手而後上。至秦無隅塔前，北望不見娥眉坡。是日微陰，蓋予已出雲霧之上矣。盤曲再登至李孤雲塔，乃嘆曰：「世之廉夫清士不用於時，避世而至此邪，則豈非時之執政者之失哉？」孟學曰：「然。」又東繞而上，至八仙洞，洞已到天柱峰腰，洞口俯瞰，謂孟學曰：「彼李孤雲者，風斯下矣。」出洞，又欲直上天柱之頂，以問所謂四時行、百物生者，更取開山斧，以夷山中魑魅魍魎而後返。道流皆謂路不可行，扯予衣帶脱然。予益努力勇往，幾至其巔，俯瞰八仙

❶「瑩」，《山西通志》卷二十四、五十九作「塋」。
❷「論」，《山西通志》卷二百七收《王官谷記》作「綸」。

洞，又渺乎其下，當其飄然之意，蓋又非此流所能與也，又嘆曰：「不知當時表聖之足履、德徵之攀緣，曾至此否乎？」孟學曰：「可記之，以諗表聖及德徵。」

董氏祠堂記

東樓董公，癸未春命長子邦治據禮作祠，在正寢東偏，南面，堂三楹，棟宇成采，四壁堊塗。廚在堂左，西面。庫對齋房，在其東。其前有重門，祠扁在先門之額。垣周于外者幾十雉。除田百畝，以供春秋之簿正，上祀四世神主，冬至亦用其租，合族人一祀祖塋，有羨則儲之異廪以葺祠。公曰：「琦世家居陽信之董莊，五世祖質菴諱仲，兄弟三人，質菴長。高祖樸菴諱彦良，兄弟二人，樸菴長；曾祖樂菴一人，諱禮，於族兄弟長。顯祖簡菴諱子友，兄弟四人，簡菴長。顯考東墅府君一人，諱彝，字秉常，於族兄弟長。至琦亦一人也，又於族兄弟長。蓋董氏自質菴至吾邦治凡七世，皆宗子也。質菴言動無華，樸菴如質菴，樂菴有襟懷，超然若自得，簡菴寡與，言笑不妄。四世皆明農，東墅府君雖仕爲抱關，然篤孝喜賑，董莊、石墩、鵰鶚咸稱焉。蓋董氏自質菴來六世，至琦而後顯也。初，琦既舉進士，得令高平，勤民而禄薄。既陞部屬，在部勤事而禄薄。兹僉事數年，民事之勤雖不敢緩，然而禄積稍裕矣。夫琦傳七世以後之宗，籍五世以上之德，積二十有二年之禄，故祠與田作。」

呂子曰：《禮》：「支子不祭，祭必告於宗子之家。」故夫人也，生曰「宗族」，明以收族也；卒曰「宗廟」，幽以統鬼也。族無宗則子孫亂，廟無宗則祖宗廢，斯祠在公，不敢不作也。昔者孔子謂宰予曰：「聖人因物之精，制爲之極，明命鬼神，築爲宮室，設爲宗祧，以別親疏遠邇，教民反古復始。」故曰：子孫之守宗廟者，其先祖無美而稱之，是誣也；有善而弗知，弗明也；知而不傳，不仁也。夫自質菴至東墅之積行若此，斯祠在公，不能不作矣！齊管仲祀其先人，鏤簋而朱紘，賢大夫也，而難爲上；晏平仲豚肩不掩豆，賢大夫也，而難爲下。若欲酌今古之中，而復蒸嘗之禮，斯田在公，不可不置矣！公於是遂懇請記之以詔來。董祠落成，在今甲申年夏五月。

思政軒記

軒在府廨中堂之前西偏，太守王玉谿先生之所搆也。軒儲經籍、律令數拾本，太守退堂而居軒中，于是考古，于是準今，思政之所未行者而行焉，思政之所已行者而質焉，故軒名「思政」，亦玉谿子用甘泉湛先生之言而扁也。

孔子曰：「政者，正也。其身正，不令而行。其身不正，雖令不從。」玉谿子爲秀才時已沉涵六籍，政之體具矣；爲御史時已條暢群律，政之用行矣，乃又搆此軒而思邪？夫禮之無盡，如林葉之難數也；法之無窮，如繭絲之難計也。非理之難數也，❶理以時而運者不可泥也；非法之難計也，法對情而變者不可定也。故經者，律之本也；律者，經之推也。經以用律無廢道，律以行經皆良法，是故君子思焉。傳曰：「思

❶「理」，萬曆本、重刻本作「禮」。

曰睿，睿作聖。」夫玉谿子之所思乎政者，其志遠矣。不然，軒前之花卉春榮而松栢冬翠者，亦其云何？

絳州重立古法帖第一記

《易·繫辭傳》曰：「古者結繩而治，後世聖人易之以書契，百官以治，萬民以察。」於戲，文字之興，其在斯乎！後世乃有迂儒鄙士，不知出此，留心于末，雖以王羲之之賢，敗筆如塚，洗墨成池，亦用力於點畫鈎撇之間，至使唐太宗英主也，以《蘭亭記》殉葬，安在其能治官察民乎？

予嘗盤遊于涇、渭、溱、沮洲渚之間，打起鷗鷺虫鵲，見沙上爪痕羽印，皆類古文，其絳州所傳蒼頡書乎？或如風行水上，或如雲出山前，或遠取諸物，或近取諸身，真天縱自然之妙。昔侯芭學奇字於揚雄，恐未升其堂也。世傳夏王大禹作龜書，謂禹治水，玄龜兆祥，沙門懷英乃至作龜鱉之形，此何以爲也？今見絳州禹文，亦類鳥跡，少降而就真，則沙門體誤必矣。漢魯共王得《尚書》於孔壁，皆科斗文字，近世遂作蝌蝦狀，今觀夫子所書吴季札石，於禹無間然矣，將所謂科斗者，以漢文形之而名邪？至若史籀，周宣王之太史氏也，又在夫子之前，而岐周石鼓文多類此書，後人以其不似鳥跡，乃取諸鐘鼎文爲古文以附鳥跡，而凡史籀字又別作籀文以傳，如元楊桓《六書統》之説，然今觀籀文，與禹、孔亦不甚相遠，此又何以辯也？大抵古人寡言重行，文皆簡質，後世一義數語不能盡，事事數紙不能畢，故率棄本而務末，於治官察民，難矣！

絳州守延安程君騰漢，於州治左壁間得頡、禹、孔、籀四書，乃真古法帖刻而未移晉府者。至是表而請記，豈爲文字傳哉！

甃修河東運司城記

嘉靖三年秋大水，河東運司城幾圮，侍御巡鹽雷石先生盧公堯文甚測焉，乃欲甎甃以圖久遠，然以瓜期且屆，姑甃東面，以俟後哲。落成，運城人知州謝君譽、太學生張昇等曰：「嗟乎！斯運城人子孫千歲之利也，不可不記公之德。且此城群省交會，一方具瞻。然地近鹽則鹻易囓其足，土挾沙則風易彫其膚，板帶礓礫則雨易剥其面，故今歲霖霪已淪乎郛。而又内處富賈盜易窺，城大無兵盜易攻，巷寡土著盜易取，雜聚五方之民盜易入，土無嘉實而有厚藏盜易剽，故往年流賊幾突乎郭也。故公乃選官吏，輕訾算，定征役，謹命令，遵其定規，教其新矩，裁其崇卑，壹其博狹，均其厚薄。灰，焚條山之石；磚，差粥鹽之賈；輂，編車丁之脚；工，採蒲、解之匠；力，用坊鹽之夫。於是基闊二十有五尺，高加其闊之十尺，首去其闊之十有五尺，周城九里有奇，東面積工，乃至二里三分。故磚計二十千，灰計二十千，凡兩月告考，屹爲重鎮。」呂柟聞之管夷吾曰：「大城不可不完，郭周不可外通，否則亂賊姦遁者作。」故莒廢渠丘，楚克三都，而智瑶思以汾水灌安邑也。公斯之舉，所係乎國者重矣！

運城人又曰：「一面甃，三面皆可甃也；一面舉，三面皆可俟也。於此可觀五實焉：險設而不驟，力舒而不迫，財撙而不汏，業廣而不專，名成而不私。於此可觀九固焉：農有固業，士有固志，商有固貨，賈有固肆，官有固職，課有固辨，國有固望，人有固瞻。於此可觀七教焉：惠足以教度財，寬足以教節勞，智足以教豫事，厚足以教敦本，信足以教不叛，材足以教經國。」吕枘曰：「此在公特一緒物耳。枘近謁公，論文貴質不貴艱，論政貴平不貴刻。是以編掣常鹽，商無退怨；洞開三門，民無偏利；地不重給，丁無積累；訟不拘人，獄無冤滯。而又申修書院，課藝不倦，博愛運學，拯貧不私，此則真甃運城者也。且公之官，可行道於天下，當其志，又欲城九州而守四夷，曾以此城爲功邪？」於是運城人曰：「問『甃運城』記，得聞『甃天下城』記矣。」於是公聞之曰：「將判官不忘往日之同寅厚望於我邪！知勉矣！」

公諱焕，河南光山人，辛巳進士，以翰林庶吉士改今官。

涇野先生文集卷之十六

南京禮部右侍郎致仕前國子祭酒
翰林修撰兼經筵講官
同修國史高陵呂柟撰
巡按直隸等處監察御史門人建德
徐紳海寧吴遵彭澤陶欽臯編刻

記 三

東樓書院記

少參董先生天粹作書院于其陽信城之東郭，是地舊有園數十畝，林木葱菁蔚薈，乃擇其中爽塏處構巍樓焉，公遂以爲號，又

以爲書院云。樓三楹，上儲群經衆史及諸子集，其下爲堂房，公時坐而講學焉。房列兩齋，齋皆有三楹，左曰「依仁」，右曰「游藝」，諸子及學徒居之。静觀亭在東樓之後，亭下鑿渠，桔槔汲水，環亭而流，植荷其中，渠外皆種以名花異卉，又其外皆蔬畦，引渠水亦可灌而藝也，又其外植麥禾荏菽諸穀，當錢鎛銍艾之時，公亦遊觀而娱視焉。

公僉憲山西，分巡河東，而柟適謫判解州，得習聞公政。其他縷之不能盡數，即鋤强横、詰姦惡、均徭役，皆可謂邦之司直而民之父母矣，遇友人輒稱説以爲美談，乃不知其道在東樓書院中來邪！夫士之仕也，其閑於法者常棄經不治，以爲腐也，其專於經者又率薄其法，以爲俗也，乃公明於法之用而不忘其經之體，豈可得哉？公指日位

晉公卿，敷政天下，其亦在是乎！其亦在是乎！

馬氏祠堂記

馬氏祠堂者，萬泉教諭綏州煙山先生所建也。祠在延嘉山北梔子峰下，惟一櫺，内安三龕，祀曾祖至考三世；以曾祖别子也，不得祀高祖。其旁親無後者，亦皆木主，祔食于龕中。左龕之南、邇東壁置櫝，藏遺書衣物，物四櫝。右龕之南，祭器藏焉。堂外列作東西兩階，南爲先門，其外繚以周垣。又置祭田若干畝，祀以四仲月及歲月暮，若正至朔望則參拜，俗節則薦以時食，皆依朱氏《家禮》。

煙山先生之子太史汝驥與予同僚於翰林，予謫判解州且行，太史曰：「兹祠堂者，家君建在正德辛未七月，未記也。」吕柟曰：「卜子云『都邑之士始知敬其父母，大夫及學士始知敬其祖』，故程伯淳以厚於自奉、薄於奉先爲非道，煙山先生可謂即敬通道矣。或曰：『鏤簋朱紘者濫，豚肩不掩豆者隘。此祠在煙山先生不爲濫，在太史公不亦隘乎？』然君子行禮在信不在物，君子事先在孝不在奢，故太史亦嘗曰：『思以根孝，祭以達思，禮以嚴祭，孚乃用禴。』夫煙山先生率禮迪義，化夏縣、萬泉，太史奉其庭訓，秉文篤道，炳帝左右，亦已庶乎明德之馨。若乃廟貌堂堂巍廣，褒建厥家，滋光前休，其亦自此始乎！」

煙山先生諱驄，字士乘，以郡歲貢士起家，筮仕夏縣訓導。自曾祖處士來，三世皆集義躬稼，至煙山先生始仕至教諭，封編脩，而太史益篤其祐于未艾焉。

平陽府重脩文廟學宮記

竊聞之：飾群神之祠，不若脩夫子之廟；脩夫子之廟，不若誦夫子之言；誦夫子之言，不若遵夫子之行；遵夫子之行，不若承夫子之意。夫平陽之文廟學宮脩自弘治辛酉，考于正德丙寅者，太守西平張公良弼也。磨碑於山，文言于石，暨於嘉靖乙酉者，太守開州王公公濟也。夫自丙寅至乙酉，幾二十年矣，乃西平作而不碑，開州碑而不作，其亦庶幾「承夫子之意」者乎！

夫子之脩《春秋》也，「壬申御廩災」，「乙亥嘗」則書，蓋戒夫用于易災之餘者也；三臺兩觀之作皆書，蓋戒夫淫用乎民力者也。故忘意於養士立教之地，知義者不爲也；過求於釁廟考宮之時，知仁者不爲也。昔者魯公子魚好潔其宮廟，取徂徠、新甫之材以治之，故夫子録其詩曰：「新廟奕奕，奚斯所作。孔曼且碩，萬民是若。」而閔子騫仍長府之舊，則亦取其言也。今有先作者於此也，木未架而扁已斲，壁未堊而石已礱，甚至侈功以專美，諛上以引名，因動以計利，云「令後世無以加」者，皆是也，其視西平何如哉？今有後作者於此也，或微飾以兼舊，或小補以眩新，甚至繪絢一加，云柱礎皆已立，户牖一緝，云棟宇皆以興，削其榜，易其名，以爲無前之績者，皆是也，其視開州何如哉？

韓子曰：「莫爲於前，雖美弗彰。莫爲於後，雖盛弗傳。」若西平、開州，可謂「彰」與「傳」矣。然前之作非欲後之碑也，後不能以不碑者，猶夫作之人耳；後之碑非委前之作也，前不得而不作者，猶夫碑之人耳。故作者曰：「一勞而永逸。不然，數築無實則民罷，夫子之所不喜也。」碑者曰：「畫一自可守。不然，如塗塗附則民罷，夫子之所不喜也。」漢召信臣守南陽，能脩湞、湍、泌、淅諸水以溉民田，後杜詩繼守，不廢其跡而民多樂利，遂有「前父後母」之謡。此直一惠養耳，而況於西平、開州爲脩道立教者哉！且開州好善如貪，寸長不遺於人，則於用力乎夫子之宫墻者，「傳」可知矣，故雖有補飾潤澤之績，亦皆没而不言，惟恐功之在己也。且西平立政如古，一事不苟於己，則於率遵乎夫子之道者，「彰」可知矣，故雖有盡心竭力之誠，亦皆去而不留，惟恐功之在己也。夫平陽，堯、舜、禹、湯之墟，皋、夔、伊、傅之地，諸士子固其遺良也，若誦法孔子之言行，由西平、開州之意而往焉，亦庶乎其可入矣。《書》曰：「惟周公克慎厥始，惟畢公克成厥終。」夫西平已往矣，爲周公不爲周公，柟不得而知焉，而開州豈止欲爲畢公者哉？他日守先王之道而不肯變者，其殆斯人夫？諸士子宜棘請事斯人矣。

大成殿，楹七。廡，東西皆有三十。戟門三，先門三。鄉賢、名宦二祠，亦置其旁，皆三。尊經閣三，明倫堂五。東齋皆以道名，曰「弘體」、「凝味」；西齋皆以心名，曰「傳明」、「收格」，號凡五十八。於戲！此亦可觀作者之志與碑者之心也。

西平名文佐，成化甲辰進士。協力以作者，則同知平灤許公莊、通判遼陽王公鐸。開州名溱，正德辛未進士。協力以碑者，則通判京人黄公鍾、推官肥鄉喬公年、臨汾知縣張君佐。

直隸潼關衛重修學宮文宣廟記

潼關衛學屬陝西，而衛則直隸兵部，蓋陝西之東境，河南、山西之西塞也。學宮在衛之右，宣廟在學宮之左，皆南面，歲久圮壞漏敝，於是衛指揮使孫君懋勳承宣重葺理焉。自大成殿、兩廡、東西序、廚庫，以至櫺星、戟門，皆易簷改棟，變櫳申簃，其朱壁漆龕、琉璃黝堊，焕然聿新，而明倫堂與四齋以及師宅生號，亦皆次第重考。工始嘉靖壬午三月，落成於癸未冬十月，於是士氣倍增，文風丕振。教授曹君璉、訓導郭君隆、學士王蕃、謝憲諸人謀石頌功，乃以太學生吴錦至京問記，以彰懋勳于不朽。

曰：「於戲，懋勳！予於正德初筮仕史官，取道潼關，懋勳以父郎中天常先生方務試禮部不罷，乃襲其祖清軒之職。當是時，束髮不勝冠，然儀貌語論即雅飭類儒者，常陰器其不凡。後數年，聞又力抗權宦，雖瀕於死而不悔，則又未嘗不嘆吾陝之有守也。於戲，是固宜有今日宮廟之舉乎！且夫潼關，險聞天下而壯固全陝，自成化至正德年來，流賊毒遍九省而關中不擾，豈真以其山巖之崒嵂、兵革之鋭哉？則孫氏世守斯地之績，亦不可少也。昔晉郤穀悦禮樂而敦詩書，漢祭遵雅歌投壺，常克敵取勝，則懋勳其人也。且斯學也，清軒先生亦嘗修於成化之時，而君能繩其祖武，可不謂得孫道乎？天常先生又嘗舉於弘治之初，而君能紹其孝思，可不謂得子道乎？夫宮廟之所申重者，此二道其先務也，乃吾懋勳已能身教斯士，有提調之本矣，豈啻一土木興哉？於戲，衛之諸士其勉矣！」

猗氏縣重修學宮文廟記

猗氏訓導冀君九經暨諸生來解曰：「猗氏尹長安王君子推下車謁先聖廟，至學宮，見在敝漏，即召匠議資，規措重修。正殿五楹，東西廡三十楹，皆改建堊丹，暨神廚庫二楹，在東廡南。二庫之中，爲戟門三楹。戟門傍碑亭二座，亭東宰牲堂三楹，亭西鄉賢祠三楹。二亭之中有泮池，池南爲欞星門，門壁皆琉璃，高丈有五尺，闊五丈，先知縣徐誼創建，而今亦增飾之者也，壁東豎義路坊，壁西豎禮門坊。明倫堂五楹，在殿北。其東頤養房二楹，其西井養房二楹，日新、時習二齋在二房之南，對以毓秀、興賢二門。祭祀、制書二庫，饌堂、倉庾莫不更新。

涇野子曰：「於戲子推，予關西之豪也！予聞解人曰：『王猗氏嘗均解徭，自況以關雲長，當其無私，雖神鬼可質。』比予遇路村王良輔，良輔言：『猗氏初至，而四方學者從之如雲，誨諄諄不倦。』此其道已可對夫子矣，宮廟之修，豈惟其末哉！猗氏生曰：『公誠足以通幽，明足以檢俗，才足以御煩，藝足以開士。』謂子推非百里材，亦其邇見者也。且子推，予同考癸未之進士也，予雖未得爲本房，乃子推曰：『是固一日坐堂上試我者也，義不可薄，俗不可隨。』及予且謫判官，而子推猶以長者事予，則子推所志遠矣，此其義已欲入夫子之宮墻而思見宗廟百官者也，諸士子其於重脩之微意而求之乎！」

張氏佳城記

張氏佳城者，華州舉人張之桀儀正之所築也。儀正喪母安人東氏，葬諸少華峰陰之麓，遂結廬墓側，朝夕哭奠，餘日則誦《喪記》諸禮、《蓼莪》諸詩，其聲呱呱，烏鵲咸哀，於是孝泉北湧，山雉南馴，衆稱感焉。儀正又構堂寢房序，張闑三重，松楊交植，榆柳森秀，客名之曰「張氏佳城」，蓋雖其父參政公他日百年之後亦可憩。儀正使人來曰：「之桀生三十年，先安人撫育之恩，教督之義，如天地河海，不能盡言。之桀幸且有今，未能禄養一日，終天之恨，若不堪生。兹者塲室之居，苦塊之處，少盡菽水之誠耳。不知先生何以教我？」予曰：「往嘗聞廬墓孝子多寒士窮人，如王裒、徐積輩，與其親同甘苦，其疢疾動心忍性而然者也。❶乃儀正刑部侍郎之孫、山東參政東谷之子、翰林脩撰對山康子之婿，且處豢養、掇巍科，而兹行豈非性有所見之明，學有以變其居乎？則又非寒士窮人比矣。夫道無窮，惟孝爲大。夫學無常，惟盡孝爲先。子於是益擴而大之，遠而至之，將他日輔天下，使人各親其親者，亦在是乎！於戲，儀正！予與子父氏、舅氏皆交厚，其懋之哉！」

絳州尊經閣記

尊經閣爲絳州守程君騰漢所重建，閣在絳庠之中，基高七尺，閣崇三丈，蓋舊有

❶「疢」，續刻本作「疢」。

址傾頹，而今鼎修者也。其中群史諸子集皆在，而獨以經言者何？經者，常也，謂常道也；常道，則「親義序別信」之倫、「忠恕」之則也。學者欲篤行乎此，必先明諸經，欲明諸經，必先尊奉之而後可。故雖孔子且曰「畏聖人之言」，而王仲淹亦曰「通於夫子受罔極之恩，於其言當歿齒而後已」，則夫閣云「尊經」，不徒然也。今夫山僧、谿道，以吾儒視之，皆異端也。彼其先佛、先老之言，洗几而觀，焚香而誦，或收之輪藏，或謄以金泥，若此乎其不敢慢也。乃若吾聖人之經，可以治身，可以治人，可以育物，乃或忽焉不知所敬，宜其教化弛而風俗敝也。程君以政本在是，故創建茲閣，則其所施爲措置者皆可知矣。諸士子其體行之，慎無忽經而自卑云。

安邑縣重修儒學記

安邑縣儒學多廢壞不治，某年月日，知縣事乾州陳君自寬邦敷重脩焉，其壯麗十倍於昔，蓋請諸巡按御史光山盧公、潛江初公而舉之者也。安邑諸士子來問記焉。

予惟《學記》有云：「玉不琢，不成器。人不學，不知道。是故古之王者，建國君民，教學爲先。」然則自寬之修夫學也，豈徒然哉？蓋欲爾諸士子知夫道也。古人云：「今日記一事，明日記一事，久則自然貫穿。今日辨一理，明日辨一理，久則自然浹洽。今日行一難事，明日行一難事，久則自然堅固，渙然冰釋，怡然理順。」如此，方謂之知。苟一行有未盡，則是知之未至也。故曰：誠明無二道，知行非兩事。予嘗見二人焉，有指山畫谷者，有入山臨谷者。夫指山畫谷，猶想像也；入山臨谷，則所謂山之高、谷之淵者益真矣。今徒事記誦者，特指山畫谷之儔耳，烏足以言知邪！

夫安邑，禹故都，昔舜授禹曰：「人心惟危，道心惟微。惟精惟一，允執厥中。」茲數言者，可謂知之至矣，今所謂《尚書》者固在也，諸士子生禹之鄉，讀禹之書，慕禹之道，而不知禹之學，豈特有負於陳君哉？昔卜子夏嘗爲魏文侯師於安邑，夫子夏，在聖門文學科者，而其論處賢人、君、父、友也，則以「易色」、「竭力」、「致身」、「有信」爲己學，其視今之持文墨者何如也？茲聖賢者，皆鄉産也，諸士子顧無景仰之心乎？倘有所得，則由子夏之學，亦庶乎其知道矣。於乎！大禹聖人，乃惜寸陰，至於衆人，當惜分陰。今諸士子之中，豈無善學大禹如陶士行者乎？若夫陳君，善政最多，茲亦可見矣。

臨晉縣改脩儒學記

慶陽丁君大本守中以鄉進士來宰臨晉，政餘進諸生，率勉淬勵。以儒學廟廡、堂齋、官廨頹圮，且規模陿隘，恐不足以作士氣，乃謀諸寮寀師生、鄉士大夫改作焉。學後空地，棄坑塹深丈餘，南北五十丈，東西四十步，先屬教諭李孟賢、訓導張玗平之，遂移退省堂于北，東西各增號房十五楹，分爲五聯，後立官廨。由是改舊退省堂址爲明倫堂，兩齋各增十五楹，益以簷廊。碑亭二，在明倫堂之前。由是改舊明倫堂址爲大成殿，東西兩廡率皆增飾聖賢像，金碧輝煌。神廚在東廡東北，倉庫在西廡西南。乃又改舊大成殿址爲戟門，戟門址爲櫺星門，皆增楹高闊。外暨房二座、儒學門三楹，内禮門、義路二座。時巡按萊陽王公、潛江初公相繼賢之，乃發贖罪金若干兩以助其費。經始于某年月日，落成于某年月日。諸學生咸感德，欲識不忘，持狀問記於柟。

於乎！士子之學與不學，蓋由上之人振作何如也。丁君往年遣其子與其邑之二三子從遊于予，今又有此舉，則其志當不小，諸士子其無負乎哉！且吾聞之，君子有三患：未之聞，患弗得聞也；既聞之，患弗得學也；既學之，患弗能行也。君子有五恥：居其位，無其言，君子恥之；有其言，無其行，君子恥之；既得之而又失之，君子恥之；地有餘而民不足，君子恥之；衆寡均而倍焉，君子恥之。諸士子之爲學也，能奉此三患，存此五恥，于以善俗，于以康國，以爲名士焉，其丁君之志乎！苟徒借爲出身之階，假爲媒利之計，行與言違，名與實浮，寧不有愧于斯建邪？諸士子不見張玄素乎？唐太宗治洛陽宫，乃上書諫止，魏徵歎其有回天之力。不見有司空圖乎？拜諫議大夫，乃高卧王官谷不起，時盗賊不入其境。茲二子，皆其邑人也，其學術事業，寧不與日月争光邪？況東有傅説，西有伯夷，北有王通，相去不過百里，諸士子豈無三子者之遺乎？倘有采于斯言，則茲學也當與傅巖、首陽、龍門並鳴于世矣，諸士子其無負乎哉！

平陽府重脩平水泉上官河記

平水、上官河泉出府西南三十里平山

之下，平山者，莊周所謂藐姑射山也。平水泉之原爲金龍池，池上爲龍祠，又東二百步爲平水神祠，祠前爲清音亭。而上官河之源，則在金龍池西南，近條山焉。池東數泉皆入上官河而水滋大，遂東過清音亭之後至張家橋，而平水亦或派入，俗所謂十二官河分流以溉臨汾、襄陵之田者也，蓋自是以至劉村鎮，夾河三十六村，爲田二萬餘畝，皆資焉。然自張家橋東過石曹澗至於趙半溝，其南支流爲上中河，而居民新開飲水之處，則在其北焉。又其東爲席坊橋，其北則受小石橋之平水。席坊澗之山水，水多泥淤沙礫，上官河遂不復東行，而南入上中河矣。於是席坊、祿穽、麻册、南小榆諸村皆受其利，而麻册洞以東二十餘里無復勺水之潤矣，於是上官、上中民交訟焉。太守王公曰：「上中河者私也，上官河者公也；上官河博而遠，上中河狹而近。不法不德，則守不堅。法則民畏而訟平，德則民化而訟息。究厥病本，其在席坊橋乎！」有張滋者善治水，遂使滋決席坊壅，濬平水、上官河之源，於是上官河滔滔東注，直抵劉村鎮，以復其舊，而略玉、❶下院、東宜、補子、塔頭、段澤、馬務、南劉、辛息諸村，❷皆成陸海，不圩而稻粳茂，不雨而麻麥熟，蓋雖江渚、湖濱，不足以方其美也，而上中河之民亦分程限日，均沾其澤。或有尊賓嘉客道入平陽，太守則邀謁平水神祠，坐清音亭之上，瞰官河之源流，賦詩飲酒，與民同樂。歌曰：「官河漾漾兮百穀成，水無私心兮民

❶「略玉」，《山西通志》卷二百七收《修平水泉官河記》作「界玉」。又卷三十《平陽府臨汾縣》作「界峪」。

❷「辛息」，原作「宰息」，據續刻本改。

不爭。」

判官呂柟曰：「王官谷瀑布泉下，流爲貽溪，水可灌田千餘畝，唐司空表聖立法，谷人以時用之，至今不廢。若鄴旁漳水、秦鄭國渠、蜀煎、南陽鉗盧陂、燕故戾堰，上可富國，下可足民，故跡尚在而日以湮，其弊豈惟民哉？太守嘗云：『政在善俗，俗先禮讓。禮讓之興，在閭里、田桑、雞黍之間。』夫虞、芮亦平陽屬邑，昔人訟田不決，如周以平，皆慚而還，置間田焉，今猶有遺風也。於乎！人孰無是心，安知他日兩河之民不爲故市民乎！於乎，上官河其永矣。」

重建李太守行水碑記

李太守者，京人李義方琮，舊平陽知府也。行水者，成化末年修利澤渠及永利池也。利澤池者，❶長沙李學士先生東陽有記曰：「元中統間有引汾水者，由趙城衛店堰而東流，合霍、澗二水，爲渠以溉趙城、洪洞、臨汾三縣田四萬畝。至順元年，晉寧路達魯花赤朵兒只因地震渠壞，又浚汧口五十二、小夾口十九，有桔槔、護夫皆具，以教農興事。國朝歲久，渠湮水壅，成化甲辰大旱，太守請於當路，重浚此渠，引汾水於洪洞西北，築壩以截其流。復取霍、澗之合流於羊獬，鑿地四區，窪而汲之，以爲凳槽，渟洩斯水。又於高河築壩三丈，窪有十四節，啓閉以時，灌溉沃饒。引其餘水入流城中，資萬室飲，傍水地價頓至十倍矣。」永利池者，錢唐倪宗伯岳有記曰：「平陽郡城，水脉鹻鹵，不可民用。宋慶曆初，知州潘天傳

❶「池」，疑當作「渠」。

引東山卧龍岡黃蘆泉水，❶入城爲池，植蓮其中。金源氏，鹹水塞池。國初，郡守徐仲聲北引汾河衆利渠水，穴城注池，以供衆汲，中爲土梁，界池爲二，甃以瓴甋，四方各長二百有二十步，其深七尋，植檻於梁上，便人往來，名永利渠。歲久衝涸，兼豪右侵據，民罔攸賴，成化乙巳，太守委官募役，給之米粟，重加濬治，傍池鑿井，朝夕利及，❷而銀買車運之苦遽革。又慮池瀦停濁，鑿通池前郡學及不由兒濠，環爲芹泮，城外之水皆可引入無滯。又於澗河、羊獬之間，甃石爲梁洞，殺上流勢，用去霖雨泛汾、没溺民田之患。明年秋，請諸當路，創爲引水洞，長千有百尺，過水洞長亦半之。井橋既具，花木茂植，乃作書院於池側，以居俊秀，其利始永矣。」

判曰：柟昔過洪洞、汾、趙之間，見溝洫縱横，禾麥肥美，以爲江南、湖東亦不過是，詢諸田父，皆曰李太守公之澤也。柟近謫解梁，長老皆傳太守能公鹽利，屯開西場門，❸解人餽千金而不選。❹今見李、倪二記，則太守豈徒區區小惠寸功哉？且太守當成化甲辰歲大凶，飢民嘯聚於垣曲山者數千人，盤據劫掠，勢甚猖獗。事聞，上命鎮巡官相機剿撫，僉憲郝公進兵無功，賊盜熾横，巡撫葉公淇駐節曲沃，憂形于色，太守進曰：「此屬本三省齊民，爲餓飢窘至此，❺宜先撫之。」葉公曰：「此賊據山，殺人

❶「潘天傳」，《山西通志》卷二百七收《重建行水碑記》作「潘大博」。
❷「及」，續刻本作「汲」。
❸「屯」，續刻本作「主」。
❹「選」，《山西通志》收《重建行水碑記》作「受」。
❺「餓飢」，續刻本作「飢寒」。

旅，拒憲臣，當誰撫邪？」太守毅然曰：「琮任之矣！」旦日遂屏騶身衣冠，單騎入山四十里，賊擁其後，環山逆衆皆拋石吶喊。從者曰：「急矣！」太守不懾，益進賊前曰：「吾平陽知府也，來救汝耳，何見疑？」時賊首有靳亮、袁通、劉福成者，皆嘗被理其訟，遂覘認曰：「此真李爺恩主也！可毋犯。」且率衆下山，引入賊巢。時已暮，去縣幾百里，太守乃語賊首曰：「汝輩皆良民善衆，今以飢餓之故，❶不思久計邪？可聽我撫諭下山，與賑濟一分，各回籍，免往罪，妻子亦可全。不信，與爾有約書。」賊設榻寨中，具牛酒以享太守。解衣巾，就榻坐，賊皆群進跪泣曰：「此真救我命者！雖死，願下山。」明，太守書招撫紙旗二面，即令袁通輩前執，賊衆二千餘人皆降至縣。葉公、郝公曰：「此非人所能，真大丈夫也！」遂宥賊，俱如所約，地方以寧。事聞，上賞太守金帛甚厚，而垣曲父老以石刻太守像，搆祠以祀之。太守於其賊如此，則其行水以利民者可由知也。且昔之治鉗盧陂者，皆紹前官之烈，而治渤海之盜，亦在豐稔之時，豈若太守舉百餘年之墜典，而平飢亂之巨寇哉？太守而在兩漢，龔遂、杜詩當遜居下風矣。

太守舉天順甲申進士，授南京吏部主事，擢驗封司郎中，改刑部郎中，陞知平陽府，後遷湖廣參政、山西按察司，及福建左方伯，卒。所至政績亦多類此，今若在，樹動天下可知也。今山西左方伯東渠公，其弟也。聞太守之事於今平陽知府王公公濟及晉之父老，枏因得敘而重記之。

❶「餓」，續刻本作「寒」。

新甃運城西南面及廣郭門記

河東鹽運使司城，國課于辦，寶藏于興，四方商賈于萃，而城多鹵鹻，易於彫圮。往年巡按盧公堯文已甃東面，留三面以俟來者。去年潛江初公巡按繼至，運大夫皆請纘前績，公弗應。已而夏雨水，鹽未花，秋大熟，民不困，公曰：「使民斯其時乎！夫人既不採鹽，丁輸一二百甎，城可旬月舉也。」乃謂運城西面受患尤急，遂自九月興作，以石甃基，續以瓴甋，月城亦充拓改甃，可轉車馬，至十月而告考。致仕知州謝譽、監生張昇等相謂曰：「此運吾人子孫千秋利也，宜紀諸石。」

柟嘆曰：「於此有先作之者矣，而後者不繼，其先者亦孤。於此有後欲作之者矣，而中者不續，其後者亦沮。斯役也，可以紹先，可以開後，豈一已之庸乎？昔者周公之治殷也，克慎厥治，微君陳和中，則畢公亦何以成終哉？夫雖三后，且欲其協心如此也，故公之斯役，甎不陶冶，其材不匱；役當豐稔，其力不困；諸料既備，使之農隙，其心不怨；物土有方，其功不遲；官有定守，工有定規，其成不苟；量而後行，其令不壅；信而後委，其人不悖。故一時庶民子來，舉鍤如雲，歡呼如踴，雖鼛鼓有弗勝者矣。昔宋城城，而城者有『睅目皤腹，于思丹漆』之歌，則以華元棄甲而復也，豈若公之斯役，七美咸具，而得民若是深乎！且公之巡鹽河東也，懼屢役以動民，乃脩補禁墻，幾於百里；疏濬姚暹諸渠，長七千有八百丈；築堅硝池、卓刀、七郎、黃牛、李綽諸堰，皆長四五百丈；建廣察院堂室、廊屋，至四五十間。乃又表前賢以勸士，立溫公之祠而謀復其後，建解梁書院而敦勸其善，修河東書院而因立西渠張仲修之祠。新運學鄉賢，乃定河東自古之哲人；廣六經羽翼，遂板行關雲長，周茂叔，司馬君實，程伯淳、正叔，張子厚之集。則斯城之役，又何難焉？且斯役也，木取諸廢寺，石取諸條山，灰取諸谿谷，甎取其空役，力取諸閒丁，則凡他役之舉，可由知也。於戲！柟嘗數謁侍公，論治，即人情而不私；論學，據天理而不浮；論文，明道義而不險。故馭商有式，督鹽有法，治官有體，愛民有實。是以諸役之興，人樂從而無怨也。公指日大巡一方，且宰治天下矣，宜必充是以行而不渝乎！」公聞之曰：「呂判官望予亦深哉！」

公諱杲，字啓昭，嘉靖辛巳進士，授四川道監察御史。

西城高二丈五尺，長四百四十丈，城門樓、角樓皆新建云。

遊龍門記

龍門在秦晉之間，萬山之會，禹治水極力之地，形勝甲於海內，久懷遊覽而未獲。內濱子曰：「天下之美，不努力一至，惰違不可補。」他日谷泉子西巡，亦猶是興也。乃四月之初，實齋王子以隨谷泉子之清戎也，先自安邑至河津以俟二公。明日，谷泉子自萬泉至。又明日，予自解州猗氏至。又明日，內濱子自運城至。是日雨甚，內濱子陟降懸坡、跋涉泥潦不倦也。既且集，二公曰：「如來日霽，天貺佳期矣。」來日者月五日也，果霽。於是實齋王子先往龍門，予繼往，以同侯二公。道過辛村，謁卜子祠，召其雲裔撫問焉，有題詩。北至清澗，風大作，從者曰：「俗傳食豕肉，詣禹廟，❶必風。」予未諾。然以懾寒，入福聖寺加衣，兼録途中作。風滋甚，返袂蒙面，衝風而往。

過神前村，始至龍門山麓。乃緣棧道，步屧而升，一吏外持，以防惴墮。既謁禹像，風益焚輪起，撼松栢，❷騰砂礫，上蔀天日，下掩河汾，肅肅然，森森然，直若蛟變虎嘯，❸而禹在殿上，使群怪持雷斧、秉神斤以闢龍門也。然實齋席設，亦無豕肉，王子曰：「俗傳於義無害，亦可從。」未幾，二公亦經卜子祠而至。既拜禹，升殿，有携尊，從者置之神几。内濱子曰：「禹惡旨酒，可避之東下。」谷泉子曰：「禹所惡於酒者，旨也。此酒不足以當禹惡。」酒行移時，食且舉，風息。食有饅頭飣，其餡者豕，又不風，不知俗傳者何也。土人又曰：「此地日有潮風，蓋兩山夾立而大河中出，嵐氣縈迴，空洞薄觸，❹即飂颯無所於散。」此或其真云。若乃食豕犯諱，厚誣聖人，於經無取焉。食既，乃遊觀四壁，金碧丹青，十三雕榭，蓋自六籍、群史、四書、諸子，凡言禹事者，無不開方絢識，且筆精意遠，非時工可到。❺殿記在元貞年間，此壁之圖，必其並興。關中人稱岐山周公廟畫，殆不過是也。既而進謁後寢，見塗山氏像，止二嬪侍側，而冠裳樸質，猶可想見古風。

出廟西南，乃捫青蘿、緣曲磴以上。望

❶「詣」，重刻本作「謁」。
❷「撼」，原作「憾」，據萬曆本、重刻本改。
❸「直」，萬曆本、重刻本作「真」。
❹「薄」，重刻本作「搏」。
❺「工」，萬曆本作「人」。

河樓，即谷泉子所改呑吐雲雷樓也，在龍門東闃之上，蓋梁山中斷而東峙者也，前臨中流，上作石室，旋柱其外，以爲轉廊，室塑十閻羅像，俗言「至此絶險之地，與死爲鄰」也。樓外俯黄流，淩白雲，孤山直對其前，而雷首、中條渺渺冥冥，乍見乍没，皆入望眸。從人舉爵者三，而風又作，不可留，乃附僕背，蹴蹬而下。二公先適流丹亭，實齋王子北至河堧，以觀遡舟。予謂斯樓不可無識也，乃獨上寫一絶於石室東壁而下。二公使人召予至，流丹亭北倚石崖，其南半懸中流，栢柱斜度其下，上用板棚，鑿板入井口以汲流，❶即取「勺水於滄海」也，亭扁則白巖喬公小篆，谷泉子甚羡取焉。下亭，乃從内濱子比就實齋王子於河堧，路西即河，其東皆怪石層崖，崒嵂崎嶇不可以步，而内濱子飄裔如飛，予力追不能及。至堧，則西山東轉，北遮河流，不見來處，貯灘環望，四面皆山，如人院落，其前則兩山拱峙，真若龍門，有煤舟自北絡繹而來，棹歌漁唱，不可殫圖，此其爲禹穴乎！或曰：「龍門之外，河洲之上，青草萋萋，黄沙瑩瑩，視河之高，不過咫尺。若遇秋水氾濫，雖百里之漲、千尋之濤，不能侵一坯土焉，是則禹穴者也。」内濱子曰：「禹，古今之大智，而乃喪身於此乎？」谷泉子曰：「會稽亦有禹穴云。」

其在河之堧，❷方欲即舟北行，以求所謂「玄流三汲浪」者，或曰在金門五七十里，或曰在吉州百餘里，不能往，徘徊悵望，而

❶「入」，《山西通志》卷二百七收《龍門山記》、《陝西通志》卷九十二收《遊龍門記》俱作「如」。

❷「其在」，萬曆本作「在其」。

西方孤雲與寒雨驟至，乃即攙僕南返。❶蓋天下奇觀，乃不欲人盡覩，而風雨幻忽，雲雷時出，亦此山之神粧點修飾，聳來者之瞻乎？然斯遊也，不可謂不索其隱而得其奇矣。故既歸夜夢，猶在此山之上。明日以告二公，二公曰：「子可作『龍門風雨遊記』，以發精一執中之妙。」遂分題爲四韻一詩，并謁大禹廟及谷泉子《龍門懷古》者，則又次其韻共八章云。

重建薛文清公祠堂記

文清公薛先生祠，在其縣河津南街東面。粤自弘治九年之夏，給事有奏，禮科楊廉。禮部具題，勑下省邑，鼎建祠宇，兼賜名額，崇儒重道，日照月臨。爾乃草創之初，規制隘陋，久且傾頹。嘉靖五年三月，山西按察副使王公陽武光。按部河津，奮然興懷，欲於本道贓罰米石，量除百金爲增脩具，遂告諸巡撫都御史江公、貴溪潮。巡按御史馬公、信陽録。儲公、襄陽良材。初公潛江杲。咸嘉所舉，有褒揚辭。馬公又發金五十，改建舊坊。尚書坊。初公亦爲祠事，先降十金。於是王公委平陽同知許君琦、猗氏知縣張翼董其事，乃買民地、僧院，增拓厥基，建廟五楹，廊廡重門，鳥革翬飛。謂柟嘗從儲、初二公至河津謁先生也，請記其事。

嗟乎，先生！今代儒之道學，其一人乎！先生之生也，紫衣兆母齊之夢，母將就館，夢紫衣人來。啼聲動祖義之卜。先生生有異質，家人欲棄，祖聞哭聲，乃止。五臟露如水晶，其清透骨；七歲通乎《論》《孟》，其智鄰神。

❶「攙」，萬曆本作「挽」。

方垂髫鬌，參議欲請見而不往；謂李宗問。既嬰法豸，師保求識面而不得。楊文貞士奇。道若可行，雖卑官不屈；先爲大理少卿，後爲大理丞。義如難從，於權勢奚顧。謂抗時貴。玉田謫戍，皆元之耆儒也，不敢以師自居，稱聖門之有人；先生方十五六，隨父在玉田。諸御史謫者：永嘉徐懷玉、高密魏希文、濟南王素亨，父請之教先生，諸君皆以友處。金陵鎮守，皆時之巨鐺也，不敢以勢自處，雖卻扇而不怒。太監興安袁誠於端午送扇，先生辭曰：「賜扇乃天子事。」不受。疏講學以禦侮，虜既入而遽退；己巳之變。布恩信以撫苗，檄方馳而蠻平。語貴州都帥。辯冤獲咎，逆師保而不悔；蘇松飢民乞粟富家，放火逃海，上遣少保王文往勘事。❶懲姦伸法，雖豪右之罔赦。❷在南京大理寺。或雪夜以抄經，雖獄院而誦《易》。謂辯誣忤王文、馬順、王振。志在作人，一磬士之必録；提學山東，將退王。法若可伸，於軍妻之必辯。謂校尉通百户之妾，誣其妻賀氏壓魅其夫事。既受爵於公朝，不知私室之謝恩；爲大理少卿時，對楊士奇、曹鼐時語王振擅權公卿屈事。欲傳道與來學，豈對科舉之旁問。稱病出閣，寧犯乎吉祥；謂諸公拜賀曹吉祥。慷慨就獄，思比於劉球。學士劉球先忤王振，死獄中。英廟易服以見，若遇汲黯之必冠；時上小帽短衣，聞先生至，變長衣。石亨請勑與歸，則舉許衡之懸樑。時亨又請勑與先生教鄉里生徒，先生舉魯齋故事。見幾而行於醴酒不設之時，見石亨弄威福柄。得書而比於居洛不答之老。❸謂得李賢諸公書。守車輪户牖之志，監銀場而黜貪墨，一時軒、耿諸公不足以方其清也；謂都御史

❶「王」，原作「正」，據萬曆本及下注文改。
❷「罔」，原作「岡」，據萬曆本改。
❸「洛」，原作「落」，據萬曆本、重刻本改。

倪、尚書九疇。爲菽粟布帛之文，録《讀書》而究性理，一時劉、李諸公不足以並其文也。謂文定定之、❶文達賢。

故蹇、夏、三楊勳矣，人或議其節；忠定義，忠靖原吉、文貞士奇、文敏榮、文定溥。張、許、劉、周節矣，人或議其幾。冢宰紞、修撰觀、學士球、紀善是修。吴、陳、羅、胡有極高明之學，道中庸恐未同；諭德與弼、檢討獻章、修撰倫、敬齋居敬。黄、李、王、于有以身狥國之勇，盡精微恐不逮。忠宣福、祭酒時勉、司馬竑、肅愍謙。若乃先生，以力行爲讀書，以明道爲脩辭，清而不詭，異而且同，潛學孔顔，抗志程朱，老不殊壯，困未改通，許魯齋之後，未有見其能比者也。故當其存時，或曰「今夫子」，山東及四方士子稱。或曰「真鐵漢」，通政李錫稱。或曰「好官一人」，太監金英稱。或曰「不愧往哲」，冢宰何文淵稱。薦欲代己，時方提學。或曰「躬行實踐」，學士江淵稱，且薦入閣。或曰「本朝理學一人」，大學士李賢稱。或曰：「學已至乎樂地」，都御史張鼎稱。其不平者，止權貴耳。及其既殁，或曰「今之真儒，當入孔廟」，禮科給事中張九功奏。或曰「明體適用，比元大儒，當入從祀」，工部侍郎姚謨奏。或曰「潛心理學，可祀廟庭」，布政許讚奏。或曰「有功名教，侑食廟庭無忝」，冢宰喬宇序。❷其未祀者，蓋有待耳。

然則今日之舉，振頽風而警後學，廣德意而顯前哲，豈爲泰乎！且是祀，王公之父㬎。丞河津時，受委上司所督脩者也。丞嘗言：「當事制于掌印，❸程期則逼于尊官。使建置之未稱，雖棄官而猶悔。」冢嗣憲副

❶「文定」，據《明史》，劉定之謚「文安」。
❷「宇」，原作「字」，據萬曆本改。
❸「事」下，萬曆本有「則」字。

思光前志，繼脩遺績，夢雖徵於王氏，今實兆於有薛。丞修祀時，憲副尚夫舉。❶丞戹夢於先生，❷先生告之吉語。謂先生之匪神，胡前知之如覩？既哲靈之不没，庶寢成之孔安！

先生諱瑄，字德温，別號敬軒，文清其謚云。

河東鄉賢祠記

監察御史初公巡按山西且期年，一日登河東書院之書樓，見三晉諸鄉賢木主扃閉其上，而積歲釋菜不脩，且師士子瞻仰展拜亦難，甚憫焉。他日至運司儒學，見鄉賢祠一所空設而中無一主，曰：「此不可安祀書樓上之賢，以示諸士子邪？」又曰：「河東運司非一府一州邑可比，則生乎其地之賢，凡有事斯土者不可漠然視也。」於是取前巡按御史安陽張仲脩所查定諸賢而增損之，乃命運司增飾室宇，創置龕案，遂立主敘位，撰文安祀，且定春秋常行之儀。其未舉之前經營籌畫，與中府經歷張君棻及柟有聯句二首。則公之積念於斯鄉賢者，其志亦勤矣，諸士子朝夕遊瞻，皆不知所敬承而式法之乎？祀自風后、蒼頡，凡八十四位，其文并詩列諸後。

公諱杲，字啓照，湖廣潛江人，起家嘉靖辛巳進士。

夫子像殿記

河東書院，前巡按御史安陽張仲脩所

❶「夫」，似當作「未」。

❷「戹」，原作「尼」，據萬曆本改。

建，而夫子遺像石刻乃立於退思堂後、四教亭下，適當人往來必由之地，至其下者，每不能常恭。蓋禮主於恭，恭數則慢生；心主於敬，敬數則褻起。今巡按潛江初公曰：「書院諸布設皆善，獨夫子像在當路，甚不可耳。❶」流觀其中，見九峰山北峙，而書樓巋巋然在前，曰：「是非安祀夫子所邪？」乃命運司移夫子石像於九峰山之南麓。既定，乃起殿三楹，四壁内堊塗，外皆甎甃，丹牖朱户，焕然山前。南望書樓，若夫子身所指顧，❷以示後學者也。

公至河東之年，嘗選學中俊士四十餘人肄業書院，比秋已舉三人。今年又選少且敏者十餘人亦肄書院，且謂之曰：「爾諸生知尊夫子之道乎？夫進學以脩德爲先，素行一虧，其餘不足觀已，大本既失，所學亦奚以爲？諸生若外矯飾而内姦回，口詩書而心市井，或騁血氣而凌傲師長，或挾仇讎而傾擠朋儕，或家居而倫理弗惇，或外遊而行檢不飾，皆得罪於夫子者也。致知雖以力行爲重，而進道尤以篤志爲本，志苟不篤，雖日置夫子於當路，祇成褻慢耳。今兹殿之成，蓋不獨尊安夫子之像，亦以使爾諸士子知所以敬夫子者，在實不在文，在信不在貌也。」其移像聯句二首，刻諸文石。

公名杲，字啓昭，嘉靖辛巳進士。

重修封丘廟學及群祠記

異時予常與友朋論有司，少能如漢循良吏愛民者，及判解來，始知民心甚可獲，

❶ 「甚不可耳」，萬曆本作「不可」。

❷ 「顧」，萬曆本無。

往往使之不得其所者，皆有司之過也。封丘者，河南開封之屬邑也，其令龔君汝登涖任三載，邑乃大治。汝登之僚符尚、王珽者，予舊識也，乃偕其丞杜君列狀告予曰：「嗟呼！封丘之敝久矣。自龔侯至，其善政不可枚舉也。蓋嘗進群吏而語之，各舉其廢，至謂工吏曰：『祠廟之圮，壇壝之傾，是可已乎？』於是脩宣聖之廟，新賢聖之像，廡庫諸舍、戟欞二門，以至堂齋號宇，罔不葺理。於是八蜡有主，鄉賢有祠，社稷壇興，山川壝起。乃又崇城濬池，高臺巍樓，民罔不悦，神無不歆。不知涇野子肯與而記之乎？」予曰：「於戲，汝登！予同考癸未年之進士也。當其時，諸考試先生固欲得明經篤實之士，入則爲國，出則爲民，其意汝登所立至此，豈非今代之龔遂乎？不日入爲臺諫，進位卿相，皆自是基之耳。汝登不可鋭於始而怠於終，優於小而忽於大也。」

汝登名治，羽林前衛官籍，其先山東堂邑縣人。祖訓，奉勑守備白羊口有功，陞都指揮，掌福建都司事。父鐸，以業儒，府部會舉掌衞事。汝登乃其廕襲讓之弟而從文者也。廟成，在嘉靖五年秋七月。

重建温國文正公司馬先生祠堂記

夫夏，乃宋司馬温國文正公故里也，墓在城北鳴條崗高堠里。高宗南渡，子孫盡室遷浙之山陰、蜀之敘州矣。元大德間，張式始祠公于夏學之左，延祐間，李榮祖作塑像焉，歲時有司致祭。然規制隘陋，歲久屋敝，至使先生像貌皆被雨淋漓。巡鹽潛江初公按部至夏，憤然興懷，見所居察院深邃而松栢茂密，慕公之極，則曰：「是非棲神所邪？」即欲移祠先生焉。及與巡按馬公、清戎儲公會議，遂改建祠于縣治東北。其墓南北二十有六丈，東西十丈。正廳五楹，廳前東西廡各三楹。廳後正寢亦五楹，其東西廂各三楹。廳之南，中爲二門三楹，左右爲角門各一楹。又南建坊，以爲大門焉。周垣高廣，視舊祠治十倍焉。❶其費皆初公發縣贖罪金二百餘兩，他無所取，蓋恐厲民，非先生所安耳。祠外又考得官地水田九十畝，則以實簿正供祭祀，將俟他日司馬氏後至而歸之也。且落成，公謂柟宜有記，而夏縣單尹文彪實受委理，又懇問焉。

於戲！先生之道，感天人、存誠一者，蘇子嘗言之。其致用之德，庶幾乎仁、明、武者，予嘗言之。昔者神宗謂左丞蒲宗孟曰：「如光，未論別事，只辭樞密一節，朕自即位以來，惟見此人。」斯則天子慕之矣。先生自洛赴闕庭，衛士見之，皆以手加額曰：「此司馬相公也！」民遮道呼曰：「公無歸洛！留相天子，活百姓！」所在數千人聚觀，斯則國人慕之矣。海内傳誦以爲真宰相，雖田夫野老皆號「司馬相公」，婦人孺子亦知其爲君實，斯則天下慕之矣。遼、夏遣使入朝，與吾使入虜中者，虜必問先生起居。及爲相，遼人敕其邊吏曰：「中國相司馬矣，慎毋生事，開邊隙。」斯則夷蠻戎狄慕之矣。豈非其所謂誠一、仁明武之著邪？而況於至其邑里哉！夫龍鳳之爲物，人固知敬且慕，平居則或談笑而道之，及臨其淵，撫其巢，龍鳳雖往，而傾羨注嘆之情，視

❶「治」，續刻本作「殆」。

平居尤甚也。夫夏，其司馬氏之淵巢乎！至其祠，其不動六陽九苞之懷者哉？且初公至晉，即托柟校刊先生之《傳家集》矣，斯舉也又非止臨淵巢而嘆龍鳳者也。里之英雄俊髦，宜知所向往而不可後矣。

馬公名録，字群卿，信陽人，正德戊辰進士。儲公名良材，字邦掄，襄陽人，丁丑進士。初公則諱杲，字啓昭，嘉靖辛巳進士，蓋以巡鹽數至先生之邑里者也。

重脩平陸縣儒學記

平陸縣儒學，在城東南隅仁和坊街東，宋祥符二年縣令麻吉建。國朝洪武間開設學校，知縣孔守道就其地復建焉，然僅當南城之下，而廟無明倫堂，弘治、正德間，始開南城一堵爲文廟門。今殿廡堂齋，多就傾圮，巡鹽潛江初公以本院行縣贖罪金若干兩，命知縣王紳重脩之，雖至持敬、禮門、義路、拔萃、射圃、鄉賢之祠、師生之地，皆煥然一新。既落成，而初公去河東已五日矣，教官李善等率諸子問記于予。

竊惟平陸，北據條山，南瞰黄河，本虞公國也，《詩》「虞芮質成」，即此。於商，有傅説焉，孔子删《書》而取其三篇者，此地産也。於春秋，有宫之奇、百里奚焉，孟子論人而取其忠智者，此地産也。今去三子二千有餘歲矣，其山之靈、河之秀豈無鍾萃於人，若三子出於其間，以爲孔孟之所取乎？初公按部，登覽山河，景仰前修，其爲此舉，蓋以三子者望爾諸士子，以要諸孔孟也。夫宫之奇、百里奚不暇論，若傅説與伊尹並，後世論相者率以爲稱首，豈非聖人之儔哉？諸士子登其巖，拜其墓，讀其書，寧無感發興起者乎？且初公至河東，於聖賢之祠、學廟之制，恐傷財以厲民，乃率以其贖罪金代爲建脩之費，蓋非以黌庠之偉麗，爲士子容身媒利之所也。諸士子其亦無負於斯人乎！

初公名杲，字啓昭，嘉靖辛巳進士，授四川道監察御史，巡鹽在嘉靖四五年間。

白石樓記

白石樓在曲沃縣東南二十里白石山陰，凡三楹，南面，濟溪李仲南之所搆也。山即紫金山之支，名曰白石，❶燕人張詩嘗過而名之，故樓亦以是名云。樓東西介於景明、白水二村之間，蓋山有瀑布，自巔懸下，其西一支爲西溪，經景明村，其東一支爲白水溪，經白水村，貫穿樓院，入于溪西。樓南爲白雲洞，古蹟也，兩石欹倚如門，元末兵亂，骸積其内如莽，仲南皆舁而葬之，遂復爲洞。洞之西溪之中，孤嶼巋然，曰「釣臺」，而濯纓磯亦在其旁，蓋於是乎洗塵土而滌班垢也。飲牛灘在溪西岸，牧人吹笛驅牛羊，朝歌夕舞，影映溪流，其前爲觀瀾石，溪水初自山巔而下，湍急淜激，仲南於是乎嘗探本也。樓東南爲翠微巖，又其上爲卧雲峰，崒嵂崎嶔，雲物環宿。石橋在樓南，徑跨西溪，蓋眺山覽水之利津也。其樓北有桃花塢，爲富室園林，内多桃柳，三月花放，雲霞爛錦，深不知處，可比武溪。仙人石亦在山下，蓋因形而名之也。夫仙人多好樓居，仲南搆樓北山，而又有此石以應之，仲南之志，其爲仙人乎？

❶「名曰」，《山西通志》卷十八引《白石樓記》作「山多」。

初，仲南與予徒張詩爲友，能爲漢魏聲詩。於是北過燕，西入趙，抵蒲、解，遍閱山水，曰：「無如吾白石山也。」遂搆兹樓，思終身耳。於戲，懿哉仲南！予亦有山水之癖，家住涇渭之旁，太華、終南之陰。不日西往，仲南肯一過，當同登其上，眺畢郢之周原，瞰成紀之卦沙，聆岐山之鳳，追靈囿之麟，區區繫牛之地，栢天之苑，又細觀耳。仲南曰：「子肯爲我東道主，鑌當裹糧而行，不憚勞也。」涇野子曰：「東方有喬岱焉，覩梟繹如拳石，睇洙泗于掌上，又不啻太華、終南也。予久好慕焉，又肯偕遊乎？」仲南曰：「子如不終棄，鑌雖繫白石樓以往可也！」

樓搆於嘉靖五年六月六日，落成十一月之望。

臨汾縣重修文廟學宫記

臨汾尹任丘袁君伯昭既鼎脩其縣文廟學宫矣，教諭耀人辛孟儒狀予曰：「廟學在縣治西崇道坊，初爲元李參罕帖木兒祠堂，洪武十一年易扁爲『宣聖廟』，其殿重簷五楹，二廡去殿隔遠，東西孤峙，戟門即其賽禱樓也，蓋皆因陋就簡，疎闊鄙野，部次不格。宣德間縣令袁衡、弘治間縣令馬龍皆嘗重脩，實未增廣。正德間三原李伸創建號房堂齋，開拓學地，獨廟貌尚未改作。因仍至今已二百年，梁棟簷瓦，蠹朽飄殞，風雨每至，凛凛懼頹。嘉靖五年秋，伯昭來尹，謁廟每顧珍等曰：『臨汾爲晉大邑，而廟乃儉陋彫敝如此，吾不得辭其責。』迺請諸太守開州王公，申諸巡按平原張公，咸以爲善。

於是鳩徒二百，庀材八百，計金三百，裁太高則去殿之重簷，補所缺則增隅之廊廡，鄙太卑則聳搆欞星之門，惡太俗則剗去賽禱之樓。攻取增損，各適其宜；疎密廣狹，咸中于法。乃又於東開通學衢，以便出入。完美盡於一時，功烈加於百世。且於繁劇之暇，鋭意振作之方，文風士習，蔚然丕變。功始季秋一日，成于仲冬某日，力取諸逸夫而民不知，財取諸大家而官不費。」

予曰：「嗟乎！人之爲室，譬如爲學，學之爲的，中庸而已，高則太過，卑則不及，行不至則有所缺，見不大則淪於俗。故君子去浮僞矜誇之習，以損高而遜志也；振懦弱苟且之趨，以遠卑而上達也；和而不同，以裕俗也；致廣大而盡精微，以救缺也。能是四者，則義禮成性，而材德咸美，於吾夫子之道其庶乎！然則伯昭稟諸開州而脩乎宮廟之志者，遐哉邈乎！若乃以土木之事，粉飾宮墻而標致膠序，必非其然。諸士子其勖諸！」

平原名禄，開州名溱，伯昭則前丁丑進士，三任縣官尚未遷，淮其名也。

省克堂記

程子曰：「學孔子莫如學顏子，學顏子爲有入處。」朱子曰：「惟曾氏之傳，獨得其宗。」然則後世學者師法聖賢，自孔子而下，顏、曾而已。曾子以「省」爲功，故曰：「吾日三省吾身。」顏子以「克」爲學，故曰：「一日克己復禮爲仁。」然則大參邵公之以「省克」名堂者，其志在顏、曾矣。

「《春秋傳》以『勝敵』爲克，後世以『宮』名省，此其言學何也？」曰：「己私之難遏，如勍敵之難攻，雖有力者，皆爲所靡矣，故能克去己私，則物欲難侵，禍患可免，如敵之退也。過咎之既稔，如宮禁之深密，雖敵且智者，皆爲所迷矣，故省求其過，則病痛自知，出入有向，如宮門之有察也。」游廣平曰：「曾子大賢也，且以三者日省。學者所省，又不止此，當推類無所不省可也。」曰：「此非所以學三省也，若從事於此，則其學益荒矣！　夫三省者，曾子自其所不足者而言，學者如欲學曾，則亦先自病之所急者是省耳。」「程子曰『克己，先從難克處克將去』。」曰：「此非所以學顏子也，若先從難處克，❶則其病益多矣！　夫克己者，夫子自顏子所未純者而言，學者如欲學顏，則亦須使己之所有者盡去耳。」然則省克堂之志，其在斯乎！

重葺河東東察院記

河東察院既久敝，前巡鹽光山盧公堯文且行，屬今巡鹽潛江初公充拓鼎建。初公至既數月，命運司營繕，乃移居於東察院。東察院者，則巡按及清戎諸公所至以居者也。是時信陽百愚馬公君卿方巡按於是，襄陽谷泉儲公邦掄方清戎於是，皆且至河東，然谷泉子知東察院亦敝甚，乃寓書初公曰：「聞君脩察院，不知客所居者，亦常念及乎？」於是初公登堂則治官事，退居則命輿皂增飾葺理。然堂後多危墻隔遮，甚隘陋，又多坑塹，於是除墻堵，平坑塹，豁然洞開。有杏一株，適當寢室之後，乃作獨杏

❶「先從難處」，原作「從先難處」，據前文改。

園，其東作春妍塢，其内起百花亭子一楹，其前則種植諸卉。自春妍塢而北適西，則晚翠塢也，其内搆十竹亭，統亭周匝皆種以解山之竹，又取静林、王宫之栢，亦間植之。其堂前兩墀種栢皆成行列，三二月，栢竹俱有生意。公曰：「是不可以待二公來邪？」

方其經營之始，每客至，公輒留款，或出題限韻，賡和聯句，則公適物之情，待友之義，皆可見矣。詩皆列諸後，虞州有劉御史翀，❶北坡爲張經歷菜，條山爲程員外郎鵬，龍泉爲張員外郎蔓，小泉爲李參議淮，涇野爲柟，内濱則公之别號，諱杲，字啓昭。

觀底柱記

底柱在平陸縣東五十里，大河自蒲津西來，至是微折而南，是柱正當轉曲之間，在三門山之陽，紫金、駱駝二峰之西，其形如柱，植立中河。今年三月，内濱初公、谷泉儲公及柟約往觀之，期至秋初，蓋谷泉子之行吉也。乃七月三日至平陸，同劉虞州四人緣河北岸，崎嶇而東。至其下，登拜禹廟，出臨先門，坐且未穩，私心急欲一觀斯柱，乃引河人蹈禾黍中，迤邐南望，彷彿窺其形狀，但爲雙樹所蔽翳，不真爾。既坐，三公問從人底柱何在，從人群指，而三公尚未得覩，予曰：「西岸雙樹蔽翳而突兀祠前者是也。」谷泉子曰：「不知涇野已先見耶，又隱而不言可乎？」予曰：「柟所見者心也，諸公所未見者跡也，是故見形忘形，見聲忘聲，斯則真底柱爾。」諸公皆大笑，

❶「州」，續刻本作「川」。

乃飯。

飯已，自先門之磴而下，東緣河滸至於懸崖，去河咫尺，倚崖而立，南望斯柱，果形狀峭拔，與河中諸峰不同。時暴雨新落，大河泛漲，是柱頗偏西岸，予又疑曰：「往何以謂之『柱在中流』邪？」虞州子曰：❶「河至秋闌冬後，則東流倒於西岸，而是柱正當中爾。」諸公更欲前進，求至其所，而路益隘阸。內濱子乃命繪人扶二吏往，直至紫金峰東，與柱相對，而東岸山砰有古刻「底柱」二字，及唐宋元人銘詩，繪人皆謄來以觀。遂開尊河滸之上，面流三爵，蓋是時跋涉艱楚，不能再步爾。內濱子浩然歎曰：「斯河也，自崑崙、積石而來，北過龍門，東至底柱，納水不啻萬流，過山不啻千重，雖崇嶺峻巘，俱闢避左右，無一能當之者。獨此柱高不及數尋，圍不及百丈，乃巋然中流，上撐昊天，下係厚地，污濁不染，波盪不去，亘萬古而不磨。」曰：「人之一心本與乾坤相通，或爲巧言左語所入，或爲讒論正議所拂，遂移其正理，變其常性，是非顛倒，真妄錯雜，乃不若此柱何邪？」谷泉子曰：「今日之遊，豈真爲是柱哉？」於是諸公皆憑高命酒，臨流賦詩，以發其精幽。既而曰：「禹固留此柱，以教萬世之疑懼者乎！」其諸聯和，皆後列。五年七月五日記。

別解梁書院記

涇野子自解梁書院且行，謂王雪巖子中暨丘孟學、王克孝曰：「三君子稔知書院之所起矣，予於嘉靖三年八月抵任，九

❶「州」，續刻本作「川」。

月即謀斯舉於前守林南江。當是時，止創鄉賢祠一所，中祀州及五縣名哲，工未完而南江逝矣，於後即祀之。前立禮和堂，延子中及㞕文質、張師孔主教童蒙，兼率鄉約善民。一時風行，而屬邑耆俊士亦多至者，朝夕絃誦，朔望冠射，彬彬乎，濟濟乎，斯其地有不能容矣。於是名公鉅卿、鴻儒碩彦來觀禮讓者，歲無虚月，然皆隘是地焉，而莫能闢也。巡鹽初公三至斯所，獨悵然曰：『斯不可洪而大之，以容諸耆壽俊髦乎？❶』即捐其贖罪米錢紙計百餘金，移州擴治焉。而諸士民見之，亦多向義輸財，來效工食費。」

「乃於禮和堂前建仰山堂。其前四齋相向，一曰『讀律誥』，二曰『課農樹』，三曰『正婚祭』，四曰『均市渠』，遂取鄉約耆民所長者，分處四齋之中。然仰山堂成，而對山康子適至，題其前曰『彝倫攸敘』，置對一首，則欲跐箕子而不直爲文中也。後堂三齋，曰『禮樂』、曰『射御』、曰『書數』者，則居蒙士，然皆於子中典焉。其禮和堂後有格物、誠意、正心、脩身四齋，則居學中生員願來者二三十輩，而孟學統之。其西則構養正館，蓋以予方與孟學、克孝同寢處。禮和堂乃以是爲子中所居以授童蒙，蓋谿田馬子近至之所處也。其東因構鄉約所焉。於是扁儀門爲『禮義相先之地』，扁先門爲『解梁書院』，而初公所建大坊，則直達東街之通衢矣。其院中塍植條山之栢，溝引龍谷之水，前者爲方塘，後繞於祠屋，採蓮種芹，無往不可，蓋三年而始成。」

「予坐仰山堂之上，見條山當面，蒼翠

❶「耆」，萬曆本作「考」。

四圍，日夕躭玩，至忘寢食。或聽耆民讀律誥之文，或和童子歌《豳》《南》之詩，或課俊士誦周程之書，或得黎庶輸金矢之訟，恍若身際羲黄之世，而莫知其他也。他日觀築堵曰：『板板皆吾心所在。』有一士妄焚木屑者，則撻之曰：『汝知此木之義乎？雖尺寸未嘗科於州人。』謂其樹曰：『種則隸也，生則予也。力則隸也，心則予也。毋折予枝，毋踐予本。』夜隨擊柝者以觀號，見逸或寢者，且荅之曰：『與汝是地，爲逸乎？與汝是屋，爲寢乎？且汝有是身，止於工文詞、謀科第以爲人乎？抑以求汝身之所始，思汝心之所終，觀天地之不遠，念父母之常存，明無人非，幽無鬼責，以求不同於秋草者乎？』予往矣，三君子并識之，以告諸俊蒙稚，及乎三年之所常言。」

上黨仇氏新建東山書院記

東山在潞州東南七十里雄山鎮，仇氏時茂森族居於此。時茂自其父祖及兄時濟楫輩與其子孫同居者，蓋四世矣。又嘗修舉《藍田呂氏鄉約》以化鄉人者，蓋三百餘人矣。興建義學於其舍旁，以教鄉人之子弟者，蓋五七十家矣。猶以爲未足也，乃於雄山之東嶺，平其巔巘，填其磵壑，爲方五畝，甃石爲基，崇丈有五尺，圍六十餘丈，其上繚以瓴甋，以爲周垣，乃於其内先建先師祠三楹，祠有重墉，其門南啓。後爲學習堂三楹，主教者居焉。齋四，曰志道、據德、依仁、游藝，在堂之前相對列。堂南爲入德門，門南構樓，崇丈有五尺，以儲古今典籍，曰「尊經樓」，其左右則井廚碾臼碑亭皆具。

樓外屋六楹，在二廂，以居園丁田卒。有橋突起於其南，下爲橫池，凡東山之水皆趨聚焉，實登樓入門之始途也，曰「格心橋」。斯役也，蓋三年而後成，倡之者雖時茂，而經營創作，則時淳樸尤專任焉。時閑欄奉時淳及時表桓之命，披風霜，冒波濤，渡江而南以問記。

涇野子曰：「夫書院自唐宋以來，白鹿、嶽麓處多有之，蓋以理學校也。然其後多課諸生文藝科第，而於朱子舊規鮮有舉者。夫東山書院之建，其無止以伸呫嗶、工辭華而已。」或曰：「何以爲規？」曰：「即《家範》以教家，而家道皆可正矣；即《鄉約》以教鄉，而鄉俗皆可美矣；即義學以教子弟，而子弟皆可材矣。蓋先師夫子及諸賢之道，實不外此。士能於此，雖以治天下邦國，有餘也。」又謂時閑曰：「子博學而篤行，恬於勢利而厚於倫理，真石巖之處士也。望即於此設科，以待鄉之俊秀而教育之，明先聖之道，爲邦人之式，無爲厚自遜也。慎之哉，書院之建，人將以爾爲標準也！仇氏而不能慎終如始，則書院也，雖近世之課文藝科第者不逮，而況其他乎？」

定性堂記

定性堂者，岑山書院中之講堂也。初，岑山先生程侍御良用爲秀才時，常偕同志讀書岑山，篤志正學，謂洛陽程子論道，定性爲要，其於經籍微旨、聖賢奧義，盡在於斯，遂扁厥堂，朝夕請事。既舉進士，推府汀州，擢職內臺，清戎兩浙，皆以所學於是者行之，雖遇權姦勢豪，廷諍便便，不一齟齬。卒官之後，民頌其政，士思其德。於是徽守鄭君玉采取輿論，呈諸巡撫陳公文明，乃即侍御之號建岑山書院云。於内起定性堂，其後立侍御祠室，以詔來學。至是，其子進士默來南京問記，且曰：「今之學者，不於内則於外，於外者窒塞，❶於内者荒唐，則何以謂之實學？」

嗟夫！定性之説，横渠張子問於先，❷晦菴朱子釋於後，固已悉矣，又何説？但其書曰「猶累於外物」者，言失其内也；曰「惡外物之誘」者，言失其外也。故性之德，合外内之道也。故在外之物，其理皆寓於在内之心；在内之心，其理皆通乎在外之物。不可以物爲非我也，「反身而誠，樂莫大焉」，孟子之説也；不可以心爲無物也，「盡己之性，則能盡物之性」，子思之説也。是故有聖人之事焉，有學者之事焉。「廓然而太公，物來而順應，其喜怒因物之當喜怒」者，聖人之事也；「心求其太公，物思乎順應，當其怒時遽忘其怒，而觀理之是非」者，學者之事也。今以聖人之事而語學者，是中人而語上也，茫無所進矣。今以學者之事而語聖人，是上人而語下也，泥不能明矣。夫程、張、朱皆大賢也，❸故其論皆已幾於聖，初學之士，其必自學者之事始乎！不然，歧徑一差，幾何不爲「入定出定」之禪乎？

張濬言岑山去郡城一舍，壁立中江，障堤率水，卑視群岫，撐柱穹蒼，左右縈流，遠與金、焦争勝，已有定性之象，故侍御取以自號，而書院亦以是名，於其堂遂昭然

❶ 「窒」，萬曆本作「窟」。
❷ 「問」，萬曆本作「開」。
❸ 「夫程張朱」，重刻本作「周程張朱」。

扁也。

與齋記

與齋者，前參政德清吴公從岷之齋扁也。公生而峭直果毅，遇事不屈，其父禮部司務、封奉直大夫中隱先生曰：「此非所以居世也。」每以「容與」誨之，公遂榜於燕居之屋，因以自號。既舉弘治丙辰進士，乃丁母俞宜人憂，服闋，授刑部主事，曰：「刑以司民命，吾父所謂『容與』者，其殆爲此乎！」於是比罪不苟，得情勿喜，部中稱允。越三年，奉勑録囚南畿，惟事欽恤，多所平允，凡冤抑屈鬱獲伸其情者，不啻百千。越二年甲子，陞本部員外郎。大司寇以爲故事，部中本科必得明允公正者以居，斯讞書不差，憲政克舉。遂選於衆，曰：「吴員外郎可。」公既受委，凡十三司之章奏，無不詳審裁割，一適於正。若非得於「容與」，則固無以使成輸之咸孚也。厥後僉憲江西，丁封君憂，服闋，改僉河南。

是時盜賊充斥，而順德、河南上下，山西、山東之間，南北路衝，統束不一。公以劇材勑兼四衛，禁戢盜賊，并理詞訟，卒之地方寧輯，撫按交論其賢。乃改大梁道，事尤繁重，兼以歲歉河決，漂没田産，公招來振濟，督察隄塞，心力咸殫。於是民頗安妥，鎮撫交辟，上有文綺之賜，是在正德戊巳也。其參議山東，當庚辛壬癸間，是時流賊楊虎、劉七方熾，倡亂山東，公或統率官軍，相機戰守，或杖劍截伐，深入賊巢，蓋斬首不下百餘，生擒幾乎滿千，上又增錫銀牌矣。其後憲副山西，參政河南，勦張天捷之劇賊以安汾、石，勘代府將軍搆隙以得真僞，殄南陽之兇賊以安流離，皆此類也。

夫跡公之政，多著於兵刑之間，而見於威武之揚，人疑其當爲剛强莫敵之勇也，而不知所以得之者，實在乎「與齋」爾。蓋「臨事而懼，好謀而成」，夫子所以告子路者，其中隱先生以告之公者乎！後之雅歌投壺、折衝尊俎者，將非皆此意邪？《易》以地水爲師，傳曰：「藏至險於至静，蘊不測於大順，而歸諸貞，丈人吉。」吾又於與齋驗之矣。

與齋名江，從岷其字也，於辛巳年引疾致仕，日親詩酒，築室苧菱湖之西洲，從懸舊扁云。

甘泉行窩記

甘泉行窩者，今少宰甘泉先生增城湛公所過之地也。嘉靖丁亥冬，先生以大司成考績北上，道出維揚，其門人不期而至者五十人，居一日，秉贄而謁者又幾十人，先生樂之，有至止之意焉。車且起，有葛澗者請立會友約，後而來者益衆，澗乃謀於諸友，選地於城東一里，承甘泉山之脉，創行窩焉，曰：「此可以聚同志之士，❶講先生之道也。」揚故有甘泉山，蜀岡諸阜咸發脉焉，高二三十丈，望五十里，其巔有泉甚洌，曰「甘泉」，與先生之號不約而同，行窩正當其結聚處，此所以名也，遂扁於先門，枏所書也。門北銀杏一樹，大將十圍，高十餘丈，乃就樹築土爲壇，壇北築基爲堂，堂曰「至止」，先生所題也。其《心性圖説》在北墉，鍾磬在東墉，琹鼓在西墉，二齋在東序西序，燕居在至止堂北，廚庫在燕居左右。繚

❶「聚」，續刻本作「裒」。

以周垣，凡六十有二丈，垣外而溝，溝外有柳，先門外有池，池水與溝水襟帶行窩，而池上有橋。當行窩之旁，又置田二十餘畝，以資來學。其費也，初議出於衆，後澗皆辭之，蓋身所獨舉，因以問記云。

曰：「昔宋二程子適僧寺，大程入門而左，從者數十人，小程入門而右，從者無幾，小程曰：『此便見頤不及家兄處。』今先生一過維揚，從者如雲，則何以異於大程？柟，先生禮闈所取士，受教獨深，先生每令門弟子隨處體認天理，求心事於合一，近復推廣皇上『敬一』之箴，蓋凡言動，皆此教也。大程言『天理二字，卻是自家體貼出來』，則固無以異於先生。然則凡居行窩者，又豈可他求乎？昔程子自謂：『予得劉、謝輩，而從之者日益廣。』近予讀《雍語》，多澗所問對也，讀《合一訓》，多澗所輯行也。澗，揚人也，與其弟洞蚤從先生於南雍，能篤信乎先生，故先生未至揚，而揚人已徯志如是。然則葛非湛門之劉、謝乎？主行窩之教，立先生之範，以式是來淑，不在葛君乎！昔元有程悦古者，隱士也，李子敬者，義士也，子敬富於財，而病世之學者難乎道，乃捐貲建學古書院，敦請悦古以化鄉人，至今子敬與悦古並傳不朽。葛君之學與志，又匪但如子敬，而先生之道，又非但如悦古，蓋泝伊洛而上跲鄒魯者也。是故處則明義以變俗，出則興道以振風，光行窩於萬年，明師教於百世，葛君固不得辭其責矣！」

貞節熊四之女記

吴友青州博興人熊四必悦慶澤，以父

方伯公良佐之命，婿於故少司空孔公聲伯焉。司空本宣聖五十八代孫，與必悦皆山東人也。司空先籍長洲縣，必悦因婿，亦籍吴縣，與司空今皆蘇州人矣。必悦生女壽芳，五歲字於無錫人秦漢。秦漢伯父爲大司徒金，外祖父則都御史毛公珵也。於是婚姻咸嘉，伉儷胥悦。乃正德十三年正月二十日，漢暴病死，芳女聞訃，痛哭自縊，賴婢子救免。後父母鄉鄰憐其少且賢也，欲奪其志，則又自縊，屢奪屢縊，又潛髡且刵，以明厥心，父母鄰里始驚信之。詳見《少傅太學士守谿先生傳》。近必悦送其子壽栢鄉試應天，乃携以謁予，其器度温淳，雅可敬愛，則女節可徵矣。初，予與必悦讀書長安，以道義相勖，思以治諸躬而刑于家。今必悦乃親見其女賢如此，對談數日，喜而後可知也。然必悦方自以不能取進士科仕於王宦爲憾。夫必悦之道，已行於子女，又何必在其身哉？必悦曰：「慶澤將因子女而顯矣。」曰：「若非必悦身教之篤，閫範之正，庭訓之蚤，又安能以有此哉？」或曰：「觀方伯擇婦之故，司空館甥之詳，其所源流於東魯者遠矣！」

是舉也，經知府申呈者二，曰徐君瓚、胡君纘宗。經巡按御史移奬取勘者四，曰劉君景宇、林君有孚、葉君忠、東君郊。經禮部大臣奏給貞節牌扁者三，曰吴公一鵬、劉公龍、桂公萼。事在正德十二年，而舉行在嘉靖三年四月，至於六年秋七月。

重建睢陽五老祠記

睢陽五老者，宋太子少師杜衍、侍郎王渙、司農卿畢世長、郎中朱貫、馮平也。五人者之致仕里居也，年皆八十上下，用唐白樂天香山五老故事，結社賦詩，不干時事，睢陽人敬如蓍蔡，至繪像以傳。其歿也，里人祠而尸社之，蓋在歸德城西數里云。歲久，其祠傾圮，今太子少保、工部尚書臨安俞公乃重建焉。

公初舉進士爲行人，憲廟差典周王喪禮，途感瘧疾，幾不能生，舟次歸德，乃仰天嘆曰：「琳五歲而孤，賴母教育，至有今日。萬一客死，遺母孰養？天如佑我，獲事母終，死亦無憾！」失聲痛哭，醫侍皆泣。是夕忽夢五老，鬚眉皓白，身僅三尺，立語之曰：「汝母壽高，汝壽亦遠，官且崇顯，病當尋愈。」公即請問，答曰：「此地五老人耳。」且訪其詳，則所謂有宋睢陽五老。公病中言曰：「果若是，琳當爲五老修復此祠耳。」厥後公母太夫人果年至八十有七而終，公官果至今尊，壽已越七袠。而五老祠則自爲行人、爲御史、爲通政時已營建之矣，未記之石也。至是，公四疏乞休歸臨安，寓書請記，而其子都察院都事君惠民日催焉。

嗟乎！予嘗讀《宋史》矣，見衍爲開封，權要不敢干；典銓衡，胥吏不敢與；爲宰，徼幸無所得。至封還内降，減省調發，給散公租。仲淹門士也，與争是非而不愠；韓、富同寀也，每事咨問而不驕。既退不葺居第，遇兄厚於幼時，蓋宋之髦期稱道不亂者也。而涣、長、貫、平，任雖不至世昌，行亦類之，是其生能有聞於前，故其死能有知於後。若公者，雖微斯夢而或經斯地，亦當召其守官，與興祠廟，以倡風化矣，而況其神之靈托公以顯如是哉！雖然，予嘗謂公有五德焉：醇厚博雅，無巧僞習，曰厚受而不剥；久任閑散，不求人知，曰多静而不折；儉省民費，百工咸理，曰有功而不居；權勢通顯，視之泊如，曰見美而不貪；命餉邊師，無所顧忌，曰見難而不避。則公固今之杜衍也，臨安之社，當亦無忝睢陽矣。然則斯石之立，豈惟宋五老之可傳哉！

臨淮縣重修文廟學宮記

鳳陽之臨淮縣學，洪武甲戌遷崇儒坊，即舊府學也，然自弘治己未知府孟侯繼脩之後，殿廡堂齋，損敝滲漏。去年府經歷王君瑋受知府底公在中之委，署臨縣印，覩宮廟之若是也，乃告諸底公，底命重脩焉。於是王君庀物鳩工，躬督緝理，一時士民多相勸，輸木石，助工役，乃委典膳吴完理焉，不三月而落成。教諭蔡邦玘、生員馬升諸人走狀問記。

嗟乎！臨淮，古鍾離之地，當濠梁之上，江淮之間，昔惠、莊二子之所遊處，淮南賓客之所招集，風流波盪，文詞並興，凡以排孔孟而詆《墳》《典》，陰遺兩晉六朝之亂者也。宋蘇軾乃言：「莊子之於孔子，實予而文不予。」陽擠而陰助，欲援孔而入莊，是何道也？近時士論，清談漸盛，行實或衰，玆學之脩，諸士子游業其中，務講明孔氏之學，措諸實行，儲養以待用可也。況鍾離，我太祖高皇帝龍興之地，鳳陽又首建學校之處，聖德神化，發行攸先而漸濡惟久，諸士子又不可以僻儒陋生自待也。昔者大禹朝諸侯於塗山，執玉帛者萬國。濠亦塗山地也，學宮故在其塗山門内。然求禹昔之所自處，❶惟在菲飲食而孝鬼神，惡衣服而

❶ 「求」，續刻本作「自」。

美黼冕，卑宫室而力溝洫爾。夫飲食、衣服、宫室甚切於人，乃明王猶菲惡且卑焉，况他人乎？諸士子誠能即此而請事，則足得修身治國之道，所謂「無間然」者，可想矣。諸士子，其視諸塗山門！